Jansen

Zeuge und Aussagepsychologie

Zeuge und Aussagepsychologie

von

Gabriele Jansen
Rechtsanwältin und Fachanwältin für Strafrecht, Köln

2., neu bearbeitete und erweiterte Auflage

CFM C.F. Müller

Gabriele Jansen ist Rechtsanwältin und Fachanwältin für Strafrecht in Köln
Kontakt: kanzlei@rechtsanwaeltin-jansen.de

Bibliografische Information Der Deutschen Nationalbibliothek

Die Deutsche Nationalbibliothek verzeichnet diese Publikation in der Deutschen Nationalbibliografie; detaillierte bibliografische Daten sind im Internet über <http://dnb.d-nb.de> abrufbar.

ISBN: 978-3-8114-4861-2
E-Mail: kundenbetreuung@hjr-verlag.de
Telefon: +49 89/2183-7928
Telefax: +49 89/2183-7620

MIX
Papier aus verantwortungsvollen Quellen
FSC® C008492

www.cfmueller.de
www.hjr-verlag.de

Satz: preXtension GbR, Grafrath
Druck: Beltz Druckpartner, Hemsbach

Vorwort der Herausgeber

Es ist nahezu eine Binsenweisheit, dass der Zeugenbeweis das gebräuchlichste, aber auch das problematischste Beweismittel ist. Weniger ausgeprägt sind ein tieferes Wissen um die vielfältigen Gründe unrichtiger Zeugenaussagen und die Bereitschaft, diese bei der Würdigung von Zeugenaussagen in Rechnung zu stellen. Auf der Grundlage des Diktums von der Beweiswürdigung als „ureigener" richterlicher Tätigkeit beherrschen bis heute alltagstheoretische Vorstellungen von der Glaubhaftigkeit bzw. Unglaubhaftigkeit einer Aussage die forensische Praxis. Das gilt selbst in den schwierigen Fällen beispielsweise des Wiedererkennens oder wenn Aussage gegen Aussage steht, bei denen das Bundesverfassungsgericht die Beachtung aussagepsychologischer Erfahrungsregeln für geboten erachtet.

Dem Strafverteidiger eröffnet die weitverbreitete Ignoranz dieser Erfahrungsregeln ein weites Betätigungsfeld, das er im Interesse seines Mandanten bestellen kann und auch muss. Es gehört zu den Pflichten eines Verteidigers, möglichen Fehlern in Zeugenaussagen nachzuspüren und diese im Rahmen des rechtlich Möglichen zu thematisieren. Gegebenenfalls muss er unter Berücksichtigung der höchstrichterlichen Rechtsprechung auf die Einholung eines aussagepsychologischen Gutachtens hinwirken. Selbst wenn ein solches Gutachten vorliegt, kann sich der Verteidiger nicht zurücklehnen, sondern muss das Gutachten seinerseits auf mögliche Fehler hin, die nicht eben selten sind, kontrollieren.

Für all diese Bereiche einer verantwortungsvollen Verteidigungstätigkeit bietet das Buch von *Gabriele Jansen,* das jetzt in 2. Auflage vorliegt, ein einzigartiges, unverzichtbares Hilfsmittel. Ohne Übertreibung darf man sagen, dass es bereits die Erstauflage zu einem „Klassiker" der Praxis der Strafverteidigung gebracht hat. Die Verfasserin, die als Strafverteidigerin mit besonders breiter Erfahrung im Bereich der Beurteilung von Zeugenaussagen hohes Ansehen genießt, hat es verstanden, die wichtigsten Erkenntnisse der modernen Aussagepsychologie in gut verständlicher Form aufzubereiten und auch für den nicht einschlägig ausgebildeten Praktiker handhabbar zu machen. In der 2. Auflage hat sie ihre Darstellung nicht nur auf den neuesten Stand gebracht und um zahlreiche Praxistipps ergänzt, beispielsweise in Form weiterer Checklisten, sondern den Text auch inhaltlich erweitert. So setzt sie sich beispielsweise mit der möglichen Einflussnahme von Opferhilfeeinrichtungen auf Zeugenaussagen gesondert auseinander.

Das Buch ist Ratgeber für die Praxis und zugleich Nachschlagewerk. Die vielfältigen gezielten Literaturhinweise nicht nur in den Fußnoten, sondern im laufenden Text, ermöglichen es dem interessierten Leser, sich rasch in Spezialmaterien einzuarbeiten und Forschungsergebnisse in die alltägliche Arbeit einzubringen. Die Verfasserin hat in bewunderungswürdiger Weise Pfade in den Dschungel der aussagepsychologischen Fachliteratur geschlagen, die es dem Benutzer ermöglichen, darauf zu wandeln und sich ihrer zu bedienen. Hinzu kommt die sorgfältige Analyse der gesamten einschlägigen Rechtsprechung. Jeder Strafverteidiger und jede Strafverteidigerin, aber auch alle anderen Akteure im Bereich der Strafrechtspflege werden aus der Lektüre des Buches großen Nutzen ziehen.

Mit dem Dank an die Verfasserin verbindet sich der Wunsch, dass der Neuauflage der ihr gebührende Erfolg beschieden sein möge.

November 2011
Passau *Werner Beulke*
Berlin *Alexander Ignor*

Inhaltsverzeichnis

Teil 2
Zeugenvernehmung

Teil 3
Aussagepsychologische Begutachtung

Abkürzungsverzeichnis

A.	Auflage
Abs.	Absatz
BayObLG	Bayrisches Oberlandesgericht
Bd.	Band
BGH	Bundesgerichtshof
BGHSt	Entscheidungen des Bundesgerichtshofes
BGHR	BGH-Rechtsprechung in Strafsachen, hrsg. von Richtern des Bundesgerichtshofes (seit 1987)
BKA	Bundeskriminalamt
BT-Drs.	Bundestagsdrucksache
BVerfGE	Entscheidungen des Bundesverfassungsgerichts
CAT	Children Apperception Test
d.A.	die Autorin
DRiZ	Deutsche Richterzeitung
et al.	und andere
e.V.	eingetragener Verein
FamRZ	Zeitschrift für das gesamte Familienrecht
ff.	fortfolgende
FPPK	Forensische Psychiatrie, Psychologie, Kriminologie (Zeitschrift)
FPR	Familie, Partnerschaft, Recht (Zeitschrift)
FS	Festschrift
ggf.	gegebenenfalls
GVG	Gerichtsverfassungsgesetz
i.Ü.	im Übrigen
JGG	Jugendgerichtsgesetz
KK	Karlsruher Kommentar
Krim	Kriminalistik (Zeitschrift)
LR	Löwe-Rosenberg
m.w.N.	mit weiteren Nachweisen
MRK	Menschenrechtskonvention
MschrKrim	Monatsschrift für Kriminologie und Strafrechtsreform
NJW	Neue Juristische Wochenschrift
NStZ	Neue Zeitschrift für Strafrecht
NStZ-RR	NStZ-Rechtsprechungs-Report Strafrecht (Zeitschrift)
OLG	Oberlandesgericht
PdR	Praxis der Rechtspsychologie (Zeitschrift)
PFT	Picture-Frustration-Test

R&P	Recht und Psychiatrie (Zeitschrift)
Rn.	Randnummer
RG	Reichsgericht
RGSt	Entscheidungen des Reichsgerichts in Strafsachen
RiStBV	Richtlinien für Straf- und Bußgeldverfahren
S.	Seite
StGB	Strafgesetzbuch
StPO	Strafprozessordnung
StraFo	Strafverteidiger Forum
StV	Strafverteidiger
TAT	Thematischer Apperception Test
u.U.	unter Umständen
UA	Urteilsausfertigung
Vgl.	Vergleiche
z.B.	zum Beispiel
ZStW	Zeitschrift für die gesamte Strafrechtswissenschaft

Einführung

Zeuge als häufigstes Beweismittel. Der Zeuge ist das häufigste Beweismittel im Strafprozess. Streitet die Aussage des Beschuldigten gegen die des Zeugen, entscheiden oft seine Angaben über Einstellung oder Anklage, Freispruch oder Verurteilung. Dann kommt es entscheidend auf die Qualität seiner Aussage an. 1

Überzeugungsgrundlage. In der Regel hat sich der Strafjurist die Beurteilung der Zeugenaussage grundsätzlich auch ohne Fachkenntnisse zuzutrauen. Hierin wird er durch jahrzehntelange gefestigte Rechtsprechung gestärkt, wonach die Beurteilung von Zeugenaussagen ureigenste Aufgabe des Tatrichters ist. Gleichwohl entsteht in der Praxis häufig der Eindruck, dass er bei der Beurteilung jedoch nicht auf wissenschaftliche aussagepsychologische Erkenntnisse zurückgreift, sondern sich vornehmlich auf seine Lebenserfahrung und Menschenkenntnis verlässt und bei der Überzeugungsbildung vor allem auch seiner Eindrucksbildung folgt. Insbesondere ist oft nicht bekannt, wie sehr z.B. die Voreinstellung des Befragers Einfluss auf die Aussage haben kann. Vielfach vollziehen Richter auch nur die Ermittlungsergebnisse nach und versuchen den Zeugen auf seine polizeilichen Aussagen festzulegen, ohne um die Bedeutung der Entstehungsgeschichte der Aussage zu wissen und diese aufzuklären. 2

Aussagepsychologische Literatur. Seit Ende der neunziger Jahre gibt es zahlreiche aussagepsychologische Fachbücher, die z.T. jedoch zwischenzeitlich vergriffen und in juristischen Bibliotheken meist nicht zu finden sind, aber auch eine Vielzahl von Neuerscheinungen, die in die 2. Auflage eingearbeitet sind. 3

Daneben finden sich auch zahlreiche aktuelle – in diesem Buch angesprochene – psychologische Aufsätze.

Strafjuristen sind bei der Suche nach Entscheidungen und strafrechtlicher Literatur an systematische Zusammenstellungen gewöhnt, die in der Aussagepsychologie so nicht zu finden sind. 4

Dass dem Juristen die aussagepsychologische Literatur nicht leicht zugänglich ist, ist die Idee geschuldet, für den Strafjuristen eine systematische Zusammenstellung zu fertigen, die als Nachschlagewerk auch für den Psychologen interessant sein kann.

Mit Blick auf die stete Ausweitung des Opferschutzes sind in dieser Auflage Hilfsorganisationen, die den „parteilichen Umgang" mit dem Zeugen propagieren besonders in den Blick genommen worden, da diese beratend vor und nach Anzeigenerstattung tätig werden und die damit einhergehende potentielle Einflussnahme auf den Inhalt der Aussage bislang nicht hinreichend aussagepsychologisch und rechtlich diskutiert ist. 5

2. Auflage. Auch mehr als zehn Jahre nach der BGH – Grundsatzentscheidung zu den wissenschaftlichen Anforderungen, die an aussagepsychologische Gutachten zu stellen sind, haben sich die aussagepsychologischen Fachkenntnisse der Justiz, aber auch vieler Gutachter nicht wesentlich verbessert. Mein Eindruck ist, dass Sachverständige augenscheinlich den Anforderungen des BGH genügen wollen, tatsächlich offenbaren viele Gutachten aber mangelnde Kenntnisse einer am Sachverhalt orientierten Hypothesenbildung und ein mangelndes Verständnis von dem aussagepsychologischen Suggestionskonzept. Vor allem autosuggestive Einflüsse werden vielfach nicht erkannt. Manche Sachverständige scheitern schon an einer hinreichenden Explorationstechnik. Mit der Hypothesenbildung „steht und fällt" das Gutachten; deshalb ist ihr in der 2. Auflage eine ausführliche Darstellung gewidmet, die sich in Teil 3 III (Rn. 357 ff.) und IV (Rn. 376 f.) findet.

In Literatur und Rechtsprechung sind bislang die möglichen Einflussnahmen durch Mitarbeiter sog. Opferhilfeeinrichtungen, die damit werben, „parteilich für Opfer" zu sein, zum Teil konkret Einfluss auf die Entscheidung zur Anzeigenerstattung nehmen und sich auch eine Verdachtsabklärung zutrauen, nicht diskutiert. Wegen der besonderen Bedeutung potentieller Einflussnahme auf die Zeugenaussage erfolgt in Teil 3 VIII „Fehlerquellenanalyse" (Rn. 656 ff.) eine ausführliche Darstellung der Problematik.

In der 2. Auflage ist die Darstellung der aussagepsychologisch relevanten Rechtsprechung sowie der rechtspsychologischen Fachliteratur auf den neuesten Stand gebracht.

Neu hinzugefügt wurden im Text einzelne **Hinweise**, die Hilfestellungen im Umgang mit aussagepsychologischen Fragestellungen geben sollen, und gegenüber der ersten Auflage wurde die Anzahl der Checklisten erweitert.

6 **Das Buch gliedert sich in vier Teile.**

Im ersten Teil (Teil 1 – Rn. 7 ff.) werden aussagepsychologische Gesichtspunkte zur *Zeugenaussage* dargestellt. Er befasst sich mit der Einführung in die Aussagepsychologie (Teil 1 I – Rn. 13 ff.), mit dem Unterschied zwischen der Glaubwürdigkeit des Zeugen und der Glaubhaftigkeit der Aussage (Teil 1 II – Rn. 45 f.), der Aussagebeurteilung in der BGH-Rechtsprechung (Teil 1 III – Rn. 47 ff.), der Gutachteneinholung (Teil 1 IV – Rn. 100 ff.), dem aussagepsychologischen Sachverständigen (Teil 1 V – Rn. 142 ff.) und „Besonderen" Zeugen (Teil 1 VI – Rn. 145 ff.).

Im zweiten Teil (Teil 2 – Rn. 159 ff.) geht es um die *Zeugenvernehmung*. Es werden die Vernehmungsbedingungen (Teil 2 I – Rn. 166 ff.), die Durchführung der Vernehmung (Teil 2 II – Rn. 181 ff.), die Inhalte der Vernehmung (Teil 2 III – Rn. 246 ff.), das Ausdrucksverhaltens während der Aussage (Teil 2 IV – Rn. 264 ff.), die Dokumentation der Vernehmung und deren Auswertung unter aussagepsychologischen Gesichtspunkten (Teil 2 V – Rn. 275 ff.) dargestellt.

Der dritte Teil (Teil 3 – Rn. 297 ff.) enthält Ausführungen zur *aussagepsychologischen Begutachtung*, im Einzelnen zu Formellem (Teil 3 I – Rn. 298 ff.), zur Unterscheidung zwischen erlebnisbegründeter und nicht erlebnisbegründeter Aussage (Teil 3 II – Rn. 352 ff.), zur hypothesengeleiteten Aussagebeurteilung (Teil 3 III – Rn. 357 ff.), zur Spezifizierung der Nullhypothese (Teil 3 IV – Rn. 376 ff.), zur aussagepsychologischen Leitfrage (Teil 3 V – Rn. 453 f.), zur Aussagekompetenz (Teil 3 VI – Rn. 455 ff.), zum Qualitäts-Kompetenz-Vergleich (Teil 3 VII – Rn. 592 ff.), Fehlerquellenanalyse (Teil 3 VIII – Rn. 594 ff.), zur Realkennzeichenanalyse (Teil 3 IX – Rn. 678 ff.), zur Berücksichtigung von Außenkriterien (Teil 3 X – Rn. 742 ff.), zur Beurteilung der Glaubhaftigkeit der Aussage (Teil 3 XI – Rn. 746 ff.), zur Dokumentation der Begutachtung (Teil 3 XII – Rn. 754 ff.), zur Überprüfung des Gutachtens (Teil 3 XIII – Rn. 769 ff.), zu methodenkritischen Stellungnahmen (Teil 3 XIV – Rn. 773 ff.) und zu Besonderheiten (Teil 3 XV – Rn. 776 ff.).

Der vierte Teil (Teil 4 – Rn. 788 ff.) stellt die beiden *spektakulärsten Prozesse* dar, in denen aussagepsychologische Gesichtspunkte bei der Vernehmung kindlicher Zeugen und aussagepsychologischer Gutachten eine Rolle gespielt haben; das sog. Montessori-Verfahren und das sog. Wormser Mißbrauchsverfahren wie auch dem Pascal-Prozess.

Die Entscheidungen werden im Text nach dem Aktenzeichen und in der Fußnote nach den Fundstellen, die BGH-Nack entnommen sind, benannt. Inhalte der Grundsatzentscheidung des BGH zu den wissenschaftlichen Anforderungen, die an aussagepsychologische Gutachten zu stellen sind, werden wegen ihrer besonderen Bedeutung besonders hervorgehoben und farblich unterlegt. Zur einfacheren Handhabung und nicht zuletzt dem aussagepsychologischen Grundsatz folgend, dass es auf das tatsächlich Gesagte (hier Geschriebene) und nicht auf das von dem psychologischen Laien dazu Zusammengefasste, Um- und Selbstformulierte ankommt, werden die psychologischen/psychiatrischen Ausführungen in ihrem genauen Wortlaut zitiert.

Teil 1
Zeugenaussage

Die Constitutio Criminalis Carolina war das erste deutsche Gesetz, das das Strafrecht und das Strafprozessrecht reichsgesetzlich regelte und das zwischen Haupt- und Hilfstatsachen unterschied. Damals konnte ein Beschuldigter nur verurteilt werden, wenn er geständig war oder – anders als heute – durch zwei „einwandfreie" Zeugenaussagen überführt wurde. Da die geschichtliche Entwicklung die Untauglichkeit gesetzlicher Beweisregeln gezeigt hat, wurde mit der 1877 eingeführten Vorschrift des § 260 StPO (heute wortgleich § 261 StPO) eine deutliche und bewusste Abkehr von gesetzlichen Beweisregeln des Inquisitionsprozesses vollzogen. **7**

Heute entspricht es – wenn Aussage gegen Aussage steht – gefestigter Rechtsprechung des BGH, dass ein Beschuldigter aufgrund einer einzig ihn belastenden Aussage verurteilt werden kann. Diese Aussage muss eine hochwertige Qualität aufweisen. **8**

Den Strafjuristen wird vor allem die Rechtsprechung des BGH zur Aussageanalyse durch den Tatrichter interessieren.

In Teil 1 I (Rn. 13 ff.) wird eine Einführung in die *Aussagepsychologie* gegeben. **9**

Dazu gehört die Darstellung der „Historie" der Aussagepsychologie, der „Aufgabe und Zielsetzung aussagepsychologischer Begutachtung", des methodischen Prüfkonzepts. Es folgt eine Befassung mit der „Aufzeichnung der Originalaussage", der „BGH-Rechtsprechung zu aussagepsychologischen Gutachten", der „Qualität aussagepsychologischer Gutachten", der „Ausweitung des Anwendungsbereiches der Aussagepsychologie" ein Überblick über die Ausweitung des Anwendungsbereichs der Aussagepsychologie auf erwachsene Zeugen, Aussagen von (Mit)Beschuldigten, Ausländer und die Identifizierungsaussage.

Zuletzt folgt eine ausführliche Darstellung der aussagepsychologischen Fachliteratur.

In Teil 1 II (Rn. 46 ff.) wird der Unterschied zwischen der *Glaubwürdigkeit der Person* und der *Glaubhaftigkeit ihrer Aussage* aufgezeigt. **10**

In ersten Phasen der Aussagepsychologie als Wissenschaft stand nicht die Beurteilung der Aussage zu dem eigentlichen Geschehen, sondern die Persönlichkeit des Zeugen im Vordergrund. Lange Zeit ist auch in der höchstrichterlichen Rechtsprechung von der Glaubwürdigkeit des Zeugen die Rede. Heute geht es nach dem aktuellen wissenschaftlichen Stand allein um die Qualität der Aussage.

11 In Teil 1 III (Rn. 47 ff.) ist die *BGH-Rechtsprechung* zu aussagepsychologischer Begutachtung, also zur Aussagetüchtigkeit und -kompetenz, zur Fehlerquellenanalyse und zur Aussageanalyse dargestellt.

12 In Teil 1 IV (Rn. 100 ff.) wird die *BGH-Rechtsprechung* zur Gutachteneinholung aufgezeigt, in Teil 1 V (Rn. 142 ff.) geht es um den aussagepsychologischen Sachverständigen, vor allem um den Rechtspsychologen und in VI um „besondere" Zeugen, nämlich um Zeugen vom Hörensagen, die der Aussagepsychologe Aussageempfänger nennt, Opferzeugen, die Nebenkläger als Zeugen und mit Blick auf die zunehmende Kontaktaufnahme von Zeugen zu Pressevertretern zu dem von der Presse gesteuerten Zeugen.

I. Einführung in die Aussagepsychologie

1. Historie

13 Aussagepsychologische Gutachten werden in der höchstrichterlichen Rechtsprechung erstmalig im Jahr 1954 (in *BGH* [5 StR 416/54][1]) erwähnt. Danach sind Sachverständige zu bestellen, wenn die Zeugenaussagen von Kindern oder Jugendlichen die alleinigen oder wesentlichen Beweismittel darstellen. Damit sind aussagepsychologische Gutachten seit mehr als 50 Jahren als Beweismittel in Strafverfahren dem Grunde nach anerkannt.

Ausführliche Abhandlungen zu „historisch-psychologischen Betrachtungen der Zeugenaussage" finden sich bei *Kühne*[2], die auf die Werke zu den Anfängen der Aussagepsychologie Anfang des letzten Jahrhunderts von *Binet*[3], *Stern*[4] *und Münsterberg*[5] hinweist, wie auch bei *Müller-Luckmann*[6], *Köhnken*[7]*und Steller*[8], *Steller/Böhm*[9] ziehen Bilanz über „50 Jahre Rechtsprechung des BGH zur Aussagepsychologie".

14 **Erste bis dritte Phase.** *William Stern*[10] verstand schon 1902 die Aussage als geistige Leistung und zugleich als Verhörsprodukt. „Dieser Titel beschreibt das Konzept der Aussagepsychologie: Eine Aussage wird als Leistungsprodukt aufgefaßt, das nicht nur abhängig ist von personalen Merkmalen (geistige Leistung), sondern auch

1 *BGHSt* [5 StR 416/54] 7, 82; richtungsweisend war *RG* [I 86/27] RGSt 61, 273.
2 *Kühne* in: Greuel/Fabian/Stadler, S. 5; vgl. auch *Greuel* S. 21; *Maisch* MschrKrim 1974, 57.
3 *Binet* La Suggestibilité, 1900.
4 *Stern* Psychologie der Zeugenaussage, 1902.
5 *Münsterberg* On the witness stand, 1908.
6 *Müller-Luckmann* in: Venzlaff, S. 629.
7 *Köhnken* S. 84.
8 *Steller* Forensia 1988, 23.
9 *Steller/Böhm* in: Fabian/Nowara, S. 37.
10 Vgl. zur Lebensgeschichte William Sterns: *Kühne/Flachsbart* PdR 1997, 138.

durch situative Merkmale bedingt sein kann, z.B. durch Merkmale der Befragungsumstände (Verhörsprodukt)", erläutern *Steller/Volbert*[11] dazu.

Stern **Aussage = Geistige Leistung + Verhörsprodukt** 15

Mitte des letzten Jahrhunderts wurden psychologische Sachverständige immer häufiger in gerichtlichen Verfahren hinzugezogen. Sie beschränkten sich nicht wie bis dahin auf das Aktenstudium, sondern nahmen auch zunehmend eigene Untersuchungen an Zeugen vor mit dem Ergebnis, dass Aussagen minderjähriger Zeugen über an ihnen verübten Unzuchtshandlungen in der ganz überwiegenden Mehrzahl der Fälle der Wahrheit entsprachen[12]. *Undeutsch*[13] stellte diese Erkenntnis erstmalig 1953 und dann wiederholt weiter begründet in seinen späteren Veröffentlichungen 1956, 1957, 1959, 1965 und 1966 vor[14].

Vierte Phase. *Undeutsch* forderte 1953 auf dem 19. Kongress der Deutschen Gesellschaft für Psychologie in Köln dazu auf, die Glaubhaftigkeit der Aussage in den Mittelpunkt der Glaubwürdigkeitsbeurteilung zu stellen. Er läutete damit eine neue Phase der Aussagepsychologie ein, die heute die Glaubhaftigkeitsbegutachtung bestimmt. Die von ihm aufgestellte Hypothese lautete: Aussagen über tatsächlich Erlebtes unterscheiden sich inhaltlich systematisch von erfundenen Aussagen (von Steller 1997 als *Undeutsch-Hypothese*[15] benannt). 16

Undeutsch-Hypothese **Aussagen über tatsächlich Erlebtes unterscheiden sich inhaltlich systematisch von Aussagen über Erfundenes** 17

Überblick über die Entwicklung der (deutschsprachigen) Aussagepsychologie 18

Bei *Greuel*[16] findet sich ein Überblick über die Entwicklung der (deutschsprachigen) Aussagepsychologie im letzten Jahrhundert:

11 *Steller/Volbert* in: Steller/Volbert, S. 12; vgl. auch *Steller* Zeitschrift für experimentelle und angewandte Psychologie 1992, 151.

12 *Undeutsch* in: Undeutsch, S. 26.

13 *Undeutsch* in: Undeutsch, S. 26; vgl. dazu auch: *Steller* MschrKrim 1997, 274.

14 Vgl. dazu die Literaturhinweise in *Undeutsch* in: Undeutsch, S. 26.

15 Vgl. auch *Undeutsch* in: Undeutsch, S. 26 – und die Ausführungen von *Steller* MschrKrim 1997, 274; *Fabian/Stadler/Greuel* StV 1996, 347 und *Greuel* S. 314.

16 *Greuel* PdR 1997, 154; *Greuel* S. 22; vgl. auch *Sporer/Bursch* Psychologische Rundschau 1997, 141; vgl. auch *Arntzen* Psychologie der Zeugenaussage, S. 1.

Zeitraum	Bezeichnung	Methodischer Zugang	Publikations-Beispiele	Zentrale Konstrukte
1900 – 1930	Experimentelle Frühphase	Laborexperimente Wirklichkeits-Versuche	William Stern (1902)[17]	Aussagegenauigkeit Aussagetüchtigkeit Aussagezuverlässigkeit Inwieweit kann die normale Zeugenaussage als eine korrekte Wiedergabe des objektiven Sachverhalts gelten?
1930 – 1945	Abstinenzphase	–	–	–
1945 – 1980	Erfahrungs- und Entwicklungsphase	Forensische Sachverständigentätigkeit Experimentelle Forschung	Undeutsch (1967)[18] Arntzen (1971)[19] Trankell (1971)[20] Köhnken (1989)[21]	Strikte Trennung zwischen Glaubwürdigkeit der Person und Glaubhaftigkeit der Aussage Aussagequalität Glaubwürdigkeitsmerkmale
80er Jahre	Evaluations-Studien Validierungs-Experimente	Experimentelle Validierungs-Phase	Steller (1988) Ceci & Bruck (1993)[22] Volbert & Pieters (1996)[23]	Aussagequalität Aussagetüchtigkeit Aussagezuverlässigkeit Merkmalsorientierte Aussageanalyse Suggestive Beeinflußbarkeit und Verfälschbarkeit (kindlicher) Aussagen
90er Jahre	Simulations-studien Theoretische Modellbildungen	Integrations-phase	Greuel et al. (1998)[24] Steller/Volbert/Wellershaus (1993)[25] Sporer (1997)[26] Stadler (1997)[27] Steller & Volbert (1997)[28]	Aussagetüchtigkeit Aussagequalität Aussagezuverlässigkeit

17 *Stern* ZStW 1902, 315.
18 *Undeutsch* in: Undeutsch, S. 138.
19 *Arntzen* Psychologie der Zeugenaussage, S. 27.
20 *Trankell* S. 30.
21 *Köhnken* in: Schönpflug, S. 260.
22 *Ceci/Bruck* Psychological Bulletin1993, 404.
23 *Volbert/Pieters* Psychologische Rundschau 1996, 183.
24 *Greuel et al.* S. 91.
25 *Steller/Volbert/Wellershaus* in: Montada, S. 367.
26 *Sporer/Bursch* Psychologische Rundschau 1997, 141.
27 *Stadler* in: Greuel/Fabian/Stadler, S. 59.
28 *Steller/Volbert* in: Steller/Volbert, S. 12.

Viele Jahre hatte die Justiz keinerlei Interesse an aussagepsychologischen Forschungserkenntnissen gezeigt. Es wird vermutet[29], dass das vor allem an der „fehlenden Lebensnähe" der vorwiegend im Labor durchgeführten Experimente gelegen hat[30]. **19**

Arntzen hat Anfang der neunziger Jahre die praktische Verbreitung der Aussagepsychologie gefördert[31].

Wissenschaftliche Fortentwicklung erfuhr die Aussagepsychologie insbesondere durch Arbeiten von Professor *Köhnken*, Professor *Steller*, Professor *Volbert* und Professor *Greuel* und deren Mitarbeiter. Näheres zu deren Veröffentlichungen findet sich unter Punkt 8, Rn. 44.

Suggestionsforschung. *Greuel*[32] spricht von der Suggestionsforschung *als dem* aussagepsychologischen Forschungsthema ab 1980. **20**

Die Anfänge der Suggestionsforschung gehen auf Arbeiten von *Binet*[33], *Münsterberg*[34], *Stern*[35] und *Stern/Stern*[36] Anfang des letzten Jahrhunderts zurück. *Stern*[37] sprach – wie schon oben erwähnt – 1902 von der Aussage nicht nur als geistiger Leistung sondern auch als Verhörsprodukt, so dass schon damals die Bedeutung der Entstehungsgeschichte der Aussage erkannt wurde.

Seit den 80er Jahren sind vor allem aus dem anglo-amerikanischen Raum zahlreiche Forschungsprojekte bekannt, die sich mit Suggestionseffekten insbesondere bei kindlichen Zeugen beschäftigen.

Veröffentlichungen zur Suggestionsproblematik finden z.B. bei *Ceci & Bruck*[38]; *Goodman et al.*[39]; *Sporer & Bursch*[40]; *Volbert*[41]; *Volbert & Pieters*[42], *Yapko*[43], in **21**

29 *Kühne* in: Greuel/Fabian/Stadler, S. 5.

30 Vgl. dazu *Wegener* in: Greuel/Fabian/Stadler, S. 13; *Fabian/Greuel/Stadler* in: Greuel/Fabian/Stadler, S. 23; ausführlich zu experimentellen Methoden und Feldstudien *Eisenberg*, Rn. 1428 ff.

31 „Psychologie der Zeugenaussage" ist erstmalig 1970 erschienen, 1983 und 1993 wurde das Buch neu aufgelegt; „Vernehmungspsychologie" liegt in der 2. Auflage von 1993 vor.

32 *Greuel* S. 136.

33 *Binet* La Suggestibilité, 1900.

34 *Münsterberg* On the witness stand: Essays on psychology and crime, 1908; *Stern* Beiträge zur Psychologie der Aussage 1904, 1; *Stern* Beiträge zur Psychologie der Aussage 1905, 203.

35 *Stern* ZStW 1902, 315.

36 *Stern/Stern* Erinnerung, Aussage und Lüge in der ersten Kindheit, 1909.

37 *Stern* Psychologie der Zeugenaussage, 1902.

38 *Bruck/Ceci* Annual Review of Psychology 1999, 419; *Ceci/Bruck* Psychological Bulletin 1993, 403; *Ceci/Bruck* Jeopardy in the courtroom, 1995.

39 *Goodman et al.* in: Hess/Weiner, S. 218.

40 *Sporer/Bursch* Psychologische Rundschau 1997, 141.

41 *Volbert* in: Warnke/Trott/Remschmidt, S. 150; *Volbert* in: Steller/Volbert, S. 40.

42 *Volbert/Pieters* Psychologische Rundschau 1996, 183.

43 *Yapko* Fehldiagnose: Sexueller Mißbrauch, 1994.

Greuel/Fabian/Stadler[44] und *Greuel*[45]. *Schade*[46] zeigt die Bedeutung der Aussageentstehungsgeschichte am Beispiel des Wormser-Mißbrauchsverfahrens und verdeutlicht das weitreichende aussagepsychologische Suggestionskonzept anhand anschaulicher Beispiele.

22 *Köhnken*[47] berichtet über Forschungsergebnisse, wonach suggerierte Informationen in das Gedächtnis „implantiert“ werden können, die als tatsächlich selbst erlebt empfunden werden, wobei die beeinflussten Personen subjektiv von der Richtigkeit der Falschinformationen überzeugt sind.

23 *Greuel*[45] stellt in ihrer Habilitationsschrift die Grundlagen und den Stand der Suggestionsforschung sowie eine hypothesenzentrierte Auswertung empirischer Befunde dar. Es geht dabei nicht um „generelle Suggestibilität“ sondern um die Beantwortung der Frage:

„Unter welchen *spezifischen* Suggestions*bedingungen* können Aussagen über *spezifische Erlebnisrepräsentationen* in welcher *spezifischen* (und forensisch relevanten) *Hinsicht* beeinflusst werden?“[48]

Im *Handbuch der Rechtpsychologie* ist der aktuelle Stand der Forschung in dem Beitrag von *Volbert* „Suggestion“ aufgezeigt, die sich in zahlreichen Veröffentlichungen mit Fragen der Suggestion und Suggestibilität befasst hat[49].

Interessant sind auch die Beiträge zur Beeinflussbarkeit älterer Menschen[50] und zur Langzeitentwicklung suggerierter Pseudoerinnerungen bei Kindern[51].

Beachtenswert – denn äußerst praxisnah – erscheint die von *Volbert*[52] aufgezeigte „Wandlung“ der bewussten Falschaussage zur Falschaussage aufgrund autosuggestiver Prozesse.

(Straf-)Juristen wissen meist nicht um den Umfang des Suggestionskonzepts. Dies mag daran liegen, dass ihnen die Prüfung der Entstehungsgeschichte der Aussage

44 *Greuel/Fabian/Stadler* S. 189.
45 *Greuel* S. 136.
46 *Schade* StV 2000, 165.
47 *Köhnken* in: Widmaier, S. 2267 – der Autor verweist auf Prozesse wie den Mc-Martin-Fall, Kelly-Michaels-Fall, in den USA, den Montessori-Prozess vor dem LG Münster und das Wormser-Mißbrauchsverfahren vor dem LG Mainz, wie auf ähnliche Verfahren in Norwegen, Großbritannien und Niederlanden hin.
48 *Greuel* S. 164.
49 *Volbert* in: Volbert/Steller, Handbuch der Rechtspsychologie, S. 331; *dies.* Suggestibilität kindlicher Zeugen, in: Steller/Volbert, Psychologie im Strafverfahren, S. 40; *dies.* Suggestionseffekte in Kinderaussagen, in: Warnke/Trott/Remschmidt, S. 150; *Volbert/Pieters* Psychologische Rundschau 1996, 183; *Volbert/Steller* in: Kröber/Dahle Sexualstraftaten und Gewaltdelinquenz, S. 235.
50 *Müller-Johnson/Ceci* in: Dahle/Volbert, S. 31.
51 *Erdmann/Busch/Jahn* in: Dahle/Volbert, S. 306.
52 *Volbert* in: Volbert/Dahle, S. 18.

nicht vertraut ist und juristische Lehrbücher sich vielfach auf die Darstellung suggestiver Frageformen beschränken.

Kindliche Zeugen – Jugendliche Zeugen. Lange Zeit wurde Kindern die Fähigkeit, verlässliche Zeugen zu sein, abgesprochen, weil sie Fantasiertes von Erlebtem noch nicht unterscheiden könnten, sie erhöht suggestibel seien und keine zusammenhängende und geordnete Darstellung des Geschehens erbringen könnten[53]. **24**

Müller-Luckmann[54], *Undeutsch*[55], *Kühne*[56], *Endres/Scholz/Summa*[57] und *Steller*[58] zeigen die historische Entwicklung der Beurteilung kindlicher Zeugenaussagen seit Mitte des 19. Jahrhunderts auf.

Nach einer Entscheidung des *Reichsgerichts*[59] konnten auch Kinder Zeugen sein, wenn von ihnen eine verständliche Aussage zu erwarten war.

In der zweiten Hälfte des letzten Jahrhunderts wurde in der aussagepsychologischen Forschung erkannt, dass in der ganz überwiegenden Mehrzahl der Fälle die Angaben von Kindern der Wahrheit entsprechen[60]. In einem Grundsatzurteil hat der *BGH*[61] 1955 klargestellt, dass „Kinderaussagen nicht häufiger unglaubwürdig sind, als die Aussagen von Erwachsenen, dass Kinder oft sogar die besten Zeugen sind".

Mitte der achtziger/Anfang der neunziger Jahre gewann die Frage der Beeinflussbarkeit von Kindern wieder an Bedeutung. Auslöser waren in dieser Zeit gegründete Selbsthilfevereine, die sich die Aufdeckung des sexuellen Missbrauches zum Ziel gesetzt hatten. Die dort kreierte – höchst suggestiv wirkende – Aufdeckungsarbeit löste eine Debatte um den „Mißbrauch mit dem Mißbrauch"[62] aus. **25**

Aufdeckungsarbeit. Anfang der neunziger Jahre meinten selbsternannte Kinderschutzvereine, allen voran „Wildwasser e.V." und „Zartbitter e.V.", durch nicht entsprechend qualifizierte Mitarbeiter mit Hilfe anatomisch korrekter Puppen und selbst kreierter einseitig parteiisch ausgerichteter Befragungs- und Deutungsweise den sexuellen Missbrauch „aufdecken" zu können. Verfahren wie das sog. Montessori-Verfahren in Münster und kurz danach die spektakulären Wormser Mißbrauchsverfahren Mitte/Ende der neunziger Jahre haben nicht nur die Unzulänglichkeit ideologisch gesteuerter Aufdeckungstechniken deutlich gemacht. In diesen **26**

53 Vgl. dazu *Greuel et al.* S. 80.
54 *Müller-Luckmann* MschrKrim 1997, 283.
55 *Undeutsch* in: Undeutsch, S. 26 – mit Ausführungen zu „Kleine Kinder, Grundschulkinder, Pubeszenz, Intellektuelle Minderbegabung, Taubstumme Kinder – Sexuelle Erfahrungen, Verwahrlosung und hohe Intelligenz".
56 *Kühne* in: Greuel/Fabian/Stadler, S. 5.
57 *Endres/Scholz/Summa* in: Greuel/Fabian/Stadler, S. 189.
58 *Steller* Forensia 1988, 23.
59 *RG* [II 836/24] RGSt 58, 396.
60 *Undeutsch* in: Undeutsch, S. 26.
61 *BGH* [5 StR 416/54] BGHSt 7, 82.
62 *Müther/Kluck* psychomed 1993, 202.

Verfahren wurde die Justiz durch Hinzuziehung wissenschaftlicher ausgewiesener Sachverständiger in dieser Ausführlich- und Deutlichkeit erstmals über die Erkenntnisse der modernen Aussagepsychologie informiert. Im Vordergrund stand damals das aussagepsychologische Suggestionskonzept[63].

27 Eine bestimmte Altersgrenze, ab der die Zeugenkompetenz von Kindern noch nicht bzw. schon gegeben ist, lässt sich nicht festlegen. Ab dem dritten Lebensjahr steigt die sprachliche Fähigkeit und die Wirklichkeitserfassung kontinuierlich an[64]. Nach *Arntzen*[65] können kindliche Äußerungen in diesem Alter in der Regel Angaben von älteren Personen aber nur „stützen". Die Grenze wird im Allgemeinen bei etwa vier Jahren angenommen. Unterschiede bestehen in der Einschätzung von Kindern im Alter von vier bis fünf Jahren. Nach *Arntzen*[66] sind Kinder im Alter von viereinhalb Jahren nur unter günstigen Umständen aussagetüchtig. Das *OLG Zweibrücken*[67] sieht Kinder, die jünger als 4 ½ Jahre sind, kaum als aussagetüchtig an.

Nach *Volbert/Steller*[68] können Kinder zwischen drei und vier Jahren mit minimaler Unterstützung schon eine halbwegs zusammenhängende Aussage über ein vergangenes Ereignis machen, vier bis fünfjährige Kinder sollen schon über Ereignisse berichten können, die ein oder zwei Jahre zurückliegen.

Greuel[69] erläutert zum autobiographischen Gedächtnis: „In der aktuellen Diskussion wird … das Ende der Kindheitsamnesie auf dreieinhalb bis vier Jahre datiert (Malinoski, Lynn & Sivec 1998). Einschränkend muß hier jedoch darauf hingewiesen werden, daß für einen spezifischen Bereich von Kindheitserinnerungen, namentlich für *trauma memories*, diese Altersgrenze angezweifelt wird. So problematisieren Browne, Scheflin und Hammond (1998), daß es, eingedenk der defizitären Erkenntnisbasis bezüglich der (möglichen) Distinktheit des Trauma-Gedächtnisses, zu einfach sei, das vierte Lebensjahr generell als cut-off-point für die Kindheitsamnesie anzunehmen."

Undeutsch[70] schreibt 1967: „Als höchst bedenklich galten von alters her ‚Mädchen um die Zeit der Geschlechtsreife', wenn sich ihre Aussagen auf geschlechtliche Vorgänge beziehen. Es heißt, daß um diese Zeit ihre Phantasie besonders lebhaft sei und mit Vorliebe um geschlechtliche Dinge kreise."

Volbert[71] gibt eine grobe Orientierung nach Altersangaben (unter 4, 4-5 und ab 6 Jahre) zur Beurteilung der Aussagetüchtigkeit.

---

63 S. dazu ausführlich Teil 3 VIII (Rn. 582) in diesem Buch.
64 *Greuel et al.* S. 36.
65 *Michaelis-Arntzen* in: Eisen, S. 396.
66 *Arntzen* DRiZ 1976, 20.
67 *OLG Zweibrücken* StV 1995, 293.
68 *Volbert/Steller* in: Kröber/Dahle, S. 235.
69 *Greuel* S. 242.
70 *Undeutsch* S. 72.
71 *Volbert* in: Volbert/Dahle, S. 18.

2. Aufgabe und Zielsetzung aussagepsychologischer Begutachtung

In der gerichtlichen Fragestellung geht es bei der aussagepsychologischen Begutachtung um die Erlebnisfundiertheit der Aussage. **28**

Aufgabe und Zielsetzung psychologischer Begutachtungen zur Glaubhaftigkeit von Aussagen – vgl. *Greuel*[72] – „kann aus Sicht der empirischen Wissenschaft immer nur darin bestehen, Wahrscheinlichkeitsaussagen darüber zu treffen, ob und ggf. inwieweit eine Aussage einem subjektiven Erlebnis in der Wachwirklichkeit entspricht bzw. mit diesem korrespondiert".

3. Methodisches Prüfkonzept[73]

a) (Nicht) erlebnisbezogene Aussage[74]

Der Aussagepsychologe spricht nicht von „wahrer" oder „unwahrer", sondern von erlebnisbezogener oder nicht erlebnisbezogener Aussage. **29**

Die erlebnisbezogene Aussage entspricht der „wahren Aussage". Der Zeuge spricht über etwas, was er tatsächlich erlebt hat.

Die nicht erlebnisbezogene Aussage entspricht der „unwahren Aussage". Hier irrt der Zeuge, er spricht über etwas, was er nicht bzw. so nicht oder in anderem Zusammenhang als dem geäußerten erlebt hat.

Bei der nicht erlebnisbezogenen Aussage hat sich der Zeuge die Aussage komplett oder teilweise ausgedacht (Lüge) oder der Inhalt der Aussage ist ihm von einem anderen suggeriert worden (Fremdsuggestion) oder er hat ihn sich selbst „eingeredet" (Autosuggestion). Bei suggerierten Aussagen geht der Zeuge subjektiv – fehlerhaft – davon aus, dass das Ereignis stattgefunden hat.

b) Hypothesengeleitete Begutachtung

Um herauszufinden, ob die Aussage des Zeugen erlebnisbezogen ist oder nicht, bildet der Aussagepsychologe verschiedene Hypothesen. Ausgangshypothese ist die sog. Nullhypothese: die Aussage hat keinen Erlebnisbezug. Hierzu bildet er Spezifizierungen, er sucht – dem Sachverhalt nach – nach naheliegenden Begründungen für den fehlenden Erlebnisbezug: „die Aussage hat keinen Erlebnisbezug, weil …". **30**

72 *Greuel* S. 56.

73 Eine ausführliche Erläuterung findet sich in Teil 3 III (Rn. 357 ff.), IV (Rn. 376 ff.), V (Rn. 453 ff.)

74 Eine ausführliche Erläuterung findet sich in Teil 3 IV (Rn. 376 ff.).

Erklärungen für den mangelnden Erlebnisbezug können z.B. darin bestehen, dass die Aussage ganz oder in wesentlichen Teilen erlogen ist, oder dass sie dem Zeugen suggeriert wurde oder er sie sich selbst eingeredet hat. Vielfach wird es auch vorkommen, dass Zeugen zunächst lügen und sich die Lüge dann so lange einreden, bis sie selbst von dem erlogenen Sachverhalt überzeugt sind (Verlauf der bewussten zur autosuggestiven Falschaussage[75]).

Die jeweilige Prüfung unterliegt unterschiedlichen Prüfkriterien. So kann z.B. die Realkennzeichenanalyse nicht zwischen erlebnisbezogenen und suggerierten Aussagen unterscheiden. Hierbei kommt es entscheidend auf die Analyse der Aussageentstehung und -entwicklung an. Die Realkennzeichenanalyse findet – neben der Motivationsanalyse – bei der Unterscheidung zwischen einer erlebnisbezogenen und einer ausgedachten, also bewusst falschen Aussage, Anwendung[76].

c) Psychologische Glaubhaftigkeitsprüfung

31 Die psychologische Glaubhaftigkeitsprüfung von Zeugenaussagen ist nach dem heutigen Stand der theoretischen Entwicklungen und der empirisch-psychologischen Forschung, wie sie auch der BGH in der Grundsatzentscheidung aufgreift, im Wesentlichen unter den folgenden Aspekten vorzunehmen:[77]

32 • Hinsichtlich der *Aussagevalidität*
Dazu gehören Merkmale und Bedingungen der Aussagesituationen, die die Zuverlässigkeit und Qualität der Aussage beeinflussen können („*Fehlerquellenanalyse*“), wie die Entstehung (*Genese*) und die weitere *Entwicklung der Aussage* sowie unter Umständen eine Analyse der *„Motivationslage“* in Bezug auf die (Erst-)Aussage.

33 • Hinsichtlich der *Aussagequalität*
Die konkrete(n) vorliegende(n) Aussage(n) selbst sind schließlich hinsichtlich solcher Merkmale zu untersuchen, in denen sich erlebnisbegründete Aussagen systematisch von solchen unterscheiden, denen kein selbsterlebtes Ereignis zugrunde liegt (sogenannte *„Glaubhaftigkeitskriterien“* oder *„Realkennzeichen“*). Dabei ist die *Aussage- und Erfindungskompetenz* zu beachten.
Dazu gehören solche Merkmale, die sich auf aussagepsychologische Besonderheiten des Zeugen beziehen[78].

75 *Volbert* in: Volbert/Dahle, S. 32.
76 Vgl. *Volbert* FPPK 2007, 12.
77 Vgl. *Westhoff/Kluck* S. 195 ff.; *Jansen/Kluck* Sonderheft 1 – Glaubhaftigkeitsbegutachtung, PdR 2000, 89.
78 Vgl. *Steller* in: Volbert/Steller, Handbuch der Rechtspsychologie, S. 300.

Ausführliche Erläuterungen finden sich z.B. bei *Greuel et al.*[79], *Steller*[80], *Steller/Volbert*[81], *Köhnken*[82] *und Volbert*[83]; siehe auch die Ausführungen im Teil 3 (Rn. 297 ff.).

Eine Einführung in den „psychologischen Forschungsprozess" findet man bei *Gerrig/Zimbardo* Psychologie, 18. A., 2008, S. 26.

4. Aufzeichnung der Originalaussage

Leider regelt der Gesetzgeber die Tonbandaufzeichnung der Vernehmung nicht gesetzlich verbindlich. Aussagepsychologisch kommt es entscheidend auf die Originalaussage an. Sie ist aber nur dann zu überprüfen, wenn die Fragen und Antworten überprüfbar sind. 34

In Verfahren, in denen Aussage gegen Aussage steht, und es oftmals mangels sog. „objektiver" Beweismittel allein auf die Belastungsaussage ankommt, sollte der Gesetzgeber die Tonbandaufzeichnung der gesamten Aussage zur Pflicht machen. Die Aufzeichnung des Explorationsgesprächs entspricht weltweitem Standard, dahinter sollten Ermittlungsbehörden nicht zurückstehen.

5. BGH-Rechtsprechung zu aussagepsychologischen Gutachten

a) BGH 1954

1954 entschied der *BGH*[84]: „Der Grund, weshalb zur Prüfung der Glaubwürdigkeit von Kinderaussagen öfter Sachverständige hinzugezogen werden müssen, liegt darin, daß die Frage, ob ein Kind glaubwürdig ist, sich schwerer beurteilen läßt, als dieselbe Frage beim erwachsenen Zeugen. Zur Beurteilung von Kinderaussagen müssen in geeigneten Fällen Sachverständige gerade deshalb hinzugezogen werden, weil ihnen Erkenntnismittel zur Verfügung stehen, die das Gericht nicht haben kann." 35

b) BGH-Grundsatzentscheidung 1999

Im Jahr 1999 hat der 1. Strafsenat des BGH eine Grundsatzentscheidung zu den wissenschaftlichen Mindestanforderungen, die aussagepsychologische Gutachten zu erfüllen haben, gefällt. 36

79 *Greuel et al.*
80 *Steller* Sonderheft 1 – Glaubhaftigkeitsbegutachtung, PdR 2000, 9.
81 *Steller/Volbert* in: Steller/Volbert, S. 12; *Steller/Volbert* Sonderheft 1 – Glaubhaftigkeitsbegutachtung, PdR 2000, 102.
82 *Köhnken* in: Lempp/Schütze/Köhnken, S. 318.
83 *Volbert* in: Volbert/Dahle, S. 18.
84 *BGH* [5 StR 416/54] BGHSt 7, 82.

Die Entscheidung ist vielfach veröffentlicht worden, u.a. auch in der amtlichen Entscheidungssammlung des *BGH*[85].

Prof. Fiedler und *Prof. Steller* wurden als Sachverständige gehört. Ihre wissenschaftlichen Gutachten sind vollständig veröffentlicht, so

- *Fiedler/Schmid* Gutachten über Methodik für Psychologische Glaubwürdigkeitsgutachten, PdR 1999, 5 ff. und
- *Steller/Volbert* Wissenschaftliches Gutachten, Forensisch-psychologische Begutachtung (Glaubwürdigkeitsbegutachtung), PdR 1999, 46 ff.

Zu der Entscheidung gibt es mehrere erläuternde Beiträge in der Literatur, z.B.[86]:

- *Boetticher* Anforderungen an Glaubhaftigkeitsgutachten, in: Barton, Verfahrensgerechtigkeit und Zeugenbeweis, 2002, S. 55 ff.
- *Jansen/Kluck* Unter Kontrolle: Aussagepsychologische Gutachten, PdR, Sonderheft 1 – Glaubhaftigkeitsbegutachtung –, 2000, 89 ff.
- *Jansen* Überprüfung aussagepsychologischer Gutachten, StV 2000, 224 ff.
- *Meyer-Mews* Die ‚in dubio contra reo'-Rechtsprechungspraxis bei Aussage-gegen-Aussage-Delikten, NJW 2000, 916 ff.
- *Offe* Anforderungen an die Begutachtung der Glaubhaftigkeit von Zeugenaussagen, NJW 2000, 929.
- *Schade/Harschneck* Die BGH-Entscheidung im Rückblick auf die Wormser Mißbrauchsprozesse, PdR Sonderheft 1 – Glaubhaftigkeitsbegutachtung –, 2000, 28 ff.
- *Schaefer* Mehr Professionalität in Jugendschutzverfahren, NJW 2000, 928 f.
- *Steller/Volbert* Anforderungen an die Qualität forensisch-psychologischer Glaubhaftigkeitsbegutachtungen – Das BGH-Urteil v. 30. Juli 1999, PdR, Sonderheft 1 – Glaubhaftigkeitsbegutachtung, 2000, 102 ff.

Die Grundsatzentscheidung steht in engem Zusammenhang mit der erneuten ablehnenden Entscheidung des *BGH*[87] zum sog. Lügendetektor.

c) Nachfolgeentscheidungen

37 Nach der Grundsatzentscheidung sind weitere Entscheidungen des *BGH* zu den Anforderungen, die an aussagepsychologische Gutachten zu stellen sind, ergangen, deren Inhalt stichwortartig hier dargestellt wird:

- BGH [3 StR 301/07] nur die realistischen Erklärungsmöglichkeiten sind zu diskutieren, methodische Grundprinzipien beschreiben den derzeitigen wissen-

85 *BGH* [1 StR 618/98] BGHSt 45, 164 = NJW 1999, 2746 = NStZ 2000, 100 = StV 1999, 473 = BGHR StPO § 244 Abs. 4 S. 1 Sachkunde 9 = StraFo 1999, 340 = PdR 1999, 113.

86 Vgl. auch *Hamm* StraFo 2000, 253; *Maul* StraFo 2000, 257.

87 *BGH* [1 StR 156/98] BGHSt 44, 308 = NJW 1999, 657 = StV 1999, 74 = BGHR StPO § 136a Abs. 1 Zwang 5 = BGHR StPO § 244 Abs. 3 S. 2 Ungeeignetheit 19; vgl. auch im Ganzen dazu *Steller* in: Volbert/Steller, Handbuch der Rechtspsychologie, S. 364.

schaftlichen Standard, Gutachter müssen nicht einheitlich dieser Prüfstrategie folgen, es ist dem Sachverständigen überlassen, in welcher Art und Weise er dem Gericht sein Gutachten unterbreitet.

- BGH [1 StR 274/02] Anforderungen an die Prüfung der Unwahrhypothese
- BGH [1 StR 582/99][88] die Befolgung einer einheitlichen Prüfstrategie, eines einheitlichen Gutachtenaufbaus, einer bestimmten Reihenfolge der Elemente der Aussagebeurteilung ist nicht erforderlich, es ist dem Sachverständigen überlassen, in welcher Art und Weise er sein Gutachten dem Gericht unterbreitet.
- BGH [4 StR 339/99][89] Verweis auf die Grundsatzentscheidung

Pfister[90] fasst die Rechtsprechung unter der Überschrift „Was ist seit BGHSt 45, 164 geschehen?" zusammen und gibt einen „Überblick über die neuere Rechtsprechung des Bundesgerichtshofs zur Beurteilung der Glaubhaftigkeit von Zeugenaussagen".

Steller/Böhm[91] referieren – aus aussagepsychologischer Sicht – zu „50 Jahre Rechtsprechung des BGH zur Aussagepsychologie: Bilanz und Ausblick" u.a. zur Anerkennung der aussagepsychologischen Methodik, zu Psychologen oder Psychiatern als Sachverständigen, zu aktuellen Entwicklungen in der Aussagepsychologie und Jurisprudenz, zur Begutachtung erwachsener Zeugen, zu Besonderheiten der Erinnerungen nach Traumaerleben und zur Glaubhaftigkeitsbegutachtung bei Borderline-Persönlichkeitsstörungen.

6. Qualität aussagepsychologischer Gutachten

Ende der neunziger Jahre ergab eine Untersuchung von *Busse/Volbert*[92] nur eine geringe Anzahl von Begutachtungen durch Psychologen (und nicht Psychiater). Fast nie wurde der Gutachtenauftrag begründet. Inhaltlich waren „bei einem nicht unbeträchtlichen Teil der Gutachten wissenschaftliche Mindeststandards wie Nennung der gewählten Untersuchungsmethoden, Trennung von Bericht und Interpretation etc. nicht bzw. nur teilweise erfüllt".[92] Viele Gutachten bewegten sich im „mittleren Bereich", jedoch wurde „in beinahe der Hälfte der Gutachten ein primär persönlichkeitsorientiertes Vorgehen verfolgt ..., obwohl dies dem derzeitigen wissenschaftlichen Stand nicht entspricht"[92]. 38

Die Untersuchung ergab ferner, dass „die Fälle mit eindeutiger positiver Glaubwürdigkeits- bzw. Glaubhaftigkeitsbeurteilung in fast allen Fällen mit einer Verurteilung endeten"[92].

Zehn Jahre nach der Grundsatzentscheidung des *BGH* aus dem Jahre 1999 könnte man hoffen, die Gutachtenqualität hätte sich insgesamt verbessert. Bei genauerem

88 *BGH* NStZ 2001, 45 = BGHR StPO § 244 IV 1 Sachkunde 11.
89 *BGH* NStZ 1999, 629 = StV 1999, 575.
90 *Pfister* FPPK 2008, 3.
91 *Steller/Böhm* in: Fabian/Nowara, S. 37.
92 *Busse/Volbert* in: Greuel/Fabian/Stadler, S. 131.

Hinsehen erscheint es aber nach wie vor so, dass Sachverständige die verschiedenen Hypothesen nur stereotyp bilden und abarbeiten, diese nicht fallspezifisch genug entwickeln und sie auch der Suggestionshypothese nicht immer mit dem nötigen fachlichen Wissen begegnen. Der Wunsch, dem Zeugen grundsätzlich glauben zu wollen, würde sicher von jedem Sachverständigen nach außen verneint, scheint aber vielfach präsent zu sein. Gezieltes Herausfragen von Realkennzeichen, einseitige Deutung des Aussageverhaltens tragen nach wie vor zu einer Vielzahl von Gutachten schlechter Qualität bei. Oftmals ist jedoch auch mangelnde Sachkunde, fehlendes dogmatisches Verständnis dafür verantwortlich. Eindrucksvoll ist die Liste der vielfach auftretenden Fehler, über die *Köhnken*[93] berichtet.

7. Ausweitung des Anwendungsbereichs der Aussagepsychologie

39 **Erwachsene Zeugen.** *Köhnken*[94] berichtet, dass Forschungsergebnisse den Schluss zulassen, dass die kriterienorientierte Aussageanalyse „auch bei erwachsenen Zeugen mit hinreichender Zuverlässigkeit zwischen erlebnisbegründeten und konfabulierten Aussagen unterscheiden kann". Auch nach *Volbert/Steller*[95] gelten die aussagepsychologischen Erkenntnisse nicht nur für kindliche, sondern auch erwachsene (Opfer)zeugen.

Nach *Steller/Volbert*[96] ist der Schwellenwert, von der festgestellten Aussagequalität auf die Glaubhaftigkeit der Bekundung zu schließen, bei Erwachsenen höher als bei Kindern. Eine ausführliche Betrachtung findet sich bei *Greuel*[97].

40 **Beschuldigte – Geständnis, Widerruf des Geständnisses.** *Steller*[98] und *Volbert*[99] haben in der Festschrift für Eisenberg zu dem sog. Pascal-Verfahren vor dem LG Saarbrücken „Zu falschen Geständnissen in Kapitaldelikten – Praxis: Der Fall Pascal" bzw. „Falsche Geständnisse" veröffentlicht und dabei die Rekonstruktion der Entstehungsgeschichte des Geständnisses hervorgehoben[100].

Aussagepsychologen[101] stellen bei der Diskussion über die Anwendbarkeit der Realkennzeichenanalyse bei Beschuldigtenaussagen zutreffend darauf ab, dass sich an der Leugnung eines Vorwurfes, die nur aus einem Wort – z.B. Haben Sie die Frau umgebracht? „nein" – bestehen kann, mangels Aussagematerials keine analytische Bewertung vornehmen lässt.

93 *Köhnken* in: Deckers/Köhnken, S. 1.
94 *Köhnken* in: Widmaier, S. 2267 – *Köhnken/Schimossek/Aschermann/Höfer* 1995; *Vrij* 2004.
95 *Volbert/Steller* in: Venzlaff/Foerster, S. 817.
96 *Steller/Volbert* in: Steller/Volbert, S. 12.
97 *Greuel* S. 13.
98 *Steller* in: FS Eisenberg, 2009, S. 213.
99 *Volbert* in: FS Eisenberg, 2009, S. 205.
100 Vgl. ausführlich dazu unter Teil 3 VIII (Rn. 658 ff.).
101 Z.B. *Niehaus* in: Volbert/Steller, Handbuch der Rechtspsychologie, S. 297.

Bei einem ausführlichen Geständnis und/oder einem Geständniswiderruf wird grundsätzlich eine Analyse in Betracht gezogen[102], jedoch darauf hingewiesen, dass sich der Beschuldigte „z.B. mangels Wahrheitsverpflichtung in einer gänzlich anderen motivationalen Lage befinde“ als der Opferzeuge. Das ist rechtlich unzutreffend. Zu bedenken ist nämlich, dass der Beschuldigte im Rahmen der Aussagefreiheit zwar darüber entscheiden kann, ob er sich überhaupt und wie zu dem gegen ihn erhobenen Vorwurf äußern kann, er im Rahmen der Aussage aber einen anderen nicht fälschlich beschuldigen bzw. eine Straftat vortäuschen darf (§§ 145d, 164 StGB)[103].

Mitbeschuldigte. Bislang fehlen Untersuchungen zur Glaubhaftigkeit von Aussa- 41
gen von Mitbeschuldigten. *Jansen*[104] hat in einem Beitrag in der Festschrift für Hamm die aussagepsychologische Beurteilungsmöglichkeit diskutiert.

Ausländer. Bei Ausländern ist die Aussagebeurteilung erschwert, wenn ihre Aussa- 42
ge durch einen Dolmetscher übersetzt wird. Vielfach übersetzen Dolmetscher nicht vollständig, zum Teil auch nicht korrekt, wobei auch die Besonderheiten der jeweiligen Fremdsprache und auch kulturelle Unterschiede zu beachten sind[105].

Identifizierungsaussage. Identifizierungsaussagen werden in der Praxis meist un- 43
ter dem Gesichtspunkt erhoben, wie sicher sich der Zeuge bei der Wiedererkennung des Beschuldigten ist, obwohl subjektive Sicherheit keinen hinreichenden Aufschluss über die Richtigkeit der Aussage geben kann. *Köhnken*[106] verdeutlicht, dass die Qualität der Aussage kein verlässlicher Indikator ist, jedoch die Reaktionszeit (die Dauer von der Präsentation einer oder mehrerer Personen bzw. Lichtbilder und der Äußerung des Zeugen) ein Indikator für die Richtigkeit der Aussage sein kann, da korrekte Identifizierungen „schneller als falsche … erfolgen“.

Näheres zum aktuellen Erkenntnisstand der Personenidentifizierung findet sich in den Ausführungen von *Sporer*[107] im Handbuch der Rechtspsychologie und *Sporer/ Sauerland*[108].

---

102 *Niehaus* in: Volbert/Steller, Handbuch der Rechtspsychologie, S. 297.

103 *Jansen* in: FS Hamm, S. 227 – Aussageanalyse bei Mitbeschuldigten in Wirtschaftssachen.

104 *Jansen* in: FS Hamm, S. 227.

105 *Lösel & Bender* 2001 – zitiert nach Niehaus in: Volbert/Steller, Handbuch der Rechtspsychologie, S. 311.

106 *Köhnken* in: AG StrafR, S. 605.

107 *Sporer* in: Volbert/Steller, Handbuch der Rechtspsychologie, S. 387.

108 *Sporer/Sauerland* FPPK 2008, 28.

8. Aussagepsychologische Fachliteratur

44 *Arntzen* hat Anfang der neunziger Jahre die praktische Verbreitung der Aussagepsychologie gefördert[109]. Seine Auswertungen stützte er – nach eigenen Angaben – auf ca. 50.000 „psychologische Gutachten über die Glaubwürdigkeit" in der Zeit von 1950 bis 1990. Kritisch zu sehen ist, dass er die Untersuchungen im Einzelnen nicht veröffentlicht und damit einer wissenschaftlichen Diskussion entzogen hat. *Arntzen* sah seine Erkenntnisse durch „nachträgliche Geständnisse" bestätigt[110], ohne erkennbar zu erwägen, dass der Beschuldigte ggf. nur aufgrund des Drucks des ihn belastenden Gutachtens ein Geständnis abgelegt haben könnte.

Wohl als Reaktion darauf, dass ideologisch ausgerichtete Aufdeckungsarbeit immer mehr Platz griff und sexueller Missbrauch zum „Modedelikt" avancierte, erschien Mitte der neunziger Jahre das „Handbuch sexueller Mißbrauch"[111]. Wegweisend und immer noch aktuell ist der darin enthaltene Aufsatz von *Undeutsch*[112], der sich inhaltlich mit dem Nachweis sexuellen Missbrauchs, der Analyse des Aussageinhaltes, der Bedeutung von Geschichte und Entwicklung der Aussage, der Divergenz von Psychotherapie und Wahrheitsforschung, der Suggestibilitätsforschung und der Prüfung alternativer Hypothesen befasst.

Es folgten Veröffentlichungen in familienrechtlichen Zeitschriften[113].

Aufsehen erregend war 1992 der Beitrag von *Müther/Kluck* „Vom Mißbrauch mit dem Mißbrauch"[114].

Endres/Scholz „Sexueller Kindesmißbrauch aus psychologischer Sicht" war die erste Veröffentlichung in einer strafrechtlichen Zeitschrift zu den seinerzeit „gängigen" Themen, so zu: Missbrauchsverdächtigungen[115], Symptomen[116], spontanen Falschaussagen von Kindern[117], aufdeckenden Psychotherapien[118], Verhaltensdeutung[119], projektiven Verfahren[120], Beeinflussungsgefahr durch suggestive Befra-

109 „Psychologie der Zeugenaussage" ist erstmalig 1970 erschienen, 1983 und 1993 wurde das Buch neu aufgelegt; „Vernehmungspsychologie" liegt in der 2. Auflage von 1993 vor.

110 *Arntzen* Psychologie der Zeugenaussage, S. 12.

111 *Rutschky/Wolff* Handbuch Sexueller Mißbrauch, 1994.

112 *Undeutsch* Verbrechen gegen die Sittlichkeit, in: Rutschky/Wolff, S. 173.

113 *Kluck* Verdacht auf sexuellen Mißbrauch und familiengerichtliches Verfahren, Familie/Praxis/Recht 1995, 56.

114 *Müther/Kluck* psychomed 1992, 202.

115 Als Waffe in Scheidungsverfahren.

116 Die fast alle unspezifisch sind und als Folge ganz anderer Belastungsfaktoren auftreten können.

117 *Volbert* in: Warnke/Trott/Remschmidt, S. 150; *ders.* in: Steller/Volbert, S. 40.

118 Die den angeblich sexuellen Missbrauch in der Kindheit zu Tage fördern.

119 Die diagnostisch zur Aufklärung eines Missbrauchsverdachts nicht geeignet ist.

120 Bezeichnen sie als „methodisch dubios", da der ihnen unterstellte Projektionsmechanismus eine eindeutige Interpretation der Ergebnisse ausschließe.

gung und konfrontativen Befragungstechniken, dem sog. Lügendetektor und der Beurteilung der Persönlichkeit des Beschuldigten[121].

Im Nachgang zu den genannten spektakulären Verfahren erschienen einige aussagepsychologische Fachbücher, so z.B. das Buch von *Steller/Volbert* „Psychologie im Strafverfahren“[122], es folgte das Standardwerk „Glaubhaftigkeit der Zeugenaussage“ einer Autorengruppe zusammen mit *Greuel*[123].

„Psychologische Gutachten schreiben und beurteilen“ von *Westhoff/Kluck* ist dem Straf- und Familienjuristen zu empfehlen, der sich grundlegend mit den Besonderheiten psychologischer Gutachtenerstellung befassen will. 2008 ist es in der 5. Auflage erschienen.

Zwischenzeitlich liegt das „Handbuch der Rechtspsychologie“[124] vor, lesenswert ist auch die jüngst von *Volbert*[125] veröffentlichte Abhandlung zur Erstellung aussagepsychologischer Gutachten, die die aktuellen wissenschaftlichen Erkenntnisse anschaulich und übersichtlich darstellt.

II. Glaubwürdigkeit des Zeugen – Glaubhaftigkeit der Aussage

Lange Zeit wurden Zeugenaussagen nach der Persönlichkeit des Zeugen beurteilt. **45**
Hatte der Zeuge einen honorigen Beruf, genoss er allseits Ansehen, sprach viel dafür, dass er auch die Wahrheit sagte. Eine solche ausschließlich persönlichkeitszentrierte Betrachtungsweise ist durch die Erkenntnisse der modernen Aussagepsychologie in den letzten 50 Jahren abgelöst worden. Entscheidend ist allein die Aussage des Zeugen. Persönlichkeitsaspekte spielen dabei nur im Rahmen seiner individuellen Aussagekompetenz eine Rolle.

Man sprach auch von der Glaubwürdigkeit der Person und der Glaubhaftigkeit der Aussage. Damals wurde zwischen genereller und spezieller Glaubwürdigkeit unterschieden, so z.B. in der Entscheidung aus dem Jahr 1993[126]:

> „Die Klärung der allgemeinen Glaubwürdigkeit läßt noch nicht ohne weiteres generelle Schlüsse auf die *spezielle Glaubwürdigkeit* zu. … Die neu zur Entscheidung berufene StrK wird gegebenenfalls zu bedenken haben, daß Anlaß bestehen kann, zwischen der *allgemeinen* und der *speziellen Glaubwürdigkeit* eines Zeugen zu unterscheiden. Während die letztere die Frage der Glaubwürdigkeit im Hinblick auf die Aussage zum jeweiligen Verfahrensgegenstand betrifft, betrifft

---

121 Ist kein taugliches Beweismittel.

122 *Steller/Volbert* 1997.

123 *Greuel/Offe/Fabian/Wetzels/Fabian/Offe/Stadler* 1998 – zitiert nach Greuel et al.

124 Herausgegeben von *Volbert/Steller* Handbuch der Rechtspsychologie, Bd. 9, Handbuch der Psychologie, 2008.

125 *Volbert* in: Volbert/Dahle, S. 18.

126 *BGH* [1 StR 547/93] StV 1994, 64 = BGHR StPO § 261 Zeuge 14.

die *allgemeine Glaubwürdigkeit* die Frage, ob man dem Zeugen hinsichtlich sonstiger Angelegenheiten außerhalb des Verfahrens grundsätzlich Glauben schenken kann. Die Klärung der *allgemeinen Glaubwürdigkeit* läßt nach den Erkenntnissen der forensischen Psychiatrie noch nicht ohne weiteres generelle Schlüsse auf die *spezielle Glaubwürdigkeit* zu[127]."

In der *Grundsatzentscheidung* des *BGH*[128] zu aussagepsychologischen Gutachten wird klargestellt, dass es heute nicht mehr um die allgemeine Glaubwürdigkeit geht:

BGH [1 StR 618/98]

„Gegenstand einer aussagepsychologischen Begutachtung ist wie sich bereits aus dem Begriff ergibt nicht die Frage nach einer allgemeinen Glaubwürdigkeit des Untersuchten im Sinne einer dauerhaften personalen Eigenschaft. Es geht vielmehr um die Beurteilung, ob auf ein bestimmtes Geschehen bezogene Angaben zutreffen, d.h. einem tatsächlichen Erleben der untersuchten Person entsprechen (Gutachten Prof. Dr. Steller; s. auch Herdegen aaO Rdn. 31)."

Dass die Persönlichkeit des Zeugen nichts über den Wahrheitsgehalt seiner Aussage aussagt, hat der *BGH*[129] in letzter Zeit noch einmal ausdrücklich klargestellt. Danach muss einer „offenen und ehrlichen Persönlichkeit" nicht entgegenstehen, dass der Zeuge in einzelnen Punkten die Unwahrheit gesagt hat.

Diese BGH-Rechtsprechung geht zurück auf *Undeutsch,* der mit der Unterscheidung zwischen der Glaubwürdigkeit der Person und der Glaubhaftigkeit der Aussage die vierte Phase der Aussagepsychologie einläutete[130].

46 Früheres Verhalten kann nach BGH[131] dennoch Schlussfolgerungen zulassen, wenn die entsprechende frühere Lebenssituation mit der jetzigen vergleichbar ist.

---

127 Vgl. hierzu eingehend *Leferenz* in: Göppinger/Witter, S. 1314 ff., 1317, 1325f., 1341f.; *Undeutsch* in: Elster/Lingemann/Sieverts, S. 205 ff., 212f.; vgl. auch KK-*Herdegen* § 244 Rn. 31.

128 *BGH* [1 StR 618/98] BGHSt 45, 164 = NJW 1999, 2746 = NStZ 2000, 100 = StV 1999, 473 = BGHR StPO § 244 Abs. 4 S. 1 Sachkunde 9 = StraFo 1999, 340 = PdR 1999, 113; vgl. auch [1 StR 498/04] NJW 2005, 1519 = BGHR StPO § 241 Abs. 2 Zurückweisung 12 = BGHR StPO § 244 Abs. 2 Zeugenvernehmung 17; [1 StR 231/08]; [1 StR 227/05]; [4 StR 700/98] BGHSt 45, 211 = NJW 2000, 226 = StV 2000, 133 = BGHR StGB § 306b Ermöglichen 1 = BGHR StPO § 264 Abs. 1 Tatidentität 30.

129 *BGH* [2 StR 307/02].

130 Vgl. dazu die Ausführungen unter Teil 1 I „Einführung in die Aussagepsychologie" (Rn. 13 ff.).

131 *BGH* [1 StR 498/04] NJW 2005, 1519 = BGHR StPO § 241 Abs. 2 Zurückweisung 12 = BGHR StPO § 244 Abs. 2 Zeugenvernehmung 17: „Fehlverhalten der Nebenklägerin bei oder nach der Beendigung privater Beziehungen könnte dann also etwa hier von Bedeutung sein, wenn auch hier die Beendigung einer privaten Beziehung im Raum stünde (vgl. etwa *Maiwald* in: AK-StPO § 261 Rn. 24)."

Steller[132] greift das allseits bekannte Sprichwort ‚Wer einmal lügt, dem glaubt man nicht' auf, in dem der Volksmund auf eine charakterbezogene Glaubhaftigkeitseinschätzung hinweist: stellt klar, „dass Feststellungen über die allgemeine Glaubwürdigkeit einer Person keine hinreichend eindeutigen Beziehungen zu der Glaubhaftigkeit von spezifischen Bekundungen dieser Person aufweisen". Gleichzeitig „mache der Volksmund aber die Fehlerhaftigkeit dieser Beurteilungsstrategie deutlich (‚und wenn er auch die Wahrheit spricht')".

Diese Gesichtspunkte sind bei der Beurteilung von Zeugenaussagen zu beachten; das sowohl schon bei Vernehmungen als auch bei der aussagepsychologischen Begutachtung. Das wird im Weiteren ausführlich in Teil 2 „Zeugenvernehmung" und Teil 3 „Aussagepsychologische Begutachtung" dargestellt.

Es folgt eine Darstellung der Rechtsprechung zur Aussagebeurteilung.

III. Höchstrichterliche Rechtsprechung zur Beurteilung von Zeugenaussagen – unter Berücksichtigung aussagepsychologischer Aspekte

1. Die „ureigenste Aufgabe" des Gerichts

Die Beurteilung von Zeugenaussagen ist ureigenste Aufgabe des Gerichts – das ist gefestigte Rechtsprechung seit Jahrzehnten. Das hat der BGH auch in *der Grundsatzentscheidung*[133] zu aussagepsychologischen Gutachten noch einmal bekräftigt. Die Einholung eines Glaubhaftigkeitsgutachtens soll nach wie vor die Ausnahme bleiben, der *Tatrichter* soll *„gerade zu eigenständiger Aussageanalyse und Beweiswürdigung"* ermutigt werden[134]. 47

Hierbei hat er nicht den strengen methodischen Vorgaben der aussagepsychologischen Begutachtung zu folgen[135]. Für ihn gilt der Grundsatz der freien Beweiswürdigung, § 261 StPO[136]. In diesem Rahmen sind indes die in der Rechtsprechung entwickelten allgemeinen Anforderungen an eine je nach Beweislage erschöpfende Beweiswürdigung zu beachten, die nicht lückenhaft sein, erörterungsbedürftige

132 *Steller* in: Kröber/Steller, S. 1.

133 *BGH* [1 StR 618/98] BGHSt 45, 164 = NJW 1999, 2746 = NStZ 2000, 100 = StV 1999, 473 = BGHR StPO § 244 Abs. 4 S. 1 Sachkunde 9 = StraFo 1999, 340 = PdR 1999, 113.

134 *Boetticher* in: NJW-Sonderheft für Gerhard Schäfer, S. 8; vgl. auch *Fischer* NStZ 1994,1; *Pfister* in: Deckers/Köhnken, S. 42.

135 *BGH* GrundsatzE [1 StR 618/98] BGHSt 45, 164 = NJW 1999, 2746 = NStZ 2000, 100 = StV 1999, 473 = BGHR StPO § 244 Abs. 4 S. 1 Sachkunde 9 = StraFo 1999, 340 = PdR 1999, 113.

136 Vgl. auch *Geipel* S. 316.

Möglichkeiten nicht unerwogen lassen und anerkannten Erfahrungssätzen der Aussagepsychologie nicht widerstreiten darf.[137]

a) Grundwissen des Richters

48 Die Beurteilung von Zeugenaussagen ist die „zentrale Materie“[138] des Richters, bei der er grundsätzlich keine sachverständige Hilfe benötigt.

Das *Bundesverfassungsgericht*[139] hat jedoch aus den wissenschaftlichen, insbesondere den kriminalistischen, forensischen und aussagepsychologischen Untersuchungen Erfahrungsregeln gewonnen, und daraus Grundsätze für die Beweiswürdigung und ihre Darlegung in den Urteilsgründen entwickelt: insbesondere für Beweissituationen, die erhöhte Anforderungen an die Beweiswürdigung stellen, wie in Fällen, in denen Aussage gegen Aussage steht, und in denen die Entscheidung davon abhängt, welcher der einander widersprechenden Aussagen das Gericht folgt[140], in Fällen, in denen es um die Beurteilung der Aussage eines Zeugen vom Hörensagen[141] geht sowie in Fällen des Wiedererkennens[142].

49 **Beachtung aussagepsychologischer Erfahrungsregeln im Rahmen der Beweiswürdigung – nach BVerfG – insb. bei**

- **Beurteilung der Aussage eines Zeugen vom Hörensagen**
- **in Fällen, in denen Aussage gegen Aussage steht**
- **in Fällen des Wiedererkennens**

---

137 *BGH* [1 StR 1 StR 524/02] NStZ-RR 2003, 206 = StV 2003, 486 = BGHR StPO § 261 Erfahrungssatz 9 = BGHR StPO § 261 Sachverständiger 9.

138 St. Rspr.; vgl. *BVerfG* [2 BvR 2099/01] NJW 2003, 1443; *BGH* [3 StR 431/04] NJW 2005, 1671 = NStZ 2005, 394 = NStZ-RR 2005, 146.

139 *BVerfG* [2 BvR 2045/02] NJW 2003, 2444 = NStZ-RR 2003, 299 = StV 2003, 593.

140 Vgl. *BGH* [2 StR 458/94] StV 1995, 115 f. = BGHR StPO § 244 Abs. 2 Glaubwürdigkeitsgutachten 1; [1 StR 580/95] StV 1996, 249 f.; [1 StR 772/96] NStZ 1997, 494; [1 StR 156/00] StV 2001, 551= NStZ 2000, 496 f.; [1 StR 439/00] NStZ 2001, 161 = BGHR StPO § 261 Beweiswürdigung 23; [1 StR 439/00] StV 2002, 466 = NStZ 2002, 161 = BGHR StPO § 261 Beweiswürdigung 26; [1 StR 314/02] StV 2004, 59 = NStZ 2003, 164; [1 StR 94/98] BGHSt 44, 153 = NJW 1998, 3788 = StV 1998, 580 = NStZ 1999, 43 = BGHR StPO § 261 Beweiswürdigung 15 = BGHR StPO § 265 I Hinweispflicht 15; [1 StR 450/98] BGHSt 44, 256 = NJW 1999, 802 = StV 1999, 304 = BGHR StPO § 261 Beweiswürdigung 17.

141 Vgl. *BGH* [2 StR 526/84] StV 1985, 45; [5 StR 718/84] StV 1985, 268; *BVerfG* [2 BvR 215/81] BVerfGE 57, 250; [2 BvR 1142/93] StV 1995, 561 = NJW 1996, 448 = NStZ 1995, 600.

142 Vgl. *BGH* [2 StR 440/92] StV 1993, 234 = BGHR StPO § 261 Sachverständiger 5; [5 StR 477/93] StV 1993, 627; [4 StR 317/93] BGHSt 40, 66 = NJW 1994, 1807 = StV 1994, 282 = NStZ 1994, 295 = BGHR StPO § 136a Abs. 1 Täuschung 7 = BGHR StPO § 261 Identifizierung 9; [2 StR 317/86] BGHR § 261 StPO Identifizierung 1; [1 StR 644/86] BGHR § 261 StPO Identifizierung 3.

Ob der Richter tatsächlich über ausreichende eigene Sachkunde verfügt, ergibt sich zuletzt aus dem Urteil. Manches Mal kann man fehlende bzw. vorhandene Sachkunde eines Gerichts auch aus Beschwerdebegründungen im Rahmen von Haftbeschwerdeverfahren entnehmen.

Hinweis

Der Verteidiger sollte so früh wie möglich die Sachkunde „einfordern“, indem er die Beurteilung der seinen Mandanten belastenden Aussage nicht dem Staatsanwalt/Richter überlässt. Vielmehr sollte er sich intensiv mit dem Aktenmaterial, insbesondere den Vernehmung(en) und bei Vorliegen eines aussagepsychologischen Gutachtens auch mit dem Explorationsprotokoll befassen, unter aussagepsychologischen Gesichtspunkten auswerten und die Aspekte, die gegen den Erlebnisbezug der Aussage sprechen, ausführlich in einer Schutzschrift aufzeigen.

Vielfach besteht die Verteidigung jedoch nur darin, die Einholung eines aussagepsychologischen Gutachtens zu beantragen. Bewertet der Sachverständige die den Beschuldigten belastende Aussage als wahrscheinlich glaubhaft, rät mancher Verteidiger dem Mandanten zum Geständnis. Problematisch erscheint das dann, wenn der Mandant den Vorwurf bestreitet. In jedem Fall sollte der Verteidiger zunächst das Gutachten auf methodische Mängel überprüfen. Erschwert dürfte eine kritische Würdigung des Gutachtens sein, wenn der Verteidiger den Sachverständigen selbst vorgeschlagen hat.

b) Aussage gegen Aussage

Beruht die Überzeugung des Gerichts von der Täterschaft des Angeklagten allein **50** auf der Aussage des einzigen Belastungszeugen, ohne dass weitere belastende Indizien vorliegen, so sind – nach gefestigter *BGH-Rechtsprechung* – an die Überzeugungsbildung des Tatrichters strenge Anforderungen zu stellen: „Der Tatrichter muß sich bewußt sein, daß die Aussage dieser Zeugin einer besonders gründlichen Glaubhaftigkeitsprüfung zu unterziehen ist, zumal der Angeklagte in solchen Fällen wenig Verteidigungsmöglichkeiten durch eigene Äußerungen zur Sachlage besitzt. Eine lückenlose Gesamtwürdigung ist dann von besonderer Bedeutung.“ [143] Nach der *ständigen Rechtsprechung des BGH*[144] müssen die Urteilsgründe erkennen lassen, dass der Tatrichter alle Umstände, die die Entscheidung beeinflussen können, erkannt und in seine Überlegungen einbezogen hat.

Zu prüfen ist damit u.a., ob die Beweiswürdigung lückenhaft ist, also ob sie auch anerkannte Erfahrungssätze der Aussagepsychologie berücksichtigt.[145]

143 *BGH* [1 StR 94/98] BGHSt 44, 153 = NJW 1998, 3788 = NStZ 1999, 43 = StV 1998, 580 = BGHR StPO § 261 Beweiswürdigung 15 = BGHR StPO § 265 Abs. 1 Hinweispflicht 15.

144 Ausführlich dazu *Deckers* in: FS Hamm, S. 53.

145 *BGH* [1 StR 524/02] NStZ-RR 2003, 206 = StV 2003, 486 = BGHR StPO § 261 Erfahrungssatz 9 = BGHR StPO § 261 Sachverständiger 9.

Der Tatrichter hat naheliegende Gesichtspunkte zu prüfen. Es stellt keinen Rechtsfehler dar, wenn das Gericht aufgrund eigener Sachkunde die Aussageanalyse in Anlehnung an die Maßstäbe vornimmt, die der BGH für aussagepsychologische Gutachten entwickelt hat.[146]

Hinweis

Auch der Verteidiger kann sich an der aussagepsychologischen Prüfstrategie – die ausführlich in diesem Buch dargestellt wird – orientieren. Sein Augenmerk sollte er vor allem auf die sich aus der Akte ergebenden Hinweise auf die Entstehung und Entwicklung der Aussage legen, da darin oftmals Erklärungen für die Beschuldigung zu finden sind. Das gilt für alle Aussagen in jedem Verfahren, nicht nur in den Sexualstrafsachen.

2. BGH-Rechtsprechung: Gutachten ist Indiz für die Glaubhaftigkeit der Aussage

51 Der *BGH* [2 StR 354/03][147] hat – unter Bezugnahme auf die Grundsatzentscheidung[148] – klargestellt, dass das Gutachten zusätzliches Indiz für die Glaubhaftigkeit einer Aussage sein kann. Dabei ist es nicht Aufgabe des Sachverständigen, darüber zu befinden, ob die zu begutachtende Aussage wahr ist oder nicht; dies ist dem Tatrichter vorbehalten. Der Sachverständige soll vielmehr dem Gericht die Sachkunde vermitteln, mit deren Hilfe es die Tatsachen feststellen kann, die für die Beurteilung der Glaubhaftigkeit wesentlich sind.

3. BGH-Rechtsprechung zur Hypothesenbildung

52 Erstmals in der Grundsatzentscheidung zu aussagepsychologischen Gutachten hat der BGH den aus der Experimentalpsychologie herrührenden Begriff der „Nullhypothese“ übernommen. Es geht um die wissenschaftlichen Anforderungen, die an die Glaubhaftigkeitsbegutachtung zu stellen sind.

Den Begriff „Nullhypothese“[149] hat der BGH auch in den Nachfolgeentscheidungen zu der Grundsatzentscheidung verwendet. Erläutert wird der Begriff in der Grundsatzentscheidung[148]. Danach hat der Sachverständige zunächst davon auszugehen, dass die Aussage keinen Erlebnisbezug hat. Hierzu hat er Spezifizierungen[150] zu bil-

146 *BGH* [1 StR 618/98] BGHSt 45, 164 = NJW 1999, 2746 = NStZ 2000, 100 = StV 1999, 473 = BGHR StPO § 244 Abs. 4 S. 1 Sachkunde 9 = StraFo 1999, 340 = PdR 1999, 113; vgl. *Pfister* in: Deckers/Köhnken, S. 42.

147 *BGH* NJW 2002, 118 = NStZ-RR 2004, 87 = BGHR StPO § 261 Beweiswürdigung 29.

148 *BGH* [1 StR 618/98] BGHSt 45, 164 = NJW 1999, 2746 = NStZ 2000, 100 = StV 1999, 473 = BGHR StPO § 244 Abs. 4 S. 1 Sachkunde 9 = StraFo 1999, 340 = PdR 1999, 113.

149 Bzw. „Unglaubhaftigkeitsthese“, „Unwahrhypothese“.

150 Also nach Gründen zu suchen, warum die Aussage keinen Erlebnisbezug hat (Die Aussage ist nicht „wahr“, weil ..., z.B. weil sie komplett oder teilweise ausgedacht ist, der Zeuge sich das alles oder nur zum Teil einbildet oder er massiv beeinflusst worden ist).

den. Nur wenn er diese zurückweisen kann, gilt das Gegenteil: die Aussage hat einen Erlebnisbezug.

Zum hypothesengeleiteten Vorgehen des Sachverständigen finden sich folgende BGH-Entscheidungen:

- BGH [5 StR 538/08][151] Einseitige Hypothesenbildung durch Sachverständigen
- BGH [1 StR 579/05][152] Spezifizierung der Nullhypothese: Pseudoerinnerung
- BGH [5 StR 470/07] Spezifizierung der Nullhypothese: sexuelle Kenntnis aus anderer Situation
- BGH [3 StR 301/07] Nur die realistischen Hypothesen berücksichtigen
- BGH [5 StR 416/05] Unglaubhaftigkeitshypothese
- BGH [3 StR 464/04][153] Nur die realistischen Hypothesen berücksichtigen
- BGH [5 StR 544/04] Nullhypothese zur Aussagetüchtigkeit
- BGH [1 StR 274/02][154] Geprüfte Hypothesen sind im Urteil zu benennen
- BGH [1 StR 524/02][155] Erklärungsmöglichkeiten, Hypothesen, sind zu diskutieren
- BGH [1 StR 582/99][156] Allgemein
- BGH [1 StR 618/98][157] Grundsatzentscheidung

4. BGH-Rechtsprechung zur Beurteilung der Aussagekompetenz

Aussagekompetenz – Beurteilung
ist
Teil der Glaubhaftigkeitsbeurteilung **53**

Die Aussagekompetenz ist im unmittelbaren Zusammenhang mit der Aussageanalyse zu prüfen. Üblicherweise – und so in § 241 Abs. 2 StPO geregelt – ist der Zeuge (nur) zur Sache zu vernehmen. Vorgelagerte allgemeine routinemäßige Fragestellungen zur Zeugentüchtigkeit sieht die StPO nicht vor, so z.B. nicht die Prüfung der sprachlichen Fähigkeiten des Zeugen. Die Einschätzung, wie sich der Zeuge im Allgemeinen äußert, wie groß sein Wortschatz ist, ob er allgemein – und deshalb auch **54**

151 *BGH* NStZ-RR 2009, 181.
152 *BGH* NStZ-RR 2006, 242.
153 *BGH* NStZ-RR 2006, 139 = StV 2006, 14 = BGHR StGB § 177 Abs. 1 Schutzlose Lage 9.
154 *BGH* NStZ 2003, 165 = StV 2003, 61 = BGHR StGB § 177 Abs. 1 Gewalt 13 = BGHR StGB § 177 Abs. 1 Nr. 3 Schutzlose Lage 2.
155 *BGH* NStZ-RR 2003, 206 = StV 2003, 486 = BGHR StPO § 261 Erfahrungssatz 9 = BGHR StPO § 261 Sachverständiger 9.
156 *BGH* NStZ 2001, 45 = BGHR StPO § 244 Abs. 4 S. 1 Sachkunde 11.
157 *BGH* [1 StR 618/98] BGHSt 45, 164 = NJW 1999, 2746 = NStZ 2000, 100 = StV 1999, 473 = BGHR StPO § 244 Abs. 4 S. 1 Sachkunde 9 = StraFo 1999, 340 = PdR 1999, 113.

in der Befragung – eher wenig spricht, ob er sich nur knapp oder ausschweifend äußert, kann für die Beurteilung seiner Aussage aber von Bedeutung sein.

Aussagetüchtigkeitsaspekte finden in der BGH-Rechtsprechung bei kindlichen Zeugen Berücksichtigung. Die Aussagekompetenz erwachsener Zeugen wird in der BGH-Rechtsprechung vor allem bei psychischen Auffälligkeiten, bei Erinnerungsbeeinträchtigung und bei Beschuldigtenaussagen im Zusammenhang mit Alkoholisierung diskutiert.

Die Beurteilung der Qualität einer Aussage gewinnt erst an Aussagekraft durch ihren Bezug zu den spezifischen Kompetenzen und Erfahrungen des Aussagenden.

55 **Beurteilung der Aussagequalität**
erfolgt
nur im Zusammenhang mit den Kompetenzen und den Erfahrungen des Zeugen

Dies erfordert die Feststellung und Beurteilung etwaiger aussagerelevanter Besonderheiten in der Persönlichkeitsentwicklung des Zeugen, bevor die Qualitätsanalyse der Aussage vorgenommen wird. Liegen beim Zeugen Einflüsse vor, die die Zeugentüchtigkeit beeinträchtigen, oder sind besondere Erfahrungen oder Erlebnisse vorhanden, so muss im Einzelfall vorab geprüft werden, ob möglicherweise die Zeugentüchtigkeit eingeschränkt ist oder ob z.B. die vorgefundene Aussagequalität durch sogenannte Parallelerlebnisse[158] beeinträchtigt oder durch reine Erfindung[158] erklärbar sein könnte[159]. Dies ist insbesondere dann geboten, wenn die Auffälligkeiten einen solchen Schweregrad erreichen, dass sie geeignet sind, die individuellen Fähigkeiten und Fertigkeiten eines Zeugen zu beeinträchtigen. Erst vor diesem Hintergrund kann die Frage beantwortet werden, ob der Zeuge die Aussage mit den darin festgestellten Qualitätsmerkmalen möglicherweise ganz oder teilweise ausgedacht oder von einem Erlebnis mit einer anderen Person auf den Beschuldigten übertragen haben könnte.

a) Aussagekompetenz bei kindlichen Zeugen

56 Bei kindlichen Zeugen stellt sich die Frage nach der Aussagekompetenz anders als bei Erwachsenen.

Bei kleinen Kindern richtet sich die Frage, ob sie eine verwertbare Aussage machen können, nach ihrem Entwicklungsstand. Suggestionseffekte können – gerade bei jüngeren Kindern – den Inhalt der Aussage wesentlich verändern. Bei der Beurteilung kindlicher Angaben spielt es auch eine Rolle, ob das Kind schon über ein eigenes bereichsspezifisches Wissen verfügt.

---

158 Spezifizierung der Nullhypothese.
159 *BGHSt* 45, 164, 175; *Köhnken* in: Fegert, S. 29, 42.

Mit der Aussagekompetenz von kindlichen Zeugen befassen sich z.B. folgende Entscheidungen des *BGH*:

- BGH [3 StR 281/07] Suggestion, Befragung
- BGH [4 StR 23/07] Fantasiebegabung
- BGH [1 StR 579/05][160] Suggestion, Pseudoerinnerung
- BGH [2 StR 534/02][161] Suggestion
- BGH [1 StR 40/02][162] Intensive gedankliche Befassung mit fiktiven Geschehnissen und bestätigende Gespräche, narzisstische Selbstdarstellung, therapieinduzierte Suggestion
- BGH [5 StR 209/00][163] Suggestion
- BGH [1 StR 183/00][164] Suggestion
- BGH [5 StR 461/99] Suggestion
- BGH [1 StR 618/98][165] Kompetenzanalyse, Suggestion, Sexualwissen
- BGH [5 StR 422/97][166] Suggestion
- OLG Saarbrücken [1 Ws 590/94][167] Alter
- BGH [2 StR 434/93][168] Suggestion

b) Aussagekompetenz bei psychischen Auffälligkeiten

Eigene Sachkunde. In der Regel ist der erwachsene Zeuge aussagetüchtig. Das beurteilt der Richter mit eigener Sachkunde z.B. bei **57**

- BGH [4 StR 540/06][169] Anpassungsstörung in Form einer längeren depressiven Reaktion, erinnerungsverändernde Hypnosetherapie nach der Tat, polizeiliche Vernehmungen davor
- BGH [1 StR 46/02] narzisstische Störung bei histrionischer Persönlichkeit – Anhörung behandelnder Ärzte

160 *BGH* NStZ-RR 2006, 242.
161 *BGH* NStZ-RR 2004, 270.
162 *BGH* NStZ 2002, 656 = BGHR StPO § 261 Beweiswürdigung 28 = BGHR StPO § 261 Erfahrungssatz 8 = BGHR StPO § 261 Sachverständiger 8.
163 *BGH* NStZ 2001, 105 = StV 2001, 550.
164 *BGH* NStZ-RR 2001, 174 = StV 2001, 552 = BGHR StPO § 154 Abs. 2 Teileinstellung 1 = BGHR StPO § 344 Abs. 2 S. 2 Beweiswürdigung 5.
165 *BGH* [1 StR 618/98] BGHSt 45, 164 = NJW 1999, 2746 = NStZ 2000, 100 = StV 1999, 473 = BGHR StPO § 244 Abs. 4 S. 1 Sachkunde 9 = StraFo 1999, 340 = PdR 1999, 113.
166 *BGH* StV 1998, 116.
167 *OLG Saarbrücken* StV 1995, 292.
168 *BGH* StV 1994, 114 = BGHR StGB § 176 Abs. 1 Mindestfeststellungen 3.
169 Diese Störung wird als leichter depressiver Zustand beschrieben, der als Reaktion auf eine länger anhaltende Belastungssituation auftritt und nicht länger als zwei Jahre dauert.

Keine eigene Sachkunde. Die nötige Sachkunde darf sich der Tatrichter nach der *BGH*-Rechtsprechung[170] bei erwachsenen Zeugen nicht zutrauen, wenn „die Beweislage wegen vorliegender Besonderheiten besonders schwierig ist". Von solchen *Besonderheiten* geht die höchstrichterliche Rechtsprechung z.B. bei folgenden psychischen Auffälligkeiten aus:

- BGH [4 StR 100/07][171] Alkoholabhängigkeit
- BGH [1 StR 579/05][172] Organische Hirnstörung
- BGH [5 StR 534/02] Hirnschädigung
- BGH [1 StR 46/02] Persönlichkeitsstörung
- BGH [1 StR 5/02] Hirnorganische Störung
- BGH [1 StR 506/01][173] Borderline, Selbstverletzendes Verhalten
- BGH [5 StR 199/00] Psychose aus dem schizophrenen Formenkreis
- BGH [1 StR 613/99] Amnesie, Erinnerungsinsel
- BGH [3 StR 438/99][174] Hörbeeinträchtigung
- BGH [4 StR 100/97][175] Borderline, HIV-Enzephalitis
- BGH [3 StR 543/96][176] Unterdurchschnittliche Intelligenz
- BGH [4 StR 508/96][177] Psychische Auffälligkeiten
- BGH [1 StR 476/96] Histrionische Persönlichkeitsstörung
- BGH [1 StR 416/96][178] Alkohol- und Tablettenmissbrauch
- BGH [4 StR 264/95][179] Hysterische Neurose
- BayObLG [5 StR R 132/95][180] Psychose aus dem schizophrenen Formenkreis
- BGH [5 StR 204/94][181] Hirnorganische Störung
- BGH [4 StR 764/94][182] Psychosomatische Erkrankung
- BGH [4 StR 329/93][183] Magersucht
- BGH [2 StR 439/92] Psychische Störung
- BGH [4 StR 16/91][184] Epilepsie

---

170 *BGH* [1 StR 195/55] BGHSt 8, 131; *BGH* [1 StR 97/75]; *BGH* [1 StR 640/81] StV 1982, 205 m. Anm. *Schlothauer* = NStZ 1982, 170.

171 *BGH* NStZ 2008, 52 = StV 2007, 563.

172 *BGH* NStZ-RR 2006, 242.

173 *BGH* NStZ 2002, 431 = StV 2002, 350.

174 *BGH* NStZ 2000, 214 = BGHR StPO § 244 Abs. 4 S. 1 Glaubwürdigkeitsgutachten 6.

175 *BGH* NJW 1998, 2753 = NStZ 1998, 366 = StV 1999, 471 = BGHR StPO § 244 Abs. 4 S. 1 Glaubwürdigkeitsgutachten 5.

176 *BGH* NStZ-RR 1997, 171.

177 *BGH* StV 1997, 60 = NStZ-RR 1997, 106.

178 *BGH* NStZ 1997, 199 = StV 1997, 61 = BGHR StPO § 244 Abs. 4 S. 1 Glaubwürdigkeitsgutachten 4.

179 *BGH* StV 1996, 367 = BGHR StGB § 261 Indizien 7.

180 *BayObLG* StV 1996, 476.

181 *BGH* StV 1994, 634.

182 *BGH* NStZ 1995, 558 m.w.N. = StV 1995, 398.

183 *BGH* StV 1993, 567.

184 *BGH* StV 1991, 245 = BGHR StPO § 244 Abs. 2 Sachverständiger 10 m.w.N.

- BGH [5 StR 401/90][185] Alkohol- und Drogenmissbrauch
- BGH [2 StR 285/89][186] Psychose aus dem schizophrenen Formenkreis
- BGH [4 StR 500/88] Psychose aus dem schizophrenen Formenkreis
- BGH [2 StR 211/86][187] Depression
- BGH [4 StR 570/80][188] Schwachsinn
- BGH [4 StR 297/83][189] Psychopharmaka – Alkoholgenuss im Übermaß, Depressionen
- BGH [4 StR 616/89][190] Alkoholgenuss – mehr als 3 ‰ zur Tatzeit
- BGH [5 StR 278/89][191] Heroinabhängigkeit
- OLG Hamm [2 Ss 594/69][192] Epilepsie

Alkoholkonsum bei Erwachsenen

- BGH [1 StR 46/02] Alkoholkonsum
- BGH [2 StR 207/92][193] Anreicherung der Erinnerung bei Müdigkeit und Alkohol
- BGH [1 StR 416/96][194] Alkohol- und Tablettenmissbrauch

c) Erinnerung

Verdrängung 58

- BGH [2 StR 307/02][195] Verdrängung – als Fehlerquelle

Erinnerung bei lange zurückliegenden Vorgängen. Die Erinnerungsfähigkeit hängt bei länger zurückliegenden Vorgängen – nach *BGH* [4 StR 412/00] – „maßgebend unter anderem von der Bedeutung des Vorgangs für den Zeugen, von der Häufigkeit ähnlicher Vorgänge und der Länge des Zeitablaufs“ ab.

d) Erfindungskompetenz

Die Erfindungskompetenz ist ein in der bisherigen Rechtsprechung eher vernachlässigter Gesichtspunkt, obwohl er bei der Prüfung, ob der Zeuge bewusst falsch aus- 59

185 *BGH* StV 1991, 406 m. Anm. *Blau* = NStZ 1991, 47.
186 *BGH* StV 1990, 8.
187 *BGH* StV 1986, 466.
188 *BGH* StV 1981, 113.
189 *BGH* StV 1983, 359.
190 *BGHSt* 36, 348 = *BGH* StV 1990, 289 m. Anm. *Weider* = NStZ 1990, 241 = NJW 1990, 1490 = MDR 1990, 454.
191 *BGH* StV 1989, 6.
192 *BGH* NJW 1970, 907.
193 *BGH* StV 1992, 547.
194 *BGH* NStZ 1997, 199 = StV 1997, 61 = BGHR StPO § 244 Abs. 4 S. 1 Glaubwürdigkeitsgutachten 4.
195 *BGH* StV 2003, 656 = NStZ 2003, 276 = NStZ-RR 2003, 16 = BGHR StPO § 261 Beweiskraft 4.

sagt, eine entscheidende Rolle spielt.[196] Es geht um die Fähigkeit, sich eine Aussage auszudenken.

- BGH [3 StR 281/07] Intellektuelle Fähigkeiten des Zeugen, sich die Aussage auszudenken

Sexuelle Vorerfahrungen/Eigene Missbrauchserfahrungen des Aussagenden. Der Aussagepsychologe prüft im Rahmen der Aussagetüchtigkeit auch, über welche sexuellen Vorerfahrungen bzw. über welche sexuellen Kenntnisse der kindliche Zeuge verfügt. Das ist für die Prüfung der sog. Übertragungshypothese – ob der Zeuge den behaupteten sexualbezogenen Sachverhalt in einem anderen Zusammenhang oder mit einer anderen Person erlebt hat – von Belang.

In diesem Zusammenhang sind Fragen zum Privat- und Intimleben des Aussagenden – nach *BGH* [1 StR 498/04][197] – unerlässlich, wonach im Rahmen „der vorrangigen Verpflichtung zur Wahrheitsermittlung auf die Achtung der menschlichen Würde eines Zeugen Bedacht zu nehmen" und die Befragung dazu nur nach sorgfältiger Prüfung statthaft ist.

Sexuelle Vorerfahrungen/Eigene Missbrauchserfahrungen des Aussageempfängers. Auch die Aussage des sog. Aussageempfängers ist einer Glaubhaftigkeitsprüfung zu unterziehen. Der Aussageempfänger ist die Person, der gegenüber der Zeuge sich zu dem Vorwurf äußert. Zu prüfen ist vor allem, ob er in dem Gespräch mit dem Zeugen voreingenommen ist, ein bestimmtes Geschehen im Blick hat oder sich vorstellt und den Zeugen dementsprechend dazu befragt.

Ist z.B. eine Mutter selbst von ihrem Stiefvater missbraucht worden und erfährt sie, dass ihrer Tochter „dasselbe" mit ihrem Lebensgefährten passiert ist, wird das sicher in ihre Reaktion mit einfließen. Nahe liegt, dass sich die Mutter in einem Gespräch mit der Tochter an ihren eigenen Erlebnissen „orientiert" und so z.B. die Tochter in der Befragung „lenkt", z.B. danach fragt, ob der Lebensgefährte ihr auch die Hand in die Hose gesteckt hat, wenn die Mutter das mit ihrem Stiefvater auch so erlebt hat. Eine solche Erwartungshaltung bzw. Voreinstellung kann die Antworten der Tochter erheblich beeinflussen. Hier wird man das Augenmerk auf die ursprünglichen Angaben des Zeugen und mögliche Veränderungen – womöglich noch in demselben Gespräch – lenken müssen, erst recht, wenn die Zeugin erst in dem Gespräch mit dem Aussageempfänger von deren Vorerfahrung erfährt.

Von daher überwiegt das Aufklärungsinteresse gegenüber dem Persönlichkeitsschutz des Aussageempfängers als Zeugen i.S.d. § 68a StPO.

Früheres Verhalten in vergleichbaren früheren Lebenssituationen. Zeugen können auch nach ihren Alkoholkonsumgewohnheiten gefragt werden, ebenso zu

196 Vgl. *Steller* in: Volbert/Steller, Handbuch der Rechtspsychologie, S. 300; ausführlich dazu Teil 3 VII (Rn. 592 ff.).

197 *BGH* NJW 2005, 1519 = BGHR StPO § 241 Abs. 2 Zurückweisung 12 = BGHR StPO § 244 Abs. 2 Zeugenvernehmung 17.

möglichem Drogenkonsum, wenn das einen Zusammenhang zu dem erhobenen Vorwurf hat.

- BGH [1 StR 498/04][198] Fehlverhalten bei oder nach Beendigung privater Beziehung, z.B. Alkoholismus

5. BGH-Rechtsprechung zur Fehlerquellenanalyse

a) BGH-Rechtsprechung zur Entstehungsgeschichte der Aussage

Der *Entstehung und Entwicklung der Aussage* kommt für sämtliche Deliktsbereiche **60** bei der Beurteilung kindlicher wie auch erwachsener Zeugenaussagen wesentliche Bedeutung zu. Man unterscheidet zwischen der *Erstaussage* und allen *weiteren Aussagen*, die der Zeuge über das fragliche Geschehen einem oder mehreren anderen gegenüber macht.

Näheres dazu findet sich unter Teil 3 VIII (Rn. 494 ff.) „Fehlerquellenanalyse".

aa) Kindliche Zeugen

Seit Mitte der 90er Jahre hat der *BGH* mehrfach entschieden, dass bei der Bewer- **61** tung kindlicher Aussagen der *Entstehung*[199] der Aussage und deren *Entwicklung*[200] besondere Bedeutung zukommt.

Suggestionseffekte können die Aussage inhaltlich so verändern, dass Kinder möglicherweise auch über etwas berichten, was sie selbst nicht so erlebt haben.

Checkliste: Prüfung der Aussageentstehungsgeschichte **62**

Fragen nach den ersten Angaben zum Geschehen

- wann
- wem gegenüber
- welche Angaben
- zum ersten Mal
- in welcher Situation

Äußerungen

- spontan oder
- erst auf Befragen
- welche Art Fragen wurden gestellt

Einstellungen und Erwartungen des Aussageempfängers

Reaktion des Aussageempfängers auf die Angaben

198 *BGH* NJW 2005, 1519 = BGHR StPO § 241 Abs. 2 Zurückweisung 12 = BGHR StPO § 244 Abs. 2 Zeugenvernehmung 17.

199 *BGH* StV 1994, 227; 1995, 7; *BGHR* StPO § 261 Beweiswürdigung, widersprüchliche 4; StV 1996, 197; StV 1998, 250.

200 *BGH* NStZ 1995, 202; *BGH* StV 1998, 250.

63 *Aussageempfänger* ist häufig z.B. die Mutter, eine Freundin oder eine dem Kind sonst vertraute Person. Es muss versucht werden, die Situation genauestens zu rekonstruieren, um so möglicherweise wirksam gewordene Suggestionseffekte und andere Fehlerquellen finden und überprüfen zu können (*Erstaussageanalyse*).

In der *Grundsatzentscheidung* zu aussagepsychologischen Gutachten hat der *BGH*[201] klargestellt:

BGH [1 StR 618/98]

„Im Rahmen der Fehlerquellenanalyse wird es in Fällen, bei denen wie hier (auch unbewußt) fremdsuggestive Einflüsse in Erwägung zu ziehen sind, in aller Regel erforderlich sein, *die Entstehung und Entwicklung der Aussage* aufzuklären (vgl. Steller/Volbert aaO S. 24, 31f.; Köhnken a.a.O. 297). …

Die *Feststellung der Aussagegenese* stellt insofern einen zentralen Analyseschritt dar (Gutachten Prof. Dr. Steller). Besonders dann, wenn es sich bei dem möglichen Tatopfer um ein (jüngeres) Kind handelt, werden zu diesem Zweck die Angaben der Personen, denen gegenüber es sich zu den Tatvorwürfen geäußert hat (z.B. Eltern, Lehrer), zu berücksichtigen sein (BGH StV 1995, 451 f.; Scholz/Endres NStZ 1995, 6, 10).“

(1) Aussageentstehung

64 Zur Prüfung der Aussageentstehung bei kindlichen Zeugenaussagen finden sich z.B. folgende Entscheidungen des *BGH* und des *Bundesverfassungsgerichts*:

- BGH [4 StR 209/09][202] Auffälligkeiten in der Aussageentstehung
- BGH [5 StR 12/09][203] Umstände der Anzeigenerstattung
- BGH [1 StR 379/03][204] Suggestibilität, Befrager ist Autoritätsperson
- BGH [5 StR 248/08] Beschuldigungszeitpunkt
- BGH [5 StR 169/08][205] Mutter bezichtigt Beschuldigten ebenfalls
- BGH [3 StR 281/07] ekonstruktion der Befragungsweise
- BGH [4 StR 23/07] Falsche Angaben der Zeugin
- BGH [5 StR 468/07][206] Suggestive Befragung, Übertreibung
- BVerfG [2 BvR 1199/06] Grundsätzliches
- BVerfG [2 BvR 1788/06] Grundsätzliches
- BVerfG [2 BvR 2203/06] Grundsätzliches
- BVerfG [2 BvR 1788/06] Grundsätzliches

201 *BGH* [1 StR 618/98] BGHSt 45, 164 = NJW 1999, 2746 = NStZ 2000, 100 = StV 1999, 473 = BGHR StPO § 244 Abs. 4 S. 1 Sachkunde 9 = StraFo 1999, 340 = PdR 1999, 113.
202 *BGH* NStZ-RR 2009, 308.
203 *BGH* StV 2009, 230.
204 *BGH* NStZ 2004, 635.
205 *BGH* NStZ-RR 2008, 338.
206 *BGH* StV 2008, 236.

• BGH [1 StR 582/06]	Zunächst vage, dann präzise Aussage
• BGH [4 StR 426/06]	Schweregrad psychischer Auffälligkeiten im Zeitraum der Aussageentstehung
• BGH [4 StR 89/05][207]	Reihenfolge der anfänglichen Aussagen
• BGH [4 StR 76/05]	Späte Offenbarung
• BGH [4 StR 59/05]	Telefonvermerk der Zeugin
• BGH [4 StR 33/05][208]	Umstände der Anzeigenerstattung
• BGH [5 StR 329/05]	Änderung der ursprünglichen Aussage
• BGH [4 StR 552/04]	Umstände der Anzeigenerstattung
• BGH [3 StR 258/03]	„Vage“ Erinnerung
• BGH [4 StR 582/03]	Aussageentstehung – Freisprüche
• BGH [5 StR 262/03]	Umstände der Anzeigenerstattung
• BGH [1 StR 40/02][209]	Therapiesitzung
• BGH [1 StR 46/02]	Histrionische Persönlichkeitsstörung
• BGH [1 StR 129/02]	Anzeige – Komplott – „falscher“ Widerruf
• BGH [1 StR 314/02][210]	Zeuge bezichtigt sich selbst der Falschaussage
• BGH [1 StR 46/02]	Umstände der Anzeigenerstattung
• BGH [2 StR 107/02][211]	Übertragung
• BGH [1 StR 129/02]	Entstehung des Widerrufs der Anzeige
• BGH [3 StR 263/02]	Kritische Prüfung der Aussageentstehung
• BGH [1 StR 274/02][212]	Erstaussage gegenüber dem Freund
• BGH [3 StR 446/02][213]	Kenntnis vom Vorwurf
• BGH [4 StR 345/02]	Widersprüchliche Aussagen des Zeugen
• BGH [5 StR 136/02]	Bessere Erinnerung an richterliche Vernehmung als in der Hauptverhandlung
• BGH [1 StR 58/01][214]	Grundsätzliches
• BGH [3 StR 175/01][215]	Halluzinationen
• BGH [1 StR 190/01]	Erste Anschuldigung und spätere Beschuldigungen
• BGH [1 StR 506/01]	Aussageverhalten im Ermittlungsverfahren
• BGH [1 StR 439/00][216]	Histrionische Persönlichkeitsstörung

207 *BGH* NStZ-RR 2005, 232.
208 *BGH* StV 2005, 488.
209 *BGH* NStZ 2002, 656 = BGHR StPO § 261 Beweiswürdigung 28 = BGHR StPO § 261 Erfahrungssatz 8 = BGHR StPO § 261 Sachverständiger 8.
210 *BGH* NStZ 2003, 164 = StV 2004, 59.
211 *BGH* StV 2002, 635 = StraFo 2002, 353.
212 *BGH* NStZ 2003, 165 = StV 2003, 61 = BGHR StGB § 177 Abs. 1 Gewalt 13 = BGHR StGB § 177 Abs. 1 Nr. 3 Schutzlose Lage 2.
213 *BGH* NJW 2003, 2250 = NStZ 2003, 533 = StV 2003, 393 = BGHR StGB § 177 Abs. 1 Schutzlose Lage 5.
214 *BGH* StV 2002, 354 = BGHR StPO § 344 Abs. 2 S. 2 Beweiswürdigung 6.
215 *BGH* StV 2002, 183 = StraFo 2002, 15.
216 *BGH* NStZ 2001, 161 = BGHR StPO § 261 Beweiswürdigung 23.

• BGH [2 StR 237/00]	Entstehungsgeschichte eines Gerüchts
• BGH [4 StR 405/00]	Lernbehinderte Zeugin
• BGH [5 StR 173/00][217]	Aussageentstehung zögerlich[218]
• BGH [1 StR 156/00][219]	Zusammenhang mit familiären Auseinandersetzungen
• BGH [1 StR 610/99][220]	Alternative kein Erlebnisbezug prüfen
• BGH [1 StR 666/99][221]	Befangenheit des Sachverständigen
• BGH [1 StR 293/99]	Allgemein
• BGH [1 StR 618/98][222]	Grundsatzentscheidung zu aussagepsychologischen Gutachten
• BGH [2 StR 496/98][223]	Therapiesitzung
• BGH [1 StR 476/98][224]	Zusammenhang mit familiären Auseinandersetzungen, Längere Zeiträume in psychiatrischer oder psychotherapeutischer Behandlung
• BGH [1 StR 420/98][225]	Grundsätzliches
• BGH [1 StR 338/98][226]	Grundsätzliches
• BGH [2 StR 189/98][227]	Tagebuchaufzeichnungen
• BGH [2 StR 49/98][228]	Grundsätzliches
• BGH [5 StR 689/98][229]	Zuflucht des Unschuldigen zur Lüge
• BGH [2 StR 591/97][230]	Grundsätzliches
• BGH [3 StR 558/97][231]	Ehescheidungs- und Sorgerechtsverfahren
• BGH [5 StR 422/97][232]	Private Befragungen
• BGH [4 StR 79/96][233]	Abrücken von früheren weitergehenden Beschuldigungen

217 *BGH* NStZ 2000, 550.
218 Angaben gegenüber ihrer Freundin, später gegenüber professionellen Helfern, erst allgemeine Andeutungen und erst auf näheres Befragen einer Psychologin des Jugendnotdienstes – Prüfung der psychischen Verfassung bei diesen ersten Angaben.
219 *BGH* NStZ 2000, 496 = StV 2001, 551 – Familiäre Auseinandersetzungen.
220 *BGH* NStZ 2000, 551 = StV 2002, 14 = BGHR StPO § 358 Abs. 1 Bindungswirkung 2.
221 *BGH* NStZ 2000, 544 = BGHR StPO § 244 Abs. 4 S. 2 Sachkunde 3.
222 *BGH* [1 StR 618/98] BGHSt 45, 164 = NJW 1999, 2746 = NStZ 2000, 100 = StV 1999, 473 = BGHR StPO § 244 IV 1 Sachkunde 9 = StraFo 1999, 340 = PdR 1999, 113.
223 *BGH* NStZ-RR 1999, 108.
224 *BGH* NStZ 1999, 45 = StV 1999, 306 Familiäre Auseinandersetzungen.
225 *BGH* NStZ-RR 1999, 275.
226 *BGH* NStZ 1999, 297 = BGHR StGB § 21 Sachmangel 3.
227 *BGH* NStZ 1998, 635 = BGHR StPO § 261 Verwertungsverbot 11.
228 *BGH* StV 1999, 307.
229 *BGH* NStZ 1999, 423 = BGHR StPO § 261 Überzeugungsbildung 33.
230 *BGH* StV 1998, 250.
231 *BGH* StV 1998, 362 = BGHR StGB § 176 Abs. 1 Beweiswürdigung 3.
232 *BGH* StV 1998, 116.
233 *BGH* StV 1996, 365 = BGHR StGB § 176 Serienstraftaten 7.

• BGH [4 StR 526/96][234]	Abweichen vom Gutachten zur Aussageentstehung
• BGH [1 StR 476/96]	Gutachten
• BGH [1 StR 405/96][235]	Streit mit Beschuldigtem
• BGH [4 StR 691/95][236]	Grundsätzliches
• BGH [4 StR 54/96][237]	Sorgerechtsstreit
• BGH [4 StR 691/95][238]	Grundsätzliches
• BGH [4 StR 330/95][239]	Grundsätzliches
• BGH [4 StR 237/95][240]	Private Befragungen zu Tatvorwürfen
• BGH [3 StR 163/95][241]	Private Befragung mit anatomischen Puppen
• BGH [3 StR 420/94][242]	Grundsätzliches
• BGH [4 StR 274/94][243]	Grundsätzliches
• BGH [5 StR 415/94]	Grundsätzliches
• BGH [1 StR 214/94]	Grundsätzliches
• BGH [3 StR 263/94]	Anzeige nur auf Drängen des Freundes
• BGH [1 StR 723/93][244]	Kleines Kind, 1 Jahr zwischen Tatende und Aussage
• BGH [2 StR 531/92][245]	Grundsätzliches
• BGH [3 StR 519/91][246]	Vorfall nicht in Exploration erwähnt
• BGH [1 StR 263/91][247]	Späte Anzeigenerstattung, Scheidungsauseinandersetzungen

(2) Aussageentwicklung

Ausdrücklich erwähnt ist die Prüfung der Aussageentwicklung bei kindlichen Zeu- **65**
genaussagen in folgenden *BGH*-Entscheidungen:

234 *BGH* NStZ-RR 1997, 172.
235 *BGHR* StPO § 267 Abs. 5 Freispruch 12.
236 *BGH* NStZ 1996, 295 = StV 1996, 197 = BGHR StPO § 265 Abs. 4 Hinweispflicht 13.
237 *BGH* StV 1996, 366.
238 *BGH* StV 1996, 197.
239 *BGH* NStZ 1996, 98 = StV 1996, 582.
240 *BGH* NJW 1996, 207 = NStZ 1995, 558 = StV 1995, 451 = BGHR StPO § 261 Beweiswürdigung, widersprüchliche 4.
241 *BGH* NJW 1996, 206 = NStZ 1996, 95 = StV 1995, 563 = BGHR StPO § 252 Verwertungsverbot 10.
242 *BGHR* GVG § 171b Abs. 1 Dauer 8.
243 *BGH* StV 1995, 6.
244 *BGH* NStZ 1994, 297 = StV 1994, 227 = BGHR StPO § 244 Abs. 2 Aussageentstehung 1.
245 *BGH* StV 1994, 526 = MDR 1993, 719 = BGHR StGB § 177 Abs. 1 Beweiswürdigung 15.
246 *BGH* NStZ 1992, 450 = BGHR StPO § 244 Abs. 2 Zeugenvernehmung 10 = BGHR StPO § 247 Abwesenheit 10 = BGHR StPO § 265 Abs. 1 Hinweispflicht 9.
247 *BGHR* StGB § 177 Abs. 1 Beweiswürdigung 16 = BGHR StGB § 177 Abs. 2 Urteilsformel 1.

- BGH [1 StR 618/98][248] Grundsatzentscheidung zu aussagepsychologischen Gutachten
- BGH [3 StR 558/97][249] Ehescheidungs- und Sorgerechtsverfahren

(3) Suggestion

66 Suggestive Beeinflussungen in der Befragung kindlicher Zeugen waren in den 90er Jahren das zentrale Thema zweier spektakulärer Großverfahren vor den Landgerichten Münster und Mainz.

In der juristischen Fachliteratur finden sich Anfang der 90er Jahre die ersten Veröffentlichungen – zunächst in familienrechtlichen[250], dann auch in strafrechtlichen[251] Zeitschriften – zur Suggestionsproblematik.

Etwa ab Mitte/Ende der 90er Jahre fand die Suggestionsproblematik auch Eingang in die *Rechtsprechung des BGH*:

- BGH [3 StR 28/08] Grundsätzliches
- BGH [1 StR 301/07][252] Grundsätzliches
- BGH [3 StR 281/07] Grundsätzliches
- BVerfG [2 BvR 1199/06] Grundsätzliches
- BGH [4 StR 164/05] Grundsätzliches
- BGH [1 StR 579/05][253] Pseudoerinnerungen durch Suggestion
- BGH [1 StR 379/03][254] Autoritätsgefälle; Kinderaussage
- BGH [5 StR 209/00][255] Suggestive Befragung
- BGH [1 StR 183/00][256] Unbewusste Suggestion
- BGH [5 StR 461/99] Grundsätzliches
- BGH [1 StR 618/98][257] Auto- oder (bewusst) fremdsuggerierte Angaben, private Gespräche

---

248 *BGH* [1 StR 618/98] BGHSt 45, 164 = NJW 1999, 2746 = NStZ 2000, 100 = StV 1999, 473 = BGHR StPO § 244 Abs. 4 S. 1 Sachkunde 9 = StraFo 1999, 340 = PdR 1999, 113.

249 *BGH* StV 1998, 362 = BGHR StGB § 176 Abs. 1 Beweiswürdigung 3.

250 *Rösner/Schade* FamRZ 1993, 1133 ff.; *Schade/Erben/Schade* Kindheit und Entwicklung 1995, 197; *Kluck* FPR 1995, 56; *Steller* FPR 1995, 60; *Kühne/Kluck* FamRZ 1995, 981.

251 *Endres/Scholz* NStZ 1994, 466; *Scholz/Endres* NStZ 1995, 6.

252 *BGH* NStZ 2008, 116 = BGHR StPO § 267 Abs. 1 S. 1 Beweisergebnis 12.

253 *BGH* NStZ-RR 2006, 242.

254 *BGH* NStZ 2004, 635.

255 *BGH* NStZ 2001, 105 = StV 2001, 550.

256 *BGH* NStZ-RR 2001, 174 = StV 2001, 552 = BGHR StPO § 154 Abs. 2 Teileinstellung 1 = BGHR StPO § 344 Abs. 2 S. 2 Beweiswürdigung 5.

257 *BGH* [1 StR 618/98] BGHSt 45, 164 = NJW 1999, 2746 = NStZ 2000, 100 = StV 1999, 473 = BGHR StPO § 244 Abs. 4 S. 1 Sachkunde 9 Grundsatzentscheidung = StraFo 1999, 340 = PdR 1999, 113.

- BGH [2 StR 496/98][258] Beeinflussung durch Therapie
- BGH [5 StR 469/97][259] Konfabulation, Suggestion
- BGH [5 StR 422/97][260] Private Befragungen
- BGH [2 StR 140/97][261] Vorbereitung auf polizeiliche Vernehmung
- BGH [3 StR 12/96][262] Vorbereitung auf Vernehmung, psychotherapeutische Behandlung
- BGH [4 StR 237/95][263] Private Befragungen
- BGH [4 StR 330/95][264] Gebrauch anatomischer Puppen bei der Befragung
- BGH [3 StR 163/95][265] Gebrauch anatomischer Puppen in Kombination mit Suggestivfragen
- BGH [2 StR 434/93][266] Provozierende Angaben Erwachsener – Erzählungen anderer Kinder

bb) Erwachsene Zeugen

Vergewaltigungsverfahren.[267] In Vergewaltigungsverfahren wird der Aussagegenese bislang wohl die meiste Aufmerksamkeit geschenkt. Das mag daran liegen, dass Vergewaltigung ein heimliches Delikt ist und bei einer bestreitenden Einlassung des Angeklagten die einzig ihn belastende Aussage von besonderer Qualität sein muss. **67**

Die Prüfung der Aussageentstehung findet sich z.B. in folgenden *BGH-Entscheidungen*:

- BGH [1 StR 12/09][268] Beziehung mit Beschuldigtem auch nach dem Vorfall, Anzeige erst auf Drängen
- BGH [5 StR 633/07] Entstehung der Aussage
- BGH [4 StR 416/05][269] Entstehung der schriftlichen Aussage
- BGH [1 StR 432/04] Späte Anzeigenerstattung
- BGH [1 StR 274/02][270] Umstände der Anzeige

258 *BGH* NStZ-RR 1999, 108.
259 *BGH* NStZ-RR 1998, 303 = BGHR StPO § 261 Überzeugungsbildung 30.
260 *BGH* StV 1998, 116.
261 *BGH* NStZ-RR 1998, 16 = StV 1997, 513 = BGHR StPO § 261 Beweiswürdigung 14.
262 *BGH* StV 1996, 410 = NStZ 1996, 401 = BGHR StGB § 176 Serienstraftaten 5.
263 *BGH* NJW 1996, 207 = StV 1995, 451 = NStZ 1995, 558 = BGHR StPO § 261 Beweiswürdigung, widersprüchliche 4.
264 *BGH* NStZ 1996, 98 = StV 1996, 582.
265 *BGH* NJW 1996, 206 = NStZ 1996, 95 = StV 1995, 563 = BGHR StPO § 252 Verwertungsverbot 10.
266 *BGH* StV 1994, 114 = BGHR StGB § 176 Abs. 1 Mindestfeststellungen 3.
267 Vgl. auch *BGH* [4 StR 405/00]; *BGH* [2 StR 496/98]; *BGH* [1 StR 405/96].
268 *BGH* StV 2009, 230.
269 *BGH* StV 2006, 285.
270 *BGH* NStZ 2003, 165 = StV 2003, 61 = BGHR StGB § 177 Abs. 1 Gewalt 13 = BGHR StGB § 177 Abs. 1 Nr. 3 Schutzlose Lage 2.

• BGH [1 StR 46/02]	Unverzügliche Anzeigenerstattung
• BGH [1 StR 263/01][271]	Nicht unverzüglich Anzeige erstattet – gerichtliche Auseinandersetzungen
• BGH [1 StR 190/01]	„Aufarbeitungstherapie“
• BGH [2 StR 237/00]	Grundsätzliches
• BGH [1 StR 183/00][272]	Grundsätzliches
• BGH [1 StR 55/00][273]	Späte Anzeigenerstattung – Beziehung zum Angeklagten
• BGH [2 StR 531/92][274]	Grundsätzliches

68 **Außerhalb der Sexualstrafverfahren.** Außerhalb der Sexualstrafverfahren ist die Prüfung der Aussageentstehung und -entwicklung bei erwachsenen Zeugenaussagen immer noch nicht hinreichend bekannt. Sie entspricht aber dem Selbstverständnis der Aussagepsychologie.

Vereinzelt finden sich Entscheidungen des *BGH* auch in anderen Bereichen außerhalb des Sexualstrafrechts:

(1) Betäubungsmittelverfahren

69 Auch in Betäubungsmittelverfahren ist die Aussagegenese bei erwachsenen Zeugen von Bedeutung.

In einer Entscheidung aus dem Jahre 1994

- BGH [1 StR 519/94][275]

weist der *BGH* auf das Erfordernis der Prüfung der Aussageentstehung hin.

• BGH [4 StR 174/09]	Aussageumstände
• BGH [4 StR 662/08][276]	Aussage tatbeteiligter Zeuge im Ermittlungsverfahren
• BGH [4 StR 104/02]	Zunächst be-, dann entlastende Aussage
• BGH [4 StR 699/95]	Abgestimmtes Aussageverhalten

(2) Aussagen im Ermittlungsverfahren

70 • BGH [4 StR 662/08][276]	Aussage tatbeteiligter Zeuge im Ermittlungsverfahren

271 *BGHR* StGB § 177 Abs. 1 Beweiswürdigung 16 = BGHR StGB § 177 Abs. 2 Urteilsformel 1.

272 *BGH* NStZ-RR 2001, 174 = StV 2001, 552 = BGHR StPO § 154 Abs. 2 Teileinstellung 1 = BGHR StPO § 344 Abs. 2 S. 2 Beweiswürdigung 5.

273 *BGH* NStZ 2000, 436.

274 *BGH* StV 1994, 526.

275 *BGH* StV 1995, 62.

276 *BGH* NStZ-RR 2009, 212 = StV 2009, 346.

• BGH [4 StR 449/07][277]	Zeugenaussage nur im Ermittlungsverfahren
• BVerfG [2 BvR 2045/02][278]	Aussage zu Lichtbildvorlage im Ermittlungsverfahren
• BGH [1 StR 266/02]	Entstehung der Aussagen im Ermittlungsverfahren, Aussageverweigerung in der Hauptverhandlung
• BGH [1 StR 40/02][279]	Zeugenaussage nur im Ermittlungsverfahren
• BGH [1 StR 506/01][280]	Aussage im Ermittlungsverfahren

(3) Erpressungsverfahren

In einem Erpressungsverfahren hat der *BGH* [4 StR 583/01] die fehlende erstinstanzliche Prüfung der Entstehungsgeschichte der polizeilichen Aussagen gerügt. **71** Es findet sich auch eine jüngere Entscheidung in einem Erpressungsverfahren, BGH [3 StR 33/05][281], in der es auf die Aussageentstehung ankommt.

(4) Schwurgerichtsverfahren

In einem Schwurgerichtsverfahren ging es um die Beurteilung einer behaupteten **72** Erinnerungslosigkeit eines Entlastungszeugen, die der *BGH* [1 StR 541/08][282] mit Blick auf die innere Festlegung des Zeugen, der Angeklagte könne nicht der Täter sein, für rekonstruiert hielt.

cc) Mitbeschuldigter

Besondere Aufmerksamkeit verdient die Entscheidung des 5. Strafsenats aus dem **73** Jahr 1999, *BGH* [5 StR 252/99][283] in der die Prüfung der Aussageentstehungsgeschichte – soweit hier erkennbar – erstmalig in einem Schwurgerichtsverfahren bei einem Mitbeschuldigten für erforderlich erachtet wurde. Es ging um die Beurteilung eines Wechsels der Inhalte in den Angaben eines Mitbeschuldigten. Dabei kam der Prüfung der Alternativhypothese, ob die Aussage des Mitbeschuldigten auch anders als durch tatsächliches eigenes Erleben erklärbar ist, besondere Bedeutung zu.

---

277 *BGHSt* 52, 148 = NJW 2008, 1010 = NStZ 2008, 293 = StV 2008, 170 = BGHR StPO § 250 Abs. 1 Unmittelbarkeit 6 – Die Geltendmachung des Zeugnisverweigerungsrechts verbunden mit der Erklärung, die Verwertung der bei einer früheren Vernehmung gemachten Aussage zu gestatten (*BGHSt* 45, 203), schränkt den Unmittelbarkeitsgrundsatz nicht ein und erlaubt deshalb grundsätzlich nicht die unmittelbare Verwertung einer Aufzeichnung über die frühere Vernehmung.

278 *BVerfG* NJW 2003, 2444 = NStZ-RR 2003, 299 = StV 2003, 593.

279 *BGH* NStZ 2002, 656 = BGHR StPO § 261 Beweiswürdigung 28 = BGHR StPO § 261 Erfahrungssatz 8 = BGHR StPO § 261 Sachverständiger 8.

280 *BGH* NStZ 2002, 431 = StV 2002, 350.

281 *BGH* StV 2005, 488.

282 *BGH* NStZ-RR 2009, 85.

283 *BGH* StV 2000, 243 Annaberg-Fall.

Geständnis des Mitbeschuldigten. Spätestens mit der 2002 ergangenen Entscheidung des 1. Strafsenats [1 StR 464/02][284] hat die Prüfung der Aussageentstehung auch in Wirtschaftsstrafverfahren Einzug gehalten.

Solche zeichnen sich vielfach – vor allem im Korruptionsbereich – vor allem dadurch aus, dass meist keine (neutralen) Zeugen als Beweismittel zur Verfügung stehen, sondern sich die Ermittlungen wesentlich bzw. ausschließlich auf Angaben von Mitbeschuldigten stützen. Häufig werden derlei Verfahren mit Geständnissen im Deal-Wege beendet.

Maßgeblich für die Glaubhaftigkeitsprüfung des Geständnisses ist seine Entstehungs- und Entwicklungsgeschichte, also „das Zustandekommen, der Inhalt und ggf. das Scheitern einer verfahrensbeendenden Absprache".

Der *BGH* [1 StR 370/07][285] hat die Bedeutung der Entstehungsgeschichte in einer Nachfolgeentscheidung noch einmal bekräftigt.

74 **Prüfung der Entstehungsgeschichte des Deals**

- **Zustandekommen**
- **Inhalt**
- **Scheitern**

Das führt zu vielerlei prozessual interessanten Fragestellungen. In der Konsequenz müssen alle an der Absprache Beteiligten als Zeugen gehört werden. Waren in dem Verfahren gegen den ehemaligen Mitbeschuldigten und jetzigen Belastungszeugen dieselben Richter beteiligt, so stellt sich im Rahmen der Rekonstruktion das Problem der Vernehmung der erkennenden Richter als Zeugen. Diese müssten ihre eigenen Angaben über das Zustandekommen der Absprache würdigen. Das ist nach § 22 Nr. 5 StPO unzulässig. Ihre Vernehmung kann zu Recht nicht durch dienstliche Erklärungen „ersetzt" werden – das hat der *BGH*[286] klargestellt.

Nach wie vor finden sich z.B. keine aussagepsychologischen Entscheidungen zur Qualität der Aussagen Mitbeschuldigter in Wirtschafts-/Korruptionsverfahren, in denen typischerweise[287] Beschuldigte die Entlassung aus der Untersuchungshaft nicht nur mit der Selbstbezichtigung, sondern erst mit der Beschuldigung eines anderen erzielen können.

284 *BGHSt* 48, 161 = NJW 2003, 1615 = NStZ 2003, 383 = StV 2003, 264 m. zutreffender Anm. von *Weider* = BGHR StPO § 261 Beweiswürdigung, unzureichende 15.

285 *BGHSt* 52, 78 = NJW 2008, 1749 = NStZ 2008, 173 = StV 2008, 60 = BGHR StPO § 261 Beweiswürdigung, unzureichende 17.

286 *BGHSt* 39, 239; 44, 4.

287 Sog. Drehtürprinzip – vgl. *Jansen* in: FS Hamm, S. 227.

dd) Beschuldigter – Einlassung

Nach *BGH* [2 StR 94/95][288] unterliegt die Beweiswürdigung der Einlassung des Beschuldigten denselben Beweisregeln wie andere Beweismittel. **75**

Entlastende Angaben des Angeklagten sind insbesondere nicht schon deshalb als unwiderlegbar hinzunehmen, weil es für das Gegenteil keine unmittelbaren Beweise gibt. Vielmehr hat der Tatrichter sich aufgrund einer Gesamtwürdigung des Ergebnisses der Beweisaufnahme seine Überzeugung von der Richtigkeit oder Unrichtigkeit der Einlassung zu bilden.

ee) Beschuldigter – falsche Alibibehauptung

Nach *BGH*[289] ist eine falsche Alibibehauptung „für sich allein kein Beweisindiz für dessen Täterschaft, da … auch ein Unschuldiger Zuflucht zur Lüge nehmen kann. Entsprechendes gilt in Fällen der Lüge des Angeklagten zu anderen beweisrelevanten Umständen, einer Fallgruppe, von der die Konstellation der widerlegten (nicht etwa nur fehlgeschlagenen) Alibibehauptung einen Ausschnitt bildet (…)“. Zu berücksichtigen ist, „ob und in welchem Umfang von dem Grundsatz, daß auch Unschuldige Zuflucht zu einer Lüge nehmen können (…), Ausnahmen zu machen sind. Treten nämlich besondere Umstände hinzu, so darf – und muß gegebenenfalls – auch der Umstand zum Nachteil des Angeklagten berücksichtigt werden, daß dieser sich wahrheitswidrig auf ein Alibi berufen hat, indem er bewußt unwahre Behauptungen aufgestellt hat. Dabei kann es insbesondere auf die Gründe und die Begleitumstände des Vorbringens der Alibibehauptung ankommen (…). In Fällen dieser Art ist der Tatrichter gehalten, die Umstände des Vorbringens der falschen Alibibehauptung zu erörtern“ und „sich einerseits mit der Aussageentstehung, der Vernehmungstechnik und der Protokollierung (vgl. Nr. 45 Abs. 2 RiStBV) und andererseits mit dem damaligen – etwa durch Vorhalte zustande gekommenen – Informationsstand des Angeklagten und dessen Verteidigungsstrategie auseinanderzusetzen“. **76**

Prüfung der falschen Alibibehauptung 77

- **Aussageentstehung**
- **Vernehmungstechnik**
- **Protokollierung (Nr. 45 Abs. 2 RiStBV)**
- **Informationsstand des Beschuldigten (ggf. durch Vorhalte beeinflusst)**
- **Verteidigungsstrategie**

288 *BGH* StV 1996, 5 = BGHR StPO § 261 Einlassung 6.
289 *BGH* [5 StR 689/98] NStZ 1999, 423, BGHR StPO § 261 Überzeugungsbildung 33.

b) BGH-Rechtsprechung zur Motivationslage

78 Hat der Zeuge ein Motiv, den Beschuldigten bewusst falsch zu belasten?

Die Antwort wird häufig davon abhängen, wie gut im konkreten Fall nach einem Motiv gesucht wird. Meist wird die Prüfung mehr oder weniger „routinemäßig" vorgenommen, d.h. nur wenig differenziert ohne den konkreten Sachverhalt im Blick zu haben. Mehr stereotyp werden die „klassischen" Motive wie Eifersucht, Rache, Hass geprüft. Trotz stetig wiederkehrender Belehrung durch den BGH wird potentielles Ablenken vom eigenen Tatbeitrag oder die Absicht, durch die falsche Beschuldigung eines anderen selbst einen Vorteil zu erstreben, bei der Beurteilung von Aussagen von Mitbeschuldigten oft außer Acht gelassen oder nicht hinreichend gewürdigt.[290]

Vereinzelt finden sich Entscheidungen, wonach nicht zwangsläufig von einem vorhandenen Motiv auf eine bewusst falsche Aussage zu schließen ist. Nur selten fragt der Strafjurist, ob sich der Zeuge zum Zeitpunkt der Beschuldigung auch der damit verbundenen Konsequenzen bewusst war und das Strafverfahren überhaupt erstrebt hat. Viele Zeugen wissen gar nicht um das strafrechtliche Prozedere, das sie mit ihrer Aussage in Gang setzen, oder ahnen nicht, dass eine mehr oder weniger harmlose Äußerung im privaten Kreis einen Dritten zur Anzeige über das Gehörte veranlasst.

Deshalb legt der Aussagepsychologe sein Augenmerk auf die „Geburtsstunde" der Entstehung der Beschuldigung. Dabei sind auch unbewusste Motive sowie die Wechselwirkung verschiedener Motive und die Bedingungen, unter denen die Beschuldigung entstanden ist, zu rekonstruieren und zu bewerten – und das nicht nur für den Fall der bewussten Falschaussage, sondern auch für die subjektiv wahre Aussage[291]. Die Entscheidung des Strafjuristen wird immer nur so gut sein, wie die Rekonstruktion und Interpretation der Beschuldigung gelingt.

79 **Prüfung der Entstehungsgeschichte der Aussagemotivation,**

bei bewusst falscher Aussage

bei subjektiv wahrer Aussage

- **Geburtsstunde der Entstehung der Beschuldigung**
- **Unbewusste Motivation**
- **Wechselwirkung verschiedener Motive**
- **Bedingungen, unter denen Beschuldigung entstanden ist**

Aussagepsychologisch wird die Motivationsanalyse nicht immer eindeutig vorzunehmen sein. Erscheint nach der Rekonstruktion der Motivation eine subjektiv wah-

290 Vgl. die Rechtsprechung dazu in diesem Abschnitt.
291 *Greuel et al.* S. 177.

re Aussage plausibler, kann das als ein Hinweis auf eine glaubhafte Aussage mit Erlebnisbezug gewertet werden, umgekehrt gilt das jedoch nicht. Findet sich ein Motiv für eine bewusst falsche Aussage, muss die Aussage nicht erlogen sein. Darauf kann allein die Beurteilung der Aussage nicht gestützt werden.

Auch wenn sich ein Motiv für eine bewusst falsche Aussage findet, muss die Aussage nicht erlogen sein. **80**

Aussagemotivation

• BGH [5 StR 491/08][292]	Eigene Tatbeteiligung abmildern
• BGH [4 StR 662/08][293]	Vergünstigung nach § 31 BtMG
• BGH [5 StR 94/07]	Rache-Hypothese
• BGH [5 StR 201/07]	Vorteile für sich selbst – Aufhebung Haftbefehl
• BGH [4 StR 533/07]	Vergünstigung nach § 31 BtMG
• BGH [2 StR 10/06][294]	Belastungseifer
• BGH [1 StR 90/06][295]	Vorteile für sich selbst
• BGH [1 StR 471/05]	Entlastung eines nahen Angehörigen
• BGH [5 StR 200/05][296]	Belastung Mitbeschuldigter – Vorteile für Freund
• BGH [5 StR 71/04][297]	Vergünstigung nach § 31 BtMG
• BGH [5 StR 480/04][298]	Vergünstigung nach § 31 BtMG
• BGH [1 StR 88/03][299]	Vergünstigung nach § 31 BtMG
• BGH [1 StR 524/02][300]	Rachehypothese
• BGH [4 StR 345/02][301]	Aussage zugunsten des Angeklagten
• BGH [1 StR 332/02]	Verwandtschaftsverhältnis – Enge der Beziehung
• BGH [1 StR 1/02]	Intrige durch Zeugen initiiert
• BGH [5 StR 44/01]	Vorteile für seine Tat, Enttäuschung, Rache
• BGH [3 StR 417/01][302]	Vergünstigung nach § 31 BtMG – eigenen Tatbeitrag als bloße Beihilfe darstellen
• BGH [3 StR 570/00][303]	Teilschweigen des Mitangeklagten

292 *BGH* StV 2009, 174.
293 *BGH* NStZ-RR 2009, 212 = StV 2009, 346.
294 *BGH* StV 2007, 286.
295 *BGH* StV 2006, 683 = StraFo 2006, 332.
296 *BGH* NStZ 2006, 114 = StV 2006, 515 = BGHR StPO § 105 Abs. 1 Durchsuchung 6 = BGHR StPO § 136 Abs. 1 Verteidigerbefragung 8.
297 *BGH* NStZ 2004, 691 = StV 2004, 578 = StraFo 2004, 354.
298 *BGH* NStZ-RR 2005, 88 = StV 2005, 253.
299 *BGH* NStZ-RR 2003, 245.
300 *BGH* StV 2003, 486.
301 *BGH* BGHSt 48, 161 = NJW 2003, 1615 = NStZ 2003, 383 = StV 2003, 264 = BGHR StPO § 261 Beweiswürdigung, unzureichende 15.
302 *BGH* NStZ-RR 2002, 146 = StV 2002, 470.
303 *BGH* NStZ 2001, 440 = StV 2001, 387.

- BGH [5 StR 252/99][304] Milderung der eigenen Strafe oder sonstiger Vorteil
- BGH [3 StR 558/97][305] Grundsätzliches
- BGH [1 StR 103/97][306] Gegenseitige Belastungen
- BGH [4 StR 699/95] Nicht zutreffende Darstellung teilweise aufrecht erhalten
- BGH [1 StR 519/94][307] Strafmilderung
- BGH [2 StR 63/92][308] Vergünstigung nach § 31 BtMG
- BGH [2 StR 531/92][309] Prüfung der Aussageentstehung im Rahmen der Motivationsanalyse
- BGH [5 StR 455/91][310] Vergünstigung nach § 31 BtMG
- BGH [5 StR 494/91][311] Selbstentlastung
- BGH [2 StR 588/91][312] Vergünstigung nach § 31 BtMG
- BGH [2 StR 603/89][313] Gehorsamspflicht gegenüber Vater
- BGH [3 StR 15/85][314] Bekanntschaft, persönliches Verhältnis zwischen Beschuldigtem und Zeugen
- BGH [1 StR 488/83][315] Eigene Beteiligung an Tat in günstigerem Licht erscheinen lassen

6. BGH-Rechtsprechung zur Aussageanalyse

81 Nach der Rechtsprechung des *BGH* ist eine Aussageanalyse nicht bei jeder Zeugenaussage erforderlich, jedenfalls aber dann, wenn Aussage gegen Aussage steht.

82 Grundsätzliche Ausführungen finden sich in der *Grundsatzentscheidung* des *BGH*[316] zu den wissenschaftlichen Anforderungen, die an aussagepsychologische Gutachten zu stellen sind

- BGH [1 StR 618/98][317]

---

304 *BGH* StV 2000, 243.
305 *BGH* StV 1998, 362 = BGHR StGB § 176 Abs. 1 Beweiswürdigung 3.
306 *BGH* StV 1997, 401.
307 *BGH* StV 1995, 62.
308 *BGH* StV 1992, 556.
309 *BGH* StV 1994, 526 = MDR 1993, 719 = BGHR StGB § 177 Abs. 1 Beweiswürdigung 15.
310 *BGH* StV 1992, 98.
311 *BGH* StV 1992, 149.
312 *BGH* StV 1992, 503.
313 *BGH* StV 1991, 101.
314 *BGH* StV 1985, 356.
315 *BGH* StV 1983, 496.
316 *BGH* [1 StR 618/98] BGHSt 45, 164 = NJW 1999, 2746 = NStZ 2000, 100 = StV 1999, 473 = BGHR StPO § 244 Abs. 4 S. 1 Sachkunde 9 = StraFo 1999, 340 = PdR 1999, 113.
317 *BGHSt* 45, 164 = NJW 1999, 2746 = NStZ 2000, 100 = StV 1999, 473 = BGHR StPO § 244 Abs. 4 S. 1 Sachkunde 9 = StraFo 1999, 340 = PdR 1999, 113.

sowie in *weiteren Entscheidungen des BGH*:

- BGH [5 StR 259/08][318] Aussageanalyse – vor allem zur Konstanz der Aussage
- BGH [1 StR 231/08] Aussageanalyse im Zusammenhang mit objektiven Beweisanzeichen
- BGH [1 StR 498/04][319] Aussageanalyse mit Bedacht auf das Privat- und Intimleben des Zeugen
- BGH [4 StR 206/02][320] Aussageanalyse durch den Tatrichter
- BGH [1 StR 171/02][321] Aussageanalyse unter sachverständiger Beratung
- BGH [1 StR 46/02] Aussageanalyse durch den Tatrichter[322]
- BGH [1 StR 553/01] Aussageanalyse durch den Tatrichter
- BGH [1 StR 169/00][323] Aussageanalyse durch den Tatrichter
- BGH [1 StR 156/00][324] Aussageanalyse durch den Tatrichter
- BGH [1 StR 610/99][325] Aussageanalyse durch den Tatrichter
- BGH [5 StR 252/99][326] Aussageanalyse beim Mitbeschuldigten durch den Tatrichter
- BGH [5 StR 145/98][327] Aussageanalyse durch den Tatrichter
- BGH [5 StR 621/96][328] Aussageanalyse durch den Tatrichter
- BGH [5 StR 415/94] Aussageanalyse durch den Tatrichter

a) BGH-Rechtsprechung zu Merkmalen in der Aussage

In der Grundsatzentscheidung zu aussagepsychologischen Gutachten führt der *BGH*[329] zu den aussageimmanenten Qualitätsmerkmalen aus: **83**

318 *BGH* NStZ-RR 2008, 349.
319 *BGH* NJW 2005, 1519 = BGHR StPO § 241 Abs. 2 Zurückweisung 12 = BGHR StPO § 244 Abs. 2 Zeugenvernehmung 17.
320 *BGH* NStZ-RR 2002, 308.
321 *BGH* StV 2002, 637 = BGHR StPO § 244 Abs. 4 S. 1 Sachkunde 12 m. Anm. *Salditt* StraFo 2003, 98.
322 Der *BGH* stellt klar, dass es keinen Rechtsfehler darstellt, wenn der Richter die Aussageanalyse in Anlehnung an die Maßstäbe vornimmt, die der Senat für aussagepsychologische Gutachten entwickelt hat, vgl. *BGH* 1 StR 618/98.
323 *BGHSt* 46, 93 = NJW 2000, 3505 = NStZ 2001, 212 = StV 2000, 593 = BGHR StPO § 141 Bestellung 4 = BGHR MRK Art. 6 Abs. 3 Buchst. d Fragerecht.
324 *BGH* NStZ 2000, 496 = StV 2001, 551.
325 *BGH* NStZ 2000, 551 = StV 2002, 14 = BGHR StPO § 358 Abs. 1 Bindungswirkung 2.
326 *BGH* StV 2000, 243.
327 *BGH* NStZ 1999, 45 = StV 1998, 635 = BGHR StPO § 261 Aussageverhalten 17.
328 *BGH* NStZ 1997, 355 = StV 1998, 62.
329 *BGH* [1 StR 618/98] BGHSt 45, 164 = NJW 1999, 2746 = NStZ 2000, 100 = StV 1999, 473 = BGHR StPO § 244 Abs. 4 S. 1 Sachkunde 9 = StraFo 1999, 340 = PdR 1999, 113.

BGH [1 StR 618/98]

„Zur Durchführung der Analyse der Aussagequalität sind auf der Basis der dargestellten Annahmen Merkmale zusammengestellt worden, denen indizielle Bedeutung für die Entscheidung zukommen kann, ob die Angaben der untersuchten Person auf tatsächlichem Erleben beruhen. Es handelt sich um *aussageimmanente Qualitätsmerkmale* (z.B. logische Konsistenz, quantitativer Detailreichtum, raum-zeitliche Verknüpfungen, Schilderung ausgefallener Einzelheiten und psychischer Vorgänge, Entlastung des Beschuldigten, deliktsspezifische Aussageelemente), deren Auftreten in einer Aussage als Hinweis auf die Glaubhaftigkeit der Angaben gilt (vgl. auch Bender/Nack, Tatsachenfeststellung vor Gericht Bd.1 2. Aufl. Rn. 231 ff.).“

In der Rechtsprechung des *BGH* finden Merkmale der Aussage seit Jahren bei der Beurteilung von Zeugenaussagen – insbesondere wenn Aussage gegen Aussage steht – Beachtung. Die Bezeichnungen der Merkmale sind nicht immer identisch mit den aussagepsychologischen „Glaubhaftigkeitskennzeichen“.

Folgende Aussagemerkmale werden z.B. in *BGH*-Entscheidungen erwähnt:

84 **„Selbstbelastung des Zeugen“**

- BGH [1 StR 99/07][330]
- BGH [5 StR 94/07]
- BGH [1 StR 557/01][331]
- BGH [3 StR 417/01][332]
- BGH [5 StR145/98][333]
- BGH [2 StR 63/92][334]

85 **„Erinnerungslücken“**

- BGH [5 StR 169/08][335]
- BGH [1 StR 37/06][336]
- BGH [5 StR 544/04]
- BGH [3 StR 431/04][337]
- BGH [4 StR 422/04]
- BGH [2 StR 441/04][338]
- BGH [2 StR 307/02][339]

330 *BGH* StV 2007, 402.
331 *BGH* NStZ 2002, 495.
332 *BGH* NStZ-RR 2002, 146 = StV 2002, 470.
333 *BGH* NStZ 1999, 45 = StV 1998, 635 = BGHR StPO § 261 Aussageverhalten 17.
334 *BGH* StV 1992, 556.
335 *BGH* NStZ-RR 2008, 338.
336 *BGH* NStZ 2006, 650 = StV 2008, 239 = wistra 2006, 315.
337 *BGH* NJW 2005, 1671 = NStZ 2005, 394 = NStZ-RR 2005, 146.
338 *BGH* StV 2005, 487 = BGHR StPO § 261 Beweiswürdigung 32.
339 *BGH* NStZ 2003, 276 = NStZ-RR 2003, 16 = StV 2003, 656 = BGHR StPO § 261 Beweiskraft 4.

- BGH [2 StR 535/02][340]
- BGH [4 StR 467/02]

„Eigene Psychische Vorgänge des Angeklagten" **86**

- BGH [1 StR 156/00][341]

„Detailreichtum" **87**

- BGH [5 StR 259/08][342]
- BGH [2 StR 541/08]
- BGH [4 StR 384/08][343]
- BGH [5 StR 94/07][344]
- BGH [1 StR 349/06][345]
- BGH [1 StR 90/06][346]
- BGH [1 StR 499/04][347]
- BGH [1 StR 432/04]
- BGH [3 StR 158/03][348]
- BGH [1 StR 529/02][349]
- BGH [5 StR 145/02][350]
- BGH [1 StR 46/02]
- BGH [3 StR 166/01][351]
- BGH [1 StR 156/00][352]

340 *BGH* StV 2003, 544 = StraFo 2003, 274.
341 *BGH* NStZ 2000, 496 = StV 2001, 551.
342 *BGH* NStZ-RR 2008, 349.
343 *BGH* StV 2009, 347 = StraFo 2008, 508.
344 „Schon der Ausgangspunkt des Landgerichts (UA S. 106), die zu den Taten dieses Angeklagten eher dürftige Schilderung des K. spreche eher für als gegen die Glaubhaftigkeit von dessen ursprünglicher Aussage, weil K. im Falle einer bewussten Falschaussage ohne Weiteres detaillierte Angaben zu den Taten des Al. hätte machen können, ist im Blick auf die aus aussagepsychologischen Untersuchungen gewonnenen Erfahrungsregeln (vgl. *BVerfG* NJW 2003, 2444, 2445; *BGHSt* 45, 164, 170 f.) zur Bedeutung des Detailreichtums als Glaubhaftigkeitskriterium zweifelhaft. Das Landgericht setzt sich mit seiner Wertung auch in Widerspruch zu seiner eigenen Beweiswürdigung im Übrigen, in der gerade der Detailreichtum der früheren Aussagen des K. als glaubhaftigkeitssteigernder Umstand gewürdigt wird."
345 *BGH* NStZ 2007, 652 = StV 2007, 401.
346 *BGH* StV 2006, 683 = StraFo 2006, 332.
347 *BGH* NStZ-RR 2007, 195.
348 *BGHSt* 48, 301 = NJW 2003, 3212 = NStZ 2004, 30 = StV 2003, 611 = BGHR StGB § 13 Abs. 1 Garantenstellung 22.
349 *BGH* NStZ 2003, 565 = BGHR StPO § 406 Teilentscheidung 1.
350 *BGH* NStZ 2004, 575.
351 *BGH* StV 2002, 523.
352 *BGH* NStZ 2000, 496 = StV 2001, 551 – Detailarmut.

- BGH [5 StR 540/00][353]
- BGH [4 StR 370/99][354]
- BGH [5 StR 252/99][355]
- BGH [1 StR 450/98][356]
- BGH [5 StR 145/98][357]
- BGH [1 StR 829/93][358]

88 „Komplikationen im Handlungsablauf“

- BGH [5 StR 99/07][359]
- BGH [1 StR 129/02]
- BGH [1 StR 618/98]

89 „Aussageerweiterung“

- BGH [5 StR 248/08]
- BGH [1 StR 545/00]
- BGH [5 StR 621/96][360]

90 „Verflechtung“

- BGH [1 StR 169/00][361]
- BGH [1 StR 553/01]
- BGH [1 StR 545/01][362]
- BGH [1 StR 156/00][363]
- BGH [5 StR 252/99][355]
- BGH [5 StR 479/95][364]

91 „Schilderung von Gefühlen“

- BGH [1 StR 46/02]
- BGH [1 StR 156/00][363]
- BGH [5 StR 145/98][357]
- BGH [5 StR 621/96][360]

353 *BGH* BGHR StPO § 260 Abs. 1 Teilfreispruch 13.
354 *BGH* NStZ 2000, 217 = NStZ-RR 2000, 217 = StV 2000, 123 – Detailarmut.
355 *BGH* StV 2000, 243.
356 *BGHSt* 44, 256 = NJW 1999, 802 = StV 1999, 304 = BGHR StPO § 261 Beweiswürdigung 17.
357 *BGH* NStZ 1999, 45 = StV 1998, 635 = BGHR StPO § 261 Aussageverhalten 17.
358 *BGH* StV 1994, 358.
359 *BGH* StV 2007, 402.
360 *BGH* NStZ 1997, 355 = StV 1998, 62.
361 *BGHSt* 46, 93 = NJW 2000, 3505 = NStZ 2001, 212 = StV 2000, 593 = BGHR StPO § 141 Bestellung 4 = BGHR MRK Art. 6 Abs. 3d Fragerecht 1.
362 *BGH* NStZ-RR 2002, 176.
363 *BGH* NStZ 2000, 496 = StV 2001, 551.
364 *BGHR* StPO § 261 Zeuge 19.

„Gefühlsmäßiger Nachklang“ **92**

- BGH [5 StR 621/96][365]
- BGH [1 StR 860/92][366]

Aussagekraft der Realkennzeichenanalyse. Auch wenn die kriterienorientierte Aussageanalyse ein wesentliches Element der Glaubhaftigkeitsbegutachtung ist, gewinnt sie ihre Aussagekraft „erst durch die Berücksichtigung der Ergebnisse der Persönlichkeits- und Motivanalyse sowie des Aussageverhaltens“[367].

b) BGH-Rechtsprechung zur Aussagekonstanz

In der *Grundsatzentscheidung* hat der *BGH*[368] zur Konstanzprüfung ausgeführt: **93**

BGH [1 StR 618/98]

„Während die Inhaltsanalyse sich mit der Qualität lediglich einer Aussage befaßt, geht es bei der Konstanzanalyse um das von einer Person gezeigte Aussageverhalten insgesamt. Es handelt sich dabei um ein wesentliches methodisches Element der Aussageanalyse, das im Erstgutachten angemessen angewendet wird. Die Konstanzanalyse bezieht sich insbesondere auf aussageübergreifende Qualitätsmerkmale, die sich aus dem Vergleich von Angaben über denselben Sachverhalt zu unterschiedlichen Zeitpunkten ergeben. Falls etwa ein Zeuge mehrfach vernommen worden ist, ist ein Aussagevergleich im Hinblick auf Übereinstimmungen, Widersprüche, Ergänzungen und Auslassungen vorzunehmen. Dabei stellt allerdings nicht jede Inkonstanz einen Hinweis auf mangelnde Glaubhaftigkeit der Angaben insgesamt dar. Vielmehr können vor allem Gedächtnisunsicherheiten eine hinreichende Erklärung für festgestellte Abweichungen darstellen (Gutachten Prof. Dr. Steller; s. auch Bender/Nack aaO Rn. 289 ff.).“

Nicht erst seit der Grundsatzentscheidung findet der Vergleich mehrerer Angaben des Zeugen zu demselben Sachverhalt Beachtung in der höchstrichterlichen Rechtsprechung, z.B.:

- BGH [5 StR 491/09][369]
- BGH [2 StR 178/09]
- BGH [5 StR 259/08][370]
- BGH [3 StR 302/08][371]

---

365 *BGH* NStZ 1997, 355 = StV 1998, 62.

366 *BGH* MDR 1993, 722.

367 Vgl. statt vieler *Volbert* in: Kröber/Steller, S. 171.

368 *BGHSt* = NJW 1999, 2746 = NStZ 2000, 100 = StV 1999, 473 = BGHR StPO § 244 Abs. 4 S. 1 Sachkunde 9 = StraFo 1999, 340 = PdR 1999, 113.

369 *BGH* [5 StR 419/09] – der BGH bekräftigt auch in dieser Entscheidung noch einmal die Bedeutung der Aussageentstehungsgeschichte, wonach Tatgerichte das Aussageverhalten des Zeugen zusammenhängend darzustellen und einer „erschöpfenden Würdigung“ zu unterziehen haben, wobei die Entstehung der jeweiligen Aussagen eingehender Feststellungen bedarf.

370 *BGH* NStZ-RR 2008, 349.

371 *BGH* StraFo 2009, 71.

- BGH [2 StR 555/07][372]
- BGH [2 StR 390/07]
- BGH [2 StR 258/07][373]
- BGH [4 StR 59/05]
- BGH [2 StR 371/03][374]
- BGH [1 StR 182/03][375]
- BGH [5 StR 48/03]
- BGH [2 StR 307/02][376]
- BGH [5 StR 295/02]
- BGH [4 StR 168/02][377]
- BGH [1 StR 554/00][378]
- BGH [1 StR 666/99][379]
- BGH [4 StR 370/99][380]
- BGH [1 StR 94/98][381]
- BGH [1 StR 450/98][382]

7. BGH-Rechtsprechung zum Aussageverhalten

a) Zögerliches Anzeigeverhalten

94 Der *BGH*[383] stellt klar, dass es „keine empirisch abgesicherten Erfahrungssätze über das Anzeigeverhalten von Vergewaltigungsopfern (gibt; d. A.),... die es verbieten, die feststellbaren Umstände zur Aussagegenese und -entwicklung zu bewerten und im Einzelfall Schlüsse zu ziehen". In Fällen, in denen Aussage gegen Aussage steht,

372 *BGH* [2 StR 555/07] StV 2008, 238 = BGHR StGB § 182 Abs. 2 Selbstbestimmungsfähigkeit – Abweichungen im Kerngeschehen.

373 *BGH* StV 2008, 237.

374 *BGH* StraFo 2004, 209 – Abgrenzung Rand-/Kerngeschehen, widersprüchliche Zeitangaben „Winter/August".

375 *BGH* NStZ-RR 2003, 118 = StV 2004, 305 = StraFo 2004, 134 – fehlende Konstanz ist nur von geringem Gewicht, wenn sie nicht den Kernbereich des Vorwurfs betrifft. Was Kernbereich ist und was Randbereich, ist eine Frage des Einzelfalls.

376 *BGH* NStZ 2003, 276 = NStZ-RR 2003, 16 = StV 2003, 656 = BGHR StPO § 261 Beweiskraft 4 – aus sich widersprechenden Angaben kann nicht auf Verdrängung geschlossen werden.

377 Abweichungen im Kernbereich.

378 *BGH* StV 2002, 470.

379 *BGH* NStZ 2000, 544 = BGHR StPO § 244 Abs. 4 S. 2 Sachkunde 3.

380 *BGH* NStZ 2000, 217 = NStZ-RR 2000, 217 = StV 2000, 123.

381 *BGHSt* 44, 153 = NJW 1998, 3788 = NStZ 1999, 43 = StV 1998, 580 = BGHR StPO § 261 Beweiswürdigung 15 = BGHR StPO § 265 Abs. 1 Hinweispflicht 15.

382 *BGHSt* 44, 256 = NJW 1999, 802 = StV 1999, 304 = BGHR StPO § 261 Beweiswürdigung 17.

383 *BGH* [1 StR 55/00] NStZ 2000, 436; [1 StR 156/00] NStZ 2000, 496 = StV 2001, 551.

muss sich das Gericht „vielmehr in besonderem Maße mit der Entstehung und der Entwicklung einer Aussage auseinandersetzen“.

b) Körpersprache

Im Rahmen der sog. Lügendetektorentscheidung hat der 1. Strafsenat 1998[384] – gestützt auf die Sachverständigen *Jänig*, *Fiedler* und *Steller* klargestellt, dass es „nach einhelliger wissenschaftlicher Auffassung nicht möglich ist, eindeutige Zusammenhänge zwischen bestimmten kognitiven oder emotionalen Zuständen und hierfür spezifischen Reaktionsmustern im vegetativen Nervensystem zu erkennen. Dies gilt insbesondere für mit der unwahren Beantwortung von Fragen in Verbindung stehende Reaktionen (‚no specific lie response‘)“. In der dazu ergangenen Grundsatzentscheidung ist klargestellt[385], dass die polygraphische Untersuchung „ohne jeden Beweiswert“ ist. **95**

Damit hat der Lügendetektor erneut keine Anerkennung im Strafverfahren gefunden, nachdem er sich auch 1954 [1 StR 578/53][386] als Beweismittel nicht durchsetzen konnte.

Die Diskussion um den Lügendetektor war seinerzeit im unmittelbaren zeitlichen und inhaltlichen Zusammenhang zu dem spektakulären Montessori-Verfahren und den Wormser-Mißbrauchsverfahren entfacht. Der *BGH* hat kurz nach der Lügendetektorentscheidung in der Grundsatzentscheidung[387], die die Mindeststandards für aussagepsychologische Gutachten formuliert, die modernen Erkenntnisse der Aussagepsychologie im Strafprozess anerkannt, deren Beachtung später auch das *Bundesverfassungsgericht*[388] erwähnt.

c) „Wer einmal lügt, dem glaubt man nicht“

Eine solche Beweisregel gibt es nicht [2 StR 235/95][389]. Sie würde auch aussagepsychologischen Erkenntnissen widersprechen, wonach es eben nicht auf die **96**

384 *BGH* [1 StR 258/98].

385 *BGH* [1 StR 156/98] BGHSt 44, 308 = NJW 1999, 657 = StV 1999, 74 = BGHR StPO § 136a Abs. 1 Zwang 5 = BGHR StPO § 244 Abs. 3 S. 2 Ungeeignetheit 19.

386 *BGHSt* 5, 332.

387 *BGH* [1 StR 618/98] BGHSt 45, 164 = NJW 1999, 2746 = NStZ 2000, 100 = StV 1999, 473 = BGHR StPO § 244 Abs. 4 S. 1 Sachkunde 9 = StraFo 1999, 340 = PdR 1999, 113.

388 *BVerfG* [2 BvR 2045/02] NJW 2003, 2444 = NStZ-RR 2003, 299 = StV 2003, 593.

389 *BGH* [3 StR 389/97] NStZ-RR 1998, 276 = StV 1999, 80: Kann sich der Tatrichter „auf nachvollziehbare Gründe stützen, darf er einem Zeugen selbst dann Glauben schenken, wenn dieser sich in anderem Zusammenhang nicht an die Wahrheit gehalten hat“; vgl. auch *BGH* [5 StR 316/96] StV 1996, 648 und die Rechtsprechung zur „Teilglaubhaftigkeit“.

Glaubwürdigkeit des Zeugen, sondern auf die Glaubhaftigkeit seiner Aussage im Einzelfall ankommt[390].

8. BGH-Rechtsprechung zu Merkmalen in der Aussage des Beschuldigten

„Selbstbezichtigung“

97
- BGH [2 StR 150/08][391] Wahrheitsgehalt der Selbstbezichtigung
- BGH [2 StR 475/06][392] Scheinbehauptung zum Beleg angeblicher „Geisteserkrankung“
- BGH [4 StR 413/93][393] Selbstbezichtigung bei alkoholbedingter Beeinträchtigung

98 **„Täterwissen“**

- BGH [1 StR 549/08][394] Entstehung und Anlass der Alibibehauptung
- BGH [4 StR 180/07][395] durch Medienveröffentlichung erlangtes Wissen
- BVerfG [2 BvR 687/07] „Alibi“ nicht nur auf Tatzeitpunkt beschränkt, spricht für Täterwissen
- BGH [1 StR 129/05][396] Mit Täterwissen durchsetzte selbstbelastende Aussage
- BGH [5 StR 142/00][397] Qualität des Geständnisses, Täterwissen
- BGH [4 StR 2/00] Täterwissen oder Information aus allgemein zugänglicher Quelle
- BGH [5 StR 689/98][398] Umstände der Alibibehauptung
- BGH [4 StR 363/97][399] Spekulation zum Täterwissen
- BGH [5 StR 232/94][400] Prüfung der Entstehung und Analyse des Aussageinhalts

390 Vgl. *Steller* in: Kröber/Steller, S. 1: „Bereits der Volksmund weist auf die weite Verbreitung einer charakterbezogenen Glaubhaftigkeitseinschätzung hin (‚Wer einmal lügt, dem glaubt man nicht‘) gleichzeitig macht der Volksmund aber die Fehlerhaftigkeit dieser Beurteilungsstrategie deutlich („und wenn er auch die Wahrheit spricht“).

391 *BGHSt* 52, 314 = NJW 2008, 2792 = NStZ 2008, 647 = NStZ-RR 2008, 352 = BGHR StPO § 267 Abs. 5 Freispruch 15.

392 *BGH* StV 2007, 240 = NStZ-RR 2007, 301 = StraFo 2007, 120.

393 *BGH* StV 1994, 6.

394 *BGH* NStZ-RR 2009, 248.

395 *BGH* StraFo 2008, 82.

396 *BGH* NJW 2005, 2466 = NStZ 2005, 648 = StV 2006, 113 = BGHR StPO § 231b Ausschluss 1 = BGHR StPO § 244 Abs. 2 Missbrauch 2 = BGHR StPO § 244 Abs. 3 S. 2 Prozessverschleppung 14 = BGHR StPO § 246 Abs. 1 Fristsetzung 1 = BGHR StPO § 258 Abs. 3 Letztes Wort 5.

397 *BGH* NStZ 2000, 546 = StV 2002, 3 = BGHR StPO § 52 Abs. 1 Verweigerung 4.

398 *BGH* NStZ 1999, 423 = BGHR StPO § 261 Überzeugungsbildung 33.

399 *BGH* NStZ 1998, 265.

400 *BGH* NStZ 1994, 597 = StV 1995, 341 = BGHR StPO § 261 Überzeugungsbildung 24.

Geständnis und Widerruf

Rechtlich beseitigt der Widerruf das Geständnis nicht. Vielmehr ist – nach ständiger Rechtsprechung – die Qualität des Geständnisses und des Widerrufs zu würdigen. Der Tatrichter hat die „Richtigkeit des Geständnisses" und beim Widerruf die Umstände und Gründe des Widerrufs zu prüfen[401]. Zudem stellt der Strafjurist auf die Motivation der Erklärung des Widerrufes ab. Anhand der höchstrichterlichen Rechtsprechung entsteht der Eindruck, dass die genaue Analyse der Verhörssituation, in der das Geständnis abgelegt wird, zu kurz kommt und dass die Suggestionswirkung von entsprechenden Verhörstechniken, die nicht zu einem bewusst falschen, aber zu einem suggerierten Geständnis führen können, nicht hinreichend bekannt bzw. beachtet werden.[402] **99**

- BGH [5 StR 238/09][403] Motivanalyse des Widerrufs
- BGH [3 StR 296/08][404] Entstehungsgeschichte des Geständnisses, Umstände und Gründe des Widerrufs
- BGH [3 StR 262/08] Anschluss an Geständnis des Mitbeschuldigten, Mitbeschuldigter widerruft Geständnis
- BGH [1 StR 180/06][405] Widerruf Pauschalgeständnis
- BGH [1 StR 354/03][406] Motivanalyse des Widerrufs
- BGH [3 StR 216/02][407] Gründe und Umstände des Widerrufs
- BGH [5 StR 317/01][408] Minderung des Geständnisses durch unzulässige Spekulation
- BGH [5 StR 20/00][409] Entstehungsgeschichte des Geständnisses
- BGH [1 StR 416/98][410] Geständnis stimmt in zahlreichen Details nicht mit Zeugenaussage überein, Motivanalyse des Geständnisse und des Widerrufs

401 Vgl. nur *BGH* NStZ 2004, 51 = StV 2003, 150 = BGHR StGB § 212 I Vorsatz, bedingter 55 = BGHR StPO § 261 Aussageverhalten 23.

402 Siehe zur aussagepsychologischen Exploration von Geständnissen und Widerrufen Teil 3 VII (Rn. 658 ff.) in diesem Buch.

403 *BGH* StV 2009, 629 = StraFo 2009, 423 = BGHR StPO vor § 1 faires Verhalten Vereinbarung 1.

404 *BGH* StraFo 2009, 23.

405 *BGH* NJW 2007, 92 = StV 2007, 115.

406 *BGH* NStZ-RR 2004, 238.

407 *BGH* NStZ 2004, 51 = StV 2003, 150 = BGHR StGB § 212 Abs. 1 Vorsatz, bedingter 55 = BGHR StPO § 261 Aussageverhalten 23.

408 *BGH* StV 2002, 260.

409 *BGH* StV 2001, 440.

410 *BGH* NStZ 1999, 153.

IV. Gutachteneinholung

1. Zur Beurteilung der Aussagekompetenz

100 Im Nachfolgenden wird die höchstrichterliche Rechtsprechung zur Beurteilung der Aussagekompetenz dargestellt. Es geht um die Frage, wann sich das Gericht auf die eigene Sachkunde berufen kann und wann es der Gutachteneinholung durch einen Psychiater bzw. Aussagepsychologen bedarf.

a) Eigene Sachkunde des Gerichts

101 Die Beurteilung der Glaubhaftigkeit der Aussage des Zeugen ist die ureigenste Aufgabe des Tatrichters[411]. Aussagepsychologische Fragen stellen keine abgelegene Materie dar.[412]

Auch bei kindlichen Zeugen ist in der Regel die Einholung eines Glaubhaftigkeitsgutachtens nicht erforderlich, denn nicht nur die Beurteilung der Glaubhaftigkeit der Aussagen Erwachsener, sondern auch von kindlichen und jugendlichen Zeugenaussagen ist grundsätzlich Sache des Tatrichters[413]. Dabei darf sich vor allem eine erfahrene Jugendschutzkammer – nach *BGH*[414] –, die Aussagebeurteilung in aller Regel auch bei Angaben zu Taten in der frühen Kindheit des Zeugen zutrauen.

---

411 *BVerfG* [2 BvR 1071/03] NJW 2004, 209 = StV 2005, 64; *BGH* [...] BGHSt 23, 8; vgl. *BGH* [1 StR 561/81] zu Rauschgiftabhängigen m. Anm. *Schlothauer* StV 1982, 205.

412 *BVerfG* [2 BvR 2099/91] NJW 2003, 1443.

413 *BGH* [4 StR 23/07]; *BVerfG* [2 BvR 1788/06]; *BVerfG* [2 BvR 2203/06]; *BGH* [2 StR 445/05] NStZ-RR 2006, 241; *BGH* [1 StR 499/04] NStZ-RR 2007, 195; *BGH* [3 StR 431/04] NJW 2005, 1671 = NStZ 2005, 394 = NStZ-RR 2005, 146; *BGH* [5 StR 222/04] StV 2005, 419; *BGH* [2 StR 246/03] StV 2004, 241 = BGHR StPO § 244 Abs. 4 S. 1 Glaubwürdigkeitsgutachten 7; *BGH* [1 StR 171/02] StV 2002, 637 = BGHR StPO § 244 Abs. 4 S. 1 Sachkunde 12; *BGH* [1 StR 40/02] NStZ 2002, 656 = BGHR StPO § 261 Beweiswürdigung 28 = BGHR StPO § 261 Erfahrungssatz 8 = BGHR StPO § 261 Sachverständiger 8; *BGH* [1 StR 367/01]; *BGH* [5 StR 148/99] NStZ 1999, 472 = StV 1999, 470 = BGHR StPO § 244 Abs. 2 Glaubwürdigkeitsgutachten 2; *BGH* [4 StR 101/99] NStZ 1999, 506 = StV 1999, 371; *BGH* [1StR 234/98] NStZ 1999, 91 = BGHR StPO § 52 Abs. 3 S. 1 Verletzung 6 = BGHR StPO § 229 Abs. 1 Sachverhandlung 4; *BGH* [4 StR 353/97] NStZ 1998, 131; *BGH* [5 StR 621/96]; *BGH* [3 StR 543/96] NStZ-RR 1997, 171; *BGH* [1 StR 190/94] NStZ 1994, 503; *BGH* [1 StR 384/93] *BGH* [2 StR 594/93] StV 1994, 173 = BGHR StPO § 244 Abs. 4 S. 1 Sachkunde 6; *BGH* [1 StR 195/55] BGHSt 8, 130.

414 *BGH* [2 StR 445/05] NStZ-RR 2006, 441; *BGH* [5 StR 209/00] NStZ 2001, 105 = StV 2001, 550; *BGH* [3 StR 431/04] NJW 2005, 1671 = NStZ 2005, 394 = NStZ-RR 2005, 146; *BGH* [1 StR 338/98] NStZ 1999, 297 = BGHR StGB § 21 Sachmangel 3; *BGH* [2 StR 259/52] BGHSt 3, 27, 52; *BGH* [4 StR 142/85] NStZ 1985, 420.

Auch jugendliches Alter und Drogenabhängigkeit begründen weder jeweils für sich noch in einer Gesamtschau die Notwendigkeit, einen aussagepsychologischen oder gar einen psychiatrischen Sachverständigen hinzuzuziehen[415].

b) Hinzuziehung eines Sachverständigen

Welche besonderen Umstände es notwendig machen, dass der Tatrichter sich bei der Beurteilung der Glaubwürdigkeit eines Zeugen sachverständiger Hilfe bedient, entzieht sich weitgehend generalisierender Festlegung, sondern ist stets fallbezogen zu entscheiden[416]. Die Begutachtung erwachsener Zeugen ist eher die Ausnahme. Ein Anlass kann die Frage sein, ob der Zeuge aussagetüchtig ist – er also zutreffend wahrnehmen und sich erinnern und das Erinnerte zutreffend wiedergeben kann. **102**

Die Rechtsprechung fordert in einem *besonderen Fall*, dass sich der Tatrichter sachverständiger Hilfe bedienen muss und sich nicht auf seine möglicherweise nicht ausreichende eigene Sachkunde verlassen darf.

Besonderer Fall. Ein besonderer Fall liegt vor, wenn der Sachverhalt solche Besonderheiten aufweist, dass Zweifel aufkommen können, ob die Sachkunde des Gerichts zur Beurteilung der Glaubwürdigkeit unter den gegebenen besonderen Umständen ausreicht[417], so – nach *BVerfG* – wenn Fallparallelen im sozialen Nahbereich, psychische Auffälligkeiten oder suggestive Befragungen durch mehrere Verwandte vorliegen. Nach *BGH* kann eine Gutachteneinholung z.B. dann erforderlich sein, wenn sich der Zeuge erst aufgrund einer Hypnose erinnert[418], er unter einer Depression leidet und neurotische Angst hat[419], bei zum Zeitpunkt der Anzeigenerstattung bestehendem Vertrauensverhältnis des Zeugen zu dem von ihm Beschuldigten[420] sowie bei langjährigem Drogenkonsum und akuter Intoxikation zur Tatzeit[421]. **103**

Detailarmut. Fehlen detaillierte Angaben des Zeugen im Ermittlungsverfahren oder einer markanten und unverdächtigten Offenbarungssituation, ist die Einholung eines Glaubhaftigkeitsgutachtens naheliegend.[422] **104**

---

415 *BGH* [3 StR 241/98] NStZ-RR 1998, 347 = StV 1998, 592.

416 *BGH* [3 StR 241/98] NStZ-RR 1998, 347 = StV 1998, 592; vgl. ausführlich *Boetticher* in: Barton, S. 55.

417 *BGH* [1 StR 561/81] NStZ 1982, 42; *BGH* [4 StR 527/89] *BGHR* StPO § 244 Abs. 4 Satz 1 Glaubwürdigkeitsgutachten 2; *BGH* [5 StR 401/90] BGHR StPO § 244 Abs. 4 Satz 1 Glaubwürdigkeitsgutachten 3 und *BGH* [2 StR 594/93] BGHR StPO § 244 Abs. 4 Satz 1 Glaubwürdigkeitsgutachten Sachkunde 6; *Meyer-Goßner* § 244 Rn. 74 m.w.N.

418 *BGH* [1 StR 509/98] NStZ 1999, 48.

419 *BGH* [4 StR 508/96] StV 1997, 60 = NStZ-RR 1997, 106.

420 *BGH* [2 StR 594/93] StV 1994, 173 = BGHR StPO § 244 Abs. 4 S. 1 Sachkunde 6.

421 *BGH* [3 StR 364/08] NStZ 2009, 346 = StV 2009, 116 = BGHR StPO § 244 Abs. 4 S. 1 Glaubwürdigkeitsgutachten 8.

422 *BGH* [5 StR 540/00] BGHR StPO § 260 I Teilfreispruch 13.

105 **Suggestive Befragungen.** Für die Frage, ob ein Glaubhaftigkeitsgutachten einzuholen ist, können – nach *BGH*[423] – folgende Gesichtspunkte eine Rolle spielen:

- intensive und (teils) suggestive Befragungen durch Bezugpersonen des Kindes,
- der Zeuge ist von geringem Alter,
- zwischen den behaupteten Taten und deren Offenbarung ist mehr als ein Jahr vergangen,
- der Zeuge wird beim „Doktorspiel“ erwischt,
- Verwendung der kindlichen Aussagen im Sorgerechtsstreit.

Entscheidend ist immer die Beurteilung im konkreten Fall.

106 **Anderweitige Falschbelastung.** Der *BGH* hat in einem Fall, in dem sich die Zeugin in einer vor dem Tatzeitraum beginnenden, in diesen hineinreichenden und sich später wieder fortsetzenden psychotherapeutischen Behandlung befand, wenige Monate nach der Anzeigeerstattung einen Suizidversuch unternahm und einen Jungen absichtlich der Vergewaltigung falsch belastete, die eigene Sachkunde des Gerichts verneint[424].

107 **Islamischer Kulturkreis.** Aus Sicht des *BGH* ist die Aufklärung des sozio-kulturellen Hintergrunds zur Beurteilung der Zeugenaussage mittels eines Glaubhaftigkeitsgutachtens nicht notwendig, da „die Bedeutung der sexuellen Unberührtheit im türkisch-islamischen Kulturkreis inzwischen jedem mit Sexualdelikten zum Nachteil von Türkinnen befaßten Gericht bekannt ist“.[425]

108 **Psychische Auffälligkeiten.** Bei psychischen Auffälligkeiten muss im Einzelnen beschrieben werden, ob und wie sie sich konkret auf die Aussagefähigkeit ausgewirkt haben können.[426]

Geistig behinderte Zeugen, deren dauerhafte Beeinträchtigung auf einen in der Vergangenheit liegenden, abgeschlossenen hirnorganischen Prozess zurückgeht, sind nicht stets auch psychiatrisch zu begutachten. Vielmehr ist das eine Frage des Einzelfalles und der jeweiligen Umstände.[427]

109 **Selbstverletzendes Verhalten.** Selbstverletzendes Verhalten kann Ausdruck einer Borderline-Persönlichkeitsstörung sein[428] und kann damit Auswirkungen auf die Glaubhaftigkeit der Zeugenaussage haben.

---

423 *BGH* [5 StR 209/00] NStZ 2001, 105 = StV 2001, 550.

424 *BGH* [1 StR 171/02] StV 2002, 637 = BGHR StPO § 244 Abs. 4 S. 1 Sachkunde 12.

425 *BGH* [1 StR 338/98] NStZ 1999, 297 = BGHR StGB § 21 Sachmangel 3. *BGHR* StPO § 244 Abs. 4 Satz 1 Glaubwürdigkeitsgutachten 2.

426 *BGH* [4 StR 253/03]; *BGH* [4 StR 508/96] StV 1997, 60 = NStZ-RR 1997.

427 *BGH* [1 StR 5/02] NJW 2002, 1813 = NStZ 2002, 490 = StV 2002, 293 = BGHR StPO § 244 Abs. 2 Sachverständiger 18.

428 *BGH* [1StR 506/01] NStZ 2002, 431 = StV 2002, 350; vgl. *BGH* [5 StR 419/09] – vgl. zu Borderline-Persönlichkeitsstörung auch die Ausführungen unter Teil 1 III (Rn. 57) in diesem Buch.

Schizophrene Psychose. Wenn bei dem Zeugen eine schizophrene Psychose bereits im Tatzeitraum vorgelegen hat, können sich krankheitsbedingte Realitätsverkennungen auf die Wahrnehmungsfähigkeit während des Geschehens ausgewirkt und den Inhalt seiner Aussagen beeinflusst haben. Dann reicht die eigene Sachkunde des Gerichts nicht aus.[429] **110**

Schädelhirntrauma. Für die Frage, ob sich ein noch nicht lange zurückliegendes, schwerwiegendes Schädelhirntrauma auf die Zeugentüchtigkeit auswirken kann, reicht die eigene Sachkunde von Richtern regelmäßig nicht aus. Für ein schweres Trauma kann die lange Dauer eines komatösen Zustandes sprechen[430]. **111**

Sind nach der Einschätzung des Sachverständigen wegen des Zeitablaufs keine Erkenntnisse mehr zu erwarten, kann es ausreichen, dass er sich über wissenschaftliche Erfahrungssätze im Hinblick auf den Zusammenhang von Schädel-Hirn-Verletzungen und Zeugentüchtigkeit äußert. Unter Umständen wird der Sachverständige – die Zustimmung des Zeugen vorausgesetzt – auch Aufschlüsse aus den Unterlagen über die ärztliche Behandlung gewinnen können.[430]

Sachverständiger im ersten Durchgang. In einem Fall ging es darum, dass ein psychologischer Sachverständiger vor der zuerst erkennenden Strafkammer zu dem Ergebnis gelangt war, dass die Zeugentüchtigkeit, das Aussageverhalten und der Motivationshintergrund keine Anhaltspunkte böten, „an der Annahme dieser Realitätshypothese erhebliche Zweifel" zu begründen. Dem hatte sich der erste Tatrichter angeschlossen, was dem vom letzten Tatrichter gewonnenen Ergebnis diametral entgegenstand; allerdings hatte die Zeugin inzwischen Aussagen gemacht, die in ihren früheren Angaben nicht enthalten waren (...). Bei solcher Fallgestaltung lag es – nach *BGH*[431] – nahe, den psychologischen Sachverständigen oder einen anderen Sachverständigen, der dessen Erkenntnisse zu berücksichtigen gehabt hätte, zu hören. **112**

Beschuldigter – Aussagefähigkeit. Der *BGH* hat die Einholung eines Glaubhaftigkeitsgutachtens in einem Fall als sachgerecht erachtet, in dem bei dem „Angeklagten eine Minderbegabung mit psychosozialer und psychosexueller Retardierung" bestand und er seine im Ermittlungsverfahren abgegebenen Geständnisse in der Hauptverhandlung widerrufen hat, um die Glaubhaftigkeit der Geständnisse bzw. des Widerrufs und der Angaben in der Hauptverhandlung verlässlich prüfen zu können. **113**

Beschuldigter – Berücksichtigung der besonderen Haftsituation. In einem anderen Fall ist der *BGH* von der Sachkunde der Schwurgerichtskammer ausgegangen, um die Angaben des Angeklagten gegenüber der Polizei über seine Vorstellungen vor und während des Tatgeschehens auf ihre Glaubhaftigkeit zu überprüfen: „Auch **114**

429 *BGH* [4 StR 386/05] NStZ-RR 1997, 106 = StV 1997, 60; *BGH* [5 StR 199/00].
430 *BGH* [5 StR 204/94] StV 1994, 634.
431 *BGH* [5 StR 510/05].

bei Berücksichtigung der besonderen Haftverhältnisse mit ihren einschneidenden Beschränkungen, denen der Angeklagte bis zu seiner polizeilichen Vernehmung unterlag, war keine derartige Ausnahmesituation gegeben, dass für deren Beurteilung die Sachkunde des Gerichts nicht ausgereicht hätte und der Beistand eines psychologischen Sachverständigen erforderlich gewesen wäre.“[432]

c) Auswahl des Sachverständigen

115 In Entscheidungen aus dem Jahr 1996 hat der *BGH* es noch dem Tatrichter überlassen, ob er für die Beurteilung der Glaubwürdigkeit des Zeugen einen Psychologen oder Psychiater beauftragt.

116 **Psychiater.** Die Beurteilung geistiger Erkrankungen obliegt nach gefestigter Rechtsprechung des BGH dem Psychiater:

- BGH [1 StR 416/96][433]
- BGH [5 StR 621/96][434]
- BGH [4 StR 764/94][435]
- BGH [1 StR 896/92][436]

Dieser Grundsatz ist noch einmal in der Entscheidung des *1. Strafsenates* [1 StR 5/02][437] wiederholt worden: „Der besonderen Sachkunde eines Psychiaters bedarf es allenfalls dann, wenn die Zeugentüchtigkeit dadurch in Frage gestellt ist, daß der Zeuge an einer geistigen Erkrankung leidet oder sonst Hinweise darauf vorliegen, daß die Zeugentüchtigkeit durch aktuelle psychopathologische Ursachen beeinträchtigt sein kann. Die Beurteilung solcher krankhafter Zustände setzt besondere medizinische Fachkenntnisse voraus (vgl. BGHSt 23, 8, 12 f.; BGHR StPO § 244 Abs. 4 Satz 1 Glaubwürdigkeitsgutachten 4; Steller/Volbert, Praxis der Rechtspsychologie, Sonderheft 1, November 2000, S. 102, 112 ff.).“

117 **Aussagepsychologe.** Der Aussagepsychologe ist hinzuzuziehen bei der Beurteilung des Zustandekommens der Aussage, also zur Beurteilung normalpsychologischer Varianten der Aussagekompetenz.[438]

---

432 *BGH* [3 StR 332/94] NStZ 1995, 44 = StV 1995, 57 = BGHR StGB § 212 Abs. 1 Vorsatz, bedingter 42 = BGHR StPO § 59 Satz 1 Sachverständigenfrage 2.

433 *BGH* StV 1997, 61 = NStZ 1997, 199 = BGHR StPO § 244 Abs. 4 Satz 1 Glaubwürdigkeitsgutachten 4.

434 *BGH* NStZ 1997, 355 = StV 1998, 62.

435 *BGH* NStZ 1995, 558 m.w.N.

436 *BGHSt* 39, 213 = NJW 1993, 2252 = NStZ 1993, 490 = StV 1993, 522 = BGHR StGB § 178 Abs. 1 Sexuelle Handlung 6 = BGHR StGB § 234 Sklaverei 1 = BGHR StGB § 243 Abs. 1 S. 2 Nr. 1 Einsteigen 1.

437 *BGH* [1 StR 5/02] NJW 2002, 1813 = NStZ 2002, 490 = StV 2002, 293 = BGHR StPO § 244 Abs. 2 Sachverständiger 18.

438 Vgl. auch *BGH* [1 StR 5/02] NJW 2002, 1813 = NStZ 2002, 490 = StV 2002, 293 = BGHR StPO § 244 Abs. 2 Sachverständiger 18.

Hinzuziehung eines Psychologen als weiteren Sachverständigen. Geht es um Auffälligkeiten in der Person des Zeugen, die keinen Einfluss auf dessen Zeugenkompetenz haben, „kann der Tatrichter davon absehen, einen Psychologen als weiteren Sachverständigen zur Glaubwürdigkeit des erwachsenen Zeugen zu hören"[439]. Hiervon abweichend hat der *BGH*[440] aber in einer jüngeren Entscheidung aus dem Jahr 2002 es dem Tatrichter überlassen, ob bei einer persönlichkeitsgestörten Zeugin ein Jugendpsychiater oder ein Aussagepsychologe hinzuzuziehen ist. 118

Therapeut kann nicht Sachverständiger sein. Ist der Zeuge in therapeutischer Behandlung, genügt die Stellungnahme des behandelnden Psychiaters und Psychologen nicht, da im Rahmen der Therapie ihres Patienten im Vordergrund ihrer Aufgabe nicht die Frage des Wahrheitsgehalts der Äußerungen des Patienten steht, sondern die Behandlung etwa einer Persönlichkeitsstörung, „um die Minderung subjektiv empfundenen Leidensdrucks und um Verhaltensänderungen (vgl. dazu nur *BGH* 1 StR 40/02). Überdies steht einem als Zeugen vernommenen, früher behandelnden Therapeuten regelmäßig nicht diejenige umfassende Erkenntnisgrundlage zur Verfügung, die einem das Gericht beratenden Sachverständigen zugänglich ist. Diesem liegen regelmäßig auch die Strafakten mit allen bis dahin angefallenen Ermittlungsergebnissen offen; er wird zumeist an der Beweisaufnahme teilnehmen und den Zeugen im Falle von dessen Einverständnis auch explorieren, vor allem aber seine Bewertung gezielt und allein im Blick auf den Wahrheitsgehalt der Aussage vornehmen"[440]. 119

2. Zur Beurteilung der Aussagequalität

a) Eigene Sachkunde des Gerichts

Wie hier schon mehrfach erwähnt, ist die Beurteilung von Zeugenaussagen ureigenste Aufgabe des Gerichts – das ist gefestigte Rechtsprechung seit Jahrzehnten. Daran hat sich auch seit der Grundsatzentscheidung des *BGH*[441] zu aussagepsychologischen Gutachten nichts geändert. Darin heißt es: 120

BGH [1 StR 618/98]

„Hält der Tatrichter ausnahmsweise die Einholung eines Glaubhaftigkeitsgutachtens für erforderlich, so fällt es grundsätzlich in seine Zuständigkeit, insofern die Einhaltung der dargelegten wissenschaftlichen Mindestanforderungen sicherzustellen".

439 *BGH* [4 StR 100/97] BGHR StPO § 244 Abs. 4 S. 1 Glaubwürdigkeitsgutachten 5.
440 *BGH* [1 StR 171/02] BGHR StPO § 244 Abs. 4 S. 1 Sachkunde 12.
441 *BGH* [1 StR 618/98] BGHSt 45, 164 = NJW 1999, 2746 = NStZ 2000, 100 = StV 1999, 473 = BGHR StPO § 244 Abs. 4 S. 1 Sachkunde 9 = StraFo 1999, 340 = PdR 1999, 113.

Wenn der Tatrichter sich auf seine eigene Sachkunde beruft, muss er allgemein anerkannte Grundsätze der Aussagepsychologie heranziehen:

- BGH [1 StR 439/00][442] Detailhafte Schilderung, außerhalb der Aussage liegende Indizien
- BGH [5 StR 145/98][443] Anknüpfen an Glaubhaftigkeitsmerkmale
- BGH [1 StR 547/93][444] Alle Umstände – bei Aussage gegen Aussage in Beweiswürdigung einbeziehen

In besonderen Fällen muss sich der Tatrichter aber sachverständiger Hilfe bedienen und darf sich nicht auf seine möglicherweise nicht ausreichende eigene Sachkunde verlassen. In Grenzfällen wird er eher zu viel als zu wenig tun müssen[445].

Nr. 69 RiStBV

> *Ein Sachverständiger soll nur zugezogen werden, wenn sein Gutachten für die vollständige Aufklärung des Sachverhalts unentbehrlich ist.*

Glaubhaftigkeitsgutachten als Indiz für Glaubhaftigkeit. Das Glaubhaftigkeitsgutachten des Sachverständigen kann Indiz für die Glaubhaftigkeit der Aussage sein[446].

Der Sachverständige soll nicht darüber befinden, ob die zu begutachtende Aussage wahr ist oder nicht; dies ist dem Tatrichter vorbehalten. Vielmehr soll er dem Gericht die Sachkunde vermitteln, mit deren Hilfe es die Tatsachen feststellen kann, die für die Beurteilung der Glaubwürdigkeit wesentlich sind[447].

b) Begutachtungsanlässe

aa) Begutachtungsanlässe aus aussagepsychologischer Sicht

121 *Arntzen*[448] sieht bei *kindlichen Zeugen* Anlass für eine Begutachtung,

- wenn die Kinder jünger als vier Jahre sind,
- wenn das Geschehen lange zurückliegt,
- bei kognitiv-intellektuellen oder sozio-emotionalen Entwicklungsdefiziten,
- bei Gefahr, durch die Befragung könne es zur Aktualisierung potentieller traumatischer Erfahrung kommen,
- bei Gefahr suggestiver Aussagebeeinflussung.

---

442 *BGH* NStZ 2001, 161 = BGHR StPO § 261 Beweiswürdigung 23.

443 *BGH* NStZ 1999, 45 = StV 1998, 635 = BGHR StPO § 261 Aussageverhalten 17.

444 *BGH* StV 1994, 64 = BGHR StPO § 261 Zeuge 14.

445 *BGHSt* 23, 8.

446 *BGH* [2 StR 378/03]; *BGH* [2 StR 354/03] NJW 2002, 118 = NStZ-RR 2004, 87 = BGHR StPO § 261 Beweiswürdigung 29.

447 *BGH* [2 StR 354/03].

448 *Arntzen* Vernehmungspsychologie, S. 83.

Nach *Michaelis-Arntzen*[449] sollte aus aussagepsychologischer Sicht ein Glaubhaftigkeitsgutachten eingeholt werden,

- wenn die *Motivsituation sehr unklar* ist (Familienstreit bei Inzestverdacht, Prestigeeinfluss bei Vergewaltigungsverdacht),
- wenn sich bei Kindern und Jugendlichen *Widersprüche* in Aussagen finden oder wenn diese *widerrufen* werden,
- wenn die *Aussagetüchtigkeit* der Zeugen *zweifelhaft* ist (sehr junge Kinder, schwach begabte Kinder und Erwachsene),
- wenn es sich um Zeugen mit *Anfallsleiden* (Absencen, Epilepsie), *psychotischen Symptomen* oder um Personen handelt, bei denen mit einem *altersbedingten Abbau* intellektueller Funktionen zu rechnen ist,
- wenn ein *ungünstiges Milieu* verschiedene unsachliche Einflüsse vermuten lässt (z.B. bei Verdacht der Prostitution und Zuhälterei).

Vergewaltigungsverfahren. In Vergewaltigungsverfahren werden zunehmend erwachsene Zeuginnen begutachtet, wenn die Aussage der Belastungszeugin das einzige Beweismittel ist. Die bei der Vernehmung zu beachtenden Besonderheiten sind in Teil 2 III (Rn. 246 ff.) ausgeführt. **122**

bb) Begutachtungsanlässe nach der BGH-Rechtsprechung

Nack[450] erläutert zur Aufgabenverteilung zwischen Tatrichter und Sachverständigem: „Die Aufgabenverteilung zwischen dem Tatrichter und dem Glaubwürdigkeitsgutachter ist noch nicht ausreichend geklärt.[451] Insbesondere geht es um die Frage, ob der Tatrichter allein oder jedenfalls in erster Linie das ‚Monopol' und vor allem die Pflicht hat, die Aussagen (einschließlich der vom Sachverständigen ‚produzierten') selbst mittels der Aussageanalyse zu würdigen." **123**

(1) Kindliche Zeugen

Auch bei kindlichen Zeugenaussagen ist die Gutachteneinholung nicht die Regel[452], sondern nur besondere Umstände machen sachverständige Hilfe notwendig. **124**

Der *BGH*[453] hat schon im Jahre 1955 entschieden, „die Beurteilung des Wertes von Zeugenaussagen gehört von jeher zum Wesen richterlicher Rechtsfindung. ... Die Zuziehung sachverständiger Personen mit besonderen Kenntnissen in der Seelenkunde ist auch hier nur dann geboten, wenn ein jugendlicher Zeuge aus dem gewöhnlichen Erscheinungsbild des Kindes oder Jugendalters hervorstechende Züge oder Eigentümlichkeiten aufweist (*BGH* aaO; *BGH* 3 StR 908/51 vom 13. November 1952)".

449 *Michaelis-Arntzen* in: Arntzen, S. 78.
450 *Nack* StV 2002, 558.
451 Vgl. *Fischer* NStZ 1994, 1.
452 *BGH* [5 StR 334/93].
453 *BGH* [1 StR195/55].

In einer Entscheidung aus dem Jahr 1952 hat der *BGH*[454] ausgesprochen, dass sich der Tatrichter stets der Gefahr bewusst bleiben und prüfen muss, „ob die Sachkunde des Gerichts, die nicht notwendig bei allen Richtern vorhanden sein braucht, ausreicht, Fehler und Irrtümer in den Kinderaugen rechtzeitig zu erkennen und auszuschalten. Der Tatrichter muß bei der Beweiswürdigung in solchen Fällen beachten, daß er sich auf besonders schwierigem Gebiet bewegt. Aus dem Urteil muß hervorgehen, daß solche besonderen Umstände in ihrer möglichen Bedeutung erkannt und gewürdigt worden sind".

Die Einholung eines Glaubhaftigkeitsgutachtens ist nach höchstrichterlicher Rechtsprechung immer dann erforderlich, wenn die Beweislage wegen der Besonderheiten des Falles besonders schwierig ist.

Nach der *BGH-Rechtsprechung*[455] kommt es auf den Einzelfall[456], auf die entwicklungspsychologische Entwicklung des Kindes an und darauf, ob im Einzelfall Einschränkungen vorhanden sind, wie z.B. bei sehr jungen Kindern[457].

125 Die Gutachteneinholung ist in folgenden Fällen nicht erforderlich gewesen:

- BGH [1 StR 338/98][458] Jugendschutzkammer – Kein Gutachten, wenn Zeuge in früher Kindheit Opfer eines Sexualdelikts war
- BGH [3 StR 241/98][459] Keine generalisierende Festlegung zur Einholung eines Gutachtens
- BGH [5 StR 621/96][460] Kein Gutachten bei möglicher unbewusster Übernahme fremder Erlebnisse und Alkoholisierung der Zeugin
- BGH [4 StR 81/92] Grundsätzlich kein Gutachten bei kindlichen Zeugen – nur in besonderen Fällen
- BGH [2 StR 170/81][461] Kenntnisse der Jugendschutzkammer können erwartet werden bei Beurteilung kindlicher Aussagen
- BGH [1 StR 130/52][462] Zeugin in frühem Alter Opfer geworden – eigene Sachkunde der Jugendschutzkammer

454 *BGH* [1 StR 631/51] BGHSt 2, 163.
455 *BGH* [2 StR 170/81] NStZ 1981, 400.
456 *BGH* [1 StR 130/52] BGHSt 3, 27.
457 *BGH* [4 StR 764/94] StV 1995, 39.
458 *BGH* NStZ 1999, 297 = BGHR StGB § 21 Sachmangel 3.
459 *BGH* NStZ-RR 1998, 347 = StV 1998, 592.
460 *BGH* NStZ 1997, 355 = StV 1998, 62.
461 *BGH* NStZ 1981, 400.
462 *BGHSt* 3, 52.

Die Gutachteneinholung ist in folgenden Fällen erforderlich gewesen: **126**

• BGH [1 StR 171/02][463]	Gutachten bei langandauernder Psychotherapie, Suizidversuch mehrere Monate nach Anzeigenerstattung, bewusste Falschbelastung eines Jungen eines in Einzelheiten angereicherten und als glaubhaft erachteten Vergewaltigungsvorwurf, Missbrauchs-Handlungen nur in allgemein gehaltener Weise oder bruchstückhaft berichtet
• BGH [5 StR 209/00][464]	Gutachten bei intensiver, teilweise suggestiver Befragung, geringem Alter des Zeugen, beträchtlichem zeitlichen Abstand von mehr als einem Jahr zwischen den letzten Taten und deren Offenbarung, im Blick auf die Offenbarungssituation – erwischt werden der Kinder beim „Doktorspiel" und Verwendung der kindlichen Aussagen durch die Ehefrau des Angeklagten im Sorgerechtsstreit
• BGH [5 StR 148/99][465]	Gutachten bei kargen Angaben zum Kerngeschehen
• BGH [4 StR 101/99][466]	Mehrbelastung bei polizeilicher Vernehmung als in der Hauptverhandlung
• OLG Brandenburg [2 Ss 72/98][467]	Gutachten bei Verhaltensauffälligkeiten
• BGH [1 StR 577/98][468]	Gutachten, wenn Zeugin intelligenzschwach und emotional unausgeglichen
• BGH [4 StR 353/97][469]	Gutachten, wenn Sachverhalt Besonderheiten aufweist
• BGH [3 StR 543/96][470]	Zerebrale Störung, unterdurchschnittliche Intelligenz der Zeugin, Entscheidung ohne Gutachten

463 *BGH* StV 2002, 637.
464 *BGH* NStZ 2001, 105 = StV 2001, 550.
465 *BGH* NStZ 1999, 472 = StV 1999, 470 = BGHR StPO § 244 Abs. 2 Glaubwürdigkeitsgutachten 2.
466 *BGH* NStZ 1999, 506 = StV 1999, 371.
467 *OLG Oldenburg* StV 1999, 481.
468 *BGH* NStZ 1999, 257 = NStZ-RR 2000, 39.
469 *BGH* NStZ 1998, 131.
470 *BGH* NStZ-RR 1997, 171.

• BGH [2 StR 458/94][471]	Gutachten, wenn Widerspruch zwischen den früheren und den jetzigen Angaben des Kindes auf überlagerter Erinnerung an etwa 3 1/2 Jahre zurückliegenden Vorgang beruhen kann
• OLG Saarbrücken [1 Ws 590/94][472]	Alter – Zwei Jahre neun Monate, 3-4 Jahre
• BGH [2 StR 594/93][473]	Gutachten bei lang zurückliegendem Tatzeitraum
• BGH [4 StR 212/91][474]	Gutachten bei Homosexualität
• BGH [4 StR 527/89][475]	Gutachten, wenn Sachverhalt Besonderheiten aufweist
• BGH [4 StR 142/85][476]	Gutachten, wenn der Zeuge in hohem Maße aus dem normalen Erscheinungsbild seines Alters hervorstechende Züge und Eigentümlichkeiten aufweist, die sich nicht durch eine jugendpsychiatrische Begutachtung erklären lässt
• BGH [1 StR 640/81][477]	Gutachten, wenn Beweislage besonders schwierig
• BGH [4 StR 446/68][478]	Psychiatrischer Sachverständiger bei krankhafter Störung
• BGH [2 StR 15/66][479]	Aufgaben des aussagepsychologischen Sachverständigen
• BGH [1 StR 195/55][480]	Gutachten bei erwachsener Zeugin im Klimakterium
• BGH [5 StR 416/54][481]	Gutachten bei kindlichen Zeugen
• BGH [2 StR 259/52][482]	Gutachten bei hervorstechenden Zügen und Eigentümlichkeiten eines kindlichen Zeugen
• BGH [1 StR 631/51][483]	Gutachten bei reifezeitbedingter Übertreibung oder Selbsttäuschung

471 *BGH* StV 1995, 115 = BGHR StPO § 244 Abs. 2 Glaubwürdigkeitsgutachten 1.
472 *OLG Saarbrücken* StV 1995, 292.
473 *BGH* StV 1994, 173 = BGHR StPO § 244 Abs. 4 S. 1 Sachkunde 6.
474 *BGH* StV 1991, 547.
475 *BGHR* StPO § 244 Abs. 4 Satz 1 Glaubwürdigkeitsgutachten 2.
476 *BGH* StV 1985, 398 = NStZ 1985, 420.
477 *BGH* NStZ 1982, 170; Anm. *Schlothauer* StV 1982, 205.
478 *BGHSt* 23, 8.
479 *BGHSt* 21, 62.
480 *BGHSt* 8, 130.
481 *BGHSt* 7, 82.
482 *BGHSt* 3, 52.
483 *BGHSt* 2, 163.

Nach *Meyer-Goßner* bedarf es der Gutachteneinholung, „je mehr die bestimmte Glaubwürdigkeitsmängel aufweisende Aussage den Angeklagten belastet“[484].

Prüfung der Entstehungsgeschichte der Aussage. Aussagepsychologische Gutachten werden auch zur Prüfung der Aussageentstehungsgeschichte erstattet. Das vor allem dann, wenn suggestive Einflüsse auf die Aussage durch Gespräche/Befragungen im Vorfeld stattgefunden haben. **127**

Geht es um die Bewertung von Aussagen mehrerer Kinder, die einen gemeinsamen Erlebnishintergrund und/oder Entstehungsgeschichte haben, sind bei allen suggestive Einflüsse durch gruppendynamische Effekte zu prüfen. Siehe hierzu:

- BGH [1 StR 40/02][485] Intensive gedankliche Befassung mit fiktiven Ereignissen, Vorwürfe sind „narzißtisches Mittel der Selbstdarstellung“ bzw. Ausdruck „therapieinduzierter Suggestion“.
- BGH [5 StR 209/00][486] Gutachten bei intensiver, teilweise suggestiver Befragung, geringem Alter des Zeugen, beträchtlichem zeitlichen Abstand von mehr als einem Jahr zwischen den letzten Taten und deren Offenbarung, im Blick auf die Offenbarungssituation – Erwischt werden der Kinder beim „Doktorspiel“ und Verwendung der kindlichen Aussagen durch die Ehefrau des Angeklagten im Sorgerechtsstreit
- BGH [4 StR 469/79] Gutachten bei Wiederaufleben der Erinnerungen

(2) Jugendliche Zeugen

Schlothauer[487] zitiert aus einer nicht veröffentlichten Entscheidung des *BGH*: „Bei einer Jugendlichen oder einem gerade dem Jugendalter entwachsenen Mädchen hängt das Erinnerungsvermögen noch sehr eng mit jeweiligen affektiven Erlebnissen zusammen. Widersprüchliche Aussagen zum Rahmengeschehen müssen deshalb nicht unbedingt ein Zeichen für Unglaubwürdigkeit sein. Sie sind (…) vielmehr oft nur ein Hinweis dafür, wie sehr der Vorgang des Erinnerns ein Wiederaufleben von Gefühlsempfindlichkeiten auslöst, die den Eindruck der mangelnden Genauigkeit erwecken. Den jugendlichen Zeuginnen geht es in solchen Fällen nicht um die Mitteilung der neutralen, sondern um die der affektgeladenen Tatumstände [BGH … 4 StR 469/79].“ **128**

---

484 *Meyer-Goßner* StraFo 1990, 96.

485 *BGH* NStZ 2002, 656 = BGHR StPO § 261 Beweiswürdigung 28 = BGHR StPO § 261 Erfahrungssatz 8 = BGHR StPO § 261 Sachverständiger 8.

486 *BGH* StV 2001, 550 = NStZ 2001, 105.

487 *Schlothauer* Anm. zu *BGH* StV 1982, 205.

(3) Erwachsene Zeugen

129 Nach gefestigter *BGH*-Rechtsprechung ist die Beurteilung erwachsener Zeugenaussagen ureigenste Aufgabe des Tatrichters[488]. „Bei erwachsenen Zeugen darf sich der Tatrichter, …, die nötige Sachkunde zur Beurteilung der Glaubwürdigkeit nur dann nicht zutrauen, wenn die Beweislage – etwa infolge unaufklärbarer Widersprüche mehrerer Zeugen – besonders schwierig ist (vgl. auch *BGH* 3 StR 19/52 …; 2 StR 544/52 …).“[489]

Erwachsene Zeugen werden in der Regel unter Aussagetüchtigkeitsgesichtspunkten[490] begutachtet, also zu psychischen Auffälligkeiten, psychiatrischen oder neurologischen Störungen oder bei Einschränkungen der intellektuellen Leistungsfähigkeiten.

130 **Weibliche Zeugen.** Zunehmend werden – wie schon erwähnt – Glaubhaftigkeitsgutachten auch in Vergewaltigungsverfahren eingeholt, wenn der Beschuldigte den Vorwurf bestreitet und die belastende Aussage der erwachsenen Zeugin das einzige Beweismittel ist.

In der älteren *BGH*-Rechtsprechung wurden Aussagen von Frauen, die sich auf geschlechtsbezogene Inhalte betrafen, kritisch gewürdigt. Die Einholung eines Gutachtens wurde dann angeraten, wenn die Aussage nicht durch andere Umstände erhebliche Unterstützung erfährt:

- BGH [1 StR 211/61][491]
- BGH [4 StR 446/68][492]
- BGH [1 StR 130/52][493]
- BGH [1 StR 631/51][494]

c) Auswahl

aa) Zuständigkeit für die Auswahl

131 Meist werden Sachverständige im Ermittlungsverfahren beauftragt. Damit kehrt sich das Regel/Ausnahme/Verhältnis um, da nicht der Richter entscheidet, welcher Sachverständiger in der Hauptverhandlung das Gutachten erstatten wird, sondern der Staatsanwalt.

488 *BGHSt* 8, 131.
489 *BGH* [1 StR195/55] BGHSt 8, 130.
490 Vgl. dazu Teil 3 „Prüfung der Aussagekompetenz“ (Rn. 455 ff.).
491 *BGH* NJW 1961, 1636.
492 *BGHSt* 23, 8.
493 *BGHSt* 3, 27.
494 *BGHSt* 2, 163.

Nr. 70 Abs. 1 RiStBV 132

Während des Ermittlungsverfahrens gibt der Staatsanwalt dem Verteidiger Gelegenheit, vor Auswahl einen Sachverständigen Stellung zu nehmen, es sei denn, dass Gegenstand der Untersuchung ein häufig wiederkehrender, tatsächlich gleichartiger Sachverhalt (z.B. Blutalkoholgutachten) ist oder eine Gefährdung des Untersuchungszwecks (vgl. § 147 Abs. 2 StPO) oder eine Verzögerung des Verfahrens zu besorgen ist.

Es handelt sich um ein Stellungnahme und nicht um ein Vetorecht. Auf seiner Einhaltung hat der *BGH*[495] *in einer Entscheidung aus dem Jahre 1998 bestanden.*

Boetticher[496] fordert zu Recht die gesetzliche Verpflichtung der Staatsanwaltschaft, „die Verteidigung vor Auswahl des Sachverständigen anzuhören und die Bestellung beim Vorsitzenden des Gerichts, das für das Hauptverfahren zuständig oder bei dem das Verfahren anhängig ist, zu beantragen".

Nr. 70 Abs. 2 RiStBV 133

Ist dem Staatsanwalt kein geeigneter Sachverständiger bekannt, so ersucht er die Berufsorganisation oder die Behörde um Vorschläge, in deren Geschäftsbereich die zu begutachtende Frage fällt.

Meist sind bei Staatsanwaltschaften und Gerichten psychologische Glaubhaftigkeitsgutachter bekannt. Vielfach werden immer noch sog. „Hausgutachter" beauftragt, da sich Strafjuristen im Bereich der Aussagepsychologie meist selbst nicht auskennen und gern den auswählen, der seit Jahren im Gerichtssprengel bekannt ist, ohne die fachliche Qualifikation im Einzelfall zu überprüfen.

bb) Aussagepsychologe

Lange Zeit wurden Psychiater sowohl mit der Prüfung von medizinisch/psychiatrischen Auffälligkeiten als auch der Glaubhaftigkeit der Aussage beauftragt. So hat der 4. Strafsenat noch im Jahr 1997 unter Berufung auf eine Entscheidung des *2. Strafsenates des BGH*[497] aus dem Jahr 1969 entschieden: „Dagegen bedarf es zur Beurteilung nicht-krankhafter Zustände und ihrer Auswirkung auf die Glaubwürdigkeit nicht auch grundsätzlich der Hinzuziehung eines Psychologen, denn für die Beurteilung der damit zusammenhängenden Fragen besitzt im Regelfall auch der Psychiater die nötige Sachkunde (vgl. BGHSt 23, 8, 12; zur Beurteilung der Schuldfähigkeit BGHSt 34, 355, 358 [= StV 1987, 330]; BGH NStZ 1990, 400, 401). Daran ändert nichts, daß Grundlage für die Beurteilung der Glaubhaftigkeit von Zeugenaussagen auch nach psychiatrischer Auffassung in erster Linie die Aussagepsychologie ist (vgl. Nedopil Forensische Psychiatrie […], S. 190)." 134

495 *BGHSt* 44, 22 = NJW 1998, 2458 = NStZ 1998, 422.
496 *Boetticher* in: NJW-Sonderheft für Gerhard Schäfer, S. 8.
497 *BGH* [4 StR 100/97] NJW 1998, 2753 = NStZ 1998, 366 = StV 1999, 471 = BGHR StPO § 244 Abs. 4 S. 1 Glaubwürdigkeitsgutachten 5.

Durch die Grundsatzentscheidung des *BGH*[498] zu aussagepsychologischen Gutachten hat die Aussagepsychologie im Strafprozess eine enorme Aufwertung erfahren.

In einer Nachfolgeentscheidung[499] ist klargestellt, dass die Beurteilung der Glaubhaftigkeit der Aussage dem Aussagepsychologen obliegt. In der Entscheidung heißt es: „Hält der Tatrichter zur Beurteilung der Glaubhaftigkeit der Angaben eines Zeugen die Zuziehung eines Sachverständigen für geboten, wird er sich der Hilfe eines Psychologen bedienen, wenn ‚normalpsychologische' Wahrnehmungs-, Gedächtnis- und Denkprozesse in Rede stehen. Das gilt auch für den Fall intellektueller Minderleistung eines Zeugen."

In der Praxis ist zu beobachten, dass Nebenklagevertreter die Einholung einer zusätzlichen Begutachtung durch einen Kinder- und Jugendpsychiater beantragen und sich dabei auf eine vermeintliche Überlegenheit der Kinder- und Jugendpsychiatrie gegenüber der Aussagepsychologie berufen, die de facto nicht vorhanden ist. Psychiatrische Begutachtung findet allein zu Fragen der Aussagetüchtigkeit statt, die Teil der Glaubhaftigkeitsbegutachtung ist[500].

Daneben versuchen Opferschutzvereine und Nebenklagevertreter immer wieder – trotz eindeutiger widerstreitender psychiatrisch/psychologischer Erkenntnisse – fehlende Aussagequalität mit erlebtem Trauma zu rechtfertigen.

Volbert referiert[501], dass „traumatische Erlebnisse wie andere Ereignisse mit hoher affektiver Intensität in der Regel langfristig erinnert werden können, wenn eine posttraumatische Belastungssymptomatik vorliegt."

3. Leiten und Lenken des Sachverständigen, § 78 StPO

135 Nach der Grundsatzentscheidung[498] muss der Tatrichter die Einhaltung der wissenschaftlichen Mindestanforderungen sicherstellen, indem er die Tätigkeit des Sachverständigen nach § 78 StPO leitet.

136 **Eigene Befassung des Tatrichters mit den Erkenntnissen der Aussagepsychologie.** Im Zentrum der Umsetzung des § 78 StPO muss deshalb die eigene Befassung des Tatrichters mit den Inhalten der Aussagepsychologie stehen.[502] Hieran fehlt es

498 *BGH* [1 StR 618/98] BGHSt 45, 164 = NJW 1999, 2746 = NStZ 2000, 100 = StV 1999, 473 = BGHR StPO § 244 Abs. 4 S. 1 Sachkunde 9 = StraFo 1999, 340 = PdR 1999, 113.

499 *BGH* [1 StR 5/02].

500 Lesenswert dazu ist die ablehnende Stellungnahme von *Steller/Volbert,* die sich als Psychologen mit einer dazu in der Zeitschrift Kinder- und Jugendpsychiatrie und Psychotherapie erschienenen „Stellungnahme zur Glaubwürdigkeitsbegutachtung der deutschen Gesellschaft für Kinder- und Jugendpsychiatrie und Psychotherapie (DGKJP) und der Bundesarbeitsgemeinschaft der Leitenden Klinikärzte für Kinder- und Jugendpsychiatrie und Psychotherapie" auseinander setzen.

501 *Volbert* Beurteilung von Aussagen über Traumata; *Volbert* PdR 2006, 249.

502 *Pfister* in: Deckers/Köhnken, S. 42.

vielfach, vor allem in Verfahren, in denen Richter nur selten mit derlei Gutachten befasst sind. Vielfach schließen sie sich den Ausführungen des Sachverständigen an und überlassen damit ihm letztlich die Entscheidung über die Glaubhaftigkeit der Aussage des Zeugen.[503]

Präzise Auftragsformulierung. Praxisnah ist, nur ein „aussagepsychologisches Glaubhaftigkeitsgutachten" in Auftrag zu geben. Vielfach fehlt es an einer Konkretisierung. Sachverständige neigen dann dazu, die gesamte Aussage zu begutachten, auch wenn weite Teile nicht streitig sind oder sich auf Sachverhalte beziehen, die nicht strafbewehrt sind. **137**

Mitteilung der Anknüpfungstatsachen. Wünschenswert wäre, den Auftrag mit einer präzisen Beschreibung zu verbinden und dem Sachverständigen die Anknüpfungstatsachen im Einzelnen mitzuteilen, von denen er ausgehen soll.[504] Beides geschieht in der Praxis regelmäßig nicht. **138**

Beachtung des Neutralitätsgebotes des Sachverständigen.[505] Zur Wahrung des Neutralitätsgebotes und Beachtung der Unschuldsvermutung ist es unverzichtbar, dass der Sachverständige nicht voreingenommen an die Begutachtung herangeht. Diesen Eindruck kann man gewinnen, wenn der Sachverständige sich schwerpunktmäßig nur mit der Hypothese der bewussten Falschaussage befasst und mögliche suggestive Einflüsse, die auf die Aussage gewirkt haben können, bei der Prüfung vernachlässigt. **139**

Umso wichtiger ist es, dass der Tatrichter den Sinn und Zweck des hypothesengeleiteten Vorgehens des Sachverständigen vermittelt, das einem einseitigen voreingenommenen Prüfansatz entgegenwirken soll[506].

Zur Beurteilung der Hypothesenbildung ist eine genaue Aktenkenntnis erforderlich, da die Hypothesen streng am Sachverhalt auszurichten sind.

Für die Suggestionshypothese spielt vor allem die Entstehung und Entwicklung der Aussage[507] eine entscheidende Rolle, da die Realkennzeichenanalyse bei massiven suggestiven Effekten keine Anwendung findet. Eine noch so „glaubhaft" erscheinende Aussage kann das Produkt (gezielter/unbewusster) Suggestion sein.

Rechtlich bedenklich sind informatorische Befragungen von Beweispersonen durch den Gutachter[508]. Bedenken bestehen, da „der Sachverständige Tatsachen erhebt,

503 *Rasch* NStZ 1992, 257; *Detter* NStZ 1998, 57.

504 Vgl. auch *Nack* StV 2002, 558.

505 Vgl. die Ausführungen zu „Pseudodiagnostisches Hypothesentesten" in Teil 3 III (Rn. 365 ff.).

506 Vgl. ausführlich dazu Teil 3 III (Rn. 357 ff.).

507 Vgl. *Volbert* FKKP 2008, 12 – so auch zunehmend in der *BGH*-Rechtsprechung.

508 Wohl nur dann für zulässig erachtet, wenn sie allein der Klärung dienen, ob die Person etwas Beweiserhebliches bekunden kann – vgl. *Pfister* in: Deckers/Köhnken, S. 42.

ohne dass die ggf. geltenden Belehrungspflichten eingehalten und Teilnahmerechte gewährt werden"[509], und so vielleicht auch in die Rolle des Ermittlers verfällt.

140 **Checkliste: Leiten und Lenken des Sachverständigen – § 78 StPO**

- **Eigene Befassung mit Aussagepsychologie** – vor allem mit dem weit reichenden Suggestionskonzept
- **Auswahl des Sachverständigen** – nach inhaltlichen, nicht persönlichen (gut bekannt, „Hausgutachter") Gesichtspunkten
- **Präziser Gutachtenauftrag** – vor allem Klarstellung des zu überprüfenden Sachverhaltes
- **Mitteilung der Anknüpfungstatsachen** – vor allem nicht nur Tatbestandsgesichtspunkte, sondern auch mögliche Suggestionseffekte, z.B. der Aussageempfänger
- **Kritische Überprüfung des Gutachtens** – dazu gehört sorgfältiges Studium des gesamten Gutachteninhaltes (einschließlich des Wortprotokolls) und Beachtung des Nullhypothesen-Prinzips

141 **Kritische Überprüfung des Gutachtens.** Unverzichtbare Voraussetzung zur Beurteilung des Gutachtens ist das genaue und kritische Lesen des gesamten Gutachtentextes, um das Gutachten auf seine Verständlichkeit und Schlüssigkeit zu prüfen. Der Richter darf sich nicht auf die Erfahrung des Gutachters verlassen[510].

Fehlerhaft ist das Gutachten immer dann, wenn man ihm entnehmen kann, dass der Sachverständige explizit – z.B. durch gezielte Fragen in dem Explorationsgespräch – nach Gründen für die Glaubhaftigkeit der Aussage gesucht hat und begründet die Sorge der Befangenheit.

Aussagepsychologische Gutachten erwecken beim ersten Lesen oft den Eindruck, dass sie wesentlich leichter verständlich formuliert sind als psychiatrische, weil sie weitaus weniger Fachbegriffe enthalten. Dennoch darf nicht unterschätzt werden, dass Aussagepsychologie eine Wissenschaft ist, die leider von vielen Gutachtern nicht hinreichend beherrscht wird[511].

---

509 Im Zusammenhang mit Glaubhaftigkeitsbegutachtungen stehen Belehrungspflichten nicht im Zentrum des Interesses und der Kenntnis des Tatrichters – so *Pfister* in: Deckers/Köhnken, S. 42.

510 Im sog. Wormser Mißbrauchsverfahren gab eine der ursprünglich beauftragten Sachverständigen an, bis dahin schon ca. 2.000 Gutachten erstellt zu haben. Die Überprüfung ihrer in diesem Verfahren erstatteten Gutachten ergab, dass ihr Gutachtenansatz 50 Jahre veraltet war, weil sie nicht auf die Glaubhaftigkeit der Aussagen der begutachteten Kinder, sondern auf deren allgemeine Glaubwürdigkeit abstellte.

511 Was die Vielzahl der methodenkritischen Stellungnahmen deutlich macht.

V. Aussagepsychologischer Sachverständiger

1. Zum Begriff des „Sachverständigen“

„Sachverständiger“ ist, wer über die notwendige Sachkunde verfügt. Das sagt wenig aus. Spektakuläre Verfahren wie z.B. das Montessori-Verfahren oder auch die „Wormser-Mißbrauchsprozesse“ haben seinerzeit deutlich gemacht, dass die dort tätigen Psychologen gerade nicht über die notwendige Sachkunde zur Beurteilung von Aussagen verfügten. **142**

Aussagepsychologen unterscheiden sich von anderen, z.B. (rechts)medizinischen, psychiatrischen oder technischen Sachverständigen vor allem dadurch, dass sie zu einem für den Richter nicht „fremden“ Thema, sondern zu seiner „ureigensten Aufgabe“ Stellung nehmen, da sich der Richter – nach ganz gefestigter Rechtsprechung – in den allermeisten Fällen die eigene Sachkunde zur Beurteilung von Zeugenaussagen zutrauen muss.

2. Der „Rechtspsychologe“

Psychologen können sich weiterbilden. Hierbei unterliegen sie der „Ordnung für Weiterbildung in Rechtspsychologie“ aus dem Jahr 1995. Zum Inhalt der Weiterbildung gehören u.a. „Rechtliche Grundlagen, empirisch-psychologische Grundlagen und die Psychologie der Zeugenaussage“. Träger der Weiterbildung sind die Deutsche Gesellschaft für Psychologie und der Berufsverband Deutscher Psychologen. Näheres findet man auf der Homepage der Deutschen Gesellschaft für Psychologie. **143**

Aber auch der ausschließlich forensisch tätige Sachverständige verfügt trotz Zusatzqualifikation im konkreten Fall nicht immer über die notwendige Sachkunde.

Manche Sachverständige sind Facharzt für Psychiatrie und Psychotherapie und zugleich auch Psychologe. Die Erfahrung lehrt, dass überwiegend (in Kliniken) als Psychiater bzw. Psychotherapeuten tätige Psychologen sich nicht hinreichend von dem therapeutischen Konzept, bei dem die Behandlung und nicht der Wahrheitsgehalt der Angaben des Patienten im Vordergrund steht, lösen können.

3. Nr. 70 RiStBV

Nach Nr. 70 RiStBV ist der Verteidiger vor Beauftragung des Sachverständigen zu hören. Ob und inwieweit der Verteidiger Bedenken gegen den Sachverständigen vorbringen sollte, lässt sich immer nur im Einzelfall entscheiden. Eine fehlende Zertifizierung ist allein kein Grund für die Ablehnung des Gutachters, da es umgekehrt eine Vielzahl zertifizierter Sachverständiger gibt, deren Gutachten mängelbehaftet sind. **144**

VI. „Besondere“ Zeugen

145 Im Folgenden sollen – nur kurz umrissen – einige Zeugen angesprochen werden, bei denen aussagepsychologischen Gesichtspunkte besonders zu beachten sind.

1. Zeuge vom Hörensagen = Aussageempfänger

146 Der Zeuge vom Hörensagen berichtet nicht wie der Zeuge über eigene Wahrnehmung, sondern über etwas, was ihm ein Dritter über das Ereignis berichtet hat. In der Aussagepsychologie nennt man ihn Aussageempfänger.

Dazu gehört z.B.

- jeder, mit dem der Zeuge über das in Rede stehende Geschehen gesprochen hat,
- der Vernehmungsbeamte,
- der Führer von verdeckten Ermittlern oder Vertrauensleuten, die nicht amtliche Person, der ein „gesperrter“ Zeuge oder ein Zeuge, der berechtigt oder unberechtigt die Aussage verweigert oder ein verstorbener Zeuge etwas mitgeteilt hat.

147 **Anzahl der Zwischenglieder.** In wie weit der Zeuge vom Hörensagen zur Sachaufklärung beitragen kann, wird vor allem auch davon abhängen, wie viel Zwischenglieder zwischen der Wahrnehmung des Zeugen und dem Gespräch mit Dritten liegen.

148 **Rekonstruktion der Aussageentstehungsgeschichte.** Im Rahmen der Rekonstruktion der Aussageentstehungsgeschichte kommt es vor allem auf die erste Aussage, also das erste Gespräch, über das vermeintlich Erlebte an. Je häufiger der Zeuge mit anderen darüber spricht, um so größter ist die Gefahr, dass sich seine Erinnerung durch die Kommunikation mit anderen (un)bewusst verändert. Aber auch schon durch das erste Gespräch kann – z.B. durch die Reaktion des Aussageempfängers auf das Gehörte – der Zeuge in seiner Aussage suggestiv beeinflusst worden sein[512]. Deshalb ist auch der Zeuge vom Hörensagen genauestens zu dem Inhalt des Gespräches, also wer was gesagt hat und wie der andere darauf reagiert hat, zu befragen.

149 **Zeugen besprechen sich/chatten untereinander.** Das kann z.B. bei sog. Wiedererkennungszeugen von Gewicht sein, wenn sie sich mit anderen, die das Geschehen ebenfalls beobachtet haben – wie z.B. einen Verkehrsunfall, einen Handtaschenraub, eine Schlägerei -, über ihre Wahrnehmung „austauschen“ und somit die Gefahr gegenseitiger Beeinflussung besteht. So gesehen wird jeder Zeuge im Gespräch mit einem anderen Zeugen sog. Zeuge vom Hörensagen.

150 Manche Zeugen tauschen sich auch im Internet über ihre Aussagen aus. Hierzu gibt es spezielle Foren für sexuell Missbrauchte bzw. Vergewaltigte, aber auch der Aus-

512 Vgl. dazu die jeweils unter Teil 3 allgemein dargestellten aussagepsychologisch relevanten Aspekte.

tausch mit „Freunden" in sozialen Netzwerken kann oftmals Aufschluss über die Aussageentstehungsgeschichte geben.

Vernehmungsbeamter. Der Vernehmungsbeamte ist Zeuge vom Hörensagen. Bei 151
seiner Befragung zu dem ihm von dem Zeugen Berichteten kommt es vor allem auf die genaue Rekonstruktion der gesamten Vernehmung an. Dazu gehört vor allem auch ein evtl. geführtes Vorgespräch, das meist nicht dokumentiert, vielfach noch nicht einmal in der Akte erwähnt wird. Darin erfährt oder deutet der Zeuge vielfach (in)direkt, worauf es dem Vernehmungsbeamten inhaltlich ankommt. Die Gefahr ist groß, dass er seine Aussage an die (von ihm angenommene) Erwartung des Vernehmenden anzupassen versucht. Dieser psychologische Effekt ist in der Fachliteratur unter dem Stichwort „Pygmalioneffekt"[513] beschrieben.

Vielfach sind Vernehmungsbeamte in Vernehmungstechnik geschult. Dazu gehört ihre eigene Befragung des Zeugen, aber auch der Umgang mit Fragen der Verfahrensbeteiligten, insbesondere mit kritischen Fragen von Verteidigern.

Meist bleibt es dem Verteidiger vorbehalten, den in der Hauptverhandlung vernommenen Vernehmungsbeamten zu fragen, ob er als Zeuge allein anhand des (aktuell) vorbereiteten Akteninhaltes über seine Ermittlungen als Zeuge aussagt, oder ob er daran noch eine konkrete Erinnerung hat. Der Verteidiger sollte erfragen, was der Ermittler ohne Vorbereitung seiner Aussage noch von der Sache erinnert. Ansonsten erbringt die Vernehmung des Beamten nur, wie gut er den Akteninhalt (auswendig) lernen konnte, was für die Aufklärung des Sachverhalts unerheblich ist.

Ausführlich befasst sich *Jansen* in dem Aufsatz „Technik der Zeugenvernehmung" in Widmaier, Münchner Handbuch der Strafverteidigung, 2006, S. 1307 ff. mit dieser Thematik.

Checkliste zur Befragung des Vernehmungsbeamten 152

Fragen zum fachlichen Wissen des Vernehmungsbeamten

- Auf welcher Dienststelle sind Sie tätig?
- Ist das ein Fachkommissariat?
- Wie lange sind Sie dort schon tätig?
- Haben Sie an Fortbildungsveranstaltungen teilgenommen?
- Wenn ja, an welchen?
- Verfügen Sie über ein Fachwissen in diesem Deliktsbereich?
- Wenn ja, wie haben Sie sich ein Fachwissen angeeignet?
- Wussten sie, worauf es bei der Vernehmung zum Verdacht (z.B. der Untreue) rechtlich ankam?
- Haben Sie dazu Fragen gestellt?
- Wenn ja, sind die dem Vernehmungsprotokoll zu entnehmen?

513 Ausführlich dazu unter Teil 3 VII.

Fragen zur Vorbereitung des Vernehmungsbeamten

- Haben Sie sich auf die Vernehmung vorbereitet?
- Wenn ja, worin bestand die Vorbereitung?
- Haben Sie sich mit ihren Kollegen vor der Vernehmung über die Sache unterhalten?
- Wenn ja, was haben die dazu gesagt?

Fragen zur Sachverhaltskenntnis des Vernehmungsbeamten

- Was wussten Sie bis zur Vernehmung des Zeugen von der Sache?
- Haben Sie dazu Fragen gestellt?
- Hatten Sie sich vor der Vernehmung ein Fragekonzept ausgearbeitet?
- Haben Sie während der Befragung Informationen von Kollegen bekommen?
- Wenn ja, welche?
- Waren diese für Ihre Befragung von Bedeutung?
- Wenn ja, in welcher Hinsicht?

Fragen zu einem möglichen Vorgespräch[514]

- Haben Sie mit dem Zeugen ein Vorgespräch geführt?
- Haben Sie den Zeugen zu Beginn des Vorgesprächs belehrt?
- Was war Sinn und Zweck dieses Vorgesprächs aus Ihrer Sicht?
- Haben Sie den Inhalt des Vorgesprächs protokollieren wollen?
- Wenn nein, warum nicht?
- Haben Sie dem Zeugen in dem Vorgespräch erklärt, worum es aus Ihrer Sicht geht?
- Wenn ja, wie ist das konkret erfolgt?
- Wie hat der Zeuge darauf reagiert?
- Haben Sie dem Zeugen erklärt, dass es sich um ein informatorisches Vorgespräch handelt und was der Unterschied zu der eigentlichen Vernehmung ist?
- Wie lange hat das Gespräch gedauert?

Fragen zur möglichen Voreingenommenheit des Vernehmungsbeamten

- Was war Ziel der Vernehmung dieses Zeugen?
- Hatten Sie einen bestimmten Verdacht?
- Hatten Sie eine Vorstellung, zu welchem Sachverhalt der Zeuge etwas bekunden konnte?
- Haben Sie den Zeugen dazu befragt?
- Hat sich diese Vorstellung in der Vernehmung bestätigt?

Fragen zur Vernehmungstechnik

- Haben Sie dem Zeugen Fragen gestellt?
- Verfügen Sie über eine bestimmte Fragetechnik?

514 Hierbei ist besonders der Pygmalioneffekt zu beachten – der Zeuge, der im Vorgespräch erfährt, worauf es dem Vernehmungsbeamten ankommt, versucht möglicherweise, seine Angaben daran anzupassen.

- Wenn ja, bitte erläutern Sie diese.
- Haben Sie diese hier bei der Vernehmung angewendet?

Wie haben Sie die Vernehmung begonnen?

- Konnte der Zeuge zunächst im Zusammenhang berichten?
- Wenn ja, wissen Sie noch, was der Zeuge dazu gesagt hat?

Gab es auch Fragen, die der Zeuge nicht beantwortet hat?

- Wenn ja, warum nicht?
- Wenn der Zeuge bekundet hat, sich nicht erinnern zu können, wie haben Sie darauf reagiert?

Haben Sie dem Zeugen auch Vorhalte gemacht?

- Wenn ja, woher hatten Sie diese Vorhalte?

Haben Sie die Aussage eines anderen Zeugen vor sich liegen gehabt bei ihrer Befragung?

- Was war der Grund dafür?
- Hatten Sie den anderen Zeugen vernommen?
- Was war denn von dieser Aussage wichtig für Sie?
- Haben Sie darüber mit dem Zeugen gesprochen?

Fragen zum Inhalt der Vernehmung

- Nach welchen Kriterien haben Sie die Befragung durchgeführt?
- Kannten Sie sich in dem Deliktsbereich aus?
- Wussten Sie, auf welche Tatbestandsmerkmale es ankam?
- Wenn ja, können Sie diese benennen?
- Haben Sie den Zeugen gezielt danach befragt?
- Haben Sie auch Fragen zur Aussageentstehungsgeschichte gestellt?
- Haben Sie Fragen dazu gestellt, ob der Zeuge vor der Vernehmung schon einmal mit jemanden über die Sache gesprochen hat?
- Und wenn ja, unter welchen Bedingungen erfolgte das, wie hat der andere darauf reagiert?
- Ergaben sich für Sie aus der Befragung zur Aussageentstehung Erkenntnisse für die Glaubhaftigkeit der Aussage des Zeugen?

Fragen zur Protokollierung[515]

- Nach welchen Kriterien haben Sie die Protokollierung vorgenommen?
- Haben Sie Ihre Fragen protokolliert?
- Wenn nein, wie könnte man heute versuchen, die Fragen zu rekonstruieren?
- Wenn der Zeuge eine Ihrer Fragen z.B. nur mit „ja“ beantwortet hat, wie wäre das von Ihnen protokolliert worden?

515 Vgl. Tabelle *Jansen* in: Widmaier, S. 1307.

- Könnte es sein, dass sie die Frage als Antwort protokolliert haben? Also z.B.: „Haben Sie den Mann vorher schon einmal gesehen? – „Ja" – diese Frage und Antwort ist im Protokoll unter Weglassung der Frage als Antwort notiert: „ja, ich kannte den Mann."
- Wann erfolgte die Protokollierung?
- Wenn die Protokollierung nicht sofort erfolgte, wie haben Sie sich gemerkt, was der Zeuge gesagt hat?

2. Opferzeuge[516]

153 *Brockmann/Chedor*[517] weisen auf folgende psychologisch relevante Aspekte einer „Opfer-Vernehmung" hin: die „akute und posttraumatische Belastungsstörung", „Selbstvorwürfe/Schuldgefühle", durch Dritte – wie z.B. den Vernehmungsbeamten – geäußerte Schuldvorwürfe, Kontrollverluste im Rahmen der Vernehmung, Opfererwartungen und -bedürfnisse, Angst vor dem Glaubwürdigkeitsverlust und Mehrfachbefragungen und Glaubwürdigkeitsverlust.

Hinweis

In der Praxis sind Vernehmungsbeamte vielfach geneigt, dem „Opfer" zu glauben und geben das dem Zeugen auch zu verstehen. Ist der Vorwurf streitig und kommt es entscheidend auf die Aussage dieses Zeugen an, sollte man das Vernehmungsprotokoll besonders genau daraufhin prüfen bzw. den Vernehmungsbeamten in der Hauptverhandlung genauestens zu dem „Umgang" mit dem Zeugen vor und während der Vernehmung befragen. Dabei sollte man um die suggestive Wirkung voreingenommener Befragung und die insoweit relevanten Kommunikationsprozesse[518] wissen.

154 **Abermalige Traumatisierung.** Die Frage der abermaligen Traumatisierung wird vielfach klischeehaft fehlerhaft unterstellt. Nach *Scholz*[519] ist sie„ wenig wahrscheinlich, denn bei der Psychotherapie einer posttraumatischen Belastungsreaktion arbeitet man insbesondere dann erfolgreich, wenn man Konfrontationsstrategien benutzt, d.h. wenn die Patientin dazu ermutigt wird, sich bewusst wieder und wieder an das traumatisierende Geschehen zu erinnern."

516 Rechtlich sind bei sog. Opferzeugen folgende prozessuale Besonderheiten zu beachten: Ausschluss des Angeklagten § 247 StPO, Ausschluss der Öffentlichkeit § 171b, 172 GVG, Anschließung als Nebenkläger § 397a StPO, Beiordnung als Zeugenbeistand § 68b StPO, Aufzeichnung auf Bild-Ton-Träger § 58a Abs. 1 S. 2 Nr. 1 StPO, Vernehmung von Opferzeugen unter 16 Jahren § 161a Abs. 1 StPO (polizeiliche Vernehmung), § 168e StPO (staatsanwaltschaftliche, richterliche Vernehmung), § 168e StPO Getrennte Vernehmung (Gefahr für Wohl des Zeugen) – zeitgleiche Übertragung, § 247a StPO Vernehmung mittels Video, § 255a Abs. 2 S. 1 StPO Vernehmung eines unter 16-jährigen Zeugen durch Vorführung Bild-Ton-Aufzeichnung ersetzen.

517 *Brockmann/Chedor* S. 39.

518 Ausführlich dazu Teil 3 VII.

519 *Scholz* NStZ 2001, 572.

Busse/Volbert[520] berichten, eine Beteiligung am Strafverfahren könne auch „positive Effekte im Sinne einer Entlastungs- und Erledigungsfunktion" haben, da eine „offene Thematisierung und Aufklärung des Ereignisses für den Verarbeitungsprozeß auch förderlich sein kann". Pfäfflin[521] sieht einen möglichen therapeutischen Effekt darin, dass die ursprüngliche Situation sich nicht wiederholt.

Begleitung durch Mitarbeiter von Opferhilfeeinrichtungen. Vor der Anzeigenerstattung nehmen Zeugen vielfach Kontakt zu Opferhilfeeinrichtungen[522] auf. Diese sind vornehmlich einseitig parteilich für Opfer ausgerichtet. Sie unterstellen den Opferstatus, den es – wenn der Sachverhalt streitig ist – erst gerichtlich festzustellen gilt. Das kann z.B. vor allem dann die Aussage suggestiv beeinflussen, wenn die Verdachtsabklärung und das Inaussichtstellen therapeutischer/beratender Angebote bei Anzeigenerstattung Gegenstand der Beratung ist[523]. **155**

Regelmäßig vermitteln Opferhilfevereine den Ratsuchenden an einen Rechtsanwalt, der als Zeugenbeistand bzw. Nebenklagevertreter auftritt. Auch wenn anwaltliche Gespräche der Schweigepflicht unterliegen, sind sie im Rahmen der Aussageentstehungsgeschichte von Interesse, da auch hier (indirekt) Suggestionen wirken können. Vor allem ist die Besprechung des Akteninhaltes wie auch eine mögliche Beratung durch den Rechtsanwalt zum Inhalt der Aussage von Interesse. Werden Angaben dazu verweigert und bestehen Anhaltspunkte, können Suggestionseffekte, die Auswirkungen auf die Aussage haben, nicht ausgeschlossen werden.

3. Nebenkläger als Zeuge[524]

Aktenkenntnis. Gemäß § 406e StPO kann für den Verletzten ein Rechtsanwalt im gerichtlich anhängigen Verfahren wie auch schon im Ermittlungsverfahren die Akten einsehen. Das Recht steht gemäß § 397, 385 Abs. 3 StPO auch dem Nebenkläger zu, der zugleich auch Zeuge in dem Verfahren sein kann. In diesen Fällen kann sich der Zeuge auf seine Vernehmung in der Hauptverhandlung an Hand des Akteninhaltes vorbereiten und mit dem Rechtsanwalt besprechen und beraten. **156**

Eine solche Vorbereitung im Einzelfall kann die Qualität der Aussage schwächen, gar unverwertbar machen. Mögliche Übereinstimmungen der Angaben z.B. in der Exploration und früheren Schilderungen können auf das Aktenstudium zurückzuführen sein. Es kann unklar bleiben, ob das, was der Nebenkläger nach dem Aktenstudium berichtet, tatsächlich seiner Erinnerung oder einer zwischenzeitlichen Auffrischung des Gedächtnisses entspricht.

520 *Busse/Volbert* in: Steller/Volbert, S. 224.
521 *Pfäfflin* StV 1997, 95.
522 Vgl. ausführlich dazu Teil 3 VII.
523 Ausführlich dazu unter Teil 3 VII „Parteilicher Umgang mit dem Opfer durch Hilfevereine".
524 Vgl. auch *Jansen* in: Widmaier, S. 1307; *Jansen* StraFo 2005, 233.

Dieselben Bedenken bestehen, wenn der Nebenkläger das aussagepsychologische Gutachten, einschließlich des Wortprotokolls kennt.

157 **Persönliche/wirtschaftliche Motive des Nebenklägers.** Neben der Aussageanalyse ist im Rahmen der Fehlerquellenanalyse auf das jeweilige Motiv des Nebenklägers zur Anzeigenerstattung abzustellen[525]. Hier kommen persönliche Motive wie Rache oder Eifersucht, aber auch wirtschaftliche Interessen in Betracht. Die rechtspolitische Ausweitung der Opferschutzinteressen und Opferrechte können dazu beitragen, dass sich mit dem Inaussichtstellen finanzieller Entschädigung vermeintliche Opfer zur Anzeige entscheiden und schon deshalb von einer unzutreffenden Beschuldigung nicht mehr abgehen. Hierzu kann auch die Beratung durch Opferhilfeeinrichtungen beitragen.

Auch kann die durch Opferhilfeeinrichtungen und die Ausweitung der „justiziellen Aufmerksamkeit" für den Zeugen, die Zeugen in ihrem sonstigen Leben meist nicht zu Teil wird, es dem vermeintlichen Opfer schwer machen, diese Position durch Abkehr von der Beschuldigung wieder aufzugeben.

4. Der durch die Presse gesteuerte Zeuge

158 In spektakulären presseöffentlichen Verfahren muss mit Blick auf die heutige Medienlandschaft grundsätzlich damit gerechnet werden, dass Reporter (vermeintliche) Zeugen interviewen und ihnen dafür auch finanzielle Zuwendungen zukommen lassen. Solche Interviews werden manches Mal zeitlich vor der Aussage des Zeugen in der Hauptverhandlung geführt, jedoch nicht in jedem Fall auch zu diesem Zeitpunkt, sondern erst später, z.B. am Tag des Urteils, abgedruckt oder gesendet.

Hinweis

Die Aufklärungspflicht gebietet es, im Rahmen der Aussageentstehung einen möglichen Pressekontakt des Zeugen bei der Befragung des Zeugen zu thematisieren. Ihm steht hierzu kein Aussageverweigerungsrecht[526] zu.

Dabei wird neben dem finanziellen Anreiz auch ein mögliches Aufmerksamkeitsstreben des Zeugen, mit seiner Aussage in der Zeitung zu stehen oder in einer Fernsehsendung zu erscheinen, bei der Aussagebeurteilung zu berücksichtigen sein, was es wiederum Reportern erleichtern dürfte, die Aussage zu erlangen und durch entsprechende Befragung des Zeugen indirekt Einfluss auf den Inhalt zu nehmen, um mit der Aussage eine möglichst große Leserschaft oder Zuschauerzahl anzusprechen. Dabei wird in der Regel auf eine emotionale Beteiligung während der Aussage Wert gelegt, von ihr kann der „Pressewert" insgesamt abhängen.

525 Ausführlich dazu Teil 3 VII.

526 Anders als dem Reporter/Journalisten nach § 53 StPO.

Insgesamt besteht die Gefahr, dass der Zeuge sich auf seine presseöffentliche Aussage einschließlich der die Aussage untermauernden Gefühlsbeteiligung festgelegt fühlt und versuchen wird, diese im Strafprozess zu wiederholen, würde er ansonsten gegenüber einer breiten Öffentlichkeit als Lügner dastehen.

Teil 2
Zeugenvernehmung

Im zweiten Teil dieses Buches geht es um die Vernehmung von Zeugen. **159**

Ziel der Zeugenvernehmung ist, den Zeugen dazu in die Lage zu versetzen, seine Wahrnehmungen und seine Erinnerungen so gut wie eben möglich innerhalb einer Befragungssituation sprachlich zu rekonstruieren.[1]

Ziel der Zeugenvernehmung **160**

Wahrnehmungen und Erinnerungen
so gut wie möglich in der Befragungssituation rekonstruieren

Bei der Erhebung und Beurteilung der Aussage geht es konkret um die Bedingungen (Teil 2 I; Rn. 166 ff.), unter denen die Vernehmung stattfindet, die Art (Teil 2 II; Rn. 182 ff.) und die Inhalte (Teil 2 III; Rn. 246 ff.) der Vernehmung sowie um das Ausdrucksverhalten des Zeugen (Teil 2 IV; Rn. 264 ff.) während seiner Aussage und die Dokumentation der Vernehmung (Teil 2 V; Rn. 275 ff.).

Vernehmungsbedingungen. Zu den Bedingungen gehört z.B. die Befassung damit, wo die Vernehmung stattfindet, ob die Aussage aufgezeichnet wird, wie lange die Vernehmung dauert, wer dabei ist und wer den Zeugen befragt. Alle diese Bedingungen können für den Inhalt der Aussage von Bedeutung sein. **161**

Art der Vernehmung. Bei der Art der Vernehmung kann schon die Vorladung von Bedeutung sein, wenn sie dem Zeugen Aufschluss über den Sachverhalt gibt, zu dem er befragt werden soll, z.B. wenn darin Einzelheiten über den Vorwurf genannt werden. **162**

Zwischen Zeugen und Vernehmendem entsteht während der Befragung eine Beziehung. Das Geschlecht des Vernehmenden, seine Einstellung und seine Deliktskenntnisse können Einfluss auf den Gang und das Ergebnis der Befragung haben. Es kommt vor, dass Zeugen durch mehrere Beamte vernommen werden, was negative Auswirkungen auf das Gesprächsergebnis haben kann, wenn der Zeuge nicht hinreichend selbstbewusst ist und sich dadurch in eine Abwehrposition gedrängt sieht.

Vielfach entscheiden die Erwartungen des Zeugen und des Vernehmenden an die Vernehmung über deren Verlauf. Dem Vernommenen wird die Vernehmungsatmosphäre in der Regel fremd sein. Er hat – insbesondere wenn er von dem Geschehen

1 *Greuel* in: Lorei, S. 77.

selbst betroffen ist – meist ganz andere Erwartungen an die Vernehmung als der Vernehmende.

Zeugen sind immer in Abwesenheit anderer Zeugen zu hören. Ihre Erinnerung soll nicht durch die Erinnerung anderer verändert werden. Zudem sollen sie sich nicht auf zuvor geführte Gespräche mit anderen innerlich festgelegt fühlen.

Auch der Verlauf der Vernehmung kann den Inhalt beeinflussen. Das kann schon im „informatorischen Vorgespräch" geschehen, das vielfach gar nicht in der Akte erwähnt und erst recht nicht protokolliert wird.

Die Art der Belehrung des Zeugen zur Wahrheitspflicht und über seine Zeugnisverweigerungsrechte, die Befragung zur Person und die Unterrichtung über den Untersuchungsgegenstand können für die weitere Aussage von Bedeutung sein.

Vor allem in einfach gelagerten Fällen gibt sich die Justiz vielfach mit schriftlichen Aussagen zufrieden, ohne zu überprüfen, unter welchen Bedingungen der Zeuge die Angaben gefertigt hat und ob sie überhaupt von ihm stammen.

Nimmt der Zeuge bei seiner Aussage Notizen zu Hilfe oder kennt er den Akteninhalt, kann er seine Aussage daran anpassen.

Gerade in polizeilichen Vernehmungen werden Zeugen vielfach nicht aufgefordert, zunächst im Zusammenhang zu berichten, was sie von dem Vorwurf wissen, sondern direkt – häufig gezielt, gelenkt – auf ein bestimmtes Ergebnis hin befragt. Werden so Bericht und Befragung in der Vernehmung nicht getrennt, ist der Beweiswert der freien Berichterstattung zu einem späteren Zeitpunkt in der Hauptverhandlung zumindest zweifelhaft, weil jede Befragung für den Zeugen einen Lerneffekt hat.

Im Folgenden wird die Befragung selbst unter verschiedenen Gesichtspunkten beleuchtet.

Es geht u.a. um die Reihenfolge und Art der Befragung, den Befragungsstil, den psychischen Zustand des Zeugen bei der Befragung, um die Voreinstellung des Vernehmenden und die Auswirkungen wiederholter Vernehmungen.

163 **Inhalte der Vernehmung.** In Teil 2 III (Rn. 246 ff.) geht es um die Inhalte der Vernehmung.

Dazu gehören die Aussageentstehung und -entwicklung, aussagebestimmende Motive, materiell-rechtliche Vorwürfe und die Identifizierung von Beschuldigten.

164 **Aussageverhalten.** Vernehmende lassen sich bei der Beurteilung der Aussage vielfach von ihrem Gefühl beeinflussen. Dabei spielt der Eindruck, den der Zeuge macht, eine oft entscheidende Rolle. Deshalb ist dem nonverbalen Aussageverhalten ein eigener Gliederungspunkt Teil 2 IV (Rn. 275 ff.) gewidmet.

Oft wird die Glaubhaftigkeit allein nach dem Motto geprüft: „Macht der Zeuge ein trauriges Gesicht, wird er auch etwas Trauriges erlebt haben." Dann geht es mehr um den Eindruck von dem Zeugen als um die Qualität seiner Aussage. Das kann zu fatalen Fehleinschätzungen führen, erst recht dann, wenn der Zeuge mehrfach vernommen wird und er in jeder Vernehmung mehr gelernt hat, worauf es dem Vernehmenden ankommt.

Dokumentation der Vernehmung. Die Dokumentation der Vernehmung erfolgt in aller Regel durch den Vernehmungsbeamten. Trotz weitgehend vorhandener technischer Möglichkeiten, die seit der Einführung der Videovernehmung allerorts geschaffen wurden, werden Vernehmungen immer noch nicht in ihrem Wortlaut aufgezeichnet. Nach wie vor wissen die dann später mit der Sache befassten Verfahrensbeteiligten nicht um den genauen Inhalt der Angaben des Zeugen. Jahrzehntelang ist der Justiz der hohe Wert der genauen Aussage nicht vermittelt worden. Erst langsam – durch die Aufwertung kindlicher Zeugenaussagen als dem oft einzigen Beweismittel in sexuellen Missbrauchsverfahren und die Akzeptanz aussagepsychologischer wissenschaftlicher Erkenntnisse in der höchstrichterlichen Rechtsprechung wie auch durch die Diskussionen um den verbesserten Opferschutz – hat zumindest die Tonbandaufzeichnung, die heute auch zum Standard aussagepsychologischer Begutachtung gehört, bei der Anhörung kindlicher Zeugen Einzug in das Ermittlungsverfahren genommen. 165

Bei erwachsenen Zeugen bleibt die Rekonstruktion der Aussage mangels Tonbandaufzeichnung nach wie vor vielfach in der Hauptverhandlung im Streit. Der Vorhalt aus dem polizeilichen Protokoll gepaart mit dem verstärkenden Zusatz, „das sollen Sie so bei der Polizei gesagt haben", geht meist schon im Ansatz fehl, da der Zeuge es so wie protokolliert wörtlich nicht gesagt hat. Zudem ist ein solcher Vorhalt höchst suggestiv und die dazu gegebene Antwort dürfte nicht nur aussagepsychologisch, sondern auch rechtlich ohne Wert sein.

Vor der eigentlichen Vernehmung findet fast immer ein „Vorgespräch" statt, das nur ganz selten protokolliert wird. In einem solchen Gespräch können die entscheidenden Weichen für die Vernehmung gestellt werden, da der Zeuge hier schon erfährt, worauf es dem Vernehmungsbeamten ankommt.

Der Lerneffekt ist nicht zu unterschätzen.

I. Vernehmungsbedingungen

Im Folgenden werden Vernehmungsbedingungen nicht unter rechtlichen, sondern ausschließlich unter aussagepsychologischen Erkenntnissen und Fragestellungen erörtert. 166

Wartezeiten. In Hauptverhandlungen kommt es vor, dass Zeugen lange warten müssen, bis sie ihre Aussage erstatten. Wartezeiten können Stress bedeuten, der sich auf die Erinnerungsfähigkeit des Zeugen auswirken kann.[2] 167

2 *Brockmann/Chedor* S. 18.

1. Ort der Vernehmung

168 In der Regel werden Zeugen auf Polizeidienststellen, in Räumen der Staatsanwaltschaft oder des Ermittlungsrichters vernommen. Selten erfolgt die Vernehmung an einem anderen Ort, z.B. zu Hause oder am Arbeitsplatz.

Die Vernehmung in Räumen wie z.B. einem Gerichtssaal, die vielleicht auch mit dem Sprechen über Mikrophon verbunden ist, kann für viele Zeugen eine Stresssituation bedeuten.[3]

Kindliche Zeugen. Auch kindliche Zeugen werden in der Regel in den Räumen der Ermittlungsbehörde vernommen. In größeren Behörden sind die Räume meist kindgerecht eingerichtet.

Nur in seltenen Fällen erfolgt die Anhörung in der gewohnten häuslichen Umgebung des Kindes, denn auch Kinder sollen die Besonderheit der Befragungssituation erkennen können. Darüber hinaus muss die mögliche Einflussnahme von Dritten ausgeschlossen werden.

Die Anhörungssituation ist einer ärztlichen Untersuchung vergleichbar, die auch nicht zu Hause, sondern in der Praxis des Kinderarztes durchgeführt wird. Eine neutrale sachliche Umgebung ermöglicht dem Vernehmenden eine bessere Kontrolle der Vernehmungsbedingungen. Auch in der Hauptverhandlung kann die Vernehmung kindgerecht durchgeführt werden. Das hängt wesentlich von dem Geschick des Vorsitzenden ab. Dazu kann eine andere als die übliche Sitzposition in der Mitte des Saales gewählt werden. So kann das Kind z.B. neben dem Vorsitzenden Platz nehmen. Wichtig ist, dass eine Atmosphäre geschaffen wird, die dem Kind eine mögliche Unsicherheit oder Angst nimmt, ihm aber zugleich die Bedeutung der Situation vermittelt.

Annahmen, wonach es immer kindgerecht sein soll, eine Aussage des Kindes zu vermeiden, gehen fehl. *Busse/Volbert*[4] berichten über eine Untersuchung von *Goodman et al.*[5], wonach „Kinder, die nicht aussagen müssen, diese Regelung nicht immer positiv bewerten". Das betraf vor allem Kinder, die sich für die Tat mitverantwortlich fühlten, die zum wiederholten Male Opfer geworden waren oder in Fällen, in denen der Angeklagte freigesprochen wurde.

2. Videovernehmung

169 **Videokonferenz bei Entfernung des Zeugen § 247a StPO.** In den Wormser Mißbrauchsverfahren wurden kindliche Zeugen erstmals außerhalb des Gerichtssaales

---

3 *Brockmann/Chedor* S. 18.

4 *Busse/Volbert* in: Steller/Volbert, S. 224; siehe auch Teil 2 II „Durchführung der Vernehmung" (Rn. 166 ff.).

5 *Goodman et al.* in: Monographs of the Society for Research in Child Development 1992, 1.

mittels Videotechnologie vernommen wurden[6]. Dieses sog. Mainzer Modell war prozessual, weil der Vorsitzende sich bei der Befragung des Kindes im Vernehmungszimmer und nicht im Sitzungssaal aufhielt, mit Blick auf die so „gespaltene Hauptverhandlung"[7] in vielfacher Hinsicht rechtlich bedenklich[8] und ist in die gesetzliche Regelung des § 247a StPO nicht aufgenommen worden. In der Praxis wird die audiovisuelle Videovernehmung wenig praktiziert.

Video-Aufzeichnung der Vernehmung § 58a StPO[9]. *Kluck*[10] sieht die Videovernehmung, in der die Aussage aufgezeichnet und später den Verfahrensbeteiligten vorgespielt wird, aus aussagepsychologischer Sicht kritisch, „da die audiovisuelle Wiedergabe von Zeugenaussagen dazu führen könnte, dass laienhafte Glaubhaftigkeitseinschätzungen (speziell die Mimik und Gestik von Zeugen) an die Stelle fachlicher Expertisen" treten. Dieser Sorge kann nur zugestimmt werden, wenn man (kritisch) beobachtet, wie sehr richterliche Überzeugungsbildung häufig nur momentane Eindrucksbildung ist[11]. Videoaufzeichnungen bergen zudem die Gefahr, dass Zeugen ihre Aussage zur Untermauerung der Glaubhaftigkeit ihrer Angaben entsprechend – z.B. durch Weinen – inszenieren.[12].

Fraglich ist auch, ob und ggf. wie sich das Wissen um die Aufzeichnung und damit auch darum, dass eine Vielzahl von Verfahrensbeteiligten sich das Videoband später ansehen können, auf das Verhalten des Zeugen während der Vernehmung und auf den Inhalt seiner Aussage auswirkt[13].

Interessant ist der Hinweis von *Volbert*[14] – unter Bezugnahme auf Verfahren in USA und England –, wonach vielfach angenommen wird, „daß der Eindruck, den ein im Gerichtssaal auftretender Zeuge hinterläßt, stärker ist als bei der Videoaufnahme oder -übertragung".

6 Ins Gespräch gekommen ist die Videovernehmung von kindlichen Zeugen in dem spektakulären Wormser Mißbrauchsverfahren, in dem eine Vielzahl von Kindern dreimal hintereinander in drei parallel laufenden Verfahren in der Hauptverhandlung vernommen wurde. Anwesend waren aufgrund der Vielzahl der Angeklagten zwischen 40 bis 70 Verfahrensbeteiligte. Aus diesem Grund wurden die Kinder in zwei der drei Verfahren außerhalb des Gerichtssaales durch den Vorsitzenden befragt. Die Vernehmung wurde zeitgleich per Video in den Gerichtssaal übertragen. Diese Befragungsform war nicht kindgerecht, da das Kind von dem separaten Zimmer aus keine Möglichkeit hatte, die Verfahrensbeteiligten während seiner Aussage zu sehen und so die Reaktionen der Verfahrensbeteiligten auf das von ihm Gesagte nicht wahrnehmen konnte.

7 *Dahs* NJW1996, 178.

8 *Jansen* StV 1996, 123.

9 Eingefügt durch das ZSchG m.W.v. 1.12.1998

10 Zu *Kluck* siehe *Barton* in: Barton, S. 15.

11 Näheres dazu in Teil 2 IV „Ausdrucksverhalten während der Aussage" (Rn. 300 ff).

12 Vgl. die Ausführungen zur Selbstpräsentation in Teil 3 V (Rn. 382, 397).

13 Kritisch auch *Kluck*, siehe dazu *Barton* in: Barton, S. 15.

14 *Volbert* in: Barton, S. 149.

Köhnken[15] und *Pfäfflin*[16] befassen sich aus psychologischer/psychiatrischer Sicht mit Videovernehmungen.

3. Dauer der Vernehmung

170 **Kindliche Zeugen.** Zur Dauer der Anhörung von Kindern führt *Michaelis-Arntzen*[17] aus, dass die sozialen Anpassungsschwierigkeiten von Kleinkindern die Vernehmung erschweren und ihre Zeugeneignung einschränken können: „Aus ihrer noch unentwickelten Steuerungsfähigkeit können sich motorische Unruhe, Sprunghaftigkeit, Willkür im Aufgreifen oder nicht Aufgreifen von Fragen, schnelles Ermüden und Lustlosigkeit, aus ihrer Egozentrik eigenwillige und ängstliche Gesperrtheit ergeben. Die Unfähigkeit zur willentlichen Aufrechterhaltung von Aufmerksamkeit und Konzentration zwingt – besonders bei der größeren Beeinflußbarkeit des Kleinkindes und seiner Neigung zu kritiklosen Äußerungen im Zustand der Ermüdung – zu einer Beschränkung der Vernehmung auf 20-30 Minuten (ohne die besonders rechtlich zu bemessende Zeit für ein auflockerndes Eingangsgespräch und für oft notwendigen Spieleinlagen zur Überwindung von Hemmungen).“ Letztlich wird aber die Frage, wie lange das Kind vernommen werden kann, immer eine Frage des Einzelfalles sein. Das wird auch davon abhängen, wie sehr oder wie wenig das Kind motiviert ist, auszusagen.

171 **Erwachsene Zeugen.** Bei erwachsenen Zeugen findet die Dauer der Vernehmung rechtlich dort ihre Grenze, wo es zu Beeinträchtigungen der Willensfreiheit bis zur Erschöpfung der Willenskraft kommt oder ein solcher Zustand ausgenutzt wird[18].

4. Anwesenheit Dritter bei der Vernehmung

172 Die Anwesenheit von Vertrauenspersonen bei der Vernehmung kann den Zeugen beruhigen und die Vernehmung gar erst möglich machen. Dennoch kann die Anwesenheit aussagepsychologisch problematisch sein, wenn der Zeuge dadurch nicht „frei“ in seiner Aussage ist.

So birgt die Anwesenheit eines Dritten grundsätzlich auch die Gefahr der (non)verbalen Beeinflussung. Diese Gefahr kann sich aus der direkten Einwirkung auf den Zeugen, aber auch aus der Vernehmungs„atmosphäre“ ergeben:

---

15 *Köhnken* StV 1995, 376.

16 *Pfäfflin* StV 1997, 95.

17 *Michaelis-Arntzen* in: Eisen, S. 396.

18 Vgl. nur *BGH* [4 StR 468/58] BGHSt 12, 332; *BGH* [5 StR 27/59] BGHSt 13, 60; *BGH* [3 StR 419/91] BGHSt 38, 291 = NJW 1992, 2903 = NStZ 1992, 502 = StV 1992, 451 = BGHR StPO § 136a Abs. 1 Ermüdung 1; *BGH* [3 StR 403/92]: BGHR StPO § 136a Abs. 1 Ermüdung 2; *BGH* [3 StR 166/99] NStZ 1999, 630 = BGHR StPO § 136a Abs. 1 Ermüdung 3; siehe i.Ü. die Kommentierungen zu § 136a StPO.

Gehemmtheit des Zeugen. Der Zeuge kann sich in Anwesenheit einer Vertrauensperson eher gehemmt fühlen, insbesondere wenn es um sexuelle Sachverhalte geht, als wenn er sich gegenüber einem ihm unbekannten Vernehmungsbeamten äußern soll.

Zeuge fühlt sich gegenüber Vertrauensperson festgelegt. Die Anwesenheit Dritter bei der Vernehmung ist dann problematisch, wenn diese selbst Zeugen in der Sache sind, so z.B. wenn sie mit dem Zeugen über das Geschehene gesprochen haben und sie über dieses Gespräch bekunden können. Der Zeuge kann sich in Anwesenheit des Dritten auf das diesem gegenüber Geäußerte festgelegt fühlen, dies erst recht, wenn die Vertrauensperson im Vorfeld der Vernehmung mit dem Zeugen über die Sache gesprochen, diese vielleicht auch besprochen hat, der Zeuge also um die Einschätzung des Dritten weiß, dieser ihn vielleicht sogar zur Anzeige/Aussage gedrängt hat.

Reaktion des Dritten. Die Reaktion desjenigen, dem der Zeuge von dem Sachverhalt berichtet, kann den Inhalt der Zeugenaussage verändern, so z.B. wenn der Dritte das Ganze viel „schlimmer" einschätzt, dann kann es vorkommen, dass der Zeuge diese Einschätzung übernimmt, frei nach dem Motto, „wenn alle es schlimmer bewerten, dann muss es auch schlimmer gewesen sein".

Anwesenheit der Eltern. Die Anwesenheit der Eltern bei der Vernehmung kann eine zusätzliche Belastung darstellen, wenn sie durch zu große Betroffenheit das Kind nicht wirkungsvoll unterstützen, sondern das Kind sogar versucht, auf seine Eltern Rücksicht zu nehmen.

Hilfsorganisationen[19]. Die Rolle von Hilfsorganisationen in der Vorbereitung von Zeugen auf ihre Vernehmung darf nicht gering geschätzt werden. Vielfach propagieren sie eine „parteiliche Einstellung für Opfer", wonach dem Zeugen von vornherein geglaubt wird, Opfer einer Sexualstraftat geworden zu sein. Um sich nicht dem Vorwurf der Beeinflussung der Aussage des Zeugen auszusetzen, erklären sie, mit dem Zeugen nicht über die Sache zu sprechen, was aber praxisfremd ist.

Hinweis

Befragungen des Zeugen selbst zu Gesprächen im Vorfeld der Vernehmung oder zwischen mehreren Vernehmungen oder von Angehörigen und Freunden sind unverzichtbar zur Prüfung potentieller Suggestionseffekte. Dazu gehören gerade auch Fragen zu Gesprächen mit Mitarbeitern von Opferhilfevereinen. In diesem Fall besteht die Gefahr, dass der Zeuge sich diesen gegenüber festgelegt fühlt oder er damit rechnet, dass die Begleitperson, wenn er sie bis dahin nicht kannte, den ihm bekannten Mitarbeitern von dem Inhalt seiner Aussage berichtet. Das kann vor allem dann von Belang sein, wenn der Zeuge von durch den Verein zur Verfügung gestellten Hilfsangeboten Gebrauch gemacht hat.

Es kann somit sinnvoll sein, den Beistand selbst als Zeugen zu vernehmen und sich nicht nur – wie meist üblich – mit Erklärungen zur Vorbefassung mit dem Zeugen zufrieden zu geben. Mitarbeiter von Hilfsorganisationen können die Aussage nicht verweigern, da ihnen kein Zeugnisverweigerungsrecht nach § 53 StPO zusteht.

19 Ausführlich dazu in Teil 3 VII (Rn. 594 ff.).

Anwesenheit des Therapeuten. Therapiegespräche beinhalten auch eine Befassung mit dem Vorwurf. Von daher kommen Therapeuten als sog. Aussageempfänger in Betracht und scheiden, weil sie selbst Zeugen vom Hörensagen sind, als Begleitperson aus.

5. Hinzuziehung eines Sachverständigen zu der Vernehmung

173 Die Hinzuziehung eines Sachverständigen[20] wird z.B. bei einem erwachsenen Zeugen dann zu erwägen sein, wenn die Aussagekompetenz zum Zeitpunkt der Vernehmung zweifelhaft ist.

Kindliche Zeugen. Die Hinzuziehung eines Sachverständigen[21] bei der Anhörung kindlicher Zeugen ist in der RiStBV geregelt:

Nr. 222 Abs. 1 RiStBV

> *... Vielfach wird es sich empfehlen, schon zur ersten Vernehmung einen Sachverständigen beizuziehen, der über besondere Kenntnisse und Erfahrungen auf dem Gebiet der Kinderpsychologie verfügt.*

In der Praxis ist die Hinzuziehung eines Psychologen aber eher die Ausnahme.

Nimmt der Sachverständige an der Vernehmung teil, darf er die Vernehmung nicht führen, sondern nur aus psychologisch/psychiatrischer Sicht relevante Fragen stellen.

6. Anwesenheit des Beschuldigten bei der Vernehmung des Zeugen

174 Fraglich ist, ob und ggf. wie sich die Anwesenheit des Beschuldigten auf die Aussage des ihn belastenden Zeugen auswirkt[22].

a) § 168c StPO

175 § 168c Abs. 3 S. 1 StPO sieht den Ausschluss des Beschuldigten bei der richterlichen Zeugenvernehmung vor, wenn seine Anwesenheit den Untersuchungszweck gefährden würde. Eine solche Gefährdung sieht der Gesetzgeber in der Befürchtung, dass der Zeuge in Anwesenheit des Beschuldigten nicht die Wahrheit sagen wird, § 168c Abs. 3 S. 2 StPO.

---

20 Siehe auch die Ausführungen zu Teil 1 IV „Gutachteneinholung" (Rn. 100 ff.) und Teil 3 „Aussagepsychologische Begutachtung" (Rn. 297 ff.).

21 Vgl. dazu die Ausführungen unter Teil 1 IV „Gutachteneinholung" (Rn. 100 ff.).

22 Nach § 168c Abs. 2 StPO ist dem Beschuldigten grundsätzlich die Anwesenheit bei der richterlichen Vernehmung eines Zeugen gestattet.

In der Praxis wird diese Gefährdung vielfach – vor allem bei der Vernehmung kindlicher Zeugen – angenommen, quasi wie selbstverständlich unterstellt.

b) § 247 StPO

In der Hauptverhandlung kann der Angeklagte gemäß § 247 StPO ausgeschlossen werden. **176**

Voraussetzung ist bei erwachsenen Zeugen u.a. die Gefahr, der Zeuge werde in Anwesenheit des Angeklagten nicht die Wahrheit sagen. Dagegen könnte man einwenden, diese Gefahr besteht aber gerade auch dann, wenn sich der Zeuge nicht der Konfrontation mit dem Angeklagten stellen muss.

Das gleiche gilt, wenn in Gegenwart des Angeklagten die dringende Gefahr eines schwerwiegenden Nachteils für die Gesundheit des Zeugen besteht[23].

Für Zeugen unter *18 Jahren*[24] muss für einen Ausschluss des Angeklagten ein erheblicher Nachteil für das Wohl des jungen Zeugen zu befürchten sein. „Gemeint sind vor allem, aber nicht ausschließlich, nicht nur vorübergehende seelische Beeinträchtigungen und Gefahren für das sittliche Wohl des jugendlichen Zeugen“[25]. Wenn auch in der Praxis solche Gefahren von Gerichten vielfach mehr oder weniger unterstellt werden, so ist doch fraglich, ob Aussagen in Anwesenheit des von dem Zeugen Beschuldigten im Einzelfall nicht auch einen hohen therapeutischen Wert für den Zeugen haben können.

7. Ausschluss der Öffentlichkeit in der Hauptverhandlung

Fraglich ist, ob und ggf. wie sich die Anwesenheit oder der Ausschluss der Öffentlichkeit auf den Inhalt der Zeugenaussage oder das Gesamtverhalten des Zeugen auswirken kann. **177**

Denkbar erscheint, dass sich der Zeuge im Vorfeld seiner Vernehmung Gedanken darüber macht, bestimmte Aussageinhalte, vielleicht weil sie ihm peinlich sind oder ihn in ein schlechtes Licht rücken können, in Anwesenheit der Öffentlichkeit nicht zu erwähnen. Die Anwesenheit von Bezugspersonen, Freunden oder Menschen, mit denen der Zeuge im Streit steht, können sein Aussageverhalten verändern.

Derlei Gedanken können sich im Laufe der Vernehmung verlieren, wenn der Zeuge allein auf die Befragung konzentriert ist und aufgrund seiner Sitzposition meist Personen im Zuschauerbereich auch nicht wahrnehmen kann.

---

23 *BGH* [4 StR 171/09] – der bloße Wunsch des Zeugen, in Abwesenheit des Angeklagten auszusagen, reicht nicht aus.

24 Die gesetzliche Altersgrenze wurde von 16 Jahren durch Gesetz vom 29.7.2009 (BGBl. I, 2280) m.W.v. 1.10.2009 auf 18 Jahre heraufgesetzt.

25 KK-*Diemer* § 247 Rn. 10.

Umgekehrt ist denkbar, wenn der Zeuge keiner „Kontrolle“ ausgesetzt ist, dass sich seine Aussage gerade deshalb inhaltlich verändert, ihm unwahre Angaben leichter fallen.

8. Gerichtliche Zeugenbegleitung

178 Zeugenbegleitprogramme haben nichts gemein mit Zeugenschutzprogrammen. Sie sind insbesondere für sog. Opferzeugen mit dem Ziel entwickelt worden, ihnen die Situation der Aussage vor Gericht zu erleichtern. Dazu sind (vereinzelt) bei Gerichten eigens Zeugenbetreuungsstellen und auch Zeugenwartezimmer eingerichtet worden.

Köhnken/Dannenberg[26] stellen das schleswig-holsteinische Zeugenbegleitprogramm für Kinder, *Schneider/Habel*[27] das sog. Düsseldorfer Modell vor. Bei Kindern kann es Sinn machen, dem Kind vor der Verhandlung den Saal zu zeigen und die einzelnen Rollen der Verfahrensbeteiligten zu erläutern, um ihm eine ggf. vorhandene Scheu vor der Aussagesituation zu nehmen.

Ob und inwieweit psychologische Betreuung vor der Aussage auch deren Inhalt beeinflussen kann, ist eine Frage des Einzelfalles und nach der jeweiligen Ausgestaltung der Betreuung zu beurteilen. Jedenfalls ist sie nicht auf eine Befassung mit dem Inhalt der anstehenden Aussage angelegt, so dass diese Gefahr weitgehend ausgeschlossen erscheint. Mitarbeiter der Gerichte beschränken sich in aller Regel darauf, während der Aussage des Zeugen neben ihm zu sitzen.

9. Hilfsorganisationen i.S.d. § 406h StPO

179 Ganz anders als bei der Zeugenbetreuung bei Gericht ist die sog. psychosoziale Prozessbegleitung ausgestaltet. Vor allem in Sexualstrafsachen ist das Angebot sog. Hilfsorganisationen[28] i.S.d. § 406h StPO viel weiter gefasst. Durchgängig propagieren Hilfsorganisationen den *parteilichen Umgang mit dem Opfer*[29], was so viel heißt, dass Ratsuchende nicht befürchten müssen, ihnen werde von den Mitarbeitern derlei Vereine nicht geglaubt, wenn sie behaupten, Opfer einer (Gewalt)tat, insbesondere einer Sexualstraftat geworden zu sein. Die Gefahr ist groß – wie die Erfahrungen aus den spektakulären Wormser Missbrauchsverfahren im Rahmen gezielter Aufdeckungsarbeit gezeigt haben –, dass durch diese einseitige feministische Ausrichtung allein nach Erklärungen für stattgefundenen sexuellen Missbrauch bzw. se-

26 *Köhnken/Dannenberg* PdR 1997, 204; vgl. auch *Rohmann/Blattner* in: Deckers/Köhnken, S. 382.

27 *Schneider/Habel* Psychosoziale Betreuung von Opferzeugen in Strafprozessen, Das Düsseldorfer Modell, 2000; vgl. auch *Blattner/Rohmann* PdR 2004, 208.

28 Vgl. die Liste der Vereine auf www.weisserring.de.

29 Z.B. auf der Homepage des „Notruf für vergewaltigte Frauen und Mädchen e.V. Hannover“.

xuelle Nötigung/Vergewaltigung gesucht wird. Arbeiten Opferhilfevereine heute vielleicht auch nicht mehr „aufdeckend", so erscheinen Gespräche zur Sache, Beratungen im Rahmen der Entscheidung zur Anzeige, erst recht Verdachtsabklärungen mit Blick auf die einseitige Opferausrichtung bedenklich, denn suggestiv beeinflussend, soll doch der Strafprozess vielfach erst klären, ob die Beschuldigungen überhaupt zutreffend sind, das sog. Opfer überhaupt die Wahrheit sagt. Die Festlegung auf den Opferstatus kann – mit Blick auf die Erkenntnisse zur sog. *Kognitiven Dissonanz*[30] – höchst suggestiv wirken, da die Gefahr groß ist, dass der „Ratgeber" nur nach seine Voreinstellung bestätigenden Antworten sucht, Entgegenstehendes vielfach schon gar nicht wahrnimmt und damit auch nicht berücksichtigt. Vollends unklar ist, ob und wie derlei Hilfsorganisationen den Zeugen auf eine streitige Verfahrenssituation „einstellen".

Nimmt der Zuhörer Anteil an dem ihm Berichteten, tröstet er den Zeugen, sagt ihm Schutz oder finanzielle Unterstützung zu, wird auch der Zeuge, der nicht die Wahrheit sagt, sich bestätigt fühlen, dass man ihm die erfundene Geschichte glaubt. Letztlich stellt jede Befragung einen Lernprozess für den Befragten dar.

Im Rahmen der Rekonstruktion der Aussageentstehungsgeschichte ist all das aufzuklären, wie auch, ob der Zeuge an einer sog. Traumatherapie teilnimmt. Traumatologen[31] wenden sich vielfach gegen die Erkenntnisse der Aussagepsychologie mit dem Argument, traumatisierte Patienten könnten einige der Realkennzeichen nicht produzieren. Ein Zusammenhang zwischen Gedächtnisleistung und Trauma ist jedoch wissenschaftlich nicht belegt[32]. Auch die Annahme, der Zeuge leide unter einer posttraumatischen Belastungsstörung, wird vielfach therapeutisch allein aufgrund der Angaben des Zeugen diagnostiziert werden. Kritisch zu sehen ist, wenn aus der Diagnose auf den Realitätsgehalt der Angaben über das in Frage stehende Trauma geschlossen wird[33] .

Wird der Zeuge bei seinen Vernehmungen von einem Mitarbeiter eines solchen Hilfevereins begleitet, kann sich der Zeuge auf das im Vorfeld der Aussage mit dem Mitarbeiter Besprochene innerlich festgelegt fühlen, schon allein um die ihm gewährte Zuwendung und Unterstützung nicht zu verlieren. Mitarbeiter erklären meist, nicht mit dem Zeugen über die Sache gesprochen zu haben, verschweigen aber, dass es solche Gespräche mit einem Kollegen gegeben hat, und der Zeuge subjektiv – würde er von seiner gegenüber diesem gemachten Aussage inhaltlich abweichen – fürchten müsste, dass die Beistandsperson im Verein darüber berichten würde.

---

30 Vgl. dazu die ausführlichen Ausführungen unter Teil 3 (Rn. 629).

31 Vgl. *Volbert/Steller* in: Venzlaff/Foerster, S. 817; *Volbert* 2004.

32 *Steller* in: NJW-Sonderheft, S. 69 – unter Bezugnahme auf *Volbert* Zur Zuverlässigkeit von Erinnerungen an persönlich bedeutsame Ereignisse, Habilitationsschrift an der FU Berlin.

33 Dann handelt es sich um einen klassischen Zirkelschluss; vgl. auch *Steller* in: NJW-Sonderheft, S. 69.

Es kommt vor, dass Zeugen – durch Mitarbeiter derlei Hilfeeinrichtungen beraten – Hilfsmittel[34] zum Abbau von Nervosität oder Aggression während ihrer Aussage in der Hauptverhandlung verwenden, demonstrativ Medikamente einnehmen oder auch Getränke zu sich nehmen. Beistandspersonen solcher Hilfevereine berichten über „Nothilfekoffer", die sie für den Fall bei sich führen, dass der Zeuge während der Vernehmung zusammenbricht. Hiernach kann man zumindest einen Eindruck gewinnen, auf welche Gerichtsszenarien potentielle Opfer im Vorfeld ihrer Aussage vorbereitet und damit voreingestimmt werden, wie sie sich aber auch selbst in den Mittelpunkt katapultieren und um Aufmerksamkeit bemüht sind. All das kann Ausdruck einer Persönlichkeitsakzentuierung sein, die Einfluss auf den Inhalt der Aussage haben und suggestiv wirken kann, indem Zeugen sich vornehmen, ihre Aussage in bestimmter, der vorgestellten Verfahrenssituation angepassten angemessenen Weise zu präsentieren.

10. Zeugenschutzprogramme

180 Bei *Zeugenschutzprogrammen* geht es um gefährdete Zeugen, die von der Polizei in vielerlei Hinsicht „betreut" und „beschützt" werden. Schutz und Gefährdung hängen untrennbar zusammen. Zeugen unterliegen ggf. der Versuchung, den Sachverhalt übertrieben darzustellen, um in ein Schutzprogramm aufgenommen zu werden. Vielfach halten sie nur, um den Schutz nicht wieder zu verlieren, dann auch an dieser Aussage in späteren Vernehmungen fest. Aussagen solcher Zeugen stehen damit häufig im Verdacht, von Angst beeinflusst zu sein[35], wobei die Angst aber eben nicht unbedingt mit dem Vorwurf zu tun haben muss.

Die Gefahr, dass sich die Aussage inhaltlich verselbstständigt, besteht auch dann, wenn mit der Zeugenaussage Erwartungshaltungen der Ermittler verbunden werden, andere zu belasten – ein Phänomen, das sich auch bei Mitbeschuldigten z.B. in Betäubungsmittel- oder Korruptionsverfahren zeigt.

Zeugenschutz- wie auch *Zeugenbegleitprogramme* stellen den Zeugen in den Mittelpunkt der Aufmerksamkeit. So viel Beachtung kann die Aussage erheblich verändern, weil Zeugen diese Position nicht aufgeben wollen. Die Stärkung der Opferrechte im Strafverfahren trägt ihr übriges dazu bei. Es kommt vor, dass sich Zeugen richtig in der Rolle des Opfers gefallen und in diese förmlich hineinsteigern. Die Stärkung der Opferrechte im Strafverfahren schafft dafür ein Terrain.

---

34 Wie z.B. „stachelige Gummibällchen".

35 Vgl. auch *Eisenberg* Rn. 1455a.

11. Belastungserleben von Kindern vor Gericht

Sporer/Bursch[36] befassen sich mit kindlichen Zeugen vor Gericht, u.a. mit „Gestaltungs- und Interventionsmöglichkeiten der Vernehmung“, der „schrittweisen Befragung“, mit „Fragewiederholungen und wiederholten Befragungen“, mit „Befragungen mit Hinweisreizen oder Hilfsmitteln“, mit „dem Wissen um das Gerichtswesen“. *Busse/Volbert/Steller*[37] haben das Belastungserleben von Kindern in Hauptverhandlungen untersucht. *Busse/Volbert*[38] berichten über die Situation kindlicher Zeugen vor Gericht. **181**

II. Durchführung der Vernehmung

Im Folgenden werden zu der Durchführung der Vernehmung ausschließlich aussagepsychologische Erkenntnisse und Fragestellungen erörtert. **182**

1. Vorladung

Schon der Text der Ladung kann für die Aussage von Bedeutung sein. **183**

Nr. 64 Abs. 1 RiStBV

> *Die Ladung eines Zeugen muss erkennen lassen, dass er als Zeuge vernommen werden soll. Der Name des Beschuldigten ist anzugeben, wenn der Zweck der Untersuchung es nicht verbietet, der Gegenstand der Beschuldigung nur dann, wenn dies zur Vorbereitung der Aussage durch den Zeugen erforderlich ist.*

Vielfach wird auf Ladungen auch der Vorwurf benannt, z.B. so: „In dem Strafverfahren gegen Herrn X wegen Betruges werden Sie zur Vernehmung am … als Zeuge geladen.“

Hat der Zeuge zu diesem Vorwurf eine den Beschuldigten belastende polizeiliche Aussage gemacht, kann das zur Folge haben, dass er sich nun, wenn er den Vorwurf der Ladung entnimmt, innerlich bestätigt fühlt, indem man ihm seine belastenden Angaben geglaubt hat, denn sonst würde man die Hauptverhandlung gegen den Beschuldigten wohl nicht durchführen.

Schon allein daraus, dass sie nach der polizeilichen Vernehmung noch einmal vorgeladen werden, schließen Zeugen vielfach auf die Wichtigkeit ihrer Aussage. Umgekehrt kann der Zeuge aber mit der polizeilichen Aussage auch mit der Sache „abgeschlossen“ haben und Unverständnis darüber empfinden, noch einmal aussagen

---

36 *Sporer/Bursch* Psychologische Rundschau 1997, 141.
37 *Busse/Volbert/Steller* Belastungserleben von Kindern in Hauptverhandlungen, Abschlußbericht eines Forschungsprojekts im Auftrag des BMJ, 1996.
38 *Busse/Volbert* in: Steller/Volbert, S. 224.; *Busse/Volbert* in: Kröber/Dahle, S. 211.

zu müssen. Das kann sich auf die Aussagequalität auswirken, indem er z.B. nur wenig aussagt, um die Vernehmung schnell hinter sich zu bringen.

Schon der Text der Ladung kann missverständlich sein, so z.B. dann, wenn es um den Vorwurf des sexuellen Missbrauches an einem Kind geht, in der Ladung jedoch die Überschrift des Gesetzestextes „Sexueller Missbrauch von Kindern“ angegeben wird. Hatte der Zeuge bei dem Vorwurf, der Beschuldigte habe ein Kind missbraucht, vielleicht noch Zweifel, könnten diese, wenn es nun um mehrere Kinder gehen soll, ausgeräumt sein.

Vielleicht ist der Zeuge auch Anzeigenerstatter, vielleicht rührt die Anzeige aus einem Zivil- oder Sorgerechtsstreit. In einem solchen Fall kann allein die Einleitung des Verfahrens oder die Durchführung der Hauptverhandlung, in dem oder in der er als Zeuge geladen ist, ihn in seinem Anzeigevorbringen bestätigen.

Arntzen[39] mahnt, das Thema der Vernehmung in der Ladung nur allgemein anzugeben. Eine genaue Bezeichnung lässt den Zeugen möglicherweise nicht unbefangen sein. Der Volksmund denkt schnell, es würde nicht ermittelt, wenn an der Sache nichts dran wäre.

Ist durch die Ladung klargestellt, dass Vernehmung und eine damit möglicherweise verbundene Begegnung mit dem Beschuldigten erforderlich ist, suchen vermeintliche Opfer gelegentlich psychologische/psychiatrische Betreuung, die bis zur Aussage und auch während der Aussage noch stattfinden kann. Eine solche Vor- und Aufarbeitung kann, vor allem wenn sie in eine Therapie[40] eingebunden ist, Einfluss auf den Aussageinhalt haben.

2. Person des Vernehmenden

184 Nach *Arntzen*[41] spielt die Persönlichkeit des Vernehmenden eine wichtige Rolle bei der Vernehmung. Vornehmlich geht es um

- Vernehmungsstil,
- Gehemmtheit des Vernehmenden, z.B. bei Verfahren mit großer Öffentlichkeit,
- Ermüdung des Vernehmenden,
- Objektivität der Vernehmung.

Es kommt vor, dass der Vernehmende in der Sache schlecht vorbereitet ist, was Zeugen in der Regel bemerken, und dann die Gefahr besteht, dass relevante Fragen nicht gestellt werden, so dass dem Vernehmenden die Vernehmung insgesamt aus der Hand gleitet.

39 *Arntzen* Vernehmungspsychologie, S. 3.

40 Vgl. dazu Teil 1 C (Rn. 47 ff.). „BGH-Rechtsprechung zu aussagepsychologischer Begutachtung“.

41 *Arntzen* Vernehmungspsychologie, S. 32.

a) Spezialkenntnisse

Effizienz und Verlauf einer Vernehmung hängen in hohem Maße von der Qualifikation des Vernehmenden ab. Dabei sind nicht nur deliktsspezifische juristische, sondern vor allem auch vernehmungsspezifische Kenntnisse erforderlich. *Greuel*[42] erläutert, dass „darüber hinaus … Planung, Strukturierung und Durchführung einer Vernehmung eng an das Wissen um aussage- und vernehmungspsychologische Gesetzmäßigkeiten gebunden" sind. **185**

Greuel[43] befasst sich mit der Aus- und Fortbildung von Beamten in aussagepsychologisch relevanten Vernehmungsaspekten. Dazu gehören die Kenntnisse um die Erkenntnisse der Aussagepsychologie wie aber auch die „Notwendigkeit zur Reflexion etablierter Stereotype, insbesondere bezüglich vermeintlicher nonverbaler ‚Lügensignale' (Nonverbale Indikatoren von Täuschung), die nach wie vor das Auftreten spezifischer Vernehmungsfehler (z.B. Othello Fehler), begünstigen (Köhnken, Kraus & von Schemm, 2006)".

b) Geschlecht des Vernehmenden

Zur Bevorzugung weiblicher Vernehmender bei weiblichen Zeugen liegen Forschungsergebnisse vor, nach denen nicht das Geschlecht des Vernehmenden entscheidend für die Qualität der Befragung ist, sondern spezifische Vernehmungsfertigkeiten[44]. **186**

Weiblichen Vernehmenden soll es eher gelingen, sexualitätsbezogene Sachverhaltsaspekte, männlichen eher Gesichtspunkte der Vor- und Nachtatphase zu thematisieren[45].

Geht es um die Vernehmungen von weiblichen Zeugen im Bereich der Sexualdelikte, gibt es zumindest in größeren Polizeidienststellen heute vielfach Spezialkommissariate, in denen weibliche Beamte die Vernehmung durchführen, wenn Zeuginnen das wünschen[46].

c) Einstellung zum Deliktsbereich

Bei der Vernehmung kommt es auch auf die Einstellungen an, die der Vernehmende zu dem Deliktsbereich hat. **187**

---

42 *Greuel* Polizeiliche Vernehmung vergewaltigter Frauen, S. 86 – die weiteren Ausführungen beziehen sich auf die Vernehmung zu sexuellen Gewalttaten; *Greuel* in: Volbert/Steller, Handbuch der Rechtspsychologie, S. 221 – zu Vernehmungstraining für Vernehmungsbeamte.

43 *Greuel* in: Volbert/Steller, Handbuch der Rechtspsychologie, S. 221.

44 *Kröhn* Sexualmedizin 1984, 129 ff.; *Fehrmann* in: Fehrmann/Jakobs/Junker/Warnke, S. 55 – zitiert nach *Greuel* Rn. 45.

45 *Greuel* Polizeiliche Vernehmung vergewaltigter Frauen, S. 204.

46 Vgl. dazu auch *Greuel* Polizeiliche Vernehmung vergewaltigter Frauen, S. 94.

Die Einstellung des Vernehmenden kann z.B. davon abhängen, ob sich der Vernehmende den Deliktsbereich, in dem er ermittelt, selbst ausgesucht, er daran ein Interesse hat oder ob er ihm zugewiesen wurde.

d) Subjektive Einschätzung des Erkennens von Täuschungen

188 Untersuchungen[47] zeigen, dass die Treffsicherheit im Erkennen von Täuschungen von den Vernehmenden selbst meist als viel besser eingeschätzt wird, als sie tatsächlich ist. Vielfach liegt sie nur im Zufallsbereich oder knapp darüber, wobei unklar ist, worauf die Vernehmenden ihre Einschätzungen stützen.

e) Aussagepsychologische Kenntnisse

189 Interessant sind die Ausführungen von *Greuel*[48], wonach Kriminalbeamte bei der Beurteilung von Vergewaltigungsanzeigen nur zwei der 19 von *Steller* und *Köhnken*[49] zusammengestellten Realkennzeichen, nämlich die logische Konsistenz und den Detailreichtum, nannten und sich daneben auf externe Beweismittel und auf ihre Einschätzung des Aussageverhaltens stützen.

Durch ihr Vernehmungs- und Protokollierungsverhalten verhindern Vernehmungsbeamte, dass Zeugen eine qualitative hochwertige Aussage machen. Bestes Beispiel ist, dass vielfach Zeugen aufgefordert werden, in „chronologischer Reihenfolge“ zu berichten, obwohl die unstrukturierte Aussageweise (zeitlich hin- und herspringen)[50] ein hochwertiges Glaubhaftigkeitskriterium ist. Für einen bewusst falsch aussagenden Zeugen wäre es sehr schwierig, eine umfangreiche Aussage derart unstrukturiert vorzutragen, ohne dabei irgendwelche Widersprüche zu produzieren.

Gleiches gilt für nebensächliche Einzelheiten, die für den Zeugen in der besonderen Situation von Bedeutung sind und sich in erfundenen Aussagen eher nicht finden.

Verdächtig erscheint Vernehmungsbeamten, wenn nicht das Opfer selbst, sondern ein Dritter die Anzeige erstattet, letztlich verlassen sie sich auf ihre Intuition.

3. Mehrere Fragesteller bei der Vernehmung

190 Häufig werden polizeiliche Vernehmungen durch mehrere Beamte durchgeführt. Wie im Einzelnen eine solche Vernehmung abläuft, lässt sich dem Protokoll meist nicht (exakt) entnehmen. Wer dem Zeugen welche Frage gestellt hat, ob die Befragung erst durch den einen, dann durch den anderen Beamten oder vielleicht von

---

47 *Greuel* Polizeiliche Vernehmung vergewaltigter Frauen, S. 106 m.w.N. und S. 139.
48 *Greuel* Polizeiliche Vernehmung vergewaltigter Frauen, S. 139; *Greuel* in: Lorei, S. 77.
49 Vgl. dazu die Ausführungen zur Realkennzeichenanalyse in Teil 3 IX „Realkennzeichenanalyse“ (Rn. 678 ff.).
50 *Greuel* in: Volbert/Steller, Handbuch der Rechtspsychologie, S. 221 – zu Vernehmungstraining für Vernehmungsbeamte.

Beiden im Wechsel durchgeführt wurde, kann vielfach im Nachhinein nicht mehr genau rekonstruiert werden.

Scholz[51] erläutert, wie sich eine solche Befragungssituation auf die Aussage auswirkt: „Die Anwesenheit mehrerer Fragesteller bewirkt eine unsymmetrische Gesprächssituation und hat insbesondere dann negative Auswirkungen auf das Gesprächsergebnis, wenn die aussagende Person selbstwertgestört oder ein Kind ist, bzw. als geschädigte Person über das fragliche Geschehen aussagen soll. Diese Personen interpretieren ein solches Gespräch als gegen sich gerichtet und fühlen sich zu Verteidigungs- und Abwehrverhalten genötigt. Dieser sozialen Situation vergleichbar ist ein Procedere, bei dem verschiedene Personen während verschiedener Zeitpunkte zum selben Geschehen befragen (Pettit/Fegan/Howie Interviewer effects on childrenś testimony, 1990, Sept. 2-6, Paper presented at the 8th International Congress on Child Abuse and Neglect, Hamburg)."

4. Erwartung an die Vernehmung

Die Erwartungen an die Vernehmung sind bei dem Vernehmenden in der Regel **191**
ganz andere als bei den Vernommenen.

Der Vernehmende hat das Ziel, den Sachverhalt aufzuklären und Ermittlungshandlungen vorzunehmen.

Der Vernommene wird vielfach das Procedere nicht kennen und schon von daher ganz falsche Vorstellungen haben. Zeugen denken häufig, die Sache sei mit der Anzeigenerstattung erledigt. Sog. Opferzeugen, die über ein Gewaltgeschehen aussagen, haben vielfach kein Verständnis dafür, dass Vernehmungsbeamte sie nach allen Einzelheiten des Handlungsablaufes befragen. Ihnen geht es mehr um Hilfe, Verständnis und Sicherheit[52].

Unklar ist, ob und wie sich nicht erfüllte Erwartungen auf den konkreten Inhalt der Aussage auswirken, also wenn die polizeiliche Arbeit eben als wenig helfend oder verständnisvoll empfunden wird. Viel spricht dafür, dass der Zeuge, je mehr sich ein solcher Eindruck in der Vernehmung verstärkt, sich immer mehr weigern wird, eine umfassende Aussage zu machen.

5. Kommunikationsprozess zwischen Fragendem und Befragtem

Greuel[53] verdeutlicht, dass das, „was während der polizeilichen Vernehmung als **192**
Protokollaussage ‚ausgehandelt' wird, eine ‚prozessuale Wahrheit' repräsentiert, die zum einen von den Wahrnehmungs-, Erinnerungs- und Rekonstruktionsleistun-

51 *Scholz* NStZ 2001, 572.

52 *Greuel* Polizeiliche Vernehmung vergewaltigter Frauen, S. 99.

53 *Greuel* in: Volbert/Steller, Handbuch der Rechtspsychologie, S. 221 – zu Vernehmungstraining für Vernehmungsbeamte.

gen des Zeugen, zum anderen von den kommunikativen Techniken und Kompetenzen des Vernehmenden bestimmt wird. Damit ist die Zeugenaussage immer auch das Produkt einer von beiden Kommunikationspartnern gemeinsam erbrachten Leistung im Sinne eines ‚gemeinsamen Verhörsprodukts' (Stern, 1902), so dass Qualität und Gerichtsverwertbarkeit einer Zeugenaussage unmittelbar von der Vernehmungsqualität abhängen".

Für den Zeugen ist die Vernehmung ein seltenes Ereignis[54], das außerhalb seiner sonstigen Erfahrung liegt, wohingegen die Vernehmung „für Polizeibeamte, Richter und Sachverständige in der Regel zur beruflichen Alltagsroutine gehört, Zeugen haben in der Regel weder Erfahrungen mit noch Kenntnisse über die spezifische Rolle als Zeuge *(Greuel 1993; 1998b; Kraheck-Brägelmann 1994)"*.

Greuel[55] macht die kommunikationsmäßigen Besonderheiten der polizeilichen Vernehmung deutlich, die – schlagwortartig – lauten:

193 **Kommunikative Besonderheiten der polizeilichen Vernehmung**

- Seltenheit des Ereignisses
- Institutionalisierte Kommunikation
- Asymmetrische Kommunikation

Ablauf, Ziel und Inhalt ist bei Vernehmungen durch materiell-rechtliche wie auch strafprozessuale Vorschriften im Wesentlichen vorgegeben. Der Befrager ist dem zu Befragenden kommunikativ überlegen und auch dominant. „Die Rolle des Zeugen ist hingegen auf die des Akzeptenten festgelegt; er muß letztlich die Vorgaben des Befragers ‚akzeptieren', kann insofern also weniger aktiv-gestaltend agieren als vielmehr passiv reagieren (Greuel 1993)"[56]. *Greuel*[57] spricht von einer primär asymmetrischen, komplementären Kommunikation und erläutert dazu, dass im Bereich der polizeilichen Vernehmung sich überwiegend asymmetrisch angelegte Vernehmungsgespräche als äußerst kontraproduktiv im Hinblick auf das Vernehmungsziel – Sachverhaltsrekonstruktion mit höchstmöglicher Veridikalität – auswirken. Das führe dazu, dass sich der Zeuge als „Objekt" der Befragung fühle und entsprechend mit dem Gefühl der Hilflosigkeit, des Ausgeliefertseins und der Instrumentalisierung reagieren kann. Dieses wiederum führe zu erheblichen Risiken sowohl für die Zuverlässigkeit als auch für die Qualität der Aussage.

Greuel[57] mahnt: „Zur Vermeidung von false-negative-Urteilen ist es daher notwendig, auch und gerade forensische Befragungen so zu führen, daß trotz der gegebe-

54 *Greuel* in: Volbert/Steller, Handbuch der Rechtspsychologie, S. 221 – zu Vernehmungstraining für Vernehmungsbeamte.
55 *Greuel* in: Volbert/Steller, Handbuch der Rechtspsychologie, S. 221.
56 *Greuel* S. 153.
57 *Greuel* S. 136.

nen normativen Restriktionen ein Wechsel von symmetrischen zu asymmetrischen Kommunikationsebenen gewährleistet ist *(Banscherus 1977; Fischer 1975)* und (zumindest) pseudosymmetrische Interaktionen überwiegen *(Greuel 1993).*"

Greuel et al.[58] berichten von psychologischen Forschungen zu polizeilichen Vernehmungen von Frauen zu Vergewaltigungsvorwürfen. Danach favorisieren „Vernehmungsbeamte mit hoher Empathie für die Opfer zwar einen weniger invasiven, da eher passiven Vernehmungsstil …, andererseits (neigen sie; d.A.) sowohl auf der Beziehungs- als auch auf der offenen Verhaltensebene verstärkt zur Distanzierung. Offenkundig steigt das Ausmaß an emotional-affektiver Belastung mit dem Grad der Empathie für (vermutliche) Gewaltopfer, so daß auf seiten der Befragenden emotionsvermeidende Copingprozesse einsetzen, die letztlich zulasten eines konkret opferzentrierten Interaktionsstils auf der offenen Verhaltensebene gehen".

6. Einzelvernehmung § 58 Abs. 1 StPO

Sollen mehrere Zeugen vernommen werden, so ist die Vernehmung einzeln und in **194**
Abwesenheit der später zu hörenden Zeugen durchzuführen. § 58 Abs. 1 StPO gilt bei der polizeilichen Vernehmung entsprechend[59].

Mit dieser Vorschrift soll verhindert werden, dass Zeugen erfahren, was andere Zeugen bereits zu dem vermeintlich Geschehenen berichtet haben, damit sie ihre Angaben nicht inhaltlich daran anpassen. Ist die eigene Erinnerung schwach und vermittelt der andere eine „bessere" Erinnerung, besteht die Gefahr, dass der eine die Erinnerung des anderen „übernimmt" und dann (unbewusst) als eigene wiedergibt. Vielleicht erinnert er sich aber auch ganz anders und äußert das nicht, weil er sich nicht traut, in Widerspruch zu dem anderen Zeugen zu treten.

Vielfach haben Zeugen im Vorfeld gemeinsam über die Sache gesprochen. Gerade dann ist zu klären, ob sich durch die gemeinsamen Gespräche eine „Gruppenansicht" gebildet hat.

Der Vernehmungsbeamte sollte versuchen, eine Gesprächsatmosphäre herzustellen, **195**
die eine Anhörung in Abwesenheit eines Dritten möglich macht, um die Aussagequalität nicht zu mindern.

58 *Greuel et al.* S. 223.
59 LR-*Ignor/Bertheau* § 58 Rn. 1.

7. Vernehmungsablauf

a) Informatorisches Vorgespräch

196 Nach den Ausführungen von *Nack*[60] aus dem Jahre 1994 hat die „empirische Auswertung der polizeilichen Vernehmungen … erbracht, daß fast immer zu Beginn der Vernehmung ein Vorgespräch stattfindet“[61].

Es kommt vor, dass Ermittlungsbeamte Zeugen vor einer förmlichen Ladung anrufen, um zu klären, ob und was der Zeuge zur Sache aussagen kann. Dabei kann es zu einem Gespräch auch zum Kern der Sache kommen.

Auch dann, wenn der Zeuge auf eine Vorladung bei der Polizei zur Aussage erscheint, also damit über seine Zeugeneigenschaft dem Grunde nach schon entschieden ist, führen Ermittlungsbeamte vielfach ein Vorgespräch.

Zweck des Vorgespräches darf nur der „Gewinnung eines groben Bildes, ob wirklich der Verdacht einer Straftat besteht und wer als Beschuldigter oder als Zeuge in Betracht kommt“, dienen[62]. Zumindest bei den geladenen Zeugen wird das Vorgespräch in den meisten Fällen damit überflüssig sein. Dennoch wird es vielfach dazu benutzt, mit dem Zeugen unter Umgehung der Belehrung nach §§ 52 ff., 57 StPO und der Rechte und Pflichten aus § 69 StPO ein Gespräch zur Sache zu führen. Damit kann sich der Vernehmungsbeamte schon vor der eigentlichen Vernehmung ein Bild vom Inhalt der Aussage machen. Hatte sich der Beamte vielleicht mehr von der Aussage versprochen, kommt er mit dem Antwortstil des Zeugen zurecht oder nicht, weiß der Zeuge vielleicht mehr, als der Beamte gedacht hat – alles dieses kann für den weiteren Verlauf des Vorgespräches wie auch für die sich anschließende Vernehmung eine wichtige Rolle spielen. Schon in diesem Vorgespräch wird der Beamte gewollt oder auch ungewollt allein durch die Fragen, die er dem Zeugen stellt, diesem vermitteln, worauf es ihm ankommt.

Zielen die Ermittlungen auf ein bestimmtes Ergebnis hin, hängt der Verlauf eines solchen Gespräches auch von der Voreinstellung des Beamten ab. Das kann dem Zeugen auch durch non-verbale Reaktionen vermittelt werden. Nickt der Beamte zustimmend zu dem, was der Zeuge ihm erzählt, runzelt er mit der Stirn, schaut er skeptisch, erfährt der Zeuge, wie seine Aussage bei dem Vernehmungsbeamten „ankommt“. Fühlt er sich verstanden, wird er seine Aussage so fortsetzen, im anderen Fall womöglich inhaltlich ändern. Es kommt auch vor, dass Beamte dem Zeugen schon über die bisherigen Ermittlungen berichten, diesem gegenüber kundtun, ob seine Aussage im Widerspruch zu anderen oder in Übereinstimmung dazu stehen, so dass der Zeuge seine Aussage auch daran anpassen kann.

---

60 *Nack* StV 1994, 555.

61 *Banscherus* S. 258; *Schmitz* S. 223.

62 *Meyer-Goßner* § 163 Rn. 9.

Viele Weichen können für die sich anschließende förmliche Vernehmung also schon in einem solchen Vorgespräch gestellt werden. Da derlei Gespräche in der Regel nicht protokolliert werden, erfahren die Verfahrensbeteiligten darüber an Hand des Akteninhaltes meist nichts.

Die Gefahr ist groß, dass der Zeuge in seiner Vernehmung dann nicht das Erinnerte, sondern das in dem Vorgespräch Ge- bzw. Besprochene anzugeben versucht und seine Aussage ggf. an den von ihm empfundenen Erwartungen des Beamten auszurichten versucht.

b) Belehrung zur Wahrheit § 57 StPO

Grundsätzlich sind Zeugen nach § 57 StPO vor der Vernehmung zur Wahrheit zu **197** ermahnen und darauf hinzuweisen, dass sie ihre Aussage zu beeiden haben, wenn keine im Gesetz bestimmte oder zugelassene Ausnahme vorliegt. Diese Vorschrift regelt die richterliche Vernehmung. Bei der polizeilichen und staatsanwaltschaftlichen Vernehmung gilt die Vorschrift nur entsprechend, da Staatsanwaltschaft und Polizei nicht berechtigt sind, den Zeugen zu vereidigen und die uneidliche Falschaussage vor der Polizei bzw. Staatsanwaltschaft nach § 153 StGB nicht strafbar ist. Diese Ermahnung darf auch bei polizeilichen Vernehmungen ausgesprochen werden[63].

Nach Arntzen[64] sind bei der Belehrung aus vernehmungspsychologischer Sicht zu beachten:

- Genügend Zeit für die Belehrung,
- Belehrung in verständlicher Sprache,
- Darlegung der Notwendigkeit einer aufrichtigen Aussage und Schaden einer Falschaussage,
- Wiederholung, Ergänzung und Akzentuierung der Belehrung im Laufe der Vernehmung,
- Belehrung über die Erforderlichkeit der erneuten Aussage in der (Berufungs-)-Hauptverhandlung,
- Vorstellung der einzelnen Verfahrensbeteiligten über ihre Funktion in der Hauptverhandlung.

Man kann sich vorstellen, dass Zeugen die Belehrung über die Wahrheitspflicht als Misstrauen ihnen gegenüber verstehen können. Ob und ggf. wie sich das auf die Aussage auswirkt, ist – soweit hier erkennbar – bislang nicht untersucht. Denkbar wäre, dass der Zeuge meint, seine Angaben inhaltlich „verstärken", ihnen mehr Nachdruck geben zu müssen. Denkbar wäre aber auch das Gegenteil, dass er sich wegen seiner Verunsicherung mit seinen Äußerungen eher zurückhält.

63 LR-*Ignor/Bertheau* § 57 Rn. 2.
64 *Arntzen* Vernehmungspsychologie, S. 1.

Vielfach wird der Zeuge nur gefragt, ob er die Frage verstanden hat. Wenn er dieses bejaht, wird aber meist nicht kontrolliert, ob die Antwort auch zutrifft, also was er verstanden hat.

c) Angaben zur Person

198 Gemäß § 68 Abs. 1 S. 1 StPO ist der Zeuge im Rahmen der richterlichen und staatsanwaltschaftlichen Vernehmung verpflichtet, seine Personalien anzugeben. Bei Vernehmungen durch die Polizei ist § 68 StPO als Vernehmungsrichtlinie zu beachten[65].

§ 68 Abs. 1 StPO sieht die Angabe des Vor- und Zunamen, des Alters, des Gewer bes und des Wohnortes vor. Vielfach werden Zeugen in polizeilichen Vernehmungen aber nach weitaus mehr persönlichen Daten befragt, z.B. nach ihrer privaten Telefonnummer und der des Arbeitgebers.

Eine solche Befragung kann dem Zeugen im Einzelfall peinlich sein und sich ggf. auf die weitere Aussage auswirken.

d) Belehrung nach § 52 StPO

199 **Verwandtschaftsverhältnis.** Der Vernehmende sollte um einen verständlichen Belehrungstext bemüht sein, so z.B[66]: „Weil Herr … mit Ihnen verwandt ist, können Sie hier erklären, Sie wollen nichts zur Sache sagen. Sie können aber auch alles sagen, was Sie beobachtet haben. Wie wollen Sie sich entscheiden?“ Wenn der Zeuge aussagen will, fügt man hinzu: „Dann müssen Sie allerdings die volle Wahrheit sagen. Wollen sie nun dabei bleiben, über die Sache hier sprechen zu wollen?“

Vielfach stellen sich Zeugen, die mit dem Beschuldigten verwandt sind, die Frage, welchen Eindruck es macht, wenn sie die Aussage verweigern, ob das nicht ein schlechtes Licht auf sie selbst und/oder den Beschuldigten wirft bzw. ob man nicht denkt, würden sie aussagen, müssten sie von dem Beschuldigten ein negatives Bild zeichnen bzw. ihn belasten. In der Praxis stellen sich Zeugen in der Regel nicht die umgekehrte Frage, wie es denn aussieht, wenn sie aussagen, ob man nicht z.B. denken wird, sie wollen dem Beschuldigten nur helfen. Will man dem Beschuldigten nicht glauben, glaubt man es nicht umso eher, weil ein Verwandter seine Angaben bestätigt. Vielmehr ist Letzter immer in der Gefahr, sich der Verfolgung wegen Falschaussage oder (versuchter) Strafvereitelung auszusetzen.

e) Belehrung nach § 55 StPO

200 Nach § 55 StPO kann der Zeuge die Antwort auf eine Frage dann verweigern, wenn er sich mit ihrer Beantwortung der *Gefahr der Strafverfolgung* aussetzen würde. Das ist die gesetzliche Formulierung.

---

65 LR-*Erb* § 163a Rn. 87; KK-*Griesbaum* § 163a Rn. 31; M*eyer-Goßner* § 163a Rn. 23.
66 In Anlehnung an *Arntzen* Vernehmungspsychologie, S. 3.

In der Praxis werden Zeugen aber meist falsch so belehrt, dass sie die Aussage dann verweigern können, wenn sie sich mit der Beantwortung der Frage selbst belasten müssten. Daraus folgt, dass immer dann, wenn der Zeuge nicht antwortet, er sich belasten würde, wenn er antwortet. Man kann sich vorstellen, dass Zeugen davor in der Regel sicher Angst haben werden und dann lieber eine falsche Antwort geben.

Richter II[67] erläutert: „Der gefährdete, seiner Rechte nur unzulänglich bewußte, mithin unsichere Zeuge aber neigt erfahrungsgemäß am meisten dazu, sich sklavisch an das zu klammern, was einmal als seine Aussage aufgenommen worden ist. Jeder Schritt hiervon weg scheint ihm seine eigene Gefährdung zu vergrößern."

f) Unterrichtung über den Untersuchungsgegenstand

Gemäß § 69 Abs. 1 S. 2 StPO ist dem Zeugen vor seiner Vernehmung der Gegen- **201**
stand der Untersuchung und die Person des Beschuldigten, sofern ein solcher vorhanden ist, zu bezeichnen.

Diese Vorschrift gilt für alle richterlichen und gemäß § 161a Abs. 1 S. 2 StPO für staatsanwaltschaftliche Vernehmungen entsprechend. Sie ist auch bei polizeilichen Vernehmungen zu beachten[68].

Welche Wirkung die Mitteilung über den Vorwurf gegen den Beschuldigten auf den Zeugen und dessen Aussage haben kann, hängt zunächst davon ab, welchen Inhalt die Mitteilung konkret hat, also ob ihm nur der Deliktsbereich oder auch ein konkreter Sachverhalt genannt wird. Dabei kommt es auch vor, dass Vernehmungsbeamte Angaben auch über den Stand des Verfahrens machen und dem Zeugen so zu verstehen geben, ob und wie es auf seine Aussage ankommt oder nicht. Der Zeuge hat so Gelegenheit, seine Aussage darauf „einzurichten".

Wie die Unterrichtung im Einzelnen erfolgt ist, lässt sich meist den Vernehmungsprotokollen nicht entnehmen. Oftmals handelt es sich um einen Vordruck, in den nur noch das jeweilige Delikt eingetragen wird. Ein solcher Vordruck verhindert vielfach, weil schon nicht genügend freier Platz zur Verfügung steht, schon im Ansatz, dass der Vernehmungsbeamte auch den diesbezüglichen Sachverhalt im Protokoll festhält.

Insbesondere in der Hauptverhandlung wird im Rahmen der Unterrichtung vielfach Zeugen unterstellt, „Sie wissen ja, worum es heute geht". Antwortet der Zeuge mit ja, wird meist – wie schon oben bei den Belehrungen nach §§ 52, 55 StPO – nicht mehr nachgefragt, was er damit konkret meint und damit nicht klargestellt, ob Vernehmender und Zeuge tatsächlich auch über dasselbe sprechen.

---

67 *Richter II* NJW 1981, 1820.
68 LR-*Ignor/Bertheau* § 69 Rn. 2.

Im Übrigen stellt sich die Problematik ähnlich dar wie bei der Angabe des Verfahrensgegenstandes in der Vorladung[69].

g) Schriftliche Aussage

202 **Nr. 67 Abs. 1 RiStBV**

> *In geeigneten Fällen kann es ausreichen, dass ein Zeuge sich über bestimmte Fragen zunächst nur schriftlich äußert, vorausgesetzt, dass er glaubwürdig erscheint und eine vollständige Auskunft von ihm erwartet werden kann. In dieser Weise zu verfahren, empfiehlt sich besonders dann, wenn der Zeuge für seine Aussage Akten, Geschäftsbücher oder andere umfangreiche Schriftstücke braucht.*

Es fragt sich, welche Kriterien für eine solche Beurteilung maßgeblich sind. Wie will man feststellen, ob der Zeuge schriftlich vollständig Auskunft geben kann?

Entweder werden Zeugen aufgefordert, den Sachverhalt zu schildern oder es werden einzelne Fragen gestellt. Zu prüfen ist, ob diese Fragen Vorgaben oder Schlussfolgerungen enthalten, die den Zeugen beeinflussen können. Wird ein Vordruck verwendet und steht darauf für die Antwort nur ein bestimmter Platz zur Verfügung, wird sich der Zeuge möglicherweise von vornherein in der Antwortlänge beschränkt fühlen.

Problematisch erscheint die Bewertung der schriftlichen Angaben, weil daraus nicht hervorgeht, ob die Angaben überhaupt von dem Zeugen selbst erfolgen, ob er sie alleine oder gemeinsam mit jemandem zusammen gefertigt hat, ob er die Frage überhaupt richtig verstanden hat[70], der Text seiner oder der Erinnerung eines anderen entspricht oder die vorgetragene Erinnerung Ergebnis von Gesprächen mit anderen ist.

h) Aufzeichnungen des Zeugen als Gedächtnisstützen

203 Zeugen sollten danach gefragt werden, ob sie sich über das Wahrgenommene Notizen gemacht haben, wann und warum sie sich etwas notiert haben, ob jemand dabei war oder die Aufzeichnungen mit jemandem zusammen gefertigt wurden. Wichtig ist auch zu wissen, ob der Zeuge diese Notizen noch einmal vor seiner Vernehmung gelesen hat.

Ist die Notiz zeitnah zu dem Ereignis gefertigt worden, war die Erinnerung noch nicht so verblasst wie vielfach dann bei der späteren Vernehmung.

Jedoch kann sich schon bei der Wahrnehmung ein Fehler eingeschlichen haben. Ist er in der Notiz enthalten, besteht die Gefahr, dass der Zeuge sich nur an die Notiz, nicht aber an das Wahrgenommene erinnert.

---

69 Auf die Ausführungen unter I. (Rn. 183) wird verwiesen.

70 Vgl. auch *Schünemann* in: FS Meyer-Goßner, S. 390.

Hat der Zeuge seine Aufzeichnungen vor seiner Aussage gelesen, ist zu klären, ob er über Erinnertes oder nur über das Gelesene in seiner Vernehmung berichtet. Das kann sich z.B. daran zeigen, dass der Zeuge über seine Notizen hinaus weitere Angaben zu dem Wahrgenommenen machen kann.

i) Aktenkenntnis des Zeugen

Polizeibeamte. Vielfach lesen Polizeibeamte vor ihrer Vernehmung noch einmal **204** die gesamte Akte oder zumindest die Aktenteile, die sie selbst gefertigt haben. Das birgt gedächtnispsychologisch die Gefahr, dass der Beamte sich z.B. nicht mehr an die Vernehmung selbst, sondern nur noch an das erinnert, was er dazu in der Vorbereitung auf seine Vernehmung noch einmal gelesen hat, das vor allem dann, wenn er viele ähnliche Fälle in der Zwischenzeit bearbeitet hat.

Wird der Beamte zu Sachverhalten befragt, die sich nicht in den Akten befinden, und hat er daran eine genauso gute Erinnerung wie an den Protokollinhalt, sollte das stutzig machen. Zu prüfen wäre dann, ob er noch weitere – nicht erwähnte – Aktenteile besitzt oder mit anderen besprochen hat, die er zur Vorbereitung seiner Aussagen benutzt hat.

Nebenklageberechtigte Zeugen, Verletzte als Zeugen. In der Regel wird Zeugen kein Vernehmungsprotokoll ihrer Aussage ausgehändigt, auch die sonstigen Akten sind ihnen nicht bekannt. Zeugen müssen dann in der Hauptverhandlung versuchen, aus der Erinnerung heraus den in Rede stehenden Sachverhalt zu schildern. Ganz anders kann dies bei Verletzten und Nebenklägern sein.

Gemäß § 406e StPO kann für den Verletzten ein Rechtsanwalt im gerichtlich anhängigen Verfahren wie auch schon im Ermittlungsverfahren die Akten einsehen. Das Recht steht gemäß §§ 397, 385 Abs. 3 StPO auch dem Nebenkläger zu, der zugleich auch Zeuge in dem Verfahren sein kann. In diesen Fällen kann sich der Zeuge auf seine Vernehmung in der Hauptverhandlung an Hand des Akteninhaltes vorbereiten und mit dem Rechtsanwalt besprechen und beraten.

Obwohl das rechtlich zulässig ist, kann eine solche Vorbereitung im Einzelfall die Qualität der Aussage schwächen, wenn nicht auszuschließen ist, dass der Zeuge nur das Protokollierte versucht wiederzugeben.

k) Zweiteilung der Vernehmung in Bericht und Befragung

Nack[71] erläutert: „Von entscheidender Bedeutung aber ist die Zweiteilung der Ver- **205** nehmung in Bericht und Verhör. Schon die Carolina riet: ‚Keynem gefangen die vmbstende der missethat vor zusagen, sondern die gantz von jm selbst sagen lassen.'"

71 *Nack* StV 1994, 555.

aa) Berichterstattung

206 Der Zeuge ist zunächst zu einem zusammenhängenden Bericht zu veranlassen. Gemäß § 69 Abs. 1 StPO ist der Zeuge zu veranlassen, das, was ihm von dem Gegenstand seiner Vernehmung bekannt ist, im Zusammenhang anzugeben.

Gegenstand der Vernehmung sollte nicht nur der Vorwurf, sondern vor allem auch die Aussageentstehung und -entwicklung sein.

Die Veranlassung zu einem zusammenhängenden Bericht rührt aus dem Recht des Zeugen, seine Aussage nur dann verantworten zu müssen, wenn er vollständig gehört worden ist[72].

Der Zeuge sollte nicht unterbrochen werden, auch bei Unterbrechungen sollte man warten, bis der Zeuge fortfährt[73]. Gerät der Zeuge ins Stocken, kann man die letzte Angabe noch einmal wiederholen. „Fällt Ihnen noch etwas ein?", eine solche Frage kann weitere Erinnerungen produzieren, auch wenn der Zeuge seine Schilderung beendet hatte.

Arntzen[74] erläutert, dass man den weitschweifigen Zeugen unterbrechen sollte. Ist die Schilderung in der Sache selbst weitschweifig, muss man abwägen, ob sich noch bedeutende Angaben ergeben können oder die Vernehmung zügig zu Ende zu führen ist.

Fällt dem Zeugen der freie Bericht schwer, kann es eine Erleichterung sein, ihm den Einstieg etwas zu erleichtern, indem man z.B. statt, „nun erzählen Sie erst einmal im Zusammenhang, was Sie beobachtet haben", besser, „Sie kamen also dahin. Was haben Sie da gesehen?", fragt.

Zeugen lassen bei der Erstattung des Berichtes vielfach Details weg, die sie zwar erinnern, aber für unwesentlich halten.

bb) Befragung

207 Gemäß § 69 Abs. 2 StPO sind zur Aufklärung und Vervollständigung der Aussage sowie zur Erforschung des Grundes, auf dem das Wissen des Zeugen beruht, nötigenfalls weitere Fragen zu stellen.

208 **Umfangreiche Aussage.** Meist wissen Zeugen mehr über die Sache, als sie berichten. Ziel des Vernehmenden wird es sein – wenn er nicht einseitig auf ein Ergebnis der Befragung ausgerichtet ist und diese beendet, wenn er das Ziel erreicht hat –, eine möglichst umfangreiche Aussage zu erhalten.

209 **Keine Entschuldigung für die Frage.** Der Frager sollte sich nicht für die Frage entschuldigen (z.B. „Ich muss Sie leider auch noch fragen, ..."), sondern lieber ab-

---

72 *BVerfG* [2 BvR 747, 748, 749, 750, 751, 752, 753/73] BVerfGE 38,105; *RG* [2 D 844/39] RGSt 74, 35.

73 *Brockmann/Chedor* S. 32.

74 *Arntzen* Vernehmungspsychologie, S. 21.

strakt formulieren, „Erinnern Sie, ob …“. Ein energischer Ton ist angebracht, wenn der Zeuge uninteressiert oder unkonzentriert antwortet, er seine Aussage nicht ernst nimmt. Eine solche Konfrontation darf aber nicht zu einer völligen Blockade führen.

Peinliche/vorwurfsvolle Fragen. Peinliche Fragen sollten erst am Ende der Vernehmung gestellt werden. Nach vorwurfsvollen Fragen besteht die Gefahr, dass subtile Details nicht mehr vorgebracht werden. **210**

Chance zur Korrektur lassen. Entsteht der Eindruck, dass der Zeuge nicht die Wahrheit sagt, sollte man ihm die Chance zur Korrektur geben und seine möglichen Motive dafür in die Befragung mit einbeziehen. Erst wenn er davon keinen Gebrauch macht, sollte man zur eindringlichen Befragung, ggf. auch einer neuerlichen Belehrung, einer entschiedenen Befragung und vor allem zu direkten Vorhalten von Widersprüchen, die die Falschaussage andeuten, greifen. **211**

Körpersprache während der Befragung. Es hängt auch von der Befragung selbst ab, die immer auch ein Kommunikationsprozess ist, wie sich die Aussage „entwickelt“. Dazu gehört auch die Körpersprache des Vernehmenden. Nickt der Vernehmungsbeamte immer, wenn der Zeuge antwortet, oder kommentiert er Antworten des Zeugen mit „Okay“, „Ja gut“, wird der Zeuge sich in dem Inhalt seiner Aussage bestätigt fühlen und dann auch vielleicht – so angespornt – zu Übertreibungen neigen. Im anderen Fall, ist der Vernehmungsbeamte skeptisch und zeigt er das dem Zeugen auch, wird sich der Zeuge dann vielleicht mit seinen Beschuldigungen im Weiteren etwas zurück halten. **212**

Überblick über den Vernehmungsinhalt. *Arntzen*[75] hält die erste Vernehmung für besonders fehleranfällig, weil der Vernehmungsbeamte noch keinen Überblick über das fragliche Geschehen hat und zudem aufgrund eines gewissen „Jagdeifers“ manche Äußerung des Zeugen in einem stärker belastenden Sinn versteht, als sie tatsächlich gemeint war. **213**

Aufgeregtheit des Zeugen. Vielfach sind Zeugen vor allem in der Hauptverhandlung aufgeregt. Das kann z.B. an der ungewohnten Situation, den ihnen vielfach nicht verständlichen Förmlichkeiten, wie auch an der Anwesenheit einer Vielzahl von Personen, einschließlich der (Presse)Öffentlichkeit liegen. **214**

Der Aufgeregtheit kann mit einer gelassenen Vernehmungsweise begegnet werden. Vor allem sollte man die Aufregung nicht beim Namen nennen („Sie brauchen keine Angst haben“, „Nun sind Sie doch nicht so aufgeregt“), weil das meist den Gefühlszustand nur noch verstärkt.

Trichtertechnik. Inhaltlich sollte die *Trichtertechnik* befolgt werden, wonach zunächst offene und erst später spezielle Fragen gestellt werden.

75 *Arntzen* Vernehmungspsychologie, S. 31.

215 **Advokatorische Grundregeln der angelsächsischen Vernehmung.** *Salditt*[76] stellt die advokatorischen Grundregeln der angelsächsischen Vernehmung des Belastungszeugen zusammengefasst wie folgt dar:

- Fragen sollen in direktem Blickkontakt gestellt werden [frontal].
- Fragen sollen knapp gestellt werden [one-line-question].
- Bei cross-examination sollen offene Fragen vermieden werden.
- Multiple-Choice-Fragen gelten als Kunstfehler.
- Fragen sollen präzise sein, um Ausweichmanöver und Fabulierungen zu vermeiden.
- Fragen sollen freundlich und im deutlichen Bemühen um Aufklärung gestellt werden.
- Entscheidende Fragen sollen erst gestellt werden, wenn der Zeuge durch freundlichen Grundton eingestimmt ist.
- Mit Fragen soll nicht blind herumgefischt werden.
- Richtig sei, mit ganz kleinen Schritten Zentimeter um Zentimeter vorzuarbeiten.
- Stößt der Verteidiger auf eine Mine, darf er sich nichts anmerken lassen.
- Eine vernichtend ungünstige Antwort muss in völlig gleichgültiger Form zur Kenntnis genommen und die Befragung gelassen fortgesetzt werden.
- Schrittweiser Aufbau der Befragung.

216 **Indirekte Befragungsweise.** Schon berühmt ist das von *Salditt*[76] vorgetragene Beispiel der indirekten Befragungsweise:

Es geht um die Aussage einer Zeugin, einer Brillenträgerin, „sie habe den ihr bislang fremden Angeklagten erkannt, als dieser den Tatort – eine Mietwohnung – durch das Treppenhaus eilig verlassen habe. Der Verteidiger wollte wissen, ob die Zeugin damals ihre Brille trug. Von einer solchen direkten Frage – die Ähnlichkeit mit den einfachen Chancen beim Roulette hat – wird allgemein abgeraten. Stattdessen ist die weitere Vernehmung wie folgt verlaufen:

F.: Sie haben ausgesagt, daß Sie durch Lärm wach wurden, ins Treppenhaus liefen und den Angeklagten aus der anderen Wohnung rennen sahen, nicht wahr?
A.: Ja.
F.: Haben Sie den Angeklagten nun ein oder zwei Sekunden gesehen?
A.: Ja.
F.: Hatten Sie sich vorher angekleidet, nachdem Sie wach wurden?
A.: Nein.
F.: Hatten sie wenigstens den Bademantel angezogen?
A.: Nein.
F.: Tragen Sie die Brille, wenn Sie schlafen?
A.: Nein.
Das reichte.“

217 **Vernehmungsstile.** *Salditt*[76] erläutert verschiedene Vernehmungsstile, die tunlichst vermieden werden sollten:

76 *Salditt* StraFo 1992, 51.

- Apologetischer Vernehmungsstil
- Fragen werden durch vorweggenommene Erklärungen umständlich gerechtfertigt, ja entschuldigt, oder der Verteidiger tritt mit dem Zeugen in eine Erörterung über eine mögliche Beweiswürdigung oder er liefert dem Zeugen die Ausweichmanöver gleich mit.
- Überstürzter Vernehmungsstil
- Die Fragen gehen sofort zur Sache, um Interventionen des Gerichts zu vermeiden. Damit wird die Chance verspielt, den Zeugen in kleinen Schritten zu dem wesentlichen Punkt zu führen und ihm eine Lüge zu erschweren.
- Aggressiver Vernehmungsstil
- Der aggressive Stil schlägt schnell in Vorhalte um. Das macht den Zeugen vorzeitig zum angespannten und damit zum gefährlichen Gegner.

Verständlichkeit der Sprache. Manches Vernehmungsprotokoll vermittelt deut- **218**
lich, dass sich der Vernehmende wenige oder gar keine Gedanken gemacht hat, ob er sich für den Zeugen verständlich ausdrückt. Vielfach verwenden Beamte Begriffe, die dem Gesetzeswortlaut entsprechen, das vor allem dann, wenn es um das Abfragen von Tatbestandsmerkmalen geht. Zeugen verstehen die Bedeutung und den Inhalt derlei Begriffe oftmals noch nicht einmal im Ansatz. Zu prüfen ist, ob dann, wenn ein Zeuge auf solche Fragen, die er nicht versteht, antwortet, überhaupt von einer eigenständigen Aussage die Rede sein kann.

Besonders deutlich wird die Problematik, wenn es um die Vernehmung von Ausländern geht. Nicht selten vermittelt das Protokoll exzellente Sprachkenntnisse, obwohl der Zeuge manches Mal nur über geringe Deutschkenntnisse verfügt, was sich meist aber erst in der Hauptverhandlung herausstellt, wenn der Zeuge dort selbst erscheint.

Der Frager sollte sich auf das Sprachniveau des Zeugen einstellen. Zeugen fragen meist nicht nach, wenn sie die Frage nicht verstehen, da sie nicht als „dumm" dastehen wollen. Sie nicken lieber zustimmend oder schweigen, auch weil sie das Unverstandene vielleicht nicht für wichtig halten.

Vernehmungsrelevante Punkte. *Arntzen*[77] führt einige Punkte auf, die bei der **219**
Vernehmung relevant sind, die hier wie folgt zusammengefasst wiedergegeben werden:

- „Es erleichtert die Befragung, wenn der Vernehmende den Zeugen zeitweise seinen Dialekt gebrauchen lässt.
- Jugendlichen gegenüber sollte der Vernehmende nicht in ‚Jargon' verfallen, da er diesen nicht gleich beherrschen wird und deshalb dadurch kein Kontakt auf gleicher Ebene zustande kommt. Hingegen können Formulierungen des Zeugen von dem Frager aufgegriffen und in die Frage eingebaut werden (Wie oft waren sie denn ‚anschaffen', wie Sie es nennen?)

77 *Arntzen* Vernehmungspsychologie, S. 16.

- Der Befrager sollte keine abstrakten (juristische) Begriffe verwenden, wie z.B.:
  ‚Waren Sie daran beteiligt?'
  ‚Haben Sie das mit Bewusstsein wahrgenommen?'
  ‚Was hatten Sie für einen Anlass dahin zu gehen?'
  ‚Wie sind Sie zur Polizei verbracht worden?'
- Der Befrager sollte keine Fremdwörter verwenden.
  ‚Zeigte der andere mal ein inadäquates Verhalten?'
  ‚Hielten Sie den anderen für schizophren?'
  ‚Ist es zu körperlichen Aggressionen gekommen?'
  ‚Warum echauffieren Sie sich denn jetzt so?'
  ‚Konnten Sie zwischen den einzelnen Handlungen differenzieren?'
- Der Befrager sollte unklare Formulierungen vermeiden.
  ‚Haben Sie das Messer gesehen? – Nein, aber er hat es mir gezeigt.'
  ‚Haben Sie mit Ihrem Mann darüber gesprochen? – Nein. – Haben Sie also nicht Ihrem Mann erzählt? – Doch, natürlich! – Also haben Sie doch darüber geredet? – Nein, das nicht.'
  ‚Haben Sie mit der Pistole gedroht? – Nein, ich hab nur gesagt, ich hab eine Pistole.'
  ‚Kennen sie diesen Mann? – Nein. – Wissen Sie nicht wie der heißt? – Doch, er wohnt bei uns in der Nähe.'
- Es sollten möglichst einfache, kurze Sätze gebildet werden, die höchstens einen Nebensatz aufweisen.
- In einer Frage sollte nur ein Fragekomplex enthalten sein. Eine zweite Frage wird man erst stellen, wenn die erste beantwortet ist."

220 **Altersgerechte Befragung.** Für die Aussageleistung ist die Art der Befragung entscheidend, bei Kindern[78] noch mehr als bei Erwachsenen. Bei Kindern muss die Befragung dem Entwicklungsstand des Kindes angepasst werden; bei älteren Menschen ist auf Erinnerungseinschränkungen Rücksicht zu nehmen. Zu beachten ist, dass eine hochsuggestive Befragung nicht mehr begutachtungsfähig ist.[79]

221 **Vernehmungsstrategie.** Im Rahmen der Vernehmungsstrategie spielen Vernehmungsprinzipien eine Rolle. In der Vernehmungssituation zwischen Befrager und Befragtem kommt es – nach *Greuel*[80] –

- auf die Stärkung der Kooperations- und Aussagebereitschaft,
- auf eine ausführliche Information über den Ablauf der Vernehmung und auch darauf an,
- dem Zeugen hinreichende Entscheidungsmöglichkeiten z.B. hinsichtlich der Pausenregelung, Sitzposition aber auch Themenabfolge zu belassen.

78 Vgl. auch *Kraheck-Brägelmann* Vernehmung von Kindern, S. 65.
79 *BGH-Grundsatzentscheidung* BGHSt 45, 164; *Greuel* in: Greuel/Fabian/Stadler, S. 217.
80 *Greuel* in: Volbert/Steller, Handbuch der Rechtspsychologie, S. 221.

Inhaltlich ist bei dem Befrager – nach *Greuel*[81] – auf Folgendes zu achten:

- Offene Grundeinstellung – Aufforderung des Zeugen zur freien Berichterstattung
- Suggestionsfreie Befragung- Befragungsaufbau in Form der Trichtertechnik – Art der Befragung zur Ermöglichung der Produktion hochwertiger Qualitätsmerkmale erlebnisgestützter Aussagen

Befragung von Borderlinern. *Steller/Böhm* erläutern, dass „zentrales Charakteristikum der Borderline-Persönlichkeitsstörung … in einer Extremisierung im Erleben von und im Verhalten in zwischenmenschlichen Kontakten“ besteht. … Dies ist in der Regel mit einer hohen manipulativen Kompetenz der Gestörten verbunden (…). Auch Gutachter oder Vernehmungsbeamte bei Polizei und Staatsanwaltschaft sowie Richter können Gefahr laufen, sich von den Fähigkeiten dieser Personen zur Selbstinszenierung und Dramatisierung beeindrucken zu lassen. … 222
Einfühlende Vernehmungsbeamte können für Persönlichkeitsgestörte attraktive Gesprächspartner sein. Nicht selten findet man Vermerke von Vernehmungsbeamten, die auf starke Empathie schließen lassen.“

cc) Vorhalte

Mit Vorhaltfragen ist der Strafjurist bestens vertraut. 223

Frühere abweichende Aussagen sollten dem Zeugen nicht zu früh vorgehalten werden, sondern noch einmal in etwas abgeänderter Formulierung vorgehalten werden, damit kein Missverständnis vorliegt.

Vorhalte aus früheren Vernehmungen. Vielfach wird Zeugen in der Hauptverhandlung der Inhalt ihrer polizeilichen Vernehmung vorgehalten, um Widersprüche oder von dem Zeugen noch nicht Angesprochenes aufzuzeigen. Die meist nur knappen Antworten, z.B. „Ja, so war das“ oder „War das so, wie Sie das damals bei der Polizei gesagt haben? – Ja“, spiegeln oft nicht wieder, dass sich der Zeuge eben nicht an das Ereignis, sondern nur daran erinnert, dass er das so in seiner voran gegangenen Vernehmung gesagt hat. Vielfach schlussfolgert er auch nur, das so gesagt zu haben, weil es ihm so vorgehalten wird. 224

Ist der Zeuge unsicher, ob er bei der polizeilichen Vernehmung so, wie ihm vorgehalten wird, ausgesagt hat, kann ihm seine Unterschrift auf der Seite des Vernehmungsprotokolls vorgehalten werden mit dem Bemerken, „das ist doch Ihre Unterschrift, also wenn Sie das Protokoll unterschrieben haben …“ – wer wollte dann bestreiten, dass er so ausgesagt hat? Vielfach lesen Zeugen das Protokoll nach der Vernehmung nicht oder nur flüchtig durch. Vielfach wissen sie auch nicht, dass sie in dem Text auch Korrekturen vornehmen dürfen.

81 *Greuel* in: Volbert/Steller, Handbuch der Rechtspsychologie, S. 221.

Vorhalte können dazu führen, dass der Zeuge sich nicht traut zu erklären, die Protokollierung sei anders oder nicht korrekt erfolgt, weil er annimmt, dem Polizeibeamten, der das Protokoll angefertigt hat, werde ohnehin mehr geglaubt als ihm.

Richter II[82] erläutert: „Fast jeder Zeuge hat ein Perpetuierungs- bzw. Bestätigungsbedürfnis hinsichtlich seiner früheren Aussagen. Er wird in der Regel zu vermeiden suchen, sich mit diesen in Widerspruch zu setzen. Dies ist auch eine ganz realistische Haltung: Abweichungen von Aussagen in der Hauptverhandlung im Vergleich zu Aussagen im Ermittlungsverfahren bringen dem Zeugen – jedenfalls bei Abweichungen zugunsten von Angeklagten – häufig selbst Ermittlungsverfahren wegen des Verdachts der Falschaussage und Begünstigung ein."

Häufig hat man den Eindruck, dass der Vorhalt nur dazu dient, dass der Zeuge den protokollierten Sachverhalt bestätigt.

Greuel et al.[83] machen deutlich, dass „Antworten des Zeugen auf derartige Vorhaltsfragen *keinen verwertbaren* Gehalt mehr haben, es sei denn, der Zeuge produziert auf derartige Fragen substantiierbare Überhangantworten".

225 **Vorhalte aus Aussagen anderer.** Wird dem Zeugen von dem Vernehmenden mitgeteilt, was andere bereits ausgesagt haben, ist die Gefahr groß, dass der Zeuge seine Aussage inhaltlich daran anpasst, nach dem Motto, wenn alle es so sagen, muss es richtig sein. Auf motivationaler Ebene kann das auch zu einem „me-too-Effekt" führen, also dazu gehören zu wollen.

226 **Freier Vorhalt.** *Richter II*[82] befasst sich mit dem freien Vorhalt in der Hauptverhandlung: „Die ‚freien Vorhalte' sind ein Mittel der Vernehmung zur Sache; ... Der freie Vorhalt ist ein Transmissionsriemen, mit dem die Ergebnisse aus dem Ermittlungsverfahren in die Hauptverhandlung hineingetragen werden. Zwar sollen in diesen Fällen allein die Angaben der Befragten, nicht aber der Inhalt der Urkunden selbst Beweisgrundlage sein, allein verwischt sich dieser Unterschied in der täglichen Praxis."

l) Wiederholte Befragung

227 Wiederholte Befragungen können erheblichen Einfluss auf den Inhalt der Aussage haben, weil bei dem Zeugen der Eindruck entstehen kann, seine erste Aussage sei nicht „genügend" gewesen oder man habe ihm nicht geglaubt, was bei der wiederholten Aussage dazu führen kann, dass er bestimmte Aussageteile weglässt, stärker betont oder in seiner Erinnerung verunsichert ist. Vielleicht fühlt er sich auch auf seine ersten Angaben inhaltlich festgelegt, auch wenn die ersten Angaben bewusst falsch waren oder er einem zwischenzeitlich von ihm erkannten Irrtum erlegen ist. Das kann daran liegen, nicht als Lügner oder unzuverlässiger Zeuge dastehen zu wollen.

82 *Richter II* NJW 1981, 1820.
83 *Greuel et al.* S. 63.

Nähere Ausführungen finden sich in Teil 3 VIII „Fehlerquellenanalyse“ (Rn. 594 ff.).

m) Voreinstellung des Vernehmenden

Die Voreinstellung des Vernehmenden kann sich entscheidend auf den Inhalt der Vernehmung auswirken, indem der Vernehmende nur nach Informationen sucht, die seine Voreinstellung bestätigen. Ausführliche Ausführungen dazu finden sich in Teil 3 VIII „Fehlerquellenanalyse“ (Rn. 594 ff.) – Kognitive Dissonanz. 228

Vielfach gehen Ermittler schon vor der Vernehmung von einem bestimmten Sachverhalt aus, den sie in der Vernehmung des Zeugen versuchen zu bestätigen[84]. Sie können dem Zwang unterliegen, „unbedingt bestätigen zu wollen“, was sie schon wissen oder zu wissen glauben. Es besteht die Gefahr, dass der Vernehmungsbeamte die Vernehmung vorzeitig beendet, wenn er aus seiner Sicht alle Informationen hat[85] und Hinweise wegzulassen, die nicht zu seiner Vorannahme passen.

Polizisten irren häufiger, „weil sie nur allzu bereit sind, in jedem Ereignis gleich ein ‚Verbrechen‘ zu sehen“[86]; sie wissen wenig über den Einfluss auf Aussagen. Vor allem werden Fakten abgefragt, die der Vernehmer für relevant erachtet[87].

n) Reihenfolge der Befragung des Zeugen

Gesetzlich geregelt ist die Reihenfolge der Befragung in der Hauptverhandlung nicht. 229

Regelmäßig wird der Vorsitzende als erster den Zeugen nach Erstattung des freien Berichts befragen. Es dürfte davon auszugehen sein, dass sich der Vorsitzende durch das Lesen der Akte im Vorfeld der Verhandlung einen Eindruck von der Aussage oder den Aussagen des Zeugen anhand der Protokolle gewonnen hat, die sich in der Akte befinden. Dieser Eindruck wird seine Befragung in der Hauptverhandlung prägen. Von ihrem Inhalt wird es abhängen, ob der Eindruck bleibt oder sich verändert.

Vielfach vollziehen Richter nur den Inhalt der Vernehmungsprotokolle durch den (vollständigen) Vorhalt dieser Protokolle nach.

Hat der Richter dem Zeugen die aus seiner Sicht relevanten Fragen gestellt, ist zu befürchten, dass er bei der Befragung durch die anderen Verfahrensbeteiligten nicht mehr entsprechend aufmerksam ist. Von daher kann die Reihenfolge, in der die anderen Verfahrensteilnehmer den Zeugen befragen können, von erheblicher Bedeutung sein. Hierauf sollte sich der Verteidiger – als dem in der Regel Letztfragen-

84 Vgl. *Milne/Bull* S. 37, 40.
85 Vgl. *Milne/Bull* S. 40.
86 *Milne/Bull* S. 39.
87 *Brockman/Chedor* S. 17.

den – einstellen, wenn er die wahrscheinlich schon erfolgte Überzeugungsbildung des Richters noch zu ändern versucht. Der Verteidiger kann während der Befragung der anderen Verfahrensbeteiligten sich jedoch schon einen Eindruck von dem „Aussageverhalten“ des Zeugen machen und das in seiner Befragung berücksichtigen. Jedoch wird der Zeuge auf ihn wahrscheinlich anders reagieren.

o) Kinder

230 Bei kindlichen Zeugen sind einige Besonderheiten in der Vernehmung zu beachten[88], da Kinder anders denken.

aa) Wiederholtes Befragen

231 Werden Kinder wiederholt befragt oder werden ihnen Wiederholungsfragen gestellt, meinen sie, ihre zunächst gegebene Antwort sei nicht die richtige gewesen. „Der suggestive *Einfluß von Fragewiederholungen bzw. Mehrfachbefragungen* ist experimentell eindeutig bestätigt worden (Ceci, Loftus u.a. 1994; Ceci, Huffmann u.a. 1994; Ceci & Bruck 1995; Volbert 1997).“[89]

bb) Autorität des Befragers

232 *Schade*[89] erläutert anhand der Befragung der Kinder in den Wormser Prozessen: „*Status, Macht, Autorität des Erwachsenen* und seine Beziehung mit dem Kind bilden ein Potential suggestiver Beeinflussung. Man muß davon ausgehen, dass der Erwachsene für das Kind der kompetenteste und allwissende Partner ist, zu dem das Kind Vertrauen hat in der Annahme, daß er es nicht betrügt.“ Das gilt erst recht für den das Kind befragenden Polizeibeamten, der ganz besonders darauf bedacht sein muss, suggestive Einflüsse in der Anhörung zu vermeiden.

cc) Fragerechte bei kindlichen Zeugen

233 Den bei richterlichen Vernehmungen anwesenden Verfahrensbeteiligten ist es grundsätzlich gestattet, an den Zeugen Fragen zu stellen[90]. Ähnlich wie nach § 241a StPO soll das Fragerecht aber nach Ermessen des Richters für die anderen Verfahrensbeteiligten eingeschränkt oder gar ausgeschlossen werden können[90], indem die Fragen ausschließlich über den Vorsitzenden gestellt werden. Wie ein solches Procedere in der Praxis vonstatten gehen soll, regelt das Gesetz nicht.

In der Regel gehen Verfahrensbeteiligte mit Kindern sehr behutsam um. Die vom Gesetzgeber gehegten Befürchtungen besonderer Befragungsbelastungen realisieren sich in der Praxis vielfach nicht. Das ergibt sich aus den schon oben erwähnten

88 Vgl. *Milne/Bull* S. 165.
89 *Schade* StV 2000, 195.
90 Vgl. nur *Meyer-Goßner* § 168c Rn. 2.

Untersuchungen[91] von *Busse/Volbert/Steller* und *Busse/Volbert* wonach auch „positive Effekte im Sinne einer Entlastungs- und Erledigungsfunktion durch das Strafverfahren *(z.B. Wegener, 1992)*“[92] denkbar sind, „da eine offene Thematisierung und Aufklärung des Ereignisses für den Verarbeitungsprozeß auch förderlich sein kann.“ *Busse/Volbert* befassen sich mit den möglichen Belastungsfaktoren vor, während und nach der Hauptverhandlung und fassen ihre Erkenntnis wie folgt zusammen: Es „ist nicht anzunehmen, daß potentiell belastende Aspekte eines Strafverfahrens auf alle Kinder in gleicher Weise wirken“.

Es sollte daher stärker bedacht werden, dass es sich bei § 241a Abs. 2 StPO um eine Kann-Vorschrift handelt.

dd) Anwesenheit einer Vertrauensperson bei der Vernehmung

Gegenüber der Vernehmung erwachsener Zeugen kann sich bei der Anhörung kind- **234**
licher Zeugen die Besonderheit ergeben, dass das Kind bei der Vernehmung nicht alleine – z.B. nicht ohne seine Mutter – bleiben möchte. Wenn die Anwesenheit der Mutter insoweit während der Anhörung zweckdienlich erscheint, kann ihr die Anwesenheit bei der Anhörung gestattet werden[93]. Das sollte aber nur in Ausnahmefällen und auch nur dann zulässig sein, wenn die Mutter nicht Aussageempfängerin ist und deshalb selbst als Zeugin in Betracht kommt[94]. Hat sich das Kind im Vorfeld gegenüber der Mutter geäußert, könnte es sich auf den Inhalt dieser Angaben festgelegt fühlen, wenn die Mutter bei der Anhörung anwesend ist. Möglicherweise hat sich die Mutter gegenüber dem Kind auch schon emotional wertend zu der Beschuldigung bzw. dem Beschuldigten geäußert. In einem solchen Fall wäre der Untersuchungszweck durch die Anwesenheit der Mutter gefährdet.

Nr. 19a Abs. 1 RiStBV **235**

> *Ist erkennbar, dass mit der Vernehmung als Zeuge für den Verletzten eine erhebliche psychische Belastung verbunden sein kann, wird ihm bei der Vernehmung mit besonderer Einfühlung und Rücksicht zu begegnen sein; auf § 68a StPO wird hingewiesen. Einer Vertrauensperson nach § 406f Abs. 3 StPO*[95] *soll die Anwesenheit gestattet werden, wenn der Untersuchungszweck nicht gefährdet wird.*

91 *Busse/Volbert/Steller* Belastungserleben von Kindern in Hauptverhandlungen, Abschlußbericht eines Forschungsprojekts im Auftrag des BMJ, 1996; *Busse/Volbert* in: Steller/Volbert, S. 224; *Busse/Volbert* in: Kröber/Dahle, S. 211.

92 *Busse/Volbert* in: Steller/Volbert, S. 224.

93 LR-*Ignor/Bertheau* § 58 Rn. 4.

94 Vgl. auch die Stellungnahme des *Strafrechtsausschusses des DAV* zum Entwurf eines Gesetzes zur Stärkung der Verletztenrechte (BT-Drucks. 14/4661) vom 16.11.2000.

95 Vgl. LR-*Hilger* § 406f Rn. 6.

ee) Informatorisches Vorgespräch

236 Die meisten Polizeiinspektionen verfügen inzwischen über Spielzimmer, in denen Kinder sich zunächst an die Situation bei der Polizei gewöhnen können. Vielfach führen Polizeibeamte dort ein Vorgespräch oder spielen mit dem Kind, um eine Gesprächsatmosphäre herzustellen. Dazu wird häufig die Frage gestellt, ob das Kind weiß, wo es ist, wozu es die Polizei gibt, warum die Vernehmung bei der Polizei durchgeführt wird und welche Folgen das haben kann. Das kann schon eine Befragung zur Sache sein, so z.B. wenn das Kind dazu erklärt, es selber wolle nicht aussagen, aber seine Mutter habe entschieden, eine Anzeige zu erstatten.

Am Ende des Vorgespräches ist es wichtig, dem Kind zu vermitteln, dass das Spiel zu Ende ist und nun – in der Anhörung – von ihm eine ernsthafte Aussage verlangt wird. Dazu ist die Gesprächsatmosphäre, wenn sie denn so spielerisch begonnen hat, zu ändern, damit dem Kind auch so der Unterschied bewusst wird. Stellt sich die Anhörung mehr als Fortführung eines eingangs durchgeführten Spiels dar, besteht die Gefahr, dass das Kind die Bedeutung der Anhörung verkennt, was den Aussageinhalt beeinflussen kann, indem das Kind meint, „spielerisch" antworten zu sollen.

Steller/Volbert[96] weisen daraufhin, dass „auch ein großes Angebot von Spielsachen bei der Befragung ... dem Kind eine uneindeutige Situationsanforderung vermittelt und eine Ablenkung des Kindes von einem Gespräch über eine in der Regel nicht unbelastete Thematik geradezu provoziert".

ff) Belehrung des kindlichen Zeugen zur Wahrheit, § 57 StPO

237 Bei kindlichen Zeugen unter 14 Jahren ist die Strafmündigkeit zu beachten. Bei kleinen Kindern wird die Verstandesreife zu prüfen, also danach zu fragen sein, ob sie die Belehrung überhaupt verstanden haben. Die Belehrung sollte inhaltlich sachlich sein, so z.B.[97]: „Du weißt, Du bist Zeuge und als Zeuge darf man nicht lügen. Man darf auch nicht etwas weglassen oder einfach etwas dazutun".

gg) Verwandtschaftsverhältnis des kindlichen Zeugen zu dem Beschuldigten

238 **Belehrung nach § 52 StPO**. Auch kindliche Zeugen sind nach § 52 StPO zu belehren. Dabei kommt es auf das Auffassungsvermögen des Kindes an. Allgemein wird angenommen[98], dass das Kind dann verstandesreif ist, wenn es den Widerstreit, in den ihn die familiären Beziehungen zu dem Beschuldigten stellen, verstandesmäßig – nicht notwendigerweise auch empfindungsmäßig – erfassen kann. Dazu gehört nicht, dass es alle Folgen übersehen kann, die sich aus seiner Aussage für die Angehörigen ergeben können. Das Kind muss aber die Fähigkeit haben zu erkennen, dass die Angehörigen etwas Unrechtes getan haben könnten und ihnen ggf.

96 *Steller/Volbert* in: Steller/Volbert, S. 12.
97 Vgl. auch *Pohl* in: Kraheck-Brägelmann, S. 9.
98 *BGHSt* 14, 161 f.; KK-*Senge* § 52 Rn. 23.

Strafe droht und seine Aussage möglicherweise zu einer solchen Bestrafung beitragen kann. Für die Annahme der Verstandesreife gibt es keine festen Altersgrenzen[99]. Die Praxis orientiert sich an § 19 StGB und § 1 JGG. Bei einem siebenjährigen Kind wird die Verstandesreife noch nicht gegeben sein[100].

Kraheck-Brägelmann[101] gibt ein Belehrungsbeispiel: „Es ist meine Pflicht, dich darauf hinzuweisen, dass du gegenüber Verwandten nicht aussagen musst. Das nennt man Zeugnisverweigerungsrecht. Das heißt, dass du dich jetzt entscheiden kannst, ob du mit mir über deinen Vater sprechen möchtest oder nicht. Wie sieht deine Entscheidung aus? (bejahendenfalls:) Du kannst auch im Verlauf unseres Gesprächs jederzeit unterbrechen und von deinem Zeugnisverweigerungsrecht Gebrauch machen."

Abklären der Zustimmung des gesetzlichen Vertreters nach § 52 Abs. 2 StPO. 239
Zu prüfen ist, ob der kindliche Zeuge eine genügende Vorstellung von seinem Zeugnisverweigerungsrecht hat[102]. Stellt sich – z.B. wegen des geringen Alters des Kindes – schon vor der Anhörung heraus, dass bei dem Kind das notwendige Verständnis für die selbstständige Ausübung des Zeugnisverweigerungsrechts noch nicht vorliegt, erscheint es zweckmäßig, bereits vor der Anhörung abzuklären, ob der gesetzliche Vertreter seine Zustimmung zu der Aussage erteilt.

Ergeben sich vor der Anhörung keinerlei Hinweise auf das Fehlen der notwendigen Verstandesreife, muss die Belehrung der Feststellung der Verstandesreife vorausgehen. Nach *BGH*[103] lässt sich „die Fähigkeit der Zeugenperson dazu, die Tragweite ihrer Entscheidung, zur eventuellen Bestrafung ihrer Angehörigen beizutragen, überblicken zu können, ... erst feststellen, wenn die Zeugenperson überhaupt weiß, daß sie sich entscheiden kann, nämlich dann, wenn ihr eine Alternative (hier sich einer Begutachtung nicht zu unterziehen) angeboten wird; dies aber geschieht durch die Belehrung".

Keine genügende Verstandesreife des Kindes. Hat das Kind von der Bedeutung 240
seines Zeugnisverweigerungsrechts nach § 52 StPO keine genügende Vorstellung, so darf es nur vernommen werden, wenn es selbst zur Aussage bereit ist und auch sein gesetzlicher Vertreter der Vernehmung zustimmt, § 52 Abs. 2 StPO. Gemäß § 52 Abs. 3 StPO ist der gesetzliche Vertreter vor der Vernehmung über sein Recht zu belehren.

---

99 Z.B. Belehrungspflicht *BGH* [3 StR 163/95] 5 Jahre, *BGH* [5 StR 158/91] NStZ 1991, 398.

100 *BGH* [2 StR 44/60] BGHSt 14, 159; kritisch dazu *BGH* [1 StR 461/94] StV 1995, 625.

101 *Kraheck-Brägelmann* Vernehmung von Kindern, S. 27.

102 Siehe dazu Teil 3 VI „Aussagekompetenz" (Rn. 455 ff.); vgl. dazu auch *Pohl* in: Kraheck-Brägelmann, S. 9.

103 *BGH* [1 StR 461/94] StV 1995, 625.

Die Zustimmung des gesetzlichen Vertreters ist vor der Vernehmung einzuholen und zu erteilen[104]. Verweigert der gesetzliche Vertreter die Zustimmung, darf das Kind nicht angehört werden. Dem gegenüber führt die Zustimmung aber nicht zur Aussagepflicht des Kindes[105]. Allein der verstandesunreife Zeuge entscheidet darüber, ob er aussagt oder nicht[106].

241 **Gesetzlicher Vertreter ist selbst Beschuldigter.** Ist der gesetzliche Vertreter selbst Beschuldigter, so kann er über die Ausübung des Zeugnisverweigerungsrechts nicht entscheiden; das gleiche gilt für den nicht beschuldigten Elternteil, wenn die gesetzliche Vertretung beiden Eltern zusteht, § 52 Abs. 2 StPO. Über die Zustimmung zur Vernehmung entscheidet dann der Ergänzungspfleger.

In einem solchen Fall muss das Vormundschaftsgericht einen Ergänzungspfleger bestellen, § 1909 BGB [107]. Zuständig für die Antragsstellung ist auch für die polizeiliche Vernehmung des Kindes die Staatsanwaltschaft. Sie stellt den Antrag beim zuständigen Vormundschaftsgericht. Ob es an die Ansicht der Staatsanwaltschaft, dass der gesetzliche Vertreter ausgeschlossen ist und dem Zeugen die notwendige Verstandesreife fehlt, gebunden ist, ist streitig[108].

hh) Unterrichtung über den Untersuchungsgegenstand, § 69 Abs. 1 S. 2 StPO

242 Wichtig ist, wie der Vernehmungsbeamte dem Kind den Gegenstand der Untersuchung erklärt.

Hat das Kind den Eindruck, dass der Beamte bereits über den Befragungsgegenstand Bescheid weiß, kann das einen Suggestionseffekt haben, indem das Kind versucht, seine Antwort an dem vermeintlichen Wissen des Beamten auszurichten.

ii) Berichterstattung

243 Grundsätzlich können auch Kinder einen freien Bericht geben. Dabei ist aber das Alter zu berücksichtigen. Kleinere Kinder werden meist erst auf Fragen antworten. *Steller/Volbert*[109] berichten: „Junge Kinder werden zum Beispiel auf offene Fragen weniger Informationen produzieren als ältere Kinder (vgl. Arntzen, 1989; Bull, 1995; Steller & Boyschuk, 1992; Wellershaus, 1992)“. Zu beachten ist, dass schon die Frage, *was* passiert ist, dem Kind vermitteln kann, *dass* überhaupt etwas passiert ist. Das Kind sollte mit offenen Fragen an den Vernehmungsgegenstand herangeführt werden. Z.B., ob es den Beschuldigten kennt, wer das ist, mit der Aufforderung: „Erzähl mal“ oder „Was weißt du von dem?“

---

104 LR-*Ignor/Bertheau* § 52 Rn. 29.
105 *BGH* [1 StR 591/69] BGHSt 23, 221; *BGH* [5 StR 456/67] BGHSt 21, 303.
106 *BGH* [4 StR 634/78] NJW 1979, 1722; *BGH* [5 StR 158/91] NStZ 1991, 398; *BGH* [2 StR 430/ 96] NStZ 1997, 350; *BGH* [5 StR 456/67] BGHSt 21, 203.
107 *BGH* [GSSt 3/58] BGHSt 12, 235; *Meyer-Goßner* § 52 Rn. 20.
108 *LG Memmingen* MDR 1982, 145; LR-*Ignor/Bertheau* § 52 Rn. 32 m.w.N.
109 *Steller/Volbert* in: Steller/Volbert, S. 12.

Zu beachten sind Untersuchungen von *Volbert*[110], wonach Kinder, die wiederholt suggestiv beeinflusst wurden, im freien Bericht mehr Fehler machen, als Kinder, die nur einmal suggestiv beeinflusst wurden. Damit verhindern freie Berichte in der polizeilichen Anhörung oder auch nur offen an das Kind gestellte Fragen wegen der vorangegangenen Suggestion das *Produzieren suggerierter Informationen* nicht.

Vielfach hat das Kind vor der polizeilichen Anhörung mit einer Person oder mehreren Personen über das vermeintliche Geschehen gesprochen. Zu der Äußerung des Kindes gehört in der Regel immer auch eine Reaktion der Person, der gegenüber die Äußerung erfolgt ist. Diese Reaktion kann auf den weiteren Verlauf des Gesagten Einfluss haben. Hierzu kann sich ein Kind auch im freien Bericht äußern. Eingeleitet werden kann der Bericht mit Fragen danach, ob es mit jemand darüber gesprochen hat, was es demjenigen gesagt hat, wann und wer das gewesen ist und wie derjenige reagiert hat. Wichtig ist, ob die Äußerungen spontan oder erst auf Nachfragen erfolgt sind.

Kennt das Kind den Beschuldigten nicht, so sollte das Kind im Rahmen des freien Berichts veranlasst werden, den Beschuldigten zu beschreiben, z.B. so: „Kannst du mir sagen, wie der Mann aussah?“[111]. Es genügt, wenn der Versuch gemacht wurde, das Kind zu einer zusammenhängenden Schilderung zu veranlassen[112]. Bei mehreren vermeintlichen Geschehnissen kann das Kind auch zu einzelnen Abschnitten befragt werden. Unzulässig ist aber, dem Kind von vornherein nur Fragen zu stellen[113].

kk) Altersadäquate Befragung

Für die Aussageleistung ist die Art der Befragung entscheidend, bei Kindern[114] noch mehr als bei Erwachsenen. Bei Kindern muss die Befragung dem Entwicklungsstand des Kindes angepasst werden. **244**

Greuel et al.[115] weisen auf empirische Studien hin, wonach insb. Kinder im Alter bis zehn Jahren Verständnisschwierigkeiten im Umgang mit z.B. ‚vor/hinter‘, ‚mehr/weniger‘, ‚vor/nach‘, ‚dieser/ jener‘, ‚fragen/erzählen‘ sowie ‚Lüge/Irrtum‘ haben. Am ehesten sei die Überprüfung der kindlichen Begriffswelt zu erreichen, „indem man konkret überprüft, wie ein Kind bestimmte sprachliche Begriffe, z.B. Farbbezeichnung, Benennung von Wochentagen und/oder Monaten, Zeiteinheiten, Personenbeschreibungen oder Mengenangaben, tatsächlich verwendet (Saywitz & Snyder 1993; Walker 1993)“. Das erweist sich auch bei erwachsenen Zeugen als zweckdienlich.

---

110 *Volbert* in: Steller/Volbert, S. 40.
111 Vgl. dazu Teil 3 I (Rn. 324 ff.).
112 *RG* [2 D 844/39] RGSt 74, 35.
113 LR-*Ignor/Bertheau* § 69 Rn. 6.
114 Vgl. auch *Kraheck-Brägelmann* Vernehmung von Kindern, S. 65 ff.
115 *Greuel et al.* S. 56.

Kraheck-Brägelmann[116] erläutert zur Vernehmungstechnik, dass zu Beginn der Vernehmung deutlich gemacht werden soll, dass „das Kind nicht nur ‚zunächst einmal alles aus seiner Sicht erzählen darf', sondern daß ein derartiges Vorgehen gezielt von ihm erwartet wird. Bitte erzähle mir alles genau so, wie du es erinnerst. Lasse nichts weg (bei älteren Kindern: Lasse nichts weg, nur weil du denkst, das wäre für mich nicht wichtig)".

ll) Vorhalte an kindliche Zeugen

245 Kindern werden nicht selten die Angaben des Anzeigenerstatters vorgehalten, nach dem Motto: „Deine Mutti hat aber gesagt, Du hast gesagt,..." oder „Deiner Mutti hast Du das schon erzählt, dann kannst Du das mir auch sagen". Hierdurch entsteht ein Befragungsdruck, dem Kinder meist nicht Stand halten können.

Entsprechen die Angaben des Kindes nicht der Erwartungshaltung des Beamten[117], bekundet das Kind, dass nichts gewesen sei oder dass es sich an das Geschehen nicht mehr erinnern könne, kommt es nicht selten vor, dass Beamte so lange nachfragen, bis das Kind die gewünschte Antwort, sich doch an etwas zu erinnern, gibt, so z.B. in dem nachfolgenden Beispiel, in dem das Kind sogar selbst auf die Mutter verweist, nachdem sein stetes Bestreiten und seine Bekundung, nichts zu wissen, nicht erhört wird:

Beispiel:

Polizist:	Sag mal, ist das alles gewesen was der K. gemacht hat, dich am Arm anfassen oder ist da noch mehr gewesen?
Kind:	Das war es.
Polizist:	Hat der K. denn dabei irgendetwas gesagt?
Kind:	Mm (nein)
Polizist:	Du hast Deiner Mama aber noch etwas erzählt. Kann das sein, dass der K. noch etwas gemacht hat außer anfassen?
Kind:	Mm (nein)
Polizist:	Ganz bestimmt?
Kind:	Mm (ja)
Polizist:	Also, wenn da noch was gewesen ist, ist das schon wichtig, dass du das erzählst, ne.
Kind:	Sonst war da nix gewesen, mehr weiß ich auch nicht mehr, weil davor war ich noch in Urlaub. Ich war drei Tage in Urlaub.
Polizist:	Sag mal, du hast Deiner Mama erzählt, dass der K. Dir weh getan hat.
Kind:	Ja.
Polizist:	Wie war denn das und wie hat der Dir denn weh getan?
Kind:	Das weiß ich nicht mehr.
Polizist:	Oder schämst du dich?
Kind:	Ich weiß es wirklich nicht mehr.
Polizist:	Du hast auch gesagt, dass der K. lange Fingernägel hatte. Vielleicht erinnerst du dich jetzt daran.

116 *Kraheck-Brägelmann* Die Vernehmung von Kindern, S. 43.
117 Vgl. dazu die Ausführungen unter Teil 3 VIII „Fehlerquellenanalyse" (Rn. 594 ff.)

Kind:	Mm Fingernägel? Das weiß ich nicht mehr.
Polizist:	Also, du brauchst dich nicht zu schämen, wenn du hier irgend etwas sagen musst oder sagen möchtest.
Kind:	Ich weiß es nicht.
Polizist:	Du weißt es nicht.
Kind:	Dann musst du meine Mama fragen. Das weiß ich nicht. Mehr weiß ich nicht mehr. Das war schon so lange her.

Arntzen[118] erläutert: „Wenn beispielsweise einem offenbar gehemmten Kind ein Telefongespräch vorgetäuscht und im Anschluß daran erklärt wird, ein anderes Kind habe nun alles berichtet, und danach sei es so und so gewesen, kann dies ein bejahendes Kopfnicken des Kindes zur Folge haben, ohne daß dies wirklich im Sinne einer Bestätigung gemeint ist. Das Kind nickt unter Umständen nur, weil es zu wenig widerstandsfähig oder sprachlich zu unbeholfen ist, um sich mit dieser Konfrontation adäquat auseinanderzusetzen. … Nur in Ausnahmefällen sollte man Kindern ihre eigenen früheren Aussagen bzw. Aussagen anderer Zeugen zur gleichen Sache vorlegen. Eventuelle Falschaussagen werden dadurch aufgefrischt und bei einer späteren Vernehmung besser erinnert."

III. Inhalte der Vernehmung

Zu den Inhalten jeder Anhörung gehören nicht nur die materiell-rechtlichen Prüfun- **246**
gen und Fragen zu aussagebestimmenden Motiven, sondern auch die Prüfung der Aussageentstehung und -entwicklung und alternativer Erklärungen für das Zustandekommen der Aussage.

1. Aussageentstehung und Aussageentwicklung – Suggestionseffekte

Zur Analyse der Aussage gehört zentral die Prüfung der Aussageentstehung und **247**
-entwicklung.

Vor allem geht es um die Erstaussage.

Dieser gedankliche Ansatz ist psychologisch dann leicht verständlich, wenn man sich eigene Äußerungen vor Augen hält und bei sich selbst beobachtet, wie sich eigene Aussagen im normalen Alltag inhaltlich verändern können. Sicher wird jeder schon einmal einen Sachverhalt – vielleicht aus Freude oder Stolz – übertrieben dargestellt haben. Nun hängt es oft sehr davon ab, wie das Gegenüber auf das Gesagte reagiert. Nimmt der andere einen buchstäblich beim Wort, will er gar anderen darüber berichten, kann sich das Gesagte verselbstständigen, wenn man die Übertreibung nicht sofort korrigiert. Das kann manchmal sehr schnell gehen. Fatal kann sich das dann auswirken, wenn das Vorgetragene aus Sicht des anderen von straf-

118 *Arntzen* Vernehmungspsychologie, S. 39.

rechtlicher Relevanz ist, dieser dann eine Anzeige erstattet und den Aussagenden nun regelrecht in die Rolle des Zeugen hineindrängt.

248 **Festhalten an dem einmal Gesagten.** Vielfach hat dann das in der ersten Vernehmung Bekundete wenig bis gar nichts mehr mit dem eigentlich Erlebten zu tun. Es geht dem Zeugen oft nur noch darum, an dem Gesagten festzuhalten, um nicht als Lügner dazustehen. Das kann dazu führen, dass er nicht nur an der übertriebenen Fassung seines Vorbringens festhält, sondern diese auch noch verstärkt, um nun auch noch der besonderen Rolle als Zeuge gerecht zu werden.

249 **Die Aussage in der Hauptverhandlung.** Zur richterlichen Überzeugungsbildung gehört es, sich ein eigenes Bild von der Aussage des Zeugen zu machen. Seitdem aussagepsychologische Erkenntnisse – zu Recht – immer mehr Platz im Strafprozess einnehmen, müssen Richter umdenken. Entscheidend ist nicht nur die Qualität der Aussage in der Hauptverhandlung. Denn das ist die zeitlich letzte – und damit meist die qualitativ schlechteste Aussage. Ihr vorangegangen sind häufig eine Vielzahl von Gesprächen über die Sache im privaten Kreis und meist auch zumindest eine förmliche Vernehmung, die Einfluss auf den Inhalt gehabt haben können. Auch Presseberichterstattung über das in Rede stehende Geschehen kann auf die Erinnerung des Zeugen „einwirken" und die Aussage inhaltlich verändern.

Hinweis

Durch die Präsenz der (Privat)Medien, kommt es immer häufiger vor, dass Zeugen ihr Wissen – zum Teil schon vor der Vernehmung – an die Presse geben. Verfügt die Presse darüber hinaus über Aktenmaterial, sind die Pressegespräche sorgfältig zu rekonstruieren. Im Rahmen der Prüfung der Entstehungsgeschichte der Aussage sind mögliche Einflussnahmen zu prüfen.

Man wird dem Richter die eigene Sachkunde zur Beurteilung von Gesprächen im privaten Bereich in der Regel zutrauen können. Schwerer dürfte ihm die Beurteilung des Zustandekommens polizeilicher Vernehmungen fallen. Dazu kennt er aus eigenem Wissen meist nichts. Problematisch erscheint vor allem, dass sich Richter dieses häufig nicht bewusst machen. Steht der Vernehmungsablauf zwischen dem Zeugen und dem Vernehmungsbeamten im Streit, ist die Frage, wer den Streit gewinnt, vielfach von vornherein entschieden. Viel schlimmer noch: Die Frage der zutreffenden Protokollierung wird oft schon wegen des langen Zeitablaufes nicht nur nicht mehr kontrovers, sondern gar nicht mehr diskutiert werden können, da sich niemand mehr an das Gesagte und Gefragte genau erinnern kann.

In solchen Fällen ist die Gefahr groß, dass es dann doch bei der alleinigen Bewertung der Aussage des Zeugen in der Hauptverhandlung bleibt, ohne dass die gedächtnispsychologischen und sozialpsychologischen Mechanismen, die im Vorfeld gewirkt haben, erkannt und in die Würdigung mit einbezogen werden.

Lange Zeit haben sich Richter mit der Aussageentstehung und -entwicklung nicht befasst. Mehr als ein Jahrzehnt wurde die Aussageentstehungsgeschichte vorwiegend nur bei kindlichen Zeugen in sexuellen Missbrauchsverfahren diskutiert.

Checkliste: Befragung zur Aussageentstehungsgeschichte 250

- **Zum einen sind in der (polizeilichen wie richterlichen) Vernehmung selbst Informationen über die Entstehung der Aussage zu erheben und der Frage nachzugehen,**
  - **wann der Zeuge**
  - **wem gegenüber**
  - **unter welchen Bedingungen**

  erstmalig von den fraglichen Vorfällen berichtet hat und
  welche Befragungen seitdem durch Dritte stattgefunden haben.
- **Zum anderen muss der Vernehmende selbst seine Vernehmung so gestalten, dass der Zeuge keinen (weiteren) suggestiven Einflüssen ausgesetzt wird.**

a) Erstaussage – (Erst-)Aussageempfänger

Die Erstaussage ist *nicht* die erste polizeiliche Aussage, sondern die erste Aussage 251
überhaupt.

In der Praxis werden unter der Erstaussage häufig fehlerhaft die ersten Angaben des Zeugen in einer Vernehmung verstanden. Hat sich der Zeuge schon im Vorfeld gegenüber anderen geäußert, kann die Vernehmung aber z.B. schon die fünfte oder sechste Äußerung zur Sache sein.

Personen, mit denen der Zeuge über das in Rede stehende Geschehen spricht, nennt man Aussageempfänger. Erstaussageempfänger ist der, demgegenüber der Zeuge sich zum ersten Mal äußert.

Entstehung von Aussagen kindlicher Zeugen zu einem sexuellen Missbrauchs- 252
verdacht. Entsteht bei kindlichen Zeugen der Verdacht, sie könnten sexuell missbraucht sein, kommt es häufig zu mehrfachen Gesprächen/Befragungen des Kindes durch z.B. Eltern und/oder andere Verantwortliche.

Meist sind derlei Personen erstmalig mit einem sexuellen Missbrauchsverdacht befasst und mit einem professionellen Umgang nicht vertraut. Von vielfachen Befragungen des Kindes durch eine Mehrzahl von Personen bis zu einer ganz schnell eintretenden eigenen Betroffenheit, die genaues Zuhören und Prüfen der Beschuldigung meist verhindert, ist die Bandbreite der Reaktionen auf einen solchen Verdacht sehr groß. Auch wenn konkret nichts beschrieben wird, wenn das Kind von sich aus gar nichts sagt, sondern immer nur auf Fragen – vielleicht nur mit ja und nein – antwortet, kann die Überzeugung von stattgefundenem Missbrauch sehr schnell entstehen.

Nicht zu unterschätzen ist, wie schnell Kinder merken, dass der Erwachsene von einem stattgefundenen Geschehen ausgeht. Verstärkt wird das oft noch dadurch, dass der Erwachsene dem Kind erklärt, es brauche keine Angst zu haben und fortan werde es vor dem Beschuldigten geschützt.

Bei derlei Reaktionen kann der erste und können auch die weiteren Aussageempfänger nicht nur durch das Gespräch, sondern auch mit ihrem Verhalten gegenüber dem Kind (indirekt) Einfluss auf dessen weitere Aussagen nehmen.

Haben die Personen, die mit dem Kind ein Gespräch zu den Vorwürfen führen, schon vorab miteinander gesprochen, besteht die Gefahr, dass die Wertung des Erstaussageempfängers zur Glaubhaftigkeit der Angaben in die Information an andere mit einfließt und diese so entsprechend einseitig beeinflusst werden können. Erzählt einer dem anderen, dem Kind sei etwas Schreckliches passiert, dieser es dem nächsten und der wiederum einem anderen, so kann man sich gut vorstellen, mit welcher Einstellung der Letztinformierte ein Gespräch mit dem Kind führt.

Im Bereich des sexuellen Missbrauchsvorwurfes wissen Mütter, Erzieher, Selbsthilfegruppen vielfach um die Gefahren mehrfacher und vor allem suggestiver Befragungen. Nicht selten geben sie in Vernehmungen wahrheitswidrig an, das Kind ganz in Ruhe gelassen zu haben und alles Berichtete habe das Kind von sich aus spontan geäußert. Derlei Erklärungen muten lebensfremd an. Wer mag sich eine besorgte Mutter vorstellen, die bei vermutetem sexuellem Missbrauch an ihrem Kind diesem gegenüber nicht reagiert?

b) Vernehmung des Aussageempfängers als Zeugen

253 Vielfach kommt die Befragung zur Aussageentstehung und -entwicklung in der Vernehmung zu kurz.

Bei kindlichen Zeugen ist die Vernehmung zur Aussageentstehung wichtig, weil in der Regel das Kind nicht selbst, sondern ein Dritter die Anzeige erstattet. Vielfach berichtet der Dritte, von dem angezeigten Sachverhalt in einem Gespräch oder in mehreren Gesprächen mit dem Kind erfahren zu haben.

Hierzu sind der Aussageempfänger und das Kind zu vernehmen.

Gibt es aber Hinweise, dass die Aussage suggeriert sein könnte, so ist zu prüfen, ob mit dem Kind überhaupt noch eine Befragung zur Sache stattfinden sollte[119].

Aber auch bei Erwachsenen ist die Prüfung der Aussageentstehung unerlässlich. Vielfach finden sich hier die Erklärungen und Motive für potentielle Falschbeschuldigungen (Vgl. auch die BGH-Rechtsprechung dazu in Teil 1 III; Rn. 47 ff.).

119 Vgl. dazu *BGH* [1 StR 618/98] BGHSt 45, 164 = NJW 1999, 2746 = NStZ 2000, 100 = StV 1999, 473 = BGHR StPO § 244 Abs. 4 S. 1 Sachkunde 9 = StraFo 1999, 340 = PdR 1999, 113 (Grundsatzentscheidung – Realkennzeichen sind ungeeignet zur Unterscheidung einer wahren und einer suggerierten Aussage beizutragen).

c) Inhalt der Vernehmung zur Aussageentstehung

Der (kindliche) Zeuge ist nach seinen ersten Angaben zu befragen, also 254

- wann er
- wem gegenüber
- welche Angaben zum ersten Mal
- in welcher Situation zu dem vermeintlichen Geschehen gemacht hat.

Wichtig ist,

- ob die Äußerungen spontan oder erst auf Befragen erfolgt sind,
- welche Art Fragen gestellt wurden,
- welche Einstellungen und welche Erwartungen der Aussageempfänger hatte und
- wie dieser auf die Angaben reagiert hat.

Es muss versucht werden, die Situation genauestens zu rekonstruieren, um so möglicherweise wirksam gewordene Suggestionseffekte finden und überprüfen zu können.

2. Materiell-rechtliche Vorwürfe

Die Vernehmung zu materiell-rechtlichen Vorwürfen bezieht sich auf Tatbestands- 255
merkmale, Rechtfertigungs- und Schuldausschließungsgründe. Dabei sind die Besonderheiten der jeweiligen Deliktsbereiche zu beachten.

Besonderheiten bei Vergewaltigungsvorwürfen. *Wolf/Steller*[120] erläutern, dass 256
die Fragestellung bei Vergewaltigungsprozessen vornehmlich nicht ist, ob Geschlechtsverkehr oder andere sexuelle Handlungen vollzogen wurden: „Da die spezielle Fragestellung hier lautet: Sind die Angaben über den Widerstand und Zwangsmaßnahmen glaubwürdig?, kommt es auf eine detaillierte Schilderung speziell dieser Phasen des Handlungsablaufes an, mehr als etwa auf die genaue Wiedergabe eigentlich sexueller Handlungen, die überwiegend nicht strittig sind.“ (Michaelis-Arntzen, 1994, S. 60).

Checkliste: Prüfung von Vergewaltigungsvorwürfen 257

- Fand die sexuelle Handlung freiwillig oder unfreiwillig statt?
- Gab es Abwehrversuche auf Seiten des Opfers?
- Fand die sexuelle Handlung unter Anwendung von Zwang durch den Beschuldigten statt?

120 *Wolf/Steller* in: Greuel/Fabian/Stadler, S. 121; vgl. auch *Steller/Volbert* in: Steller/Volbert, S. 12; *Greuel et al.* S. 63; *Michaelis-Arntzen* S. 43.

Kerngeschehen bei Vergewaltigungsvorwürfen (*Wolf/Steller, Greuel et al., Michaelis-Arntzen):*

258 **Checkliste: Kerngeschehen bei Vergewaltigungsvorwürfen**

Bei der Begutachtung erwachsener Frauen in Fällen behaupteter Vergewaltigung stellt das Kerngeschehen die Schilderung

- von Gewaltanwendung,
- von Gegenwehr,
- von erlebter Unfreiwilligkeit

dar.

Näheres dazu findet sich unter Teil 3 I „Exploration“ (Rn. 324 ff.).

3. Alternative Erklärungen für das Zustandekommen der Aussage

259 Bei der Bewertung von Aussagen sollte der Befrager immer auch die Frage stellen, ob der Zeuge das, was er berichtet, tatsächlich erlebt hat, oder ob es auch andere Erklärungsmöglichkeiten für seine Angaben gibt.

Problematisch ist, wenn Ermittler nur eine einzige Erklärung für eine bestimmte Situation haben, dann können sie nur diese eine Hypothese bestätigen. Je geringer die Anzahl möglicher Alternativhypothesen ist, desto mehr steigt die Wahrscheinlichkeit an, diese eine Hypothese zu bestätigen (Kognitive Dissonanz[121]).

Ein Vernehmungsbeamter, der z.B. fest davon überzeugt ist, dass er den Täter schon gefunden hat und jetzt „nur“ noch die Beweise suchen muss, wird entlastende Indizien oder Zeugenaussagen vernachlässigen und belastende Informationen in den Vordergrund rücken. Fehlen den Ermittlungsbeamten alternative Hypothesen zur Täterschaft, so werden wichtige Beweismittel für die Unschuld des Verdächtigen als solche erst gar nicht erkannt. Im Nachhinein ist es dann oftmals nicht mehr möglich, alle entlastenden Informationen zu finden.

Aber auch Richter sind oft einseitig auf das Ermittlungsergebnis festgelegt und vollziehen in der Hauptverhandlung oft nur den Akteninhalt nach.

Hinweis

Wenn Zeugen einseitig auf ein bestimmtes Ergebnis hin befragt werden, sollte der Verteidiger dazu umgehend Stellung nehmen. Hierzu ist ein sorgfältiges Aktenstudium erforderlich, vor allem sollte er bei seiner Befragung in der Hauptverhandlung den Inhalt vorangegangener Vernehmungen des Zeugen präsent haben. Nur so kann er das Frageverhalten der anderen Verfahrensbeteiligten beurteilen und ggf. beanstanden.

121 Vgl. die Ausführungen zur „Kognitiven Dissonanz“ in Teil 3 VII (Rn. 629 ff.).

Zu erwägen ist, ob es sich um eine bewusst falsche Aussage oder um einen Irrtum handelt. Der Irrtum kann in Wahrnehmungs-, Erinnerungs- oder Wiedergabefehlern bestehen. Ebenso kann der Zeuge durch Dritte beeinflusst sein oder sich die Aussage auch selbst einreden, also autosuggestiven Einflüssen unterliegen. Erforderlich ist, dass der Befrager um das aussagepsychologische Gesamtprüfkonzept weiß, um alternative Erwägungen für das Zustandekommen der Aussage vollständig prüfen zu können. Dabei können die Ausführungen des *BGH*[122] in der Grundsatzentscheidung hilfreich sein.

So kann der Zeuge z.B. nur über etwas Gehörtes, aber nicht selbst Erlebtes berichten, ohne dieses bei seiner Aussage selbst zu differenzieren oder deutlich zu machen. Auch kann er über Erlebtes berichten, das er aber mit einem anderen und nicht mit dem Beschuldigten erlebt hat.

Die Faktoren, die den Aussageinhalt beeinflussen können, sind zahlreich. Näheres dazu findet sich in Teil 1 III „BGH-Rechtsprechung zu aussagepsychologischer Begutachtung" (Rn. 47 ff.) und Teil 3 VI „Prüfung der Aussagetüchtigkeit" (Rn. 455 ff.) und „Qualitäts-Kompetenz-Vergleich" in Teil 3 VII (Rn. 592 f.).

4. Aussagebestimmende Motive

Aussagebestimmende Motive in der Rechtsprechung des BGH sind unter Teil 1 III **260**
„BGH-Rechtsprechung zu aussagepsychologischer Begutachtung" (Rn. 47 ff.) und im Rahmen aussagepsychologischer Begutachtung unter Teil 3 VIII „Fehlerquellenanalyse" (Rn. 594 ff.) dargestellt.

5. Identifizierung von Beschuldigten

Arntzen[123] nennt Fragebeispiele zur Identifizierung von Beschuldigten: **261**

Checkliste: Fragen zur Identifizierung – nach Arntzen **262**

- Wie sind Sie darauf gekommen, dass der Beschuldigte der Täter sein könnte?
  - Wann haben sie den Namen erfahren?
- Haben Sie den Mann schon längere Zeit gekannt?
- Wie lange haben Sie den Mann bei der Tat beobachten können?
  - Haben Sie ihn vorher kommen oder stehen sehen?
- Aus welcher Entfernung haben Sie ihn beobachtet?
  - Bestand unmittelbar Sichtmöglichkeit oder war der Täter teilweise verdeckt oder nur durch ein Fenster o.Ä. zu sehen?

122 *BGH* [1 StR 618/98] BGHSt 45, 164 = NJW 1999, 2746 = NStZ 2000, 100 = StV 1999, 473 = BGHR StPO § 244 Abs. 4 S. 1 Sachkunde 9 = StraFo 1999, 340 = PdR 1999, 113.

123 *Arntzen* Vernehmungspsychologie, S. 60 ff.

- Haben Sie einen Sehfehler?
  - Sind Sie Brillenträger oder nachtblind?
- Was ist Ihnen an dem Mann aufgefallen?
- Haben Sie ihn bis zur Festnahme im Auge behalten können?
  - Haben Sie ihn nach dem Vorfall noch einmal wiedergesehen?
- Bei welcher Gelegenheit sind Ihnen die vorher genannten Merkmale aufgefallen?
- Wem gegenüber haben Sie von einzelnen dieser Merkmale schon früher berichtet?
  - Haben sie mit beim fraglichen Geschehen anwesenden Begleitern über das Aussehen des Mannes gesprochen?
  - Was meinten die dazu?
- Wurden Ihnen bei der Polizei erst Bilder vorgelegt?
  - Haben Sie den Mann auf ihnen sofort erkannt?
  - Oder schwankten Sie zwischen mehreren Personen, die abgebildet waren?
- Wie ging die Gegenüberstellung bei der Polizei vor sich?
  - Wurde Ihnen eine Person oder wurden ihnen mehrere Personen gezeigt?
  - Ragten einzelne vorgestellte Personen infolge äußerer Umstände heraus?
  - Waren alle ähnlich gekleidet? Konnten Sie raten, welche Personen Polizeibeamte waren?
  - Haben andere Personen Ihnen gesagt, wen Sie für den Täter halten?
  - Haben Sie es anderen Personen gesagt?
- Haben Sie den Mann bei der ersten Gegenüberstellung sofort erkannt?
  - Oder zögerten Sie?
  - Oder haben Sie bei der ersten Gegenüberstellung einen anderen Mann als Täter bezeichnet und den „richtigen“ erst bei einer späteren Gegenüberstellung wiedererkannt?
  - Warum haben Sie evtl. geschwankt?
  - Sahen andere Personen ihm sehr ähnlich?
  - Warum haben Sie danach den anderen Mann für den wirklichen Täter gehalten?
  - Wann haben Sie den Irrtum bemerkt?

263 **Subjektive Gewissheit – „Wie sicher sind Sie sich?“** Die „subjektive Sicherheit“ des Zeugen ist oft der Hauptbestandteil der Befragung zur Wiedererkennung. Ganz schlicht werden Zeugen gefragt: „Wie sicher sind Sie denn, dass der das ist?“

Vielfach wird der Zeuge im unmittelbaren Anschluss an eine Gegenüberstellung oder Lichtbildvorlage mit einem Formular konfrontiert, in dem das Ergebnis der Wiedererkennung festgehalten wird und auf dem meist kein Platz für individuelle Angaben besteht. Ermittler fragen den Zeugen oftmals nur nach der Sicherheit seiner Erinnerung in Prozentzahlen, ohne den Zeugen zu fragen, worauf er seine Einschätzung stützt.

Diese Vorgehensweise erstaunt, haben wissenschaftliche Untersuchungen doch nur mäßige Beziehungen zwischen subjektiver Sicherheit und der Korrektheit des Urteils festgestellt.[124]

Sporer[125] erläutert, dass seit ca. 30 Jahren die internationale experimentalpsychologische Forschung zahlreiche spezifische Einflussfaktoren von Personenidentifizierungen aufgedeckt hat. Unterschieden wird „zwischen Zeugenvariablen, d.h. Faktoren, die in der Person des Zeugen liegen, und Situationsvariablen, d.h. Faktoren, die Wahrnehmung, Speicherung und Behalten und den Abruf von Informationen beeinflussen". Der Autor stellt die einzelnen Einflussfaktoren und Irrtumsanfälligkeiten potentieller Falschidentifikation dar.

IV. Ausdrucksverhalten während der Aussage[126]

Der persönliche Eindruck von dem Zeugen ist oft ausschlaggebend dafür, ob ihm **264**
geglaubt wird oder nicht. Die Art, wie er aussagt, kann entscheidend dazu beitragen, ob das, *was* er sagt, den anderen überzeugt. Hierbei spielt ein oft beeindruckendes Selbstverständnis der rein intuitiven Beurteilung des Wahrheitsgehaltes einer Aussage, quasi „aus dem Bauch heraus", eine Rolle.

Es kommt vor, dass insbesondere Zeuginnen, z.B. in Vergewaltigungs- oder Misshandlungsverfahren, während ihrer Aussage weinen. Das wird vielfach als die Glaubhaftigkeit des Vorbringens stützendes Verhalten gewertet. In dem Moment sei das Geschehen innerlich wieder „hochgekommen", wird häufig dazu bekundet. Das ist sicher eine denkbare Erklärung. Denkbar ist aber auch, dass die Zeugin, wenn sie wahrheitswidrig ein Vergewaltigungsgeschehen bekundet, bemüht sein wird, ihre Aussage durch das Weinen zu „verstärken". Zu beobachten ist auch, dass Zeuginnen weinen, um der Beantwortung einer Frage auszuweichen.

Schon die Alltagserfahrung zeigt, dass auch nur die Vorstellung an ein Ereignis entsprechende Emotionen hervorrufen kann. Zudem wird der, der lügt, auch bemüht sein, während der Lüge das entsprechende „Gesicht" zu machen. Dieses sind Verhaltensweisen, die jeder von uns kennt.

Hinweis

Vielfach ergibt sich aus den Vernehmungsprotokollen, ob Zeugen, vor allem Zeuginnen, bei der Aussage geweint haben. Eine genaue Analyse der Befragungssituation ergibt nicht selten konkrete Hinweise darauf, dass Weinen als taktisches Mittel benutzt wird, um eine unangenehme Frage nicht zu beantworten. Oftmals ist das Weinen auch mit einer Verneh-

124 Ausführlich zur „Subjektiven Sicherheit" unter Teil 3 VI – zur „Erinnerungsfähigkeit" (Rn. 503).

125 *Sporer* in: Volbert/Steller, Handbuch der Rechtspsychologie, S. 387.

126 Vgl. auch die ausführlichen Ausführungen zu „Selbstpräsentation" Teil 3 IV „Spezifizierung der Nullhypothese" (Rn. 413 f.).

mungspause verbunden, die dem lügenden Zeugen „etwas Luft verschafft" und ihm zugleich Gelegenheit gibt, über die Antwort auf die unangenehme Frage nachzudenken. Auch in der Hauptverhandlung verstehen es Zeuginnen oft geschickt, den Vorsitzenden durch gezielt eingesetztes emotionsgesteuertes Aussageverhalten für sich einzunehmen. Manche Vorsitzende neigen sogar dazu, den Zeugen schon in der Belehrung auf die durch das Gericht unterstellte Belastung, die für ihn mit seiner Aussage verbunden ist, hinzuweisen. Die angenommene Belastung wird aus dem Erlebnisbezug der noch nicht erstatteten Aussage gefolgert, was auf eine offensichtlich anhand des Aktenstudiums eingetretene Voreingenommenheit hindeutet.

Köhnken[127] berichtet über mehr als 100 experimentelle Studien zum Zusammenhang von Täuschungen und bestimmten nonverbalen (z.B. Gestik, Mimik) und paraverbalen (wie Stottern, Satzabbrüche) Verhaltensweisen, wonach „es zwar gewisse Zusammenhänge zwischen Täuschungsmotivation und nonverbalem Verhalten gibt. Diese sind jedoch zu inkonsistent und meistens auch zu schwach, um die Beurteilung der Glaubhaftigkeit einer Zeugenaussage darauf stützen zu können. Besondere Vorsicht ist bei der Deutung des Blickverhaltens geboten. Der Blickkontakt ist wahrscheinlich das am häufigsten fehlinterpretierte Verhalten bei der Beurteilung der Glaubhaftigkeit".

Dass sich die Justiz trotz dieser Erkenntnisse nach wie vor durch eine emotionsvolle Aussage beeindrucken lässt, kann daran liegen, dass sie bislang immer noch nicht hinreichend mit den aussagepsychologischen Kriterien zur Beurteilung des konkreten Aussageinhaltes vertraut ist.

Ausdrucksverhalten

ist immer mehr deutig interpretierbar.

Untersuchungen, die die vielfach bei Juristen verbreitete Annahme stützen, der aussagebegleitende Ausdruck von Emotionen könne als Hinweis auf den Erlebnisgehalt der Aussage angesehen werden, liegen nicht vor. Es lassen sich zwar zahlreiche Beispiele dafür finden, in denen der Bericht über emotional bedeutsame Erlebnisse auch ein entsprechendes Ausdrucksverhalten hervorruft, ebenso lassen sich aber genauso Beispiele finden, bei denen das Berichtete nicht von der ursprünglich aufgetretenen Emotion begleitet wird[128], so z.B. häufig bei Schilderungen von Vergewaltigungen[129].

127 *Köhnken* in: Widmaier, S. 2267.
128 *Greuel et al.* S. 144, 151.
129 Vgl. *Greuel* Polizeiliche Vernehmung vergewaltigter Frauen, S. 189 ff. – zum affektiven Ausdrucksverhalten von Geschädigten in polizeilichen Vernehmungen.

Ausdrucksverhalten – nach Greuel[130] – 265

Emotional hoch bedeutsame Erfahrungen können sachlich emotionslos vorgebracht werden.

Aus dem Affektausdruck ist kein Rückschluss auf originäres Erleben möglich.

Mimik, emotionales Erleben, sprachlicher Ausdruck und psychophysiologische Reaktionen korrespondieren häufig wenig miteinander.

Wissenschaftliche Untersuchungen bestätigen immer wieder, dass „es keine einfachen Patentrezepte für die Entdeckung von Lügen anhand nonverbaler und paraverbaler Verhaltensweisen gibt“[131].

Sporer/Köhnken[132] kritisieren polizeiliche Trainingsmanuale und Kurse, die das Gegenteil behaupten, als unwissenschaftlich. „Die wenigen Zusammenhänge zwischen diesen Verhaltensweisen und Täuschung, die sich überhaupt als signifikant erwiesen haben, sind so gering, dass sie nicht die Bezeichnung ‚Lügenmerkmale‘ verdienen.“ Annahmen, „dass (zumindest unter günstigen Randbedingungen) eine Täuschung an Veränderungen der Pupillenweite erkennbar sein soll (Hermanutz, Litzcke & Kroll, 2005)“ entbehren „jeglicher wissenschaftlichen Grundlage“.

In der Praxis entsteht oftmals der Eindruck, dass sich die Justiz trotz ganz anders lautender wissenschaftlicher Erkenntnisse bei der Aussagebeurteilung auf aussagebegleitende Mimik und Gestik verlässt[133].

Schemaentsprechende Emotionsäußerungen. *Niehaus* [134] stellt deutlich klar, dass schemaentsprechende *Emotionsschilderungen* als wenig bedeutsam anzusehen sind, „weil sie Teil einer Täuschungsstrategie (Niehaus et al., 2005) und leicht simulierbar sind (Volbert & Rutta, 2001). Personen, die ein Glaubhaftigkeitsurteil abgeben (…), orientieren sich leider an wenig brauchbaren Merkmalen und lassen sich insbesondere von Emotionsschilderungen beeinflussen (Panhey, Eggert & Bliesener, 2006). Eine systematische Integration vorliegender Einzelbefunde unter Berücksichtigung kognitiver und strategischer Aspekte kann Erkenntnisfortschritte für die aussagepsychologische Praxis nutzbar machen und zu einer theoriegeleiteten Weiterentwicklung des Modells beitragen, welche der Bedingungsspezifität der Anwendbarkeit inhaltlicher Merkmale gerecht wird.“

---

130 *Greuel* S. 301 m.w.N.; vgl. auch *Köhnken* S. 143 f.

131 *Sporer/Köhnken* in: Volbert/Steller, Handbuch der Rechtspsychologie, S. 353.

132 *Sporer/Köhnken* in: Volbert/Steller, Handbuch der Rechtspsychologie, S. 353; *Köhnken* in: Widmaier, S. 2267.

133 *Köhnken* 1990 *Vrij*, Detecting lies and deceit: The psychology of lying and implications for professional practice, 2000 – zitiert nach Sporer/Köhnken in: Volbert/Steller, Handbuch der Rechtspsychologie, S. 353; *Köhnken* in: Widmaier, S. 2267.

134 *Niehaus* in: Volbert/Steller, Handbuch der Rechtspsychologie, S. 311 – vgl. auch die Ausführungen zu Teil 3 IV „Spezifizierungen der Nullhypothese“ (Rn. 376 ff.).

266 **Schemaentsprechende Emotionsschilderungen**

sind wenig bedeutsam,
sind Teil einer Täuschungsstrategie und
sind leicht simulierbar.

Steller/Volbert[135] weisen darauf hin, dass Äußerungen von Angst, Scham und Peinlichkeit für sich allein nicht als Glaubhaftigkeitshinweise gewertet werden können, denn:

- Gerade *relativ einfache und durchgehende Gefühlszustände können durchaus simuliert werden.*
- Auch das *Fehlen von Begleitaffekten* ist nicht eindeutig zu interpretieren: Außer dem Bedürfnis, als Zeuge gut zu „funktionieren" (und daher eher sachlich zu berichten), können zeitlicher Abstand und wiederholte Befragungen das emotionale Nacherleben auch tatsächlich verringern[136].
- Dagegen kann das Auftreten verschiedener Gefühlsqualitäten, ein bei der Reproduktion des Geschehens gefühlsmäßiges Nacherleben, das dem geschilderten Geschehensablauf mit den dabei auftretenden wechselnden Gefühlen (z.B. eine Abfolge von Überraschung, Hilflosigkeit, Angst, Entrüstung) entspricht, einen Hinweis für einen Erlebnisbezug darstellen.

267 Wie bei den inhaltlichen Glaubhaftigkeitsmerkmalen sind bei der Interpretation von Gefühlsäußerungen während einer Aussage die *Zeugenpersönlichkeit* und die *spezifische Situation* zu berücksichtigen.

268 *Kluck*[137] erläutert, dass *bei der Aussage gezeigte Angst* sich nicht erhöht in glaubhaften Aussagen findet. Kinder sind in der Lage, auch dann mit hoher emotionaler Beteiligung zu sprechen, wenn ihre Angaben nicht erlebnisfundiert sind. Das komme insbesondere dann vor, wenn die Angaben eine negative Tönung hätten, z.B. bei Schilderungen von Schmerzempfindungen und Hilflossein. Emotionale Beteiligung beim Vortrag ist kein sicheres Unterscheidungskriterium für Erlebnisbezug. Ein trauriger Gesichtsausdruck kann z.B. auch deshalb entstehen, weil die Fragesituation belastend ist.

269 **Täuschungsverhalten.** Nonverbale Verhaltensweisen werden als Indikator für den Erlebnisbezug einer Aussage und im Zusammenhang mit Täuschungsabsicht diskutiert: Für Täuschungen gibt „*es derzeit kein diagnostisch verwertbares Ausdrucksmuster*, was sowohl auf kulturspezifische Besonderheiten des Ausdrucksverhaltens (Vrij & Winkel 1990, 1993) als auch auf interindividuelle Unterschiede zurückgeführt … (Ekman 1989)" wird.

135 *Steller/Volbert* in: V/F, S. 817.
136 Vgl. auch *Michaelis/Arntzen* in: Arntzen, 1993, S. 70.
137 *Kluck* Urteil im sog. Wormser Mißbrauchsverfahren – Worms II – .

Wissenschaftlichen Erkenntnissen entspricht es[138], dass

- Täuschung nicht an der Veränderung der Pupillenweite erkennbar ist,
- verschiedene Bewegungen von Körper und Gliedmaßen bei Täuschung eher ab (nicht zu) nehmen, sich Hand- und Fingerbewegungen sowie Gesten eher verringern
- insgesamt die Zusammenhänge von Täuschung und nonverbalem Verhalten viel geringer sind als laienhaft vermutet.

Sporer/Köhnken[138] verdeutlichen, dass die „unreflektierte Konzentration auf vermeintliche ‚Lügensymptome' angesichts der heterogenen Befundlage wenig Erfolg versprechend ist. Erforderlich sind vielmehr einzelfalldiagnostische Strategien mit systematischen Hypothesenprüfungen". Hierbei müssten u.a.

- die jeweilige Motivationslage,
- die Gelegenheit zur Vorbereitung,
- der Inhalt einer Aussage,
- der Gesprächskontext sowie insbesondere
- intraindividuelle Verhaltensänderungen berücksichtigt werden.

Typische Lügensignale gibt es nicht ! 270

Auch die landläufig weit verbreitete Einschätzung, wer lügt, zeige Zeichen der Erregung, trifft nicht zu. Nervosität kann[139] 271

- gerade auch bei dem zu Unrecht Verdächtigten vorliegen,
- der Gesichtsausdruck kann auch durch anatomische Eigenarten geprägt sein,
- vielleicht macht der Zeuge häufig ein trauriges oder ängstliches Gesicht,
- zudem gibt es Zeugen, die auch ohne erkennbare Reaktion lügen (z.B. ohne rot zu werden),
- der Zeuge findet die Vernehmungssituation unangenehm, da er Angst hat, zu Unrecht einer Lüge bezichtigt zu werden.

Volbert[140] berichtet über Meta-Analysen[141], wonach sich lügende von wahrheitsgemäß aussagenden Personen nicht in Nervosität und Blickvermeidung unterscheiden. Unterschiede fanden sich zwar im Hinblick auf Tonlage, Zusammenpressen der Lippen und Pupillendilatation, ohne dass hieraus diagnostisch relevante Schlüsse gezogen werden können[138].

138 *Sporer/Köhnken* in: Volbert/Steller, Handbuch der Rechtspsychologie, S. 353.
139 Vgl. *Ekman*.
140 *Volbert* in: Volbert/Dahle, S. 18.
141 *De Paulo/Lindsay/Malone/Muhlenbruck/Charlton/Cooper* Cues to deception, Psychological Bulletin 2003, 74; *De Paulo/Lindsay/Malone/Muhlenbruck/Charlton/Cooper* Cues to deception, Psychological Bulletin 2003, 74; *Sporer/Schwandt* Moderators of nonverbal correlates of deception: A meta-analytic synthesis, Psychology, Public Policy and Law 2007 – zitiert nach Volbert in: Volbert/Dahle, S. 18.

272 *Köhnken*[142] zeigt die Grenze der Interpretierbarkeit des Ausdrucksverhaltens deutlich auf:

Köhnken

Aus dem Ausdrucksverhalten

kann bestenfalls auf aktuelle psychische Zustände,

nicht jedoch auf die Glaubhaftigkeit einer Aussage geschlossen werden.

273 **Misstrauen gegenüber dem Befragten.** *Greuel et al.*[143] berichten unter Berufung auf *Köhnken*[144] und *Höfer*[145], dass das Interaktionsverhalten des Befragers, so z.B. wenn dieser dem Befragten Misstrauen entgegenbringt, erheblichen Einfluss auf das Ausdrucksverhalten des Befragten hat.

Erneute und aktuelle Bewertung der persönlichen Bedeutung des berichteten Ereignisses.

Greuel et al.[146] unterscheiden zwischen:

- der Erinnerung,
  dass man bei einem früheren Ereignis bestimmte Emotionen erlebt hat und
- dem Wiedererleben der Emotion

und erläutern, dass „das Erleben aussagebegleitender Emotionen weniger als Gedächtnisprozeß, sondern vielmehr als eine erneute und aktuelle Bewertung der persönlichen Bedeutung des berichteten Ereignisses“ zu verstehen ist.

274 *Greuel et al.*

Aussagebegleitende Emotion = erneute und aktuelle Bewertung der persönlichen Bedeutung des berichteten Ereignisses

142 *Köhnken* S. 143 f.

143 *Greuel et al.* S. 146, 150.

144 *Köhnken* Glaubwürdigkeit, 1990.

145 *Höfer et al.* Diagnostik und Attribution von Glaubwürdigkeit, Abschlussbericht Ko 882/4-1 an die Deutsche Forschungsgemeinschaft, 1993.

146 *Greuel* et al. S. 151 f.

V. Dokumentation der Vernehmung

1. Informatorisches Vorgespräch

Nr. 3 Abs. 3 S. 1 u. 2 RiStBV 275

Bei formlosen mündlichen Erörterungen mit dem Anzeigenden, dem Beschuldigten oder mit anderen Beteiligten sind die Vorschriften der §§ 52 Abs. 3 Satz 1, 55 Abs. 2, 163a Abs. 3 Satz 2 StPO zu beachten. Über das Ergebnis der Erörterung ist ein Vermerk niederzulegen.

In der Praxis werden – wie schon erwähnt[147]– vor allem vor polizeilichen Vernehmungen informatorische Vorgespräche geführt. Diese manches Mal auch ganz ausführlich, auch zur Sache, so dass sie ihrem Inhalt nach schon der eigentlichen Vernehmung entsprechen. Vielfach werden solche Gespräche in den Akten gar nicht erwähnt. Wenn überhaupt wird über ein solches Gespräch meist nur ein Vermerk gefertigt, nicht aber dessen Inhalt dargestellt. Erst recht findet sich keine ausführliche Wiedergabe des tatsächlich Gesprochenen, vielfach auch keine Angabe, wie lange das Gespräch gedauert hat und was überhaupt das Ziel dessen gewesen ist. Dass Zeugen in solchen Vorgesprächen belehrt werden, ist eher die Ausnahme.

2. Protokollerstellung

Mindestinhalte. Vernehmungen sind zu protokollieren, §§ 168, 168a, 168b Abs. 2 StPO. Die Protokollierung der Aussage des Zeugen in der Hauptverhandlung richtet sich nach der Zuständigkeit des Gerichts, vgl. § 273 Abs. 3 StPO. Nach § 168a StPO muss das Protokoll Ort und Tag der Vernehmung sowie die Namen der mitwirkenden und beteiligten Personen angeben oder ersehen lassen, ob die wesentlichen Förmlichkeiten des Verfahrens beachtet sind. § 168a Abs. 2, 3 StPO bleibt unberührt. 276

Protokollierung der Belehrung. Meist wird nur ein Vordruck verwendet, auf dem der Belehrungstext geschrieben steht. Vielfach kennen Vernehmungsbeamte den genauen Belehrungstext nicht. All das ist nicht zu erkennen, wenn der genaue Wortlaut nicht aufgezeichnet wird – Verwertungsverbote können so umgangen werden. 277

Wortgetreue Protokollierung ist nicht gesetzliche Pflicht. Eine wortgetreue Protokollierung des Gesagten sieht die StPO nicht vor. Hierauf kommt es aber bei der Beurteilung der Aussage entscheidend an. Das entspricht den (modernen) Erkenntnissen der Aussagepsychologie. Die technischen Voraussetzungen zur Aufzeichnung der Aussage auf Tonband oder auf Video sind heute zumindest bei den größeren Polizeidienststellen wie auch bei Staatsanwaltschaften und Gerichten vorhanden. In der Praxis werden Vernehmungen aber meist nicht aufgezeichnet. Das mag 278

147 Vgl. Teil 2 II „Durchführung der Vernehmung“ (Rn. 182 ff.).

nicht zuletzt daran liegen, dass Vernehmungsbeamte in ihrer Befragung nicht kontrolliert werden wollen.

Vernehmungsprotokolle werden in der Regel immer noch durch den Vernehmenden oder in der Hauptverhandlung vor dem Amtsgericht durch den Urkundsbeamten angefertigt. Nach dem Opferrechtsreformgesetz 2004 kann der Vorsitzende gemäß § 273 Abs. 2 StPO anordnen, dass anstelle der Aufnahme der wesentlichen Vernehmungsergebnisse in das Protokoll einzelne Vernehmungen im Zusammenhang auf Tonträger aufgezeichnet werden. Aussagepsychologisch macht die Protokollierung wenig Sinn, denn nicht die zeitlich letzte, sondern erste Aussage (auch nicht erst die erste polizeiliche Aussage) ist die am wenigsten beeinflusste und damit zuverlässigste. Zum Zeitpunkt der Aussage in der Hauptverhandlung wird der Zeuge sicher zahlreich vorher über das Gefragte mit anderen Personen gesprochen haben.

Polizeilicher und insbesondere staatsanwaltschaftlicher und richterlicher Praxis entspricht es vielfach, den Zeugen zu befragen, die Antwort anzuhören und dann von dem Gehörten das für wesentlich Erachtete festzuhalten, wobei häufig nicht die Formulierung des Zeugen sondern eine eigene, den Wortlaut verändernde gewählt wird. Vielfach werden die Angaben auch nur zusammengefasst.

Unter aussagepsychologischen Gesichtspunkten kommt einer solchen eigenen Darstellung des Vernehmenden bei der Beurteilung der Qualität der Zeugenaussage keinerlei Wert zu, da es sich eben nicht um die Aussage des Zeugen, sondern um die Formulierung des Vernehmenden handelt.

Es finden sich auch Protokolle, in denen der Beamte die Fragen und Antworten auf Tonband diktiert. Da das oft nicht vermerkt wird, vermittelt das Protokoll zunächst den Eindruck, es handele sich um die wörtlichen Antworten des Zeugen. Auch wenn der Beamte noch so bemüht ist, den Wortlaut genauestens zu diktieren, wird es in der Regel zu Umformulierungen, Auslassungen und auch Hinzufügungen kommen. Ein solches Protokoll birgt oft viele Fehler. Es darf nicht mit einem Wortprotokoll verwechselt werden.

Vielfach handelt es sich aber auch dabei um die Formulierungen des Vernehmenden. Dass nicht das wörtlich Gesagte protokolliert wurde, kann man häufig daran erkennen, dass die Antwort nicht der Alltagssprache entspricht. Besonders deutlich wird das, wenn die Antwort rechtliche Begriffe oder Redewendungen enthält, die der Zeuge in der Regel nicht kennt. Auffällig sind solche Protokollierungen auch dann, wenn der Zeuge Ausländer ist und die deutsche Sprache nur mit Fehlern spricht, die jedoch nicht protokolliert werden.

Selbst wenn der Vernehmende um eine wörtliche Protokollierung bemüht ist, wird er nicht alles, was von dem Zeugen gesagt wird, aufschreiben – dann ist die Protokollierung auch nicht wortgetreu, weil sie nicht vollständig ist.

Vielfach liest sich das Protokoll so, als habe der Zeuge den gesamten Text von sich aus berichtet – eben weil keine Fragen protokolliert sind.

Üblich ist auch, durch einen Schrägstrich oder zwei Schrägstriche vor der Antwort kenntlich zu machen, dass der Zeuge auf eine Frage geantwortet hat. Da bekanntlich die Antwort von der Frage abhängt, kann die Qualität dieser Antwort ohne die Frage zu nennen so allein nicht zuverlässig beurteilt werden.

Vielfach werden Protokolle den Erwartungshaltungen des Vernehmenden angepasst, indem er nur das festhält, was aus seiner Sicht wichtig ist.

Ausgangspunkt ist meist das Abfragen von Tatbestandsmerkmalen. Ist der Beamte vielleicht durch die bisherigen Ermittlungen oder durch ein Vorgespräch mit dem Zeugen schon zu Beginn der Vernehmung auf ein bestimmtes Ergebnis der Vernehmung innerlich festgelegt, wird auch die Vernehmung entsprechend inhaltlich ablaufen. Passen die Antworten des Zeugen nicht zu seiner Voreinstellung, kann es zu „Anpassungen" kommen, gar auch dazu, dass die „unpassende" Angabe ganz weggelassen oder umformuliert wird. So z.B. wenn er das, was der Zeuge eher weniger klar ausdrückt, klarer formuliert und die aus den Angaben erschlossenen Tatbestandsmerkmale deutlicher hervorhebt.

„Mein Vater hat mich gegen meinen Willen im Genitalbereich berührt", wird kein Kind so formulieren. Ob das Kind den Begriff Genitalbereich überhaupt kennt und was es darunter versteht, wird nicht deutlich. Vielleicht hat es nur auf die Schamgegend gezeigt, so dass schon die Berührung zweifelhaft ist. Es kommt auch vor, dass Beamte das Gezeigte deuten und die Konkretisierung selbst formulieren, in dem dann z.B. dazu protokolliert wird, „mein Vater hat mir an meine Scheide gefasst".

Nachfragen in der Hauptverhandlung ergeben nicht selten, dass Zeugen bestreiten, das Protokollierte so gesagt oder noch viel mehr gesagt zu haben, was nicht niedergeschrieben wurde. Es kommt auch vor, dass Angaben aus dem Zusammenhang gerissen werden.

Verfälscht wird das Protokoll, wenn der Beamte eine Frage stellt, die der Zeuge nur mit ja oder nein beantwortet, im Protokoll aber die Frage dann als Antwort umformuliert wird (z.B. „Hatte der Mann eine Brille auf? – Ja.", protokolliert wird als Antwort: „Der Mann hatte eine Brille auf."). Gerade wenn Aussage gegen Aussage steht, ist die belastende Aussage einer besonders strengen Prüfung zu unterziehen. Anhand kurzer Antworten lässt sich jedoch keine Aussageanalyse vornehmen. „Ja" oder „nein" sind für den, der lügt, die leichtesten Antworten[148].

Der Vermerk „Auf Befragen" macht deutlich, dass es sich nicht um eine Spontanaussage handelt. Wie und wonach gefragt wurde, bleibt aber unklar.

Nack[149] berichtet über die Praxis der Protokollierung anhand einer Untersuchung von *Banscherus/Schmitz* aus der BKA-Forschungsreihe. Danach sind Auslassun-

148 Vgl. *Jansen* in: FS Richter II, S. 257.
149 *Nack* StV 1994, 555; vgl. auch *Fabian/Stadler* Krim 1990, 338.

gen, Modifikationen und falsche Paraphrasierungen die wichtigsten Protokollierungsfehler.

Abschnittsweise Protokollierungsweise, die die Vernehmung zeitweise unterbricht, führt – nach *Greuel*[150] – zu Aufmerksamkeits- und Informationsverlusten, und der Zeuge wird in seinen Erinnerungsprozessen nachhaltig gestört.

Auch wenn in den meisten Vernehmungen Zeugen aufgefordert werden, die Niederschrift durchzulesen, zeigt die Praxis, dass Zeugen dem nur in seltenen Fällen nachkommen. Jedenfalls prüfen sie das Protokollierte vielfach nicht genau. Meistens sind sie froh, dass die Befragung vorbei ist oder gehen davon aus, dass der Beamte das Bekundete schon korrekt notiert hat. Vielfach werden sie auch nicht darüber belehrt, dass sie auch Korrekturen im Protokoll vornehmen können.

3. Verwendung von Vordrucken

279 Die Polizei verwendet meist Vordrucke, die dem Zeugen amtliche Korrektheit vermitteln, obwohl Vernehmungsbeamte oft eine Vielzahl von Daten erheben, die in § 111 OWiG nicht vorgesehen sind, so z.B. die Bundespersonalausweis- oder Reisepassnummer und das Ausstellungsdatum, die Arbeitsstelle oder die telefonische Erreichbarkeit[151]. Auch sind Belehrungen und Erklärungen des Zeugen merkwürdiger meist in der Ich-Form formuliert (z.B. „Ich bin heute hier erschienen", „Ich bin bereit, eine Aussage zu machen"), obwohl der Zeuge sicher ungefragt von sich aus diese Erklärungen nicht abgeben würde. Damit erheben Protokolle schon von vornherein nicht den Anspruch auf Authentizität[152].

Vordrucke, die Erklärungen des Vernehmungsbeamten als Erklärungen des

Zeugen wiedergeben, suggerieren Vernehmungsinhalte, die es so nicht gibt. Erfundene Formulierungen sollen dem Leser wohl die Authentizität der Angaben suggerieren. Dass Zeugen auch von ihnen nicht abgegebene Erklärungen unterschreiben, mag daran liegen, dass ihnen die Vorformulierungen gar nicht auffallen, dass sie den Text nicht richtig lesen, vielleicht auch daran, dass der Beamte sie zur Unterschrift auffordert oder dass sie die unangenehme und belastende Situation der Vernehmung möglichst schnell beenden wollen.

Vordrucke verhindern, dass der Vernehmungsinhalt nachvollzogen werden kann. Belehrungen werden nicht selten ganz vergessen, im Rahmen des § 55 StPO vielfach zu Beginn der Vernehmung ohnehin nicht für erforderlich erachtet. Die Praxis lehrt, dass Beamte, die keinen Vordruck benutzen, die Inhalte der § 52 ff. StPO

150 *Greuel* in: Volbert/Steller, Handbuch der Rechtspsychologie, S. 221.

151 Vgl. ausführlich zur Verwendung von Vordrucken durch Vernehmungsbeamte – *Jansen* in: FS Richter II, S. 257.

152 Vgl. *Jansen* in: FS Richter II, S. 257.

nicht zutreffend kennen oder sie bei der Belehrung nur ungenau oder falsch erinnern.

4. Zeitpunkt der Protokollerstellung

In der Regel erfolgt die Niederschrift in Abschnitten. Es kommt aber auch vor, dass **280**
der Text erst am Ende der Vernehmung formuliert wird. Eine solche Niederschrift ist erhöht fehleranfällig, da der Beamte Gefahr läuft, noch stärker zu gewichten, indem er nicht nur das festhält, was ihm wichtig, sondern überhaupt noch erinnerlich ist.

Greuel[153] verweist auf Studien zur Protokollierungsgüte, wonach „nachträgliche Vernehmungsniederschriften selbst dann zu erheblichen Informationsverlusten (Köhnken, Thürer & Zoherbier, 1994) oder gar selektiven Aussageverzerrungen (McLean, 1995) führen, wenn sie unmittelbar nach Abschluss der Vernehmung gefertigt werden".

5. Unterschrift auf dem Protokoll

Der Unterschrift auf jedem Vernehmungsblatt wird meist zu große Bedeutung bei- **281**
gemessen. In der Regel lesen Zeugen das Protokoll nicht noch einmal durch. Später in der Hauptverhandlung kann ihnen die Unterschrift vorgehalten werden, wenn es Unstimmigkeiten über das damals Bekundete gibt. Benutzen Richter diesen Vorhalt („Ist das Ihre Unterschrift?"), kann das den Zeugen verunsichern, weil er nicht zugeben will, das Protokoll nach der Vernehmung nicht genau gelesen zu haben. Wird der erste Vorhalt noch verstärkt, durch den Vorwurf, „Wollen Sie behaupten, der Beamte würde etwas Falsches da hinschreiben?", ist die Chance für die Richtigstellung des Protokollierten meist endgültig vertan.

Jansen[154] hat im Münchner Anwaltshandbuch Strafverteidigung Fragen zur Protokollerstellung zusammengestellt:

Checkliste: Fragen zur Protokollerstellung **282**

I. Fragen zur Vernehmungssituation

- Schildern/beschreiben Sie mal die Vernehmung.
- Wie viele Beamte waren bei der Vernehmung wann anwesend? Ist das im Protokoll vermerkt?
- Wo haben diese jeweils gesessen, wo hat der Zeuge gesessen?
- Wer hat welche Fragen gestellt? Ist dazu etwas im Protokoll vermerkt?

153 *Greuel* in: Volbert/Steller, Handbuch der Rechtspsychologie, S. 221.
154 *Jansen* in: Widmaier, S. 1307.

II. Fragen zur Erstattung eines freien Berichts

- Wurde der Zeuge angehalten, einen freien Bericht zu erstatten? Wie ist ihm das erläutert worden?
- Haben Sie den Zeugen mal unterbrochen und Zwischenfragen gestellt? Erläutern Sie das.
- Wann ist das, was der Zeuge berichtet hat, protokolliert worden?
- Wie erfolgte die Protokollierung? Wörtlich oder in Form einer Zusammenfassung? Wie haben Sie sich gemerkt, was der Zeuge gesagt hat? Haben Sie sich Stichworte gemacht und daraus dann den Text im Protokoll gefertigt?

III. Fragen zur Protokollierung der Fragen und Antworten

- Haben Sie Fragen, Vorhalte und Antworten protokolliert? Ist das Protokoll vollständig? Haben Sie alles, was gesprochen wurde, notiert? Wie haben Sie das denn gemacht?
- Wenn der, der protokolliert, nicht der Befrager ist: Sind die protokollierten Fragen dann noch einmal vorgelesen worden? Weiß der Befrager, was konkret protokolliert wurde?
- Ist der Befrager auch der Protokollant: Haben Sie erst die Fragen gestellt und dann protokolliert oder umgekehrt? Wenn sie vorher protokolliert haben, haben Sie sie dann dem Zeugen vorgelesen?
- Wie haben Sie die Antworten protokolliert? Wörtlich?
- Haben Sie mal gefragt, „Könnte man das auch so formulieren?"
- Haben Sie die Antworten zusammengefasst?

IV. Fragen zum Lesen und des Unterschreibens des Protokolls durch den Zeugen

- Hat der Zeuge das Protokoll gelesen? Wann war das? Am Ende der Vernehmung? Wie lange hatte die gedauert?
- Kann der Zeuge überhaupt einen deutschen Text verstehen? Haben Sie das geprüft und wenn ja, wie?
- Hat der Zeuge jedes Blatt der Vernehmung unterschrieben? Wie kam es dazu?
- Konnte der Zeuge in dem Text inhaltlich etwas ändern? Ist das geschehen? Hat er das erläutert? Woher wusste er, dass er in Ihrem Text inhaltliche Veränderungen vornehmen durfte?
- Was bekundet der Zeuge mit seiner Unterschrift auf dem Protokoll? Was glauben Sie, was denkt der Zeuge, warum er ihr Protokoll unterschreibt? Haben Sie darüber mit ihm gesprochen? Was wissen Sie konkret darüber?

6. Aufzeichnung auf Tonträger

283 Da das Ermittlungsverfahren ein schriftliches Verfahren ist, sollten seine Ergebnisse in den Akten festgehalten werden – das ist der Grundsatz, vgl. dazu § 168b Abs. 1 StPO. Diese Sollvorschrift sollte auch bei polizeilichen Vernehmungen beachtet werden[155]. Deshalb gilt auch § 168a Abs. 2 StPO, wonach der Inhalt des Pro-

155 *BGH* [5 StR 577/94] NStZ 1995, 353.

tokolls in einer gebräuchlichen Kurzschrift, mit einer Kurzschriftmaschine, mit einem Tonaufnahmegerät oder durch verständliche Abkürzungen vorläufig aufgezeichnet werden kann.

Nr. 5a RiStBV

Bei der vorläufigen Aufzeichnung von Protokollen (§ 168a Abs. 2 StPO) soll vom Einsatz technischer Hilfsmittel (insbesondere von Tonaufnahmegeräten) möglichst weitgehend Gebrauch gemacht werden. Die Entscheidung hierüber trifft jedoch allein der Richter, in den Fällen des § 168b StPO der Staatsanwalt.

In der Regel wird das Einverständnis des Zeugen eingeholt, die Vernehmung auf **284**
Tonband aufzuzeichnen.

Wird es nicht erteilt, kann der Tonbandmitschnitt auch gegen den Willen des Zeugen erfolgen. Jedoch ist das dem Zeugen mitzuteilen[156].

Die Tonbandaufnahme bietet den Vorteil, dass die Befragung nicht durch eine Mitschrift des Vernehmenden beeinträchtigt wird. Zudem wird der Zeuge auch nicht durch das Mitschreiben abgelenkt. Der Vernehmende kann sich allein auf die Befragung konzentrieren.

Zudem gibt es so später keine Diskussionen darüber, was der Zeuge gesagt hat und was er gefragt worden ist.

Zur Beurteilung der Aussage ist die Kenntnis um den genauen Wortlaut von erheblichem Gewicht. Nur so lässt sich zuverlässig beurteilen, ob der Zeuge zunächst einen sog. freien Bericht erstattet hat, und welche Qualität „nachgreifende Anstoßfragen" gehabt haben. Äußert der Zeuge sich daraufhin zu von ihm noch nicht erwähnten Sachverhalten sollte er zu einer freien Berichterstattung angehalten worden sein.

Greuel[157] erläutert die Beurteilung der Aussagequalität: „Generell gilt, dass alle Antworten des Zeugen auf inhaltsleere und damit suggestionsfreie Fragen als eigenständig zu werten sind, so dass eine optimale Vernehmung ein kontinuierliches Rotieren zwischen freiem Bericht und spezifischer, dabei aber suggestionsfreier Befragung im Sinne der Trichtertechnik bedeutet."

Hinweis

Von hochwertiger Qualität sind vor allem der freie Bericht und Antworten auf inhaltsleere und suggestionsfreie Fragen.

In § 168a Abs. 3 StPO ist die Protokollgenehmigung nach vorherigem Vorlesen des **285**
Protokolls oder vorheriger Durchsicht bzw. Abspielen des Tonbandes geregelt. § 168a Abs. 3 StPO sieht die Protokollgenehmigung durch die Beteiligten vor.

156 *BGH* [3 StR 551/85] BGHSt 34, 39; vgl. auch *Kintzi* DRiZ 1996, 184, *Zschockelt/Wegner* NStZ 1996, 305.

157 *Greuel* in: Volbert/Steller, Handbuch der Rechtspsychologie, S. 221.

Der Zeuge kann gemäß § 168a Abs. 3 S. 6 StPO auf das Abspielen des Bandes nach der Aufzeichnung verzichten.

286 Von der Tonbandaufnahme ist eine Abschrift zu fertigen.

Fabian/Stadler[158] erläutern, dass in den 50er und 60er Jahren in der polizeilichen Praxis eine Diskussion um die Verwendung von Tonbändern einsetzte[159].

287 Vorläufige handschriftliche Aufzeichnungen des Vernehmungsbeamten bleiben aufbewahrt, § 168a Abs. 2 S. 3 StPO, weil der Nachweis der Unrichtigkeit der Übertragung zulässig ist, § 168a Abs. 4 S. 4 StPO.

7. Videovernehmung, Videoaufzeichnung

288 Gemäß § 58a StPO soll die Vernehmung von Personen unter 16 Jahren, die durch die Straftat verletzt sind (Nr. 1) oder wenn zu besorgen ist, dass der Zeuge in der Hauptverhandlung nicht vernommen werden kann und die Aufzeichnung zur Erforschung der Wahrheit erforderlich ist (Nr. 2), auf Bild-Ton-Träger aufgezeichnet werden.

Diese Vorschrift wurde mit dem Gesetz zum Schutz von Zeugen bei Vernehmungen im Strafverfahren und zur Verbesserung des Opferschutzes, dem sog. Zeugenschutzgesetz vom 30.4.1998, neu in die Strafprozessordnung aufgenommen[160].

§ 58a StPO dient der Beweissicherung und soll die kindlichen Zeugen vor Mehrfachvernehmungen bewahren[161].

289 Die Videoaufzeichnung kann in der Hauptverhandlung unter den in § 255a StPO genannten Voraussetzungen und Einschränkungen verwertet werden. Eine Einwilligung des kindlichen Zeugen bzw. seines gesetzlichen Vertreters zu der Bild-Ton-Aufzeichnung ist nicht erforderlich; die Videoaufzeichnung ist zu dulden – insbesondere kann nicht das Recht am eigenen Bild entgegengesetzt werden.

290 Die Verwendung der Videoaufzeichnung ist nur für Zwecke der Strafverfolgung und nur insoweit zulässig, als dies zur Erforschung der Wahrheit erforderlich ist, § 58a Abs. 2 S. 1 StPO. Letzteres ist dann der Fall, wenn das Abspielen der Auf-

---

158 *Fabian/Stadler* Krim 1990, 338; vgl. auch *Undeutsch* in: Fabian/Nowara/Rode/Werth, S. 67.

159 *Aeppli* Krim 1954, 173 ff.; *Höfler* Krim 1954, 237; *Schober* Krim 1954, 289; *Scupin* Dt. Öffentliche Verwaltung 1957, 548; *Schulz* Krim 1958, 1; *Becker* Die Polizei 1961, 133.

160 *Daucher* Krim 1968, 67; *Daucher* Krim 1968,149 – zitiert nach Fabian/Stadler Krim 1990, 338.

161 *Hussels* ZRP 1995, 243; *Laubenthal* JZ 1996, 335; *Mildenberger* S. 19; *Hasdenteufel* S. 6; *Busse/Volbert/Steller* in: Steller/Volbert, S. 224; *Köhnken* StV 1995, 376; *Wegner* ZRP 1995, 406; *Zschockelt/Wegner* NStZ 1996, 305; kritisch *Arntzen* ZRP 1995, 241; *Pfäfflin* StV 1997, 95.

zeichnung ergiebiger sein wird als das Verlesen der Niederschrift und es im konkreten Verfahren auf den höheren Beweiswert ankommt[162].

Nr. 19 Abs. 2 RiStBV

> *Bei Zeugen unter sechzehn Jahren soll zur Vermeidung wiederholter Vernehmungen von der Möglichkeit der Aufzeichnung auf Bild-Ton-Träger Gebrauch gemacht werden (§ 58a Abs. 1 Satz 2 Nr. 1, § 255a Abs. 1 StPO). Hierbei ist darauf zu achten, dass die vernehmende Person und der Zeuge gemeinsam und zeitgleich in Bild und Ton aufgenommen und dabei im Falle des § 52 StPO auch die Belehrung und die Bereitschaft des Zeugen zur Aussage (§ 52 Abs. 2 Satz 1 StPO) dokumentiert werden.*
> *Für die Anwesenheit einer Vertrauensperson soll nach Maßgabe des § 406f Abs. 3 StPO Sorge getragen werden.*
> *Mit Blick auf eine spätere Verwendung der Aufzeichnung als Beweismittel in der Hauptverhandlung (§ 255a StPO) empfiehlt sich eine richterliche Vernehmung (§§ 168c, 168e StPO).*
> *Bei Straftaten im Sinne des § 255a Abs. 2 Satz 1 StPO soll rechtzeitig darauf hingewirkt werden, dass der Beschuldigte und sein Verteidiger Gelegenheit haben, an der Vernehmung mitzuwirken.*

Soll das Videoband z.B. auch in einem parallel anhängigen familiengerichtlichen Verfahren verwertet werden, bedarf es des Einverständnisses des Zeugen[162]. **291**

Die Vernichtung der Videoaufzeichnung richtet sich nach § 100b Abs. 6 StPO. Danach sind die durch Maßnahmen erlangten Unterlagen zur Strafverfolgung, wenn sie nicht erforderlich sind, unverzüglich unter Aufsicht der Staatsanwaltschaft zu vernichten. Hierüber ist eine Niederschrift anzufertigen. Nach § 58a Abs. 2 S. 5 StPO sind die Kopien an die Staatsanwaltschaft herauszugeben, sobald kein berechtigtes Interesse an der Verwendung besteht. **292**

Gemäß § 147 StPO steht dem Verteidiger ein Akteneinsichtsrecht in die Videoaufzeichnung als Bestandteil der Sachakten zu. Das Fertigen von Fotokopien ist ebenfalls zulässig, da es keine entgegenstehende gesetzliche Regelung gibt. Es gelten die allgemeinen Regeln für die Mitgabe der Akten an den Verteidiger und die Weitergabe seiner durch die Akteneinsicht erlangten Kenntnisse an den Mandanten. Grundsätzlich ist auch die Aushändigung eines Doppels der Aufzeichnung an den Mandanten als unproblematisch anzusehen; sie wird ihre Grenze nur dort finden, wo die Besorgnis besteht, dass der Beschuldigte die Kopie missbrauchen wird. **293**

Die Videoaufzeichnung bietet den Verfahrensbeteiligten eine Kontrolle der Vernehmung. Dieses mag der Grund sein, warum sich die Videovernehmung bislang in der Praxis nicht durchgesetzt hat. **294**

Womöglich, weil die Videovernehmung so gut wie nicht stattfindet, ist bislang ungeklärt, ob und ggf. wie sich die Übertragung bzw. Aufzeichnung auf den Inhalt der Aussage auswirken kann.

162 Vgl. dazu *Meyer-Goßner* § 58a Rn. 10.

295 Vielfach werden kindliche Anhörungen auf Tonband aufgezeichnet. Die Videoaufzeichnung erscheint entbehrlich, da der genaue Wortlaut der Aussage durch die Tonbandaufnahme gewährleistet ist und dem Ausdrucksverhalten während der Aussage ohnehin – entgegen weitverbreiteter strafjuristischer Einschätzung – aus aussagepsychologischer Sicht keinerlei eindeutiger Beweiswert zukommt.

Vgl. auch die Ausführungen unter Teil 2 I „Vernehmungsbedingungen“ (Rn. 166 ff.) und unter Teil 2 IV „Ausdrucksverhalten“ (Rn. 264 ff.).

8. Eindrucksvermerk

296 Vernehmungsbeamte fertigen häufig im Anschluss an die Vernehmung eines Zeugen einen Eindrucksvermerk. Vielfach enthalten derlei Vermerke nur Wertungen und keine Beschreibungen des Beobachteten. Deshalb sind sie oft wenig aussagekräftig. Vor allem dann nicht, wenn sich behauptete Auffälligkeiten, z.B. Weinen des Zeugen während der Vernehmung, dem Vernehmungsprotokoll nicht entnehmen lassen[163].

Meist werden die Einschätzungen des Vernehmungsbeamten auch nicht mit dem Zeugen besprochen, so dass auch Irrtümer oder Missverständnisse in dem Vermerk nicht auszuschließen, vielfach aber auch für den Leser nicht erkennbar sind.

Hat sich der Beamte bereits vor der Vernehmung ein bestimmtes Bild von dem aufzuklärenden Sachverhalt gemacht, ist die Gefahr groß, dass er – je nachdem, ob seine Einschätzung in der Vernehmung bestätigt worden ist oder nicht – das, was dazu „passt“, in dem Vermerk erwähnen, anderes vielleicht schon nicht entsprechend wahrnehmen und dann auch nicht vermerken wird.

Bei den heute zur Verfügung stehenden Techniken erscheint es nicht mehr zeitgemäß, auf rein subjektive Einschätzungen von Vernehmungsbeamten zurückzugreifen. Zu fordern ist vielmehr, dass jede Zeugenvernehmung auf Tonband aufgezeichnet wird[164].

---

163 Vgl. auch *Kraheck-Brägelmann* Krim 1990, 647.
164 Vgl. dazu die Ausführungen unter Teil 2 IV „Ausdrucksverhalten“ (Rn. 264 ff.).

Teil 3
Aussagepsychologische Begutachtung

Mit der Auftragserteilung erhält der Sachverständige in der Regel die Strafakte übersandt. Aufgrund der Aktenanalyse entwickelt er die psychologischen Untersuchungsfragestellungen und Hypothesen. **297**

Der nächste Schritt besteht in der Planung und Durchführung „der psychodiagnostischen Untersuchung(en), in deren Mittelpunkt die Zeugenaussage steht“[1].

Im Anschluss daran exploriert er den Zeugen. Dabei bezieht sich die aussagepsychologische Exploration zunächst auf die Frage, ob der Zeuge aussagetüchtig ist. In erster Linie geht es um die Erfassung aussagenaher kognitiver Leistungseigenarten[1].

Die Exploration zur Sache ist ein hypothesengeleitetes, teilstrukturiertes Gespräch.

In der Exploration werden folgende Bereiche angesprochen: „Motivationale und situative Bedingungen, die für die Aussageentstehung und -entwicklung und die Einschätzung möglicher Fehlerquellen wichtig sind, …“[2] (z.B. Beziehung zum Beschuldigten, suggestive Bedingungen) und die Darstellung des Zeugen des inkriminierten strafrechtlich relevanten Geschehens.

Die Auswertung erfolgt anhand der sog. Realkennzeichenanalyse. „Hier wird die inhaltliche Qualität der Aussage danach beurteilt, ob und gegebenenfalls inwieweit sie aussagepsychologisch relevante Merkmale bzw. Merkmalskomplexe einer erlebnisfundierten Aussage (…) aufweist (…)“. Unterschieden wird zwischen aussageimmanenten Merkmalen (sog. Realkennzeichen) und der aussageübergreifenden Konstanzanalyse, in der verschiedene Aussagen des Zeugen zum inkriminierten Geschehen zu unterschiedlichen Zeitpunkten (z.B. Erstaussage, polizeiliche Vernehmung, Angaben im Rahmen der Exploration) miteinander verglichen werden. „Im Anschluß an die Durchführung der merkmalsorientierten Aussageanalyse, die im Ergebnis Aufschluß über die *Qualität* der Aussage gibt, folgt dann abschließend die Überprüfung der *Zuverlässigkeit* der Aussage vor dem Hintergrund personaler und situativer Fallbesonderheiten“[1].

---

1 *Greuel et al.* S. 46.
2 *Westhoff/Kluck* S. 199 f.

I. Formelles

1. Auftrag

298 **Auftragsbeschreibung**

Zumeist[3] lautet der Auftrag an den aussagepsychologischen Sachverständigen, „ein aussagepsychologisches Gutachten über die Glaubhaftigkeit der Aussagen des Zeugen zu erstatten“.

299 **Aussagepsychologische Leitfrage.** Die allgemeine juristische Fragestellung „übersetzen“ Aussagepsychologen in die Leitfrage[4]:

> „Könnte die aussagende Person mit den individuellen Voraussetzungen unter den gegebenen Befragungsumständen und unter Berücksichtigung der im konkreten Fall möglichen Einflüssen von Dritten diese spezifische Aussage machen, ohne dass sie auf einem Erlebnisgrund basiert?“

2. Anknüpfungstatsachen

a) Akteninhalt als Anknüpfungstatsachen

300 **Aktenanalyse.** Die Gutachtenerstellung beginnt mit der Aktenanalyse.

Dazu gehört die Auswertung des Aktenmaterials, vor allem zum Herausarbeiten der zu überprüfenden Alternativhypothesen.

In der Regel erhält der Sachverständige die kompletten (Ermittlungs-)Akten. Daraus wählt er die aus seiner Sicht relevanten Aktenteile aus.

Sachverständige stellen die Fakten, an die sie in ihrem Gutachten anknüpfen, im Einzelnen dar:

- **Vernehmungsprotokolle des Zeugen.** Zu den Anknüpfungstatsachen gehören in jedem Fall Vernehmungsprotokolle über Aussagen des zu begutachtenden Zeugen und dazu gefertigte Vermerke. Ebenso hat der Sachverständige auf Aktenteile zu achten, die sich auf die Aussageentstehung beziehen.
- **Vernehmungsprotokolle des Anzeigenerstatters.** Erstattet der Zeuge nicht selbst, sondern ein Dritter die Anzeige, so spielt deren Zustandekommen vielfach eine entscheidende Rolle, vor allem dann, wenn der vermeintlich Betroffene die Anzeige selbst nicht wollte oder jedenfalls nicht damit gerechnet hat. Dann ist auch die Aussage des Dritten Anknüpfungstatsache.

---

3 *Busse/Volbert* in: Greuel/Fabian/Stadler, S. 131.

4 *Greuel et al.* S. 49; *Steller/Volbert* in: Steller/Volbert, S. 12 – vgl. die Ausführungen unter Teil 3 VI „Die aussagepsychologische Leitfrage“ (Rn. 453 ff.).

Hinweis

Zu prüfen ist, ob der Sachverständige nicht nur die Aktenteile erwähnt, die sich auf den Inhalt der vermeintlichen Tathandlungen, sondern auch auf die Entstehung und Entwicklung der Aussage beziehen.

- **Beiakten.** Aus dem Akteninhalt können sich Hinweise auf Akten aus anderen Bereichen ergeben, so z.B. wenn der Vorwurf in einem anderen Zusammenhang wie z.B im Zivil- oder Familienverfahren, gegenüber dem Jugend- oder Ausländeramt entsteht.[5] Der Sachverständige sollte dann auch an den Inhalt dieser Beiakten anknüpfen.
- **Außenkriterien.** Sachverständige können auch an Außenkriterien anknüpfen, wie z.B. an ärztliche Stellungsnahmen oder DNA-Gutachten.

b) Protokolle über polizeiliche Aussagen des zu begutachtenden Zeugen

Wiedergabe unter Berücksichtigung aussagepsychologischer Gesichtspunkte. 301
In jedem Fall sollte sich der Sachverständige in Beachtung des Transparenzgebotes bemühen, Vernehmungsprotokolle nicht seitenlang abzuschreiben. Entscheidend ist, dass die Wiedergabe unter Berücksichtigung der aussagepsychologisch relevanten Kriterien, also z.B. nach der Aussageentstehungsgeschichte erfolgt.

Hinweis

Kritisch anzumerken ist, dass Sachverständige überwiegend nicht um die Praxis der Erstellung polizeilicher Protokolle wissen und auch im Rahmen der Exploration den Zeugen nicht danach befragen.

Polizeiliche Protokolle als Explorationshilfe. Obwohl die meisten Protokolle von 302
dem Vernehmungsbeamten angefertigt werden, und der die Aussage nicht vollständig, sondern nur die Teile daraus festhält, die ihm protokollierenswert erscheinen, werden solche die tatsächliche Aussage nicht wiederspiegelnde Protokolle von Sachverständigen als Explorations„faden“, -„hilfe“[6] verwendet. Erst recht werden Protokolle unter strafrechtlich relevanten Gesichtspunkten angefertigt. Der Sachverständige sollte deshalb einen eigenständigen aussagepsychologisch ausgerichteten Untersuchungsplan erstellen[7].

Fehlende Beachtung eines potentiellen Vorgesprächs vor der Vernehmung. 303
Aussagepsychologisch ist die Entstehungsgeschichte der Beschuldigung oft von entscheidendem Gewicht.

5 So auch *Köhnken* in: Widmaier, S. 2267.
6 Vgl. auch die Ausführungen in Teil 3 I „Exploration“ (Rn. 324 ff.).
7 *Westhoff/Kluck* S. 87 – Erstellung eines Leitfadens „für das entscheidungsorientierte Gespräch“.

Deshalb kann ein Gespräch[8], das der Beamte mit dem Zeugen vor der „eigentlichen“ Vernehmung führt, aussagepsychologisch besonders wichtig sein. Z.B. kann die Voreinstellung des Beamten die Angaben des Zeugen sehr verändern, indem der Beamte den Zeugen nur nach Sachverhalten befragt, die seine Voreinstellung bestätigen. Ebenso hat jede Befragung einen *Lerneffekt* für den Zeugen, da er nämlich so erfährt, was dem Beamten von seinen Angaben wichtig erscheint und was nicht und worauf er hinaus will. Damit kann sich die Aussage schon in dem *Vorgespräch* wesentlich verändern.

Es kommt vor, dass sich der Zeuge in diesem Gespräch auch schon zur Sache äußert oder auch danach gefragt wird, obwohl das Gesetz solche „Vorvernehmungen“ nicht kennt. Nicht immer wird in den Akten erwähnt, dass ein solches Gespräch überhaupt geführt worden ist, sein Inhalt wird in der Regel nur kurz – zusammengefasst – dargestellt.

Hinweis

Zu den Ermittlungshandlungen außerhalb des Protokolls besitzen Sachverständige meist keinerlei Kenntnisse. Deshalb explorieren sie dazu auch nicht, so dass die Aussageentstehungsgeschichte nicht vollständig erhoben wird.

304 **Beachtung der Erstattung eines „freien Berichts“**. Sachverständige wissen vielfach nicht darum, dass der Vernehmungsbeamte gemäß § 68 StPO verpflichtet ist, den Zeugen zunächst zu einem sog. „freien Bericht“ zu veranlassen. Ist das nicht erfolgt, kann das zur Unverwertbarkeit der Aussage führen.

305 **Mangelnde Kenntnis unterschiedlicher Protokollierungsarten.** Sachverständige kennen vielfach auch die unterschiedlichen Protokollierungsarten nicht, also dass persönliche Daten und Belehrungen meist mittels Vordrucken erhoben, der freie Bericht zwar mit der Überschrift „zur Sache“ eingeleitet wird, aber manches Mal der protokollierte Text von dem Vernehmungsbeamten formuliert ist. Ist die Protokollierung in „Frage“- und „Antwort“-Form erfolgt, entspricht das nicht einem Wortprotokoll. Der Text wird von dem Vernehmungsbeamten niedergelegt.

Eine wörtliche Protokollierung liegt nur vor[9], wenn die Aussage auf Tonband[10] aufgezeichnet und dann in dem Protokoll schriftlich niedergelegt wird.

Ansonsten schreibt der Vernehmungsbeamte Fragen und Antworten auf. Er führt das Protokoll, er wählt aus, was ihm protokollierenswert erscheint, so dass das Pro-

8 Vgl. dazu die Ausführungen unter Teil 2 V „Dokumentation der Vernehmung“ (Rn. 275 ff.).

9 Wenn nicht ausnahmsweise z.B. durch einen Beamten, der nicht die Befragung durchführt, die Vernehmung vollständig protokolliert wird.

10 Vernehmungsbeamte verwenden meist einen Vordruck, auf dem die Verwendung des Tonbandes und das Einverständnis des Zeugen festgehalten wird und auf dem auch vermerkt ist, ob dem Zeugen das Tonband am Ende der Vernehmung vorgespielt wurde oder er darauf verzichtet hat.

tokoll vielfach auch nicht die gesamte Aussage wiedergibt, er hat auch die Wahl, ob er das Gesagte wörtlich oder in eigenen Worten protokolliert.

Fehlendes Anhören einer auf Tonband/Video aufgezeichneten Aussage. Unüblich ist es, dass sich der Sachverständige die (polizeiliche oder richterliche) Aussage des zu begutachtenden Zeugen, die auf Tonband/Video aufgezeichnet worden ist, anhört. Er begnügt sich mit den in den Akten befindlichen davon gefertigten Abschriften. 306

Solche Abschriften von Tonbandaufzeichnungen erkennt man daran, dass sie von dem Zeugen nicht unterschrieben sind, da die Abschrift von der Tonbandaufzeichnung dem Zeugen regelmäßig nicht vorgelegt und damit auch nicht genehmigt wird.

Aussagepsychologische Bewertung. In der Praxis handelt es sich selten um komplett ausgedachte Falschaussagen. Vielfach ist allein der strafrechtlich relevante Teil der Aussage streitig, so dass es gerade zu diesem streitigen Teil auf die wörtliche Protokollierung der Befragung ankommt.[11] Kann die Entstehung der Angaben in der Vernehmung nicht geklärt werden, erscheint es schon von daher bedenklich, das Protokoll als Explorationshilfe als Basis einer Konstanzanalyse zu benutzen, wenn es kein Wortprotokoll ist. 307

Hinweis

Der Sachverständige macht mit der Darstellung des Akteninhalts deutlich, was er zur Grundlage seiner Begutachtung macht. Es ist zu beachten, ob die dargestellten Aktenteile an späterer Stelle im Gutachten tatsächlich dann auch in die Bewertung einfließen.[12]

c) Vermerke von Aussageempfängern

Gutachter knüpfen auch an Aussagen von sog. Erstaussageempfängern an. Das sind Zeugen, mit denen der zu begutachtende Zeuge als ersten über das in Rede stehende Geschehen gesprochen hat. 308

Es kommt vor, dass diese über ein solches Gespräch Notizen fertigen.

Solchen Vermerken ist mit Vorsicht zu begegnen. *Kluck*[13] hat im Wormser Mißbrauchsverfahren anhand solcher Notizen erläutert, dass meist der genaue Gesprächsablauf nicht mehr zu rekonstruieren ist und es somit unklar bleibt, ob es sich um authentische, spontane Aussagen des Zeugen handelt oder ob diese zumindest teilweise durch Vorhaltfragen zustande gekommen sind.

Letztlich wird der Zeuge zum Zustandekommen der Notiz zu explorieren sein.

11 *Fabian/Stadler* Krim 1990, 338; zur Historie der Forderung nach einer möglichst genauen Protokollierung in der Psychologie vgl. *Lipmann* MschrKrim 1909/10, 331; *Lipmann* MschrKrim 1933, 354; *Plaut* MschrKrim 1933, 414.

12 Vgl. auch *Jansen* StV 2000, 224.

13 *Kluck* vgl. Urteil im sog. Wormser Mißbrauchsverfahren – Worms II – S. 94.

d) Polizeiliche Vermerke über Vernehmungen

309 Vielfach fertigen Beamte im Anschluss an die Vernehmung einen Vermerk[14] über das Aussageverhalten des Zeugen. Das sind meist keine Beschreibungen des Verhaltens, sondern eigene Bewertungen und Einschätzungen.

Vielfach machen derlei Vermerke den mangelnden aussagepsychologischen Kenntnisstand des Vernehmers deutlich, wenn z.B. allein aus dem Aussageverhalten des Zeugen auf die Glaubhaftigkeit seiner Aussage geschlossen wird. Sagen Zeugen nur stockend oder wenig aus oder schauen während der Vernehmung „hilflos" vor sich hin, dann schämen sie sich, über den Vorfall zu sprechen. Das ist die typische, man kann auch sagen der „Klassiker", einseitig voreingenommener Deutung der Aussageverweigerung. Denn auch der Lügner kann sich so verhalten, der nicht aussagen will.

e) Beeinflussung des Sachverständigen durch das Aktenstudium

310 In der Praxis mag man sich schwer vorstellen, dass sich der Sachverständige, der durch den Akteninhalt und dadurch mit sämtlicher darin befindlichen Beweismitteln von dem zu beurteilenden Sachverhalt erfährt, innerlich von dem so erlangten Wissen „frei machen" kann und sich ausreichend über diese indirekte Beeinflussungsmöglichkeit bewusst wird.

311 **Vorstrafenregisterauszug.** Problematisch erscheint, dass der Sachverständige Kenntnis von dem Vorstrafenregisterauszug bekommt.

312 **Kein Anwesenheits- und Fragerecht des Verteidigers.** Dass Verteidiger bei polizeilichen Zeugenvernehmungen kein Anwesenheits-, erst recht kein Fragerecht haben und deshalb den Inhalten belastender Aussagen nicht durch eigene Befragungen des Zeugen begegnen können, ist Sachverständigen oft nicht bekannt.

313 **Schweigen des Beschuldigten zum Vorwurf.** Ebenso wird das Schweigen des Beschuldigten zum Tatvorwurf häufig – wie im Volksmund – von Sachverständigen als verdächtig empfunden.

314 **Neutralitätswahrung des Sachverständigen.** Durch

- eine explizite Hypothesenformulierung,
- die Begründung des diagnostischen Vorgehens und
- die Belege aller Beurteilungen und Schlussfolgerungen durch Daten im Gutachten selbst,

soll sich der Sachverständige die Neutralität bewahren[15].

---

14 Vgl. auch die Ausführungen unter Teil 2 IV (Rn. 296).

15 Vgl. *Westhoff/Kluck* S. 233 zu Transparenz und Nachvollziehbarkeit des Gutachtens.

3. Freiwilligkeit der Begutachtung

Der Zeuge muss sich nicht begutachten lassen. 315

Stellt er sich einer Untersuchung durch den Sachverständigen nicht, kann dieser nach herrschender Meinung[16] aber in Anwesenheit des Sachverständigen richterlich vernommen werden. Auf dieser Grundlage kann der Sachverständige sein Gutachten erstatten.

Eisenberg[17] ist zuzustimmen, dass ein solches Verfahren gleichwohl unzulässig ist, „dient es doch allein dem Zweck, die Weigerung des Zeugen zu umgehen".

Diskutiert[18] wird, in einem solchen Fall den Gutachter nur zur allgemeinen Glaubwürdigkeit anzuhören. Aus aussagepsychologischer Sicht wenden *Steller/Volbert*[19] zu Recht – in Replik auf *Fischer*[20] – dagegen ein, „ein solches Vorgehen würde außer acht lassen, daß das personale Konzept einer allgemeinen Glaubwürdigkeit nicht nur Definitionsprobleme aufweist (...), sondern auch keinen praktisch bedeutsamen Bezug zur Glaubhaftigkeit einer konkreten Aussage besitzt".

Unzulässig ist die Gutachtenerstattung allein an Hand des Akteninhaltes[21].

4. Keine Belehrungspflicht des Sachverständigen gegenüber Zeugen

Der Sachverständige ist nicht verpflichtet, den Zeugen über die Freiwilligkeit der Begutachtung zu belehren. 316

Nach der Rechtsprechung des *BGH*[22] hat er aber, „wenn er feststellt, daß die Belehrung unterblieben ist, ihre Nachholung durch die zuständige Stelle – hier die Staatsanwaltschaft – zu veranlassen (Meyer LR § 81 c Rdn. 35; KK-Pelchen § 81 c Rnd. 12)".

Unterlässt es der Sachverständige, die danach gebotene Belehrung herbeizuführen, 317 so kann sich die Frage der Unparteilichkeit des Sachverständigen stellen. Der *BGH*[22] unterscheidet: „Unterbleibt die Belehrung aufgrund eines Irrtums des Sachverständigen in tatsächlicher oder rechtlicher Hinsicht, so liegt hierin regelmäßig kein Grund, an der Unvoreingenommenheit des Sachverständigen zu zweifeln. Verschweigt jedoch ein im Auftrage der Staatsanwaltschaft handelnder Sachverständi-

16 *BGH* [2 StR 616/68] BGHSt 23, 1 mit krit. Anm. *Peters* JR 1970, 67; *BGH* [1 StR 184/82] NStZ 1982, 432; *BGH* [5 StR 119/90] StV 1990, 246; *BGH* [5 StR 184/90] StV 1991, 405 mit krit. Anm. *Blau*.

17 *Eisenberg* Rn. 1868.

18 Vgl. die Nachweise bei *Eisenberg* Rn. 1869.

19 *Steller/Volbert* in: Steller/Volbert, S. 12.

20 *Fischer* NStZ 1994, 1.

21 *BGH* [5 StR 401/90] BGHR StPO § 244 Abs. 3 S. 1 Unzulässigkeit 6.

22 *BGH* [2 StR 430/96] StV 1997, 231 = NStZ 1997, 349 = BGHR StPO § 74 Ablehnungsgrund 5.

ger bei dieser Sachlage den Kindern bewußt, daß er für die Justizbehörden tätig wird, weil er sicher ist, daß diese andernfalls keine Angaben zum Tatgeschehen machen würden, dann setzt er sich auch gegenüber einem besonnenen und verständigen Angeklagten dem Verdacht der Parteilichkeit aus."

318 Auch darf der Sachverständige bei dem Zeugen nicht den Eindruck erwecken, es bestünde eine Mitwirkungspflicht.

Bei minderjährigen Kindern entscheiden über die Mitwirkung die Erziehungsberechtigten bzw. der Verfahrenspfleger.

Pfister[23] berichtet, dass bei Richtern weitgehend unbekannt ist, dass die Belehrung über ein bestehendes Zeugnisverweigerungsrecht nicht Aufgabe des Sachverständigen, sondern die der die Untersuchung anordnenden Stelle ist. „Die Pflicht des Sachverständigen beschränkt sich vielmehr darauf, auf eine Nachholung der Belehrung durch die zuständige Stelle hinzuwirken, sofern er feststellt, dass eine Belehrung bislang unterblieben ist"[24].

5. Rahmenbedingungen der Begutachtung

a) Ort der Begutachtung

319 Es gibt Sachverständige, die Zeugen in ihrem privaten Umfeld aufsuchen und das damit begründen, sich ein besseres Bild von der Persönlichkeit machen zu können oder Kinder in einer ihnen vertrauten Umgebung zu befragen. Tatsächlich besteht der eigentliche Grund offenbar häufig nur darin, dass der Sachverständige selbst über keine Räumlichkeiten verfügt, in denen er die Exploration durchführen kann.

Nicht selten werfen auch die Umstände vor Ort Fragen danach auf, ob die Exploration nach den Regeln der Kunst durchgeführt worden ist. Sachverständige berichten, dass das Kind z.B. während der Befragung im Bett liegt/sitzt und der Sachverständige auf einem Stuhl vor dem Bett sitzt. Lässt der Sachverständige kein Tonband mitlaufen, fragt sich, ob und wie er die Aussage selbst protokollieren konnte. Der Sachverständige wird förmlich auf den Knien schreiben müssen. Auch Vorhalte aus dem Akteninhalt dürften in einer solchen Situation schwierig bis unmöglich sein. In dem sog. Wormser Mißbrauchsverfahren legte sich eine Sachverständige sogar zu dem Kind ins Bett, ein anderer Sachverständiger spielte mit dem Kind eine Art Fangen-Spiel, wobei das Kind bei bestimmten Spielsituationen Angaben zur Sache machen sollte.

Problematisch ist eine solche Exploration vor Ort vor allem dann, wenn das zugleich auch der vermeintliche Tatort sein soll. Dann stellt die Befragung des Zeugen an dem Ort, an dem sich das Geschehen ereignet haben soll, zugleich eine Ermitt-

23 *Pfister* in: Deckers/Köhnken, S. 47.
24 Unter Bezugnahme auf *BGH* 2 StR 430/96 = NStZ 1997, 349 = StV 1997, 231 = BGHR StPO § 74 Ablehnungsgrund 5.

lungstätigkeit dar, zu der der Sachverständige nicht befugt ist. Das kann die Sorge seiner mangelnden Neutralität begründen[25].

Zum Standard gehört, dass der Zeuge an einem neutralen Ort begutachtet wird[26].

b) Häufigkeit/Dauer

Wenn auch die Zahl der Explorationen meist in den Gutachten angegeben wird, fehlen oft die Angaben zur Dauer. Hierüber kann die Abrechnung des Sachverständigen Aufschluss geben. 320

Die Dauer der Befragung kann Rückschlüsse auf das Bemühen des Sachverständigen und auch auf die Aussagekompetenz geben. Dabei ist auch zu prüfen, in welcher Reihenfolge der Sachverständige das Explorationsgespräch zur Motivation, Aufmerksamkeit, Konzentration, zur Sache und sonstige Testverfahren durchführt. Erfolgt die Befragung der Sache am Schluss, kann die Aussage des Zeugen z.B. auch deshalb wenig anschaulich und ausführlich sein, weil der Zeuge einfach erschöpft ist.

Führt der Sachverständige mehrere Explorationsgespräche an verschiedenen Tagen durch, so ist zu prüfen, ob und mit wem das Kind möglicherweise in der Zwischenzeit darüber gesprochen hat und ob diese Gespräche – direkt oder indirekt – Eingang in die spätere Aussage gefunden haben.

c) Entspannte Gesprächsatmosphäre

Greuel[27] erläutert: „Grundvoraussetzung für die Durchführung (aussage)psychologischer Exploration ist die Herstellung einer entspannten Gesprächsatmosphäre" durch: 321

- Einstieg durch neutrale, emotional unbelastete Themen,
- keinen Befragungsdruck,
- Rücksichtnahme auf Affekte und
- Vermeidung von psychischer Belastung und Stress. Kindern sollte auch die Besonderheit der Situation vermittelt werden, damit sie auch um die Wichtigkeit ihrer Aussage wissen und Fragen und Antworten nicht als ein Spiel empfinden. Diese Unterschiede können auch Kinder erkennen, erst recht, wenn der Sachverständige ihnen das vermittelt. Das ist schon durch eine neutrale Gesprächssituation zu erreichen.

25 Vgl. dazu auch die Ausführungen unter Teil 3 I 9 „Eigene Ermittlungen" (Rn. 360 f.).
26 *Köhnken* in: Widmaier, S. 2267; *Köhnken* in: Lempp/Schütze/Köhnken, S. 318; *Scholz* NStZ 2001, 572.
27 *Greuel* S. 279 m.w.N.; vgl. auch *Köhnken* in: Lempp/Schütze/Köhnken, S. 318.

d) Anwesenheit Dritter

322 Zu fragen ist weiter, ob bei der Exploration des Kindes – wie auch bei allen anderen Befragungen – andere Personen anwesend waren, vor allem solche, mit denen das Kind schon über die vermeintlichen Geschehnisse gesprochen hat. Möglicherweise fühlt sich das Kind in Anwesenheit der Person festgelegt und vermag von seiner einmal getätigten Aussage in dessen Anwesenheit nicht abzurücken[28].

e) „Ausklang“

323 Da das Gespräch oftmals den Zeugen emotional aufwühlt, sollte „das Gespräch auf ein neutrales und für den Probanden positives Thema geleitet werden, ...“[29].

6. Exploration

324 Aus rechtlicher Sicht ist zu berücksichtigen, dass das Explorationsgespräch eine Befragung zur Sache ist, die durch Staatsanwaltschaft oder Gericht angeordnet wird, die aber ohne Beteiligung der Verfahrensbeteiligten stattfindet. *Eisenberg*[30] ist darin zu folgen, dass die Sachverständigenbegutachtung „faktisch eine Einschränkung des Öffentlichkeitsprinzips bedeutet, wenn dadurch das (gleichsam nachgespielte) Verfahren vor dem Gericht zur Formalität wird“.

325 **Exploration an einem fallneutralen Ort.** Wegen vielfältiger Ablenkungsmöglichkeiten sollte die Exploration nicht in der Wohnung des Zeugen durchgeführt werden. Auch sollten keine weiteren Personen daran teilnehmen, insbesondere nicht solche, denen gegenüber der Zeuge sich schon zur Sache geäußert hat, weil er sich dann darauf festgelegt fühlen kann[31].

326 **Exploration nicht am „Tatort“.** Ist der Explorationsort zugleich auch vermeintlicher Tatort, verbietet sich rechtlich die Vornahme der Untersuchung dort, da der Sachverständige nicht zu eigener Ermittlungstätigkeit berechtigt ist.[32]

327 **Sachverständiger ist nicht Ermittler.** § 80 StPO regelt, dass dem Sachverständigen auf Verlangen durch Vernehmung von Zeugen oder des Beschuldigten weitere Aufklärung verschafft werden und ihm auch gestattet werden kann, die Akten einzusehen, der Vernehmung von Zeugen oder des Beschuldigten beizuwohnen und an sie unmittelbar Fragen zu stellen.

Eine eigene Ermittlungspflicht sieht das Gesetz nicht vor. Die Ermittlungen bleiben eindeutig in Hand der Ermittlungsbehörde bzw. des Gerichts, die Durchführung eigener Ermittlungen durch den Sachverständigen ist unzulässig.

---

28 *Köhnken* in: Widmaier, S. 2267; vgl. auch *Köhnken* in: Lempp/Schütze/Köhnken, S. 318.
29 *Köhnken* in: Lempp/Schütze/Köhnken, S. 318.
30 *Eisenberg* Rn. 1866.
31 *Köhnken* in: Widmaier, S. 2267.
32 Ausführlich dazu in Teil 3 I 9 „Eigene Ermittlungen“ (Rn. 350 f.).

Eine Ausnahme besteht nur dann, wenn es um Tatsachen geht, die ohne Sachkunde des Sachverständigen nicht ermittelt werden können. Nur dann darf der Sachverständige sich diese Anknüpfungstatsachen selbst beschaffen.

Auch unter aussagepsychologischen Aspekten verbietet sich eine Exploration an dem Ort, an dem sich der fragliche Vorfall ereignet haben soll, weil dadurch die Aussage irrtümlich verzerrt werden kann, weil diese Örtlichkeit als **Schlüsselreiz** dienen und damit eine Pseudoerinnerung produziert werden kann.

a) Keine Standardisierung der Exploration

Nach *Greuel et al.*[33] sind innerhalb der Exploration unterschiedliche Akzente zu setzen, je nachdem „ob wahrnehmungspsychologische Momente (z.B. bei Exhibitionismusdelikten) oder aber motivationspsychologische Aspekte (z.B. bei Vergewaltigungsdelikten) von vorrangiger Bedeutung sind (Arntzen 1993). Insofern sind inhaltliche Standardisierungen von aussagepsychologischen Explorationen oder gar befürchtete ‚Routinisierungen' aussagepsychologischer Explorationen ‚unter dem Druck zunehmend standardisierter Untersuchungsmethoden' (Fischer, 1994, S. 2) von der Sache her schlechterdings nicht möglich". 328

Greuel et al.[33] 329

Struktur eines Explorationsgespräches

- vom fallneutralen[34] zum fallrelevanten Material,
- vom Allgemeinen zum Besonderen,
- vom Bericht zur Befragung

b) „Warming up" – Rapport

Nach *Köhnken*[35] ist es oft „hilfreich, das Interview mit einem Gespräch über neutrale oder positive Themen zu beginnen … . Die befragte Person lernt dabei etwas über die Regeln, nach denen sich das Interview vollzieht. Wenn in dieser Phase überwiegend geschlossene Fragen gestellt werden, die nur mit ‚ja' oder ‚nein' zu beantworten sind, wird sich die befragte Person darauf einstellen und im weiteren Verlauf des Interviews möglicherweise nur wenig spontan und ausführlich berichten." 330

„Warming up" mit kindlichen Zeugen. Kinder gehen „aufgrund ihrer Erfahrung davon aus, daß Erwachsene immer schon die Antwort auf ihre Frage wissen und sich lediglich davon überzeugen wollen, daß das Kind sie auch weiß. Kindern ist es manchmal unangenehm einzuräumen, daß sie etwas nicht mehr wissen … . Dadurch besteht die Gefahr, daß Erinnerungslücken durch Schlußfolgerungen und Konfabu-

33 *Greuel et al.* S. 63.
34 *Greuel et al.* S. 64.
35 *Köhnken* in: Lempp/Schütze/Köhnken, S. 318.

lationen ausgefüllt werden. Um das zu verhindern, sollte man ausdrücklich darauf hinweisen, daß man durchaus mal etwas vergessen kann“[36].

c) Hypothesenbildung

331 Der Sachverständige hat über den zu untersuchenden Sachverhalt Hypothesen aufzustellen und dabei nach dem wissenschaftlichen Prinzip der Nullhypothese vorzugehen[37]. Er wird sich dabei zunächst an dem Akteninhalt orientieren.

Problematisch erscheint, wenn der Sachverständige im Laufe des Explorationsgespräches nicht zu Modifizierungen oder Ergänzungen der Hypothesen bereit ist, obwohl der Explorationsinhalt dazu Anlass gibt.

Vielfach richten Sachverständige ihren Fragenkatalog im Rahmen des Explorationsgespräches an dem konkreten Inhalt der polizeilichen Vernehmung aus. Das birgt die Gefahr in sich, von vornherein gegenüber alternativen Überlegungen nicht offen zu sein und naheliegende andere Erklärungsmöglichkeiten nicht zu erkennen.

Ermittler gehen vielfach von vornherein von dem Wahrheitsgehalt einer den Beschuldigten belastenden Aussage aus und fragen dementsprechend auch nicht kritisch nach. Orientiert sich der Sachverständige an einem solchen Vernehmungsprotokoll, geht die einseitige (gegen die Nullhypothese und die Unschuldsvermutung streitende) Hypothese, die Aussage ist wahr, indirekt auch in die Exploration mit ein. Vielleicht ist das der Grund, warum Gutachter z.B. oft keine Falschbeschuldigungsmotive entdecken, weil schon in der polizeilichen Vernehmung nicht entsprechend dazu gefragt worden ist.

Hinweis

Der Verteidiger sollte darauf achten, ob der Sachverständige selbstständig die Exploration konzipiert oder nur die polizeiliche Vernehmung in der Exploration nachvollzieht

Bemerkt der Zeuge, dass der Gutachter seine Befragung an dem Vernehmungsprotokoll ausrichtet, besteht die Gefahr, dass er sich darauf inhaltlich festgelegt fühlt, was durch die Art der Befragung noch unterstützt werden kann (z.B. wenn der Sachverständige ihm explizit aus dem Protokoll vorhält „hier steht aber …“).

Konzentriert sich der Sachverständige (methodisch fehlerhaft) auf die Hypothese der bewussten Falschaussage, kann das so weit gehen, dass er aus dem Zeugen explizit bestimmte Realkennzeichnen herausfragt, um mit der so gewonnenen Aussage die Hypothese zurückzuweisen.

36 *Köhnken* in: Lempp/Schütze/Köhnken, S. 318.
37 Vgl. Teil 3 III (Rn. 357 ff.).

Hinweis

Fragt der Sachverständige einseitig auf das Vorliegen von Realkennzeichen hin, ist eine solche Vorgehensweise mit dem Neutralitätsgebot nicht vereinbar.

d) Exploration zur Aussagekompetenz

Die Prüfung der Aussagekompetenz ist der Prüfung der Glaubhaftigkeit der Aussage voranzustellen. Es geht um die persönliche Aussagekompetenz des Zeugen. Unter Berücksichtigung des konkreten Tatvorwurfs sind dabei aussagerelevante Besonderheiten der Persönlichkeitsentwicklung zu berücksichtigen[38]. 332

Die Exploration bezieht sich auf die Wahrnehmungs-, Erinnerungs- und Wiedergabefähigkeit des Zeugen.

Im **Mittelpunkt der Exploration zu Aussagetüchtigkeit** stehen Fragen nach 333

- der Wahrnehmungsfähigkeit des Zeugen zum Zeitpunkt des Geschehens,
- der Erinnerungsfähigkeit an das Geschehen im Nachhinein,
- während der ersten Gespräche darüber,
- während der polizeilichen/richterlichen Vernehmung,
- zum Zeitpunkt der Exploration,
- der Wiedergabefähigkeit.

Es gibt Fälle, in denen Zeugen während der Vernehmung alkoholisiert sind oder unter Drogeneinfluss stehen. In solchen Fällen wird sich die Unterbrechung der Hauptverhandlung und Untersuchung des Zeugen durch den Sachverständigen aufdrängen (zur Vernehmung vgl. *Arntzen*[39]).

Arntzen[40] gibt Hinweise zur Vernehmung psychisch auffälliger Zeugen („intellektuell schwach begabter", „psychisch erheblich retardierter Zeugen", „Zeugen aus dem schizophrenen Formenkreis" und „Zeugen mit Anfallsleiden").

Exploration von Beobachtungszeugen. *Müller-Luckmann*[41] erläutert, dass es bei Untersuchungen von Beobachtungszeugen vornehmlich um die Wahrnehmungsfähigkeit geht, also unter welchen Bedingungen überhaupt wahrgenommen werden konnte. 334

Daneben können sich Fragen z.B. danach ergeben: Welche gefühlsmäßigen Begleiterscheidungen traten bei der Beobachtung auf? – Wie waren die Beziehungen zu

38 *BGH* [1 StR 618/98] BGHSt 45, 164 = NJW 1999, 2746 = NStZ 2000, 100 = StV 1999, 473 = BGHR StPO § 244 Abs. 4 S. 1 Sachkunde 9 = StraFo 1999, 340 = PdR 1999, 113.

39 *Arntzen* Vernehmungspsychologie, S. 54 ff.

40 *Arntzen* Vernehmungspsychologie, S. 48 ff.

41 *Müller-Luckmann* in: Venzlaff, S. 629.

den beobachteten Personen? – Kann das, was die beobachteten Personen geäußert haben, wiedergegeben werden?

e) Exploration zur Aussageentstehung[42]

335 Seit *William Stern* 1904[43] geht man – wie schon erwähnt[44] – in der aussagepsychologischen Forschung davon aus, dass es sich bei der Aussage nicht nur um eine geistige Leistung, sondern auch um ein Verhörsprodukt handelt. Damit sind die Bedingungen ihrer Entstehung in die Beurteilung der Aussage einzubeziehen.

336 *Steller/Volbert*[45] führen dazu aus: „Daher ist die Aussagegeschichte, d.h. die Rekonstruktion der Entstehungsbedingungen einer Aussage und ihrer weiteren Entwicklung, wichtiger Bestandteil der aussagepsychologischen Glaubhaftigkeitsbegutachtung nicht nur für die Motivanalyse (...), sondern auch für die Beurteilung möglicher Validitätseinschränkungen vorgefundener Realkennzeichen. Die Rekonstruktion erstreckt sich auf Umstände und Inhalte von Befragungen, die in die inhaltsanalytische Bewertung einbezogen werden müssen."

337 Die Notwendigkeit der Prüfung der Aussageentstehung und -entwicklung ist bei kindlichen Aussagen zwischenzeitlich gefestigte *höchstrichterliche Rechtsprechung*. Neuere Entscheidungen des *BGH* betreffen auch erwachsene Zeugen und in einem Fall auch einen erwachsenen Mitbeschuldigten in einem Schwurgerichtsverfahren[46].

338 In der Grundsatzentscheidung des *BGH*[47] heißt es:

BGH [1 StR 618/98]

„(1) Im Rahmen der Fehlerquellenanalyse wird es in Fällen, bei denen wie hier (auch unbewußt) fremdsuggestive Einflüsse in Erwägung zu ziehen sind, in aller Regel erforderlich sein, die Entstehung und Entwicklung der Aussage aufzuklären (vgl. Steller/Volbert aaO S. 24, 31f.; Köhnken aaO 297). Hinzu kann die sog. Motivationsanalyse treten.

Die Feststellung der Aussagegenese stellt insofern einen zentralen Analyseschritt dar (Gutachten Prof. Dr. Steller). Besonders dann, wenn es sich bei dem möglichen Tatopfer um ein (jüngeres) Kind handelt, werden zu diesem Zweck die Angaben der Personen, denen gegenüber es sich zu den Tatvorwürfen geäußert hat (z.B. Eltern, Lehrer), zu berücksichtigen sein (BGH StV 1995, 451f.; Scholz/Endres NStZ 1995, 6, 10)."

42 Siehe hierzu ausführlich Teil 2 III „Inhalte der Vernehmung" (Rn. 276 ff.).
43 *Stern* in: Stern, S. 269.
44 Vgl. die Ausführungen unter Teil 1 I „Einführung in die Aussagepsychologie" (Rn. 13 ff.).
45 *Steller/Volbert* S. 12.
46 Näheres dazu findet sich unter Teil 2 III „Inhalte der Vernehmung" (Rn. 246 ff.).
47 *BGH* [1 StR 618/98] BGHSt 45, 164 = NJW 1999, 2746 = NStZ 2000, 100 = StV 1999, 473 = BGHR StPO § 244 Abs. 4 S. 1 Sachkunde 9 = StraFo 1999, 340 = PdR 1999, 113.

Stellt der Sachverständige relevante Suggestionsseffekte fest, die auf den Inhalt der Aussage Einfluss gehabt haben können, so hat er sorgfältig zu prüfen, ob überhaupt noch eine Befragung zur Sache mit dem Kind stattfinden sollte. Vielfach wird nicht mehr zu erkennen sein, ob das Kind das, was es sagt, tatsächlich erlebt hat oder nur das Ergebnis suggestiver Beeinflussung *ist.* **339**

In der Grundsatzentscheidung des *BGH*[48] heißt es dazu:

BGH [1 StR 618/98]

„Darüber hinaus ist stets zu beachten, daß die Realkennzeichen ungeeignet sind, zur Unterscheidung zwischen einer wahren und einer suggerierten Aussage beizutragen. Denn bei durch Suggestion verursachten Angaben bestehen die bereits dargelegten Gründe nicht, die eine unterschiedliche Qualität zwischen wahren und bewußt unwahren Aussagen verursachen können, da die aussagende Person sich weder als besonders glaubwürdig darstellen noch sich auf von ihr erdachte Umstände konzentrieren muß. Beispielsweise wird ein Kind seine Angaben, die objektiv nicht zutreffen, weil es sie unbewußt auf die Erwartungen des vernehmenden Erwachsenen ausgerichtet hat, subjektiv für wahr halten. Dementsprechend gibt es keine empirischen Belege dafür, daß sich erlebnisbasierte und suggerierte Aussagen in ihrer Qualität unterscheiden."

Greuel[49] hat wesentliche Merkmale zusammengestellt, die bei der Befragung zur Aussageentstehung und -entwicklung zu beachten sind. Im Einzelnen: **340**

Greuel

Aspekte der Exploration zur Aussageentstehung

Aussageentstehung

Person des Erstaussagemitteilungsempfängers

Situative Bedingungen der Erstmitteilung

Spontanität der Erstmitteilung

Inhalt der Erstmitteilung

Motivationale Situation des Erstmitteilungsempfängers

Suggestionspotential der Erstbefragung

Aussageentwicklung

Häufigkeit und Intensität der Vorbefragungen

Voreinstellung und Erwartungen des Interviewers

Beziehungen zwischen Interviewer und Kind

Suggestionspotential der Vorbefragungen

48 *BGH* [1 StR 618/98] BGHSt 45, 164 = NJW 1999, 2746 = NStZ 2000, 100 = StV 1999, 473 = BGHR StPO § 244 Abs. 4 S. 1 Sachkunde 9 = StraFo 1999, 340 = PdR 1999, 113.

49 *Greuel* S. 286 ff.

f) Exploration zum Tatvorwurf

341 In einer älteren Entscheidung hat der *BGH*[50] die Exploration so beschrieben: „Exploration ist keine Vernehmung im verfahrensrechtlichen Sinne, die alleine dem Gericht und der Staatsanwaltschaft vorbehalten ist, sondern eine Anhörung …, die der Beschaffung von tatsächlichen Unterlagen für die Erstattung des Gutachtens dient."

Der Sachverständige befragt den Zeugen zu dem in Rede stehenden Geschehen wie auch zur Entstehung und Entwicklung der Aussage[51].

Greuel et al.[52] erläutern: „Das Ziel der aussagepsychologischen Exploration zur Sache besteht schließlich darin, vom Zeugen einen möglichst vollständigen und genauen Bericht über das inkriminierte Geschehen in einer Art und Weise zu erheben, die eine Analyse der der Aussage zugrunde liegenden psychischen Prozesse erlaubt. Darüber hinaus werden die internen und externen Rahmenbedingungen der Aussageentstehung und -entwicklung möglichst umfassend zu rekonstruieren versucht."

342 **Sexueller Missbrauch.** *Greuel et al.*[53] gehen bei einer Exploration eines Kindes zu einem sexuellen Missbrauchsgeschehen zutreffend[54] davon aus, dass „die sexuelle Mißbrauchshandlung als solche … gemeinhin vom Beschuldigten … in Gänze bestritten (wird; d.A.), so daß im Rahmen der Exploration die Modalitäten der fraglichen Sexualhandlung sowie deren raum-zeitliche Einbettung möglichst umfassend zu rekonstruieren sind".

343 **Vergewaltigung.** Typisch für Vergewaltigungsverfahren ist, dass der Beschuldigte meist nicht bestreitet, dass es überhaupt zum Geschlechtsverkehr mit der Zeugin gekommen ist, sondern dass der Geschlechtsverkehr einvernehmlich durchgeführt wurde[55].

Wolf/Steller[56] erläutern, es geht dann darum,

- ob sexuelle Handlungen freiwillig oder unfreiwillig (Gewaltanwendung),
- ob Abwehrversuche von Seiten des Opfers (Gegenwehr) und
- ob sexuelle Handlungen unter Anwendung von Zwang durch den Beschuldigten (erlebte Unfreiwilligkeit) stattfanden.

---

50 *BGH* [3 StR 385/51].

51 Ausführlich dazu *Greuel et al.* S. 61.

52 *Greuel et al.* S. 61.

53 *Greuel et al.* S. 63.

54 Ist der Beschuldigte geständig, bedarf es einer Begutachtung des kindlichen Zeugen in aller Regel nicht, dann wird auch seine Vernehmung in der Hauptverhandlung entbehrlich sein.

55 Näheres dazu unter Teil 2 II „Durchführung der Vernehmung" (Rn. 182 ff.).

56 Vgl. auch *Greuel* Polizeiliche Vernehmung vergewaltigter Frauen; *Michaelis-Arntzen* S. 43 ff.

Nach *Greuel et al.*[57] steht „weniger die koitale Sexualhandlung als solche, sondern vielmehr die Frage des Einvernehmens zwischen den Beteiligten zur Diskussion, so daß sich entsprechend der strafrechtlichen Definition des Vergewaltigungstatbestandes die Exploration wesentlich stärker auf die Angaben der Zeugin über Gewalthandlungen bzw. Drohungen auf seiten des Beschuldigten, sowie (in)direkte Widerstandshandlungen auf seiten der Zeugin fokussieren muß (Greuel, Polizeiliche Vernehmung vergewaltigter Frauen, 1993; Michaelis-Arntzen, Die Vergewaltigung aus kriminologischer, viktimologischer und aussagepsychologischer Sicht, 2.A., 1994)“.

Scholz/Greuel[58] benennen Kriterien, um Glaubhaftigkeitsgutachten in Vergewaltigungsprozessen beurteilen zu können.

aa) Erstattung eines freien Berichtes

Der *BGH*[59] hat schon im Jahre 1952 klargestellt, dass erkennbar werden muss, was der Zeuge über einen Vorgang aus lebendiger Erinnerung zu berichten weiß und was er erst bekunden kann, nachdem seinem Gedächtnis in irgendeiner Weise nachgeholfen worden ist. **344**

Nach *Greuel et al.*[60] besteht das Ziel der aussagepsychologischen Exploration zur Sache darin, „vom Zeugen möglichst viele Informationen über das fragliche Erlebnis im freien Bericht zu erhalten. Das ist zum einen darin begründet, daß im freien Bericht bekanntermaßen genauere Informationen geliefert werden als im Rahmen einer strukturierten Befragung. Zum anderen ist es für die Anwendung einer merkmalsorientierten Aussageanalyse unerläßlich, vom Zeugen freie, nach eigenen Strukturierungsregeln gestaltete Aussagen zu erhalten, die ohne inhaltliche Vorgaben von seiten des Interviewers frei produziert worden sind“.

Steller/Volbert[61] erläutern: „In der Gedächtnispsychologie ist … seit Stern (1904) immer wieder belegt, daß in einem freien Bericht insgesamt viel weniger unbeabsichtigte Erinnerungsfehler auftreten als in Antworten auf geschlossene Fragen.“

Anstoßfragen. Der Sachverständige fordert den Zeugen in der Regel auf, im Zusammenhang zu berichten. Ein solcher Bericht kann z.B. „angestoßen“ werden durch die Aufforderung: „Erzählen Sie doch einmal, was geschehen ist.“ Geht es um die Aussageentstehung, könnte die Frage z.B. lauten: „Haben Sie damals mit jemandem darüber gesprochen? – wenn ja, erzählen Sie einmal von diesem Gespräch.“ **345**

57 *Greuel et al.* S. 63.
58 *Scholz/Greuel* MschrKrim 1992, 321.
59 *BGH* [1 StR 465/52] BGHSt 3, 281.
60 *Greuel et al.* S. 64; vgl. auch *Greuel* S. 277 f.; vgl. auch *Köhnken* in: Lempp/Schütze/Köhnken, S. 318; *Volbert* in: Volbert/Dahle, S. 18.
61 *Steller/Volbert* in: Steller/Volbert, S. 12.

Es kann für den Gutachter im Einzelfall schwierig sein festzustellen, was der rechtlich relevante Sachverhalt ist, etwa wenn er sein Gutachten im Ermittlungsverfahren zu erstatten hat, z.B. der Beschuldigte zu den erhobenen Vorwürfen nicht Stellung genommen bzw. nicht ausgesagt hat oder eine Bewertung – wie z.B. in einem Haftbefehl oder in einer Anklageschrift – noch nicht vorliegt.

Auch kindliche Zeugen können bei einer entsprechenden Erzählaufforderung einen Bericht erstatten[62].

Dabei ist aber das Alter zu berücksichtigen. Kleinere Kinder berichten in einem freien Bericht weniger als ältere[63]. „Mit zunehmendem Zeitabstand steigt die Fehlerquote auch in freien Berichten."[63]

Nach Untersuchungen von *Volbert*[64] machen Kinder, die wiederholt suggestiv beeinflusst wurden, im freien Bericht mehr Fehler als Kinder, die nur einmal suggestiv beeinflusst wurden[65].

bb) Befragung

346 **Unterschiedliche Frageformen.** *Greuel et al.*[66] und *Greuel*[67] zeigen die unterschiedlichen Frageformen auf und unterscheiden dabei zwischen geeigneten, bedingt geeigneten und ungeeigneten:

Geeignete Frageformen	
Leer-/Anstoßfrage	Das sind Fragen, die der Zeuge nicht einfach mit ja/nein beantworten kann. Solche Fragen werden beginnen mit der Formulierung z.B. wer, was, wo, wie, wann, weshalb, warum, womit.
Wahlfragen	Dem Zeugen werden mehrere Antwortmöglichkeiten vorgegeben. Ist dem Gutachter aus der Akte ein Sachverhalt, den der Zeuge in seinem freien Bericht nicht erwähnt, bekannt und will er den Zeugen danach befragen, sollte bei den Antwortmöglichkeiten dieser ihm bekannte Sachverhalt aber in den Antwortmöglichkeiten nicht enthalten sein. Mindestens drei Varianten sollten vorgegeben und durch eine unbestimmte vierte „Variante" (z.B. „Wie sonst", „oder wie hat er es sonst gemacht") ergänzt werden.

62 Vgl. *Scholz/Endres* NStZ 1995, 6; *Steller/Volbert* in: Steller/Volbert, S. 12. und Teil 2 II „Durchführung der Vernehmung" (Rn. 182 ff.).
63 *Köhnken* in: Lempp/Schütze/Köhnken, S. 354.
64 *Volbert* in: Steller/Volbert, S. 40.
65 Vgl. auch die Ausführungen unter Teil 1 III „BGH-Rechtsprechung zu aussagepsychologischer Begutachtung" (Rn. 246 ff.).
66 *Greuel et al.* S. 66; vgl. auch *Sporer/Bursch* Psychologische Rundschau 1997, 141.
67 *Greuel* S. 283.

Geeignete Frageformen	
	Von besonderer Bedeutung für die Erlebnisfundiertheit der Aussage ist, „wie schnell der Zeuge gemessen an seinem natürlichen Erinnerungstempo auf derartige Wahlfragen antwortet, wenn sie rasch und in unsystematischer Reihenfolge dargeboten werden“.
Konträrfrage	Diese Frageform soll (nach *Arntzen*[68]) bei der „strukturierten Befragung von Zeugen mit niedrigem Abstraktionsvermögen angezeigt sein“. Dem Zeugen wird durch die Formulierung der Frage das Gegenteil des nach Aktenlage zu erwartenden Aussageteils als mögliche Antwortalternative vorgegeben.

Bedingt geeignete Frageform	
Stichwortfrage	Das sind Fragen, die zwar inhaltliche Vorgaben enthalten und damit Suggestivcharakter haben, aber von dem Zeugen weit über den Vorhalt der Frage hinaus beantwortet werden. Solche Antworten nennt man **Überhangantworten**[69]. Sie gelten als eigenständige, unbeeinflusste Aussagebestandteile. Stichwortfragen („War da mal etwas mit dem Auto?“ wenn der Zeuge sich dazu in seiner polizeilichen Vernehmung bereits geäußert hatte) können solche Überhangantworten begünstigen[70]. *Greuel et al.* betonen, dass „sich der Inhalt derartiger Stichwortfragen ausschließlich auf solche Aussageaspekte beziehen darf, die vom Zeugen selbst bereits zu einem früheren Zeitpunkt vorgebracht worden sind“.

Zu Überhangantworten vgl. auch die Ausführungen unten bei „Vorhaltfrage“.

Ungeeignete Frageformen nach *Greuel et al.*	
Erwartungsfrage	In diesen Fragen wird die Erwartungshaltung des Fragers deutlich. Sie werden doch sicher um Hilfe gerufen habe? Sie haben sich doch sicher gewehrt?
Voraussetzungsfrage	Diese Fragen unterstellen den Sachverhalt bereits, der in der Frage enthalten ist. Wann hat er denn Ihr T-Shirt ausgezogen? Wie haben Sie dann geschrien?

68 *Arntzen* Vernehmungspsychologie, S. 25.
69 *Arntzen* Vernehmungspsychologie, S. 27.
70 Vgl. auch *Greuel* in: Greuel/Fabian/Stadler, S. 211.

Ungeeignete Frageformen nach *Greuel et al.*	
Vorhaltfrage	Mit Vorhaltfragen ist der Strafjurist bestens vertraut. Vielfach wird Zeugen der Inhalt ihrer polizeilichen Vernehmung vorgehalten, um Widersprüche oder von dem Zeugen in der Hauptverhandlung noch nicht Angesprochenes aufzuzeigen. Letztlich braucht der Zeuge die Vorhalte nur zu bejahen oder zu verneinen. *Greuel et al.* machen deutlich, dass „aus gutachterlicher Sicht. … Antworten des Zeugen auf derartige Vorhaltsfragen keinen verwertbaren Gehalt mehr (haben; d.A.), es sei denn, der Zeuge produziert auf derartige Frage substantiierbare Überhangantworten“.
Wiederholungsfrage	Wiederholungsfragen können insbesondere bei Kindern zu Veränderungen bisheriger Antworten führen. In alltäglichen Gesprächen sind Fragewiederholungen nicht die Regel. Wird diese Regel durchbrochen, kann dieses von Kindern so verstanden werden, dass ihre bisherige Antwort nicht zutreffend war, sonst würde der Erwachsene nicht noch einmal fragen. *Greuel et al.* machen deutlich: „Soweit die Wiederholung von Fragen von den Befragten als Kritik an ihrer bisherigen Antwort interpretiert wird, kommt ihr ein eigenständiger suggestiver Effekt zu. … Die Wiederholung von Fragen kann als spezifische Form von Druck aufgefaßt werden, eine Frage auch dann zu beantworten, wenn keine ausreichenden Kenntnisse zur Verfügung stehen. Die Überzeugung eines Zeugen, daß es erforderlich sei, eine Antwort zu geben, obwohl ausreichende Informationen dafür fehlen, ist eine wesentliche Bedingung für die Möglichkeit suggestiver Beeinflussung (Baxter 1990). Es ist bekannt, daß besonders Kinder bereit sind, auch auf unsinnige Fragen (z.B. ‚ist Milch größer als Wasser‘ mit ‚Ja‘ oder ‚Nein‘ zu antworten (Hughes & Grieve 1980). Die Zurückweisung solcher Fragen … sind äußert selten. Auch die ausdrückliche Instruktion der Kinder, ‚ich weiß nicht‘ zu sagen, wenn sie die Antwort nicht wissen, führt nicht immer zu einer Verbesserung des Antwortverhaltens (Moston 1987, 1990). Poole und White (1991) fanden, daß bei Wiederholung geschlossener Fragen die Häufigkeit des Ausdrucks von Unsicherheit abnahm“.

Köhnken[71] verdeutlicht, dass ungeeignete Befragungsformen die Aussageanalyse beeinträchtigen können, so z.B. dass ein vorschneller Vorhalt die spontane Korrektur verhindert.

71 *Köhnken* in: Widmaier, S. 2267.

Müller-Luckmann[72] mahnt, dass das Einräumen von Möglichkeiten zu Spontanäußerungen und dass gezielte Fragen nicht in Verhörsform, sondern in Angebotsform gestellt werden.[73]

g) Audio- und Videoaufnahme der Exploration[74]

In der Grundsatzentscheidung hat sich der *BGH* „im Interesse einer besseren Doku- 347
mentation" klar gegen Mitschriften[75] und für Audio- und Videoaufnahmen ausgesprochen:

BGH [1 StR 618/98]

„Entsprechende Maßstäbe wie bei der Darstellung gelten für die Mitschriften und die mit dem Einverständnis des Untersuchten im Interesse einer besseren Dokumentation in der Regel zu erstellenden Audio- und ggf. Videoaufnahmen (kritisch Arntzen aaO S. 141) der Exploration zur Sache, die zur Vermeidung von Erinnerungsverfälschungen bei der Analyse und Bewertung der Bekundungen anzufertigen sind, weil jedenfalls die Durchführung der Aussageanalyse bei komplexen Sachverhalten ohne verwendbare Aufzeichnung des Ablaufs der Exploration als nicht möglich erscheint (Gutachten Prof. Dr. Steller; Eisenberg aaO Rn. 1798; Greuel/Offe/Fabian/Wetzels/Fabian/Offe/Stadler aaO S. 68, 251; Steller/Volbert aaO S. 27; Deckers aaO S. 1369 f.)."

Einwänden, durch den Tonbandmitschnitt werden Hemmungen gesetzt, „wenn das Aussagematerial den Zeugen persönlich stark berührt"[76], muss mit Skepsis begegnet werden. In der heutigen Zeit gehören technische Aufzeichnungen zu vielen Lebensbereichen, zudem dürfte die Aufzeichnung bei entsprechenden Erläuterungen schon nach kurzer Zeit meist auch nicht mehr bemerkt werden, so dass dieses Argument zeitlich überholt[77] ist. Jeder, der schon einmal einen Zeugen befragt hat, weiß, dass eine gleichzeitige vollständige Protokollierung der Fragen und Antworten nicht möglich ist. Zudem ist mit Blick auf eine mögliche Voreinstellung des Gutachters auch die Gefahr selektiver Wahrnehmung von Antworten, die seine Erwartung bestätigen, nicht außer acht zu lassen. Deshalb verwundert, dass der *BGH* in seiner Grundsatzentscheidung offensichtlich[78] „wegen des zu erwartenden organisatorischen Aufwands für die häufig freiberuflich tätigen Sachverständigen" von einer verbindlichen Festschreibung der Tonband oder Videoaufzeichnung abgesehen hat. Nach § 58a StPO kann die Vernehmung eines Zeugen auf Bild-Ton-Träger

72 *Müller-Luckmann* in: Venzlaff, S. 629.
73 *Greuel et al.* S. 65.
74 Vgl. dazu *Greuel et al.* S. 184 mit Hinweisen u.a. auf Untersuchungen von *Ceci/Bruck* Psychological Bulletin 1993, 404.
75 So auch *Steller/Volbert* in: Steller/Volbert, S. 12.
76 So allein *Arntzen* Vernehmungspsychologie, S. 11.
77 Namhafte Sachverständige wie *Undeutsch* ZStW 1975, 654; *Müller-Luckmann* in: Blau/Müller haben sich schon seit Jahrzehnten für die Tonbandaufzeichnung ausgesprochen.
78 So *Boetticher* in: NJW-Sonderheft für Gerhard Schäfer, S. 8.

aufgezeichnet werden, so dass eine nur handschriftliche Mitschrift zudem auch nicht mehr zeitgemäß erscheint[79] .

7. Informatorische Befragung Dritter

348 Neben der Befragung des Kindes führen Sachverständige häufig – insbesondere zur Rekonstruktion der Aussageentstehung, zum Lebenslauf und zur Erfragung tatsächlich erlebter Ereignisse – sog. informatorische Anhörungen Dritter, häufig aussageverweigerungsberechtigter Bezugspersonen, durch.

Zur informatorischen Anhörung Dritter durch den Sachverständigen hat der *BGH*[80] ausgeführt:

BGH [1 StR 618/98]:

„Die Feststellung der Aussagegenese stellt insofern einen zentralen Analyseschritt dar (Gutachten Prof. Dr. Steller). Besonders dann, wenn es sich bei dem möglichen Tatopfer um ein (jüngeres) Kind handelt, werden zu diesem Zweck die Angaben der Personen, denen gegenüber es sich zu den Tatvorwürfen geäußert hat (z.B. Eltern, Lehrer), zu berücksichtigen sein (BGH StV 1995, 451 f.; Scholz/Endres NStZ 1995, 6, 10)."

Der *BGH*[81] hat klargestellt, dass „einer derartigen fremdanamnestischen Befragung Dritter – wenigstens bei Kindern im Vor- und Grundschulalter – auch zur biographischen Rekonstruktion Bedeutung zukommen" kann.

Es kommt auch vor, dass Sachverständige Bezugspersonen nach dem Inhalt geführter Gespräche über den in Rede stehenden Sachverhalt befragen. Solche Befragungen begegnen erheblichen rechtsstaatlichen Bedenken. Sie liegen außerhalb jeglicher Kontrolle der Verfahrensbeteiligten, der Sachverständige ist insbesondere nicht verpflichtet, die befragten Personen als Zeugen zu belehren. Auch besteht keine Pflicht, derlei Anhörungen entsprechend zu dokumentieren. Vielfach wird in Gutachten nur mit wenigen Sätzen erwähnt, dass ein solches Gespräch stattgefunden hat und nur das (zusammengefasste) Ergebnis dieses Gesprächs mitgeteilt[82].

Zur rechtlichen Problematik informatorischer Befragungen heißt es in der Grundsatzentscheidung[81]:

79 Vgl. auch *Jansen* StV 2000, 224 – zur rechtlichen Problematik vgl. statt vieler *Beulke* ZStW 2001, 709.

80 *BGHSt* [1 StR 618/98] 45, 164 = NJW 1999, 2746 = NStZ 2000, 100 = StV 1999, 473 = BGHR StPO § 244 Abs. 4 S. 1 Sachkunde 9 = Strafo 1999, 340 = PdR 1999, 113.

81 *BGH* [1 StR 618/98] BGHSt 45, 164 = NJW 1999, 2746 = NStZ 2000, 100 = StV 1999, 473 = BGHR StPO § 244 Abs. 4 S. 1 Sachkunde 9 = StraFo 1999, 340 = PdR 1999, 113.

82 Rechtlich erheblich bedenklich deshalb *Greuel* S. 287.

BGH [1 StR 618/98]

„Eine derartige Vorgehensweise ist allerdings bislang grundsätzlich als zulässig angesehen worden (BGHSt 9, 292, 296; 13, 1, 2 f.; s. auch Cabanis NJW 1978, 2329, 2331). Der Senat läßt ausdrücklich offen, ob dem trotz erheblicher strafprozessualer und rechtstatsächlicher Einwände (vgl. Eisenberg aaO. Rdn. 1873; Schlothauer in Greuel/Fabian/Stadler, Psychologie der Zeugenaussage S. 145 f.) weiterhin zu folgen ist“.

Unabhängig von der Frage der Zulässigkeit sollten informatorische Befragungen nicht nur ihrem wesentlichen Inhalt nach, sondern ebenso ausführlich wie das Explorationsgespräch mit dem kindlichen Zeugen festgehalten und im Gutachten dokumentiert werden und letztlich nur sehr zurückhaltend erfolgen.

8. Berücksichtigung von Außenkriterien

Der BGH[83] hat am Bespiel der Ergebnisse einer gynäkologischen Untersuchung **349**
klargestellt, dass Sachverständige sog. Außenkriterien in ihre Begutachtung einbeziehen dürfen, sofern diese Gegenstand der Hauptverhandlung waren. Wörtlich heißt es in der Grundsatzentscheidung:

BGH [1 StR 618/98]

„Die Revision sieht schließlich einen weiteren, bei der Begutachtung begangenen fachlichen Fehler darin, daß die Erstgutachterin im Zusammenhang mit der Bewertung der Aussagen der Zeugin Ergebnisse einer an dieser durchgeführten gynäkologischen Untersuchung berücksichtigt hat. Dies mag unter Umständen im Hinblick auf die gesetzliche Aufgabenverteilung zwischen Gericht, dem allein die Beweiswürdigung obliegt, und Sachverständigem strafprozessual bedenklich sein. Der Senat vermag darin jedoch keine Verletzung des wissenschaftlichen Prinzips der Unabhängigkeit des zu erstattenden Gutachtens von sog. Außenkriterien zu erkennen. Vielmehr darf ein Sachverständiger Anknüpfungstatsachen, die er dem bestehenden Ermittlungsergebnis entnommen hat, in seinen Abwägungsprozeß einbeziehen (Gutachten Prof. Dr. Steller; Leferenz in Göppinger/Witter, Handbuch der forensischen Psychiatrie II S. 1320), sofern diese Gegenstand der Hauptverhandlung waren.“

Bei der Diagnostik und Befundinterpretation beim Vorwurf sexuellen Missbrauchs[84] geht es um medizinische Fragestellungen. Regelmäßig werden Ärzte aber vor der Untersuchung des Kindes über den im Raum stehenden Vorwurf informiert mit der Gefahr, dass der Arzt womöglich so voreingestellt wird und den Zeugen – mit dieser Voreinstellung – nicht nur untersucht, sondern auch zur Sache befragt.

Es gibt auch Ärzte, die Verhaltensauffälligkeiten von sich aus nur einseitig als potentielles sexuelles Missbrauchsgeschehen deuten, auch dann, wenn bei dem Zeu-

83 *BGH* [1 StR 618/98] BGHSt 45, 164 = NJW 1999, 2746 = NStZ 2000, 100 = StV 1999, 473 = BGHR StPO § 244 Abs. 4 S. 1 Sachkunde 9 = StraFo 1999, 340 = PdR 1999, 113.
84 *Rauch/Weissenrieder/Peschers* Dt. Ärzteblatt 2004, 2257.

gen keine Verletzungen feststellbar sind. Bei Untersuchungen von Kindern sind meistens auch enge Bezugspersonen des Kindes dabei, die selbst vielleicht Aussageempfänger sind, so dass sich das Kind auf vorangegangene Gespräche mit diesen gegenüber dem Arzt festgelegt fühlen könnte.

Viele Ärzte trauen sich auch eine Befragung des Zeugen zu dem gehegten Verdacht zu, obwohl sie über keinerlei Ausbildung verfügen. Schon von daher sind ärztliche Atteste mit Vorsicht zu betrachten.

Seit einiger Zeit finden sich auch in Kliniken Abteilungen, die sich auf die Abklärung einer Sexualstraftat berufen fühlen. Sie erstellen keine Atteste, sondern stellen ihr Untersuchungsergebnis auf Dokumentationsbögen vor. Unabhängig davon, ob der Aussagepsychologe an die dort festgehaltenen Befunde anknüpfen sollte oder nicht, muss für ihn im Rahmen der Beurteilung der Aussageentstehungsgeschichte von Interesse sein, ob der Zeuge mit dem ihn untersuchenden Arzt ein Gespräch zur Sache geführt hat. Jedenfalls kann er zur Aufklärung der Aussageentwicklung den Inhalt eines solchen ärztlichen Protokolls mit dem Zeugen in der Exploration erörtern.

Näheres dazu findet sich unter Teil 3 VIII „Fehlerquellenanalyse“ (Rn. 594 ff.).

9. Eigene Ermittlungen

350 Die Durchführung eigener Ermittlungen durch den Sachverständigen ist unzulässig. Das gilt insbesondere für Vernehmungen.

Hinweis

Diese Problematik kann sich z.B. auch dann ergeben, wenn der Sachverständige den Zeugen zu Hause exploriert und das in Rede stehende Geschehen sich auch zu Hause ereignet haben soll. Durch (auto)suggestive Prozesse kann die Örtlichkeit als „Schlüsselreiz“ dienen und damit möglicherweise Pseudoerinnerungen produzieren.

§ 80 StPO regelt, dass dem Sachverständigen

- auf sein Verlangen zur Vorbereitung des Gutachtens durch Vernehmung von Zeugen oder des Beschuldigten weitere Aufklärung verschafft werden kann – Abs. 1 –
- gestattet werden kann, die Akten einzusehen, der Vernehmung von Zeugen oder des Beschuldigten beizuwohnen und an sie unmittelbar Fragen zu stellen – Abs. 2 –.

351 **Die Exploration sollte**

- **an einem fallneutralen Ort und**
- **nicht am vermeintlichen Tatort stattfinden.**

Näheres findet sich auch unter Teil 3 I 6 „Exploration“ (Rn. 324 ff.).

II. Unterscheidung erlebnisbegründeter von nicht erlebnisbegründeter Aussage

Nach empirischen Forschungsergebnissen [85] ist davon auszugehen, dass sich erlebnisbegründete und Aussagen über nicht Erlebtes in ihrer Qualität unterscheiden. Das ist die Ausgangsüberlegung der psychologischen Überprüfung der Aussage, die auch als sog. Undeutsch-Hypothese[86] bekannt ist: **352**

353

Aussagen über Erlebtes
unterscheiden sich qualitativ von
Aussagen über Nichterlebtes!
– Undeutsch-Hypothese –

Die Qualität der Aussage wird mit Hilfe der Realkennzeichenanalyse geprüft.

Undeutsch stellte die Hypothese auf, „daß Aussagen über selbsterlebte Vorgänge sich von lediglich erfundenen Aussagen u.a. durch Merkmale wie Unmittelbarkeit, Farbigkeit, Lebendigkeit, Konkretheit und Detailreichtum unterscheiden müßten“[87].

Das Auffinden von Kennzeichen lässt aber nur dann den Schluss zu, der Zeuge berichtet über etwas, was er erlebt hat, wenn sich das Auffinden der Merkmale nicht auch durch andere Faktoren erklären lässt.

Das kann dann der Fall sein, wenn dem Zeugen die Aussage (bewusst oder unbewusst) suggeriert wurde, er aber von einer subjektiv wahren Aussage ausgeht, oder z.B. auch dann, wenn er einen Sachverhalt, den er in einem anderen Zusammenhang erlebt hat, auf den Beschuldigten überträgt. Daran zu denken ist z.B. auch, ob der Zeuge „auf Grund besonders gut ausgeprägter Kreativität und Fantasie gewisse, den Realkennzeichen entsprechende Aussagemerkmale“[88], produziert. Eine Aussage kann auch deshalb bestimmte Qualitätsmerkmale beinhalten, weil das geschilderte Erlebnis tatsächlich stattgefunden hat, aber mit einer anderen als der beschuldigten Person.

Für jeden der im Einzelfall möglichen Gründe muss eine entsprechende Hypothese (Spezifizierung der Nullhypothese) formuliert und im Rahmen der Begutachtung systematisch geprüft werden[89].

---

85 *Volbert/Steller* in: Venzlaff/Foerster, S. 817 – berichten über eine Reihe von Feld- und Simulationsstudien (z.B. in den USA), in denen der qualitative Unterschied überprüft wurde.

86 Siehe Teil 1 I (Rn. 13 ff.) in diesem Buch.

87 *Köhnken* in: Widmaier, S. 2267; *Undeutsch* in: Undeutsch, S. 26.

88 *Köhnken* in: Widmaier, S. 2267; vgl. *Jansen/Kluck* Sonderheft 1 – Glaubhaftigkeitsbegutachtung –, PdR 2000, 89.

89 *Köhnken* in: Widmaier, S. 2267.

354 **Die Nullhypothese („die Aussage ist unrichtig, sie beruht nicht auf tatsächlich Erlebtem“) kann nur zurückgewiesen werden, wenn**

- **die Aussage hinreichend qualitative Realkennzeichen enthält**

und

- **andere Erklärungen als das eigene Erleben als nicht mit den vorhandenen Tatsachen vereinbar widerlegt wurden.**

Die Aussageanalyse ist somit kein verlässliches Instrumentarium, um herauszufinden, ob der Zeuge sich irrt, da auch (auto- bzw. fremd-) suggerierte Aussagen Realkennzeichen enthalten.

Man unterscheidet auch zwischen bewusst und unbewusst falscher Aussage:

1. Bewusste (intentionale) Falschaussage

355 Es handelt sich um eine Lüge, wenn der Zeuge

- die Aussage erfindet[90] bzw.
- die (gezielt oder irrtümlich) induzierte Falschaussage durch einen Dritten subjektiv als unwahr erkennt und übernimmt.

2. Unbewusste Falschaussage (Irrtum)

356 Der Zeuge unterliegt einem Irrtum, wenn er subjektiv von einer wahren Aussage ausgeht,

- wobei die Aussage durch einen Dritten (gezielt oder irrtümlich) induziert sein kann bzw.
- der Zeuge nur eingeschränkt bzw. nicht zwischen dem eigenem Fantasieprodukt und der Realität unterscheiden kann.

Beim Irrtum geht es um Wahrnehmungs-, Erinnerungs- oder Wiedergabefehler.

In der G*rundsatzentscheidung*[91] hat der *BGH* danach gefragt, ob es sich um eine bewusste Falschaussage, eine auto- oder fremdsuggerierte Aussage, besonders bei Kindern um eine unbewusste, ihren eigenen Erinnerung zuwider veränderte Aussage handelt, um „den von ihnen angenommenen Erwartungen eines Erwachsenen, der sie befragt, zu entsprechen oder um sich an dessen vermuteter größerer Kompetenz auszurichten oder ob vorhandene Erinnerungslücken infolge eines Bemühens um Konsistenz ‚konstruktiv geschlossen‘ worden sind.“

90 So z.B. i.F.d. gezielten Transfers eines eigenen Erlebnisses oder einer sonstigen Wahrnehmung auf den Beschuldigten.

91 *BGH* [1 StR 618/98] BGHSt 45, 164 = NJW 1999, 2746 = NStZ 2000, 100 = StV 1999, 473 = BGHR StPO § 244 Abs. 4 S. 1 Sachkunde 9 = StraFo 1999, 340 = PdR 1999, 113.

In der *BGH-Grundsatzentscheidung* ging es darum, dass die behaupteten Taten teilweise bereits mehrere Jahre zurücklagen, die Zeugin bei Begehung der Taten noch sehr jung war, sie die Taten vor der Begutachtung bereits mehrfach in unterschiedlichen Gesprächssituationen geschildert hatte und ihre Angaben überwiegend gegenüber Erwachsenen (Großmutter, Zeugen Jehovas, Polizei, Richter) erfolgten.

III. Hypothesengeleitete Aussagebeurteilung[92]

1. Hypothesengeleitetes Vorgehen – Nullhypothese

Aussagepsychologische Beurteilung erfolgt hypothesengeleitet. Der *BGH* hat in der **357**
Grundsatzentscheidung zu aussagepsychologischen Gutachten erstmals den aus der Experimentalpsychologie herrührenden Begriff der *Nullhypothese* übernommen. Es geht um die wissenschaftlichen Anforderungen, die an die Glaubhaftigkeitsbegutachtung zu stellen sind.

Hintergrund ist – wie *Köhnken*[93] verdeutlicht –, dass „jegliche Wahrnehmung durch Hypothesen gesteuert und interpretiert wird", d.h. in die Bildung von Hypothesen gehen von Anfang an Voreinstellungen und subjektive Einstellungen mit ein, die häufig aber nicht expliziert werden. Um sich vor einer Immunisierung vorgefasster Überzeugungen zu schützen, ist deshalb eine systematische Prüfung aller relevanten Hypothesen vonnöten.

Zur Historie der Hypothesenbildung erläutert *Kluck*: „Der Ansatz einer Forschungsstrategie, die sich wissenschaftstheoretisch am Modell der ‚Falsifizierbarkeit' von Hypothesen orientiert (Kritischer Rationalismus, z.B. Popper, 1969, Lakatos, 1970), entwickelte sich erst ab den siebziger Jahren als eine der wichtigsten Grundlagen psychologischer Forschung (und daraus abgeleiteter Anwendung wie in der Rechtspsychologie; s. dazu z.B. Schneewind, 1977). Der derzeitige Stand der empirischen ‚Glaubhaftigkeitsforschung' zeigt, dass die Beurteilung der Glaubhaftigkeit von Zeugenaussagen eine hochkomplexe Aufgabe ist, bei der die Annahme und Überprüfung einiger weniger Voraussetzungen oder Einflussfaktoren auf die Aussage nicht ausreicht. Vielmehr müssen Forschungsergebnisse aus einer Reihe psychologischer Grundlagendisziplinen dabei berücksichtigt werden; beispielhaft sei hier nur auf gedächtnispsychologische, entwicklungspsychologische, sozialpsychologische und motivationspsychologische Variablen hingewiesen (ausführliche Darstellungen einzelner Variablen und ihrer Einflussmöglichkeiten auf Zeugenaussagen finden sich in der einschlägigen Fachliteratur, z.B. bei *Greuel et al.*, 1998, mit zahlreichen weiteren Literaturhinweisen). – Mangelnde Kenntnis über die Faktoren,

---

92 Vgl. auch *Jansen* in: AG StrafR, S. 571.

93 *Köhnken* in: Widmaier, S. 2267; vgl. auch die Ausführungen unter Teil 3 VIII „Fehlerquellenanalyse" (Rn. 594 ff.).

welche die Zuverlässigkeit einer Aussage beeinflussen können, verhindert, dass diese in die Hypothesenbildung einbezogen und dann im Einzelfall auch geprüft werden."

In der Grundsatzentscheidung zu aussagepsychologischen Gutachten erläutert der *BGH*[94]:

BGH [1 StR 618/98]

Das methodische Grundprinzip besteht darin, einen zu überprüfenden Sachverhalt (hier: Glaubhaftigkeit der spezifischen Aussage) so lange zu negieren, bis diese Negation mit den gesammelten Fakten nicht mehr vereinbar ist. Der Sachverständige nimmt daher bei der Begutachtung zunächst an, die Aussage sei unwahr (sog. *Nullhypothese*). Zur Prüfung dieser Annahme hat er *weitere Hypothesen* zu bilden. Ergibt seine Prüfstrategie, daß die *Unwahrhypothese* mit den erhobenen Fakten nicht mehr in Übereinstimmung stehen kann, so wird sie verworfen, und es gilt dann die *Alternativhypothese*, daß es sich um eine wahre Aussage handelt".

358 **Nullhypothese.** Der Sachverständige nimmt bei der Begutachtung zunächst an, die Aussage des Zeugen ist unwahr, das, was er berichtet, hat er nicht erlebt.[95]

359 **Hypothesengenerierung.** Die Nullhypothese geht davon aus, dass die vorliegende Aussage anders als durch eigene Wahrnehmungen erklärt werden kann. Zu prüfen ist, welche Erklärungsmöglichkeiten dafür in dem konkreten Fall in Betracht kommen können, und demgemäß sind die Spezifizierungen zu bilden und zu prüfen. Erst wenn diese plausibel ausgeschlossen werden können, ist der Schluss gerechtfertigt, dass die Aussage mit hoher Wahrscheinlichkeit auf Erlebtem beruht, also realitätsbegründet ist und nicht aufgrund von anderen Einflüssen oder Verfälschungen zustande gekommen ist.

Umgekehrt geht man, wenn eine der Spezifizierungen nicht widerlegt werden kann, vom Fortgelten der Nullhypothese aus, ein eindeutiger Rückschluss auf eine Erlebnisgrundlage ist dann nicht mehr möglich. Diese Vorgehensweise entspricht dem wissenschaftlichen sog. ‚Popper'schen Falsifikationsprinzip'[96].

Das bedeutet, dass die Feststellung einer bestimmten Aussagequalität *für sich genommen* bedeutungslos ist, wenn sie nicht in Bezug zu untersuchten und ausgeschlossenen alternativen Erklärungen gesetzt wird.

94 *BGH* [1 StR 618/98] BGHSt 45, 164 = NJW 1999, 2746 = NStZ 2000, 100 = StV 1999, 473 = BGHR StPO § 244 Sachkunde 9 = StraFo 1999, 340 = PdR 1999, 113; vgl. auch *Schulz-Hardt/Köhnken* PdR 2000, 60.

95 Ausführliche Erläuterungen dazu, dass es sich um eine Arbeitshypothese handelt, die nicht zur Diskriminierung von Opfern und auch nicht zur Abschaffung des Zweifelgrundsatzes führen soll, finden sich bei *Steller/Volbert* Sonderheft 1, PdR 2000, 102 und *Boetticher* in: Barton, S. 55.

96 *Köhnken* in: Deckers/Köhnken, S. 1.

Hinweis

Auch wenn Gutachter die Anwendung des Nullhypothesen-Prinzips behaupten, beachten sie bei genauerem Hinsehen das Prinzip dann aber häufig nicht konsequent. Gutachten leiden oft darunter, dass relevante Hypothesen gar nicht erst aufgestellt werden und deshalb auch nicht nach dazu passenden Informationen gesucht wird. Vielfach machen sich Gutachter ihre einseitige Hypothesenbildung nicht bewusst und unterziehen sie deshalb auch keiner kritischen Prüfung.

Mit der Aufstellung geeigneter Hypothesen zu möglichen Quellen der Aussage steht und fällt das Gutachten. Die Hypothesen bestimmen, welche diagnostischen Verfahren angewandt, welche Daten erhoben, unter welchen Gesichtspunkten sie ausgewertet und wie sie schließlich zu einer abschließenden Diagnose integriert werden. Wenn an dieser Stelle Fehler gemacht werden, wenn z.B. relevante Hypothesen nicht aufgestellt und geprüft wurden, ist die Gefahr einer falschen Schlussfolgerung zur Glaubhaftigkeit außerordentlich groß.[97]

Flexible Vorgehensweise des Sachverständigen. Der Sachverständige muss bei 360
der Hypothesenbildung flexibel vorgehen.

Hinweis

Der Sachverständige darf die Hypothesen nicht stereotyp abarbeiten.

Köhnken[98] erläutert, dass bei der Begutachtung „an verschiedenen Stellen Rückschleifen zu bereits durchlaufenen Stadien erforderlich werden können (Wegener/Steller 1986; Amelang/Schmitz-Atzen 2006; Jäger 1986; Westhoff/Kluck 1998; Kammski 1970.). So können sich z.B. im Rahmen der Befunderhebung neue Hypothesen ergeben, die eine Rückschleife zu den Stufen 2 und 3 erfordern können. Es ist auch möglich, dass auf der Grundlage der erhobenen Befunde keine hinreichend zuverlässige Entscheidung über die aufgestellten Hypothesen möglich ist und deshalb noch einmal auf die Stufe der Auswahl diagnostischer Verfahren zurückgekehrt werden muss."

2. Ausschlussmethode

Anerkannt ist, „nur nach der Methode des Ausschließens falscher Hypothesen vor- 361
zugehen"[99]. Mit einer Aneinanderreihung von Hypothesenbestätigungen ist nämlich allein keine Sicherheit darüber zu gewinnen, dass die Hypothese korrekt ist. Die Annahme der Wahrhypothese oder das gleichwertige Gegenüberstellen zweier oder mehrerer Varianten führt nur zu selbstbestätigenden Ergebnissen mit dem Risiko

97 Vgl. *Köhnken* in: Widmaier, S. 2267.
98 *Köhnken* in: Widmaier, S. 2267.
99 Vgl. grundlegend *Oswald* in: Hell/Fiedler/Gigerenzer, S. 192.

eines unkorrekten Ergebnisses.[100] Deshalb kommt es darauf an, dass eine negative Teststrategie eingehalten wird.

362 **Nullhypothese = Ausschlussprinzip**

Unwahrannahme = Negative Teststrategie

Hinweis

Bei vielen Gutachten entsteht der Eindruck, der Sachverständige konzentriere sich auf die Prüfung der Hypothese der bewussten Falschaussage, indem er – „in einseitiger Weise auf Indikatoren der Wahrheit ausgerichtet" – gezielt nach Realkennzeichen sucht. Aus der „Existenz irgendwelcher Kennzeichen dieser Art schließt (er; d.A.) auf die Wahrheit der Aussage, weil zumindest einige dieser Kennzeichen in dem Text zu finden sind"[101].

3. Relevante und eng am Sachverhalt ausgerichtete Hypothesenbildung

363 **BGH [1 StR 618/98]**

„Die Bildung relevanter Hypothesen ist daher von ausschlaggebender Bedeutung für Inhalt und (methodischen) Ablauf einer Glaubhaftigkeitsbegutachtung.

Sie stellt nach wissenschaftlichen Prinzipien einen wesentlichen, unerläßlichen Teil des Begutachtungsprozesses dar (**...**)."

364 Wichtig ist, dass der Sachverständige alle im konkreten Fall in Betracht kommenden Hypothesen prüft. Damit steht und fällt das Gutachten: „Zu Hypothesen, die nicht aufgestellt werden, werden auch keine Informationen gesucht. Genau hier liegt einer der folgenschwersten Fehlerquellen bei (nicht nur) aussagepsychologischen Gutachten"[102].

Dabei sind die Spezifizierungen eng am Sachverhalt auszurichten und nicht nur stereotyp – anhand der in der in der Literatur genannten Beispiele, etwa bei *Greuel*[103] – zu bilden:

---

100 *Vom Schemm/Köhnken* in: Volbert/Steller, Handbuch der Rechtspsychologie, S. 323; *Schulz-Hardt/Köhnken* PdR 2000, 60, vgl. zur hypothesengeleiteten Diagnostik auch die Ausführungen von *Westhoff/Kluck* S. 195, *Greuel et al.* S. 50 und *Jansen/Kluck* Sonderheft 1 – Glaubhaftigkeitsbegutachtung, PdR 2000, 89 – deshalb dogmatisch unzutreffend *Bender/Nack/Teuer* S. 121 zur 50/50-Hypothese.

101 *Fiedler/Schmid* BGH-Gutachten.

102 *Köhnken* in: Deckers/Köhnken, S. 1.

103 *Greuel* S. 263 ff.*;* *Greuel* PdR 1997, 154.

BGH [1 StR 618/98]

„Zu berücksichtigen sind allerdings nicht alle denkbaren, sondern nur die im konkreten Fall nach dem Stand der Ermittlungen realistisch erscheinenden Erklärungsmöglichkeiten (Gutachten Prof. Dr. Fiedler; Steller Recht & Psychiatrie 1998, 11, 13 f.)."

4. Pseudodiagnostisches Hypothesentesten – Konfirmatorische Teststrategie

Unter der konfirmatorischen Teststrategie, die auch als pseudodiagnostisches Hypothesentesten bezeichnet wird, versteht man eine einseitige Suche nach der die Vorannahme bestätigenden Annahmen. Erwartungskonträre Daten werden nicht berücksichtigt, „mehrdeutige Informationen so (um-)interpretiert, daß sie ebenfalls die Ausgangshypothese stützen. Dagegen werden damit nicht zu vereinbarende Informationen ignoriert, bagatellisiert oder umgedeutet"[104]. **365**

Pseudodiagnostisches Hypothesentesten beinhaltet: **366**

- Vorannahme
- einseitige Suche nach bestätigenden Hypothesen
- entgegenstehende Daten nicht zu berücksichtigen
- mehrdeutige Informationen umzudeuten, so dass sie die Vorannahme bestätigen
- entgegenstehende Informationen zu ignorieren, bagatellisieren, umzudeuten

Gefahr der Voreinstellung. Voreinstellungen können die Bildung von Hypothesen wesentlich (falsch) bestimmen. **367**

Vom Schemm/Köhnken[105] erläutern die Gründe dafür, die in kognitiven Prozessen, konfirmatorischen und motivationalen Teststrategien bestehen können:

- Intensive gedankliche Beschäftigung mit einer Hypothese
- Selektive Speicherung und selektiver Abruf von zur Hypothese passendem Informationsmaterial
- Hypothesenkonsistente Interpretation uneindeutiger Informationen
- „Affirmation Bias" bei der Schlussfolgerung aus den vorliegenden Erkenntnissen[106]

104 Vgl. *Oswald* in: Hell/Fiedler/Gigerenzer, S. 189.

105 *Vom Schemm/Köhnken* in: Volbert/Steller, Handbuch der Rechtspsychologie, S. 322; vgl. auch *Vom Schemm/Dreger/Köhnken* FPPK 2008, 20.

106 „Personen reagieren stärker auf das Auftreten als auf das Ausbleiben bestimmter Sachverhalte. Die Anwesenheit von hypothesenkonsistenten Informationen bekommt dadurch mehr Gewicht als deren Abwesenheit. Dies kann dazu führen, dass eine Hypothese als scheinbar bestätigt betrachtet wird, obwohl tatsächlich nur wenige Belege dafür vorhanden sind."

Kluck[107] mahnt: „Unterzieht der Gutachter seine Hypothesenbildung nicht einer selbstkritischen Prüfung, so besteht die Gefahr, dass nur solche Hypothesen gebildet werden, die mit den impliziten Erwartungen des Diagnostikers in Einklang zu bringen sind. Diagnostische Vorgehensweisen, die dann auf einer solchen – einseitigen – Hypothesenbildung aufbauen, tendieren dazu, auch nur einseitig nach konfirmatorischen Informationen zu suchen, d.h. erwartungskonträre Daten erhalten erst gar keine ‚Auftretenschance' (s. dazu auch: *Oswald* in Fiedler et al., 1993, S. 189 ff.; auch *Poundstone*, 1992; *Sagan*, 1997): Hypothesenkonforme Daten haben aber im kognitiven System des Gutachters dissonanzreduzierende Wirkungen; Dissonanzreduktionen wiederum wirken positiv verstärkend in Richtung der Beibehaltung bisheriger Strategien".

368 **Theorie der kognitiven Dissonanz**. Nach der Theorie der kognitiven Dissonanz[108] führen vorgefasste Meinungen und Überzeugungen zu einem Verhalten, das ausschließlich darauf gerichtet ist, Beweise und Bestätigungen für die Richtigkeit der Überzeugungen zu finden. Dazu im Widerspruch stehende Informationen und Auffassungen werden deutlich gemieden bzw. ihre Stichhaltigkeit geleugnet. Anders ausgedrückt: Bei der *Suche nach Informationen* aufgrund einmal getroffener Entscheidungen lösen der eigenen Überzeugung widersprechende (d.h. dissonante) Informationen einen Spannungszustand aus, der dadurch reduziert wird, dass bevorzugt jene Informationen gesucht werden, die die vorhandenen Überzeugungen bestätigen, während diejenigen, die ihnen widersprechen, gemieden werden. Dieser Effekt tritt besonders bei starker emotionaler Belastung ein. Diskrepante Informationen werden nur dann gesucht, wenn sie als leicht widerlegbar angesehen werden. Personen, die versuchen, zuvor wahrgenommene Informationen über eine andere Person zu erinnern, *erinnern* sich vor allem an solche Ereignisse, die die eigenen Überzeugungen fördern und bestätigen, und zwar selbst dann, wenn diese Überzeugungen falsch sind. Durch solche konfirmatorischen Strategien der Erinnerung und Informationsverarbeitung wird es mit der Zeit immer wahrscheinlicher, dass anfängliche Vermutungen sich nach und nach zu akzeptierten, vermeintlich feststehenden Tatsachen entwickeln.

Untersuchungen werden oft nicht als das Prüfen von Hypothesen oder das Entscheiden zwischen verschiedenen Hypothesen aufgefasst, sondern als Beweisführung für die Richtigkeit einer einzigen Hypothese, eben der eigenen, vorgefassten Überzeugung.

369 **Folgen der selektiven Informationssuche:** Werden von dem Sachverständigen Informationen nur selektiv gesucht, ist die Gefahr groß, dass Ereignisse beschrieben werden, die gar nicht oder zumindest nicht in der geschilderten Form stattgefunden

107 *Kluck* in: Jansen/Kluck PdR 2000, 89; vgl. auch *Westhoff/Kluck*.

108 *Festinger* A theory of cognitive dissonance, 1957, Theorie der kognitiven Dissonanz 1978. *Festinger/Riecken/Schachter* When prophecy fails, 1964 – vgl. auch Teil 3 VIII (Rn. 629 ff.).

haben. Haben die Befragten vielleicht zunächst nur geantwortet, um dem unerträglichen Befragungsdruck zu entgehen, können sich Antworten verfestigen und zu vermeintlichen Erinnerungen an fiktive Ereignisse werden. Mit jeder weiteren Befragung kann sich die subjektive Sicherheit erhöhen. Für die Aussageanalyse bedeutet das, dass eine Realkennzeichenanalyse nicht möglich ist, wenn die Person subjektiv von der Richtigkeit der suggerierten Inhalte überzeugt ist. Damit kommt der Prüfung der Entstehungsgeschichte der Aussage zentrale Bedeutung im Rahmen der Glaubhaftigkeitsbeurteilung der Aussage zu.[109] In dieser Deutlichkeit kann man das auch der veröffentlichten Darstellung von *Volbert*[110] in der Zeitschrift Forensische Psychiatrie Psychologie Kriminologie entnehmen.

Überzeugungsbildung bei unklarer, nicht vorhandener bzw. widersprechender Grundlage. Erstaunlich wirkt, dass es auch zu Überzeugungen kommen kann, für die es keine klare, überhaupt keine oder gerade eine diesen widersprechende Grundlage gibt. Besonders „anfällig" ist der Bereich des sexuellen Missbrauchs, da vielfach auch Ermittler, Richter oder Sachverständige dazu neigen, den Verdacht zu bestätigen. Das kommt vor allem deshalb vor, weil sexuellen Missbrauchsfällen nicht nüchtern prüfend, sondern mehr emotional begegnet wird. Hinzu kommt, dass es keinen Beweis gibt, mit dem sich ein sexueller Missbrauch eindeutig ausschließen ließe. Das begünstigt die Verfestigung der Voreinstellung nach dem Motto: man kann auch nicht beweisen, dass der Verdacht falsch ist. Fehlen zuverlässige Hinweise, wird der Verdacht deshalb auch nicht verworfen, sondern kann sogar immer mehr an subjektiver Überzeugungskraft gewinnen[111]. 370

Neigung zur Bestätigung der zu testenden Hypothese. *Schulz-Hardt/Köhnken*[112] erläutern, dass die Neigung, die zu testende Hypothese zu bestätigen, auf kognitiven oder motivationalen Prozessen wie auch auf einer selbstbestätigenden (konfirmatorischen) Teststrategie beruhen kann: 371

- **Zu den kognitiven Prozessen:** 372
  - *Vermehrte gedankliche Beschäftigung* mit der Hypothese kann zu der Annahme führen, ein Ereignis komme häufiger vor.
  - *Hypothesenkonsistente und hypotheseninkonsistente* Informationen werden besser erinnert werden als Informationen, die für die Hypothese *neutral* sind.
  - *Fehlt es an Informationen*, die nur bei Nichtvorliegen der Straftat auftreten (solche gibt es für sexuellen Missbrauch – wie erwähnt – nicht), führt dies zu einer einseitigen Begünstigung hypothesenkonsistenter Informationen „und somit dazu, dass man den Anteil vermeintlich ‚verdächtiger' Details systematisch überschätzt"[112].

---

109 Vgl. statt vieler *Kanning* Die Psychologie der Personenbeurteilung, 1999.
110 *Volbert* FPPK 2008, 12.
111 Vgl. auch *Schulz-Hardt/Köhnken* PdR 2000, 60.
112 *Schulz-Hardt/Köhnken* PdR 2000, 60.

– *Uneindeutige Details* wie z.B. mehrdeutige Äußerungen und Verhaltensweisen des Zeugen werden hypothesenkonform interpretiert. Diese getestete Hypothese wird dann wieder zur besonders nahe liegenden Hypothese für die weitere Prüfung.[113]

Menschen reagieren stärker auf das Auftreten als auf das Ausbleiben von Informationen, so dass auch schon eine nur geringe Anzahl verdächtiger Informationen die angenommene Hypothese bestätigt. Je weniger Vorstellungen man darüber hat, welche Informationen man beim Zutreffen der Hypothese finden müsste, umso weniger registriert man ausbleibende Informationen.

373 • **Zu den motivationalen Prozessen:**
– Hypothesentestung dient der Vermeidung von Fehlern.
– Die fälschliche Annahme einer Hypothese oder die fälschliche Verwerfung werden von dem Tester subjektiv unterschiedlich empfunden.
– Erscheint ihm die fälschliche Zurückweisung der Hypothese schwerwiegender, wird er schon bei nur schwachen Informationen die Hypothese annehmen[114]. So genügt vielen Sachverständigen fehlerhaft schon das Auffinden einiger weniger wenig aussagekräftiger Glaubhaftigkeitsmerkmale, um – vielfach auch noch ohne diese in Bezug zu der Aussagekompetenz des Zeugen zu stellen – hierin einen zutreffenden Beleg für die Zurückweisung der Hypothese der bewussten Falschaussage zu sehen.[115]

Beachtenswert erscheint, dass diese *selbstbestätigende Hypothesentestung* sich um so stärker auswirkt, je stärker man von der Richtigkeit der getesteten Hypothese überzeugt ist. Die Annahme, jemand habe eine bestimmte Straftat begangen, kann regelrecht einen Kreisprozess der Selbstbestätigung in Gang setzen, der kaum noch zu durchbrechen ist.

374 **Unterschiede des diagnostischen und nur pseudodiagnostischen Hypothesentestens.** *Vom Schemm/Köhnken*[116] erläutern die Unterschiede des diagnostischen und nur pseudodiagnostischen Hypothesentestens:

113 *Schulz-Hardt/Köhnken* PdR 2000, 60; *Köhnken* in: Fabian/Nowara, S. 89.

114 *Schulz-Hardt/Köhnken* PdR 2000, 60.

115 *Schulz-Hardt/Köhnken* PdR 2000, 60 berichten über eine Untersuchung, wonach es im Durchschnitt als schlimmer angesehen wurde, ein sexueller Missbrauchsverdacht werde nicht aufgeklärt, als wenn ein Unschuldiger zu Unrecht beschuldigt werde. Von dieser „asymmetrischen Wahrnehmung" profitiert im Übrigen auch die Entwicklung der „Sicherheitsgesetzgebung".

116 *Vom Schemm/Köhnken* in: Steller/Volbert, Handbuch der Rechtspsychologie, S. 322; vgl. auch *Vom Schemm/Dreger/Köhnken* FPPK 2008, 20.

Diagnostisches Vorgehen:	Ein diagnostisches Vorgehen zeichnet sich z.B. dadurch aus, dass immer auch die Alternativhypothese(n), die mögliche Fehlerhaftigkeit von Informationen und die Basisrate[117] der zu testenden Hypothese berücksichtigt werden. Außerdem werden aktiv diagnostische Informationen gesucht (Trope & Bassok, 1982[118]).
Pseudodiagnostisches Testen	Das pseudodiagnostische Testen unterscheidet sich von dem Testen diagnostischen Testen in drei bedeutsamen Punkten (vgl. Schulz-Hardt & Köhnken, 2000[119]; Trope & Liberman, 1996[120]):

- *Ignorieren der Alternativhypothese.*
  Beim pseudodiagnostischen Testen untersuchen Personen nur, ob und ggf. wie gut die vorhandenen Erkenntnisse mit der zu testenden Hypothese vereinbar sind. Ob sie auch mit der Alternativhypothese vereinbar sind, wird außer Acht gelassen (Beyth-Marom & Fischhoff, 1983[121]).
- *Ignorieren der möglichen Unzuverlässigkeit von Informationen.*
  Informationen können unterschiedlich zuverlässig oder fehlerbehaftet sein, was bei deren Bewertung in einem pseudodiagnostischen Vorgehen unberücksichtigt bleibt (Trope, 1978[122]).
- *Ignorieren der Basisrate.*
  Bei einer pseudodiagnostischen Teststrategie werden die zu testende Hypothese und ihre Alternativhypothese(n) häufig als gleichwahrscheinlich angenommen – und zwar unabhängig von den tatsächlichen Basisraten (Bar-Hillel, 1980[123]).

---

117 Zur Basisrate: Sie gibt an, wie häufig ein Ereignis in einer bestimmten nach allgemeinen Kriterien definierten Menge vorkommt, vgl. auch *Volckart* Zur Bedeutung der Basisrate in der Kriminalprognose, Recht und Psychiatrie 2002, 105.

118 *Trope & Bassok*, Information-gathering strategies in hypothesis-testing, Journal of Experimental Social Psychology, 1982, 560 – zitiert nach Vom Schemm/Köhnken in: Volbert/Steller, Handbuch der Rechtspsychologie, S. 322.

119 *Schulz-Hardt/Köhnken* PdR 2000, 60.

120 *Trope & Liberman* Social hypothesis testing: Cognitive and motivational mechanisms, in: Higgins & Kruglanski, Social psychology. Handbook of basic principles, 1996, S. 239 – zitiert nach Vom Schemm/Köhnken in: Volbert/Steller, Handbuch der Rechtspsychologie, S. 322.

121 *Beyth-Marom & Fischhoff* Diagnosticity and pseudodiagnosticity, Journal of Personality and Social Psychology 1983, 1185 – zitiert nach Vom Schemm/Köhnken PdR 2000, 60.

122 *Trope* Interferences of personal characteristics on the basis of information retrieved from one's memory, Journal of Personality and Social Psychology 1978, 93 – zitiert nach Vom Schemm/Köhnken PdR 2000, 60.

123 *Bar-Hillel* The base rate fallacy in probability judgements, Acta Psychologica,1980, 1 – zitiert nach Vom Schemm/Köhnken in: Volbert/Steller, Handbuch der Rechtspsychologie, S. 322.

5. Hypothesenbildung ist kein abgeschlossener Prozess

375 *Greuel*[124] erläutert, dass „der Prozeß der Hypothesengenerierung kein in sich abgeschlossener und damit statischer, sondern vielmehr am diagnostischen Gesamtprozeß ausgerichtet und insofern reflexiv ist (Greuel et al. 1998)“.

IV. Spezifizierungen der Nullhypothese

376 In der Aussagepsychologie unterscheidet man zwei große Gruppen, nämlich die bewusste Falschaussage und suggestionsbedingt irrtümliche Falschaussage.

Im Rahmen der bewussten Falschaussage kann man zwischen der teilweise und der komplett erfundenen Aussage unterscheiden. Dazu gehört auch die Aggravations-, Entharmlosungs- bzw. Modifikationshypothese sowie die Übertragungs- und die Induktionshypothese.

Bei der Suggestionshypothese unterscheidet man zwischen Auto- und Fremdsuggestion.

Köhnken[125] nennt die Erlebnishypothese, die Konfabulationshypothese, die Hypothese einer partiellen Konfabulation, die Übertragungshypothese, Wahrnehmungsübertragungshypothese, die Hypothese einer nichtintentionalen Suggestion und die Instruktionshypothese. *Steller* und *Volbert*[126] formulieren die Modifikationshypothese, auch Aggravations- oder Entharmlosungshypothese, Es geht um Modifikationen in der Aussage. *Volbert*[127] prüft den möglichen Übergang von einer bewussten zu einer unbewusst falschen, denn autosuggerierten Aussage (vgl. auch die Übersicht bei *Greuel*[128]).

1. Hypothese: Vollständig erfundene bewusste Falschaussage (Fantasiehypothese)

377 *Köhnken*[125] erläutert, dass bei der Fantasiehypothese davon ausgegangen wird, „dass die Aussage keinerlei Erlebnisgrundlage hat und vollständig ausgedacht ist. Aus welchem Grund bzw. mit welchem Motiv eine solche Konfabulation erfolgte, ist dabei zunächst unerheblich“.

124 *Greuel* S. 263; vgl. auch *Volbert* in: Volbert/Dahle, S. 18.
125 *Köhnken* in: Widmaier, S. 2267.
126 *Volbert/Steller* in: Venzlaff/Foerster, S. 817.
127 *Volbert* in: Volbert/Dahle, S. 18.
128 *Greuel* S. 263 ff.; *Greuel* PdR 1997, 154.

a) Keine Wahrheitsprüfung

Laienhaft wird dem Aussagepsychologen ab und an vorgeworfen, auch er könne nicht herausfinden, ob der Zeuge die Wahrheit sage. Eine solche Aussage kann er nicht treffen, da die von ihm vorgenommene Prüfung anders konzipiert ist. 378

Volbert erläutert, dass die Wahrannahme einer Aussage aufgrund der Aussageanalyse nicht möglich ist, da wahre Aussagen sowohl eine hohe als auch niedrige Qualität aufweisen können.

So wird z.B. eine kurze Aussage aufgrund der Kürze keine qualitativ hochwertigen Realkennzeichen – wie z.B. phänomengemäße Darstellung unverstandener Handlungselemente, Komplikationen im Handlungsverlauf oder indirekt handlungsbezogene Schilderungen – enthalten, dennoch kann sie inhaltlich „wahr" sein. „Die Prüfstrategie muss daher auf die Unwahrhypothese bzw. mögliche Varianten der Unwahrannahme ausgerichtet sein".

b) Bewusste Falschaussage als Leistung

Steller/Volbert[129] erläutern: „Die inhaltliche Analyse von Aussagen zur Einschätzung ihrer Glaubhaftigkeit ergibt sich aus der Konzeptionalisierung einer Aussage als Leistung. … Es stellt eine schwierige Aufgabe mit hoher Anforderung an die kognitive Leistungsfähigkeit eines Zeugen dar, eine Aussage über ein komplexes Handlungsgeschehen (ohne entsprechende Wahrnehmungsgrundlage) zu erfinden. Daher kann die Hypothese aufgestellt werden, daß erfundene Handlungsschilderungen – je nach gegebener Leistungsfähigkeit des Aussagenden – möglicherweise inhaltlich wenig elaboriert ausfallen; muß doch der lügende Zeuge ein erhebliches Ausmaß seiner kognitiven Energie auf kreative Prozesse und Kontrollprozesse verwenden. Aus dieser kognitiven Theorie des Lügens ergibt sich, daß eine erfundene Handlungsschilderung im intraindividuellen Vergleich wahrscheinlich eine geringere inhaltliche Qualität aufweist als eine wahre Bekundung über ein Erlebnis (vgl. auch Köhnken, 1990, S. 17)." 379

Die Lüge weist weniger inhaltliche Qualität auf als die wahre Aussage[130] 380

Der Lügner muss seine Energie darauf verwenden,

- eine Falschdarstellung plausibel darzulegen,
- diese ggf. spontan zu ergänzen,
- sich die selbst produzierte Information zu merken,
- keine Information zu produzieren, die den Zuhörer skeptisch werden lassen könnte, und
- die eigene Wirkung sowie die Wirkung der Aussage auf den Aussageempfänger zu kontrollieren.

129 *Steller/Volbert* in: Steller/Volbert, S. 12.
130 „im intraindividuellen Vergleich" – *Volbert* FPPK 2008, 12.

Aussagepsychologisch anerkannt ist, dass die „Erfindung einer komplexen Handlungsschilderung ohne entsprechende Wahrnehmung oder Erfahrung eine geistige Leistung mit relativ hoher Anforderung“ darstellt[131] und „das überzeugende Vorbringen einer Lüge kommunikative Kompetenzen“ erfordert. *Steller* erläutert, dass sich aus „diesen beiden Leistungsanforderungen … die empirisch bestätigte Arbeitshypothese der rnerkmalsorientierten Inhaltsanalyse“ ableitet.

c) Qualitäts-Kompetenz-Vergleich

381 **Methodik.** Methodisch ist die Aussagequalität mit der Kompetenz des Aussagenden in Vergleich zu setzen.

382 **Aussagequalität.** Die Aussagequalität bestimmt sich nach aussageimmanenten Realkennzeichen wie auch nach dem Vergleich mehrerer Aussagen im Rahmen der Konstanzanalyse.

383 **Erfindungskompetenz.** *Steller*[132] erklärt, dass es in Glaubhaftigkeitsgutachten „regelmäßig der Kompetenzanalyse als Bezugswissen für die Interpretation der im Einzelfall vorliegenden inhaltlichen Aussagequalität“ bedarf. „Nicht das Vorhandensein von Realkennzeichen an sich, sondern nur das integrierende In-Beziehung-Setzen von Aussagequalität und (Erfindungs-)Kompetenz eines Zeugen ermöglicht eine Schlussfolgerung über die Glaubhaftigkeit einer in Frage stehenden Bekundung“.

Vielfach wird die Kompetenzanalyse fälschlich mit der Beurteilung der Aussagetüchtigkeit gleichgesetzt oder auf diese begrenzt, obwohl die „Aussagetüchtigkeit aber in der Mehrzahl der Begutachtungsfälle als gegeben vorausgesetzt werden kann und nur bei Hinweisen auf einschränkende Bedingungen oder bei explizitem Auftrag diesbezügliche umfangreiche Prüfungen und Erörterungen nötig sind“[131].

384 **Berücksichtigung der Aussageentstehungsgeschichte.** Der Qualitäts-Kompetenz-Vergleich ist unter Berücksichtigung der Entstehung der Aussage (Erstaussage) und ihrer weiteren Entwicklung vorzunehmen.

Zu fragen ist nach den Entstehungsbedingungen der Aussage (nach möglichen Suggestionseffekten und einem möglichen Motiv für eine bewusste Falschbeschuldigung), wie nach dem weiteren Verlauf der Aussage (also nach der Konstanz der Aussage und möglicher suggestiver Einflüsse) unter Berücksichtigung des Akteninhaltes.

131 *Steller* in: Volbert/Steller, Handbuch der Rechtspsychologie, S. 300.
132 *Steller* in: Volbert/Steller, Handbuch der Rechtspsychologie, S. 300 – zur Prüfung der Aussagekompetenz gehören – nach *Steller* – biographische Analyse, Verhaltensbeobachtung, psychometrische Test, ggf. Fantasieprüfung.

Qualitäts-Kompetenz-Vergleich = Konnte der Zeuge die Aussage in der vorliegenden Qualität (Realkennzeichen) **385**

auch ohne Erlebnisgrundlage produzieren (Erfindungskompetenz)

unter

Berücksichtigung von möglichen Einflüssen (Fehlerquellenanalyse)

- Beeinflussung des Zeugen bei der Befragung,
- Motivation zur Falschaussage

Volbert[133] differenziert zwischen personellen und situativen Gesichtspunkten, unter denen die Überprüfung der Frage, ob der Zeuge diese Aussage erfinden kann, erfolgen kann: **386**

Personelle Aspekte:

- autobiographische Gedächtnisleistungen,
- intellektuelle, verbale wie auch Täuschungsfähigkeiten,
- Wissen und Vorerfahrung,
- dispositionelle Besonderheiten und Aussagebereitschaft.

Situative Aspekte:

- Komplexität des fraglichen Ereignisses,
- Befragungsweise,
- Zeitraum zwischen fraglichem Ereignis und Befragung und zwischen verschiedenen Befragungen

Volbert[133] fasst die Prüfung des Qualitäts-Kompetenz-Vergleiches wie folgt zusammen: **387**

Qualitäts-Kompetenz-Vergleich

Die aussageimmanente und übergreifende Qualität der Aussage wird auf der Basis der

- individuellen Kompetenzen,
- Vorerfahrungen,
- dispositionellen Besonderheiten

unter Beachtung der

- Aussagebereitschaft

und unter Berücksichtigung der

- relevanten situativen Bedingungen

bewertet.

Dieser Qualitäts-Kompetenz-Vergleich ermöglicht eine Schlussfolgerung darüber, ob der Aussagende in der Lage war, die vorliegende Aussage zu erfinden oder nicht.

133 *Volbert* in: Volbert/Dahle, S. 18.

d) Täuschung

aa) Erkennen von Täuschungen

388 **Forschungsansätze.** Die Forschung hat sich auf verschiedene Weise mit dem Erkennen von Täuschungen befasst[134], so z.B. mit der psychophysiologischen Aussagebeurteilung (sog. Lügendetektor), dem malingering[135], der laienhaften Beurteilung von Lügen[136], der Erfassung von Persönlichkeitsmerkmalen des Kommunikators[137], der Inhaltsanalyse anhand von Glaubhaftigkeitsmerkmalen[138] und der systematischen Beobachtung von „nonverbalem und paralinguistischem Verhalten, das Hinweisreize (cues) für die Entdeckung von Lügen enthalten soll".

389 **Nonverbale Indikatoren von Täuschung.** Vielfach untersucht ist die Frage, ob nonverbale Verhaltensweisen[139] Indikatoren von Täuschungen sein können. Untersucht sind Verhaltensweisen im Kopf- und Körperbereich (z.B. Blickkontakt, Hand- und Fingerbewegungen), physiologische Reaktionen (z.B. Erhöhung des Blutdrucks), sprachliche Äußerungen (z.B. Erhöhung der Stimme, mit ‚mmh', ‚äh' gefüllte Pausen)[140] .

390 **Fehlerhafte Annahmen.**[141] Vielfach geht die Beurteilung solcher Verhaltensweisen auf einseitige Prämissen zurück, ohne alternative Erklärungsmöglichkeiten in Betracht zu ziehen, so z.B.:

---

134 Darstellung *Sporer/Köhnken* in: Volbert/Steller, Handbuch der Rechtspsychologie, S. 353.

135 Simulieren von Krankheitssymptomen und Persönlichkeitseigenschaften.

136 Vgl. *Fiedler* Lügendetektion aus alltagspsychologischer Sicht, Psychologische Rundschau 1989, 127; *Reinhard/Burghardt/Sporer/Bursch* Alltagsvorstellungen über inhaltliche Kennzeichen von Lügen. Selbstberichtete Begründungen bei konkreten Glaubwürdigkeitsurteilen, Zeitschrift für Sozialpsychologie 2002, 169; *Schmid* Lügen im Alltag – Zustandekommen und Bewertung kommunikativer Täuschungen, 2000 – zitiert nach Sporer/Köhnken in: Volbert/Steller, Handbuch der Rechtspsychologie, S. 353.

137 Z.B. Machiavellismus: *Christie/Geis* Studies in Machiavellianism, 1970; Self-Monitoring: *Miller/deTurck,/Kalbfleisch* Self-monitoring, rehearsal, and deceptive communication, Human Communication Research 1983, 97 – Zitiert nach Sporer/Köhnken in: Volbert/Steller, Handbuch der Rechtspsychologie, S. 353.

138 *Steller/Köhnken* 1989.

139 Vgl. *Sporer/Köhnken* in: Volbert/Steller, Handbuch der Rechtspsychologie, S. 353.

140 *Ekman* Telling lies. Clues to deceit in the marketplace, politics, and marriage, 1992 – zitiert nach Sporer/Köhnken in: Volbert/Steller, Handbuch der Rechtspsychologie, S. 353.

141 Sie werden durch empirische Untersuchungen nicht bestätigt – vgl. *De Paulo/Lindsay/Malone/Muhlenbruck/Charlton/Cooper* Cues to deception, Psychological Bulletin 2003, 74 – zitiert nach Sporer/Köhnken in: Volbert/Steller, Handbuch der Rechtspsychologie, S. 353.

- **Annahme** Beim Lügen nimmt die Erregung zu, die sich im nonverbalen Verhalten zeigt.
  Alternative
  Erregung kann auch bei dem Aussagenden auch aus Angst bestehen, ihm werde nicht geglaubt.
- **Annahme** Lügen wird begleitet von Furcht vor Entdeckung, Schuld oder Scham, was sich in nonverbalem Verhalten zeigt.
  Alternative
  Lügner versuchen Verhaltensweisen, von denen sie annehmen, sie könnten sie als Lügner entlarven, zu vermeiden. Das setzt ein entsprechendes Wissen oder eine entsprechende Vereinbarung voraus und, dass das Unterdrücken auch gelingt (es gelingt besser im Gesichtsbereich, schlechter bei Arm- und Handbewegungen).

Die Entdeckung von Täuschung ist eine komplexe Aufgabe, die vielen Personen schwer fällt, auch Berufsgruppen, die mit der Beurteilung von Aussagen befasst sind, erreichen nur Trefferquoten im Bereich der Zufallswahrscheinlichkeit, weil sie sich bei ihren Einschätzungen auf Verhaltensweisen stützen, die tatsächlich nicht mit Täuschungen assoziiert werden.

Wissenschaftliche Untersuchungen bestätigen immer wieder, dass „es keine einfachen Patentrezepte für die Entdeckung von Lügen anhand nonverbaler und paraverbaler Verhaltensweisen gibt“. [142]

Näheres dazu findet sich unter Teil 2 IV „Ausdrucksverhalten“ (Rn. 264 ff.).

bb) Täuschungsfähigkeit

Wenig untersucht ist, in welchem Verhältnis die individuelle Täuschungsfähigkeit **391**
zur Qualität der Aussage steht. Aussagepsychologen versuchen, die Fantasiefähigkeit des Zeugen zu überprüfen, indem sie ihn bitten, eine möglichst dramatische Geschichte zu einem vorgegebenen Thema sich auszudenken. *Steller*[143] erläutert, dass es zuweilen auch angezeigt sein kann, „von der Aussageperson nachweisbar wahre und nachweisbar unwahre Darstellungen zu erfragen, um auf diese Weise eine Vergleichsgrundlage für die zu beurteilende Aussage zu erhalten (Offe & Offe, 2000)“.

Hinweis

Zeugen, die meist ohnehin kritisch einer Begutachtung gegenüberstehen, können den Hintergrund der Prüfung vielfach jedoch leicht durchschauen, was bei der Bewertung durch den Sachverständigen oftmals aber nicht berücksichtigt wird.

142 *Sporer/Köhnken* in: Volbert/Steller, Handbuch der Rechtspsychologie, S. 353; *Köhnken* in: Widmaier, S. 2267.

143 *Steller* in: Volbert/Steller, Handbuch der Rechtspsychologie, S. 300.

392 **Täuschungsfähigkeit setzt voraus:**

- **die Unterscheidung** zwischen Wahrheit und Lüge, Fantasie und Realität
- **die Vorstellung**, was der andere denkt[144]
- **die Erfindung einer plausiblen Aussage**[145]
- die Vorstellung, welche **Merkmale (un)glaubwürdiges Aussageverhalten charakterisieren** (Stereotypenwissen)[146]
- die **konstante Wiedergabe** der erfundenen Aussage[147]

cc) Täuschungsstrategien

393 **Täuschungsstrategien von Kindern.** *Volbert*[147] zeigt je nach Alter des Kindes die unterschiedlichen Täuschungsfähigkeiten auf. Danach können Kinder im Alter von 4 Jahren einfache Täuschungen (z.B. Verschweigen von Normüberschreitungen) durchführen, Kinder im Alter zwischen 6 und 7 Jahren bemühen sich, ihre Antworten an ihren Falschaussagen auszurichten, mit 7 bzw. 8 Jahren können Kinder die Erwartungshaltung, die der andere an ihr Wissen hat, reflektieren und ihre Antwort daran ausrichten.

394 **Täuschungsstrategien von Jugendlichen.** Jugendliche vermeiden besonders Merkmale, die die Zeugenkompetenz betreffen, wie „etwa Erinnerungsbemühungen, Unsicherheiten oder spontanes Korrigieren, … aber auch schwierigkeitsbasierte Merkmale einer inhaltlich unauffälligen Aussage wie ungewöhnliche Details, und unerwartete Handlungskomplikationen“[148].

395 **Täuschungsstrategien Erwachsener.** Untersuchungen zeigen, dass Erwachsene die meisten Glaubhaftigkeitsmerkmale für bedeutsam halten.

396 **Unproblematische Täuschungsstrategien** für – normal begabte – Erwachsene (bei ausreichender Vorbereitungszeit)[149]

- Emotionsschilderungen in die Falschaussage einfließen lassen,
- Widersprüche vermeiden

Obwohl Emotionsschilderungen strategisch in eine bewusst falsche Aussage einfließen, lassen sich Beurteiler erheblich von Emotionalität beeinflussen. Auch ver-

144 Etwa ab dem 4. Lebensjahr verfügen Kinder über diese Fähigkeit – vgl. *Niehaus* FPPK 2008, 48.

145 Gezielte Täuschungen sind bei Kindern erst ab dem Schulalter zu erwarten – vgl. *Niehaus* FPPK 2008, 48.

146 Kinder erlernen Lügenstereotype und Täuschungsstrategien im Rahmen der sozialen Interaktion, die mit zunehmender Leistungsfähigkeit und durch Rückmeldungen des sozialen Umfeldes verfeinert werden – *Niehaus* FPPK 2008, 46.

147 *Volbert* in: Volbert/Dahle, S. 18.

148 *Niehaus* FPPK 2008, 46 – vgl. Pkt. 4c „Selbstpräsentation“ in diesem Teil.

149 *Niehaus* FPPK 2008, 46.

lassen sie sich auf „die Aussagekraft logischer Konsistenz", obwohl auch das ein leicht zu simulierendes Merkmal ist, um dessen Erfüllung auch der Lügner bemüht ist. *Niehaus*[150] befürchtet, dass „diagnostisch aussagekräftige Merkmale nicht nur nicht positiv zur Kenntnis genommen werden, sondern aufgrund stereotyper Vorstellungen Vertretern der Ermittlungsbehörden sogar zur Skepsis Anlass geben".

Schwer zu produzieren und strategisch vermieden werden z.B. unstrukturierte Aussagen und ungewöhnliche Details.

Bislang ist wenig darüber bekannt, was Personen charakterisiert, die eine qualitativ hochwertige Aussage ohne Erlebnisbezug produzieren können. Man vermutet, dass es sich um intellektuell gut Begabte mit einem elaborierten täuschungsstrategischen Wissen handelt, die die eigene Person nicht uneingeschränkt positiv darstellen.[151]

Verheimlichung der Täuschung. Der Täuschende muss um die Verheimlichung **397**
der Täuschung bemüht sein.[152]

e) Merkmalsorientierte Inhaltsanalyse

aa) Methodik

Der methodische Ansatz zur Anwendung der merkmalsorientierten Inhaltsanalyse **398**
basiert auf zwei Annahmen *(Köhnken*[153], *Volbert/Steller*[154], *Niehaus*[155]):

- **Kognitive Überforderung.** Zum einen muss der Falschaussagende seine Aussage auf der Grundlage gespeicherten Allgemeinwissens über ähnliche Situationen konstruieren und dürfte es daher schwer haben, Qualitätsmerkmale in seine Aussage einfließen zu lassen, die nicht Teil eines entsprechenden Schemas sind.
- **Strategische Selbstpräsentation.** Der Unterschied zwischen einem Lügner und einer Person, die die Wahrheit sagt, besteht darin, dass der Lügende glaubwürdig wirken, also einen falschen Eindruck erzeugen will, „um so die Wirksamkeit der falschen Aussage zu unterstützen. Zu diesem Zweck greift der Kommunikator auf Alltagsvorstellungen darüber zurück, welche Verhaltensweisen, Äußerungen etc. einen solchen Eindruck bei dem Rezipienten bewirken und welche

150 *Greuel* Police officers' beliefs about cues associated with deception in rape cases, in: Lösel/Bender/Bliesener, Psychology and law. International perspectives, 1992; *Vrij/Akehurst/Knight* Police officers social workers teachers' and the general public's beliefs about deception in children, adolescents and adults. Legal and Criminological Psychology 2006, 297 – zitiert nach Niehaus FPPK 2008, 46.

151 Vgl. *Volbert* in: Volbert/Dahle, S. 18 – zur Umgehung der Frage, in welchem Verhältnis individuelle Fähigkeiten zur Qualität der Aussage stehen, wird ein intraindividueller Vergleich zwischen fallneutraler Erlebnisgeschichte und zu begutachtender Aussage vorgenommen.

152 *Volbert* in: Volbert/Dahle, S. 18.

153 *Köhnken* 1990, S. 155.

154 *Volbert/Steller* in: Venzlaff/Foerster, S. 817.

155 *Niehaus* in: Volbert/Steller, Handbuch der Rechtspsychologie, S. 311.

umgekehrt zum Verdacht der Unglaubwürdigkeit führen"[156]. Kommen in einer Aussage Inhalte vor, die bei Annahme von Täuschungsabsichten eher nicht zu erwarten sind, spricht dies tendenziell für den Erlebnisbezug der Aussage.

399 **Primäre und sekundäre Täuschung.** Eine erfolgreiche Lüge setzt demnach auf Seiten des Kommunikators zwei (nach *Köhnken*[157] primäre und sekundäre) Täuschungen voraus. Mit primärer Täuschung ist die verbale Vermittlung der falschen Information, mit sekundärer Täuschung die Selbstpräsentation als glaubwürdiger Kommunikator gemeint. Diese kann sich in der „äußeren Erscheinung", in dem „nonverbalen und extralinguistischen Verhalten", in „expliziter Selbstbeschreibung", in „Beschreibung der eigenen Motivation", in „taktischen Äußerungen" und der „Kontextwahl" zeigen.

400 **Intraindividueller Vergleich.** Aufgrund der genannten Prozesse wird erwartet, dass Aussagen, die einen Erlebnishintergrund haben, im intraindividuellen Vergleich eine höhere inhaltliche Qualität aufweisen als Erfindungen. Diesen Täuschungsannahmen können nichtmotivationale Merkmale (primäre Täuschung: kognitiver Aspekt) und motivationsbezogene Merkmale (sekundäre Täuschung: strategischer Aspekt) zugeordnet werden, deren Auftreten für den Erlebnisbezug einer Aussage spricht.

bb) Glaubhaftigkeitsmerkmale[158]

401 *Steller* und *Köhnken*[159] nahmen 1989 eine Systematisierung vor und machten sie einer wissenschaftlichen Überprüfung zugänglich[160]. *Greuel*[161] hat die Aufstellung modifiziert.

402

Realkennzeichen	**Zusammenstellung nach *Steller/Köhnken 1989*[162]**
Allgemeine Merkmale	Logische Konsistenz, ungeordnet sprunghafte Darstellung, quantitativer Detailreichtum
Spezielle Inhalte	Raum-zeitliche Verknüpfungen, Interaktionsschilderung, Wiedergabe von Gesprächen, Schilderung von Komplikationen im Handlungsverlauf

156 *Volbert/Steller* in: Venzlaff/Förster, S. 820.
157 *Köhnken* 1990, S. 155.
158 Siehe auch die ausführlichen Ausführungen unter Teil 3 IX „Realkennzeichenanalyse" (Rn. 678 ff.).
159 *Steller/Köhnken* in: Raskin, S. 217; vgl. auch *Steller/Volbert* in: Steller/Volbert, S. 12.
160 *Steller/Volbert/Wellershaus* Zeitschrift für experimentelle und angewandte Psychologie 1992, 151.
161 Vgl. zur Begrifflichkeit die Ausführungen bei *Greuel* S. 43.
162 Zusammenstellung von *Steller* und *Köhnken.*

Inhaltliche Besonderheiten:	Schilderung ausgefallener Einzelheiten, Schilderungen nebensächlicher Einzelheiten, phänomengemäße Schilderung unverstandener Handlungselemente, indirekt handlungsbezogene Schilderungen, Schilderung eigener psychischer Vorgänge, Schilderung psychischer Vorgänge des Angeschuldigten.

Die merkmalsorientierte Aussageanalyse hat sich bewährt[163] für unterschiedliche Aussagegegenstände, Kinder unterschiedlichen Alters und Erwachsene[164].

Auftreten von Glaubhaftigkeitsmerkmalen. Das Auftreten inhaltlicher Glaubhaftigkeitsmerkmale wird als Hinweis auf den Erlebnishintergrund einer Aussage gewertet. **403**

Fehlen der Glaubhaftigkeitsmerkmale. Mangelt es der Aussage an Merkmalen, muss es sich nicht zwangsläufig um eine bewusst falsche Aussage handeln. Es kann auch daran liegen, dass es dem Zeugen z.B. an der Bereitschaft auszusagen fehlt oder dass ihm vor allem geschlossene Fragen gestellt werden, auf die er nur mit ja oder nein antworten kann. Glaubhaftigkeitsmerkmale können auch fehlen, weil in dem zu berichtenden Geschehen keine Handlungskomplikationen auftreten. Eine bewusste Falschaussage ist nur eine dieser Möglichkeiten. **404**

Hochwertige Aussagequalität. Eine hochwertige Aussagequalität spricht deshalb nur dann gegen die Lügenhypothese, wenn eine Aussage so viele Merkmale beinhaltet, dass sie mit der Annahme einer absichtlichen Falschbeschuldigung nicht mehr in Einklang zu bringen ist. **405**

Glaubhaftigkeit der Aussage beurteilt sich nicht nur anhand von Realkennzeichen. Aktuelle Studien bestätigen den qualitativen Unterschied zwischen erlebnisbasierten und erfundenen Aussagen[165]. Glaubhaftigkeitsmerkmale sind aber nicht für sich genommen sondern nur in Abhängigkeit von der Person des Aussagenden, den Befragungsbedingungen und dem zu schildernden Ereignis verlässlich. Daraus folgt, dass „aus dem bloßen Vorhandensein von Realkennzeichen allein noch keine Schlussfolgerungen über die Glaubhaftigkeit einer Aussage abgeleitet werden können“[166]. **406**

163 *Köhnken* in: Lempp/Schütze/Köhnken, S. 318.

164 *Wolf/Steller* in: Greuel/Fabian/Stadler, S. 121 stellen zwei Simulationsstudien *(Köhnken und Schimmossek*; *Landry und Brigham*), eine Feldstudie (*Krahé und Kundrotas*) und eine eigene Simulationsstudie zur Validierung der kriterienorientierten Aussageanalyse bei Erwachsenen vor; vgl. *Fabian/Stadler/Greuel* StV 1996, 347.

165 *Volbert* FPPK 2008, 12; *Niehaus* Zur Anwendbarkeit inhaltlicher Glaubhaftigkeitsmerkmale bei Zeugenaussagen unterschiedlichen Wahrheitsgehalts, 2001.

166 *Volbert* FPPK 2008, 12.

407 Vorhandensein von **Realkennzeichen** bedeutet keine Schlussfolgerung über die Glaubhaftigkeit der Aussage

Person des Aussagenden, Befragungsbedingungen, Erlebnisse sind zu berücksichtigen

408 **Aussageanalyse**

I. Kriterienorientierte Aussageanalyse

Mit Hilfe der kriterienorientierten Inhaltsanalyse erfolgt zunächst nur eine Einschätzung der Qualität der Aussage.

II. Kognitive Leistungsfähigkeit – Erfahrungen und Kenntnisse – Befragungsmodalitäten

Die Aussagequalität ist dann zu beziehen auf

- die kognitive Leistungsfähigkeit des Zeugen, Selbstwertprobleme, Geltungsbedürfnis, Neurotizismus Selbstpräsentation als glaubwürdiger Kommunikator als Teil einer Täuschungsstrategie (Köhnken 1990)
- seine bereichsspezifischen Erfahrungen und Kenntnisse und
- die Befragungsmodalitäten.

409 **Diagnostischer Wert von Glaubhaftigkeitsmerkmalen**. Der diagnostische Wert von Glaubhaftigkeitsmerkmalen ergibt sich „aus einer Gesamtschau ihrer strategischen Bedeutung und ihrer Simulierbarkeit“[167].

Man geht davon aus, wenn ein Zeuge z.B. von sich aus *Einwände* gegen die Glaubwürdigkeit der eigenen Person oder Aussage vorbringt oder von einer vermeintlichen Mitschuld an seiner Opferwerdung *(Selbstbelastung)* spricht, dass er um eine objektive Schilderung bemüht ist und nicht das Ziel verfolgt, sich selbst durch eine einseitige Darstellung auf Kosten des Beschuldigten ins positive Licht zu rücken. Das Auftreten dieser Merkmale zeige, dass eine Person nicht aktiv um Glaubwürdigkeit bemüht ist.

Bei einigen Merkmalen kommt neben der strategischen Selbstpräsentation noch der Aspekt der Schwierigkeit des Vorbringens hinzu, so z.B. bei *Ungewöhnlichem, Nebensächlichem, unstrukturierter Darstellung* und *Wirklichkeitskontrollen.*

410 **Schwer vorzubringen ist:**

Ungewöhnliches, Nebensächliches, unstrukturierte Darstellung, Wirklichkeitskontrolle

167 *Niehaus* in: Volbert/Steller, Handbuch der Rechtspsychologie, S. 311.

Emotionsschilderungen als Teil einer Täuschungsstrategie sind leicht simulierbar.[168]

Zeugen mit Erfahrungshintergrund. *Köhnken*[169] verweist auf einige experimentelle Studien, wonach sich motivationsbezogene Inhalte als besonders trennscharf erwiesen. Näheres dazu findet sich unter 2. „Teilweise erfundene bzw. erlebnisbasierte Aussage“ (Rn. 402 ff.). 411

cc) Selbstpräsentation

Niehaus[170] erläutert, dass falsch Aussagende bestimmte Äußerungen vermeiden, weil sie dem Alltagsverständnis nach einer positiven Selbstpräsentation entgegenstehen. Dabei dürften sie im Falle schwerwiegender falscher Anschuldigungen folgende Ziele verfolgen: 412

- Darstellung der eigenen Person
  - als kompetent, z.B. durch Vermeiden von *Unsicherheiten, Erinnerungslücken,* angestrengtes *Bemühen um Erinnerung, spontanen Korrekturen* eigener Angaben und
  - als moralisch makellos, z.B. durch Vermeiden von *Selbstbelastungen* oder *Einwänden* gegen die Glaubwürdigkeit der eigenen Person
- Abwertung des Beschuldigten,
  - um dessen Glaubwürdigkeit zu untergraben und
  - selbst als glaubwürdigere Informationsquelle wahrgenommen zu werden, z.B. durch Vermeiden von *Entlastungen*
- unauffällige Präsentation der eigenen Aussage,

um keine unnötige Angriffsfläche für Zweifel zu bieten, z.B. durch Vermeiden von *Einwänden* gegen die Plausibilität eigener Angaben.

Emotionsschilderungen.[171] Die aussagepsychologische Erkenntnis[172], dass „schemaentsprechende *Emotionsschilderungen* als wenig bedeutsam anzusehen“ sind, „weil sie Teil einer Täuschungsstrategie (Niehaus et al., 2005) und leicht simulierbar sind (Volbert & Rutta, 2001)“, ist für die Justiz von besonderem Gewicht, weil sich vielfach die Glaubhaftigkeitsbeurteilung einer Aussage immer noch an dem Eindruck des Zeugen und dem Eindruck von der „Präsentation seiner Aussage“ ausrichtet. 413

---

168 *Niehaus* in: Dahle/Volbert, S. 279; *Volbert/Rutta* Verbesserung der Inhaltsqualität von Falschaussagen durch Training? Vortrag auf der 9. Arbeitstagung der Fachgruppe Rechtspsychologie der DGPs, Münster, 2001.

169 *Köhnken* in: Lempp/Schütze/Köhnken, S. 318; a.A. *Greuel et al.* S. 172.

170 *Niehaus/Krause/Schmidke* Täuschungsstrategien bei der Schilderung von Sexualstraftaten, Zeitschrift für Sozialpsychologie, 2005, 175.

171 *Niehaus* in: Volbert/Steller, Handbuch der Rechtspsychologie, S. 497; vgl. auch die Ausführungen unter Teil 2 IV „Ausdrucksverhalten“ (Rn. 264 ff.).

172 *Niehaus* in: Volbert/Steller, Handbuch der Rechtspsychologie, S. 497.

414 **Emotionsschilderungen sind leicht zu simulieren**

Denn „Personen, die ein Glaubhaftigkeitsurteil abgeben (…), orientieren sich leider an wenig brauchbaren Merkmalen und lassen sich insbesondere von Emotionsschilderungen beeinflussen (Panhey, Eggert & Bliesener, 2006)“.

f) Motivation zur bewussten Falschaussage

415 Ein *Motiv* ist als relativ überdauernd konzipiert, die *Motivation* bezeichnet den Beweggrund für ein bestimmtes Verhalten. Die Gründe können sich bei der Lüge auf den Beschuldigten (z.B. ihm schaden zu wollen) wie auch auf den Zeugen (z.B. sich zu entlasten oder Aufmerksamkeit zu erzielen) beziehen. Aber auch bei dem, der die Wahrheit sagt, ist von einer entsprechenden Motivation auszugehen.

g) Voraussetzung der bewussten Falschaussage

416 **Voraussetzung der bewussten Falschaussage**

- Motivation zur Lüge
- Täuschungsfähigkeit
- Fähigkeit, sich Lüge über einen längeren Zeitraum zu merken
- Fähigkeit, die Lüge konsistent wieder zu geben
- Wissen über den erfundenen Sachverhalt

Falsche Aussagen enthalten nur in geringem Ausmaß[173]:

- Selbstkorrekturen,
- Zugeben von Erinnerungslücken,
- Selbstbelastungen o.Ä.,

welche nach dem Alltagsverständnis einer strategischen Selbstpräsentation zuwiderlaufen.

h) Zurückweisung der Hypothese der bewussten Falschaussage

417 **Zurückweisung der Hypothese der bewussten Falschaussage**

- durch Vorliegen einer hochwertigen Aussagequalität und
- andere Erklärungen als die einer eigenen Erlebnisgrundlage können nicht mit den vorhandenen Anknüpfungs- und Befundtatsachen widerlegt werden[174].

173 Vgl. *Volbert* FPPK 2008, 12.
174 *Köhnken* in: Widmaier, S. 2267.

Die Fantasiehypothese „kann hinlänglich über ein positives Resultat der merkmalsorientierten Aussageanalyse" zurückgewiesen werden. Die Qualitätsmerkmale erlebnisfundierter Aussagen sind gerade für die Differenzierung zwischen erlebnisgestützten und erlebnisfern (in der Fantasie) konstruierten Schilderungen entwickelt worden[175].

2. Hypothese: Teilweise erfundene bewusste Falschaussage

Es geht um die Beurteilung der Aussagen von Zeugen, die über einen entsprechenden Erfahrungshintergrund verfügen. Dies kann vor allem bei erwachsenen Zeugen der Fall sein, z.B. wenn es um sexuelle Vorwürfe geht. **418**

Vielfach wird der Sachverhalt nicht komplett bestritten, so dass z.B. das Zusammentreffen von Zeugen und Beschuldigtem unstreitig ist, vielleicht auch ein einvernehmliches sexuelles Erleben und es nur um wenige, jedoch strafrechtlich relevante Aussageteile geht.[176] Dann ist die Inhaltsanalyse nicht auf diese unstreitigen Aussageteile zu beziehen, da kein Zweifel besteht, dass der Zeuge sie erlebt hat und diese deshalb eine hohe Qualität aufweisen können.

Aussagen, die nur teilweise auf einer Wahrnehmungsgrundlage basieren, sind oftmals das Produkt suggestiver Befragung oder stellen Projektionen dar[177].

Die Konstruktion einer Falschaussage wird dem Zeugen dadurch erleichtert[178], dass er bei der Lüge auf eine entsprechende Wahrnehmung zurückgreifen kann, so z.B. auf

- andere Erfahrungen, er müsste nur den fälschlich Beschuldigten in das Geschehen mit einbeziehen, oder auf
- „Skriptwissen", das er z.B. aus dem Fernsehen, Internet oder durch Dritte erworben hat. Insbesondere bei deliktstypischen Merkmalen wird auch der deliktserfahrene Zeuge (z.B. in Betäubungsmittelverfahren) oder der z.B. aufgrund entsprechender Medienberichterstattung Kundige[179] über ein Spezialwissen verfügen und nicht nur der, der den Sachverhalt tatsächlich erlebt hat[180].

Damit ist die Anwendbarkeit der Realkennzeichenanalyse stark eingeschränkt.

175 *Greuel* S. 263.

176 Vgl. auch *Köhnken* in: Widmaier, S. 2267.

177 *Steller/Volbert* in: Steller/Volbert, S. 12.

178 *Vrij* Criteria-based content analysis: A qualitative review of the first 37 studies. Psychology, Public Policy, and Law, 2005, 3 – zitiert nach Niehaus in: Volbert/Steller, Handbuch der Rechtspsychologie, S. 311.

179 *Argstatter/Loohs* Was wissen Jugendliche über Sexualdelikte? Eine Untersuchung zu Skripten von sexuellem Missbrauch an Kindern. Vortrag, 9. Arbeitstagung der Fachgruppe Rechtspsychologie der DGPs, Münster, 2001 – zitiert nach Niehaus in: Volbert/Steller, Handbuch der Rechtspsychologie, S. 311.

180 *Niehaus* in: Volbert/Steller, Handbuch der Rechtspsychologie, S. 311.

419 **Die Anwendbarkeit der *Realkennzeichenanalyse***
ist bei teilweise erfundenen Aussagen
stark eingeschränkt.

420 **Motivationale und nichtmotivationale Glaubhaftigkeitsmerkmale.** Zeugen, die über einen Erlebnishintergrund verfügen, können hinsichtlich nicht-motivationaler Merkmale qualitativ hochwertige Aussagen produzieren[181]. Hingegen ist die Produktion motivationsbezogener Merkmale weitestgehend erfahrungsunabhängig[182].

421

Realkennzeichen	**Zusammenstellung nach *Niehaus*[183]** Unterscheidung nach nicht motivationalen und motivationalen Merkmalen
Nicht motivationale Merkmale	*Konkrete Aussageelemente:* Kontextuelle Einbettung, Interaktionen, Gespräche, Handlungskomplikationen, Ungewöhnliches, Nebensächliches, Unverstandenes, Verschachtelungen, Eigenpsychisches, Fremdpsychisches, Folgen, Deliktstypisches *Gesamtaussage*: Detailierungsgrad (logische Konsistenz), unstrukturierte Darstellung, spontane Ergänzbarkeit
Motivationale Merkmale	Spontane Präzisierungen und Korrekturen, Zugeben von Lücken und Unsicherheiten, Erinnerungsbemühungen, Wirklichkeitskontrollen, Einwände gegen die Glaubwürdigkeit der eigenen Person und Aussage, Selbstbelastungen, Inschutznahme des Beschuldigten

So können *nicht-motivationale* Merkmale (wohl mit Ausnahme raum-zeitlicher Verknüpfungen, indirekt handlungsbezogene Schilderungen) auch von dem erfahrenen Zeugen vorgebracht werden, im Gegensatz zu *motivationalen* Merkmalen, weil Lügner in stärkerem Ausmaß vermeiden, Inhalte in ihre Aussage aufzunehmen, die ihrer positiven Selbstpräsentation als glaubwürdige und kompetente Kommunikatoren abträglich sein können.

422 **Zeugen können hinsichtlich *nicht-motivationaler Merkmale* hochwertige Aussagen produzieren.**

Die Produktion *motivationaler Merkmale* ist jedoch erfahrungsunabhängig.

181 *Volbert* in: Volbert/Dahle, 2010.

182 Das gilt jedoch nur, wenn eine gewisse Täuschungsmotivation vorliegt; also nicht bei suggerierten Aussagen.

183 *Niehaus* in: Volbert/Steller, Handbuch der Rechtspsychologie, S. 311; vgl. auch *Volbert* in: Volbert/Dahle, S. 18.

Quantitativer Detailreichtum und *logische Konsis*tenz scheinen insgesamt für eine Abgrenzung wahrer und falscher Aussagen wenig geeignet zu sein. Sie sind notwendige aber nicht hinreichende Bedingung einer positiven Beurteilung der Glaubhaftigkeit.

Quantitativer Detailreichtum* und *logische Konsistenz 423

sind notwendige, aber nicht hinreichende Bedingung der Glaubhaftigkeitsbeurteilung.

3. Hypothese: Übergang von der bewussten zur autosuggestiven Falschaussage

Volbert[184] spricht von einem „Graubereich" zwischen den Polen „intentionale Lüge" und „Darstellung auf der Basis einer Pseudoerinnerung", indem es „gelegentlich zu Angaben kommt, von denen die Aussagenden zumindest teilweise selbst wissen, dass sie in dieser Form nicht zutreffend sind, zu anderen Zeitpunkten aber von dem Erlebnisbezug überzeugt sind". 424

Zu prüfen ist also, ob aus einer anfänglichen bewussten Falschaussage eine irrtümliche Falschaussage geworden sein kann. Diese Hypothese erscheint sehr praxisnah, vor allem wenn sich Strafverfahren über einen längeren Zeitraum erstrecken, der dem Zeugen hinreichend Gelegenheit bietet, sich intensiv mit seiner Aussage zu befassen.[185]

4. Hypothese: Aggravation, Entharmlosung, Modifikation

Die „Phantasie-Hypothese" geht davon aus, dass die Schilderungen gänzlich frei erfunden sein könnten. Hingegen reflektiert die Aggravations-Hypothese auf den Fall, dass sich der Sachverhalt dem Grunde nach so ereignet haben könnte, aber hinsichtlich seiner Intensität *wissentlich übertrieben* und/oder hinsichtlich des Auftretenszeitpunktes im Gesamtgeschehen *wissentlich falsch* dargestellt wird. 425

Modifikationshypothese – nach *Volbert/Steller*[186]

Ist die Darstellung gegenüber dem Ursprungssachverhalt modifiziert?

184 *Volbert* in: Volbert/Dahle, S. 18.
185 Vgl. die Ausführungen von *Volbert* zur Hypothese der Autosuggestion unter Rn. 444 ff.
186 *Volbert/Steller* in: Venzlaff/Foerster, S. 817.

a) Persönlichkeitsspezifische Besonderheiten

426 Es geht um Zeugen, die aufgrund persönlichkeitsspezifischer Besonderheiten dazu neigen, „Situationen in spezifischer Weise wahrzunehmen und zu interpretieren, sowie Zeugen mit Dramatisierungs- und Aggravationstendenzen bei der Darstellung von erlebten Sachverhalten“[187].

b) Persönlichkeitsstörungen

427 *Volbert/Steller*[187] weisen darauf hin, dass „Glaubhaftigkeitsbegutachtungen bei persönlichkeitsgestörten Zeugen den allgemeinen Regeln der aussagepsychologischen Beurteilung unterliegen und dass zugleich bei allen Analyseschritten die störungsspezifischen Besonderheiten zu berücksichtigen sind (Steller, Böhm 2008). Zu betonen ist ferner, daß sich persönlichkeitsspezifische Auswirkungen auf Aussagen beobachten lassen, bei denen es nicht nur um Dramatisierungen von spezifischen Interpretationen tatsächlicher Erlebnisse geht, sondern bei denen – häufig unter ungünstigen Außeneinflüssen – komplexe Scheinerinnerungen ausgebildet werden“.

428 *Volbert/Steller*

Glaubhaftigkeitsbegutachtung bei Persönlichkeitsgestörten

- nach allgemeinen aussagepsychologischen Regeln
- störungsspezifische Besonderheiten bei allen Analyseschritten beachten
- Dramatisierungstendenzen und Scheinerinnerungen beachten

aa) Borderline Persönlichkeitsstörungen

429 *Volbert/Steller*[187] führen aus, dass bei Borderlinern nicht „nur die potenziellen Beeinträchtigungen der Realitätskontrolle eine Rolle“ spielen können:

430 **Sinnestäuschungen oder illusionäre Verkennungen**

►► Prüfung der fehlenden oder beeinträchtigten Aussagetüchtigkeit

Die für Borderliner auch charakteristische „Tendenz zu selbstschädigendem Verhalten, die auch in dem Einnehmen einer Opferrolle Ausdruck findet“, kann „wiederum Auswirkungen auf die Wahrnehmung von Situationen und die Darstellung von Erlebnissen haben … (Böhm et al. 2002)“.

Hier ist die Aussagetüchtigkeit nicht beeinträchtigt[188], jedoch „kann die Aussagezuverlässigkeit durch die an bestimmte dispositionelle Bedingungen gebundenen spezifischen Interpretations- und Darstellungsmuster tangiert sein (Greuel et al. 1998)“[187]:

---

187 *Volbert/Steller* in: Venzlaff/Foerster, S. 817.

188 *Böhm/Lau* FPPK 2007, 50.

Tendenz zu selbstschädigendem Verhalten – Einnehmen der Opferrolle 431

▸▸ Prüfung im Rahmen der Fehlerquellenanalyse

Steller/Böhm[189] erläutern: „Für umdeutende Aggravationen von relativ zeitnahen Geschehnissen ist bei Borderlinegestörten nicht unbedingt eine Interaktion mit anderen Personen vonnöten. Hier kann es ausreichen, dass eine sexuelle Interaktion im Nachhinein nicht mehr mit dem Selbstbild in Einklang zu bringen ist oder dass dem ehemals idealisierten Partner nunmehr gravierende negative Absichten und Vorgehensweisen unterstellt werden. Gleichwohl können auch (negative) Bewertungen durch relevante Bezugspersonen übernommen werden.

Charakteristisch für Borderliner ist die extreme Wechselhaftigkeit in der Bewertung zwischenmenschlicher Beziehungen.

bb) Dissoziale Persönlichkeitsstörungen

Bei dissozialen Persönlichkeitsstörungen geht es aus aussagepsychologischer Sicht 432
um „vor allem manipulative Tendenzen, die sich auf das motivationale Gefüge auswirken und zu einer erhöhten Bereitschaft führen können, eine falsche belastende Aussage zu machen“[190].

cc) Histrionische Persönlichkeitsstörungen

Hier „sind es Dramatisierungstendenzen, das Verlangen, im Mittelpunkt zu stehen, 433
eine starke Selbstbezogenheit sowie eine erhöhte Suggestibilität, die Einfluss auf die Aussagestruktur und -qualität haben können“[190].

Volbert/Steller[190] 434

Anschauliche, dramatische Schilderungen der eigenen Befindlichkeit

sind ohne Indikatorgehalt für tatsächliches Erleben.

Histrioniker neigen ohne entsprechenden Anlass zu starken affektiven Reaktionen.

▸▸ Prüfung im Rahmen der Aussageanalyse

Allgemein ist festzuhalten, dass Glaubhaftigkeitsbegutachtungen bei persönlichkeitsgestörten Zeugen den allgemeinen Regeln der aussagepsychologischen Beurteilung unterliegen und dass zugleich bei allen Analyseschritten die störungsspezifischen Besonderheiten zu berücksichtigen sind.

---

189 *Steller/Böhm* FPPK 2008, 37.
190 *Volbert/Steller* in: Venzlaff/Foerster, S. 817.

c) Jugendliche

435 *Kraheck-Brägelmann*[191] diskutiert insbesondere im Hinblick auf jugendliche Zeugen Akzentuierungs- und Aggravationstendenzen auf dem Hintergrund eines „moralischen Rigorismus" und „Egozentrismus", die Zeugen dieser Altersgruppe „dazu tendieren läßt, die eigene Perspektive absolut zu setzen" (1993, S. 63f). Derartige Wahrnehmungs- und Schilderungstendenzen – oft im Sinne einer polarisierenden „Schwarz-Weiß-Malerei" – werden gemeinhin bereits in sachverhaltsneutralen Schilderungen evident, so daß entsprechende Verzerrungen auch im Hinblick auf die forensisch relevanten Aussagen nicht ausgeschlossen werden können und besonderer Validitätsprüfungen bedürfen.

5. Hypothese: Übertragung

436 Im Rahmen der Übertragungshypothese prüft man, ob der Zeuge einen erlebten Sachverhalt auf eine andere Person als die des Beschuldigten überträgt bzw. ob er Handlungen Dritter beobachtet und diese fälschlicherweise auf die eigene Person überträgt.

Die Möglichkeit einer Personenübertragung wird man dann in Erwägung ziehen müssen, wenn Anhaltspunkte dafür vorliegen, daß ein Zeuge etwaige andernorts gemachte Erfahrungen fälschlicherweise auf die Person des Beschuldigten übertragen haben könnte.

Im Rahmen der Sexualdelikte wird man zu prüfen haben, ob dem Zeugen sexualitätsbezogene bzw. pornographische Produkte zugänglich sind, oder ob der Zeuge sexuelle Handlungen anderer beobachtet haben kann und diese Wahrnehmungen fälschlicherweise auf den Beschuldigten überträgt.

Hier wäre zunächst das Vorhandensein entsprechenden Erfahrungswissens wie die Fähigkeit zur Vornahme von Kontextübertragungen im Rahmen der *Aussagetüchtigkeit* zu überprüfen und im Rahmen dessen abzuklären, „ob der Zeuge von seinen kognitiv-funktionalen Voraussetzungen überhaupt dazu in der Lage wäre, Kontextübertragungen und Perspektivenwechsel so vorzunehmen, daß reine Beobachtungssachverhalte mit einer unmittelbar autonoetischen Erlebniskomponente angereichert werden".[192]

„Schließlich wird auf der Ebene der *Aussagequalität* ein insoweit spezifiziertes Merkmalsgepräge zu fordern sein, als daß hier zusätzlich zu den Qualitätsmerkmalen erlebnisfundierter Aussagen qualifizierte Ausprägungen des Merkmals der *Individualverflechtung* (Arntzen 1993) zu fordern sind".[193]

191 *Kraheck-Brägelmann* in: Kraheck-Brägelmann, S. 33.
192 *Greuel* S. 266.
193 *Greuel* S. 267.

Greuel[194] rät im Rahmen der Realkennzeichenanalyse verstärkt „der Frage nachzugehen, ob und ggf. inwieweit in der Aussage spezifische Qualitätsmerkmale enthalten sind, die mit der Hypothese eines ich-nahen Eigenerlebens, nicht aber mit der einer lediglich passiven Beobachtung in Einklang zu bringen sind. Hier ist primär an jene Detailbesonderheiten zu denken, die den qualifizierten eigenpsychischen Gehalt der Aussage erst begründen und nicht allein durch Rückgriff auf akustische und/oder visuelle Wahrnehmungsprozesse erklärbar sind“, so z.B. Schilderungen eigenpsychischen Erlebens und affektiver Entwicklungsverläufe.

Aussageinhalte, die körpernahen Sensationen im Sinne „multimodaler Wahrnehmungen“ (Greuel et al. 1998) entsprechen, soll – nach *Greuel*[194] – ein gesteigerter Indikatorwert für das Vorliegen eines ich-nahen Erlebnisbezugs zukommen.

Hinsichtlich der Aussagezuverlässigkeit ist eine erweiterte Motivationsanalyse indiziert, die nicht nur auf die motivationale Aussagesituation des Zeugen zu beziehen, sondern zusätzlich auf die des potentiellen Instruktors auszuweiten wäre.

Checkliste: Übertragungshypothese 437

Die Prüfung erfolgt im Rahmen

- der Aussagetüchtigkeit zur intellektuellen Fähigkeit
- der Aussagezuverlässigkeit zur Motivation des Instruktors
- der Aussagequalität

Checkliste: Fragebeispiele – Übertragungshypothese 438

- Was der … mit Ihnen gemacht hat, haben Sie das schon mal von anderen gehört?
- Kennen Sie jemanden, der so etwas schon mal erlebt habt?
- Oder haben Sie so etwas schon mal zu Hause oder im Freundeskreis besprochen?
- Wann war das denn, dass Sie das besprochen haben?
- Oder haben Sie darüber schon mal etwas im Internet gelesen oder im Fernsehen gesehen?
- Schauen Sie schon mal Gerichtssendungen?
- Ist Ihnen denn mit irgendjemand anderem schon mal so etwas Ähnliches passiert? Hat jemand schon mal so etwas ähnliches mit Ihnen gemacht?

6. Hypothese: Induktion

Im Rahmen der Induktionshypothese überprüft man, ob dem Zeugen von einem 439
Dritten bewusst eine Falschaussage eingeredet worden sein könnte[195], die vom Zeu-

194 *Greuel* S. 263 ff.
195 *Greuel* S. 263 ff.; *Köhnken* in: Widmaier, S. 2267.

gen ebenfalls mit Täuschungsabsicht übernommen und weiterverfolgt worden sein könnte[196].

Es geht also um die Unterscheidung zwischen erlebnisbasierter und einer Aussage ohne Erlebnisbezug.

So ist bei der Überprüfung der Aussagetüchtigkeit hier die Fragestellung darauf auszuweiten, ob der Zeuge „von seinen intellektuell-kognitiven Voraussetzungen her überhaupt dazu in der Lage wäre, ausschließlich sprachliche (nämlich durch einen hypothetischen Instruktor) übermittelte Inhalte allein aus dem verbalen Merkgedächtnis heraus im Verlauf einer aussagepsychologischen Exploration mit der gegebenen Qualität zu reproduzieren, zudem diese zusätzlich ad hoc und konsistent in ich-nahe Erlebniskontexte zu übertragen wären“[197].

Hinsichtlich der Aussagezuverlässigkeit „wäre insbesondere eine erweiterte Motivationsanalyse indiziert, die sich nicht nur auf die motivationale Aussagesituation des Zeugen selbst beziehen, sondern auf die des potentiellen Instruktors auszuweiten wäre“[197].

Im Rahmen der anzuwendenden Realkennzeichenanalyse sollte – so *Greuel*[197] – „bei zeitlicher Koinzidenz von fraglicher Erstmitteilung und (eskalierenden) familienrechtlichen Auseinandersetzungen (Arntzen 1993; Kühne & Kluck 1995; Undeutsch 1993) – die Überprüfung der Eigenständigkeit der Aussage im Mittelpunkt stehen, wie sie sich beispielsweise in qualifizierten Spontanpräzisierungen der Aussage manifestieren kann (Greuel 1997b; Michaelis-Arntzen 1997)“.

7. Hypothese: Suggestion

a) Prüfung der Suggestionshypothese

440 **Keine Anwendbarkeit der merkmalsorientierten Inhaltsanalyse**

In Fällen einer nicht-intentionalen suggestiven Aussageverfälschung[198] kann die zur Identifizierung erlebnisgestützter Aussagen entwickelte Methode der merkmalsorientierten Aussageanalyse vielfach nicht mehr angewandt werden[199].

Hier liegt der Schwerpunkt der Überprüfung der Aussage auf der Rekonstruktion der Aussagegenese und Aussageentwicklung, um die suggestiven Einflussfaktoren beurteilen zu können.

---

196 *Steller/Volbert/Wellershaus* in: Montada, S. 367.

197 *Greuel* S. 263 ff.

198 Z.B. bei Aufdeckungsarbeit; *Greuel* Anatomische Puppen – Diagnostisches Hilfsmittel im Brennpunkt der Kritik, Report Psychologie 1994, 16; *Greuel* PdR 1997, 154; *Greuel* in: Greuel/Fabian/Stadler, S. 211; *Steller* in: Steller/Volbert, S. 24; *Steller* R&P 1998, 11; *Volbert/Steller* in: Amann/Wipplinger, S. 355; *Wegener* 1992.

199 *Greuel* S. 263.

Prüfung der Aussageentstehungsgeschichte **441**

Bei der Prüfung der Suggestionshypothese geht es um die Feststellung, ob suggestive Bedingungen bei der Entstehung und Erhebung der Aussage vorgelegen haben. Dazu ist die Aussageentstehung und -entwicklung genauestens zu rekonstruieren:

Prüfung der Suggestions-Hypothese **442**

Rekonstruktion: der Aussageentstehung

- Wann und wodurch trat der Verdacht erstmals auf?
- Wie entstand die Aussage?
  (Bestand vorher schon ein Verdacht oder Erwartungshaltung an ein bestimmtes Ereignis?)

Aussageentwicklung

- Wie entwickelte sich die Aussage?
  Einwirkungen auf die Aussage durch
  - Befragungen,
  - äußere Einflüsse
    sind so genau wie möglich nachzeichnen.
  - Ist die Abklärung des Verdachts ergebnisoffen verlaufen?

b) Beurteilung der Suggestionshypothese

Zurückweisung der Suggestionshypothese **443**

Liegen gravierende fremd- oder autosuggestive Bedingungen vor:

- Keine methodische Ausschlussmöglichkeit, dass eine Aussage auch auf diese suggestiven Bedingungen zurückzuführen ist.
- Keine Anwendbarkeit einer merkmalsorientierten Inhaltsanalyse, da Realkennzeichen nicht zur Unterscheidung suggerierter Aussagen geeignet sind.

Suggestionseffekte sind anzunehmen,

- wenn Elemente auf eine potenziell suggestive Wirkung hinweisen und
- mit einem tatsächlichen Erlebnishintergrund schwer zu vereinbaren sind.

Bedeutsam sind[200]

- Aussageerweiterungen,
- irreale Details oder
- Inhalte, die mit gedächtnis- oder entwicklungspsychologischen Erkenntnissen nicht in Einklang stehen.

---

200 *Volbert* in: Volbert/Dahle, S. 18; vgl. auch *Köhnken* PdR 2000, 4; *Schade* StV 2000, 170; *Steller* R&P 1998, 11; *Steller* PdR 2000, 9.

c) Hypothese: Autosuggestion

444 *Volbert/Steller*[201] erläutern: „Anders als der Lügner, der eine Aussage erfindet und diese entsprechend zu präsentieren versucht, muss der, der über eine Pseudoerinnerung aussagt, sich nicht um die Verheimlichung der Täuschung bemühen.“ Die Unterschiede zwischen erlebten und suggerierten Aussagen sind deshalb gering oder entfallen (durch wiederholte Befragungen) ganz. Sie unterscheiden sich aber in ihrem Verlauf, da sich suggestive Bedingungen zur Ausbildung von Pseudoerinnerungen mit der Zeit verändern und sich Scheinerinnerungen ausweiten und verändern können, wohingegen Aussagen über Erlebtes durch wahre Erlebnisse begrenzt werden[202].

Nach Ausführungen von *Volbert* in einem Beitrag zu Traumaerinnerungen[203] können Aussagen auf der Basis von Pseudoerinnerungen „im Querschnitt eine hohe Aussagequalität annehmen und mit einer hohen subjektiven Überzeugung über den Erlebnisbezug der Darstellungen verbunden sein. Definitionsgemäß ist immer ein Verlauf von einer nicht vorhandenen zu einer mehr oder weniger komplexen Aussage zu beobachten. Meist liegt dazwischen ein Prozess von zunächst fragmentarischen Angaben über eine allmählich detaillierter werdende Darstellung hin zu einer umfangreichen Aussage.“

445 **Aussagen über Pseudoerinnerungen können eine hohe inhaltliche Qualität aufweisen.**

Deshalb lässt die merkmalsorientierte Aussageanalyse keinen Rückschluss auf den Erlebnisgehalt zu.

Die Suggestions-Hypothese prüft man anhand der Aussageentstehung und -entwicklung.

Pseudoerinnerungen haben häufig ihren Ursprung in verständlichen Alltagssituationen, die im Nachhinein „entharmlost“ bzw. fehlgedeutet werden.

Köhnken[204] erläutert, dass Pseudoerinnerungen zunächst als ungewiss erlebt werden. Wenn die Bilder, die der ungewissen Erinnerung entsprechen, wiederholt auftreten, erhöht sich die subjektive Gewissheit, „dass es sich um reale Ereignisse handelt, die man zu ‚erinnern‘ meint. Dieser Vorgang ist in der Literatur als ‚imagination inflation effect‘ bezeichnet worden, der auch in nur kurzen Zeiträumen zu beobachten ist“.

201 *Volbert/Steller* in: Kröber/Dahle, S. 235.

202 Vgl. *Bruck, Ceci & Hembrooke* The nature of children's true and false narratives, Developmental Review 2002, 520; *Erdmann/Volbert/Böhm* Children report suggested events even when interviewed in a non-suggestive manner: What are its implications for credibility assessment? Applied Cognitive Psychology 2004, 589 – zitiert nach Volbert in: Volbert/Dahle, S. 18.

203 *Volbert* PdR 2006, 249.

204 *Köhnken* in: Widmaier, S. 2267.

Zweifel[205] bestehen, ob „autosuggestive Prozesse allein die Entstehung einer Aussage erklären können. Allerdings können in der Folge fremdsuggestiver Einflüsse autosuggestive Phänomene auftreten und die ursprünglich fremdsuggerierten fiktiven Ereignisse ausweiten und mit zusätzlichen Details versehen." *Volbert*[206] meint, Ausgangspunkt autosuggestiver Prozesse ist vielfach schlechtes psychisches Befinden. Durch eine intensive Beschäftigung mit der Problematik kommt es zur Generierung entsprechender Bilder.

Volbert[206] berichtet über Hinweise auf mögliche fremd- oder autosuggestive Prozesse in Aussagen:

Hinweise auf fremd- oder autosuggestive Prozesse 446

- Annahme über das Vorliegen bisher nicht bekannter Erfahrungen vor der Aussage,
- (mit oder ohne therapeutische Unterstützung) Bemühungen, sich an das nicht zugängliche Erlebnis zu erinnern,
- Entstehung von Erinnerungen erst im Laufe wiederholter Erinnerungsbemühungen,
- Erinnerung an Ereignisse aus den ersten beiden Lebensjahren,
- Erinnerung an immer mehr Erlebnisse im Laufe der Zeit.

Mehrstufiger Prozess bei Übernahme von Pseudoerinnerungen

- Mangelsituation, Empfänglichkeit für Beeinflussung,
- Erinnern von vorher nicht Erinnertem,
- Intensive Beschäftigung,
- Quellenverwechslungsfehler, durch intensive Beschäftigung schneller Abruf des Ereignisses.

Suggestivität[207] ist kein Persönlichkeitsmerkmal, kann aber im Einzelfall vorliegen, z.B.

- bei „Bereitschaft, Antwortverhalten hei suggestivem Befragungsdruck zu ändern",
- bei Tendenz zu Quellenverwechslungsfehlern,
- bei Bereitschaft zur Konstruktion komplexer Repräsentationen nicht stattgefundener Ereignisse.

Erwachsene mit erhöhten dissoziativen Tendenzen und guten Imaginationsfähigkeiten scheinen Scheinerinnerungen eher zu generieren als andere.[206]

Hypothese der Autosuggestion 447

▸▸ psychopathologische Auffälligkeiten des Zeugen beachten

Borderline-Persönlichkeitsstörung. Bei Borderline-Persönlichkeitsstörungen kann 448
es infolge von Stimmungsschwankungen zu nachträglichen anderen Bewertungen im

205 *Köhnken* in: Widmaier, S. 2267.
206 *Volbert* in: Volbert/Dahle, S. 18.
207 Mit Suggestivität ist die Anfälligkeit für Suggestion gemeint.

Umgang mit Personen kommen. So können Vorwürfe aus einer nicht kontrollierbaren Wut entstanden sein, die sich mit der Zeit so weit verselbstständigt haben, dass sie nicht zuverlässig sind. Das ist im Rahmen der Aussagegenese zu prüfen, wie ebenso, ob intentional herbeigeführte Aussageverfälschungen in Form von autosuggestiven Prozessen vorliegen[208].

d) Hypothese: Bewusste/unbewusste Fremdsuggestion

449 **Suggestive Befragung – Voreinstellung des Befragers.** Die Voreinstellung des Befragers kann die Aussage des Zeugen erheblich beeinflussen.

Die Voreinstellung zeigt sich darin, dass der Befrager davon ausgeht, dass sich ein bestimmtes Geschehen ereignet hat und seine Befragung an der Bestätigung dieser Annahme ausrichtet.

Problematisch ist eine solche Voreinstellung vor allem deshalb, weil Informationen, die der Vorabannahme widersprechen, nicht nachgegangen wird. Es werden auch keine Informationen für die Gegenannahme gesucht, inkonsistente Angaben werden ignoriert oder im Sinne der Ausgangshypothese interpretiert.

Vielfach werden keine offenen, sondern geschlossene (suggestive) Fragen gestellt, innerhalb einer Befragung, die bei mehreren Befragungen wiederholt werden. Antwortet der Zeuge nicht erwartungsgemäß, werden neue Fragen gestellt.

Kennzeichnend sind – nach *Volbert*[209] – für die aus der Voreinstellung resultierenden Befragungsprozesse:

450 **Aus der Voreinstellung resultierenden Befragungsprozesse**

- Indirekte Vorgaben spezifischer Informationen,
- Vorgaben unspezifischer Informationen, die bestimmte Schlussfolgerungen nahe legen,
- Induzierung negativer Stereotype,
- Aufforderungen zu Spekulationen und Imaginationen des fraglichen Geschehens,
- Verstärkungen erwünschter oder erwartungsgemäßer Antworten,
- Konformitätsdruck,
- Wiederholte Befragungen und wiederholte Fragen zu bereits beantworteten Sachverhalten,
- Befragungen durch mehrere Personen mit ähnlicher Voreinstellung,
- soziale Isolierung von Personen mit anderer Auffassung.

Gerade beim Vorwurf des sexuellen Missbrauchs besteht die Neigung, dass sich der Verdacht „selbstbestätigt“, da das Gegenteil meist nicht zu beweisen ist.

---

208 *Steller/Böhm* in: Fabian/Nowara, S. 37.
209 *Volbert* in: Volbert/Steller, S. 331.

Fremdsuggestion bei Kindern – Aufdeckungsarbeit. Ausgangspunkt einseitiger – vielfach feministisch orientierter – Aufdeckungsarbeit[210], ist die fehlerhafte einseitige – denn ausschließlich missbrauchsbezogene – Deutung unspezifischer Symptome, wie z.B. Schlafstörungen, Einnässen, kindliches sexualisiertes Verhalten u.Ä. mit Hilfe ebenso einseitiger Aufdeckungstechniken. 451

Therapien. Therapien sind oftmals Ursprung sexueller Missbrauchsverdächtigungen. Nach *Volbert*[211] unterstellen seriöse Therapien nicht aufkommende Erinnerungen nicht von vornherein als erlebt und induzieren nicht Erfahrungen an bisher nicht gekannte Missbrauchserfahrungen. 452

Volbert[212] listet die Faktoren, die begünstigend auf die Übernahme induzierter Erinnerungen in Therapien wirken, auf:

- Der Therapeut[213] als Autoritätsfigur, von dem man sich Gesundung erwartet
- Schlechtes psychisches Befinden verlangt bei Probanden nach Erklärungen
- Erklärungen sind oft nur schwer zu finden
- Äußere Umstände oder sogar schuldige Dritte können erleichternd wirken
- Unter der Annahme eines sexuellen Missbrauchs können nicht sexuell motivierte Pflegehandlungen oder Zärtlichkeiten in der Kindheit reinterpretiert werden
- Reinterpretationen von Erinnerungen können den Beginn einer sich dann weiter ausbildenden Pseudoerinnerung darstellen
- Hohe suggestive Potenz mancher therapeutischer Techniken (z.B. hypnotische Techniken, Traumdeutungen, Visualisierungstechniken)
- Besonders verstärkend wirkt vermutlich ein Abbruch der sozialen Beziehung zu den Menschen, von denen man annimmt, missbraucht worden zu sein oder die Kontakt zu diesen Personen haben, da dadurch die Möglichkeit kritischer Überprüfung reduziert wird.

V. Die aussagepsychologische Leitfrage – fallübergreifende Analysebereiche

Auch wenn sich die Spezifizierungen der Nullhypothese eng am Sachverhalt zu orientieren haben, gibt es „fallübergreifende Analysebereiche", zu denen eine gezielte Datenerhebung stattfinden muss[214], „die im Verbund mit vorliegenden Akteninfor- 453

210 Vgl. ausführlich dazu Teil 3 VIII „Fehlerquellenanalyse" (Rn. 594 ff.).

211 *Volbert* in: Volbert/Dahle, S. 18 – vgl. die „recovered-memory-Debatte" – *Kirsch* Trauma und Wirklichkeit, Wiederaufgetauchte Erinnerungen aus psychotherapeutischer Sicht, 2001.

212 *Volbert* in: Volbert/Dahle, S. 18.

213 Vielfach in Beratungsstellen auch *Sozialpädagogen*, die auf Weiterbildungskurse in Traumatologie zurückgreifen.

214 *Steller* in: Volbert/Steller, Handbuch der Rechtspsychologie, S. 300.

mationen eine Wahrscheinlichkeitsbeurteilung des Realitätsgehaltes der konkreten Zeugenaussage ermöglicht".

Köhnken[215] erläutert: „Für die Beurteilung der Glaubhaftigkeit einer Aussage gibt es bewährte und anerkannte aussagepsychologisch-diagnostische Methoden, die Einzelfallbeurteilungen ermöglichen. Hierbei werden u.a. spezifische Umstände des Sachverhaltes, der Aussageentstehung und -entwicklung, der Aussagequalität usw. mit individuellen Kenntnissen, Erfahrungen, Fähigkeiten usw. in Beziehung gesetzt. Im Ergebnis kann dann eine Wahrscheinlichkeitseinschätzung darüber vorgenommen werden, ob die Aussage eine Erlebnisgrundlage hat."

Steller/Volbert[216] formulieren eine sog. Leitfrage, anhand derer die Aussagebeurteilung vorgenommen wird[217]:

454 **Leitfrage**

Könnte dieser Zeuge

- **mit den gegebenen individuellen Voraussetzungen**
- **unter den gegebenen Befragungsumständen und**
- **unter Berücksichtigung der im konkreten Fall möglichen Einflüsse von Dritten**

diese spezifische Aussage machen, ohne dass sie auf einem realen Erlebnishintergrund basiert.

Danach gliedern sich die bei der Aussagebeurteilung zu beachtenden Kriterien also in Fragen zur

- **Aussagekompetenz**
  also solcher Merkmale, die sich auf die gegebene individuelle Fähigkeiten des Zeugen beziehen,
- **Aussagezuverlässigkeit (Fehlerquellenanalyse)**
  der Prüfung der Aussageentstehungsgeschichte
  - Aussageverhalten im zeitlichen Verlauf,
  - Konstanzprüfung,
  - konkrete Umstände der jeweiligen Befragung,
  - Einflüsse von Dritten) und

  der Motivationsanalyse
  - bzgl. einer bewusst falschen Aussage
- **Qualitäts-Kompetenz-Vergleich**
- **Aussagequalität**
  der Inhaltsanalyse der Aussage anhand von Glaubhaftigkeitsmerkmalen.

215 *Köhnken* in: AG StrafR, S. 605.
216 *Steller/Volbert* in: Steller/Volbert, S. 12.
217 Vgl. *Westhoff/Kluck* S. 195; *Jansen/Kluck* Sonderheft 1 – Glaubhaftigkeitsbegutachtung, PdR 2000, 89.

Ausführliche Erläuterungen finden sich z.B. bei *Greuel et al.*[218], *Köhnken*[219], *Steller*[220], *Steller/Volbert*[221]; *Volbert/Steller*[222], *Volbert*[223].

Einzelfalldiagnostik/fallübergreifende Analysebereiche. *Steller*[220] erläutert, dass „das wissenschaftliche Konzept von psychologischer Diagnostik als hypothesengeleitetem Prüfprozess (Steller & Dahle, 2001) beinhaltet, dass … die psychologisch-diagnostische Datenerhebung von den Gegebenheiten des Einzelfalles determiniert wird. Dennoch lassen sich fallübergreifende Analysebereiche definieren, zu denen in der Begutachtung eine gezielte Datenerhebung stattfinden muss (Erhebung von Befundtatsachen), die im Verbund mit vorliegenden Akten Informationen (Anknüpfungstatsachen) eine Wahrscheinlichkeitsbeurteilung des Realitätsgehalts der konkreten Zeugenaussage ermöglicht“.

VI. Aussagekompetenz

Aussagepsychologen[224] formulieren die Aussagekompetenz so: **455**

> *„Außer der Analyse der Aussage wird bei der Glaubhaftigkeitsbeurteilung durch den psychologischen Sachverständigen die ‚deliktbezogene Aussagetüchtigkeit' des Opfers/Zeugen/der Zeugin geprüft. Dies beinhaltet die Fragen danach, ob das Kind über die altersgemäße Fähigkeit verfügt, das berichtete Geschehen wahrnehmen zu können; weiterhin danach, ob sein Erinnerungsvermögen so ausgeprägt ist, daß es dieses Geschehen/Erleben auch behalten konnte und schließlich, ob es in der Lage ist, dieses Geschehen (sprachlich) zu reproduzieren.“*

Eine Zeugenaussage ist kein „getreues Abbild einer Realität“, weil sowohl bei der Wahrnehmung, der Erinnerung und auch der Wiedergabe des Erinnerten Einflüsse wirken können, so dass die Aussage nicht „nur noch wenig oder sogar gar nicht mehr mit den Eingangsinformationen übereinstimmt“ [225]

Aussagekompetenzprüfung. Es geht um die Fähigkeiten des Zeugen, überhaupt **456**
eine zuverlässige Aussage machen zu können[226]. *Volbert*[227] zählt zu den relevanten Voraussetzungen

218 *Greuel et al.* S. 48.
219 *Köhnken* in: Widmaier, S. 2267.
220 *Steller* in: Volbert/Steller, Handbuch der Rechtspsychologie, S. 300.
221 *Steller/Volbert* in: Steller/Volbert, S. 12.
222 *Volbert/Steller* in: Venzlaff/Foerster, S. 817.
223 *Volbert* in: Volbert/Dahle, S. 18.
224 Vgl. statt vieler *Kluck* FPR 1995, 56 – für kindliche Zeugen.
225 *Steller/Volbert* in: Steller/Volbert, S. 12; vgl. auch *Greuel et al.* S. 9.
226 *Volbert* in: Dahle/Volbert, S. 241.
227 *Volbert* in: Dahle/Volbert, S. 241; *Volbert/Lau* in: Volbert/Steller, Handbuch der Rechtspsychologie, S. 289.

- die Grundvoraussetzungen – wahrnehmen, erinnern, reproduzieren –:
  - Adäquate Situationswahrnehmung,
  - Speicherung über einen längeren Zeitraum,
  - angemessenes Quellenmonitoring und
  - weitgehend selbstständiger Abruf
- die Befragungssituation:
  - Fähigkeit, eine für Dritte nachvollziehbare Schilderung zu produzieren,
  - Sprachliches Ausdrucksvermögen,
  - Vorhandensein von Kontrollmöglichkeiten gegenüber Suggestiveinflüssen,
  - Kommunikative Kompetenz und
- die Notwendigkeit valider Angaben:
  - Zuverlässigkeitsmotivation

Die meisten Menschen erfüllen die Grundvoraussetzungen. In der Regel sind Zeugen hinreichend kompetent, ihre Wahrnehmungen zu erinnern und hierüber der Justiz zu berichten.

Verfahren, in denen die Aussagekompetenz problematisch ist, sind selten. Selbst bei der Beurteilung von Kinderaussagen traut die höchstrichterliche Rechtsprechung in vielen Fällen dem Tatrichter eigene Sachkunde zu. Die Grenzen richterlicher Beurteilungsfähigkeit sind jedoch nach einhelliger Rechtsprechung bei psychisch kranken Zeugen erreicht und führen regelmäßig zur Beauftragung eines psychiatrischen (nicht psychologischen) Sachverständigen.

457 **Aussagekompetenzprüfung bei psychisch Kranken.** Psychische Krankheiten oder Störungen können sowohl die rein kognitiven Fähigkeiten als auch die Fähigkeit zur Wirklichkeitskontrolle und die Anfälligkeit für Suggestibilität erhöhen[228].

Dabei muss die Aussagekompetenz durch die Erkrankung nicht immer dauerhaft aufgehoben sein. Sie kann – je nach Krankheitsbild und -verlauf – auch nur vorübergehend oder auch gar nicht aufgehoben sein.

- **Dauerhafte Aufhebung.** Eine dauerhafte Aufhebung der Aussagekompetenz kommt nur bei schweren chronischen organischen Psychosen oder schweren geistigen Behinderungen vor, bei endogenen oder organischen Psychosen oder bei Intoxikationen nur dann, wenn zum Tatzeitpunkt eine akute Symptomatik vorlag. Dann erscheint zweifelhaft, dass die Erkrankten das Ereignis adäquat wahrnehmen und verarbeiten konnten.[229]
- **Vorübergehende Aufhebung.** Eine vorübergehende Aufhebung kommt bei einem akut psychotischen Zustand in Betracht. Bezieht sich die Aussage auf ein Ereignis zu einem Zeitpunkt, an dem bei dem Probanden keine akute Symptomatik vorlag, kann die Aussagetüchtigkeit nach Remission der akuten Symptomatik jedoch wieder voll hergestellt sein. Dies gilt auch für Intoxikationen.[229]

228 *Saimeh* in: Deckers/Köhnken, S. 61.
229 Vgl. ausführlich dazu *Volbert* in: Volbert/Dahle, S. 18.

- **Keine Aufhebung.** Die Aussagekompetenz ist bei nichtpsychotischen psychischen Störungen in der Regel nicht aufgehoben.[230]

Epilepsie. Epilepsie kann zu Psychosen führen, die im Besonderen durch Halluzinationen, Wahnerlebnisse und Erregtheit gekennzeichnet und oft akuten schizophrenen Psychosen ähnlich sind[231]. **458**

Schizophrenie. Bei Verhaltensauffälligkeiten, Wahnvorstellungen, akustische Halluzinationen, Stimmenhören beim Tatgeschehen sind tatbestandrelevante Fehldeutungen und nachträgliche Falschbewertungen durch den Zeugen naheliegend[232]. **459**

Persönlichkeitszüge, -störungen. Im Allgemeinen sind bei Menschen mit Persönlichkeitsstörungen die Wahrnehmungsfähigkeit, das Gedächtnis, das Sprachverständnis und auch die Fähigkeit, Erlebtes von nur Vorgestelltem, Geträumten und Halluzinationen zu unterscheiden, nicht beeinträchtigt. Sie sind auch nicht suggestionsanfälliger als andere. **460**

Allerdings soll „bei Persönlichkeitsstörungen eine erhöhte Wahrscheinlichkeit für Falschbeschuldigungen in Betracht zu ziehen" sein[233].

Saimeh[234] bespricht mögliche Beeinträchtigungen der Aussagekompetenz bei **Hirnfunktionsstörungen** (z.B. ADHS-Syndrom, Alzheimer Demenz), Einnahme von **psychotropen Substanzen**[235] (Alkohol, Cannabis, Benzodiazepine), **psychopathologischen Einflüssen** (Schizophrene Psychosen[235], Depression, Manien), und **persönlichkeitsstrukturellen Einflüssen** (Paranoide, Narzissten, Histrioniker, Dissoziale, Borderliner[236], Zwanghafte).

Hinweis

Oftmals wird die Beeinträchtigung der Aussagefähigkeit überschätzt. Nur in seltenen Fällen ist die Aussage psychisch Kranker nicht verwertbar.

Borderline-Persönlichkeitsstörung. In den letzten Jahren ist die Borderline-Persönlichkeitsstörung und ihre möglichen Auswirkungen auf die Aussagekompetenz in den Fokus strafrechtlicher Betrachtung gerückt, was zu einer interdisziplinären aussagepsychologisch/psychiatrischen Betrachtung geführt hat.[237] Es geht um die Beurteilung der Auswirkung der Störung im konkreten Einzelfall. **461**

230 Vgl. ausführlich dazu *Volbert* in: Volbert/Dahle, S. 18.
231 *Flügel* in: Eisen, S. 392.
232 Vgl. auch *Saimeh* in: Deckers/Köhnken, S. 61.
233 *Steller/Böhm* FPPK 2008, 37.
234 *Saimeh* in: Deckers/Köhnken, S. 61.
235 Vgl. auch *Volbert* in: Dahle/Volbert, S. 242.
236 Vgl. auch *Steller/Böhm* FPPK 2008, 37; *Volbert* in: Dahle/Volbert, S. 242; *Volbert/Lau* in: Volbert/Steller, Handbuch der Rechtspsychologie, S. 289.
237 *Steller/Böhm* FPPK 2008, 37; *Böhm/Lau* FPPK 2007, 50; *Böhm/Lau* in: Dahle/Volbert, S. 330; *Böhm/Cheurer/Storm-Wahlich* PdR 2002, 209.

Die Borderline-Persönlichkeitsstörung kennzeichnet sich „durch ein tiefgreifendes Muster der Instabilität zwischenmenschlicher Beziehungen, des Selbstbildes und der Affekte. Hinzu kommt eine Störung der Impulskontrolle und mitunter selbstschädigendes Verhalten, welches sich sowohl in Rauschmittelkonsum, Selbstverletzungen, aber auch in sexuell deviantem oder promiskuitivem Verhalten zeigen kann“[238]. Dabei kann ein(e)

- **Instabile Beziehung** nachträglich zu anderen Bewertungen der Verhaltensweisen und Motive anderer führen.
- **Identitätsstörung** zu anderen nachträglichen Bewertungen wie auch zu erhöhter Empfänglichkeit für (auto)suggestive Prozesse führen,
- **Impulsivität** zur Suche nach Erklärungen und damit zu autosuggestiven Prozessen führen; selbstschädigendes Verhalten kann die Unterscheidung zwischen freiwilligem und unfreiwilligem Verhalten erschweren,
- **Affektive Instabilität** zu erhöhter (Auto)suggestibilität führen,
- **Gefühl von Leere** zur Konstruktion von „Lebenslügen“ führen,
- **Wut** zu einem Falschbeschuldigungsmotiv führen,
- **Vorübergehender paranoider Zustand, schweres dissoziatives Symptom** zu einer Prüfung des Zustands zu dem aussagerelevanten Zeitpunkt (also zum Zeitpunkt der Wahrnehmung des Sachverhaltes und der Angaben – Gespräche, Vernehmungen – darüber)[239] führen. Insgesamt sind die angesprochenen Aspekte nicht Teil der Aussagekompetenzprüfung, sondern im Rahmen der Fehlerquellenanalyse zu prüfen.

Näheres zu Personen mit Persönlichkeitsstörungen oder extremen Persönlichkeitsakzentuierungen findet sich z.B. bei *Steller/Böhm*[240]*; Böhm/Lau*[241], *Steller*[242], *Rohmann*[243] und *Böhm/Cheurer/Storm-Wahlich*[244].

238 *Saimeh* in: Deckers/Köhnken, S. 61.

239 *Böhm/Lau* FPPK 2007, 50 erläutern: „Allgemein ist bislang unklar, ob oder inwieweit solche als ich-fremd (ich-dyston) erlebten psychotischen Episoden [...] den Realitätsbezug bzw. das Erlebnisgedächtnis nachhaltig beeinträchtigen, oder ob nicht mit Remission der Symptomatik auch eine Distanzierung zu möglicherweise unzutreffenden Wahrnehmungen und Überzeugungen eintritt“.

240 *Steller/Böhm* FPPK 2008, 37.

241 *Böhm/Lau* FPPK 2007, 50; *Böhm/Lau* in: Dahle/Volbert, S. 330.

242 *Steller* in: NJW-Sonderheft für Gerhard Schäfer, S. 69.

243 *Rohmann* PdR 2003, 329.

244 *Böhm/Cheurer/Storm-Wahlich* PdR 2002, 209.

Checkliste: Beeinträchtigung der Aussagekompetenz durch psychische Erkrankung – nach *Böhm/Lau*[245] – 462

- **Liegt eine psychische Erkrankung vor?**
- **In welcher Weise kann sich die psychische Erkrankung auf die Aussagekompetenz (Wahrnehmung/Erinnerung/Wiedergabe) ausgewirkt haben?**

Hinweis

In keinem Fall kann von einer psychischen Erkrankung ohne weiteres auf die Beeinträchtigung der Aussagekompetenz geschlossen werden[245].

1. Wahrnehmung

a) Aufmerksamkeit des Zeugen

Wahrnehmung hängt von der Aufmerksamkeit ab. Je größer die Aufmerksamkeit ist, desto besser ist die Wahrnehmung. 463

Fragen in Vernehmungen beziehen sich häufig auf andere Sachverhalte als die, auf die der Zeuge zum Zeitpunkt der Wahrnehmung sein Augenmerk gerichtet hatte.

Waffenfokus. Zur Aufmerksamkeitszuwendung ist der sog. Waffenfokus zu nennen. *Steller/Volbert*[246] beschreiben ihn so: „Trägt eine zu beobachtende Person eine Waffe, so wird diese offenbar unter Vernachlässigung anderer Details fixiert, was sich in schlechter Identifizierungsleistung bzw. ungenügender Personenbeschreibung auswirken kann (vgl. u.a. Maass & Köhnken, 1989; Übersicht bei Cutler & Penrod, 1990). Ein Zusammenhang zwischen Erregung während der Wahrnehmung und späterer Aussagegenauigkeit erscheint unmittelbar plausibel.“ 464

Volbert[247] macht jedoch darauf aufmerksam, dass sich aus „einer Untersuchung ergibt, dass unmittelbar bedrohte Zeugen sogar detaillierter berichtet haben. Nach einer anderen Untersuchung ergeben sich überhaupt keine Unterschiede“.

b) Erwartungen des Zeugen

Wahrnehmung hängt auch von der Erwartung des Zeugen ab. 465

Interessant ist, dass man die Aufmerksamkeit auf das lenkt, was man erwartet und die Wahrnehmung „stets und bereits interpretierende Wahrnehmung“ ist.[248]

245 *Böhm/Lau* FPPK 2007, 50.
246 *Steller/Volbert* in: Steller/Volbert, S. 12.
247 *Volbert* 2004, S. 38 f.
248 *Scholz* R&P 2003, 76.

466 **Selektive Wahrnehmung.** Bei der selektiven Wahrnehmung geht es darum, dass die Erinnerung auch von den subjektiven Bedingungen des einzelnen abhängt. *Glatzel*[249] gibt Beispiele, die das veranschaulichen:

- „Wahrnehmungen, die das sittliche Empfinden des Wahrnehmenden verletzen, benötigen eine längere Expositionszeit, um erkannt zu werden, als in diesem Sinne neutrale.
  (= Wahrnehmungsabwehr)
- An einem Wahrnehmungsgegenstand (handelnder Mensch oder situative Konstellation) werden solche Eigenschaften als bestimmend wahrgenommen, die sozialpsychologisch geprägte Einstellungen und Überzeugungen des Wahrnehmenden bestätigen".

c) Art des erlebten Ereignisses

467 Ereignisse, bei denen man starke Gefühle wie Trauer oder Freude empfunden hat, bleiben sehr lange Zeit gut im Gedächtnis haften. In den KZ-Prozessen z.B. hatten viele Zeugen noch nach 20 oder 30 Jahren eine erstaunlich gute Erinnerung[250].

Hat der Zeuge aber ein stark gefühlsbetontes Erlebnis unmittelbar nach jenem Ereignis, über das er berichten soll, kann sich das zu berichtende Ereignis nicht fest im Langzeitgedächtnis verankern, weil es durch das nachfolgende gefühlsbetonte Erlebnis „überlagert" worden ist.

Geschehen, die persönlich nur wenig bedeutsam sind, sind besonders anfällig für Falschinformationseffekte und damit für eine veränderte Wiedergabe[251].

Kindliche Zeugen. Suggestivfragen können erheblichen Einfluss auf die Aussage haben, wenn kindliche Zeugen persönlich von dem Geschehen betroffen sind, wie z.B. bei körperlicher Misshandlung oder sexuellem Missbrauch. Dazu finden sich Ausführungen z.B. bei *Greuel et al.*[252] über verschiedene Untersuchungen und bei *Greuel*[253].

d) Erfahrung

468 Auch die persönliche Erfahrung des Zeugen spielt für seine Wahrnehmung eine Rolle. Man beobachtet nur solche Dinge bewusst, über die man bereits eine gewisse Vorstellung hat.

---

249 *Glatzel* StV 2003, 189.
250 *Bender* StV 1984, 127.
251 Vgl. statt vieler nur *Greuel et al.* S. 186 m.w.N.
252 *Greuel et al.* S. 186 m.w.N.
253 *Greuel* S. 42.

e) Motivation

Motivation beeinflusst die Wahrnehmung. Es geht um Selbst- und um Fremdbeeinflussung. **469**

Bei der Selbstbeeinflussung ist häufig z.B. der sog. Mitläufereffekt zu beobachten, **470** wenn mehrere Zeugen etwas gesehen haben und Zeugen ihre Wahrnehmung an die der anderen anpassen. Das kommt auch unter anderen Bedingungen vor, z.B. in familienrechtlichen Zusammenhängen.

Bei der *Fremdbeeinflussung* wird es häufig um den sog. „*Pygmalioneffekt*“[254] ge- **471** hen. Dieser stellt sich ein, wenn der Beeinflussende zu verstehen gibt, welche Erwartungen er an die Wahrnehmungen des Zeugen hat und der Zeuge versucht, diese zu erfüllen.

f) Wirklichkeitskontrolle

Bei der Wirklichkeitskontrolle geht es darum, eine Wahrnehmung von einer Vor- **472** stellung, einem Traum oder einer Halluzination zu unterscheiden, also darum, ob „eine Aussage einen Erlebnishintergrund in der Wachwirklichkeit hat“ und nicht darum, ob ein Erlebnis in der Realität stattgefunden hat[255].

g) Reality monitoring – Realitätsüberwachungskriterien

Beim reality monitoring geht es darum, Wahrnehmungen und Erinnerungen als ex- **473** tern oder intern generiert zu unterscheiden[256]. Lesenswert sind die Ausführungen bei *Greuel*[257] und *Stadler*[258] zur Realitätsüberwachung *(„Reality Monitoring“)* und Quellenüberwachung.

h) Wahrnehmungsfehler, -beeinträchtigungen

Beeinträchtigungen können hinsichtlich der Sinnesorgane auftreten, z.B. hinsicht- **474** lich des Auges[259], der Akustik[259], des Geruches[260], der Intensitätsunterschiede[261], der Zeitdauer- und Geschwindigkeitsschätzungen[262] und der Helligkeit und Dunkelheit[260].

---

254 *Bender/Nack/Treuer* S. 25 f.; vgl. auch Teil 3 VIII „Fehlerquellenanalyse“ (Rn. 594 ff.) und *Gniech/Stadler* StV 1981, 566.
255 *Stadler* in: Greuel/Fabian/Stadler, S. 59.
256 *Steller/Volbert/Wellershaus* in: Montada, S. 367.
257 *Greuel* S. 94.
258 *Stadler* in: Greuel/Fabian/Stadler, S. 71.
259 *Kühne* NStZ 1985, 252; *Eisenberg* Rn. 1365.
260 *Kühne* NStZ 1985, 252.
261 *Eisenberg* Rn. 1367.
262 *Kühne* NStZ 1985, 252.; *Eisenberg* Rn. 1365 –.

Wahrnehmungsbeeinträchtigung wird auch diskutiert bei psychisch Kranken, Blinden/Tauben, bei Intelligenzminderung, bei Einfluss von Alkohol oder Betäubungsmitteln, bei jungen Kindern und älteren Menschen, bei Ausländern in Hinblick auf mögliche Verständigungsschwierigkeiten und bei psychischen Ausnahmesituationen, die zu einer verzerrten Wahrnehmung führen können, wie z.B. Angst und Schrecken.

Kühne[263] unterscheidet nach den äußeren Bedingungen und der Selektivität der Wahrnehmung.

i) Kindliche Zeugen

475 Welche Qualität die Aussage eines Kindes potenziell erzielen muss, damit von der Aussagekompetenz auszugehen ist, ist unklar. *Volbert*[264] fordert „eine in zentralen Aspekten mit dem Ursprungsereignis korrespondierende Aussage".

Über die Entwicklung relevanter Aussagefähigkeiten berichtet ausführlich *Volbert*[264]. Es geht um das Alter, die Menge und Art der Informationen, die inhaltliche Struktur, die Länge des Behaltensintervalls, die Inkonstanz von Details zu verschiedenen Befragungszeitpunkten, Unterscheidung zwischen Fakt und Fantasie, die Verwechslungsfehler bei einer Serie ähnlicher Ereignisse.

476 *Volbert*[265] berichtet über Dreijährige, die einen Gedanken oder eine Vorstellung von „dem realen Objekt unterscheiden", wie aber auch über etwas ältere Kinder, bei denen noch Unsicherheit besteht, ob „etwas zu existieren anfängt, was man sich vorgestellt hat". Sie rät deshalb, „Kinder nicht in Als-Ob-Situationen zu bringen", weil sich Kinder so „schnell auf die fiktive Ebene" begeben, „ohne dies zu signalisieren".

Nach *Michaelis-Arntzen* und *Greuel et al.*[266] geht bei Kindern bis zum Alter von vier Jahren Wahrnehmung und Vorstellung weitgehend noch ineinander über.

477 Kinder im Alter von vier bis sechs Jahren vermischen häufig noch reale Beobachtung und Fantasievorstellungen. Sie können auch Wesentliches und Unwesentliches nicht voneinander trennen[267]. Die Beobachtungsfähigkeit soll dagegen aber für die verständliche Wiedergabe eines konkreten überschaubaren „körpernahen" Erlebnisses, dass das Kind beeindruckt hat[268], ausreichen.

Im Alter von fünf bis sieben Jahren steigt das Differenzierungsvermögen zwischen Erlebtem und Fantasiertem an[268]. Bei älteren Kindern besteht bei der Wahrnehmung in der Regel keinerlei Einschränkung mehr.

263 *Kühne* NStZ 1985, 252.
264 *Volbert* in: Dahle/Volbert, S. 241.
265 *Volbert* in: Volbert/Dahle, S. 18.
266 *Michaelis-Arntzen* in: Eisen, S. 396; *Greuel et al.* S. 81.
267 *Gley* StV 1987, 403.
268 *Michaelis-Arntzen* in: Eisen, S. 396.

Bei 4- bis 7-jährigen Kindern kann es zu beliebigen Antworten kommen, da die „Wahrheit keinen verpflichtenden Charakter zu haben scheint“[269].

k) Wahrnehmungsbeeinträchtigung bei Drogenkonsum, Alkoholeinfluss

Drogenabhängige. Drogenabhängige können aufgrund der Intoxikation zum Zeitpunkt des Ereignisses in ihrer Wahrnehmungsfunktionen beeinträchtigt sein. Es geht darum, ob sie zum Zeitpunkt des Ereignisses in ihrer Wahrnehmungsfähigkeit oder zum Zeitpunkt der Aussage in ihrer Erinnerung- oder Wiedergabefähigkeit eingeschränkt waren. **478**

Zu unterscheiden ist, welche Art Drogen jemand nimmt, ob er nur gelegentlich oder vielleicht auch nur einmal konsumiert, oder ob er häufiger Drogen nimmt oder gar von ihnen abhängig ist.

Bei der einmaligen oder nur gelegentlichen Einnahme wird in der Regel die Aussagekompetenz nicht beeinträchtigt sein. Anders kann es aber sein, wenn die Einnahme in einer Menge erfolgt, dass es zu einer Intoxikation mit einem entsprechenden Schweregrad kommt.

Dabei kann zu einer eingeschränkten Wahrnehmung (wie bei Alkohol, Opiaten oder Barbituraten) oder aber auch zu Wahrnehmungsveränderungen und Halluzinationen (bei Halluzinogenen) kommen.

Bei steter Einnahme und Abhängigkeit ist zu beachten, dass sich der Körper auf die regelmäßige Einnahme einer gewissen Dosis einstellt. *Greuel et al.*[270] erläutern, dass dann „eine Intoxikation im eigentlichen Sinne auch bei Nachweis des Stoffes nicht automatisch vorliegt“. Bei Intoxikation oder Entzug kommt es eher nicht „zu Wahrnehmungsveränderungen, sondern eher zu einer Einengung der Wahrnehmung auf bestimmte Reize, d.h. Details aus der Wahrnehmung der Umgebung können fehlen“.

Vielfach nicht bekannt ist, dass auch die chronische Einnahme von Cannabis zu akuten halluzinatorischen Zuständen führen kann[271].

Ausführlich befasst sich *Täschner*[272] mit der Aussagekompetenz Drogenabhängiger. *Michaelis-Arntzen*[273] weist auf die Schwierigkeiten der Beurteilung der Aussagen von Zeuginnen zu Vergewaltigungsgeschehen hin, die zur Tatzeit unter Drogen standen.

---

269 *Volbert* in: Volbert/Dahle, S. 18.
270 *Greuel et al.* S. 84.
271 *Saimeh* in: Deckers/Köhnken, S. 61.
272 *Täschner* NStZ 1993, 322.
273 *Michaelis-Arntzen* S. 94.

Nach *BGH*[274] reicht für die Beurteilung der Auswirkungen einer rauschmittelbedingten Intoxikation auf die Auffassungsgabe und das Vorstellungsbild eines Zeugen die Einholung eines aussagepsychologischen Gutachtens nicht aus. Dies gilt insbesondere bei Drogen, die geeignet sind, Halluzinationen oder ähnliche Störungen des Bewusstseins hervorzurufen.

Relevante Wahrnehmungseinschränkungen sind lediglich wenige Minuten nach der Injektion von Heroin sowie bei schweren körperlichen Abstinenzerscheinungen anzunehmen. In diesen Fällen sind aber auch andere Leistungsausfälle zu beobachten (z.B. Gangstörungen, allgemeine Verlangsamung bzw. Unruhe, vegetative Symptome). Sinnestäuschungen treten weder unter der akuten noch unter der chronischen Wirkung von Heroin auf (zusammenfassend: Täschner, 1993) [275].

479 **Alkoholabhängige.** Alkohol kann die Wahrnehmung und Erinnerung beeinträchtigen. Nur „psychopathologische Befundtatsachen (wie illusionäre oder wahnhafte Situations- und Personenverkennungen, Wahrnehmungs- und Sinnestäuschungen u.a.)“ haben „indizielles Gewicht“ bei der Reproduktion von Erlebnissen unter Alkoholeinfluss[276]. „Starre Blutalkoholkonzentrationswerte können z.B. bei Gelegenheitstrinkern zu einer Überschätzung der situativen Leistungsfähigkeit und bei Gewohnheitstrinkern zu deren Unterschätzung führen.“[276]

Der Konsum größerer Alkoholmengen kann, wenn keine Alkoholgewohnheit vorliegt, die Wahrnehmungs- und Gedächtnisfunktionen beeinträchtigen. In einem Entzugsdelir können Halluzinationen auftreten. Eine Alkoholabhängigkeit gibt jedoch keinen Anlass, eine Beeinträchtigung der Aussagekompetenz per se anzunehmen.

2. Erinnerung/Gedächtnis

480 *Steller/Volbert*[276] erläutern: „Die Abhängigkeit der Genauigkeit von Aussagen von der seit dem beobachteten Ereignis verstrichenen Zeit (Vergessen), erscheint zunächst trivial. Genauso fehlerhaft wie die Konzeptionalisierung von Wahrnehmung als (fotographische) Abbildung der Realität ist eine Konzeptionalisierung von Gedächtnis als irgendwie geartete Sammlung von Spuren (‚Engramme‘), deren Schwächerwerden im Laufe der Zeit das Vergessen darstellt. Vielmehr ist das menschliche Gedächtnis als aktives (verarbeitendes) System anzusehen, in dem Um- und Nebenbewertungen seiner Inhalte und (kreative) Neuschöpfungen zu erwarten sind.“

481 **Gedächtnis** = Aktives (verarbeitendes) System

274 *BGH* [2 StR 242/87] StV 1987, 475 = NStZ 1987, 423; vgl. auch *BGH* [5 StR 401/90] StV 1991, 405 f. mit Anm. *Blau.*
275 *Glatzel* StV 2003, 189; vgl. auch *Saimeh* in: Deckers/Köhnken, S. 61.
276 *Steller/Volbert* in: Steller/Volbert, S. 12.

Fehler in wahren Aussagen können sich aus dem Zeitablauf zwischen Aussage und Geschehen und aus nachträglichen Informationen über das Geschehen ergeben. [277]

Interessant sind Ausführungen von *Greuel*[278] und *Greuel et al.*[279] zu „gedächtnispsychologischen Aspekten der Glaubhaftigkeitsbeurteilung", wie auch die Ausführungen bei *Eisenberg*[280] zum Gedächtnis.

Greuel[278] erläutert in ihrer Habilitationsschrift gedächtnispsychologische Aspekte, schwerpunktmäßig ausgewählte theoretische Modelle zum episodischen und autobiographischen Gedächtnis.

Erinnerung ist stimmungsabhängig[281]. Es geht um die Stimmung zu dem Zeitpunkt der Enkodierung im Vergleich zu dem Zeitpunkt des Abrufs.

Das Material ist leichter abrufbar, wenn sich die Person zum Zeitpunkt der Erinnerung in derselben Stimmung wie zum Zeitpunkt des Erlebens befindet.

a) Gedächtnisarten

Man unterscheidet verschiedene Gedächtnisarten. **482**

aa) Episodisches – autobiografisches Gedächtnis

Episodisches Gedächtnis. Darunter versteht man üblicherweise die Speicherung persönlicher Erlebnisse und Erfahrungen aus der eigenen Biographie[282]. Das ist aussagepsychologisch für autobiografische, spezifische Ereignisse von Relevanz, weil – wie *Scholz*[283] erläutert – in diesem Speicher Informationen über Raum und Zeit abgerufen werden können. „Es ist allerdings für Detailanfragen recht unzuverlässig, was als wichtige Fehlerquelle für die Tatsachenfeststellung zu berücksichtigen ist." **483**

Autobiographisches Gedächtnis. „Autobiographische Erinnerungen werden in Form von Geschichten organisiert und repräsentiert, … . Im Unterschied zum Objekt- oder Textgedächtnis geht es hier um die soziale Bedeutung sozialer Interaktionen, die wir als Geschichten erfahren, verstehen und mental repräsentieren (Read & Miller 1995)".[284] Es organisiert sich nur für einen Zeitraum von etwa einem Jahr. **484**

277 *Steller/Volbert* in: Steller/Volbert, S. 12.
278 *Greuel* S. 61 ff.
279 *Greuel et al.* S. 28 ff.
280 *Eisenberg* Rn. 1374 ff.
281 *Volbert* 2004, S. 33 ff.
282 *Greuel* S. 66 f.: nach neueren Erkenntnissen (Wheeler/Stuss/Tulving Toward a theory of episodic memory: The frontal lobes and autonoetic consciousness, Psychological Bulletin 1997, 331 ff.) ist episodisches Erinnern „als ein Akt des Erinnerns durch ‚mentale Zeitreise', als ein Bewusst-Werden eines in der (subjektiven) Zeit ausgedehnten Selbst konzeptualisiert".
283 *Scholz* R&P 2003, 76.
284 *Greuel* S. 329.

„Danach bedarf es relevanter, thematischer Hinweise, um Episoden aus dem autobiographischen Langzeitgedächtnis abrufen zu können (...).“[285]

Zeugen können den überwiegenden Teil früherer persönlich bedeutsamer autobiographischer Ereignisse, insbesondere was den Kerngehalt angeht, erinnern.

Interessant sind die Ausführungen von *Greuel*[286] zum autobiographischen Gedächtnis für Zeit, Handlungen, Interaktionssequenzen, Gespräche und Empfindungen, die hier zusammengefasst wiedergegeben werden:

485 **Gedächtnis für Zeit**

- *Der Zeitpunkt* vergangener Erlebnisse wird meist recht gut erinnert.
- Angaben zur *Dauer* der Ereignisse sind eher unzuverlässig.

486 **Gedächtnis für Handlungen**

- *Selbst ausgeführte* Handlungen werden deutlich besser erinnert als *beobachtete* oder *berichtete* Handlungen.

487 **Gedächtnis für Interaktionssequenzen**

- Die Abfolge von Interaktions- und Ereignissequenzen werden sehr schnell vergessen, komplexe Abläufe schon nach wenigen Tagen.

488 **Gedächtnis für Gespräche**

- *Gesprächswiedergaben*
  der genaue Wortlaut von Gesprächen wird generell schnell vergessen;
  der Kerngehalt von Gesprächen, insbesondere der Bedeutungsgehalt kann aber auch über einen längeren Zeitraum erinnert werden; auch einzelne wörtliche Phrasen können über längere Zeiträume wörtlich erinnert und wiederholt werden.
- *Eine Aussage,* die der Zeuge allein auf der Basis *vermittelnder Informationen konstruiert* und gezielt fälschlicherweise auf seine Person übertragen hat, kann nur bis zu einem gewissen Komplexitätsgrad langfristig behalten werden.

489 **Gedächtnis für Empfindungen**

- Menschen sind nur eingeschränkt dazu in der Lage, die sensorischen Qualitäten von Schmerz zu erinnern.

bb) Kurzzeit-, Arbeits- und Langzeitgedächtnis

490 Man unterscheidet verschiedene Gedächtnisarten – das Kurzzeit-, das Arbeits- und das Langzeitgedächtnis.

491 **Kurzzeitgedächtnis.** Im Kurzzeitgedächtnis wird z.B. ein Satz, den man gerade im Radio gehört hat, gespeichert.

---

285 *Greuel* S. 75.
286 Ausführlich *Greuel* S. 120.

Arbeitsgedächtnis. *Scholz*[287] verdeutlicht: „In der Behaltensphase gehen die vorverarbeiteten Informationen zuerst in das Arbeitsgedächtnis. Dieser Speicher hat die Funktion der bewussten Wahrnehmung, des Vergleichens, der emotionalen Modulation u. dgl. Man nimmt an, dass im Arbeitsgedächtnis verbale Informationen und visuell-räumliche Informationen behalten werden. Eine zentrale Exekutive kontrolliert das, was im Langzeitgedächtnis gespeichert werden soll. Die entsprechenden Kontrollprozesse heißen Aufmerksamkeit, Verschlüsseln und Abrufen. Das Ergebnis dessen wird als mentales Schema oder Script bezeichnet. … Solche Schemata oder Scripts erlauben uns, ähnliche Situationsgegebenheiten und Ereignisse zu erinnern und zu klassifizieren. Da diese Verstärkung jedoch nicht deterministisch erfolgt, gehören mehr oder weniger zuverlässige Knoten zu einem jeden Schema.“ **492**

Langzeitgedächtnis. Was als langfristige Gedächtnisspur eingegraben werden soll, **493** muss durch das Kurzzeitgedächtnis gehen. Beim langfristigen Einprägen spielen die verschiedenen Systeme des Arbeitsgedächtnisses als Kontrollinstanz eine Rolle, vor allem für die Speicherung von Erinnerungen. Das Langzeitgedächtnis umfasst unter Umständen das gesamte Leben.

Man unterscheidet die Rekognition und freie Berichte.

Rekognition. Zu Rekognitionsfragen, die sehr fehleranfällig sind, gibt *Scholz*[287] ein Beispiel: „Hatte der Beschuldigte Jeans an, bei denen der Reißverschluss kaputt war, oder hatte er seinen Reißverschluss offen, …?“

Freier Bericht. Die andere Form der Vergessensprozesse wird durch *freie Berichte* erfasst, indem ein Zeuge beispielsweise gebeten wird: „Erzählen Sie doch mal, wie der Beschuldigte angezogen war und was Ihnen dabei auffiel“. Nach ca. vier Jahren werden dann nur noch ca. 60 % der korrekten Informationen wiedergegeben, nach 34 Jahren ca. 50 %.[287]

cc) Implizites – explizites Gedächtnis

Man unterscheidet zwei Hauptarchive – das implizite und das explizite Gedächtnis. **494**

Implizites Gedächtnis. Auf das implizite Gedächtnis kann man zugreifen ohne **495** groß zu überlegen. In ihm sind motorische Fertigkeiten, Gewohnheiten und unbewusste Lernvorgänge gespeichert. Der Inhalt ist uns nicht bewusst. Es zeigt keine Lücken. Wenn wir z.B. schwimmen können, können wir es für immer.

Explizites Gedächtnis. Im expliziten Gedächtnis werden Fakten und allgemeine **496** Kenntnisse verwahrt wie auch individuell Erlebtes. Erinnert man sich z.B., dass der Eiffelturm in Paris steht, bedient man sich des semantischen Gedächtnisses. Denkt man an die Umstände, unter denen man das Wahrzeichen zum ersten Mal gesehen hat – z.B. in welcher Begleitung, bei welchem Wetter u.Ä. – nutzt man das episodi-

287 *Scholz* R&P 2003, 76.

sche, das autobiographische Gedächtnis. Die jeweiligen Speicher sind voneinander getrennt, so dass bei Gedächtnisverlusten z.B. der eigene Name entfallen, das Wissen, dass es im Sommer warm und im Winter kalt ist, aber nach wie vor vorhanden sein kann.

b) Erinnerung an das Ereignis

497 *Greuel*[288] erläutert:

- Aus einer Vielzahl biographischer Erfahrungen wird nur ein sehr kleiner Ausschnitt langfristig behalten.
- Langfristig gut behalten werden:
  Neuartige Erfahrungen
  Das sind solche, die folgenreich und bedeutsam für die eigene Entwicklung sind (z.B. im Zwischenmenschlichen: der erste Kuss, das erste Treffen).
  Einzigartige Erlebnisse
  haben weitreichende Folgen für die Biographie, die zudem von hoher Intensität sind (z.B. Unfälle, Katastrophen, traumatische Erlebnisse).
  Die Intensität des emotionalen Ereignisses beeinflusst die Behaltensleistung.
- Autobiographische Erinnerungen
  werden in Form einer Geschichte organisiert und rekonstruiert.
- Lebhaftigkeit der Erinnerung
  davon kann nicht auf deren Wirklichkeitsstatus geschlossen werden.
- Vertrauen in die Zuverlässigkeit der Erinnerung
  ist allein kein zuverlässiger Indikator für die Genauigkeit der Aussage.
  Auch falsche (Detail-)Angaben können mit hoher subjektiver Sicherheit vorgebracht werden, insbesondere auf geschlossene und damit potentiell suggestive Fragen, die bejaht werden.
  Ja-Antworten werden unabhängig von ihrer Genauigkeit mit höherer Konfidenz abgegeben als einfache Negationen.
  Diese Erkenntnisse sind für den gerichtlichen Alltag sehr aufschlussreich, da Zeugen häufig gefragt werden, wie gut ihre Erinnerung ist.

c) Erinnerung an Emotionen

498 Die Erinnerung an Emotionen ist bisher wenig untersucht worden. „Die wenigen Untersuchungen sprechen dafür, dass Angaben über Emotionen oft nicht mit entsprechenden Angaben zum Zeitpunkt des Geschehens korrespondieren.“[289]

Volbert[289] klärt über die unterschiedliche Erinnerung bei emotional bedeutsamen Ereignissen auf:

---

288 *Greuel* S. 75.
289 *Volbert* 2004, S. 39 ff.

- Emotional intensive (negative) Ereignisse werden langfristig besser behalten als neutrale Ereignisse.
- Emotional bedeutsame öffentliche Ereignisse werden wesentlich besser und insgesamt auch konstanter erinnert als emotional weniger bedeutsame Ereignisse.
- Emotionale, persönlich wichtige und manchmal überraschende Ereignisse können besonders detailliert und lange behalten werden. Diese Erinnerungen stellen aber nicht unbedingt detailgetreue und zutreffende Abbildungen der Ursprungsereignisse dar.
- Gegenüber den ursprünglichen Angaben veränderte Erinnerungen sind vielfach weiterhin mit hoher subjektiver Sicherheit verbunden.
- Blitzlichterinnerungen bleiben leichter zugänglich, die erinnerten Einzelheiten sind jedoch keineswegs immer zutreffend.
- Emotional bedeutsame öffentliche Ereignisse werden wesentlich besser behalten als andere, die gleich lange zurückliegen.

d) Sich ähnelnde Ereignisse

In Betrugsfällen oder Fällen des sexuellen Missbrauchs werden nicht selten eine **499** Vielzahl sehr ähnlicher Tatvorwürfe verhandelt. Zeugen berichten z.B., dass der Vater sie über Jahre sexuell missbraucht hat, immer dann, wenn die Mutter nicht zu Hause war. „Es war immer dasselbe“, heißt es häufig in Vernehmungen.

Die Lebenserfahrung lehrt, dass man kaum etwas zwei Mal gleich erlebt. Irgendetwas ist immer anders. Dennoch können sich Zeugen oftmals nicht mehr an unterschiedliche Situationen erinnern. Aussagepsychologisch geht es um **Quellenzuordnungsfehler**: „Wenn verschiedene Quellen, die für die Erinnerung in Frage kommen, sehr ähnlich sind …, um hinreichend Informationen zu bieten, die es gestatten würden, zwischen verschiedenen Quellen zu differenzieren, dann kann es zu Quellenzuschreibungsfehlern (…) kommen“[290].

e) Lücken konstruktiv schließen

Der *BGH*[291] hat in der *Grundsatzentscheidung* ausgeführt, dass zu prüfen ist, ob der **500** Zeuge „möglicherweise vorhandene Erinnerungslücken infolge eines Bemühens um Konsistenz konstruktiv geschlossen“ hat.

Gemeint ist damit, dass man Erinnerungslücken inhaltlich so auffüllt, dass sich die Erinnerung wieder zu einer Geschichte zusammenfügt, die man dann auch für eine „echte“ Erinnerung hält.

290 *Greuel et al.* S. 194.

291 *BGH* [1 StR 618/98] BGHSt 45, 164 = NJW 1999, 2746 = NStZ 2000, 100 = StV 1999, 473 = BGHR StPO § 244 Abs. 4 S. 1 Sachkunde 9 = StraFo 1999, 340 = PdR 1999, 113.

501 *Endres*[292] erläutert, dass das Gedächtnis kein „Speicher" ist, sondern „ein organischer und dynamischer Prozeß fortlaufender Rekonstruktion und Aktualisierung. Spätere Informationen, die beispielsweise aus Befragungen oder Vermutungen Dritter stammen, können entweder in Lücken der Gedächtnisbilder eingefügt werden, oder die Erinnerung an den Ursprung unterschiedlicher Informationen ist gestört (Quellenverwechselung, z.B. daß nur Gehörtes für erlebt gehalten wird). Zwar ist nicht auszuschließen, daß trotz späterer verfälschender Bearbeitungen die ursprünglichen Erinnerungsbilder prinzipiell noch verfügbar sind. Aber es wird in solchen Fällen schwer zu entscheiden sein, welche von den unterschiedlichen Erinnerungen die verläßliche und richtige darstellt".

f) Stress

502 Stresserleben kann sich auf die Erinnerungsleistungen auswirken. *Brockman/Chedor*[293] nennen eine Vielzahl von mit der **Vernehmungssituation** verbundene Stressoren für Zeugen, die in der nachfolgenden Liste wiedergegeben werden:

Mit der Vernehmungssituation verbundene Stressoren – nach *Brockman/Chedor*[293] –:

- Unbekannte Örtlichkeit und Räumlichkeit für den Zeugen
- Wartezeiten, eigener Termindruck
- Unvorhersehbarkeit dessen, was passieren wird
- Falsche Vorstellungen (Fernsehwissen) über den Ablauf einer Vernehmung
- Berichten (müssen) über belastende oder lange zurückliegende Ereignisse
- Rechtliche Belehrung mit der Darstellung entsprechender „Sanktionen"
- Zeitdauer der Befragung
- Art der Dokumentation der Aussage
- Störungen durch Lärm, Telefon, Unterbrechungen
- Befragungsverhalten des Vernehmers
  - Schuldinduzierende Fragen
  - Vorwürfe, Unterstellungen
  - Glaubwürdigkeitsentzug
  - Selbstwerterniedrigende Äußerungen
  - Wechselnde Themenkomplexe.

Interne, gedankliche Auslöser:

- Befürchtungen, etwas Falsches zu sagen
- Befürchtungen, etwas zu vergessen
- Befürchtungen, mit dem Täter konfrontiert zu werden
- Befürchtungen, alles erneut durchleben zu müssen.

292 *Endres* Krim 1997, 490.
293 *Brockmann/Chedor* S. 18.

Erhöhtes Stressniveau zu Beginn der Vernehmung, das sich im Laufe der weiteren Befragung noch erhöhen und zu folgenden Stressreaktionen führen kann:

- Gereiztheit bei der Beantwortung von Fragen:
  „Was soll ich denn noch alles wissen?"
  „Das habe ich doch bereits schon gesagt!"
- Vorschnelles Antworten:
  „Ich weiß nicht."
  „Ich erinnere mich nicht (mehr)."
- Abbruch: „Ich kann und will nicht mehr!"
- Abschweifende Ausführungen infolge Konzentrationsmangels
- Erinnerungslücken
- Widersprüchliche Angaben
- Vermeidung der Schilderung von emotional belastenden Details
- Reaktionen, wie ständiges Auf-die-Uhr-Sehen, Auf- und Ablaufen, Hin- und Herwippen, Erröten, Schwitzen etc. können ebenfalls Ausdruck erlebten Stresses sein.

g) Subjektive Gewissheit

Subjektive Sicherheit hinsichtlich des eigenen Urteils weist keinerlei bzw. nur mäßige Beziehungen zur Korrektheit des Urteils auf – das ist das Ergebnis zahlreicher empirischer psychologischer Studien[294]. **503**

Wiedererkennen. Subjektive Gewissheit ist besonders bei Gegenüberstellungen ein Thema. Zeugen werden regelmäßig danach gefragt, wie sicher sie sich denn sind, dass der Identifizierte es auch tatsächlich gewesen sei. Vernehmungsbeamte geben oftmals vor, der Zeuge solle seine Sicherheit in einer Prozentzahl angeben. Es gibt auch Vordrucke, auf denen man die Zahl eintragen kann. Dieses kriminalpolizeiliche Vorgehen ist offensichtlich aus den Köpfen von Ermittlern nicht wegzudenken, auch wenn die Aussage zur subjektiven Sicherheit nichts über die tatsächli- **504**

294 *Fiedler* Lügendektion aus alltagspsychologischer Sicht, Psychologische Rundschau 1989, 127 ff.; *Ekman/O'Sullivan* Who can catch a liar?, American Psychologist 1991, 913 ff.; *Oswald* Laienpsychologische Beurteilung der Glaubwürdigkeit, in: Barton, Verfahrensgerechtigkeit und Zeugenbeweis – Fairness für Opfer und Beschuldigte, 2002, S. 181 ff.; *Sporer, Penrod, Read & Cutler* Choosing, confidence and accuracy: a meta-analysis of the confidence accuracy relation in eyewitness identification studies, 1995. – Gegebenenfalls kann der Zusammenhang von Wiedererkennungsaufgaben niedriger liegen als bei Wiedergaben von Sachverhalten. Bei Antworten, mit denen Vorgaben bestätigt werden, werden höhere Gewissheitsangaben gemacht, als bei Antworten, mit denen Vorgaben abgelehnt werden. Das haben Studien (*Robinson & Johnson* Recall memory, recognition memory and the eyewitness confidence-accuracy correlation, Journal of Applied Psychology 1996, 587 ff.; *Migueles & Garcia-Bajos* Recall, recognition, and confidence patterns in eyewitness testimony, Applied Cognitive Psychology 1999, 257 ff.) in den 90er Jahren ergeben.

che Richtigkeit aussagt. Der Zeuge kann sich noch so sicher sein, dennoch kann er sich irren.

Zahlreiche Forschungsergebnisse belegen, dass es den angenommenen „Zusammenhang zwischen subjektiver Gewissheit und tatsächlicher Richtigkeit" nicht gibt[295].

Cutler/Penrod[296] verweisen auf eine Metaanalyse, wonach man „nicht davon ausgehen" kann, „daß die Entscheidung eines Zeugen auch tatsächlich eher richtig ist, wenn er sich sicher fühlt". Ein geringer Zusammenhang zwischen Gewissheit und Korrektheit der Identifizierung kann z.B. bei optimalen Wahrnehmungsbedingungen (z.B. lange Beobachtungsdauer)[297], wenn die Zielperson verkleidet[298] oder besonders auffällig gegenüber dem „Durchschnittsmenschen"[299] ist, bestehen. Im Allgemeinen ist das Vertrauen eines Zeugen in seine Fähigkeit zum Wiedererkennen aber nur ein sehr schwacher Indikator für die tatsächliche Richtigkeit seiner Entscheidung[296].

505 **Post-identification feedback effect.**[300] Wenn Zeugen nach einer Identifizierungsaussage die Rückmeldung erhalten, dass seine Identifizierung zutreffend war, „steigert das ihre subjektive Gewissheit"[295]

506 *Undeutsch*[301] weist auf die „soziale Dynamik" bei Gegenüberstellungssituationen hin. Zeugen, die eine Anzeige erstatten, wollen Ermittlungsbehörden, die sich bemüht haben, den Täter ausfindig zu machen, nicht enttäuschen. Sie werden daher ebenso bemüht sein, den Täter unter den ihnen „vorgeführten Personen wieder zu erkennen und in der Sicherheit ihres Urteils durch die Situation bestärkt werden".

507 **Nachträgliche Informationen.** In Experimenten fand man heraus[302], dass Gewissheit „verformbar" ist. So haben nachträgliche Informationen, ob bzw. welche Per-

---

295 *Köhnken* in: AG StrafR, S. 605.

296 *Cutler/Penrod* in: Köhnken/Sporer, S. 25.

297 *Deffenbacher* Eyewitness accuracy and confidence. Can we infer anything about their relationship, Law and Human Behavior 1980, 243 – zitiert nach Köhnken/Sporer.

298 *Cutler/Penrod/Stocklein* Moderators of the confidence-accuracy correlation in facial recognition, 1987. Unveröffentliches Manuskript, University of Wisconsin-Madison – zitiert nach Cutler/Penrod in: Köhnken/Sporer, S. 25.

299 *Cutler/Penrod/Stocklein* Moderators of the confidence-accuracy correlation in facial recognition, 1987. Unveröffentliches Manuskript, University of Wisconsin-Madison – zitiert nach Cutler/Penrod in: Köhnken/Sporer, S. 25.; *Brigham* Distinctiveness of appearance as a moderator variable in the confidence-accuracy relationship in facial identifications, 1986.

300 *Bradfield/Wells/Olson* 2002; *Dixon/Memon* 2005; *Hafstad/Memon/Logie* 2004; *Semmler/Brewer/Wells* 2004; *Wells/Olson/Charman* 2003; *Douglass/Steblay* 2006 – zitiert nach Köhnken in: AG StrafR, S. 605.

301 *Undeutsch* in: FS Peters, S. 461.

302 *Luus/Wells* The malleability of eyewitness confidence: co-witness and perseverance effects. Journal of Applied Psychology 1994, 714 – zitiert nach Köhnken in: AG StrafR, S. 605.

son ein anderer Zeuge identifiziert hat, deutlich Einfluss auf die eigene Sicherheitseinschätzung. Hat der andere Zeuge dieselbe Person identifiziert, hat das gewissheitssteigernden Effekt, ebenso wenn der Zeuge erfährt, der andere habe zunächst dieselbe Person identifiziert, dann jedoch sein Votum zurückgezogen. Das bloße Wissen um die Einschätzung des anderen kann die eigene Gewissheit erheblich beeinflussen, obwohl die Wahrnehmungsgrundlage des Zeugen sich nicht verändert hat.

Zeugenladung, Beeidigungsmöglichkeit. Auch allein die Tatsache, vor Gericht **508**
geladen zu sein und das Wissen darum, die Aussage beeiden zu müssen, kann die subjektive Sicherheit erhöhen. Ebenso kann die Wiederholung der Aussage die Gewissheitseinschätzung erhöhen.[303]

Gewissheitseinschätzungen. Je sicherer sich Zeugen sind, umso größer ist die **509**
Selbstüberschätzung.[304] Bei extrem niedrigen Gewissheitseinschätzungen sind die tatsächlichen Leistungen eigentlich besser. Bei wiederholten Befragungen nach Details tritt der Effekt stärker auf als bei nur einmal erfragten Details.

Zeugen fühlen sich häufig auf ihre bisherigen Angaben innerlich festgelegt. Deshalb neigen sie auch nicht zu „niedrigen" Sicherheitsangaben, denn wären sie in ihrer Erinnerung unsicher gewesen, hätten sie ihre Erinnerung (so) nicht berichtet[305].

Fehlerhafte Deutung. In der Praxis beobachtet man, wenn ein Zeuge behauptet, ein **510**
Ereignis sicher zu erinnern, dass dann nicht nur dem Laien, sondern auch Richtern Zweifel an der Richtigkeit seiner Angaben unangebracht erscheinen[306]. Offenbar besteht die Ansicht, dass die subjektive Sicherheit bezüglich der gemachten Angaben tatsächlich eine Bewertung ihrer Richtigkeit ermöglicht[307].

---

303 *Shaw & McClure* Repeated postevent questioning can lead to elevated levels of eyewitness confidence, Law and Human Behavior 1996, 629 – zitiert nach Köhnken in: AG StrafR, S. 605.

304 *Fischhoff/Slovis/Lichtenstein* Knowing with Certainty: The Appropriateness of Extreme Confidence, Journal of Experimental Psychology: Human Perception and Performance 1977, 552 – zitiert nach Köhnken in: AG StrafR, S. 605.

305 *Wells & Murray* Eyewitness confidence, in: Wells/Loftus, Eyewitness testimony, Psychological perspectives 1984, 155 – zitiert nach Köhnken in: AG StrafR, S. 605.

306 Vgl. die Studie von *Loftus* Eyewitness testimony, 1979; *Sporer* Post-dicting eyewitness accuracy: Confidence, decision times and person descriptions of choosers and non-choosers, European Journal of Social Psychology 1992, 157; *Wells/Luus/Windschitl* Maximizing the utility of eyewitness identification evidence, Current Directions in Psychological Science 1994, 194 – zitiert nach Köhnken in: AG StrafR, S. 605.

307 Vgl. *Wells/Small/Penrod/Malpass/Fulero/Brimacombe* Eyewitness identification procedures: recommendations for lineups and photospreads, Law and Human Behavior 1998, 603.

h) Verfälschung von Gedächtnisinhalten – Nachträgliche Informationen

aa) Falschinformationseffekt

511 *Höfer/Langen/Dannenberg/Köhnken*[308] erläutern, seit Beginn der 70er Jahre liegen Forschungsergebnisse vor, die in eindrucksvoller Weise belegen, wie leicht das menschliche Gedächtnis zu beeinflussen ist. „Gezielte Beeinflussungen von außen über minimale Suggestionen oder raffinierte Fragetechniken können diese Effekte verstärken. Sogar vollständige Ereignisse können in die autobiographische Erinnerung von Personen implantiert werden. Die Effekte können dabei so drastisch sein, daß durch die Beeinflussung eine neue psychische Realität erzeugt werden kann."

Dass nachträgliche Informationen nach einem Ereignis die Erinnerung an dieses Ereignis vollständig verzerren oder verfälschen können, auch bei Angaben zum sog. Kerngeschehen, ist auch zentrales Ergebnis der internationalen Forschung der letzten 20 Jahre, welches *Ceci/Bruck*[309] in einem Sammelreferat auf der Grundlage von über 200 experimentellen Untersuchungen darstellen.

512 **Schwache/unsichere Erinnerung.** Je schwächer oder unsicherer die Erinnerung ist und je länger das Ereignis her ist, umso stärker ist der Falschinformationseffekt[310]. Besonders ausgeprägte Suggestionseffekte sollen sich erzielen lassen, wenn überhaupt keine Gedächtnisspur existiert, so z.B. weil das relevante Ereignis nicht gespeichert wurde oder es tatsächlich nicht stattgefunden hat.

Es gibt zahlreiche Untersuchungen[311], die sich mit dem sog. *Falschinformations-Effekt* befassen. Untersuchungspersonen werden nach der Wahrnehmung eines Ereignisses gebeten, falsche Informationen über dieses Ereignis in einer Erzählung oder einem Interview zu geben. Nach einem mehr oder weniger langen Zeitraum wird die Versuchsperson zu dem Ereignis suggestiv befragt. *Loftus*[312] fand heraus, dass die induzierten Falschinformationen in die Erinnerung integriert werden.

513 **Kognitive Desorientierung.** *Schade*[313] zeigt am Beispiel der Aussage eines achtjährigen Jungen aus dem Wormser Mißbrauchsverfahren den *„Prozeß der kognitiven Desorientierung* über die Unterscheidung zwischen eigenen Wahrnehmungen

308 *Höfer/Langen/Dannenberg/Köhnken* in: Greuel/Fabian/Stadler, S. 165.; vgl. auch *Steller/Volbert* in: Steller/Volbert, S. 12; *Blank* in: Greuel/Fabian/Stadler, S. 177.

309 *Ceci/Bruck* Psychological Bulletin 1993, 404.

310 Ausführlich dazu *Höfer/Langen/Dannenberg/Köhnken* in: Greuel/Stadler/Fabian, S. 165; *Köhnken* in: Lempp/Schütze/Köhnken, S. 354; *Greuel et al.* S. 189 m.w.N.; *Eisenberg* Rn. 1378.

311 *Sporer/aus dem Kahmen* Hypnose und Kognition 1993, S. 59; *Sporer/Meurer*.

312 *Loftus* Bulletin of the Psychonomic Society 1975, 86; *Loftus/ Miller/ Burns* Journal of Experimental Psychology: Human Learning and Memory 1978, 19 – zitiert nach Volbert in: Volbert/Steller, Handbuch der Rechtspsychologie, S. 331. *Greuel* (S. 150 m.w.N.) merkt kritisch an, dass der Falschinformationseffekt nur mit Wiedererkennens-Test untersucht wurde und nicht an Hand freier Reproduktionsleistungen – wie im Strafprozess –, so dass die Untersuchungen nur beschränkte Aussagekraft haben.

313 *Schade* StV 2000, 165.

und nachträglichen Informationen bis zum *Verlust der kognitiven Kontrolle* über die richtige Attribuierung von Informationen zu ihren Quellen ..." auf:

Beispiel:

„1. Aussage: »Es ist nichts gewesen, andere Kinder haben sich das ausgedacht oder lügen.«

2. Aussage: »Ich kann mich an nichts erinnern, ich weiß nichts.«

3. Aussage: »Wenn etwas war, dann war ich jedenfalls nicht dabei.«

4. Aussage (der Junge hatte inzwischen die Information erhalten, daß über die Mißbrauchszenen ein Film gedreht worden sei): »Zeigt mir den Film, damit mir die Erinnerungen wiederkommen.«

5. »Aussage« (dem Jungen war mitgeteilt worden, daß der Film im Ausland verkauft worden sei): Sprachlosigkeit und große Bestürzung.

6. Aussage: »Ich schreibe jetzt für das Gericht alles auf, was meine Eltern getan haben«. Und: »Schützt mich jemand vor meinem Vater, wenn er im Gerichtssaal ist?«"

Übernahme von Fehlinformationen bei richtiger Erinnerung. *Volbert*[314] zeigt, **514** dass Kinder auch Fehlinformationen übernehmen, wenn sie eine richtige Erinnerung an das Geschehen haben, so z.B.

- wenn sie ihre eigene Erinnerung als weniger zuverlässig erachten als die Informationen, die ihnen von dem Befrager vermittelt werden, wobei auch die Glaubwürdigkeit desjenigen, der die Fehlinformation präsentiert, einen Effekt für die Übernahme der suggerierten Information hat,
- wenn der Erwachsene, den das Kind für kompetenter hält, dem Kind eine spezifische Auffassung von dem Ereignis vermittelt, kann das dazu führen, dass es seine Aussage an seine Erwartungen „anpasst". Will das Kind auch anfangs nur den Erwartungen entsprechen, kann es zunehmend von der Richtigkeit seiner Angaben überzeugt sein,
- wenn das Kind empfänglich ist für Suggestionen, so wenn es sich in einer Mangelsituation (z.B. Mangel an Liebe, Vertrauen, Sicherheit, Erinnerung, Wissen) oder in einer unklaren Situation befindet. Man spricht dann auch von passiven im Gegensatz zu aktiven Suggestionen, bei denen die Beeinflussung von einer Person ausgeht.

Zeitpunkt der Präsentation der Falschinformation. *Volbert*[315] stellt Untersu- **515** chungen zum Zeitpunkt der Präsentation der Falschinformation vor. Danach könnten „möglicherweise ... einzelne späte suggestive Befragungen stärkere negative Effekte als wiederholte frühe, und wiederholte späte suggestive Befragungen besonders ausgeprägte Suggestionseffekte haben". Diese Untersuchungen beziehen sich aber auf weitaus kürzere Zeitabstände, als diese in Strafverfahren üblich sind. Dort

314 *Volbert* in: Steller/Volbert, S. 40 m.w.N; vgl. auch *Steller/Volbert* PdR 1999, 46 (*BGH*-Gutachten).

315 *Volbert* in: Steller/Volbert, S. 40.

werden Kinder oftmals erst nach Wochen oder Monaten zu dem vermeintlichen Geschehen befragt.

516 Der *BGH*[316] führt in der Grundsatzentscheidung aus:

BGH [1 StR 618/98]

„Zur Bildung der Hypothese unzutreffender Mehrbelastung hätte bei dieser Zeugin im Hinblick darauf Anlaß bestanden, daß einerseits die von ihr wenig detailliert behaupteten Taten teilweise bereits mehrere Jahre zurücklagen und sie bei deren Begehung noch sehr jung war, sie andererseits die Taten vor der Begutachtung bereits mehrfach in unterschiedlichen Gesprächssituationen geschildert hatte. Die Angaben erfolgten zudem überwiegend gegenüber Erwachsenen (Großmutter, Zeugen Jehovas, Polizei, Richter). Im Hinblick darauf hätte die Möglichkeit in Erwägung gezogen werden müssen, daß der Zeugin im Rahmen der Gespräche und Befragungen ggf. unzutreffende Informationen vermittelt und von ihr nunmehr als eigene Erinnerung wiedergegeben wurden."

517 **Zeitraum zwischen Ereignis und Falschinformation.** Da die Klarheit der Erinnerung mit der Zeit abnimmt, können „Falschinformationen die Wiedergabe eines Ereignisses dann effektiv beeinflussen, wenn zwischen dem Ereignis und den Falschinformationen ein längerer Zeitraum liegt (...). Zu berücksichtigen ist aber, daß Erinnerungen insbesondere dann über längere Zeit deutlich bleiben, wenn die Bedeutung des Ereignisses und die Bedeutung einzelner Abläufe interpretativ aufgearbeitet und in diesem Sinne verstanden sind (...). ... Je weniger deutlich die Erinnerung, desto weniger wird eine Falschinformation als widersprüchlich bemerkt."[317]

bb) Pseudoerinnerung – gezielte Einflussnahmen

518 *Scholz*[318] erläutert, Pseudoerinnerungen „sind erfolgreich eingeredete, aber nicht erlebte Ereignisse, erfolgreich ausgeredete, jedoch tatsächlich erlebte Ereignisse".

Endres[319] berichtet, dass in amerikanischen Missbrauchsverfahren suggestive Fragetechniken häufig oder regelmäßig eingesetzt wurden[320]. Amerikanische Studien haben gezeigt, dass es möglich ist, bei Kindern und Erwachsenen[321] Pseudoerinnerungen zu implantieren.

316 *BGH* [1 StR 618/98] BGHSt 45, 164 = NJW 1999, 2746 = NStZ 2000, 100 = StV 1999, 473 = BGHR StPO § 244 Abs. 4 S. 1 Sachkunde 9 = StraFo 1999, 340 = PdR 1999, 113.

317 *Greuel et al.* S. 187 f. m.w.N. – zur Übertragbarkeit experimenteller Untersuchungen auf die forensische Praxis S. 189 f. und theoretische Erklärungsansätze S. 190; vgl. auch *Endres/Scholz/Summa* in: Greuel/Fabian/Stadler, S. 189.

318 *Scholz* R&P 2003, 76.

319 *Endres* Krim 1997, 490.

320 *Endres* Krim 1997, 490 mit Hinweis auf *Ceci/Bruck* Jeopardy in the courtroom.

321 *Ceci/Loftus/Leichtman/Bruck* International Journey of Clinical and Experimental Hypnosis 1994, 304.

Vielfach werden Kinder in Gesprächen über vermeintlich erlebten sexuellen Missbrauch beeinflusst, weil die Fragenden von der Richtigkeit ihres Tuns überzeugt sind[322] oder auch nur den sexuellen Missbrauch aufdecken wollen[323].

Unterschied zwischen Pseudoerinnerung und Falschinformationseffekt 519

Scholz[324] erklärt: „Im Unterschied zur Pseudoerinnerung wird bei der Produktion eines Falschinformationseffektes das relevante Detail des Tatgeschehens in dem entscheidenden Gespräch durch die befragende Person manipuliert. Bei der Pseudoerinnerung erfolgt diese Manipulation in zeitlich vorangegangenen Befragungen. Die entscheidende Befragung erfolgt jedoch ohne jeglichen Versuch einer Beeinflussung."

i) Kindliche Zeugen

Nach *Volbert/Steller*[325] können Kinder im Alter von zwei Jahren schon Informatio- 520
nen über vergangene Ereignisse verbal wiedergeben, nicht jedoch ohne Hilfe Erwachsener „die einzelnen Erinnerungsstückchen … zu einer kohärenten Geschichte zusammenfügen". Kinder im Alter von drei bis vier Jahren können „mit minimaler Unterstützung schon eine kohärente Aussage halbwegs produzieren".

Nach *Michaelis-Arntzen*[326] ist die Erinnerungsentwicklung umso unberechenbarer, je jünger das Kind ist. Zu unterschiedlichen Fragen berichteten Kinder danach zu unterschiedlichen Zeitpunkten auch unterschiedliche Details[325] – ihre Schilderungen sind wenig konstant. Auch bei Vierjährigen ist die Erinnerung – zumindest schon nach wenigen Wochen – unsicher[326]. Vier- bis Fünfjährige hingegen können schon über Ereignisse berichten, die ein oder zwei Jahre zurückliegen[327].

Köhnken[328] erläutert den Stand der Forschung, wonach Kinder, „abgesehen von intensiven suggestiven Beeinflussungen … ab einem Alter von etwa sechs Jahren durchaus in der Lage sind, Erinnerungen an reale Ereignisse von Erinnerungen an eigene Phantasieprodukte zu unterscheiden (Johnson u. Foley 1984, Lindsay u. Johnson 1987). Allerdings gelingt ihnen diese Diskriminierung graduell schlechter als Erwachsenen (Foley et al. 1983). Hierbei kommt den Erwachsenen entgegen, daß sie aufgrund ihrer Erfahrungen über umfangreichere Möglichkeiten der Realitätsprüfung verfügen (Lamb et al. 1983)".

Nach *Michaelis-Arntzen*[326] soll es bei Kindern bis zu sieben Jahren verstärkt zu einem Erinnerungsschwund – auch zum Kern des Geschehens – kommen. Dazu ge-

322 *Schade/Erben/Schade* Kindheit und Entwicklung, 1995, 197.
323 *Endres* Krim 1997, 490.
324 *Scholz* R&P 2003, 76; vgl. auch *Knecht* Krim 2006, 234.
325 *Volbert/Steller* in: Kröber/Dahle, S. 235.
326 *Michaelis-Arntzen* in: Eisen, S. 396.
327 *Volbert/Steller* in: Kröber/Dahle, S. 235; vgl. auch: *Michaelis-Arntzen* in: Eisen, S. 396.
328 *Köhnken* in: Lempp/Schütze/Köhnken, S. 354.

hört aber auch, „daß Erinnerungen, die vorher nicht mehr greifbar waren, plötzlich wieder auftauchen können". Das dürfe aber nicht ohne weiteres für die ganze Aussage gelten. Wenn diese vollständig reproduziert wird, müssten andere Gründe, z.B. der Einfluss der Eltern unmittelbar vor einer erneuten Vernehmung, als Ursache dafür vermutet werden[329]. Nach *Michaelis-Arntzen* kann es neben Erinnerungsverlusten auch zu Erinnerungsverschiebungen kommen. Mehrere ähnliche Vorfälle können zu einem einzigen verschmolzen werden. Häufig können Kinder nachträglich die Situation auch noch nicht räumlich, zeitlich und situativ zutreffend zuordnen.

Sieben- bis zehnjährige Kinder sollen schon selbstkritisch hinsichtlich ihrer eigenen Erinnerungsunsicherheiten unterscheiden[329] und auch schon Angaben zu Geschehen machen, die sie nicht direkt selbst, sondern an anderen Personen und Gegenständen wahrgenommen haben[329]. Grundschulkinder sollen ein Jahr und länger noch über ein aus dem Alltag herausgehobenes Ereignis berichten können[329].

Bei älteren Kindern ist nicht von einer Einschränkung der Erinnerungsfähigkeit auszugehen[330].

Bei der Frage der Erinnerungsfähigkeit ist danach zu unterschieden, ob die Erinnerung ohne oder erst nach direkter Befragung erfolgt. Kleinere Kinder werden sich meist erst auf Befragen erinnern.

Zu fragen ist auch danach, ob die Gedächtnisleistung zutreffend ist. Auch 3-jährige Kinder können inhaltlich richtige Angaben machen[331].

Schließlich geht es noch um die Menge der erinnerten Informationen.

Geschehnisse, die auf ihr Interesse stoßen, erinnern Kinder im Allgemeinen gut, wobei sie Handlungen besser als statische Details erinnern[332].

521 **Details.** Kinder erinnern weniger Details als Erwachsene[333]. Das führt dazu, dass sie häufig keine Erinnerung zu den Besonderheiten des Geschehens haben, die der Befragende aber gerade von ihnen wissen will. Haben Kinder nur eine schwache Erinnerung, besteht die Gefahr, dass sie mit nachträglichen Fehlinformationen oder Vorgaben in den Fragen ihre Erinnerungslücken schließen. Dabei können auch wiederholte suggestive Befragungen zu deutlichen Aussageveränderungen führen.

522 **Quellenzuordnung.** Untersuchungen[334] zeigen, dass jüngere Kinder – mehr als ältere oder Erwachsene – Schwierigkeiten haben, ihre Erinnerungen den richtigen Quellen zuzuordnen: „Passierte ein Ereignis tatsächlich oder wurde nur sehr intensiv darüber gesprochen oder wurde es im Rahmen diagnostischer oder therapeuti-

329 *Michaelis-Arntzen* in: Eisen, S. 396.
330 Vgl. auch *Gley* StV 1987, 403.
331 *Eisenberg* Rn. 1411 f.
332 *Eisenberg* Rn. 1414 f.
333 Vgl. *Volbert* in: Steller/Volbert, S. 40.
334 Vgl. dazu die Literaturstellen bei *Volbert* in: Steller/Volbert, S. 40.

scher Sitzungen nachgespielt (z.B. um dem Kind das Sprechen über das Ereignis zu ersparen)?"[335].

Greuel[336] erläutert zur Erinnerungsfähigkeit von Kindern:

- Im Alter von drei bis vier Jahren erzielen Kinder … bereits bemerkenswert gute Erinnerungsleistungen in Bezug auf persönliche Erlebnisse.
- Kinder erinnern persönlich bedeutsame Ereignisse am besten.
  Persönliche Bedeutsamkeit hängt bei (Vorschul-)Kindern primär davon ab, ob und inwieweit das Ereignis emotionale Reaktionen auslöst.
- Wiederholte suggestionsfreie Befragungen können die Erinnerungsleistung begünstigen.
- Je schneller die erste verbale Wiederholung und damit auch Befragung erfolgt, desto besser ist die langfristige Behaltensleistung.
- Umfang und Genauigkeit kindlicher Erinnerungen an Ereignisse steigen mit zunehmendem Lebensalter.
- Jüngere Kinder haben Schwierigkeiten, zwischen spezifischen Episoden und Routinehandlungen zu unterscheiden.
- Je unvertrauter und komplexer das Ereignis, umso schwerer fällt jüngeren Kindern die Enkodierung und genaue Rekonstruktion.

Ursachen für Inkonstanzen können nach der gegenwärtigen Befundlage nicht abschließend beantwortet werden.

Die Aussagegenauigkeit hängt von der *Art der Befragung* ab, was gerade bei jüngeren Kindern wegen der noch wenig entwickelten kommunikativen Kompetenz zu beachten ist. Bereits 6-Jährige sind in der Lage, Informationen zurückzuhalten. Das hängt von der *Zuverlässigkeitsmotivation* ab, die in der Belohnung einer richtigen und Wegnahme der Belohnung bei einer falschen Antwort bestehen kann. [337]

Volbert[338] stellt „Altersangaben als grobe Orientierung zur Beurteilung der Aussagetüchtigkeit" tabellarisch dar:

Altersangaben als grobe Orientierung zur Beurteilung der Aussagetüchtigkeit 523

– nach *Volbert* –

4 Jahre

Kinder können sich an zurückliegende Ereignisse erinnern, haben aber noch große Schwierigkeiten beim selbstständigen Abruf von Informationen und sind deswegen in erheblichem Maß auf Hinweisreize angewiesen. Über Ereignisse, für die keine zusätzlichen Informationen vorliegen, sind deswegen in der Regel noch keine ausreichend zuverlässigen Angaben zu erhalten.

335 *Volbert* in: Steller/Volbert, S. 40.
336 *Greuel* S. 251 f. m.w.N., siehe vor allem die „Implikationen" S. 257.
337 *Volbert* in: Kröber/Steller, S. 171.
338 *Volbert* in: Volbert/Dahle, S. 28.

4-8 Jahre

Die Fähigkeit nimmt zu, ohne Hilfestellung über erlebte Ereignisse zu berichten; kurze Narrationen sind möglich. Besonders in dieser Altersgruppe ist unter Berücksichtigung von Aufgabenanforderungen (z.B. Komplexität des behaupteten Ereignisses, Intervall zwischen fraglichem Ereignis und Befragung) individuell zu prüfen, ob ausreichend eigenständig Informationen über frühere Erlebnisse abgerufen und sprachlich verständlich ausgedrückt werden können.

Ab 6 Jahre

Berichte nähern sich in ihrer Organisation und Logik den Darstellungen von Erwachsenen. Außer bei dem Vorliegen von Entwicklungsverzögerungen ist in der Regel in diesem Alter Aussagetüchtigkeit vorhanden.

k) Ältere Menschen

524 Ältere Menschen haben im Allgemeinen ein schlechteres Gedächtnis als jüngere Erwachsene und sind oftmals Vorurteilen (rigide in ihren Urteilen zu sein, nur eingeschränkt das Wesentliche oder den kausalen Zusammenhang einer Sache zu erkennen) ausgesetzt.[339] Das bedeutet aber nicht, dass sie selbst bei Vorliegen ausgeprägter und offensichtlicher Alterserscheinungen nicht trotzdem aussagetüchtig sein können.

l) Erinnerungsstörungen bei psychischen Störungen

525 Eine Beeinträchtigung der Erinnerung kann auch durch psychische Störungen erfolgen[340], z.B. Intoxikationen, Traumata, affektive Belastungen, hirnorganische Krankheiten.

526 **Psychogene Amnesien.** *Glatzel*[341] erläutert: Das „Merkmal der psychogenen Amnesie im engeren Sinne ist eine plötzlich einsetzende Unfähigkeit, wichtige persönliche Daten zu erinnern, ein Unvermögen, das auf eine organisch bedingte psychische Störung zurückzuführen ist. Das Ausmaß dieser Beeinträchtigung ist zu groß, um durch gewöhnliche Vergesslichkeit erklärt zu werden“. Er unterscheidet vier Formen von Erinnerungsstörungen:

- *„Lokalisierte (umschriebene) Amnesie* – häufigste Form –
  Versagen der Erinnerung an alle Ereignisse während eines umschriebenen Zeitabschnitts, gewöhnlich in den ersten Stunden im Anschluß an ein tiefgreifend belastendes Geschehen.

---

339 Ausführlich bei *Eisenberg* Rn. 1422 ff.

340 *Nedopil* S. 321.

341 *Glatzel* StV 2003, 189.

- *Selektive Amnesie* – etwas seltener –
  Versagen, das darin besteht, daß nur einige, aber nicht alle Ereignisse während eines umschriebenen Zeitabschnitts erinnert werden.
- *Generalisierte Amnesien* – seltene Form –
  Erinnerungsstörungen umfassen das gesamte Leben des Individuums.
- *Kontinuierliche Amnesien*
  Individuum kann sich nicht mehr an Ereignisse erinnern, die von einem bestimmten Zeitpunkt an bis in die Gegenwart hinein auftraten.

Bei den psychogenen Amnesien ist, vor allem in foro, stets die Möglichkeit der Simulation zu bedenken."

Hirnorganisch determinierte Amnesien. Hirnorganische Amnesien kommen „bei unterschiedlich lokalisierten Hirnläsionen und unterschiedlicher Ursache der Läsion … vor"[342]. Man unterscheidet: 527

- Globale Amnesien
- Partielle Amnesien
  materialspezifische Gedächtnisstörungen, z.B. für non-verbale Informationen (Gesichter, Muster etc.) bei rechtshirnigen und für verbale Informationen bei linkshirnigen Temporalhirnläsionen.

„In der Regel stellen die hirnorganisch determinierten Erinnerungsstörungen kein Problem dar, weil sie zum einen durch hirnpathologische Befunde zu verifizieren sind, zum anderen in entsprechenden testpsychologischen Verfahren veranschaulicht werden können".

Flüchtige Amnesien. Flüchtige Amnesien sind „seltene, Sekunden oder allenfalls Minuten während flüchtige Amnesien auf hirnorganischer Grundlage. Hierher gehören Anomalien des Schlaf-Wach-Rhythmus"[343]. 528

Absencen. Absencen sind „durch Bewußtseinsstörungen von meist wenigen Sekunden Dauer gekennzeichnet, während derer die Betroffenen in ihrem Tun oder Reden plötzlich inne halten. Sie blicken starr vor sich hin und nehmen dann ihre Tätigkeit dort wieder auf, wo sie kurz vorher unterbrochen hatten. Diese Störungen werden gelegentlich als ‚Zerstreutheit' verkannt"[343]. 529

Amnestische Episoden. *Glatzel*[343] erläutert: „Charakterisiert sind sie durch eine plötzliche Phase erheblicher Störung des Kurzzeitgedächtnisses dergestalt, daß neue Eindrücke nicht länger als eine Minute im Gedächtnis behalten werden". 530

Unfallbedingte Hirnschädigungen – Retrograde Amnesie. Das *OLG Stuttgart*[344] hat entschieden: „Da sich eine Auskunftsperson des Phänomens retrograder Amne- 531

---

342 *Glatzel* StV 2003,189; vgl. *Saimeh* in: Deckers/Köhnken, S. 61 – zu ADHS-Syndrom und Alzheimer-Demenz.

343 *Glatzel* StV 2003, 189.

344 *OLG Stuttgart* NStZ-RR 2003, 51.

sie selbst nicht bewusst ist, glaubt sie an ihre (subjektive) Wahrheit. Ihre Aussage kann dann sowohl im Inhalt als auch in der Präsentation auf erlebnisbegründete Schilderung hinweisende Realitätskriterien (= Realkennzeichen), insbesondere eine körpersprachlich stimmig begleitete Geschehensbeschreibung, enthalten. Dennoch kann es sich bei ihren Angaben um nachträgliche Erklärungen und Rationalisierungen anstatt echter Erinnerungen handeln."

532 **Erinnerungsstörungen im Zusammenhang mit einer Schizophrenie oder Affektpsychose.** *Glatzel*[345] erklärt: Dabei geht es „um die Frage, ob sich in der behaupteten Erinnerung tatsächlich der Sachverhalt abbildet, dessen Kenntnis der Vernehmende in das Wissen des Zeugen bzw. des Beschuldigten stellt. Nicht der Kranke problematisiert sein Erinnerungsvermögen mit dem Hinweis auf amnestische Lücken oder mnestische Unsicherheit; es ist der Befragende, dem die Vorgeschichte des Beschuldigten Anlaß ist, dessen Bekundungen auf ihre Verlässlichkeit hin zu überprüfen". Ursachen können eine wahnhaft verzerrte Realitätswahrnehmung wie auch eine aktuelle Wahngewissheit sein. Die Krankheit kann auch die Reproduktion einer ursprünglich realitätsangemessenen Wahrnehmung verändern.

m) Vergessen/Verdrängen/Traumatische Erfahrungen

aa) Vergessen

533 Das Vergessen von Informationen ist ein natürlicher Vorgang. Je länger ein Ereignis her ist, um so mehr vergisst man davon. Wird z.B. etwas, was gerade aufgenommen wird, nicht vom Kurzzeit- in das Langzeitgedächtnis übernommen, etwa weil man es nicht ständig wiederholt, dann vergisst man es einfach wieder. So auch, wenn Informationen schon lange nicht mehr aus dem Gedächtnis abgerufen wurden. Die größten Erinnerungsverluste treten in den ersten Tagen und Wochen ein, was nach vier Wochen noch vorhanden ist, verblasst nur sehr langsam. Besonders bedeutsam wird das langsame Verblassen, wenn Zeugen über mehr als 20 Jahre zurückliegende Ereignisse bekunden.

bb) Verdrängen

534 Was ist eigentlich Verdrängung? Die Literatur dazu ist umfangreich. Beispielhaft sollen hier nur eine aussagepsychologische und eine psychiatrische Sicht zitiert werden:

Höfer/Langen/Dannenberg/Köhnken[346] erläutern: „Tatsächlich hat Verdrängung etwas mit Vergessen zu tun. ... Verdrängung ist mehr als bloßes Vergessen. Normales Vergessen kann durch bestimmte Hinweisreize sehr leicht rückgängig gemacht werden. Denn der mit den verdrängten Inhalten assoziierte Affekt ist bewußtseins-

345 *Glatzel* StV 2003, 189; vgl. auch ausführlich *Saimeh* in: Deckers/Köhnken, S. 61 zu Schizophrenie, Depression und Manie.

346 *Höfer/Langen/Dannenberg/Köhnken* in: Greuel/Fabian/Stadler, S. 165.

präsent, der verdrängte Inhalt hingegen verbleibt außerhalb des Bewußtseins. Nach Vaillant (1990) beginnt Verdrängung mit dem Prozeß der Unterdrückung. Etwas Schmerzliches wird weit von sich weggeschoben. Unterdrückung ist aber ein bewußter und vorübergehender Akt. Derjenige, der unterdrückt, kann jederzeit zum schmerzlichen Erleben zurückkehren. Verdrängung geht aber über diesen Prozeß hinaus, so daß im Falle der Verdrängung traumatische Erlebnisse vollständig aus dem Bewußtsein verschwinden können, die verdrängende Person aktiv nicht fähig ist, sich an das traumatische Erlebnis zu erinnern, obwohl entsprechende Gedächtnisspuren noch vorhanden sind. Über diesen psychoanalytischen Abwehrmechanismus wäre es bspw. zu erklären, daß sexuell mißbrauchte Personen trotz dieser traumatischen Erfahrungen keinen Zugang zu Erlebnissen des Mißbrauchs haben." Empirische Befunde zeigen jedoch, „unabhängig davon, ob sie im Labor oder in der realen Welt gewonnen wurden, ..., daß Menschen sich sehr wohl, selbst nach langen Zeiträumen, an Vorfälle von negativer emotionaler Erlebnisqualität erinnern können. Auch wenn diese Angaben nicht immer zutreffen mögen, so belegen sie dennoch, daß solche Ereignisse nicht verdrängt, sondern im Gegenteil, in zentralen Detailfragen mit hohem Grad an subjektiver Sicherheit erinnert werden".

Glatzel[347] erwähnt, dass der Begriff Verdrängung „nach Auffassung vieler Autoren der Schlüsselbegriff der Psychoanalyse" ist. In der Praxis steht „hinter der populären Rede ... entweder eine ... Erinnerungsstörung ..., eine Wahrnehmungsabwehr oder aber der Wunsch, das tatsächliche Zurückhalten eines reduzierbaren Wissens als ein tiefenpsychologisch fundiertes Unvermögen zu tarnen. Für Richter und Staatsanwälte ist es daher gleichermaßen wichtig, zu erkennen, daß die Rede von der Verdrängung vielfach nichts anderes als eine Leerformel meint, die seltener Vergessen und häufiger den Unwillen signalisiert, Auskunft zu geben".

In der Praxis hat es insbesondere Mitte/Ende der 90er Jahre eine Flut von Berichten gegeben, in denen meist Frauen über sexuellen Missbrauch in der Kindheit berichteten, den sie über Jahre vergessen haben wollen. Verdrängte Erinnerungen, die vielfach in Therapien „wiedergefunden" wurden, führten in den Vereinigten Staaten zu einer Vielzahl von Gerichtsprozessen und Gutachterkriegen. Später gab es Berichte über derlei verdrängte Erinnerungen zunehmend dann auch in Großbritannien und auch hier in Deutschland. Lesenswert dazu sind die Veröffentlichungen von *Loftus/Ketcham*[348] und *Ofshe/Watters*[349] und *Yapko*[350].

347 *Glatzel* StV 2003, 189.

348 *Loftus/Ketcham* Die Therapierte Erinnerung – Vom Mythos der Verdrängung bei Anklagen wegen sexuellen Mißbrauchs, 1995.

349 *Ofshe/Watters* Die mißbrauchte Erinnerung – Von einer Therapie, die Väter zu Tätern macht, 1996.

350 *Yapko* Fehldiagnose sexueller Mißbrauch, 1996.

535 Der *BGH*[351] verdeutlicht, dass das „außerordentlich vielgestaltige und in der Fachliteratur intensiv diskutierte Phänomen der Verdrängung in der Regel nicht geeignet ist, bestimmte Beweisergebnisse zu tragen".

536 *Kröber*[352] erklärt, dass „Verdrängung" keineswegs heißt, „dass ein Sachverhalt unwiderruflich vergessen ist, sondern nur, dass es uns gelungen ist, einen Sachverhalt aus dem aktuellen Bewusstsein und vielleicht auch aus dem emotionalen Bewusstseinshintergrund zu verdrängen. Bei Vorhalt gelingt es aber jeweils problemlos, sich dieses Sachverhalts wieder zu erinnern, ja es können Kleinigkeiten dazu führen, dass der Sachverhalt sich gegen unseren Willen wieder unseres aktuellen Bewusstseins bemächtigt".

Kröber[352] gibt Beispiele für eine besonders gute Erinnerung an dramatische Erlebnisse: „13 Augenzeugen von Tötungsdelikten, die Yuille und Cutshall (1986) vier bis fünf Monate nach der Tat untersuchten, hatten eine ausgesprochen akkurate, detaillierte Erinnerung, die sich kaum von ihren Zeugenaussagen wenige Stunden nach der Tat unterschied. Wagenaar und Groenewed (1990) untersuchten die Erinnerung von KZ-Überlebenden mehr als 40 Jahre nach ihrer Zeugenaussage bei den Nürnberger Prozessen; es gab auch jetzt noch eine ausgesprochen hohe Übereinstimmung mit den einstigen Aussagen gerade zu schweren Gewaltszenen. Malmquist (1986) untersuchte 16 Kinder im Alter von 5 bis 10 Jahren, die Augenzeuge der Ermordung eines Elternteils geworden waren. Jedes dieser Kinder hatte eine ausgesprochen lebhafte Erinnerung an diese Szenen, obwohl die Hälfte von ihnen angab, sie versuchten diese Erinnerungen zu vergessen."

cc) Traumatische Erfahrungen

537 Mit der Grundsatzentscheidung zu den wissenschaftlichen Anforderungen, die an aussagepsychologische Gutachten zu stellen sind, hat der *BGH*[353] die Realkennzeichenanalyse als Methode zur Beurteilung von (kindlichen) Zeugenaussagen anerkannt. Damit hat die Aussagepsychologie im Strafverfahren eine enorme Aufwertung erfahren. Klargestellt wurde damit auch, dass Glaubhaftigkeitsfragen durch den Aussagepsychologen und nicht wie bis dahin durchaus auch üblich durch den Psychiater zu beantworten sind.

Etwa zeitgleich zu dieser Grundsatzentscheidung kritisierten einige Psychiater in einer Veröffentlichung der *Deutschen Gesellschaft für Kinder- und Jugendpsychia-*

351 *BGH* [2 StR 307/02].
352 *Kröber* in: Fabian/Nowara, S. 53.
353 *BGH* [1 StR 618/98] BGHSt 45, 164 = NJW 1999, 2746 = NStZ 2000, 100 = StV 1999, 473 = BGHR StPO § 244 Abs. 4 S. 1 Sachkunde 9 = StraFo 1999, 340 = PdR 1999, 113.

trie und Psychotherapie und *der Bundesarbeitsgemeinschaft*[354] – *wie Steller*[355] berichtet – die Glaubhaftigkeitsbegutachtung stünde „nicht im Einklang mit den vom BGH formulierten Anforderungen". Sie wollten die aussagepsychologische Methode für traumatisierte Zeugen neu definieren. So propagierte *Fischer*[356] unter Berücksichtigung des aktuellen Erkenntnisstandes der Psychotraumatologie, „zur Besonderheit der Gedächtnisleistungen bei Trauma, zu Amnesien und dissoziativen Phänomenen, (müssten; d.A.) … die traditionellen Kriterien der Aussagepsychologie teilweise ergänzt, teilweise auch umgearbeitet werden".

Steller[357] stellt dazu klar, „dass diese Ansprüche wesentlich auf einer fehlerhaften Perzeption der Aussagepsychologie und mangelnder Kenntnis strafprozessualer Beweisforderungen und -regeln beruhen". Entscheidendes Kriterium ist, dass die Diagnose posttraumatischer Belastungsstörungen ohne objektiv (und nicht nur auf den Angaben des Patienten beruhendes) festgestelltes Trauma nicht sicher gestellt werden kann, wobei der Strafprozess erst aufklären soll, ob ein traumatisches Erlebnis überhaupt vorliegt. Unter der Überschrift „Traumafolgen für Strafprozesse" befasst sich *Steller*[357] mit wiedererwachten Erinnerungen (z.B. in Psychotherapien). Nach *Volbert* geht es um ein „zentrales Missverständnis"[358], wonach „es bei einer aussagepsychologischen Begutachtung nicht darum geht, welche Bedeutung eine bestimmte Aussage haben könnte, sondern darum, ob eine bestimmte Aussage nur bei Erlebnisbezug und bei keinem anderen Hintergrund zustande gekommen sein kann (Volbert, 2004)".

Volbert[359] berichtet über Untersuchungen, die mehrheitlich zeigen, dass „traumatische Erlebnisse wie andere Ereignisse mit hoher affektiver Intensität in der Regel langfristig erinnert werden können, wenn eine PTBS-Symptomatik vorliegt." Sie verweist auf Simulationsstudien, wonach Menschen auch Erinnerungen an traumatische Ereignisse entwickeln können, ohne sie erlebt zu haben. Sie können durch Fremd- oder Autosuggestion entstehen und eine hohe Aussagequalität annehmen und mit hoher subjektiver Gewissheit verbunden sein.

Steller/Böhm[360] formulieren unmissverständlich, dass „psychotraumatologische Hypothesen häufig zirkuläre Argumentationsmuster" befördern, wonach das „unbekannte, in Frage stehende und gutachterlich zu beurteilende Trauma erfolgt sein

---

354 *Deutsche Gesellschaft für Kinder- und Jugendpsychiatrie und Psychotherapie und die Bundesarbeitsgemeinschaft* Zeitschrift für Kinder- und Jugendpsychiatrie und Psychotherapie 1999, 72.

355 *Steller* in: NJW- Sonderheft für Gerhard Schäfer, S. 69; vgl. auch *Steller/Volbert* Sonderheft 1, PdR 2000, 102.

356 *Fischer/Riedesser* S. 272 ; *Hinckeldey/Fischer* S. 166.

357 *Steller* in: NJW-Sonderheft für Gerhard Schäfer, S. 69.

358 In der Auseinandersetzung mit Hinckeldey & Fischer, 2002.

359 *Volbert* Die Beurteilung von Aussagen über Traumata, 2004; *Volbert* PdR 2006, 249; vgl. *Volbert/Steller* in: Venzlaff/Foerster, S. 817.

360 *Steller/Böhm* FPPK 2008, 37.

müsse, da ja die Aussageperson gestört (traumatisiert) sei, wobei vergessen wird, dass die Diagnose einer posttraumatischen Belastungsstörung die (objektive) Kenntnis des (die Störung verursachenden) Traumas voraussetzt".

Steller/Böhm[361] kritisieren zu Recht den in der Entscheidung des *BGH* (2 StR 378/03) enthaltenen Zirkelschluss, wonach das Trauma stattgefunden hat, „weil die Zeugin traumatisiert ist, und die Zeugin ist traumatisiert, weil sie das entsprechende Trauma erlebt hat. Tatsächlich setzt die Diagnose einer posttraumatischen Belastungsstörung das Erleben eines Traumas als unabdingbares diagnostisches Kriterium voraus. Dies stellt ja gerade die Besonderheit dieser Diagnose im Rahmen der Klassifikationsmanuale dar. Der Diagnostiker darf und kann nicht umgekehrt aufgrund von Symptomen auf ein dahinter ursächlich stehendes (und schon gar nicht spezifisches) Trauma schließen (vgl. DSM-IV-TR; ICD-10)".

Hinweis

Nach therapeutischer Einschätzung leiden Opfer vielfach an einer posttraumatischen Belastungsstörung. Therapeuten diagnostizieren sie aber meist nur anhand des ihnen von dem Zeugen berichteten Erlebnisses mit dem Beschuldigten. Steht im Raum, dass die Aussage falsch ist, hätte der Zeuge das Trauma nicht erlebt. Deshalb ist die Diagnose posttraumatische Belastungsstörung grundsätzlich kritisch zu betrachten, wenn sie nicht unabhängig von der Aussage getroffen wurde. Hinzu kommt, dass der Therapeut den Wahrheitsgehalt der Angaben unterstellt und damit eine einseitige Festlegung auf das Berichtete erfolgt.

n) Entstehung eines Verdachts in therapeutischen Gesprächen

538 Strafrechtlich relevante Vorwürfe können auch in Therapiegesprächen entstehen. Wie sehr solche „Erinnerungen" ein tatsächliches Erleben wiedergeben oder mehr auf therapeutische Einflussnahmen zurückzuführen sind, ist sehr sorgfältig zu prüfen. Die Untersuchungen dazu von *Loftus/Ketcham*[362], *Ofshe/Watters*[363] und *Yapko*[364] lassen erschrecken, wie schnell man unschuldig durch Fehldeutungen von Therapeuten in einen oft nie wieder gut zu machenden Verdacht geraten kann.

3. Wiedergabe

539 Bei der Wiedergabe des Wahrgenommenen und Erinnerten können Irrtümer und Fehler entstehen.

361 *Steller/Böhm* in: Fabian/Nowara, S. 37.
362 *Loftus/Ketcham* Die Therapierte Erinnerung – Vom Mythos der Verdrängung bei Anklagen wegen sexuellen Mißbrauchs, 1995; vgl. auch die Entscheidung *BGH* [1 StR 190/01].
363 *Ofshe/Watters* Die mißbrauchte Erinnerung – Von einer Therapie, die Väter zu Tätern macht, 1996.
364 *Yapko* Fehldiagnose sexueller Mißbrauch, 1996.

a) Fehler – Irrtum bei der Wiedergabe

Bedingungen, die – nach *Steller/Volbert*[365] – zu Fehlern (Irrtümern) bei der Wiedergabe in beabsichtigten wahren Aussagen führen können, sind: **540**

- Aussageform (Freier Bericht – Befragung)
- Frageformen und -formulierungen
- Geleitete Erinnerung

b) Kindliche Zeugen

Kinder entwickeln ab dem dritten Lebensjahr die Fähigkeit, Aussagen im Zusammenhang weitgehend selbstständig zu produzieren[366]. Im Allgemeinen können sie ein einfaches Erlebnis wiedergeben[367]. Auch eine Spontanaussage kann von ihnen erwartet werden, jedoch nur am selben Tag des Geschehens und nur dann, wenn eine Beeinflussung durch Erwachsene auszuschließen ist[368]. Solche Spontanschilderungen enthalten aber noch weniger Details als solche von älteren Kindern, was aber nicht zur Aussageuntüchtigkeit führt[369]. Dabei ist darauf zu achten, dass fehlende Details nicht durch insistierendes Nachfragen ausgeglichen werden. Das führt nur zu einer Minderung der Qualität der Spontanangaben. **541**

Vier- bis Sechsjährige können schon ausreichend ein überschaubares Ereignis schildern, aber das Geschehen noch nicht nach seinem Sinngehalt zusammenfassen[370].

Michaelis-Arntzen[371] macht – wie schon erwähnt – deutlich, dass es sich um ein das Kind beeindruckendes Erlebnis handeln muss, von dem es auch körperlich betroffen ist. Auch sind Kinder in diesem Alter noch nicht in der Lage, Wesentliches von Unwesentlichem zu unterscheiden und eine geschlossene Darstellung zu geben[372]. Sie schildern den Ablauf noch in der zeitlichen Reihenfolge, was die Gefahr mit sich bringt, dass auch „Halbverstandenes, Erwartetes, Gefürchtetes" miteinander vermischt wird[370].

Sieben- bis Zehnjährige haben grundsätzlich keine sprachlichen Probleme. Bis zum Alter von neun[371] Jahren soll sich aber ein vollständiges Bild aus ihren Angaben oft erst mit Hilfe von Nachfragen ergeben[371]. Insgesamt ist ihre sprachliche Ausdrucksfähigkeit weitaus besser als bei jüngeren Kindern und auch inhaltlich reichhaltiger.

365 *Steller/Volbert* in: Steller/Volbert, S. 12; vgl. auch *Scholz* R&P 2003, 76.
366 *Reimann* in: Dahle/Volbert, S. 258; *Eisenberg* Rn. 1411.
367 *Gley* StV 1987, 403; vgl. dazu auch *Greuel et al.* S. 81.
368 *Undeutsch* in: Undeutsch, S. 70 ff.; *Michaelis-Arntzen* in: Eisen, S. 396.
369 *Greuel et al.* S. 81.
370 *Gley* StV 1987, 403.
371 *Michaelis-Arntzen* in: Eisen, S. 396.
372 *Michaelis-Arntzen* in: Eisen, S. 396; *Gley* StV 1987, 403.

Greuel et al.[373] weisen darauf hin, dass insbesondere Kinder im Alter bis zu zehn Jahren Verständnisschwierigkeiten im Umgang mit z.B. vor/hinter, mehr/weniger, vor/nach, dieser/jener, fragen/erzählen sowie Lüge/Irrtum haben.

Kindliche Aussagen sind häufig wenig differenziert, „weil ihnen das Vokabular fehlt, welches für die Verbalisierung einer möglicherweise detaillierten Erinnerung erforderlich ist. Insbesondere fehlen ... häufig adverbiale und adjektivische Präzisierungen, ...“[374].

Eindrucksvoll ist das bei *Loohs*[375] erwähnte Beispiel einer Kinderaussage, über das *Köhnken*[374] berichtet. Kinder schilderten die Vorführung eines Zauberers, die sie zuvor gesehen hatten, danach u.a. wie folgt:

Beispiel:

„Der Zauberer hat anfangs gar nichts angehabt.
Bedeutet: Der Zauberer hatte zu Beginn keinen Zauberumhang an.
Der Zauberer hatte so ein Ding gehabt, da hat er dran rumgemacht, dann ist das hoch.
Bedeutet: Der Zauberer hatte zwei Stäbe aus Bambus mit Bommeln an Schnüren daran, wenn er an der einen Bommel anzog, ging die andere nach oben.
Der Zauberer hatte keine Hose an.
Bedeutet: Der Zauberer hatte keine Zauberhose dabei, sondern nur einen Zauberumhang.
... und dann hat er angezogen, an so einem Pimmel, dann ist er hochgefahren.
Bedeutet: ... dann hat er angezogen, an so einem Bommel, dann ist der hochgefahren.“

Volbert[376] gibt einen ausführlichen Überblick über den „Entwicklungsverlauf“ bei Kindern „über autobiographische Erlebnisse zu berichten“, wonach „Äußerungen über meist gerade abgeschlossene Aktivitäten und Routineereignisse“ im Alter von 1 ½ Jahren, „Erste Bezugnahme auf spezifische Ereignisse in der Vergangenheit“ im Alter von 2 Jahren zu beobachten sind, „Erste selbstinitiierte Gespräche über die Vergangenheit noch selten“ sind im Alter von 2 ½ Jahren, „zurückliegende spezifische Ereignisse“ im Alter von 3 Jahren „allmählich häufiger thematisiert“ werden, und ab dann die Bezugnahmen mit zunehmendem Alter häufiger werden.

542 **Sprachentwicklung**. Das Sprachverhalten spielt vor allem bei jüngeren Kindern eine Rolle. Es geht um die Sprachentwicklung und das Begriffsverständnis. Gerade bei jüngeren Kindern bedarf es der Überprüfung, was das Kind unter dem von ihm verwendeten Begriff versteht. So sprach im sog. Wormser Mißbrauchsverfahren ein Kind immer von „Pippi kaputt machen“, ohne dass geklärt werden konnte, was es

373 *Greuel et al.* S. 56 f.
374 *Köhnken* in: Lempp/Schütze/Köhnken, S. 354.
375 *Loohs* Die Verwendung spezifischer Explorationsmethoden zur Befragung kindlicher Zeugen im Hinblick auf Gedächtnisleistung, Suggestibilität und das Wiedererkennen von Gesichtern, 1996, Unveröffentlichte Dissertation, Universität Regensburg – zitiert nach Köhnken in: Lempp/Schütze/Köhnken, S. 354.
376 *Volbert* in: Volbert/Dahle, S. 18; *Volbert* in: Dahle/Volbert, S. 241.

damit meinte. Erwachsene deuteten diesen Begriff als sexuelles Missbrauchsgeschehen.

Greuel et al.[377] weisen darauf hin, dass „empirische Studien … übereinstimmend aufgezeigt (haben; d.A.), daß insb. Kinder im Alter bis zehn Jahren Verständnisschwierigkeiten im Umgang mit … (z.B. ‚vor/hinter'), … (z.B. ‚mehr/weniger'), … (z.B. ‚vor/nach'), … (z.B. ‚dieser/jener'), … (z.B. ‚fragen/erzählen') sowie … (z.B. ‚Lüge/ Irrtum') haben (…)". Am ehesten sei die Überprüfung der kindlichen Begriffswelt zu erreichen, „indem man konkret überprüft, wie ein Kind bestimmte sprachliche Begriffe, z.B. Farbbezeichnung, Benennung von Wochentagen und/ oder Monaten, Zeiteinheiten, Personenbeschreibungen oder Mengenangaben, tatsächlich verwendet (Saywitz&Snyder 1993; Walker 1993)".

Michaelis-Arntzen[378] zeigt die unterschiedliche Zeugeneignung von Kleinkindern im Alter bis zu vier Jahren, von Vorschulkindern, Kindern bis zu 10 Jahren und bis zu 14 Jahren deutlich auf. Danach gehen Wahrnehmung und Vorstellung bei Kleinstkindern noch weitgehend ineinander über. Das Kind kann noch nicht ausreichend differenzieren, ob eine Berührung am Geschlechtsteil oder an der oberen Innenseite des Oberschenkels stattgefunden hat, auch nicht, ob die Berührung zufällig, zur Pflege oder mit sexueller Absicht erfolgte. Bei Vorschulkindern im Alter von 4 – 6 Jahren vermischen sich häufig reale Beobachtung und Fantasievorstellung noch miteinander. Kinder dieses Alters können Wesentliches und Unwesentliches, Vorgestelltes und Erlebtes noch nicht voneinander trennen.

Neben dem Wortschatz und dem Begriffsverständnis ist auch das Frageverständnis zu prüfen[379].

Erzählstil. *Greuel*[380] erläutert, dass „auf dem Hintergrund von z.B. ethnisch, sozio- **543**
demographisch oder religiös bedingten Sozialisationserfahrungen sehr unterschiedliche Erzählstile zu erwarten sind. Insofern ist für die Bewertung der Aussagequalität im Einzelfall unerläßlich, zunächst den individuellen Erzählstil als Baseline zu erheben, auf deren Hintergrund dann erst der Ausprägungsgrad der einzelnen aussagepsychologischen Qualitätsmerkmale eingeschätzt werden kann".

Besonderheiten gelten bei der Exploration fremdsprachiger Zeugen. Neben Verständigungsfragen können auch sozio-kulturelle Besonderheiten auf die Aussagebereitschaft Einfluss haben[381].

377 *Greuel et al.* S. 56 f.
378 *Michaelis-Arntzen* in: Eisen, S. 396.
379 Vgl. ausführlich dazu *Greuel* S. 272.
380 *Greuel* S. 321 f. m.w.N.
381 *Menzel* in: Roth, 1996; vgl. auch *Greuel* S. 273.

c) Erheblich intelligenzgeminderte Personen

544 Erheblich intelligenzgeminderte Personen können auch Aussagen über für sie relevante Erlebnisse machen. *Volbert*[382] verweist auf Untersuchungen hin, wonach solche Aussagen aber „weniger detailliert, stärker von situativen und subjektiven Gegebenheiten beeinflusst" sind und „eine erhöhte Anfälligkeit gegenüber suggestiven Einflüssen" besteht. Ihre Angaben sind weniger vollständig und genau als Aussagen Erwachsener.

d) Psychische Auffälligkeiten

545 Störungen in der Wiedergabe des Gespeicherten können ihre Ursache z.B. in organischen Psychosyndromen oder in Psychosen haben[383].

Organische Psychosyndrome kennzeichnen sich z.B. durch längere Antwortlatenzen oder dem Gefühl, „es liegt mir auf der Zunge".

4. Untersuchungsmethoden

546 *Greuel et al.*[384] erläutern, bei der Überprüfung der individuellen Leistungsfähigkeiten geht es darum, „ob der Zeuge über die notwendigen intellektuellen und kognitiven Grundvoraussetzungen verfügt, die zur Erstattung einer gerichtsverwertbaren Aussage erforderlich sind (…). Zum anderen geht es aber auch um die Frage, inwieweit ein Zeuge von seinem Leistungspotential überhaupt dazu in der Lage ist, eine einer komplexen Falschaussage entsprechende kognitive Leistung zu vollbringen."

547 *Greuel et al.*[385] prüfen „die Ausprägung der kognitiven Leistungsfunktionseinschränkungen" anhand von vier Leitfragen:

548 **Prüfung möglicher Einschränkungen der Leistungsfunktionen**

- War der Zeuge aufgrund seiner persönlichen Voraussetzungen in der Lage, den in Frage stehenden Sachverhalt wahrzunehmen?
- Ist der Zeuge in der Lage, den in Frage stehenden Sachverhalt zu erinnern?
- Ist der Zeuge in der Lage, verständlich Auskunft über den in Frage stehenden Sachverhalt zu geben?
- Ist der Zeuge in der Lage, zwischen erlebnisbezogener und nicht erlebnisbezogener Darstellung zu unterscheiden?

---

382 *Volbert* in: Dahle/Volbert, S. 241; *Volbert/Lau* in: Volbert/Steller, Handbuch der Rechtspsychologie, S. 289.

383 *Nedopil* S. 104 ff., 155 ff.

384 *Greuel et al.* S. 55 ff.

385 Nach *Greuel et al.* S. 86.

Der *BGH*[386] hat in der Grundsatzentscheidung zu aussagepsychologischen Gutachten zur Aussagekompetenz ausgeführt: 549

BGH [1 StR 618/98]

„Im Wege der Kompetenzanalyse ist zu prüfen, ob eine so gefundene Aussagequalität namentlich durch sog. Parallelerlebnisse oder reine Erfindung erklärbar sein könnte. Dazu bedarf es der Beurteilung der persönlichen Kompetenz der aussagenden Person, insbesondere seiner allgemeinen und sprachlichen intellektuellen Leistungsfähigkeit sowie seiner Kenntnisse in bezug auf den Bereich, dem der erhobene Tatvorwurf zuzurechnen ist (z.B. Sexualdelikte).

Die daher unter Berücksichtigung des konkreten Tatvorwurfs vorzunehmende Prüfung dieser Fähigkeiten einschließlich eventueller aussagerelevanter Besonderheiten der Persönlichkeitsentwicklung des Untersuchten (etwa Selbstwertprobleme, gesteigertes Geltungsbedürfnis) erfolgt üblicherweise mit den allgemeinen Methoden psychologischer Diagnostik (z.B. Befragung, Beobachtung, Tests, Fragebögen). Deren Auswahl fällt wie dargelegt zwar grundsätzlich in die Zuständigkeit des Sachverständigen, so daß im Einzelfall auch der Einsatz sog. projektiver Verfahren hinzunehmen sein mag."

Zur Diagnostik heißt es in der *Grundsatzentscheidung*[386] weiter:

BGH [1 StR 618/98]

„Der Sachverständige hat aber dabei stets den aktuellen wissenschaftlichen Kenntnisstand zu beachten.

Die Prüfung erfolgt üblicherweise mit den allgemeinen Methoden psychologischer Diagnostik, z.B.: Befragung, Beobachtung, Tests, Fragebögen".

Jansen/Kluck[387] schlagen vor, die Prüfung der Aussagekompetenz, die mit Hilfe diagnostischer Gespräche geführt wird, auf Tonband aufzuzeichnen.

Bei der persönlichkeitsbezogenen Diagnostik geht es um die „Erfassung aussagenaher kognitiver Leistungseigenarten".

a) Testverfahren

Manche Sachverständige verwenden Testverfahren. Zu ihnen gehören Intelligenztests, Entwicklungs- und allgemeine Leistungsverfahren wie auch Persönlichkeitsentfaltungsverfahren, die sog. projektiven Verfahren, die in ihrer Aussagekraft umstritten sind. Genauere Beschreibungen der Verfahren finden sich z.B. bei *Brickenkamp*. 550

386 *BGH* [1 StR 618/98] BGHSt 45, 164 = NJW 1999, 2746 = NStZ 2000, 100 = StV 1999, 473 = BGHR StPO § 244 Abs. 4 S. 1 Sachkunde 9 = StraFo 1999, 340 = PdR 1999, 113.

387 *Jansen/Kluck* Sonderheft Glaubhaftigkeitsbegutachtung 1, PdR 2000, 89.

Der *BGH* hat in seiner Grundsatzentscheidung[388] zur Anwendung von Test- und Untersuchungsverfahren klargestellt:

BGH [1 StR 618/98]

„Bei der Begutachtung hat sich ein Sachverständiger ausschließlich methodischer Mittel zu bedienen, die dem jeweils aktuellen wissenschaftlichen Kenntnisstand gerecht werden (Steller MschrKrim 1988, 16, 24).

Die eingesetzten Test- und Untersuchungsverfahren müssen zudem durch die gebildeten Hypothesen indiziert, d.h. geeignet sein, zu deren Überprüfung beizutragen. Existieren mehrere anerkannte und indizierte Testverfahren, so steht deren Auswahl allerdings in seinem pflichtgemäßen Ermessen.

Daß der Sachverständige einen bestimmten Test, der ihm zur Verfügung steht, nicht anwendet, weil er ihn nicht für erforderlich hält, zeigt daher grundsätzlich nicht, daß seine Sachkunde zweifelhaft ist (BGH StV 1989, 141; BGH bei Pfeiffer NStZ 1982, 188, 189; BGH, Urt. vom 21. September 1965 1 StR 269/65). Vielmehr bleibt es dem Sachverständigen überlassen, auf welchem Weg und auf welchen Grundlagen er sein Gutachten erarbeitet (st. Rspr.; BGH JZ 1969, 437; BGH NJW 1970, 1242, 1243 m.w.N.; BGH StV 1989, 141)."

Man kann den Eindruck gewinnen, dass seit der Grundsatzentscheidung im Jahre 1999 die Anwendung von Testverfahren in den letzten Jahren etwas abgenommen bzw. nur noch von einem kleinen Kreis der Sachverständigen angewendet wird. Regelmäßig kommt es noch zur Anwendung von Intelligenztests, die jedoch unter dem Vorbehalt stehen, dass sie die Aussageintelligenz gar nicht erfassen. Andere Testverfahren werden regelmäßig nicht hypothesenbezogen ausgewählt und ausgewertet. Eine solche Anwendung ist unzulässig, da das Testen nur im Rahmen der Begutachtung der konkreten Aussage und nicht der davon unabhängigen allgemeinen Persönlichkeit des Zeugen statthaft ist.

Hinweis

Manche Sachverständige versuchen diese Problematik zu umgehen, indem sie selbstkreierte Verfahren anwenden, die sie nicht als Tests bezeichnen, und meinen, so die Gütekriterien unterlaufen zu dürfen. Manche Sachverständige versuchen über die mangelnde Qualität solcher Verfahren durch Behauptungen, das Verfahren sei nur „zurückhaltend" angewendet bzw. ausgewertet worden, es sei nicht das gesamte Testverfahren, sondern nur einige wenige Subtests zur Anwendung gekommen oder es handele sich um eine bloße Explorationshilfe, über den fehlenden Bezug zu der im Rahmen der Glaubhaftigkeitsbeurteilung der Aussage zu überprüfenden jeweiligen Hypothese hinwegzutäuschen. Auch das Abkürzen von derlei Verfahren mit wenigen Großbuchstaben soll offensichtlich den Anschein von Wissenschaftlichkeit vermitteln, den die Verfahren nicht haben.

388 *BGH* [1 StR 618/98] BGHSt 45, 164 = NJW 1999, 2746 = NStZ 2000, 100 = StV 1999, 473 = BGHR StPO § 244 Abs. 4 S. 1 Sachkunde 9 = StraFo 1999, 340 = PdR 1999, 113.

Westhoff/Kluck[389] machen deutlich, dass Gutachter bei jedem Verfahren, das sie anwenden wollen, zunächst zu fragen haben, „ob sie die hierzu notwendigen Annahmen aus der zugrundeliegenden Theorie und der entsprechenden empirischen Forschung heraus gut begründen können".

Köhnken[390] empfiehlt, den „Gutachter nach wissenschaftlichen Belegen für die Validität (und zwar nicht irgendeiner, sondern der auf die zu prüfende Hypothese bezogenen) des von ihm verwendeten Verfahrens zu fragen. Kann diese nicht angegeben werden, ist das diagnostische Verfahren unbrauchbar".

Hinweis

Es lohnt sich in fast allen Fällen für den Strafjuristen, sich mit verwendeten „Testverfahren" konkret zu befassen, da schon ihre Anwendbarkeit in den meisten Fällen zweifelhaft ist. Die Verfahren prüfen die zu untersuchenden Fähigkeiten, Eigenarten und Besonderheiten der Zeugen nicht einmal im Ansatz. Deshalb ist zunächst die Zielrichtung des Untersuchungsverfahrens sorgfältig zu prüfen.[391] Wenn man zu den genannten Verfahren die Unterlagen einsieht, vermittelt sich auch dem psychologischen Laien oft schnell ein Bild davon, dass solche Verfahren im besten Fall überflüssig, denn nicht indiziert, im schlechtesten Fall persönlichkeitsverletzend für den Probanden sind.

Westhoff/Kluck befassen sich in dem Standardlehrbuch „Psychologische Gutachten schreiben und beurteilen" ausführlich mit Testverfahren und deren Auswertung.

Eisenberg[392] erläutert: „Die Qualität psychologischer Testverfahren bestimmt sich **551**
vor allem durch die Güte ihrer Messeigenschaften und durch Umfang und Differenziertheit ihrer Normierung. Zentrale Gütekriterien sind *Objektivität* (Unabhängigkeit der Testergebisse von der untersuchenden Person, relevant insbesondere bei solchen Tests, deren Auswertung bereits interpretative Schritte erfordert), *Reliabilität* (Zuverlässigkeit bzw. Genauigkeit der Messung) und *Validität* (Maßstab der theoretischen Fundierung, der angibt, inwieweit ein Test auch tatsächlich das misst, was er zu messen beabsichtigt)."[393]

Kluck in Jansen/Kluck[394] erläutert: „Die Entscheidung des BGH zwingt den Sach- **552**
verständigen zukünftig, nicht nur die zu überprüfende Hypothese zu benennen, sondern auch darzulegen, in welcher Weise das zu deren Überprüfung gewählte Untersuchungsverfahren geeignet ist (Westhoff & Kluck, 1998, S. 62 ff., S. 240, S. 252f.). Bei der Auswahl von diagnostischen Verfahren ist darauf zu achten, daß die jeweils für Fragestellung bzw. Hypothesen objektivsten, zuverlässigsten und validesten Verfahren verwendet werden." Leider realisiert sich diese Prognose nicht in

389 *Westhoff/Kluck* S. 70 ff..
390 *Köhnken* in: Widmaier, S. 2267.
391 Vgl. *Jansen* StV 2000, 224.
392 *Eisenberg* Rn. 1619c.
393 Vgl. ausführlich *Westhoff/Kluck* S. 68 ff.; *Köhnken* in: Widmaier, S. 2267.
394 *Jansen/Kluck* Sonderheft 1 – Glaubhaftigkeitsbegutachtung, PdR 2000, 89.

allen Verfahren, da sich die Strafjustiz insgesamt nicht hinreichend mit psychologischen Testverfahren befasst.

aa) Projektive Verfahren

553 Bei projektiven Verfahren handelt es sich um sog. Persönlichkeits-Entfaltungsverfahren. Das sind Verfahren, bei denen dem Probanden mehrdeutiges Reizmaterial (z.B. Bildtafeln, Zeichnungen) vorgelegt wird, die das Gestaltungsbedürfnis anregen und damit unbewusste Projektionen hervorlocken soll.

Im Gegensatz zu sog. psychometrischen Testverfahren, bei denen eine Messung, also eine quantitative Erfassung und Beschreibung psychischer Merkmale angestrebt wird, zielen projektive Tests darauf ab, „qualitative psychische Strukturen in Form einer Projektierung unbewußter Ängste, Einstellungen und Vorstellungen bei Testpersonen (hier: der Kinder) zu erfassen". Ob dieses Ziel tatsächlich erreicht wird, ist – wie das gesamte „Projektionskonzept" – bisher wissenschaftlich höchst umstritten.[395]

Allen projektiven Verfahren ist gemein,

- dass der Proband nicht erkennen kann, wie seine jeweilige Reaktion wie z.B. seine Deutung der einzelnen Tintenkleckse oder die erfundene Geschichte gewertet wird;
  so soll ausgeschlossen werden, dass der Proband die Tendenz der Fragestellung erkennt und seine Antworten entsprechend darauf ausrichtet. Ansatz eines jeden solchen Verfahrens ist es, anhand der Art der Reaktionen auf das Reizmaterial Hinweise auf Einstellung, Ängste, Bedürfnisse und dominierende Persönlichkeitsmerkmale zu erlangen[396];
- dass Angaben, die auf der Fantasieebene gemacht werden, als eigenes inneres Erleben, als eigene Bedürfnisse und Konflikte des Probanden verstanden werden.

Da die Auswertung dieser Verfahren keinem festgelegten Kriterium unterliegt, sondern von der Erfahrung des Gutachters und damit von einem hohen Ausmaß subjektiver Interpretationszufälligkeiten lebt, ist sie damit höchst spekulativ und durch einen weiteren Sachverständigen nicht überprüfbar[397].

Kritisch äußern sich auch *Lilienfeld/Wood/Garb*[398] zu projektiven Verfahren.

554 Zu den häufig verwendeten projektiven Verfahren gehören beispielsweise der Rohrschach-Test, der Thematische Apperception Test (TAT), der Childrenś Apperception-

---

395 Vgl. *Jansen* StV 2000, 224; *OLG München* NJW 1979, 603.

396 Vgl. hierzu *Wegener* S. 11.

397 Vgl. dazu *Köhnken* in: Widmaier, S. 2267; *Rasch* S. 346; *Eisenberg* Rn. 1619g; *OLG München* NJW 1979, 603 ff.

398 *Lilienfeld/Wood/Garb* Spektrum der Wissenschaft, Heft „Psyche und Verhalten", 2003, 7.

on Test (CAT), der Rosenzweig Picture-Frustration Test (PFT), der Wartegg-Test und der Baum-Test.

Rohrschach-Formdeuteversuch.[399] Am bekanntesten ist der Rorschach-Formdeuteversuch, der auch als sog. Tintenklecksverfahren bekannt wurde. Nach *Arntzen*[400] bringt der Rohrschach-Test Befunde, die mit Aussageleistungen wenig bis gar nichts zu tun haben. *Lilienfeld/Wood/Garb*[401] erläutern, dass sich der Rohrschach-Test nicht besonders gut zur Diagnose der meisten psychiatrischen Krankheitsbilder eignet; ebenso nicht zur Feststellung einer Neigung zur Gewalttätigkeit, kriminellem Verhalten und Störungen der Impulskontrolle. 555

TAT bzw. CAT.[401] Bei dem TAT bzw. CAT handelt es sich um Schwarzweiß-Zeichnungen, anhand derer der Proband möglichst dramatische Geschichten erfinden soll. Nach *Lilienfeld/Wood/Garb*[401] erlaubt der TAT nur begrenzt, Verhalten vorherzusagen. „Im Übrigen fehlen dem Verfahren Normwerte, daher sind sie für den Einsatz außerhalb der Forschung ohnehin noch nicht geeignet." 556

Wartegg-Zeichentest, Baum-Test. Der Wartegg- und der Baum-Test sind Zeichentests. Sie weisen Mängel in den Gütekriterien auf. Das hat der *BGH*[402] in seiner Grundsatzentscheidung klargestellt. 557

Sceno-Test. *Panhuysen*[403] setzt sich kritisch mit der Vereinbarkeit projektiver Verfahren mit § 136a StPO am Beispiel des Sceno-Tests auseinander. *Köhnken* hält den Sceno-Test[404] als Explorationshilfe für geeignet, jedoch dürfen die Äußerungen des Kindes nicht tiefenpsychologisch interpretiert werden. Der Test könnte nur dazu dienen, „mit dem Kind ins Gespräch zu kommen und sich möglicherweise mittels Demonstration schwer verbalisierbare Sachverhalte erläutern zu lassen". 558

Zu beachten ist weiter, dass sich die meisten der projektiven Verfahren nur auf den gegenwärtigen Zeitpunkt, in dem das „Test"-Verfahren mit dem Probanden durchgeführt wird, bezieht. Strafrechtlich relevante Fragen beziehen sich aber meist auf zurückliegende Zeitpunkte, so dass in solchen Fällen der Prüfungsansatz auch von daher zweifelhaft ist. 559

---

399 Er wird beschrieben bei *Brickenkamp/Lilienfeld/Wood/Garb* Spektrum der Wissenschaft, Heft „Psyche und Verhalten", 2003, 7.

400 *Arntzen* Vernehmungspsychologie, S. 75.

401 *Lilienfeld/Wood/Garb* Spektrum der Wissenschaft, Heft „Psyche und Verhalten", 2003, 7.

402 *BGH* [1 StR 618/98] BGHSt 45, 164 = NJW 1999, 2746 = NStZ 2000, 100 = StV 1999, 473 = BGHR StPO § 244 Abs. 4 S. 1 Sachkunde 9 = StraFo 1999, 340 = PdR 1999, 113.

403 *Panhuysen* S. 102 f.

404 *Von Staubs*, 1964; im Szeno-Test werden Kinder aufgefordert, mit Spielmaterial wie z.B. Puppen und Bauklötzen Situationen aus ihrem Lebensumfeld darzustellen – zitiert nach Köhnken in: Widmaier, S. 2267.

560 Die Verwendung projektiver Verfahren als diagnostische Hilfsmittel im forensischen Bereich ist höchst problematisch.

Nach *BGH*[405] ist, da der Sachverständige grundsätzlich über die Auswahl der Verfahren entscheidet, „im Einzelfall auch der Einsatz sog. projektiver Verfahren hinzunehmen".

Projektive Verfahren können nach *Schade/Erben/Schade*[406] allenfalls Anlass sein, die Hypothese eines sexuellen Missbrauchs zu stützen – mehr aber auch nicht. *Endres*[407] betont, dass „das Verhältnis von erlebter Realität, psychischer Verarbeitung und simuliertem Ausdruck … viel zu vielschichtig (sei; d.A.), als daß eine eindimensionale Deutung mehr als vordergründige Plausibilität beanspruchen könnte".

bb) Standardisierte Verfahren

561 **Leistungstests.** Nach *Köhnken* werden Leistungstests „zur Erfassung der kognitiven Fähigkeiten … vorgegeben, um u.a. beurteilen zu können, wie gut ein Zeuge Informationen verarbeiten, behalten und verbal reproduzieren kann, zu welchen Phantasieleistungen er fähig wäre usw. Weitere Anhaltspunkte zu spezifischen kognitiven Fähigkeiten lassen sich aus dem Verbalverhalten in der Exploration sowie den Leistungen in informellen Verhaltensproben (z.B. zur Güte der Erinnerung länger zurückliegender Ereignisse) entnehmen".

562 **Intelligenztest.** Vielfach verwenden Sachverständige zur Abklärung des allgemeinen intellektuellen Leistungsvermögens des Zeugen einen Intelligenztest.

Steller[408] referiert über „Fehlvorstellungen der Psychologie", wonach Zielvorstellung der Intelligenztestentwicklung war, „die intellektuelle Leistungsfähigkeit eines Menschen umfassend zu beschreiben, zu vermessen" und die Entwicklung eines Intelligenztestes mit der Kreation eines Intelligenzquotienten zu verbinden. „Als Endergebnis verschiedener Leistungstestungen wird ein Intelligenzquotient bestimmt. Obwohl dieser lediglich ein arithmetisches Mittel aus sehr unterschiedlichen Teilleistungen darstellt." Man besitzt keinen IQ, sondern man bekommt ihn zugeschrieben. „ … – im Falle mehrfacher Testungen mit unterschiedlichen Verfahren können durchaus IQ-Attributionen unterschiedlicher Höhe erfolgen."

Überwiegender Ansicht nach kann auf den Intelligenztest verzichtet werden, vgl. *Greuel et al.*[409]

405 *BGH* [1 StR 618/98] BGHSt 45, 164 = NJW 1999, 2746 = NStZ 2000, 100 = StV 1999, 473 = BGHR StPO § 244 Abs. 4 S. 1 Sachkunde 9 = StraFo 1999, 340 = PdR 1999, 113.

406 *Schade/Erben/Schade* Kindheit und Entwicklung, 1995, 197.

407 *Endres* Krim 1997, 492.

408 *Steller* in: Kröber/Steller, S. 1.

409 *Greuel et al.* S. 74; vgl. auch *Greuel* S. 308 f.

„Aussageintelligenz“. *Arntzen*[410] führt dazu aus: „Es erübrigt sich bei Glaubwürdigkeitsüberprüfungen die Feststellungen eines sog. Intelligenzquotienten nach unseren Erfahrungen völlig; er kann in vielen Fällen sogar irreführen. Bei den entsprechenden Verfahren werden offenbar die Faktoren zu unvollständig erfaßt, welche die ‚Aussageintelligenz‘, wie wir sie nennen möchten, ausmachen. Erhebliche Diskrepanzen fanden wir in dieser Hinsicht besonders bei Zeugen, die Schulen für lernbehinderte Kinder besuchten. Bei einem Intelligenzquotienten von ca. 70 zeigten viele von ihnen doch eine intakte Aussagetüchtigkeit, weil sie gute Beobachter waren, ein zuverlässiges Erlebnisgedächtnis hatten und Erinnerungen nicht durch Denkprozesse (Schlußfolgerungen) anreicherten oder veränderten. Der Intelligenzquotient vermittelte also kein Bild von ihrer Aussageintelligenz – was nicht verwunderlich ist, da die Tests zur Errechnung des Intelligenzquotienten unter völlig anderen Aspekten konstruiert worden sind.“ 563

Nach *Greuel*[411] kommt es „auf die Erfassung der gedanklichen Flexibilität im Rahmen einer (unsystematisch angelegten) Befragungssituation auf die Fähigkeit zur kombinatorischen Logik oder aber zu Perspektivenwechsel und Rollenübernahme an, die sich durch die kombinierte Anwendung von Exploration und Verhaltensbeobachtung konstruktnäher erfassen lassen als durch klassische intelligenzdiagnostische Verfahren“.

Nach *Greuel et al.*[412] können klassische Intelligenztests Zusatzhinweise bei Drogenabusus für drogeninduzierte kognitive Beeinträchtigungen, neuropsychologische Screening-Verfahren Hinweise auf hirnorganische Störungen geben.

Fragebogentest. Persönlichkeitstests in Form von Fragebögen sind problematisch: „Diese können forensischen Ansprüchen allein nicht genügen, weil bei einzelnen Fragen nicht ausreichend zu klären ist, a) ob der Zeuge die Frage verstanden hat, b) ob er sich selbst genügend kennt, um die richtige Antwort geben zu können, c) ob die vorgelegten Antwortmöglichkeiten, die oft undifferenziert sind, auch die spezielle Antwort enthalten, die der Zeuge der Realität entsprechend geben müßte, d) vor allem aber ob der Zeuge die zutreffende Antwort möglicherweise unterdrückt und statt dessen eine andere und somit unaufrichtige Antwort gibt, mit der er einen besseren Eindruck zu machen glaubt. (Der Einbau einer ‚Lügenskala‘ stellt keine genügende Absicherung dar.)“.[413] 564

Westhoff/Kluck[414] ergänzen: „Es bleibt bei dem Problem der Fälschbarkeit von Antworten in Fragebögen für die diagnostische Praxis bis heute nur eine Feststellung: Wer Fragebogen verstehen kann, kann sie auch verfälschen.“

410 *Arntzen* Psychologie der Zeugenaussage, S. 131.
411 *Greuel* S. 271.
412 *Greuel et al.* S. 74.
413 *Arntzen* Vernehmungspsychologie, S. 75.
414 *Westhoff/Kluck* S. 68; vgl. auch *Greuel* S. 309 f.

cc) Bildgebende Diagnostik und neuropsychologische Testverfahren

565 Zu Diagnostik führt *Nedopil*[415] aus: „Auch bei objektiv feststellbaren hirnorganischen Psychosyndromen kommt es oft zu Aggravationstendenzen, die eine genaue Einschätzung des Ausmaßes der Störung allein aus den Angaben des Patienten und den klinisch erhobenen Befunden schwierig machen. Hierzu bedarf es einer Reihe von Zusatzuntersuchungen: Sowohl neurologische Ausfälle wie positive Befunde im Elektroenzephalogramm, in der Computer- und Kernspintomographie können die hirnorganische Ursache der Symptomatik belegen. Die Testpsychologie hat eine große Anzahl von Verfahren entwickelt, um organisch bedingte Leistungsdefizite quantitativ genau zu erfassen."[416]

Liegt das Geschehen, zu dem der Zeuge bekunden soll, zeitlich zurück, so ist zu prüfen, zu welchem Zeitpunkt die bildgebende Zusatzdiagnostik ausgeführt wurde, um beurteilen zu können, ob sie auch über den fraglichen Zeitpunkt Auskunft geben kann. Gleiches gilt, wenn die z.B. EEG oder CCT erst während der Begutachtung angefertigt werden.

Testverfahren werden meist nicht im Einzelnen dargestellt. Vielfach finden sich in Krankenunterlagen nur Stellungnahmen, in denen die Untersuchungsergebnisse zusammengefasst bewertet werden. Meist enthalten sie keine Beschreibungen, sondern nur Bewertungen.

Auch die Auswertung der bildgebenden Verfahren wird vielfach nur kurz dokumentiert.

Fehlt es aber an der Beschreibung, so kann fraglich sein, ob das Ergebnis in Bezug zu der forensisch relevanten Fragestellung gesetzt werden kann.

dd) Prüfung der Übertragbarkeit der Testergebnisse auf die konkrete Aussage

566 Bei den Prüfungen der Zeugenkompetenz kann fraglich sein, ob die gewonnenen Testergebnisse auf die konkrete Aussagesituation überhaupt übertragbar sind.

Undeutsch[417] kritisiert: „Die von manchen Sachverständigen durchgeführten ‚Merkproben', ‚Phantasie-, Suggestibilitätsprüfungen' und ‚sexuale Aufklärungsexploration' sind wenig hilfreich, weil sie nur die in der Prüfungssituation erbrachten Reaktionen und Leistungen erfassen."

b) Überprüfung der Fantasiefähigkeit

567 Berichtet der Zeuge über Erlebtes oder hat der Zeuge die Angaben zu dem vermeintlichen Geschehen erfunden? Dieses ist eine zentrale Frage der Glaubhaftig-

415 *Nedopil* S. 105.
416 Vgl. auch *Markowitsch* Krim 2006, 621.
417 *Undeutsch* in: Kraheck-Brägelmann, S. 105.

keitsbegutachtung (neben z.B. der später noch zu erörternden, ob dem Zeugen die Antwort auch suggeriert sein könnte). Dazu prüft der Sachverständige häufig die Fantasiefähigkeit des Zeugen. Hat der Zeuge nur eine geringe Fantasiebegabung, kann er auch die Aussage zu dem vermeintlichen Geschehen nicht erfunden haben – so eine vielfach in Gutachten anzutreffende, oft aber auch fehlerhafte Bewertung[418].

Insgesamt ist schon der Begriff der „Fantasiebegabung“ im vorliegenden Zusam- **568**
menhang problematisch:

- Das Konzept ist nicht hinreichend definiert und liefert daher keinen Beitrag zur Beurteilung der Glaubhaftigkeit;
- in Folge dessen liegen keine zuverlässigen und/oder aussagekräftigen diagnostischen Verfahren dafür vor;
- die Bedeutung einer bestimmten Art und eines bestimmten Ausmaßes von Fantasiefähigkeit eines Zeugen in Bezug auf beliebige Themen lässt keine Generalisierung zu auf die Fähigkeit, sich Berichte über sexuelle Erlebnisse ausdenken zu denken.[419]

Danach ist der Vorschlag von *Offe/Offe,*[420] Zeugen zu von ihnen generierten Fanta- **569**
siegeschichten in gleicher Weise zu explorieren wie zu gesichert selbst Erlebtem und dann eine vergleichende Aussageanalyse anzustellen, kritisch zu sehen. Hierüber liegen bisher keine systematischen wissenschaftlichen Untersuchungen vor.

Der *BGH*[421] führt in seiner Grundsatzentscheidung zur Fantasieprüfung aus: **570**

BGH [1 StR 618/98]

Zweck der Phantasieprüfung ist es, einen Vergleichsmaßstab dafür zu erhalten, ob „eine Person bei einer unzweifelhaft erfundenen Geschichte eine ebenso realistische, d.h. inhaltlich plausible und emotional getönte Darstellung erreichen kann, wie bei dem Bericht des behaupteten Sachverhalts.“

Bei der Phantasieprobe handelt es sich „um ein wissenschaftlich eingeführtes Verfahren (vgl. Arntzen aaO S. 128 f.), wenngleich seine Aussagekraft jedenfalls angesichts der Detailarmut der Schilderungen der zu begutachtenden Zeugin gering sein mag (Gutachten Prof. Dr. Fiedler und Prof. Dr. Steller)“.

Die „Fantasieprobe“ ist jedoch in keiner Form publiziert. Eine exakte Dokumentati- **571**
on der untersuchten Fälle, der Beurteilungskriterien, der Validierungskriterien und des Untersuchungsmaterials fehlt.

418 *Jansen* StV 2000, 224.
419 *Westhoff/Kluck* S. 208; vgl. *Undeutsch* in: Kraheck-Brägelmann, S. 105.
420 *Offe/Offe* PdR 1994, 24.
421 *BGHSt* 45, 164 = NJW 1999, 2746 = NStZ 2000, 100 = StV 1999, 473 = *BGHR* StPO § 244 Abs. 4 S 1 Sachkunde 9.

572 *Kluck*[422] erläutert: „Vielfach verwenden Gutachter in der Praxis zur Prüfung der Fantasiefähigkeit als ‚Testmaterial' hierfür Bildtafeln des Thematischen Apperception Test (TAT, von Murray, 1943, 1991, 3. Aufl.), des Childrenś Apperception Test (CAT, von Bellak & Bellak, 1955) oder auch des Thematischen Gestaltungstests (TGT (S) von Revers & Allesch (1985). Dabei ist jedoch in keiner Weise nachvollziehbar, in welchem Zusammenhang die Vorlage dieser Bildtafeln mit den aussagepsychologisch zu prüfenden Merkmalen stehen soll: Die Entwicklung und Intention dieser Verfahren entstammt vielmehr dem Problemkreis klinisch-psychologischer Diagnostik der individuellen Verarbeitung intraindividueller, eventuell durchlebter Konflikte (vgl. Revers & Allesch, 1985, S. 25). Für den jeweiligen gesamten ‚Test' oder für einzelne Bildtafeln gibt es denn auch keine ‚Normen' dafür, was bei derartigen Geschichten als eine durchschnittliche, überdurchschnittliche oder unterdurchschnittliche Fantasiefähigkeit einzustufen wäre."

573 Kritisch äußert sich *Kluck*[422] zu den von *Michaelis-Arntzen*[423] aufgezählten Auswertungskriterien für Fantasieprüfungen.

Die Ergebnisse solcher diagnostischer Vorgehensweisen – so *Undeutsch*[424] – ist um so weniger aussagekräftig, je mehr die Testmaterialien sich in Art und Inhalt von dem fraglichen Sachverhalt unterscheiden.

Zu beachten ist, dass die Fantasieprüfung nicht wie ein projektiver Persönlichkeitstest behandelt werden darf, „indem vom Inhalt der berichteten Geschichten auf die persönliche Situation der Zeugin geschlossen wird"[425].

574 **Grenzen des Anwendungsbereiches der Fantasieprobe und vergleichbarer Verfahren – z.B. bei Suggestibilität.** Zu den Grenzen des Anwendungsbereiches heißt es in der Grundsatzentscheidung des *BGH*[425]:

BGH [1 StR 618/98]

„Phantasieproben dienen der Prüfung, ob eine Person bei einer unzweifelhaft erfundenen Geschichte eine ebenso realistische, d.h. inhaltlich plausible und emotional getönte Darstellung erreichen kann wie bei dem Bericht des behaupteten Sachverhalts.

Daher reicht ein solches Verfahren nach seiner Konzeption nicht aus, um die Möglichkeit einer durch Dritte induzierten Aussage zu prüfen. Denn bei Suggestibilität handelt es sich nicht um ein situationsübergreifendes, persönlichkeitsspezifisches Konstrukt, sondern um ein Phänomen, das nach heutigem Kenntnisstand durch eine Reihe von kognitiven und sozialpsychologischen Mechanismen beeinflußt wird."

---

422 *Jansen/Kluck* Sonderheft 1 – Glaubhaftigkeitsbegutachtung, PdR 2000, 89.

423 *Michaelis-Arntzen* in: Arntzen, Psychologie der Zeugenaussage, S. 70.

424 *Undeutsch* in: Kraheck-Brägelmann, S. 69.

425 *BGH* [1 StR 618/98] BGHSt 45, 164 = NJW 1999, 2746 = NStZ 2000, 100 = StV 1999, 473 = BGHR StPO § 244 Abs. 4 S. 1 Sachkunde 9 = StraFo 1999, 340 = PdR 1999, 113.

Einen „Suggestionstest“ zu entwickeln, der für die Glaubhaftigkeitsbegutachtung hinreichend verlässlich und valide wäre, ist in der wissenschaftlichen Forschung bisher nicht gelungen, so dass eine testbasierte Prüfung der „Suggestibilität“ oder des „Suggestionswiderstandes“ nicht möglich ist.[426]

c) Überprüfung der Erinnerungsfähigkeit

Die Überprüfung der Gedächtnisfunktionen gehört zur Beurteilung, ob der Zeuge **575**
eine verwertbare Aussage machen kann.

Um die Erinnerungsleistung des Zeugen zu beurteilen, fragen Sachverständige nach Geschehnissen im Zeitraum des in Rede stehenden Geschehen, das ähnlich bedeutsam für den Zeugen gewesen ist wie das vermeintlich Erlebte.

Gedächtnistest. Nicht jeder Test ist für aussagepsychologische Begutachtungszwe- **576**
cke geeignet. In Strafverfahren geht es meist nicht um das Kurz-, sondern um das Mittel- bzw. Langzeitgedächtnis. Dementsprechend sollte der Test längere Zeiträume umfassen.[427]

Nach *Greuel et al.*[428]„kommt auch bei der Prüfung der Erinnerungsfähigkeit standardisierten Gedächtnistests bzw. Untertests einer größeren Testbatterie nur nachgeordnete Bedeutung zu, da die für Zeugenaussagen relevanten Funktionen des episodischen bzw. autobiographischen Gedächtnisses von den Standardtests überwiegend nicht erfaßt werden“. Zudem geben Testverfahren immer nur Auskunft über das Leistungspotential zum Zeitpunkt der Testung.

Vielfach prüfen Sachverständige die Erinnerungsfähigkeit an Hand von Verfahren **577**
wie der sog. „Verbalmerkprobe“ oder „Selbstbildnis“.

Der *BGH*[429] hat bestätigt, dass die „Verbalmerkprobe“ und das „Selbstbildnis“ als Standardverfahren zur Prüfung der Gedächtnisfähigkeit nicht eingeführt sind.

Eine Bewertung, ob der Einsatz dieser Verfahren gegen anerkannte wissenschaftliche Erkenntnisse verstößt, hat der *BGH* in der Grundsatzentscheidung nicht abschließend vorgenommen, da Angaben zu deren Grundlagen, Methodik und konkreter Durchführung im Gutachten fehlen. Sie sind in wissenschaftlich hinreichender Form nicht veröffentlicht[430].

---

426 Siehe dazu z.B. *Endres* Report Psychologie 1998, 816.
427 Vgl. dazu ausführlich *Greuel* S. 309 f.
428 *Greuel et al.* S. 56.
429 *BGH* [1 StR 618/98] BGHSt 45, 164 = NJW 1999, 2746 = NStZ 2000, 100 = StV 1999, 473 = BGHR StPO § 244 Abs. 4 S. 1 Sachkunde 9 = StraFo 1999, 340 = PdR 1999, 113.
430 *Jansen* StV 2000, 224.

d) Deliktspezifische Kenntnisse des Zeugen – Sexualanamnese

578 **Kindliche Zeugen.** Bei Verfahren des sexuellen Missbrauchs werden kindliche Zeugen nach ihren sexuellen Kenntnissen befragt, um z.B. zu erfahren, welche Begriffe sie für die Geschlechtsteile verwenden, ob sie z.B. sexuell motivierte Berührungen von reinen Waschvorgängen[431] unterscheiden können, ob sie bereits eigene sexuelle Erfahrungen, z.B. im Spiel mit anderen Kindern, oder bei älteren Kindern auch schon mit Erwachsenen, gemacht haben.

Interessant sind die Ausführungen bei *Undeutsch*[432], die die Bedeutung der Prüfung sexueller Erfahrung von Zeugen in Sittlichkeitsprozessen aus historischer Sicht deutlich machen.

In früheren Jahren wurde der Zeitraum der Pubertät auch als Phase diskutiert, in der normalen Jugendlichen die Realitätskontrolle abhanden kommen soll[433]. Kritisch ist dazu anzumerken, dass man heute aufgrund neuerer Forschungsergebnisse[434] auch schon jüngeren Kindern zubilligt, zwischen Fantasiertem und Erlebtem unterscheiden zu können. In der modernen Literatur wird dieser Gesichtspunkt denn auch nicht mehr diskutiert.

Ab der 3. bis 4. Klasse wird man davon ausgehen können, dass Kinder Aufklärungsunterricht in der Schule erhalten und insgesamt mehr Einblick in den Sexualbereich haben. Dieses würde die Konstruktion einer Falschaussage erleichtern. Auch können sie in diesem Alter anderweitige Erlebnisse leichter auf den Beschuldigten übertragen.

Inwieweit das Geltungsbedürfnis in dieser Entwicklungsphase, Scham oder ein Sich-Nichteingestehen-Wollen eines eigenen aktiven sexuellen Verhaltens gegenüber sich selbst oder anderen für die Aussage eine Rolle spielt, ist bei der Motivationsanalyse zu prüfen.

Der *BGH*[435] führt in der Grundsatzentscheidung dazu aus:

BGH [1 StR 618/98]

„Eine Sexualanamnese ist zwar nicht generell bei jeder Glaubhaftigkeitsbegutachtung bedeutsam. Vielmehr handelt es sich auch bei ihr um eine Untersuchungsmethode, deren Anwendung im pflichtgemäßen Ermessen des Sachverständigen steht (BGH, Urt. vom 26. Oktober 1993 1 StR 401/93). Geht es aber um die Frage, ob ein Zeuge den Vorwurf an ihm begangener Sexualdelikte zutreffend erhebt, ist regelmäßig die Einschätzung seiner sexual bezogenen Kenntnisse und Erfahrungen notwendig (Gutachten Prof. Dr Fiedler und

431 *Gley* StV 1987, 403.
432 *Undeutsch* in: Undeutsch, S. 26.
433 Vgl. dazu *Undeutsch* in: Undeutsch, S. 74.
434 Vgl. *Volbert* in: Dahle/Volbert, S. 241.
435 *BGH* [1 StR 618/98] BGHSt 45, 164 = NJW 1999, 2746 = NStZ 2000, 100 = StV 1999, 473 = BGHR StPO § 244 Abs. 4 S. 1 Sachkunde 9 = StraFo 1999, 340 = PdR 1999, 113.

Prof. Dr. Steller; s. auch Arntzen, Psychologie der Zeugenaussage 3. Aufl. S. 130; Venzlaff in: Venzlaff aaO S. 131). Dies gilt zumindest bei Zeugen, bei denen etwa aufgrund ihres Alters entsprechendes Wissen nicht ohne weiteres vorausgesetzt werden kann (Steller/ Volbert aaO S. 23 f.)."

Steller[436] erläutert: „Entwicklungspsychologische Befunde zeigen, daß das Sexualwissen von Vorschulkindern noch ganz auf den Reproduktionsvorgang beschränkt ist, auch ihr Interesse ist auf diesen Bereich fokussiert. Geschlechtliche Handlungen (sexuelle Interaktionen) sind weder Gegenstand des Wissens noch des Interesses von sehr jungen Kindern (Volbert/Homburg)[437]. Auch bei erwachsenen Zeuginnen kann die Befragung zu Sexualerfahrungen und die Einstellung zur Sexualität für die Aussage von Belang sein."

e) Suggestibilitätsprüfungen

Köhnken[438] erläutert, dass manche Gutachter sog. Suggestionsproben durchführen, 579
indem sie einige Suggestivfragen stellen, „die falsche Informationen transportieren sollen. Im weiteren Verlauf der Exploration wird noch einmal nach diesen Sachverhalten gefragt. Wenn der Zeuge der Suggestion widersteht, d.h. die nahegelegten Informationen nicht übernommen hat, wird auf eine geringe Suggestibilität (d.h. Anfälligkeit für eine suggestive Beeinflussung) geschlossen. Die Hypothese einer suggestiven Beeinflussung als Quelle der Aussage wird dann unter Hinweis auf den festgestellten Suggestionswiderstand zurückgewiesen.

Aufgrund der bisher vorliegenden Forschungsergebnisse zur Suggestibilität als ein stabiles Persönlichkeitsmerkmal hat diese Methode selbst im günstigsten Fall nur einen sehr begrenzten diagnostischen Wert."

Köhnken[438] 580

Suggestibilität ist kein stabiles Persönlichkeitsmerkmal, kein „Charakterzug".

Kindliche Zeugen. *Scholz*[439] beschreibt, dass insbesondere von Kindern im Vorschulalter Informationen akzeptiert werden, „obwohl sich das Kind bewusst ist, dass seine Aussage nicht mit dem tatsächlichen Ablauf des Geschehens übereinstimmt. Somit muss die Erinnerung an das Originalereignis nicht unbedingt verändert werden, damit ein nicht-glaubhafter Personalbeweis entstehen kann. Kinder können von dem inkriminierten Sachverhalt mehrere, verschiedene Versionen lie-

436 *Steller* in: Egg, S. 244.
437 *Volbert/Homburg* Zeitschrift für Entwicklungspsychologie und Pädagogische Psychologie 1996, 210.
438 *Köhnken* in: Widmaier, S. 2267.
439 *Scholz* NStZ 2001, 572.

fern, ohne dass Merkmale einer akzentuierten Persönlichkeit oder gar pathologische Entwicklungsbedingungen vorliegen."

„Generell sind jüngere Kinder anfälliger als ältere Kinder und Erwachsene. Ebenso sind intellektuell schwächer begabte Personen stärker gefährdet als Zeugen mit besseren kognitiven Fähigkeiten. Im Einzelfall können aber auch gut begabte Erwachsene einer suggestiven Beeinflussung unterliegen, ebenso wie umgekehrt lernbehinderte Kinder trotz suggestiver Befragungen korrekte Angaben machen können."[440]

f) Fallneutrale Exploration

581 *Greuel*[441] stellt Leistungsarten dar, die in einer fallneutralen Exploration in der Regel zu überprüfen sind:

- „Aussageintelligenz",
- Autobiographisches Gedächtnis,
- Sprachverhalten,
- Begriffsverständnis,
- Frageverständnis,
- Sozio-kulturelle „Narrationsgewohnheiten",
- Sexualwissen,
- Compliance,
- Suggestibilität.

„Anhaltspunkte für die Beurteilung der Aussagetüchtigkeit, der individuellen ‚Baseline' des Aussageverhaltens, aber auch zur reflexiven Kontrolle des diagnostischen Geschehens selbst"[442], können auch aus der **freien Verhaltenbeobachtung** gewonnen werden. Hieraus gewinnt man Informationen über:

- Kooperationsbereitschaft der Person,
- Erinnerungskritik der Person,
- Intellektuelle Flexibilität,
- Konzentrationsfähigkeit,
- Emotionale Belastbarkeit,
- Aktivierung,
- Sozialverhalten.

g) Begutachtungsrelevante Zeiträume

582 Bei der Begutachtung der Zeugentüchtigkeit lautet die Fragestellung – wie schon erläutert – ob der Zeuge das in Rede stehende Geschehen hinreichend wahrnehmen, es anschließend erinnern und wiedergeben kann.

Schwierig kann die Beurteilung sein, wenn der psychische Zustand zum Zeitpunkt des Geschehens ein anderer ist als zum Zeitpunkt der Begutachtung bzw. zum Zeitpunkt der Vernehmung.

---

440 *Köhnken* in: Widmaier, S. 2267.
441 *Greuel* S. 270.
442 *Greuel* S. 306.

Hirnorganische Störungen. *Nedopil*[443] beschreibt die Symptomatik hirnorganischer Störungen wie folgt: „Die Symptomatik akuter, organisch bedingter Psychosyndrome hängt neben der Ursache auch vom Verlauf der Erkrankung ab. Akut einsetzende Noxen oder psychische Traumata führen in der Regel zu Bewusstseinstörungen, die von Somnolenz bis zum Koma reichen können und zu Störungen der Orientierung der Auffassung und des Denkens, welches völlig verworren sein kann. Die akuten organischen Psychosyndrome ohne Bewusstseinsstörung werden nach Wieck (1956) als *Durchgangssyndrome* bezeichnet. In der forensischen Literatur kommen sie immer wieder als *geordnete Dämmerzustände* vor (Glatzel 1985). Für die akuten organischen Psychosyndrome bestehen nahezu immer amnestische Lücken, auch wenn sie nicht mit von außen beobachtbaren Bewusstseinstörungen verbunden waren. Unter bestimmten Umständen kommt es zu *deliranten Syndromen*, die durch Desorientiertheit, Gedächtnisstörungen, Wahrnehmungsstörungen – häufig im Sinne von illusionären Verkennungen und Halluzinationen (optisch und taktil) – Aufmerksamkeitsstörungen, Suggestibilität, psychomotorische Unruhe und durch vegetative Symptome wie Tachykardien und Veränderungen des Schlaf-Wach-Rhythmus gekennzeichnet sind.“ **583**

Psychosen. *Greuel et al.*[444] erläutern an Hand der Prüfung einer Psychose: „Problematisch ist die Begutachtung der Aussagetüchtigkeit bei Personen im Zustand vollständiger Remission oder mit nur leichten Residualsymptomen, während gerade erst bei einsetzenden oder blande (schubweise; d.A.) verlaufenden psychotischen Erkrankungen die Gefahr besteht, daß die Erkrankung im Begutachtungsprozeß nicht festgestellt wird. Für die Beurteilung der Aussagetüchtigkeit ist daher auf jeden Fall eine möglichst vollständige psychopathologische Anamnese zu erstellen. Bei Symptomfreiheit zum Zeitpunkt der Begutachtung muß versucht werden, möglichst genaue Angaben über den Zustand des Zeugen zum Zeitpunkt des in Frage stehenden Vorfalls sowie im Zeitraum zwischen dem Geschehnis und der Zeugenbefragung zu erhalten. Dazu kann das Hinzuziehen der Angaben Dritter, wie etwa des behandelnden Arztes, notwendig sein.“ **584**

Auch bei hirnorganisch Kranken kann die Begutachtung schwierig sein, wenn der Zeuge zum Zeitpunkt der Begutachtung symptomfrei ist, zum Zeitpunkt des fraglichen Geschehens aber an einer akuten hirnorganischen Störung gelitten hat.

Ähnliches gilt bei epilepsiekranken Zeugen, wenn sie sich während des in Rede stehenden Ereignisses in einem epileptischen Schub befunden haben[445].

Mit neuropsychologischen Testverfahren wird versucht, den Schweregrad organisch bedingter psychischer Leistungsfunktionsstörungen und auch Ausfälle zu erfassen. *Greuel et al*[446] erläutern, dass solche Testverfahren aber nicht die Prüfung

443 *Nedopil* S. 103.
444 *Greuel et al.* S. 83.
445 *Szwewczyk/Littmann* in: Salzgeber/Stadler/Drechsel/Vogel, S. 140.
446 *Greuel et al.* S. 85.

der Aussagekompetenz entbehrlich machen: „Spezifische Formen von Gedächtnisstörungen, wie etwa retrograde oder anterograde Amnesien bei Schädel-Hirn-Trauma und psychogene Amnesien bei neurotischen Entwicklungen führen selbstverständlich zum Ausschluß der Aussagetüchtigkeit, wenn nämlich das in Frage stehende Geschehen der Erinnerung nicht mehr zugänglich ist."

585 **Schwachsinn.** *Leferenz*[447] erläutert: „Schwere Schwachsinnsgrade heben ebenfalls die Aussagetüchtigkeit auf oder schränken sie stark ein. Ob und inwieweit eine verwertbare Aussage überhaupt erhältlich ist, hängt weniger vom Intelligenzquotienten als von einem Explorationsversuch ab, der schon deshalb angezeigt ist, weil aussagefähige Schwachsinnige durchaus zuverlässige Zeugen abgeben können."

586 **Alkohol- und Drogenmissbrauch.** Hat der Zeuge zum Zeitpunkt des Geschehens, über das er als Zeuge berichten soll, Alkohol getrunken, ist danach zu fragen, ob es dadurch zu akuten Beeinträchtigungen der Wahrnehmung, des Bewusstseins oder der Erinnerung gekommen ist. Dabei geht es um Situations- oder Personenverkennung, Wahrnehmungs- und Sinnestäuschungen[448].

Eine Prüfung allein der Alkoholkonzentration reicht in der Regel dazu nicht aus. *Steller/Volbert* weisen darauf hin, dass das bei Gelegenheitstrinkern zu einer Überschätzung ihrer Leistungsfähigkeit, bei Gewohnheitstrinkern zu einer Unterschätzung führen kann[449].

Der Zustand zum Tatzeitpunkt ist genau zu beschreiben. Oft wird nur nach der Trinkmenge und der Trinkzeit, aber nicht die Beschreibung der Symptome erfragt. Dazu gehören auch Fragen nach der eigenen Einschätzung. Völlig nichtssagend ist aber z.B. der Prüfungsansatz: „Waren Sie damals noch ganz klar im Kopf?" – das beschreibt nichts, sondern gibt vor, was erst geprüft werden soll.

Geht es um einmaligen oder seltenen Drogenkonsum, wird es nur in Extremfällen zu einer Beeinträchtigung der Zeugentüchtigkeit kommen. Anders kann es bei Intoxikationen oder Entzug sein[450]. Da es dann zu einer Einengung der Wahrnehmung auf bestimmte Reize kommen kann, ist bei der Begutachtung danach zu fragen, in welchem Zustand sich der Zeuge zum Zeitpunkt des Vorfalls und bei der Befragung befunden hat. Das kann ein großer Unterschied sein.

Zu Drogenabhängigen führt *Schlothauer*[451] aus: „Besonders aktuell geworden ist das Problem in letzter Zeit bei Zeugen, die der Rauschgiftsucht verfallen sind. Hier ist die Beurteilung der Glaubwürdigkeit u.a. davon abhängig, ob der Zeuge bei sei-

447 *Leferenz* in: Göppinger/Witter, S. 1318.

448 Vgl. dazu *Steller/Volbert* in: Steller/Volbert, S. 33.

449 *Steller/Volbert* in: Steller/Volbert, S. 33.

450 Vgl. zur Verwertbarkeit der Angaben Beschuldigter z.B. *BGH* [2 StR 281/93] StV 1984, 61 m. Anm. *Glatzel*; *OLG Hamm* [3 Ss 1117/98] StV 1999, 364; *BGH* [5 StR 62/94] StV 1994, 634; *Cabanis* StV 1984, 87 ff.; *Täschner* NStZ 1993, 322 .

451 Anm. *Schlothauer* StV 1982, 205 zu *BGH* [1 StR 640/81] StV 1982, 205.

ner Aussage akut unter Einfluß von Drogen steht oder ob er unter einem Entzugssyndrom leidet; weiterhin sind hier Probleme der Persönlichkeitsveränderung beachtlich, weil chronische Drogenabhängigkeit zu autistischen Wesenszügen führt, der Drogenabhängige seine gesamte Umwelt also nur noch unter dem Gesichtspunkt der Drogenbeschaffung sieht (vgl. hierzu Glatzel, StV 1981, 191 ff./192 f.). Unter diesen Umständen ist es zumindest unbefriedigend, wenn der BGH die Notwendigkeit der Zuziehung eines Sachverständigen beispielsweise mit folgender Begründung verneint: ‚Daß sich die geistig recht einfach strukturierte, zur Tatzeit 18 Jahre alte Zeugin B. wiederholt wegen Suizidversuchen bzw. Suizidgedanken in der geschlossenen Abteilung des Bezirkskrankenhauses G. befand und daß sie seit dem 13. Lebensjahr drogenabhängig war, sind für sich allein keine außergewöhnlichen Umstände, die der Strafkammer Veranlassung für die Zuziehung eines Sachverständigen geben mußten'."

h) Krankenakten

Zu prüfen ist, ob für den Zeitpunkt des Geschehens relevante Krankenunterlagen **587**
vorhanden sind. Das kann z.B. der Fall sein, wenn sich der Zeuge im unmittelbaren zeitlichen Zusammenhang zur Begutachtung in ärztlicher Behandlung befunden hat. Liegt die Behandlung zeitlich davor, kommt es darauf an, ob die Erkrankung zum Zeitpunkt des Geschehens noch andauert oder sie noch Auswirkungen auf den späteren Zeitpunkt hat.

Bei der Beurteilung von Krankenunterlagen ist zu berücksichtigen, dass diese nicht zum Zweck der Beweiserbringung im Strafverfahren erstellt worden sind und deshalb fraglich sein kann, ob sie zu der strafrechtlichen Frage überhaupt Auskunft geben können.

Im Ermittlungsverfahren werden dem Sachverständigen oft nur Krankenakten zur Verfügung gestellt. Eine Anhörung der behandelnden Ärzte selbst findet meist nicht statt. Krankenunterlagen enthalten oft nur knappe medizinische Bewertungen. Im Strafverfahren wird es aber vielfach auch auf das Verhalten des Zeugen ankommen.

Sucht man nach Beschreibungen, können Pflegeberichte oft Aufschluss geben, da sie auch Zustandsbeschreibungen des Verhaltens enthalten.

Bei der Beantragung der Beiziehung der Krankenunterlagen ist – nach der Rechtsprechung – auf folgendes zu achten:

Konkrete Bezeichnung der Unterlage. Der Beiziehungsantrag muss sich auf eine **588**
bestimmt bezeichnete einzelne Urkunde beziehen[452], so z.B.[453] auf

452 *BGH* [2 StR 27/54] BGHSt 6, 128f.; *BGH* [1 StR 48/81] BGHSt 30, 131 ff.; *BGH* [3 StR 459/ 87] BGHSt 37, 168.

453 *BGH* [3 StR 71/97] StV 1997, 622 = NStZ 1997, 562 = BGHR StPO § 244 Abs. 2 Krankenunterlagen 1.

- ärztliche Untersuchungsbefunde,
- Berichte,
- Atteste,
- Laboruntersuchungen oder
- sonstige Testergebnisse,
- ärztliche Notizen über anamnestische Daten, Verordnungen usw. des Hausarztes selbst oder zusätzlich konsultierter Fachärzte.

589 **Konkrete Beweisbehauptung.** Die Beweisbehauptung muss angeben,

- auf welche Tatsachen oder Umstände sich diese Annahme z.B. einer Alkoholabhängigkeit stützt,
- welcher Art die psychischen/psychosomatischen Erkrankungen des Zeugen sein sollen,
- wann und mit welcher Symptomatik sie aufgetreten sind und
- welche Auswirkungen sie auf den seelisch-geistigen Zustand des Zeugen, dessen Wahrnehmungsfähigkeit oder seine Aussagekompetenz haben sollen[454].

590 **Beschlagnahme.** In den Entscheidungen des 3. Strafsenates[454] und des 4. Strafsenates[455] des *BGH* aus dem Jahr 1997 ist offen gelassen worden, ob generell Krankenunterlagen, die nicht den Beschuldigten, sondern einen Zeugen betreffen, dem Beschlagnahmeverbot des § 97 Abs. 1 StPO und damit einem Verwertungsverbot unterliegen.

591 **Verhältnismäßigkeit der Beschlagnahme.** Die Beschlagnahme der Krankenunterlagen ist gegen den Willen der Geschädigten und gegen den Willen des Arztes unverhältnismäßig „Ohne konkrete Beweisbehauptung und Tatsachengrundlage würde eine solche Maßnahme lediglich den Zweck verfolgen, der Ausforschung der Zeugin und dem vom Angekl. erhofften Auffinden von beweiserheblichen Umständen zu dienen. Dies wäre im Hinblick auf die erdrückende Beweislage gegen den Angekl. mit der aus § 244 Abs. 2 StPO folgenden gerichtlichen Aufklärungspflicht allein nicht zu rechtfertigen“[454].

Positiv ausgedrückt heißt es in der Entscheidung des 4. Strafsenates[455]: „...Unverhältnismäßig ist der mit einer Beschlagnahme zu Beweiszwecken verbundene Eingriff in das Persönlichkeitsrecht des Betroffenen aber nur dann, wenn diesem gegenüber den Bedürfnissen einer nach dem Rechtsstaatsprinzip gebotenen wirksamen Strafverfolgung und Verbrechensbekämpfung das größere Gewicht zukommt (vgl. BVerfGE 80, 367; BGHSt 34, 397, 401)“. Je nach Schwere der Tat ist jedoch eine Interessenabwägung mit den Belangen einer funktionierenden Rechtspflege vorzunehmen. Bei schwerer Kriminalität kann die Beschlagnahme zulässig sein[456].

---

454 *BGH* [3 StR 71/97] StV 1997, 622 = NStZ 1997, 562 = *BGHR* StPO § 244 Abs. 2 Krankenunterlagen 1.

455 *BGH* [4 StR 404/97] BGHSt 43, 300 = NJW 1998, 840 = StV 1998, 57 = NStZ 1998, 471 mit Anm. *Rudolphi* = *BGHR* StPO § 97 Krankenakten 1.

456 Vgl. *LG Fulda* [105 Js 6731/0/89 Ks] NJW 1990, 2946.

VII. Qualitäts-Kompetenz-Vergleich – Erfindungskompetenz

Bei dem Qualitäts-Kompetenz-Vergleich geht es um die Frage, ob sich der Zeuge seine Aussage auch ohne Erlebnisgrundlage ausdenken konnte. Die Frage ist im Rahmen der Hypothese der bewussten Falschaussage zu prüfen. Dabei wird die inhaltliche Qualität der Aussage mit den individuellen (Erfindungs)Kompetenzen (nach *Steller*[457] – intellektuelle Leistungsfähigkeit und bereichsspezifisches Wissen) des Zeugen verglichen. **592**

Volbert[458] differenziert zwischen personellen und situativen Gesichtspunkten, unter denen die Überprüfung der Frage, ob der Zeuge diese Aussage erfinden kann, erfolgen kann:

Personelle Aspekte:

- autobiographische Gedächtnisleistungen,
- intellektuelle, verbale wie auch Täuschungsfähigkeiten,
- Wissen und Vorerfahrung,
- dispositionelle Besonderheiten und
- Aussagebereitschaft

Situative Aspekte:

- Komplexität des fraglichen Ereignisses,
- Befragungsweise,
- Zeitraum zwischen fraglichem Ereignis
  und Befragung
  und zwischen verschiedenen Befragungen

Volbert[458] fasst die Prüfung des Qualitäts-Kompetenz-Vergleiches wie folgt zusammen:

Qualitäts-Kompetenz-Vergleich **593**

Die aussageimmanente und übergreifende Qualität der Aussage wird auf der Basis der

- individuellen Kompetenzen,
- Vorerfahrungen,
- dispositionellen Besonderheiten unter Beachtung der
- Aussagebereitschaft und unter Berücksichtigung der
- relevanten situativen Bedingungen

bewertet.

Dieser Qualitäts-Kompetenz-Vergleich ermöglicht eine Schlussfolgerung darüber, ob der Aussagende in der Lage war, die vorliegende Aussage zu erfinden oder nicht.

Vgl. auch die Ausführungen unter Teil 3 IV „Spezifizierungen der Nullhypothese" (Rn. 376 ff.) und die Ausführungen von *Steller*[457] dazu.

457 *Steller* in: Volbert/Steller, Handbuch der Rechtspsychologie, S. 300.
458 *Volbert* in: Volbert/Dahle, S. 18.

VIII. Fehlerquellenanalyse

1. Entstehungsgeschichte der Aussage

594 *Undeutsch*[459] hat schon in seiner grundlegenden Veröffentlichung im Jahr 1967 auf die Bedeutung der „Geschichte der Aussage" hingewiesen und ausführliche Ausführungen zur „Geburtsstunde der Aussage", der „Erstbefragung", der „Entwicklung der Aussage" und „Zurücknahme – Widerruf" gemacht.

In der Grundsatzentscheidung zu aussagepsychologischen Gutachten hat der *BGH*[460] klargestellt:

BGH [1 StR 618/98]

„Im Rahmen der Fehlerquellenanalyse wird es in Fällen, bei denen wie hier (auch unbewußt) fremdsuggestive Einflüsse in Erwägung zu ziehen sind, in aller Regel erforderlich sein, *die Entstehung und Entwicklung der Aussage* aufzuklären (vgl. Steller/Volbert aaO S. 24, 31f.; Köhnken aaO 297). …

Die *Feststellung der Aussagegenese* stellt insofern einen zentralen Analyseschritt dar (Gutachten Prof. Dr. Steller). Besonders dann, wenn es sich bei dem möglichen Tatopfer um ein (jüngeres) Kind handelt, werden zu diesem Zweck die Angaben der Personen, denen gegenüber es sich zu den Tatvorwürfen geäußert hat (z.B. Eltern, Lehrer), zu berücksichtigen sein (BGH StV 1995, 451f.; Scholz/Endres NStZ 1995, 6, 10)."

Die Entstehung der Aussage ist gerade bei kindlichen Zeugen mit Blick auf mögliche Suggestionseffekte von Bedeutung. Bei der Erstaussage geht es nicht um die erste polizeiliche/richterliche Vernehmung, sondern um die ersten Angaben überhaupt, die meistens im privaten Kreis erfolgen.

Undeutsch[461] erläutert: „Die hier zu erörternden Fragen lauten: Wann, bei welcher Gelegenheit bzw. aus welchem Anlaß und wem gegenüber ist die erste Mitteilung erfolgt, warum gerade zu diesem Zeitpunkt bei dieser Gelegenheit und dieser Person gegenüber? Es ist weiter zu fragen: Hat sich die Aussage im Laufe der Zeit irgendwie verändert? Für jede Veränderung sind die gleichen Fragen zu stellen. Es ist zu fragen, welchen Einfluß mögen die Personen, die an einem Gespräch über die betreffende Sache beteiligt waren, auf die Aussage genommen haben?"

---

459 *Undeutsch* in: Undeutsch, S. 26.

460 *BGH* [1 StR 618/98] BGHSt 45, 164 = NJW 1999, 2746 = NStZ 2000, 100 = StV 1999, 473 = BGHR StPO § 244 Abs. 4 S. 1 Sachkunde 9 = StraFo 1999, 340 = PdR 1999, 113.; vgl. auch *Köhnken* in: Widmaier, S. 2267.

461 *Undeutsch*, in: Undeutsch, S. 26.

Undeutsch **Prüfung der Erstaussage** 595

Wann bei welcher Gelegenheit bzw. aus welchem Anlaß

wem gegenüber ist die erste Mitteilung erfolgt?

Warum gerade gegenüber dieser Person?

Undeutsch **Prüfung der Aussageentwicklung** 596

Hat sich die Aussage verändert?

Welchen Einfluß haben Personen, die an dem Gespräch beteiligt waren, auf die Aussage genommen?

Geht es um die **Prüfung potentieller Suggestionseffekte**, ist – nach *Volbert/Steller* [462]– insbesondere zu prüfen, ob:

- vor der ersten Aussage bereits ein Verdacht bzw. eine Erwartungshaltung vorlag, dass sich ein entsprechendes Ereignis zugetragen habe, 597
- welche Maßnahmen zur Abklärung dieses Verdachts durchgeführt wurden und
- ob der Zeuge bereits bei ersten Gesprächsangeboten Mitteilungen über das relevante Geschehen machte oder
- ob entsprechende Angaben erst nach wiederholter Befragung erfolgten.

D. h., es muss eine chronologische Aufarbeitung erfolgen, wann ein erster Verdacht auftrat, wie die Aussage entstand und sich entwickelte, wobei die konkreten Einwirkungen durch Befragungen oder andere äußere Einflüsse zu berücksichtigen sind“.[463]

Checkliste zur Befragung eines Zeugen zur Aussageentstehungsgeschichte

Was haben Sie denn als erstes gemacht nach dem Geschehen?
Haben Sie direkt jemandem davon erzählt oder haben Sie erst etwas anderes gemacht?
War sonst jemand dabei, als Sie es dem X erzählt haben?
Was haben Sie denn genau erzählt?
Und wie hat X denn reagiert?
Was hat der gemacht?
Und hat X viel nachgefragt?
Wollte der viel von Ihnen wissen?

462 *Volbert/Steller* in: Venzlaff/Foerster, S. 817.

463 Vgl. dazu auch die Ausführungen bei *Köhnken* in: Widmaier, S. 2267; weitere Ausführungen dazu finden sich in diesem Buch unter Teil 2 III „Inhalte der Vernehmung“ (Rn. 246 ff.).

Und hat X irgendwas gesagt, was jetzt zu tun ist, wie es weiter geht?
Also ob man zur Polizei gehen muss oder ob man z.B. mit einem Arzt oder Beratungsstelle drüber sprechen muss?
Ist da irgendwie drüber gesprochen worden?
Haben Sie direkt alles erzählt, oder haben Sie in dieser Situation auch etwas weggelassen?
Wollte X auch was wissen?
Wann war denn das Gespräch?
Noch an demselben Abend?
Oder war das später?

Wie kam das, dass Sie am nächsten Tag noch mal mit dem Y darüber gesprochen haben?
Haben Sie das Gespräch von sich aus angefangen oder wollte der Y was wissen?
Und ist da noch viel gesprochen worden?

Haben Sie viel erzählt? Hat Y viel gefragt? Warum haben Sie denn nicht direkt alles erzählt? Wie viel Zeit ist vergangen von dem Zeitpunkt, als Sie es dem X zum ersten Mal erzählt haben, bis die Polizei dann kam?

Und die Zeit, die dann vergangen ist, bis die Polizei gekommen ist, haben Sie da über die Sache gesprochen?
Und bevor die Polizei kam, hat X noch viel über den Y gesprochen mit Ihnen?
Haben Sie, nachdem Sie X was erzählt haben, sonst noch mit jemandem gesprochen außer mit der Mama und dem Papa und der Polizei?
Gibt es noch mehr Leute, denen du was erzählt hast?

Als Sie mit Y gesprochen haben, war das, bevor die Polizei kam oder nach der Polizei?
Und der Y, wie hat der reagiert?
Als Sie mit dem gesprochen haben, hat der Sie auch etwas gefragt?

Haben Sie Y jetzt danach noch öfter gesehen?
Und haben Sie danach noch einmal miteinander gesprochen?
Hat Y mal irgendwas zu dieser Geschichte gesagt?
Und gibt es noch andere Personen, denen Sie das erzählt haben?
Als Sie davon erfahren haben, dass Sie heute hier bei Gericht aussagen sollen, haben Sie da mal mit jemandem gesprochen, was da jetzt genau passiert ist?
Haben Sie dem X noch mal genau erzählt, was da passiert ist?

Als die Polizei bei Ihnen war, da haben Sie gesagt, es waren zwei Beamte bei Ihnen?
Wissen Sie noch, wie die hießen?
Wie kam das, dass die zu Ihnen nach Hause kamen?
Haben die aufgeschrieben, was Sie Ihnen erzählt haben?
Oder haben die in ein Diktiergerät gesprochen, was Sie denen erzählt haben. Oder haben die das Gerät einfach laufen lassen?

Nach dieser Sache, hat Ihnen jemand geraten, eine Therapie zu machen, um damit klar zu kommen?
Oder waren Sie mal bei einer Beratung?
Wie oft haben Sie denn Hilfe in Anspruch genommen?
Und worüber haben Sie da gesprochen?

Haben Sie auch noch mal über das Geschehen gesprochen?
Beschreiben Sie das mal. Hat der Therapeut etwas dazu gesagt?
Wie geht es jetzt weiter mit der Therapie?
Haben Sie einen Anwalt?
Haben Sie mit dem über die Sache gesprochen?

Hat der Ihnen mal aus der Akte etwas berichtet. Kennen Sie die Akte?
Haben Sie die Akte oder Teile daraus selbst gelesen?
Haben Sie sich auf Ihre Aussage heute hier vorbereitet?
Wie denn?
Haben Sie Ihre polizeiliche Aussage vorher noch einmal gelesen?

a) Suggestive Einflüsse auf die Aussage des Zeugen – Feststellung und Beurteilung – [464]

Suggestive Einflüsse können unter bestimmten Bedingungen den Inhalt der Aussage verändern. Unter suggestiven Einflüssen sind nicht nur suggestive Befragungen zu verstehen. Die Einflussmöglichkeiten sind weitaus vielfältiger. 598

aa) Suggestive Einflussnahmen

Anpassung der Wahrnehmung an Erwartung und Voreinstellung. *Müther/Kluck*[465] erläutern, dass die verschiedenen Suggestionseffekte im Wesentlichen darauf beruhen, „daß wir Wahrnehmungen unbewußt unseren Erwartungen und Vorstellungen anpassen: Dies gilt sowohl für befragte Personen als auch für den Interviewer." 599

Psychische Belastungssituation/Beeinflussungsmöglichkeit durch den Befrager. „Vor allem in Situationen psychischer Belastung, in denen Halt gesucht wird, neigen Menschen dazu, die Sichtweise einer ihnen gegenüberstehenden Autorität, in diesem Fall die des Befragers, zu übernehmen. Dies gibt nun wiederum dem Befrager eine Bestätigung seiner bereits vorhandenen Annahmen, worauf er dann den Befragten seinerseits mit Formen positiver Zuwendung verstärkt. Diese Verstärkung verschafft nun auch der befragten Person emotionale Erleichterung und signalisiert ihr, mit ihren Äußerungen ‚auf dem rechten Weg' zu sein. Nimmt diese bestätigende Zuwendung stärkere Formen an, so kann sich der Befragte plötzlich im Mit-

464 Suggestionseffekte, die durch die Art der Befragung entstehen können, standen im Mittelpunkt der beiden größten Missbrauchsprozesse, die es bislang in diesem Land (Montessori und Worms) gegeben hat. Dabei ging es nicht nur um eine suggestive Befragung von Kindern, sondern vor allem auch um die Voreinstellung der Befrager. Für die meisten stand der Missbrauch schon vor der Befragung der vermeintlich betroffenen Kinder fest, er sollte durch die Befragung nur noch bestätigt werden. Dabei half, dass die Kinder durch die Verhaftung ihrer Eltern von diesen getrennt wurden, in die Obhut von Betreuern kamen, und deshalb besonders anfällig für Zuneigung und Belohnung waren, die sie für die richtigen (belastenden) Angaben bekamen. Alle Angeklagten wurden freigesprochen, keiner der behaupteten Vorwürfe traf zu. Ideologisch einseitig ausgerichteten Erwachsenen war es gelungen, in Kinder Geschehnisse hineinzufragen, die sie nie erlebt hatten.

465 *Müther/Kluck* psychomed 1992, 202; vgl. auch *Sporer/Bursch* Psychologische Rundschau 1997, 141.

telpunkt eines allgemeinen Interesses sehen, was ihn dann je nach Ausprägungsgrad einiger seiner Persönlichkeitsmerkmale (z.B. Streben nach Geltung, Wertschätzung) und entsprechend seiner aktuellen Bedürfnislage zu erstaunlichen Aussageleistungen, anspornen kann ... Ein Interviewer, der von vornherein überzeugt ist, in einer bestimmten Richtung fündig zu werden, läuft Gefahr, seine Fragen suggestiv zu formulieren, den Befragten durch selektive Verstärkung zu manipulieren" und nur noch die Informationen ,aus einer komplexen und möglicherweise mehr oder weniger verworrenen Aussage herauszuhören, die seine vorgefaßte Meinung stützen, ... Ergebniszusammenfassungen von Befragungen, die nicht mehr auf derartige Fehler und Effekte überprüft werden können, sind daher für die Wahrheitsfindung im Prozeß kaum verwertbar und erschweren darüber hinaus die Möglichkeit einer späteren diagnostischen Spurensicherung beim befragten Kind. Bei diesem führen Lern- wie auch Überlerneffekte bei wiederholter Befragung zu einer Verzerrung der Darstellung; weiterhin machen diese Lernprozesse es dem Kind besonders schwer, ein Darstellungsschema aufzugeben, auf das es sich vorab schon hat festlegen lassen"[466].

Undeutsch[467] zitiert die in dem Lehrbuch der Sozialpsychologie von Zimbardo/Ebbesen/Maslach aufgezeigten Bedingungen erfolgreicher suggestiver Beeinflussungen anderer Menschen:

Bedingungen erfolgreicher suggestiver Beeinflussungen:

- Die Zielperson befindet sich in einem anhaltenden Zwiespalt der Gefühle,
- dieses verursacht Gefühle der Furcht und der Angst,
- der Einflussgeber genießt ein Ansehen für hohe Glaubwürdigkeit,
- die Glaubwürdigkeit des Einflussgebers erhöht die Überzeugungskraft seiner Äußerungen,
- die Zielperson sieht sich umgeben von einem Kreis von Personen, die den Einflussgeber unterstützen,
- alle Versuche, dem Einfluss des Einflussgebers Widerstand entgegenzusetzen, rufen Schuldgefühle hervor,
- Kontakte der Zielperson zur Person, die ihr früher Sicherheit verliehen, werden unterbunden,
- der Einflussgeber übt strenge Kontrolle darüber aus, welche Informationen der Zielperson zugänglich sind.

466 Müther/Kluck psychomed 1992, 202; vgl. auch *Volbert* in: Steller/Volbert, S. 40; *BGH* [1 StR 618/98] BGHSt 45, 164 = NJW 1999, 2746 = NStZ 2000, 100 = StV 1999, 473 = BGHR StPO § 244 Abs. 4 S. 1 Sachkunde 9 = StraFo 1999, 340 = PdR 1999, 113.

467 *Undeutsch* in: Kraheck-Brägelmann, S. 69.

Greuel stellt suggestive Einflussgrößen in einer Tabelle dar: **600**

<table>
<tr><th colspan="6">Suggestive Einflussgrößen
– nach Greuel[468] –</th></tr>
<tr><th colspan="6">Kognitive Faktoren</th></tr>
<tr><th colspan="3">Gedächtnisstärke</th><th colspan="3">Typus der Falschinformation</th></tr>
<tr><td colspan="3">– Alter
– Enkodierung
– Quellenattribution
– Erinnerungsintervall</td><td colspan="3">– emotional – neutral
– zentral – peripher
– plausibel – implausibel</td></tr>
<tr><th colspan="6">Soziale Faktoren</th></tr>
<tr><th>Sozialer Einfluß</th><th>Systematische Irreführung</th><th>Emotionale Manipulation</th><th>Reaktion</th><th>Milieukontrolle</th><th>Psychophysiologische Destabilisierung</th></tr>
<tr><td>– Interviewer Bias
– Antwort-Bias
– Glaubwürdigkeit der Quelle
– Asymmetrische Dyade</td><td>– Dauer der Suggestion
– Häufigkeit der Suggestion</td><td>– Drohungen/ Versprechungen
– Coaching
– Befragungsdruck
– Konfirmationsdruck
– Neg. Feedback</td><td>– Einstellungsinkongruentes Verhalten
– Geständnis
– Indoktrination</td><td>– Soziale Kontrolle
– Gruppendruck
– Herausnahme aus dem Lebensumfeld
– Informationskontrolle</td><td>– Unterbrechen von Alltagsrhythmen
– Schlafentzug
– Folter
– Manipulation des Bewußtseins</td></tr>
</table>

Aus den Erfahrungen aus dem sog. Wormser Mißbrauchsverfahren folgert *Schade*[469]: „Die bei der Glaubwürdigkeitsbegutachtung stets zu fordernde Aufhellung und Analyse der Entstehung und der Geschichte der Aussage muß … erweitert werden, um

- Informationen über *Veränderungen des Verhaltens* des Kindes,
- seiner *psychosozialen Situation* und
- seines *Selbstbilds in dem fraglichen Zeitraum.*

Erst dann können Ausmaß und Wirkung suggestiver Einflüsse auf die Aussage eines Kindes zuverlässig eingeschätzt werden."

468 *Greuel* S. 149, zur Suggestionsproblematik S. 133.
469 *Schade* StV 2000, 165.

bb) Induzierung von Stereotypen

601 Unter einem Stereotyp versteht man – nach *Scholz*[470] – „relativ überdauernde, starre Sichtweisen bzw. ihnen zu Grunde liegende Überzeugungen in Bezug auf Individuen oder Sachverhalte, die von vornherein festgelegt sind und nicht einer aktuellen Bewertung entstammen. Im Unterschied zu Vorurteilen, die sich auf Einstellungen beziehen, meint ein Stereotyp Überzeugungen, gemäß denen stringent gehandelt wird."

Schade[471] erläutert: „Aus der psychologischen Forschung ist bekannt, daß Wahrnehmungen und Aussagen über eine Person, auf die sich ein Stereotyp bezieht, sich inhaltlich dem Stereotyp anpassen (Lepore & Sesco 1994; Leichtmann & Ceci 1995; Volbert 1997)."

Köhnken[472] berichtet darüber, dass Kindern, um ihnen vermutete Ängste und Blockaden zu nehmen, oftmals gesagt wird, „daß der Beschuldigte böse Dinge mit Kindern angestellt habe und nun im Gefängnis sei. Deshalb könne er dem Kind nun nichts mehr antun, es könne unbesorgt über seine Erlebnisse sprechen. Auf diese Weise wird bei dem befragten Kind das Stereotyp eines bösartigen Menschen induziert, dem man fast alles zutrauen kann"[473].

Kindliche Zeugen. Stereotype scheinen bei Kindern im Vorschulalter besonders leicht zu induzieren zu sein, z.B. „ ‚Dein Vater hat sich nie um dich gekümmert, und jetzt will er die Mama nur ärgern.' ‚Die Mama braucht dich nur zum Zeitvertreib.' ‚Wenn Du von fremden Personen angesprochen wirst, pass auf, der will dich vielleicht umbringen'."[474]

Scholz[475] erklärt: „Wenn eine befragende Person der Überzeugung ist, dass ein sexueller Übergriff stattgefunden hat, dann wird sie in der Regel diese Überzeugung auch anderen, insbesondere der kindlichen Zeugin vermitteln. Sie wird im Gespräch den vermutlichen Täter abqualifizieren, ihn verächtlich machen oder pathologisieren. Es besteht insbesondere bei Kindern im Vorschulalter die Möglichkeit, dass Informationen akzeptiert werden, obwohl sich das Kind bewusst ist, dass diese Informationen nicht mit dem tatsächlichen Ablauf des Geschehens übereinstimmen. Somit muss die Erinnerung an das Originalereignis nicht unbedingt verändert werden, damit Falschaussagen produziert werden. Es genügt, dass der Täter eine aversive

470 *Scholz* NStZ 2001, 572; vgl. auch *Scholz* R&P 2003, 76.
471 *Schade* StV 2000, 165.
472 *Köhnken* MschrKrim 1997, 290; vgl. auch *Köhnken* in: Lempp/Schütze/Köhnken, S. 318.
473 Vgl. dazu auch die Ausführungen von *Greuel et al.* S. 188 f.
474 *Greuel et al.* S. 184.
475 *Scholz* NStZ 2001, 572.

Eigenschaft zugeschrieben bekommt oder, dass Fragen über den Täter in abwertender Weise formuliert werden".

Falschinformationseffekte. Wenn zu einem Ereignis, das tatsächlich stattgefunden hat, nachträgliche Falschinformationen gegeben werden, kann das zu einer Veränderung der Aussage führen[476].

Auch unspezifische Informationen, die bestimmte Schlussfolgerungen nahelegen, lösen diesen Effekt aus. Bei einer Untersuchung von *Loftus/Palmer*[477] wurden die Probanden nach der Geschwindigkeit verschiedener Fahrzeuge gefragt: „Wie schnell fuhren die Fahrzeuge, als sie sich berührten … kollidierten … zusammenkrachten?". Bei der Verwendung des Begriffs „zusammenkrachten" wurde die Geschwindigkeit höher eingeschätzt als bei dem Begriff „berührten".

Untersuchungen[478] haben gezeigt, dass der Falschinformationseffekt auch bei Details zum Kernbereich des Geschehens wirkt.

Pseudoerinnerungen. Untersuchungen haben ergeben, dass es auch möglich ist, Aussagen über „komplette Ereignisse zu induzieren", sowohl Kinder als auch Erwachsene können mit der Anwendung suggestiver Techniken dazu gebracht werden, Ereignisse zu „erinnern", die tatsächlich gar nicht stattgefunden haben (Überblicke bei Erdmann, 2001; Loftus, 2003).

Erdmann/Busch/Jahn[479] berichten über die Langzeitentwicklung von Pseudoerinnerungen, wonach es bei Kindern, die „dem fiktiven Ereignis primär aufgrund sozialer Faktoren (z.B. Befragungsdruck oder Bedürfnis, sich sozial erwünscht zu verhalten) zugestimmt und entsprechende Schilderungen geliefert", in „der Nachbefragung inhaltliche Vorgaben zurückwiesen und ihre früheren Bekundungen revidierten (vgl. Vrij & Bush, 2000)". Grund dafür könnte das „fortgeschrittene Alter der Kinder und die damit einhergehende Persönlichkeitsentwicklung (z.B. zunehmende Selbstsicherheit gegenüber Autoritätspersonen und wachsendes Vertrauen in die eigenen Erinnerungen)" sein.

cc) Gruppen- oder Konformitätsdruck

Kindliche Zeugen. Sagen mehrere Kinder, z.B. aus einer Schulklasse oder aus **602**
einem Kindergarten zu dem Geschehen aus, kann es sein, dass sie von anderen erfahren haben, was diese ausgesagt haben. Dadurch kann ein Gruppendruck und damit die Gefahr entstehen, dass Kinder dem so ausgeübten Druck nachgeben und ihre

476 *Volbert* in: Volbert/Steller, Handbuch der Rechtspsychologie, S. 311.
477 *Loftus/Palmer* Journal of Verbal Learning and Verbal Behavior 1974, 585.
478 *Volbert/Pieters* Psychologische Rundschau 1996, 183; *Volbert* in: Volbert/Steller, Handbuch der Rechtspsychologie, S. 311.
479 *Erdmann/Busch/Jahn* in: Deckers/Köhnken, S. 306.

Angaben an die der anderen Kinder anpassen[480]. *Scholz*[481] spricht von „Umstrukturierungen des im Gedächtnis gespeicherten Geschehensablaufes".

Erwachsene Zeugen. Einem solchen Druck können auch Erwachsene erliegen. Man ist nicht gern Außenseiter einer Gruppe, der man angehört.

Einen noch größeren Einfluss haben oftmals Massensuggestionen, bei denen feierliche Rituale, das andauernde Einhämmern von Parolen, anregende Symbole, wie z.B. Fahnen und Musik begünstigend wirken[482].

Scholz[483] erläutert, dass bei der befragten Person ein „kompliantes Konformitätsverhalten dann zu beobachten" ist, „wenn sie dem Konformitätsdruck der befragenden Person nicht mehr stand zu halten vermag (...) und sich gemäß den Forderungen oder Erwartungen der befragten Person äußert." Die experimentelle Konformitätsforschung hat in diesem Zusammenhang folgende relevanten Ergebnisse erbracht:

- Je schwieriger die befragte Person die Situation beurteilen kann, desto größer ist das Ausmaß an Konformitätsverhalten.
- Je größer der Uniformitätsdruck innerhalb einer sozialen Gesellung – ... – ist, umso stärker ist das Konformitätsverhalten der befragten Person.
- Der Grad an Konformität kann durch materielle und immaterielle Belohnungen erhöht werden.

dd) Feedback/Reaktion des Aussageempfängers

603 *Greuel*[484] erläutert, dass es im Wesentlichen darauf ankommt, „wie die befragte Person bereits auf vorhergehende suggestive Vorgaben reagiert hat. Die Auswirkungen von Feedback auf die individuelle Befragungs-Suggestibilität im weiteren Kommunikationsprozeß hängt insofern davon ab, ob die befragte Person bereits suggestive Vorgaben angenommen oder aber zurückgewiesen hat."

Positives Feedback. Positives Feedback auf bereits akzeptierte Suggestion führt zur Verstärkung der individuellen Suggestibilität.[484]

Negatives Feedback. Negatives Feedback auf bereits akzeptierte Suggestion ist in der Praxis selten.

Positives Feedback auf bereits zurückgewiesene Suggestion bestärkt den Befragten in seiner kritischen und resistenten Grundhaltung.[484]

480 Vgl. dazu die Literaturstellen bei *Köhnken* MschrKrim 1997, 290; *Volbert/Pieters* Psychologische Rundschau 1996, 183; *Volbert* in: Steller/Volbert, S. 40; *Scholz/Endres* NStZ 1995, 6; *Undeutsch* in: Fabian/Nowara/Rode/Werth, S. 67; *Sporer/Bursch* Psychologische Rundschau 1997, 141; *Müller-Luckmann* in: Venzlaff, S. 629; *Endres* Krim 1997, 490.

481 *Scholz* R&P 2003, 76 – am Beispiel von Umgangs- und Sorgerechtsverfahren.

482 Vgl. auch *Bender/Nack* Glaubwürdigkeits- und Beweislehre, Rn. 109.

483 *Scholz* NStZ 2001, 572; vgl. auch *Scholz* R&P 2003, 76.

484 *Greuel* S. 145.

Negatives Feedback auf bereits zurückgewiesene Suggestion. Im Allgemeinen werden keine, im günstigen Fall aber positive, die Suggestionsresistenz steigernde Auswirkungen erwartet.

Nimmt der Befragte aber das negative Feedback an, werden starke emotionale Reaktionen erwartet, die zu einer bedeutenden Erhöhung der (Antwort-)Unsicherheit führen.[485]

Greuel et al.[486] machen deutlich, dass die Rückmeldung darüber, „ob eine Antwort dem Befrager akzeptabel erscheint, im Sinne eines Lernprozesses Einfluß auf die weiteren Aussagen“ nehmen. „Insbesondere negative Rückmeldungen und die Äußerung von Zweifeln führt dazu, daß Zeugen ihre ursprüngliche Sicht der Ereignisse verändern oder seltener äußern (Baxter 1990)“.

Rückmeldung des Befragers auf die Antwort 604

►►►

nimmt Einfluss auf weitere Aussagen

Negative Rückmeldung 605

►►►

Zeuge verändert seine Sichtweise

Zeuge äußert sich seltener

Mimik, Gestik, Bemerkungen. Erwartete Antworten können auch dadurch gefördert werden, dass der Befrager sie durch Mimik, Gestik oder Bemerkungen besonders bestätigt oder belohnt[487]. So z.B. wenn der Fragende die Antwort als „richtig“ oder mit dem Bemerken „stimmt“, einem Lächeln, einem Lob oder einer Belohnung versieht. Wirksame negative Verstärker sind Tadel, Schweigen, Korrektur, Liebesentzug u.Ä. … Wegen des Autoritätsgefälles sind solche Mechanismen zwischen Erwachsenem und Kind wirksamer als zwischen Kindern und Erwachsenen untereinander. 606

Strafverteidiger fordern seit Jahren, dass Vernehmungen aufgezeichnet werden. Die Anhörungen kindlicher Zeugen werden heute vielfach mittels Tonband aufgezeichnet. Um sich aber einen umfassenden Eindruck der Befragung machen zu können, bedarf es der Videoaufzeichnung. Denn auch die non-verbale Reaktion des Vernehmenden, ein bestätigendes Nicken, ein skeptischer Blick zu dem Gesagten, können die weitere Aussage des Zeugen verändern. Alles dieses lässt sich naturgemäß dem

485 *Greuel* S. 145.
486 *Greuel et al.* S. 184.
487 *Rösner/Schade* FamRZ 1993, 1133; *Schade/Erben/Schade* Kindheit und Entwicklung 1995, 197.

Vernehmungsprotokoll nicht entnehmen. Bei Vernehmungen in der Hauptverhandlung bietet sich ein größeres Spektrum, aber auch nur, wenn die Sitzordnung einen freien Blick auf den Zeugen und den jeweiligen Befrager zulässt.

ee) Autorität des Befragers

607 **Kindliche Zeugen.** Ist der Befrager Erwachsener, geben Kinder suggestiven Einflüssen eher nach:

- Von Erwachsenen erwarten Kinder, dass die gestellten Fragen und darin enthaltenen Informationen sinnvoll sind,
- durch den Status des Befragers (z.B. Polizeibeamter o.Ä.), wird eine Autoritätsbeziehung in der Befragungssituation oft verstärkt,
- wenn Kinder zusätzlich den Eindruck haben, der Befrager wisse schon von wesentlichen Aspekten des fraglichen Ereignisses, sind Kinder unter der Voraussetzung eigener Unsicherheit über die zutreffende Antwort geneigt, die vorhandenen Hinweise in ihre Antwort zu integrieren.[488]

608 *Schade*[489] erklärt, dass Autorität und die psychosoziale Beziehung an den Kindern eine erheblich suggestive Wirkung ausüben. „Dieser Sachverhalt wird in der experimentellen Forschung der forensischen Psychologie besonders herausgestellt (vgl. z.B. Ceci, Ross u.a. 1987; King & Yuille 1987, Goodman, Sharma u.a. 1995; Volbert & Pieters 1996). Auch Piaget (1926) beschäftigte sich intensiv bei seinen experimentellen Untersuchungen über die kognitive Entwicklung von Kindern mit der Frage der suggestiven Beeinflussung. Er stellte fest, daß lenkende Fragen eines Erwachsenen bei einem Kind zu sogenannten ‚suggerierten Überzeugungen' führen, besonders, wenn sie mit Nachdruck oder wiederholt gestellt werden. Er stellte ferner fest, daß eine *Aufeinanderfolge von Fragen* beim Kind zu einer *Nachgiebigkeitshaltung* führen kann, die er mit dem Begriff ‚*Ist-Mir-Wurstismus*' beschrieb."

ff) Extreme Mangelsituation

609 Befinden sich Zeugen in einer extremen psychischen Mangelsituation, sind sie erhöht empfänglich für suggestive Beeinflussungen[490]. Im sog. Wormser Mißbrauchsverfahren waren die Eltern der Kinder in deren Beisein verhaftet worden. Den Kindern wurde vermittelt, dass sie ihre Eltern, weil die „etwas Böses gemacht hatten", nicht mehr wieder sehen würden. In ihrem neuen Umfeld suchten sie sich in den Betreuern neue Bezugspersonen, die so erheblichen Einfluss auf die Kinder ausüben konnten.

---

488 *Greuel et al.* S. 191.

489 *Schade* StV 2000, 165.

490 *Schade* StV 2000, 165 – unter Bezugnahme auf die experimentelle Forschung der forensischen Psychologie z.B. *Ceci/Ross* u.a. 1987; *King/Yuille* 1987, *Goodman/Sharma* u.a. 1995; *Volbert/Pieters* 1996; vgl. auch *Volbert* in: Steller/Volbert, S. 40.

gg) Ankündigung positiver oder negativer Konsequenzen

„Die Folge dieser Kombinationen aus positiver Verstärkung erwarteter Angaben, negativer Verstärkung durch Beendigung oder Linderung des Befragungsdrucks nach entsprechenden Äußerungen sowie Bestrafung für diskrepante Aussagen ist eine drastisch erhöhte Wahrscheinlichkeit, daß bestimmte Inhalte produziert werden, und zwar auch dann, wenn diese nicht den Tatsachen entsprechen."[491] **610**

Vielfach erfolgen derlei Verstärkungen und Bestrafungen non-verbal, was sich dem schriftlichen Vernehmungsprotokoll nicht entnehmen lässt.[491]

hh) Belohnung erwarteter Antworten

Kindliche Zeugen. Kindern, die über das von dem Erwachsenen angenommene Geschehen nichts berichten, wird vielfach eine Belohnung versprochen, wenn sie etwas erzählen. Dadurch entsteht ein Befragungsdruck, der erst dann beendet ist, wenn von dem Kind die erwartete Antwort gegeben wird. Häufig wird dem Kind auch vermittelt, es traue sich noch nicht oder es schäme sich, etwas zu berichten. Verstärkt werden kann dies noch dadurch, dass dem Kind erklärt wird, es sei besser, wenn es alles erzähle.[492] **611**

Übt der Befrager auf diese Weise Druck auf das Kind aus, mag es nicht verwundern, wenn Kinder diesem Druck nachgeben und die erwarteten Antworten „produzieren".

ii) Nachträgliche andere Bewertung

Nicht selten kommt es vor, dass sich bei Beziehungstaten die Einstellung des Zeugen zu dem von ihm Beschuldigten mit der Zeit verändert. Ob die Gründe hierfür allein in der vermeintlichen Tat oder woanders zu suchen sind, ist Teil der Fehlerquellenanalyse, im Rahmen der Prüfung der Hypothese der bewussten Falschaussage Teil der Motivationsanalyse. **612**

Borderline-Persönlichkeitsstörung. Störungsbezogene potenzielle Motivation für bewusste Falschaussage. Infolge starker Stimmungsschwankungen, die charakteristisch für Borderline-Persönlichkeitsstörungen sind, kann es zu nachträglichen anderen Bewertungen im Umgang mit Personen kommen. So können Vorwürfe aus einer nicht kontrollierbaren Wut entstanden sein, die sich mit der Zeit so weit verselbstständigt haben, dass sie nicht zuverlässig sind. Das ist im Rahmen der Aussagegenese zu prüfen, wie ebenso, ob intentional herbeigeführte Aussageverfälschungen in Form von autosuggestiven Prozessen vorliegen[493].

Borderline-Persönlichkeitsstörung. Anfälligkeit für Suggestion. Das instabile Selbstbild und die Instabilität ihrer zwischenmenschlichen Beziehungen prädispo-

491 *Scholz* NStZ 2001, 572.
492 Vgl. *Scholz* NStZ 2001, 572.
493 *Steller/Böhm* FPPK 2008, 37; *Steller/Böhm* in: Fabian/Nowara, S. 37.

nieren den Borderliner „auch als besonders anfällig für auto- und heterosuggestive Prozesse. Als Gegenüberlegungen zur Erlebnisannahme lassen sich hier zwei Kategorien konkretiseren:

- Die eine betrifft die Frage, ob einvernehmliche sexuelle Interaktionen im Nachhinein als unfreiwillig umgedeutet bzw. umbewertet werden können, z.B. weil „eine sexuelle Interaktion im Nachhinein nicht mehr mit dem Selbstbild in Einklang zu bringen ist oder dass dem ehemals idealisierten Partner nunmehr gravierende negative Absichten und Vorgehensweisen unterstellt werden";
- eine zweite beinhaltet, dass komplette Scheinerinnerungen an ein lange zurück liegendes Geschehen entstanden sein können (z.B. Missbrauch in der Kindheit).

kk) Änderung der Opfer-Rolle in eine aktive Zeugen-Rolle

613 **Kindliche Zeugen.** *Schade/Erben/Schade*[494] machen deutlich, dass das Kind dabei seine Rolle wechseln kann. Von dem verängstigten Opfer in die Rolle des „aktiven Zeugen", was an späteren und neuen Beschuldigungen zu erkennen ist (z.B. weitere Personen oder weitere Missbrauchshandlungen).

ll) Aufforderung zu Konfabulation

614 **Kindliche Zeugen.** Es kommt vor, dass Erwachsene versuchen, Kinder „zum Sprechen zu bringen", indem sie sie auffordern, zu erzählen, was der vermeintliche Täter gemacht haben könnte. *Köhnken*[495] spricht dabei von einer „fatalen Suggestivtechnik". Ähnliche Wirkungen haben Interpretationen von Zeichnungen oder Träumen, die den Kindern nahegelegt werden, oder die häufig wiederholte Aufforderung, sich ein fiktives Ereignis vorzustellen. *Köhnken*[496] weist auf Untersuchungen hin, wonach „auf diese Weise Gedächtnisinhalte implantiert werden, die später nur noch schwer von realen Erinnerungen zu unterscheiden sind. Dies bedeutet, daß die betroffenen Kinder selbst von der Existenz der zunächst konfabulierten Erlebnisse überzeugt sein können".

Volbert[497] berichtet über Untersuchungen von *Ceci/Hoffmann/Smith/Loftus*, in denen Kinder wiederholt aufgefordert wurden, über Ereignisse nachzudenken, die in Wirklichkeit nicht passiert sind. Danach können Kinder „dazu gebracht werden …, selbst zu glauben, ein tatsächlich nicht geschehenes Ereignis erlebt zu haben".

mm) Appetenz-Aversions-Konflikt

615 *Scholz*[498] erläutert den Appetenz-Aversions-Konflikt an einem Beispiel: Ein Zeuge ringt sich zu einer Aussage durch, weil er ein bestimmtes Ziel verfolgt, vielleicht

---

494 *Schade/Erben/Schade* Kindheit und Entwicklung 1995, 197.
495 *Köhnken* MschrKrim 1997, 290.
496 *Köhnken* MschrKrim 1997, 290; vgl. auch *Köhnken* in: Lempp/Schütze/Köhnken, S. 318.
497 *Volbert* in: Steller/Volbert, S. 40.
498 *Scholz* R&P 2003, 76.

um sich zu erleichtern oder sich an dem Täter zu rächen. Bringt er im Laufe des Gesprächs der befragenden Person Vertrauen gegenüber, erlebt er Appetenz. Qualität und Quantität seiner Angaben nehmen zu. „Je mehr der Zeuge im Gesprächsverlauf nun Wahrnehmungen darüber macht, dass seine Ausgangsentscheidung für ihn nicht hilfreich ist, … umso mehr verändert er sein Gesprächsverhalten. Die Aversion gegenüber der Situation nimmt zu, was sich in der Reduzierung der Qualität und Quantität seiner Mitteilungen äußert.“[499]

b) Suggestive Befragung

Bei jeder Vernehmung erfährt der Zeuge zwangsläufig etwas über den Inhalt des Verfahrens, so z.B. wenn ihm Aussagen anderer Zeugen oder des Beschuldigten vorgehalten werden oder er (indirekt) aus den Reaktionen des Vernehmungsbeamten aus seinen Angaben auf den Inhalt des Vorwurfs schließen kann. **616**

Sagt der Zeuge später noch einmal aus, wird er versuchen, dasselbe wie in seiner früheren Aussage *noch einmal auszusagen.* Es kommt vor, dass er im Ermittlungsverfahren, von einem Sachverständigen, in der Hauptverhandlung, im Berufungsverfahren und vielleicht auch noch in einem Zivilverfahren zu ein und demselben Sachverhalt befragt wird.

Der Aussage in der Hauptverhandlung gehen deshalb meist eine Mehrzahl von Aussagen und Gesprächen voraus.

Köhnken[500] zeigt, wie bestimmte Verhaltensweisen zu suggestiven Verfälschungen der Aussage führen können:

- **Verwendung bestimmter Begriffe** **617**

Untersuchungen von *Loftus/Zanni*[501] haben ergeben, dass bei „Verwendung des bestimmten Artikels gegenüber dem unbestimmten Artikel in einer Frage („Haben Sie den … gesehen“ statt „Haben Sie einen … gesehen“) signifikant häufiger angegeben wird, man habe das genannte (tatsächlich nicht existente) Objekt gesehen“.

- **Bestimmte Frageformulierungen** **618**

Kriterien, die bei aussagepsychologischen Untersuchungen zu Suggestiveffekten z.B. eine Rolle spielen können, sind:

aa) Offene Fragen

Zu den offenen Fragen[502] gehören sog. W-Fragen, Leerfragen, Stichwortfragen und Klarstellungsfragen: **619**

---

499 *Scholz* R&P 2003, 76 – zu möglichen Auslösern für die Konfliktinduktion.
500 *Köhnken* in: Lempp/Schütze/Köhnken, S. 354.
501 *Loftus/Zanni* Bulletin of the Psychonomic Society 1975, 86.
502 Vgl. auch *Endres/Scholz/Summa* in: Greuel/Fabian/Stadler, S. 189 ; *Endres* Krim 1997, 490; *Arntzen* Vernehmungspsychologie, S. 23.

Offene Fragen	Beispiele
Sog. W-Fragen Wer, was, wann, wohin, wo, wie, wie viel, woran, worin, wozu, weshalb, wodurch, warum, welche	Wer hat das gesagt? Was haben Sie gesehen? Wann war das? Wohin ging der Mann? Wo war das? Wie sind Sie dahin gekommen?
Leerfragen	Wie ging es dann weiter? Was geschah dann? War da noch was?
Stichwortfragen	War da mal was mit einem Messer? Hat der Mann mal von einem Geheimnis gesprochen?
Klarstellungsfragen	Woher wissen Sie das? Haben Sie das selbst gesehen?

bb) Fragen mit möglicher suggestiver Wirkung

620 Allgemein sagt man, suggestive Fragen sind solche Fragen, die dem Befragten bestimmte Antwortinhalte nahelegen. Nur vereinzelte Suggestivfragen führen in der Regel nicht zu einer Veränderung der gesamten Aussage.

Köhnken[503] erläutert, dass bestimmte Befragungsformen die Gefahr einer verfälschten Aussage erhöhen: „Ob im Einzelfall ein bestimmtes Kind infolge suggestiver Beeinflussung eine falsche Aussage macht, kann dagegen nicht mit Sicherheit gesagt werden. Zwar läßt sich aus zahlreichen Studien der Schluß ableiten, daß die Suggestibilität generell mit geringerem Alter zunimmt (Ceci & Bruck 1993), jedoch wird auch damit die im Einzelfall oft gestellte Frage, ob ein bestimmtes Kind besonders anfällig für oder eher resistent gegen Suggestionen ist, nicht hinreichend beantwortet."

Greuel et al.[504] berichten: „In den meisten der bisher angeführten Untersuchungen hat sich ergeben, daß die Mehrheit der Versuchspersonen den suggestiven Einflüssen und Falschinformationen nicht gefolgt ist. Auch in den Untersuchungen, in denen mehrfach und nachhaltig auf Kinder Einfluß genommen wurde (z.B. Ceci 1994), blieb ein erheblicher Teil der Kinder unbeeinflußt."[505]

Bislang gibt es kein wissenschaftlich gesichertes Verfahren, mit dem die Auswirkungen suggestiver Befragungsformen nachträglich geschätzt oder eingegrenzt werden können.[506]

503 *Köhnken* in: Lempp/Schütze/Köhnken, S. 354; vgl. auch *Milne/Bull* S. 102.
504 *Greuel et al.* S. 197.
505 Vgl. auch die Ausführungen von *Greuel et al.* S. 197 f. zu Testverfahren zur Aussagesuggestibilität.
506 *Köhnken* in: Lempp/Schütze/Köhnken, S. 354.

Greuel et al.[507] erläutern: „In Frageform vorgegebene Informationen über das Ereignis können die zutreffende Wiedergabe beeinträchtigen". Wird die Falschinformation „eher beiläufig, in Nebensätzen oder wenig offensichtlichen Hinweisen" gegeben, ist sie eher wirksam.[508]

Die verschiedenen Formen der Befragung, die suggestive Wirkung haben können, sind z.B.[509]: **621**

Suggestive Fragen	**Beispiele**
Geschlossene Fragen	War es im Sommer oder Winter? Hat der Mann Sie am Po oder an der Scheide angefasst? Hat er etwas gesagt oder gar nicht geredet?
Ja-Nein-Fragen	Hat der Mann Ihnen wehgetan? Haben Sie sich gewehrt? Hat der Mann gesagt, Sie sollen mit in sein Auto kommen? Hat er gesagt, dass Sie niemandem davon erzählen dürfen?
Erwartungs-Fragen	Sie haben sicher um Hilfe gerufen? Als Dein Papa zu dir ins Bett kam, hast du sicher gesagt, dass du das nicht willst?
Voraussetzungsfragen	Wann hat der Mann aufgehört dich zu schlagen? Wie häufig hat der Mann dich gestreichelt?
Eingekleidete Wertungen	Wie schnell bist du gerannt, als du aus der Wohnung flüchtetest?
Vorhaltfragen	Deine Mutti hat erzählt, dass du mit dem Mann heimgegangen bist. Hat dich der Mann nicht auch angefasst? Deiner Mutti hast du aber erzählt, dass …
Fragewiederholungen[510]	Wissen Sie das genau? Sind Sie sich sicher?
Negative Reaktionen auf Antwort	Das kann ich gar nicht glauben, dass der Mann dich nicht gestreichelt hat. Das kann doch nicht sein, dass du das nicht mehr weißt, überleg doch noch mal.

507 *Greuel et al.* S. 184.
508 *Greuel et al.* S. 183.
509 Vgl. auch *Scholz* R&P 2003, 76; *Scholz* NStZ 2001, 572; *Endres/Scholz/Summa* in: Greuel/Fabian/Stadler, S. 189; *Blank* in: Greuel/Fabian/Stadler, S. 177; *Weber/Roebers* PdR 1997, 187; *Rösner/Schade* FamRZ 1993, 1133; *Sporer/Bursch* Psychologische Rundschau 1997, 141; vgl. auch die Ausführungen von *Salditt* StraFo 1992, 51.
510 Vgl. dazu die rechtlichen Ausführungen von *Traut/Burkhard* StraFo 2003, 38.

Suggestive Fragen	**Beispiele**
Versprechungen	Es wird dir gut tun, wenn du mir erzählst, was der Mann gemacht hat. Deine Mama hat mir erzählt, dass sie dir einen Hamster schenken will, wenn du mir sagst, was passiert ist.
Drohungen	Ich frage dich so lange, bis du mir endlich sagst, was der Mann mit dir gemacht hat. Wenn du mir nicht sagst, was der Mann gemacht hat, macht der das wahrscheinlich wieder mit dir.

622 Zur **Ja-Nein-Frage** erläutert *Scholz*[511]: „Aus der Meinungsforschung (Herkner, Einführung in die Sozialpsychologie, 1981) ist gut bekannt, dass *Fragen eher zugestimmt* als nicht zugestimmt wird. Kinder neigen in ganz besonderem Maße zur Zustimmung, denn Fragen, die sie nicht verstehen, werden überzufällig häufig bejaht. Zudem wird durch eine Ja-Nein-Frage ein positives mentales Bild angeregt, während der Sachverhalt, wenn er verneint wird, viel unpräziser mental vergegenwärtigt werden kann. ... Es ist leicht nachzuvollziehen, dass die Aussagegenauigkeit von Zeugen in solchen Fällen noch mehr absinkt, wenn die Kinder Angst haben, sich bloßzustellen, wenn sie einräumen müssen, entweder die Frage oder den Sachverhalt nicht richtig verstanden zu haben."

623 Bei **Voraussetzungsfragen** wird das Entscheidende als unbestritten in der Frage vorausgesetzt. Dann ist die Suggestionswirkung besonders groß[512]. Wird z.B. die Frage gestellt: „Lag das Messer rechts oder links auf dem Tisch?", wird vorausgesetzt, dass überhaupt ein Messer auf dem Tisch lag, was aber gerade durch die Befragung des Zeugen geklärt werden soll.

624 Wird dem Zeugen eine **Vorhaltfrage** gestellt, kann das Suggestionswirkung haben.

625 Geht die Antwort des Zeugen über den Vorhalt der Frage hinaus, nennt man das **Überhangantwort**[513]. Überhangantworten gelten als eigenständige, unbeeinflusste Aussagebestandteile.

626 **Stichwortfragen** („War da mal etwas mit dem Auto?") können solche Überhangantworten begünstigen.[514] *Greuel et al.* betonen, dass „sich der Inhalt derartiger Stichwortfragen ausschließlich auf solche Aussageaspekte beziehen darf, die vom Zeugen selbst bereits zu einem früheren Zeitpunkt vorgebracht worden sind".

627 **Besonderheiten in den Aussagen kindlicher Zeugen.** Bei Kindern muss man um die Besonderheiten in ihren Aussagen wissen (Themenkohärenz, abrupter Themenwechsel, fehlende Unterscheidung zwischen impliziter und wörtlicher Bedeutung

511 *Scholz* NStZ 2001, 572.
512 *Arntzen* Vernehmungspsychologie, S. 28.
513 *Arntzen* Vernehmungspsychologie, S. 27.
514 Vgl. auch *Greuel* in: Greuel/Fabian/Stadler, S. 211.

der Aussage im Vorschulalter, keine Anzeige, etwas nicht verstanden zu haben, mangelndes Realisieren, etwas falsch oder nicht verstanden zu haben)[515].

Arntzen[516] macht deutlich, dass in Fragen jede Suggestion vermieden werden muss, „da Kinder besonders suggestionsanfällig sind und leicht die Schulkindeinstellung annehmen, auf jeden Fall eine Antwort geben zu wollen.“ Bei der Vernehmung von vier- bis sechsjährigen kindlichen Zeugen ist darauf zu achten, dass die *Sprache* besonders einfach und die *Sätze* sehr kurz sein sollen[517].

Sporer/Bursch[518] weisen darauf hin, dass bei Kindern im Vorschulalter z.B. ein großer Unterschied zwischen *W-Fragen* und *Ja-Nein-Fragen* besteht. Sie zeigen das an einem Beispiel eines dreijährigen Kindes, das wegen einer Verletzung beim Arzt genäht wurde:

Fragender: „Bist du je beim Arzt gewesen?“

Kind: „Nein.“

Fragender: „Was hat der Arzt gemacht?“

Kind: „Er hat mich am Knie genäht.“

Unsinnige Fragen beantworten Kindern auch mit ja oder nein, nicht aber mit „ich weiß nicht“.[519]

Kinder wollen gute Kommunikationspartner sein „und antworten häufig auf alle gestellten Fragen, auch wenn diese ihr Verständnis überschreiten“, das auch, wenn sie eine deutliche Erinnerung an das Ereignis haben, aber „umso mehr, wenn die Erinnerung nicht mehr sicher ist oder das … Ereignis gar nicht stattgefunden hat.“

Kinder bis zum 4. Lebensjahr verstehen zudem nicht, dass jemand sie aufgrund falscher Annahmen mit subjektiv wahren, aber objektiv unzutreffenden Vorgaben konfrontieren kann[515].

cc) Empfindungen des Vernehmenden

Gefühle wie Sympathie/Antipathie und Einstellungen wie z.B. Vorurteile können **628**
sich entscheidend auf den Vernehmungsverlauf auswirken; „zu berücksichtigen sind in diesem Zusammenhang auch *unbewusste* Phänomene der Übertragung und der Projektion sowie der Identifikation. Einstweilen ungeklärt ist, in welcher Häu-

515 *Volbert* in: Dahle/Volbert, S. 241.
516 *Arntzen* Vernehmungspsychologie, S. 37.
517 *Michaelis-Arntzen* in: *Arntzen*, Vernehmungspsychologie, S. 44.
518 *Sporer/Bursch* Psychologische Rundschau 1997, 141 m.w.N.; vgl. auch *Endres/Scholz/Summa* in: Greuel/Fabian/Stadler, S. 189.
519 *Greuel et al.* S. 184 m.w.N. – zur Übertragbarkeit experimenteller Untersuchungen auf die forensische Praxis S. 189 f. und theoretische Erklärungsansätze S. 190; vgl. auch *Endres/Scholz/Summa* in: Greuel/Fabian/Stadler, S. 189.

figkeit bzw. Intensität derartige, unbewusst bleibende Regungen bei Entscheidungen auch von Amtsträgern im Rahmen ihrer Berufsausübung relevant sind“[520].

dd) Voreinstellung des Befragers – Theorie der kognitiven Dissonanz – Confirmation bias

629 *Schulz-Hardt/Köhnken*[521] erläutern: „Sozialpsychologische Untersuchungen zeigen, daß die Art der Frageformulierung zentral von der subjektiven Überzeugung des Fragenden abhängt (Semin&De Poot, 1997). Je stärker die Person von einem hypothetischen Sachverhalt überzeugt ist, desto mehr stellt sie anderen Personen Fragen, die diese dazu verleiten, den hypothetischen Sachverhalt zu bestätigen. Personen, die diese Überzeugung nicht aufweisen, verwenden im Gegensatz hierzu ein ausgewogenes (d.h. nicht suggestives) Befragungsmuster (Swann&Giuliano, 1987).“

Nach der *Theorie der kognitiven Dissonanz*[522] werden „bevorzugt Informationen gesucht ..., die die vorhandene Überzeugung bestätigen, während diejenigen, die ihnen widersprechen, vermieden werden“. Das bezeichnen Sozialpsychologen auch als „confirmation bias“. *Köhnken*[523] weist auf Untersuchungen hin, wonach Personen vor allem solche Ereignisse über andere Personen erinnern, „die die eigenen Überzeugungen fördern und bestätigen, und zwar selbst dann, wenn diese Überzeugungen falsch sind“. Grund dafür soll sein, dass die eigene Überzeugung nicht überprüft, sondern nur als richtig bewiesen werden soll.

Scholz[524] erklärt: „Die Bevorzugung einer Vermutung vor einer anderen dient der Reduktion kognitiver und emotionaler Dissonanz (vgl. Frey, 1978) und läuft in einem Drei-Stufen-Zyklus ab:

- Vermutung (Erwartung, Hypothese) wird bereitgestellt,
- Informationen, die diese Vermutung stützen, werden geordnet, als Argumente verfügbar gemacht,
- Vermutung wird anhand der vorliegenden Informationen auf ihr Zutreffen geprüft.

Reichen die verfügbaren Informationen aus, dann gilt die Vermutung als bestätigt. Sind die verfügbaren Informationen allerdings nicht hinreichend, dann wird nicht die Vermutung verworfen, sondern es werden solange Informationen gesammelt oder die Vermutung spezifiziert, bis sie als bestätigt angesehen wird.“

---

520 Vgl. auch *Eisenberg* Rn. 1333 – zu „Aushandeln“ der Rekonstruktion des Tatherganges.

521 *Schulz-Hardt/Köhnken* Sonderheft 1, PdR 2000, 60 – vgl. auch *Festinger*.

522 *Köhnken* MschrKrim 1997, 290; vgl. auch *Volbert/Pieters* Psychologische Rundschau 1996, 183; *Eisenberg* Rn. 1380 – vgl. auch Teil 3 III (Rn. 351 ff.).

523 *Köhnken* MschrKrim 1997, 290; vgl. auch *Köhnken* in: Lempp/Schütze/Köhnken, S. 318.

524 *Scholz* R&P 2003, 76.

Kindliche Zeugen. Nach *Scholz/Endres*[525] kann „insbesondere in Verbindung mit direkten Befragungsformen – beispielsweise, wenn Kinder über die Inhalte ihrer Zeichnungen und Puppenspiele befragt werden – … diese Voreingenommenheit das Ergebnis stark verfälschen. Die gedächtnispsychologische Forschung hat gezeigt, daß kleine Kinder im Normalfall durchaus fähig sind, Erlebnisse im Kern zuverlässig zu berichten, daß sie jedoch besonders anfällig sind für Suggestionen (Ceci/ Bruck Suggestibility of the child witness: A historical review and synthesis, Psychological Bulletin 113 (1993),S. 403-439). Unsachgemäße Explorationen durch Laien oder durch nicht einschlägig ausgebildete professionelle Kräfte, die hochmotiviert sind, Fälle sexuellen Mißbrauchs aufzudecken, sind leider wohl eher die Regel als die Ausnahme."

Schade[526] weist auf Ergebnisse experimenteller Forschung hin.

Greuel et al.[527] berichten über Untersuchungen, wonach Suggestivfragen zunehmen, wenn die Antworten der Kinder den Erwartungen der Erwachsenen widersprechen.

(1) Praxisbeispiele aus dem sog. Wormser Mißbrauchsverfahren

Wie sehr vorgefasste Meinungen von einem stattgefundenen sexuellen Mißbrauchs- **630**
geschehen den Inhalt von Befragungen prägen können, hat das sog. Wormser Mißbrauchsverfahren gezeigt. *Schade*[528] dazu: „Die Befragungen, die die Betreuer mit den Kindern durchführten, waren daher auch konsequent von jener Strategie gemäß der *Theorie der kognitiven Dissonanz* von den Bemühungen bestimmt, die Realitätshypothese zu bestätigen und alternative Erklärungsansätze für die Aussagen der Kinder auszuklammern. Das zeigte sich z.B. durch folgende Merkmale:

- Jede Aussage eines Kindes über sexuellen Mißbrauch hat eine entsprechende Erlebnisgrundlage (Überzeugung und Information stimmen überein).
- Ein Kind, das einen Mißbrauch verneint oder sagt, daß es nichts wisse, sich nicht erinnern könne oder nur schweigt, steht unter dem Druck des Schweigegebots durch den Beschuldigten und ist daher so lange weiter zu befragen, bis es sein Geheimnis preisgibt (Widerspruch zwischen Überzeugung und Information, die daher anders interpretiert werden muß).
- Die Alternative, daß es auch Aussagen von Kindern gibt, die keine Erlebnisgrundlage haben und daß ein Kind eventuell nichts zu sagen weiß, weil ihm nichts geschehen ist, wurde als Bedrohung für die eigenen Überzeugungen ausgeklammert."

525 *Scholz/Endres* NStZ 1995, 6.
526 *Schade* StV 2000, 165.
527 *Greuel et al.* S. 184 m.w.N. – zur Übertragbarkeit experimenteller Untersuchungen auf die forensische Praxis S. 189 f. und theoretische Erklärungsansätze S. 190 ff; vgl. auch *Endres/Scholz/Summa* in: Greuel/Fabian/Stadler, S. 189.
528 *Schade* StV 2000, 195.

(2) Voreinstellung stimmt mit Realität nicht überein

631 **Kindliche Zeugen.** Auch wenn die Voreinstellung des Befragers mit der Realität nicht übereinstimmt, passen sich insbesondere sehr junge Kinder häufig an diese Einstellung des Befragers an[529]. *Volbert*[530]führt dazu aus, Kinder seien in der Regel gewöhnt, „daß Erwachsene Fragen stellen, auf die diese selbst die richtige Antwort bereits kennen. Kinder bemühen sich selbst ebenfalls, als kooperative Kommunikationspartner zu agieren und produzieren Informationen, von denen sie annehmen, daß sie erwartet werden (…). Vermitteln Erwachsene dem Kind eine spezifische Auffassung eines Ereignisses, kann es dazu führen, daß das Kind seine eigene Erinnerung revidiert, die sich im Widerspruch zur Vermutung des Erwachsenen befindet, weil das Kind den Erwachsenen für kompetenter hält". Dabei wird oft nicht bedacht, dass junge Kinder noch gar keine Vorstellung von sexuellem Missbrauch haben, sich ihre Angaben darauf also auch nicht beziehen können, was von Erwachsenen aber dennoch so gedeutet wird.

(3) Anpassung schon in der ersten Befragung

632 **Kindliche Zeugen.** Die Beeinflussung durch die Voreinstellung kann so weit gehen, dass das Kind schon im Laufe der ersten Befragung seine Antworten immer mehr den Erwartungen des Erwachsenen anpasst und darüber hinaus motiviert wird, möglichst viel über Missbrauchserfahrungen zu äußern. „Suggerierte Überzeugung" nennt *Piaget*[531] das Ergebnis einer solchen Befragung.

(4) Befrager ist sich meist seiner Voreinstellung nicht bewusst

633 *Volbert*[532] macht deutlich, dass die Schwierigkeit darin bestehe, dass der Befrager meist selbst davon ausgeht, nicht voreingenommen zu sein und deshalb meint, auch nicht voreingenommen zu fragen.

(5) Kein Vertrauen in die Unvoreingenommenheit des Befragers

634 *Greuel*[533] weist darauf hin, wenn es beispielsweise an Vertrauen in die Unvoreingenommenheit des Befragers mangelt oder dessen Befragungsstil als suggestiv wahrgenommen wird, wird eher Reaktanz und damit ein Zurückweisen der suggestiven Vorgaben erwartet.

529 *Volbert* in: Steller/Volbert, S. 40.
530 *Volbert* Psychologische Rundschau 1996, 183.
531 *Piaget* Das Weltbild des Kindes, 1978; vgl. auch *Scholz/Endres* NStZ 1995, 2.
532 *Volbert* in: Steller/Volbert, S. 40.; vgl. auch *Volbert/Pieters* Psychologische Rundschau 1996, 183.
533 *Greuel* S. 142.

(6) Pygmalioneffekt

Bender/Nack/Treuer[534] sprechen bei dem sog. *Pygmalioneffekt* von einer „der größten Gefahren für die Wahrheitsfindung vor Gericht". Danach gibt der Vernehmungsbeamte dem Zeugen zu verstehen, was er zur Sache hören will. **635**

„Nicht selten findet in solchen Situationen auch eine wechselseitige Beeinflussung statt: Vielleicht hat zuerst die Auskunftsperson selber einen vagen Verdacht geäußert. Dem vernehmenden Beamten erscheint der Verdacht plausibel. ... Folglich macht er den Verdacht zu seiner – leider einzigen – erkenntnisleitenden Hypothese; und der sucht deshalb nur noch nach Bestätigungen. ... Vor allem aber: die Auskunftsperson spürt, daß der Vernehmende seinem Verdacht nachgehen will, und daß er alles freudig begrüßt, was in diese Richtung weist". [535]

Bender[536] berichtet anschaulich über die sich aus der Erwartungshaltung ergebende Protokollierungspraxis und deren Auswirkungen: „Gerade die am Prozeßstoff selber am wenigsten interessierten Zeugen – denen mit Recht erhöhte Glaubwürdigkeit zugesprochen wird – sind oft höfliche Leute; und der Vernehmungsbeamte ist gerade zu ihnen besonders freundlich.

Da kann es kaum ausbleiben, daß der Zeuge – unbewußt oder halbbewußt – seine Antworten nach den Erwartungen des Vernehmenden ausrichtet – sozusagen ihm zuliebe. Der Vernehmungsbeamte wird oftmals diese ‚günstigen' – dem Zeugen gerade noch vertretbar erscheinenden – Aussagen noch ein wenig ‚günstiger' im Protokoll formulieren, so wie es der Vernehmende aus seiner Sicht gerade noch für vertretbar hält. Bei der nächsten Vernehmung wird der gutwillige Zeuge das ihm vorgehaltene Protokoll seiner früheren Aussage für seine Erinnerung halten. Die ihm mitgeteilten weiteren Ermittlungen, die in dieselbe Richtung weisen, veranlassen ihn nur allzuleicht, seine neue Aussage noch mehr der unveränderten Erwartungshaltung des Vernehmungsbeamten anzupassen. Dieser kann dann diese ‚verbesserte' Aussage in der zweiten Vernehmungsrunde wiederum anderen Zeugen vorhalten, was diese wiederum ihrerseits zu weiteren Anpassungen veranlassen mag. Und so weiter und so fort. Bis unser Zeuge dann schließlich in der Hauptverhandlung vor der Schwurgewichtskammer steht, ist aus der ursprünglich vagen und unsicheren Bekundung eine klare und bestimmte Aussage geworden, die der Zeuge guten Gewissens glaubt vertreten zu können, und die jede Schwurgerichtskammer scheinbar unbedenklich ihrer Entscheidung zugrunde zu legen vermag."

Besonderheiten bei der Anhörung kindlicher Zeugen. Die Besonderheit besteht darin, dass meist nicht die Kinder, sondern Erwachsene, die mit dem Kind gesprochen oder von einem Vorfall gehört haben, Anzeige erstatten und eine Aussage zu **636**

534 *Bender/Nack/Treuer* Rn. 103; *Bender* StV 1984, 127.
535 *Gniech/Stadler* StV 1981, 566 – erläutern die zum Pygmalioneffekt durchgeführten Experimente.
536 *Bender* StV 1984, 127.

dem machen, was ihnen das Kind vermeintlich berichtet hat. In diese Angaben fließen oft eigene Wertungen und Überzeugungen mit ein. Solche Angaben prägen sehr häufig die Einschätzung des Vernehmenden, der in der Befragung des Kindes dann von diesem Geschehen ausgeht. Häufig hat man den Eindruck, dass die Vernehmung nur dazu dient, diesen angenommenen Sachverhalt „abzufragen". Entsprechen die Angaben des Kindes dann nicht der Erwartungshaltung des Beamten, bekundet das Kind, es sei nichts gewesen oder es könne sich an das Geschehen nicht mehr erinnern, kommt es nicht selten vor, dass Beamte so lange nachfragen, bis das Kind die gewünschte Antwort gibt. Zur Verstärkung werden auch dem Kind nicht selten die Angaben des Anzeigenerstatters vorgehalten, nach dem Motto: „Deine Mutti hat aber gesagt, Du hast gesagt, …" oder „Deiner Mutti hast Du das schon erzählt, dann kannst Du das mir auch sagen". Hierdurch entsteht ein Befragungsdruck, dem Kinder meist nicht standhalten können.

c) Befragung als Lernprozess – Wiederholtes Befragen

637 Eigenständige suggestive Wirkungen haben Wiederholungsfragen dann, wenn sie von dem Befragten als Kritik an der bisherigen Antwort aufgefasst werden, ebenso negative Rückmeldungen auf die gegebene Antwort wie auch das Äußern von Zweifeln.

In der Regel werden Kinder, wenn jemand einen Verdacht geäußert und eine Anzeige erstattet hat, zunächst polizeilich vernommen. Es kommt aber auch vor, dass gerade Kinder zunächst in ihrem privaten Umfeld, z.B. in der Schule, im Kindergarten, von Kinderärzten, Mitarbeitern des Jugendamtes oder privaten Hilfsvereinen zu einem Vorwurf befragt werden. So erlebten es die kindlichen Zeugen in dem sog. Wormser Mißbrauchsverfahren, die vielfach, manche sogar bis zu 50mal befragt wurden[537].

638 z.B. *Scholz/Endres*[538]

Jede Befragung ist auch ein Lernprozess.

639 *Greuel et al.*[539] zur Mehrfachbefragung:

- Die Mehrfachvernehmung führt nicht grundsätzlich zu einer Erhöhung der Falschinformationseffekte.

537 Nr. 19 RiStBV regelt, dass eine mehrmalige Vernehmung von Kindern und Jugendlichen vor der Hauptverhandlung zu vermeiden ist. Begründet wird das aber nicht mit dem Lerneffekt, sondern mit der damit verbundenen seelischen Belastung dieser Zeugen.

538 *Scholz/Endres* NStZ 1995, 6.

539 *Greuel et al.* S. 184 m.w.N. – zur Übertragbarkeit experimenteller Untersuchungen auf die forensische Praxis S. 189 f. und theoretische Erklärungsansätze S. 190 ff. – und Hinweisen u.a. auf Untersuchungen von *Ceci/Bruck* Psychological Bulletin 1993, 404; vgl. auch *Köhnken* in: Lempp/Schütze/Köhnken, S. 346, und *Endres/Scholz/Summa* in: Greuel/Fabian/Stadler, S. 189.

- Die Mehrfachvernehmung kann aber dazu führen, dass Kinder denken, die erste gegebene Antwort sei nicht die richtige gewesen, was zur Änderung oder Ergänzung der neuerlichen Antwort führen kann.
- Die Wiederholung wird als Kritik empfunden (= eigenständiger Suggestionseffekt).
- Negative Rückmeldungen, Äußerung von Zweifeln verändern die ursprüngliche Sicht.
- Die Wiederholung der Frage wird als Druck aufgefasst, was dazu führen kann, dass die Frage auch beantwortet wird, wenn keine ausreichenden Kenntnisse zur Verfügung stehen.
- Der Ausdruck von Unsicherheit nimmt ab, wenn geschlossene Fragen wiederholt werden.

Scholz[540] erläutert, dass wiederholte Befragungen bewirken können, „daß eventuell vorhandene Erinnerungen des Kindes stark überfordert und modifiziert werden".

Volbert[541] stellt Untersuchungen vor, wonach Kindergartenkinder im Vergleich zu Erwachsenen nicht nur stärker auf die erste suggestive Frage reagieren, sondern ihr Antwortverhalten auch auf weitere suggestive Fragen ändern. Das gilt auch für direkte nicht suggestive Fragen.

Wiederholte Befragungen, erfolgen sie in nicht suggestiver Weise, erhöhen hingegen den Anteil falscher Informationen in den Antworten nicht[542].

d) Befragungsprozess

Auf Seiten des Befragten. *Greuel*[543] erläutert, die Wahrscheinlichkeit suggestiver Befragung steigt bei **640**

- Antwortunsicherheit,
- Vertrauensverhältnis zwischen Befrager und Befragtem,
  denn die Intentionen des Befragers werden nicht kritisch hinterfragt, insbesondere keine Beeinflussungs- und/oder Täuschungsabsicht unterstellt,
- Erwartungsdruck,
  auf Seiten des Befragers besteht die Erwartung, dass eine definitive Antwort auf die Frage geliefert bzw. gewusst werden muss.

540 *Scholz/Endres* NStZ 1995, 6.

541 *Volbert* in: Steller/Volbert, S. 40.

542 *Greuel et al.* S. 184; vgl. dazu die Literaturstellen bei *Köhnken* MschrKrim 1997, 290; weiterführende Literatur: *Volbert/Pieters* Psychologische Rundschau 1996, 183; *Volbert* in: Steller/Volbert, S. 40; *Scholz/Endres* NStZ 1995, 6; *Undeutsch* in: Fabian/Nowara/Rode/Werth, S. 67; *Sporer/Bursch* Psychologische Rundschau 1997, 141; *Greuel et al.* S. 56 f. und 184; *Höfer/Langen/Dannenberg/Köhnken* in: Greuel/Stadler/Fabian, S. 165; *Schade/Erben/Schade* Kindheit und Entwicklung 1995, 197.

543 *Greuel* S. 142.

„Jede der drei Komponenten für sich allein genommen stellt allenfalls eine notwendige, jedoch keine hinreichende Bedingung für das tatsächliche Auftreten von suggestiven Aussagebeeinflussungen dar."

Ob der Befragte suggestiven Stimuli nachgibt oder zurückweist, „hängt im wesentlichen davon ab, welche Coping-Strategien zur Bewältigung … eingesetzt werden".

641 **Auf Seiten des Befragers.** *Greuel*[544] erläutert, dass die „Vorgabe geschlossener Suggestivfragen (…) auf dem Hintergrund einseitiger Hypothesenbildung bzw. Voreinstellung des Befragers als besonders suggestionsträchtig problematisiert" wird.

e) Beeinflussung durch das Aktenstudium

642 **Beurteilung der Erstaussage und Aussageentwicklung anhand der Akten.** Hinweise auf sog. Erstaussagen ergeben sich zumeist schon aus dem vorhandenen Aktenmaterial. Zu beachten ist, dass meist – wenn überhaupt – nur bei kindlichen Zeugen die Anhörung auf Tonband aufgezeichnet wird. Bei Vernehmungen sog. Aussageempfänger – also z.B. der die Anzeige erstattenden Mutter – handelt es sich bei den Vernehmungsprotokollen zumeist nicht um sog. Wortprotokolle.

643 **Beurteilung suggestiver Einflüsse in der polizeilichen Vernehmung.** In der Praxis gibt es nur wenige Vernehmungen, an denen der Sachverständige teilnimmt. Mag dieses in besonderen Ausnahmefällen noch bei der Anhörung eines Kindes vorkommen, so doch in der Regel nicht bei der Vernehmung von sog. Aussageempfängern. Meist wird der Sachverständige die Aussageentstehungsgeschichte auf Protokolle solcher Vernehmungen nicht stützen können, da das Zustandekommen – wenn es sich nicht um eine Tonbandaufzeichnung handelt – unklar ist. Vielfach wird in Vernehmungsprotokollen noch nicht einmal die an den Zeugen gestellte Frage notiert, so dass schon nicht erkennbar ist, was überhaupt gefragt wurde. Auch die Antwort des Zeugen wird vielfach nicht vollständig und auch nicht wörtlich protokolliert.

Die Befassung mit dem Akteninhalt erfolgt in der Regel vor dem Explorationsgespräch. Der Sachverständige wird mit dem Sachverhalt nicht durch seine Befragung des Zeugen, sondern zunächst durch die Darstellung des Sachverhaltes durch die Ermittlungsbehörden vertraut gemacht.

Greuel[545] erläutert: „Sofern in der Vorgeschichte massive Suggestionseinflüsse identifizierbar bzw. nicht ausschließbar sind, wird man – nach gegenwärtigem

544 *Greuel* S. 142.

545 *Greuel* S. 340; siehe auch *BGH* [1 StR 618/98] BGHSt 45, 164 = NJW 1999, 2746 = NStZ 2000, 100 = StV 1999, 473 = BGHR StPO § 244 Abs. 4 S. 1 Sachkunde 9 = StraFo 1999, 340 = PdR 1999, 113, wonach „Realkennzeichen ungeeignet sind, zur Unterscheidung zwischen einer wahren und einer suggerierten Aussage beizutragen" – vgl. auch die Ausführungen unter Teil 3 IX „Realkennzeichenanalyse" Rn. 678 f.

Kenntnisstand – auch qualitativ hochwertige und damit auf den Erlebnisbezug hinweisende Aussagen nicht mehr als hinreichend zuverlässig und damit nicht als glaubhaft bestätigen können (Greuel 1997b; Steller & Volbert 1997; Volbert 1997 1997b)".

f) Aufdeckungsarbeit[546]

Seit Beginn der 90er Jahre haben sich verstärkt Selbsthilfegruppen – wie z.B. Zartbitter e. V. oder Wildwasser e. V. – zum Schutz und für die *Unterstützung der von sexuellem Missbrauch betroffenen Kinder und Frauen gegründet.* **644**

Friedrichsen und *Mauz*[547] berichten 1995 über die oft einseitige, parteiliche Ausrichtung und darüber, dass Mitarbeiterinnen dieser Vereine „Parteilichkeit als Parteinahme für das gegenüber der erwachsenen Generation strukturell abhängige und ohnmächtige Kind verstehen. Geklärt wird nicht, ob überhaupt etwas geschehen ist, gehandelt wird bei Verdacht, das Vorliegen von Beweisen nicht abgewartet".

Fürniss[548] ist der bekannteste Vertreter der „Aufdeckungsarbeit". Er wurde insbesondere durch das sog. Montessori-Verfahren[549] bekannt. Damals war ein Erzieher aus den Montessori-Kinderhäusern in Borken und Coesfeld angeklagt, über einen Zeitraum von acht Jahren in 55 Fällen Kinder im Alter von vier bis sechs Jahren sexuell missbraucht zu haben. Neben Mitarbeiterinnen des Vereins Zartbitter e. V. wurde *Fürniss* zur Beratung hinzugezogen. Auch im sog. Wormser Mißbrauchsverfahren war die „Hauptaufdeckerin" Mitarbeiterin von Wildwasser e. V., also eines solchen Selbsthilfevereins. Auch sie hatte die Aufdeckungstechniken bei dem Münsteraner Professor für Kinderpsychiatrie erlernt. Durch Bücher von *Enders*[550] und *Steinhage*[551] ist die Aufdeckungsarbeit einer breiten Öffentlichkeit bekannt geworden.

Steller/Volbert[552] erläutern: „Aufdeckungsarbeit mit Kindern besteht in der Konzeption von (innerfamiliären) sexuellen Mißbrauch als ‚Syndrom der Geheimhaltung' (Fürniss, 1991). Das für therapeutische Zwecke entwickelte Konzept der ‚Verleugnungsarbeit' (siehe dazu auch Fürniss, 1993a) in Fällen von *festgestelltem*

546 *Undeutsch* in: Kraheck-Brägelmann, S. 69; *Steller/Volbert* in: Steller/Volbert, S. 12.

547 *Friedrichsen/Mauz* Mißbrauch der Strafjustiz, S. 76; vgl. auch *Walser* in: Rutschky/Wolff, S. 259; *Rutschky* S. 50.

548 *Fürniss* Diagnostik MMW – Psychiatrie für die Praxis 1986, 37; *Fürniss/Phil* Monatsschrift für Kinderheilkunde 1986, 134; *Fürniss/Phil* Monatsschrift für Kinderheilkunde 1986, 134; *Fürniss* The multi-professional handbook of child sexual abuse. Integrated management, therapy and legal intervention, 1991; *Fürniss* Familiendynamik 1993, 264; *Fürniss* in: Ramin, S. 63.

549 Vgl. dazu die Ausführungen bei *Steller* in: Egg, S. 244.

550 *Enders* Zart war ich, bitter war's, Handbuch gegen sexuelle Gewalt an Mädchen und Jungen, 2001.

551 *Steinhage* Sexueller Mißbrauch an Mädchen, 1989.

552 *Steller/Volbert* in: Steller/Volbert, S. 12.

sexuellem Mißbrauch begründet sich aus (seit Jahrzehnten bekannter) Empirie über langandauernde inzestuöse Beziehungen, wird aber in der Aufdeckungspraxis fälschlicherweise auf Fälle übertragen, in denen sexueller Mißbrauch keineswegs bereits festgestellt ist, sondern aufgrund von Signalen vermutet wird, … ."

Zu der Aufdeckungsarbeit gehört z.B. das langsame Heranführen an das Thema „Sexualität"[553] (z.B. über Aufklärungskassetten oder -bücher), das Besprechen guter und schlechter Geheimnisse oder guter und schlechter Berührungen. Wenn Kinder über sexuellen Missbrauch nicht reden, werden direkte Vorgaben verwendet, indem das Kind einen sexuellen Missbrauch schildern soll, als hätte es ihn erlebt (sog. „Als-ob-Technik"). Besprochen wird die Geschichte dann häufig aber so, als hätte das Kind über Erlebtes berichtet. Werden Kinder aufgefordert, über sexuellen Missbrauch zu reden und berichten sie dennoch nichts, so wird nicht selten vermutet, sie stünden unter einem Geheimnisdruck. Es wird fehlerhaft auch davon ausgegangen, dass das Kind wegen des erlebten Traumas (noch) nicht über das Erlebnis sprechen kann[554].

Diese Gesamtproblematik ist auch unter dem Schlagwort „Vom Mißbrauch des Mißbrauchs"[555] bekannt geworden. Einseitig ideologische Festlegung selbsternannter „Kinderschützer" sucht allein nach Erklärungen für stattgefundenen Missbrauch und bedient sich der einseitigen Ausdeutung z.B. von Verhaltensauffälligkeiten, Kinderzeichnungen, dem Schweigen wie auch dem Bestreiten, Testverfahren und Angaben in Therapiegesprächen, ohne zu fragen, ob der Missbrauch überhaupt stattgefunden hat. Eine solche Einstellung und der entsprechende Umgang mit den Kindern wirkt höchst suggestiv und macht Angaben von Kindern juristisch unverwertbar.

Undeutsch[556] hat diese Ausdeutungen – in dem erwähnten Montessori-Verfahren – als die schlimmste Suggestion bezeichnet.

Scholz[557] erläutert, wie „die Befragungsweise, wonach beispielsweise dem Zeugen gesagt (wird; d.A.), dass ein anderes Kind dieses oder jenes gesagt habe, dass aber

553 *Steller/Volbert* in: Steller/Volbert, S.12.

554 Vgl. dazu *Steller* MschrKrim 1997, 274; *Steller* in: Egg, S. 244.

555 *Müther/Kluck* psychomed 1992, 202.

556 Zitiert nach Friedrichsen/Mauz „Jetzt ist niemand sicher", S. 94; vgl. auch *Scholz* R&P 2003, 76.

557 *Scholz* NStZ 2001, 572; vgl. auch *Friedrichsen/Mauz* „Jetzt ist niemand sicher", S. 94: „Fürniss bringt zum Sprechen, indem er Vorgaben macht. Fürniss ist der Prediger der rabiaten und blinden Auseinandersetzung mit dem sexuellen Mißbrauch. Über alles kann, über alles soll gesprochen werden. … In den Grund- und Fortbildungskursen, die er in großem Umfang gestaltet, befragt er beispielsweise unvermittelt, ob der letzte sexuelle Verkehr gut gewesen sei. Er erkundigt sich jählings, ob die von ihm angesprochene Frau bei ihrem letzten sexuellen Verkehr schön feucht gewesen sei. Das ‚Öffnen des Geheimnisses' will Fürniss auch damit erreichen, daß er ‚Multifamiliengruppen' zusammenbringt. Er hält es für wichtig, daß alle Eltern im Beisein der anderen Eltern erzählen, was sie selber von ihren Kindern gehört, gesehen und erfahren haben. Den Kindern vermittelt Fürniss in der Multifamiliengruppe, daß ‚wir das Nein als Antwort nicht akzeptieren', wenn das Kind Mißbrauchshandlungen verneint."

die Sache selbst als ein Geheimnis behandelt werden müsse", begründet wird: „Man stützt sich auf psychologische Experimente (Saywitz/Goodman/Nicholas/Moan Children's memories of a physical examination involving genital touch: Implications for reports of child sexual abuse, 1991, Journal of Consulting and Clinical Psychology, 59, 682-691), in denen jüngere Kinder über eine körperliche Untersuchung, die ein Arzt vorgenommen hatte, berichten sollten. Diese erzählten zunächst nur ausschnittsweise vom Untersuchungsvorgehen des Arztes. So erwähnte nur knapp ein Drittel der 36 befragten Kinder spontan, dass der Arzt ihre schambesetzten anogenitalen Körperstellen angefasst habe. Lediglich bei einem Drittel der Aussagen kann davon ausgegangen werden, dass sie vollständig und glaubhaft sind, wenn die Kinder nicht mit Vermutungen oder gar ‚Geständnissen' des untersuchenden Arztes konfrontiert werden. Wurden die Kinder dieser Studie hingegen gezielt befragt, dann bestätigten etwa 85 % der Kinder, dass der Arzt ihre schambesetzten Körperstellen berührt habe. Andererseits gaben etwa 8 % der befragten Kinder, die sich keiner anogenitalen Untersuchung unterzogen hatten, fälschlich an, dass der Arzt sie an diesen Körperstellen berührt hatte. Die Konsequenzen dieser falschen Bezichtigungen liegen auf der Hand und stimmen ebenso bedenklich wie der relativ hohe Anteil an Falschbezichtigungen.

Verneinen Kinder trotz angebotener ‚Aufdeckungshilfen' sexuelle Mißbrauchserfahrungen, so wird dieses so gedeutet, das Kind sei noch nicht so weit, darüber zu sprechen. Bejaht das Kind die gemachten Vorgaben, so gilt der Missbrauch als bewiesen. Widerruft das Kind später seine Angaben, wird das als besonders deutliches Zeichen für stattgefundenen sexuellen Missbrauch gedeutet".

Beratungseinrichtungen, wie z.B. Wildwasser e. V., haben sich in den vergangenen Jahren massiv den Vorwurf machen lassen müssen, durch einseitig ideologisch ausgerichtete Einschätzungen Mütter und Väter zu Unrecht zu beschuldigen und zu „verfolgen", was sogar Vergleiche zu der Hexenverfolgung im Mittelalter hervorgerufen hat[558].

Bei der Aufdeckungsarbeit spielt die Beziehung zwischen dem Kind und dem Befrager, die Befragung selbst, die bei der Befragung verwendeten Hilfsmittel, die Deutung von Signalen des Schweigens und der Rücknahmen von Angaben eine Rolle.

Steller/Volbert[559] haben die gebräuchlichsten Elemente der Aufdeckungsarbeit **645**
stichwortartig in einer Tabelle zusammengefasst:

558 Zu allem: *Kühne/Kluck* FamRZ 1995, 981; *Rösner/Schade* FamRZ 1993, 1133; *Schade/Erben/Schade* Kindheit und Entwicklung 1995, 197; *Steller/Volbert* in: Steller/Volbert, S. 12.

559 *Steller/Volbert* in: Steller/Volbert, S. 12; vgl. auch *Köhnken* in: Fabian/Nowara, S. 89.

Die „gebräuchlichsten Elemente der Aufdeckungsarbeit“ nach *Steller/Volbert*[560]
Herstellen einer engen Beziehung zwischen Kind und Befrager **Befragung** Allgemeine Gespräche über Sexualität (z.B.: Aufklärung, Benennung von Körperteilen, Erörterung guter/schlechter Berührungen), Erörterung guter/schlechter Geheimnisse (Ggf. mit Beispielen aus dem Bereich sexueller Handlungen), (Unzutreffende) Mitteilungen des Befragers, er wisse über den sexuellen Mißbrauch auch bereits Bescheid, Direkte Vorgaben, (z.B. die „Geschichte von dem anderen Kind“[561]) oder „Als-ob-Techniken“ oder „Als-ob-Interview“ (Aufforderung an das Kind, sexuelle Mißbrauchshandlungen so zu schildern, als ob es diese erlebt habe), Wiederholte Befragungen. **Hilfsmittel** Aufklärungskassetten und -bücher, Kinderbücher mit Geschichten über sexuellen Mißbrauch oder über Autonomie hinsichtlich Körperberührungen, Demonstration mit Hilfe anatomischer Puppen. **Deutungen** Deutung von Signalen aus verschiedenen Verhaltensbereichen als „Angebote“ an das Kind, Deutung von Schweigen und Verneinung als „noch-nicht-bereit-Sein“ zur Verbalisierung sexueller Mißbrauchserfahrung, Deutung von Rücknahmen (Widerrufen) als „Rückfall in sekundäre Verleugnung“. Bedingungsloses Akzeptieren und Verstärken von Beschreibungen (vager, widersprüchlicher oder sogar unrealistischer) Mißbrauchshandlungen.

Das Wormser Mißbrauchsverfahren hat gezeigt, dass es nicht nur private Beratungsstellen, sondern auch Kinderärzte gibt, die „aufdeckend“ arbeiten[562].

Scholz[563] fasst zusammen: „Aufdeckende, insistierende oder vermeintlich helfende Gespräche über den zu beurteilenden Sachverhalt sind eine geeignete Ausgangsbasis dafür, dass kindliche Zeugen die Perspektive der befragenden Person übernehmen. Die Fähigkeit zur Perspektivenübernahme ist umso wahrscheinlicher, je älter der kindliche Zeuge ist, je geschickter das die Aussage verändernde Gespräch geführt wird, je enger die Bindungen der Befragten an die befragende Person sind und je größer die Motivation zur Übernahme der Perspektive der befragten Person ist.“

560 *Steller/Volbert* in: Steller/Volbert, S. 12; vgl. auch *Steller* in: Egg, S. 244; vgl. auch *Steller* Sonderheft 1 –glaubhaftigkeitsbegutachtung, PdR 2000, 9.
Steller/Volbert in: Steller/Volbert, S. 12; vgl. auch *Steller* in: Egg, S. 244; vgl. auch *Steller*, Sonderheft 1 –glaubhaftigkeitsbegutachtung, PdR 2000, 9.

561 *Fürniss* The multi-professional handbook of child sexual abuse. Integrated management, therapy and legal intervention, 1991.

562 *Urteile* in den Verfahren Worms I, II und III.

563 *Scholz* NStZ 2001, 572.

g) Anatomische Puppen

Anatomische Puppen sind Puppen mit meist langen Zungen, überdeutlichen Geschlechtsteilen und Körperöffnungen, in die der Penis der männlichen Puppen hineinpasst. Sie werden von Hand gefertigt. Durch die Art der Verarbeitung und ihre Größe stechen die Geschlechtsteile besonders hervor, ihre Einbettung in Schamhaare, die meist aus dicker brauner Wolle bestehen, lenkt die Aufmerksamkeit der Kinder schon zwangsläufig darauf. **646**

Kindern werden solche Puppen in die Hand gegeben, um dabei ihr spielerisches Verhalten zu beobachten. Erscheint das dem Beobachter als unangemessen, weil das Kind z.B. den Penis der männlichen Puppe in die Öffnung zwischen den Beinen der weiblichen Puppe steckt (wie bei dem bekannten Lego-Prinzip), oder untersucht das Kind die besonders herausgearbeiteten Brüste der weiblichen Puppe oder den Penis der männlichen Puppe, so wird daraus vielfach auf ein erlebtes sexuelles Geschehen geschlossen. **647**

Seit Jahren wurden anatomischen Puppen in den USA[564] als psychodiagnostische Hilfsmittel eingesetzt. Untersuchungen haben jedoch gezeigt, dass sowohl missbrauchte als auch nicht missbrauchte Kinder ein sexualisiertes Spielverhalten mit den Puppen zeigen[565]. *Undeutsch*[566] hat schon sehr früh darauf hingewiesen, dass es sich bei Puppen mit so auffälligen Genitalien um „materialisierte Suggestivfragen" handelt. Wird ein Kind aufgefordert, auszuprobieren, was man mit den Puppen alles machen kann, erklären sich das Lego-Prinzip wie auch Stellungen der Puppen zueinander von selbst. Soll ein so entstandener Verdacht bestätigt werden, bedarf es oft nur der entsprechenden Befragung des Kindes. **648**

Enders'[567] Beispiel beeindruckt: „Ein Kind untersucht den Penis der männlichen Puppe und sagt dabei: Der Pipimann ist blöd! Als das Kind daraufhin gefragt wurde, wie groß der Pipimann von Günther sei, antwortete es: ‚So groß'. Zu der Mädchenpuppe wurde gesagt: ‚Das ist Lena. Hat der Pipimann von Günther die Lena angepackt?' Das Mädchen weicht daraufhin verschreckt zurück. Dieses ist dann so interpretiert worden, daß die Frage zu schmerzhaft für sie war. Sie wurde deshalb aufgefordert, mit der Puppe zu demonstrieren, wo Günthers Pipimann Lena berührt habe. Lena packte auf den Mund der Mädchenpuppe."

Scholz/Endres[568] mahnen: „Es muß auch dem Umstand Rechnung getragen werden, daß der Einsatz von sogenannten anatomisch korrekten Puppen zu diagnostischen Zwecken … in der psychologischen Fachwelt umstritten ist und jedenfalls dann berechtigten Vorbehalten begegnen, wenn diese Puppen nicht als bloße Demonstrati- **649**

564 Vgl. dazu: *Sporer/Bursch* Psychologische Rundschau 1997, 141.
565 Vgl. dazu *Scholz/Endres* NStZ 1995, 6.
566 *Undeutsch* in: Kraheck-Brägelmann, S. 69; *Undeutsch* in: Rutschky/Wolff, S. 173.
567 *Enders* S. 156.
568 *Scholz/Endres* NStZ 1995, 6.

onshilfen zum Ausgleich mangelnden Ausdrucksvermögens des Kindes, sondern in suggestiv wirkender Weise, zumal in Kombination mit Suggestivfragen, verwendet werden."

650 Problematisch ist der Einsatz anatomischer Puppen vor allem deshalb, weil sie vielfach durch suggestiv voreingestellte Befrager verwendet werden. Dass der Einsatz anatomischer Puppen sich im Strafprozess nicht zum Nachweis stattgefundenen sexuellen Missbrauchs eignet, ist in der *Literatur*[569] oft erwähnt. *Greuel et al.* formulieren ganz deutlich: „Nach aktuellem Kenntnisstand gibt es jedoch keine eindeutigen Belege für mißbrauchsspezifische Verhaltens- bzw. Spielmuster im Umgang mit anatomischen Puppen."[570] Weiter zeigen sie auf, dass empirische Studien zwar keinen Beleg für ein erhöhtes Suggestionspotential anatomischer Puppen liefern, aber eine Befragung, die mittels dieser Puppen erfolgt, dann problematisch ist, „wenn sie unter Verwendung inhaltlicher Vorhalt- und Suggestivfragen geführt wurde".

651 *Köhnken*[571] stellt klar, dass „sich die Darstellung sexueller Praktiken an anatomisch korrekten Puppen auch bei nicht mißbrauchten Kindern beobachten (z.B. Everson u. Boat 1990)" lässt.

652 Offensichtlich werden solche Puppen zu therapeutischen Zwecken eingesetzt, um die emotionale Situation des Kindes einschätzen zu können[572].

653 Das *OLG Bamberg* hat in einer familiengerichtlichen Entscheidung im Jahre 1995 Kritik an dem Einsatz anatomischer Puppen geübt. In dem der Entscheidung zugrunde liegenden Fall war das Kind zu sexualbezogenen Spielen mit Puppen, die mit naturgetreuen Geschlechtsteilen versehen waren, angeregt und immer wieder durch gezielte Nachfragen auf den Puppenvater hingewiesen worden, bis es schließlich „über" eine Puppe und deren Vater erzählt. Das *OLG*[573] hat dazu in seinem Leitsatz ausgeführt: „Es widerspricht dem Wohl eines fünfjährigen Mädchens, es aufgrund eines nur vagen Verdachts sexuellen Mißbrauchs über ein Jahr lang mit regelmäßigen Sitzungen zu immer derberen sexuellen Phantasien und Spielen mit Hilfe von Puppen anzuleiten, die originalgetreue Nachbildungen männlicher und weiblicher Geschlechtsorgane tragen. Durch solche Sitzungen schließlich gewonnenen Angaben des Kindes über vom Puppenvater an der Puppentochter begangene teilweise perverse sexuelle Handlungen stellen kein Beweismittel für entsprechendes Verhalten des wirklichen Vaters des Kindes dar."

569 Vgl. dazu auch *Schütz* FPR 1997, 225; *Kühne/Kluck* FamRZ 1995, 981; *Volbert* psychomed 1992, 8; *Wegener* psychomed 1992, 32; *Schade/Erben/Schade* Kindheit und Entwicklung 1995, 197; *Müther/Kluck* psychomed 1992, 202; *Wetzels* PdR 1993, 88.

570 *Greuel et al.* S. 208 m.w.N.; vgl. auch *Greuel* S. 304.

571 *Köhnken* in: Lempp/Schütze/Köhnken, S. 318.

572 *Enders* S. 160 f.

573 *OLG Bamberg* [7 WF 122/94] NJW 1995, 1684.

In demselben Jahr hat sich auch der *BGH*[574] im Strafverfahren zum Einsatz anatomisch korrekter Puppen zu diagnostischen Zwecken kritisch geäußert. In der Entscheidung heißt es dazu: Dem Einsatz von sog. anatomischen korrekten Puppen muss mit Vorbehalten begegnet werden, „wenn diese Puppen nicht als bloße Demonstrationshilfe zum Ausgleich mangelnden verbalen Ausdrucksvermögens des Kindes, sondern in suggestiv wirkender Weise, zumal in Kombination mit Suggestivfragen, verwendet werden“. 654

Mit der Grundsatzentscheidung zu den wissenschaftlichen Anforderungen an aussagepsychologischen Gutachten hat der *BGH*[575] *1999* klargestellt, 655

BGH [1 StR 618/98]

„... daß ... der Einsatz sogenannter anatomisch-korrekter Puppen zu diagnostischen Zwecken (vgl. UA 7, 8/9) in der psychologischen Fachwelt umstritten ist (vgl. BGH, Beschluß vom 23. August 1995 3 StR 163/95; Scholz/Endres NStZ 1995, 6, 8f.).“

Gleichlautend hatte sich der *BGH* bereits im Jahre 1995 geäußert[576].

h) Parteilicher Umgang mit dem Opfer durch Hilfevereine

Einen „parteilichen“ Umgang mit dem Opfer kennt die Strafprozessordnung nicht. 656
Ganz im Gegenteil verbietet die Unschuldsvermutung eine „parteiliche“ einseitige Beurteilung der den Beschuldigten belastenden Zeugenaussage zu dessen Ungunsten.

§ 406h StPO regelt, dass Verletzte möglichst frühzeitig, regelmäßig schriftlich und soweit möglich in einer für sie verständlichen Sprache u.a. darauf hinzuweisen sind, dass sie u.a. Unterstützung und Hilfe durch Opferhilfeeinrichtungen erhalten können, etwa in Form einer Beratung oder einer psychosozialen Prozessbegleitung.

Hilfevereine leisten „psychosoziale Begleitung“ und werben dafür, dass sich Betroffene vor der Anzeigenerstattung in solchen Hilfevereinen beraten lassen. Dort sollen sie Aufklärung über das Strafverfahren, über das, was auf den Zeugen zukommt, erfahren. Bei jedem ihrer prozessualen Schritte werden Zeugen von erfahrenen und dazu ausgebildeten meist Sozialpädagoginnen begleitet, was ihnen die (Verfahrens-)Situation erleichtern soll.

Wendet sich der Belastungszeuge im Vorfeld der Anzeigenerstattung an einen solchen Verein, sind die dort geführten Gespräche in die Beurteilung der Aussage im

574 *BGH* [3 StR 163/95] NJW 1996, 206 = NStZ 1996, 95 = StV 1995, 563 = BGHR StPO § 252 Verwertungsverbot 10; vgl. auch *BGH* NStZ 1996, 98.

575 *BGH* [1 StR 618/98] BGHSt 45, 164 = NJW 1999, 2746 = NStZ 2000, 100 = StV 1999, 473 = BGHR StPO § 244 Abs. 4 S. 1 Sachkunde 9 = StraFo 1999, 340 = PdR 1999, 113.

576 *BGH* [4 StR 330/95] NStZ 1996, 98 = StV 1996, 582; *BGH* [3 StR 163/95] NJW 1996, 206 = NStZ 1996, 95 = StV 1995, 563 = BGHR StPO § 252 Verwertungsverbot 10.

Rahmen der Fehlerquellenanalyse mit einzubeziehen. Personen, mit denen der Zeuge gesprochen hat (sog. Aussageempfänger), sind als Zeugen vom Hörensagen über den Inhalt des Gesprochenen zu vernehmen.

Parteilichkeit. Problematisch ist, dass derlei Hilfevereine, die Hilfestellung für vergewaltigte Frauen und sexuell missbrauchte Kinder anbieten, einen „parteilichen" Umgang mit der Hilfesuchenden versprechen[577], da dieser sich suggestiv auf den Inhalt der Zeugenaussage auswirken kann.

Parteilichkeit heißt – so kann man z.B. auf der Homepage des „Notruf für vergewaltigte Frauen und Mädchen e. V. Hannover" lesen –, dass der Verein auf Seiten betroffener Frauen und Mädchen steht, eindeutig „Partei" für sie ergreift. „Wir werden nicht sagen ‚Das glaub ich Dir nicht', ‚Das hat der doch nicht getan', ‚Wieso sind Sie denn mitgegangen', ‚Warum haben Sie sich nicht gewehrt'. Wir ermöglichen es den Betroffenen, über ihre Erfahrungen, ihre Gefühle, ihre Ängste ohne Gefahr einer Bewertung sprechen zu können. Wir benennen klar, wer die Verantwortung für die Gewalt trägt, wo Gewalt und Unterdrückung geschieht und wer davon profitiert".

Verdachtsabklärung/Mitwirkung an der Anzeigenerstattung/erarbeiten von Handlungsschritten. Trotz mangelnder Ausbildung der meist sozialpädagogischen Mitarbeiter bieten derlei Vereine z.T. auch Verdachtsabklärung[578] an und greifen damit zugleich auch in die Ermittlungshoheit der Staatsanwaltschaft ein. Angeboten wird auch die Mitwirkung an der Entscheidung für oder gegen eine Strafanzeige[579], was heißt, dass durch einseitig auf den Opferstatus festgelegte konkrete inhaltliche Beratung im Zusammenhang mit der Aussage vorgenommen wird.

Mit dem „Erarbeiten weiterer Handlungsschritte" setzt sich diese inhaltlich potentiell beeinflussende Beratung des Zeugen[579] fort.

Ausdeutung von Verhaltensauffälligkeiten. Der Homepage von „Wildwasser Wiesbaden e. V." ist unter der Rubrik „Eintägige berufsbegleitende Fortbildungen 2010" zu entnehmen, dass Mitarbeiter anbieten, „Symptome und Signale sexuell missbrauchter Mädchen und Jungen" auszudeuten, obwohl dem aussagepsychologisch diagnostisch keinerlei Beweiswert zukommt.

---

577 So wirbt z.B. Wildwasser Frankfurt e. V. mit „ feministisch-parteilicher Arbeit mit und für Frauen und Mädchen" – Wildwasser e. V. ist in den 90er Jahren im Rahmen der sexuellen Missbrauchsverdachtsabklärung durch einseitig feministische – insbesondere durch den Psychiater Fürniss beförderte – gezielte Aufdeckungsarbeit bekannt geworden, die Grundlage der Ermittlungen der spektakulären Wormser Prozesse und des Montessori Verfahrens war – vgl. die Ausführungen unter f). „Aufdeckungsarbeit" in diesem Teil.

578 So zu lesen 2011 auf der Homepage des Vereins „Gegen unseren Willen e. V.", Limburg.

579 So Wildwasser Wiesbaden e. V., Eintägige berufsbegleitende Fortbildungen 2010.

Aufarbeitung von Gefühlen. Hilfsorganisationen bieten auch die „Thematisierung und Aufarbeitung erlebter Gefühle“ an und greifen damit in die Glaubhaftigkeitsbeurteilung ein, denn die „Schilderung eigenpsychischer Vorgänge“ ist ein anerkanntes Glaubhaftigkeitsmerkmal. Sie verheißen dem Hilfesuchenden, „die eigene Kraft und Stärke wiederzufinden und Vertrauen und Selbstbewusstsein zurückzugewinnen“[580]. Auch das wird nicht ohne Bezug zu dem in Rede stehenden Vorwurf und dem Beschuldigten erfolgen können.

Therapeutische Angebote/Imaginationstechniken.[581] Manche Vereine bieten sog. Traumatherapien an.

Solche therapeutisch opferbezogene, auf unterstelltes Trauma bezogene Angebote, die meist nicht durch Psychiater, sondern durch in Kursen in Traumatherapie geschulte Sozialpädagogen durchgeführt werden und in diesem Rahmen dessen dem Zeugen z.T. auch Imaginationstechniken[582] vermitteln[583], können höchst suggestive Wirkung entfalten.

Die Vermittlung einer solchen Therapie kann bei dem Zeugen zu einer Festlegung auf den Opferstatus führen, indem er sich, vielleicht allein um nicht unglaubhaft zu wirken, zu einer solchen Therapie entschließt, obwohl sie tatsächlich gar nicht erforderlich ist. Das ist vor allem bei Zeugen von Belang, die zunächst den Beschuldigten bewusst falsch belasten, mit der Zeit aber selbst an die Lüge glauben, so dass sich die Lüge im Rahmen autosuggestiver Prozesse zu einer Pseudoerinnerung „entwickeln“ kann[584]. Zugleich kann das Erlernen von Imaginationstechniken Einfluss auf die Erfindungskompetenz hinsichtlich der in Rede stehen Beschuldigung haben.

In keinem Fall können Traumatherapeuten als Behandler Sachverständige im Strafprozess sein. Zudem ist der dogmatische Ansatz einer Psychotherapie mit den streng diagnostischen Anforderungen an die unvoreingenommene Prüfung der Aussagequalität nicht vereinbar – siehe dazu die ausführlichen Ausführungen unter Teil 3 VII (Rn. 592 ff.).

Potentielle suggestive Beeinflussung. „Parteilicher“ Umgang mit dem Zeugen unterstellt den Opferstatus als zutreffend. Ob der Zeuge aber tatsächlich Opfer einer

580 „Gegen unseren Willen e. V.“, Limburg.

581 Seit langem stehen Therapien in der Kritik, die sexuelle Missbrauchserlebnisse „aufdecken“, die es tatsächlich gar nicht gegeben hat (hierüber wurde vor allem in den 90er Jahren in Amerika berichtet, vgl. *Ofshe/Watters* Die mißbrauchte Erinnerung; *Loftus/Ketcham* Die therapierte Erinnerung).

582 Nach der Lehre von *Luise Reddemann* Die psychodynamisch imaginative Traumatherapie (PITT).

583 Der *BGH* [2 StR 378/03] hat deutlich klargestellt, dass „behandelnde Psychiater und Psychologen im Rahmen der Therapie ihres Patienten im Vordergrund ihrer Aufgabe nicht die Frage des Wahrheitsgehalts der Äußerungen sehen“ und ihnen deshalb nicht dieselbe Erkenntnisgrundlage zur Verfügung steht wie dem aussagepsychologischen Sachverständigen.

584 *Volbert* in: Volbert/Dahle, S. 32.

Straftat geworden ist, ist oft streitig und erst durch den Strafprozess zu klären. Entscheidend ist dann oft die einzig den Beschuldigten belastende Aussage. Diese sollte möglichst unbeeinflusst sein. Deshalb haben Ermittler darauf zu achten, nicht suggestive Vernehmungstechniken anzuwenden und zugleich zu ermitteln, ob der Zeuge nicht im Vorfeld der Vernehmung Beeinflussungen, die sich auf den Inhalt seiner Aussage auswirken, ausgesetzt war. Hierzu gehört vor allem auch die suggestive Wirkung, die von einem Gesprächspartner ausgehen kann, der von vornherein auf ein bestimmtes Ergebnis des Gesprächs festgelegt ist und dementsprechend dann auch nur nach seine Voreinstellung bestätigenden Antworten sucht, Entgegenstehendes vielfach schon gar nicht wahrnimmt und damit auch nicht berücksichtigt (vgl. Theorie der kognitiven Dissonanz[585]).

Verheimlichung der Beratung in der Sache. Vielleicht kommt es mit Blick auf den potentiell suggestiven Charakter dieses einseitigen Umgangs mit dem Zeugen vor, dass derlei Gespräche vor Gericht verheimlicht werden. Zu Gerichtsverhandlungen werden von Hilfevereinen typischerweise andere Mitarbeiter als die, mit denen der Zeuge über die Sache gesprochen hat, als Prozessbegleiter entsendet, damit diese wahrheitsgemäß erklären können, den Zeugen vor der Vernehmung noch gar nicht gekannt, geschweige denn mit ihm über die Sache gesprochen zu haben.

Rechtspolitische Situation. Rechtspolitisch ist die Einrichtung von Hilfevereinen gewollt. Auf der Homepage des Bundesministeriums der Justiz[586] kann man unter der Rubrik „Opferschutz" lesen: „Wertvolle Arbeit leisten auch unabhängige Opferhilfeeinrichtungen, die sich mit großem persönlichen Einsatz Kriminalitätsopfern widmen. Beispielhaft sind zu nennen: ‚Der Weiße Ring' und ‚Der Arbeitskreis der Opferhilfen in Deutschland e. V. (ado)', einer Dachorganisation lokaler Opferhilfeeinrichtungen".

Im Rahmen von „Opferhilfestandards" beschreibt „ado" die Organisationsform der Opferhilfen: „Opferunterstützung muss in freier Trägerschaft (eingetragener gemeinnütziger Verein) geleistet werden, um die inhaltliche und strukturelle Unabhängigkeit der Organisation zu gewährleisten. Die Satzung muss ausweisen, dass die Tätigkeit auf der Grundlage der allgemeinen und individuellen Opferbedürfnisse und -interessen erfolgt. Die Beratungstätigkeit ist parteilich für Belange der Opfer, aber nicht einseitig zulasten der Täter … ."

Beides zusammen scheint schon im Ansatz unter Berücksichtigung der sich aus der Einseitigkeit des Umgangs mit dem (Haupt)Belastungszeugen kaum realisierbar zu sein.

Mit Blick auf die staatliche finanzielle Unterstützung, die „ado" seinen Mitgliedern gewährt, wirkt manch ein Internetauftritt eines Mitgliedes gar wie ein Werbeslogan – frei nach dem Motto „komm zu uns, hier wird dir geglaubt".

585 Siehe ausführlich unter Rn. 594 ff. in diesem Teil.
586 www.bmj.bund.de

Die potentiell suggestive Wirkung, die von der Opfer„unterstellung“ ausgeht, ist im Rahmen der Ausweitung des Opferschutzes rechtspolitisch[587] bislang erkennbar nicht bedacht worden. „Parteiliche“ einseitige feministische Herangehensweise streitet gegen das in der Grundsatzentscheidung zu den aussagepsychologischen Gutachten vom BGH anerkannte wissenschaftliche Nullhypothesenprinzip, das dogmatisch gerade von dem Gegenteil, nämlich von dem fehlenden Erlebnisbezug der Aussage ausgeht.

Gefahr der Verfestigung der Falschaussage. Nimmt der Zeuge bis zur Aussage in der Hauptverhandlung Hilfeangebote in Form von Gesprächen, Therapien, finanziellen Unterstützungen, Prozesskostenhilfe oder gar Vorschüsse auf eine zu zahlende Rente in Anspruch, kann man sich vorstellen, dass ihm eine Abkehr von der fehlerhaften Beschuldigung nur schwerlich möglich sein wird.

Insgesamt kann ein solch weitreichendes Opferschutzkonzept zu einer weiteren Verfestigung der Falschaussage bzw. im Rahmen autosuggestiver Prozesse bis zur inneren Überzeugung, das Behauptete tatsächlich erlebt zu haben, führen. Solche Zeugen können mit der Zeit – z.B. im Rahmen späterer Vernehmungen – selbst subjektiv überzeugt sein, Opfer einer Straftat geworden, und deshalb in der Lage zu sein, eine qualitativ gute Aussage zu machen[588].[589] Deshalb kommt der Prüfung der Entstehungsgeschichte der Aussage entscheidende Bedeutung zu.

Durch Hilfsorganisation vermittelte Rechtsanwälte – Aktenkenntnis -Vorbereitungsmöglichkeit des Zeugen auf seine Vernehmung. Vielfach werden Rechtsanwälte durch Hilfsorganisationen vermittelt, die Zeugen im Strafverfahren als Verletztenbeistand oder im Rahmen der Nebenklage vertreten. Inwieweit die anwaltliche Beratung im Zusammenwirken mit Verdachtseinschätzungen von Hilfsorganistionen zur Anzeigenerstattung beiträgt, ist im Rahmen einer vollständigen Prüfung der Aussageentwicklung zu klären.

Zur Abklärung potentieller Suggestionseffekte bedarf es auch der Erörterung, inwieweit der Zeuge im Rahmen der anwaltlichen Beratung von dem Akteninhalt Kenntnis erlangt und wie er sich auf seine Aussage vorbereitet hat.

Verweigert der Zeuge und der Rechtsanwalt Angaben dazu, können potentielle Suggestionseffekte jedenfalls nicht ausgeschlossen werden.

i) Zur Rolle ärztlicher Einrichtungen bei der Verdachtsabklärung

Neben der Einrichtung zahlreicher Opferhilfevereine entstehen – vielfach in Kliniken integriert – ärztliche Einrichtungen außerhalb der Rechtsmedizin, die sich zu **657**

587 „Opfer“ nennt auch der Gesetzgeber von vornherein jeden, der sich selbst so bezeichnet, unabhängig vom noch zu prüfenden Wahrheitsgehalt seiner Aussage.

588 Da Realkennzeichen nicht zur Unterscheidung (auto)suggestiver Aussagen von Aussagen über tatsächlich Erlebtes geeignet sind – vgl. *BGH*-Grundsatzentscheidung.

589 Vgl. *Volbert* in: Volbert/Dahle, S. 32.

der Abklärung einer Sexualstraftat berufen fühlen. „Dokumentation und Untersuchung bei sexualisierter Gewalt“[590] überschreiben Ärzte z.B. protokollähnliche Aufzeichnungen über Gespräche und Untersuchungen von Personen, die sich – vielfach durch Hilfsorganisationen vermittelt – ihnen selbst vorstellen oder durch die Polizei vorgestellt werden mit der Behauptung, Opfer einer Gewalttat geworden zu sein.

Problematisch erscheint, dass – wie die Dokumentationsüberschrift offenbart – erlebte „sexualisierte Gewalt“ unterstellt wird, die es zu untersuchen und zu dokumentieren gilt. Eine solche voreingenommene Herangehensweise birgt – erst recht, wenn Ärzte beiläufig auch Gespräche „zur Sache“ führen – die schon[591] aufgezeigte Suggestionsgefahr.

Typischerweise wird auch das Gespräch mit dem Zeugen zur von diesem behaupteten „sexualisierten Gewalt“ nicht dokumentiert, obwohl es Teil der Aussageentwicklung ist, auch dann nicht, wenn der Zeuge sich aufgrund der ärztlichen Untersuchung zur Strafanzeige entschließt oder der Arzt dem Zeugen sogar – aufgrund der von ihm beurteilten Befunde – dazu rät.

k) Geständnis und Widerruf

658 **Geständnis.** Nach *Volbert* [592] ist aussagepsychologisch zunächst zu klären, ob das „ursprüngliche Geständnis durch die Befragungssituation bzw. den -druck entstanden ist“, sodann erfolgt, wenn möglich, eine inhaltsanalytische Auswertung von Geständnis und Widerruf. Hinweise auf ein zutreffendes Geständnis ergeben sich, wenn es Täterwissen enthält und ausgeschlossen werden kann, dass es sich um Befragungsvorgaben, durch Medienveröffentlichung erlangtes Wissen und nicht um eine naheliegende Schlussfolgerung handelt.

Steller[593] bringt es auf den Punkt: „Die immer wiederkehrende Argumentation, dass Menschen sich gravierende selbst belastende, aber fiktive Aussagen, falsche Geständnisse von Kapitaldelikten also, nicht ausdenken würden, verkennt die Suggestionsproblematik vollständig: Suggestionsbedingte falsche Aussagen werden nicht ‚ausgedacht‘, sie entwickeln sich als Ergebnis des Ineinandergreifens von personalen und methodischen Risikofaktoren. Falsche Geständnisse können als ‚Verhörsprodukte‘ (Stern, W. (1904), Die Aussage als geistige Leistung und als Verhörsprodukt, Beiträge zur Psychologie der Aussage, 1, 269-326.) entstehen auf dem Hintergrund einer Labilisierung der Aussageperson und als Folge von (eventuell durchaus ungewollten) Einflüssen der Vernehmungsperson. Der Begründer der Aussagepsychologie William Stern hat dies bereits vor mehr als einhundert Jahren anschaulich mit seinem Konzept der passiven und aktiven Suggestion beschrieben.“

---

590 Z.B. im Klinikum Kassel.

591 Im Zusammenhang mit den Hilfsorganisationen.

592 *Volbert* in: FS Eisenberg, S. 205.

593 *Steller* in: FS Eisenberg, S. 213.

Im Rahmen der Fehlerquellenanalyse ist zu prüfen, welche Motivation der Beschuldigte hatte, ein Geständnis abzugeben. Das können auch vom Vorwurf unabhängige Gründe sein, so z.B. die Haftentlassung oder Milderung der unausweichlich erscheinenden Verurteilung.

Das Geständnis unterliegt auch einer inhaltlichen Analyse.

Geständnis **659**

Entstehung

- Befragungssituation
- Suggestionseffekte
  - Labilisierung der Aussageperson
  - Einflussnahme (durch Verhörsperson)
- Motivation

Inhaltliche Qualität

- Täterwissen
  - Befragungsvorgaben
  - durch Medienveröffentlichung erlangtes Wissen
  - naheliegende Schlussfolgerung

Widerruf. Der Widerruf ist ebenso wie das Geständnis auf seine Entstehungsgeschichte, seine Motivation und seinen Inhalt zu überprüfen. **660**

Widerruf **661**

Entstehung

- Suggestionseffekte
  - Labilisierung der Aussageperson
  - Einflussnahme
- Motivation

Inhaltliche Qualität

2. Motivationsanalyse

Der *BGH*[594] hat in seiner Grundsatzentscheidung zu aussagepsychologischen Gutachten ausgeführt: **662**

594 *BGH* [1 StR 618/98] BGHSt 45, 164 = NJW 1999, 2746 = NStZ 2000, 100 = StV 1999, 473 = BGHR StPO § 244 Abs. 4 S. 1 Sachkunde 9; vgl. allgemein zur Motivationsanalyse *Nack* Krim 1995, 257; *Steller* in: Egg, S. 244; *Steller* PdR, Sonderheft 1, 2000, 9; *Michaelis-Arntzen* Strafverteidiger-Forum 1990, 181.

BGH [1 StR 618/98]

„Die Motivationsanalyse zielt vor allem auf die Feststellung möglicher Motive für eine unzutreffende Belastung des Beschuldigten durch einen Zeugen ab (dazu Bender/Nack aaO Rn. 181 ff.).

Wesentliche Anhaltspunkte für potentielle Belastungsmotive können etwa der Untersuchung der Beziehung zwischen dem Zeugen und dem von ihm Beschuldigten entnommen werden. Besondere Bedeutung kann auch der Frage zukommen, welche Konsequenzen der erhobene Vorwurf für die Beteiligten oder für Dritte nach sich ziehen kann.

Jedoch kann aus einer festgestellten Belastungsmotivation beim Zeugen nicht zwingend auf das Vorliegen einer Falschaussage geschlossen werden."

663 *Greuel et al.*[595] erläutern: „Motivationsanalyse ist immer ein Prozeß nachträglicher Erklärung einer einzelnen Handlung".

664 In Anklageschriften und Urteilen wird der Motivationsanalyse häufig immer noch ein hoher Stellenwert eingeräumt, obwohl dieser in der Aussagepsychologie heute weit geringer angesetzt wird. Vielfach werden Belastungsmotive pauschal verneint, ohne auf den Sachverhalt im Einzelnen einzugehen.

665 *Arntzen*[596] stellt bei der Prüfung der Aussagemotivation auf die **Lebenssituation zum Zeitpunkt der Aussage** und der **Aussagesituation selbst** ab. Prüfungsrelevant sind danach:

- Einstellungen des Zeugen und seiner Umgebung zu den von der Aussage betroffenen Personen,
- zwischenmenschliche Bezüge des Zeugen,
- Situation des erstmaligen Vorbringens der Aussage,
- Aussageweise,
- Aussageinhalt,
- vom Zeugen vorhersehbare Folge der Aussage und
- Verhalten des Zeugen nach bezeugten Vorgängen.

666 Auch *Undeutsch*[597] nennt Beispiele für Motivlagen, „die beim Entschluß zur Bekundung und bezüglich der inhaltlichen Gestaltung der Aussage maßgebend" sein können, nämlich „Motive zugunsten des Beschuldigten – Verheimlichungstendenzen (Scheu vor Bekundung sexueller Erlebnisse, familiäre Rücksichten, Vorurteile bezüglich der Glaubhaftigkeit) und Motive zu Lasten des Beschuldigten (Selbstschutzbedürfnis, Unterhaltsprozesse), Anstiftung zur Falschaussage".

667 *Greuel et al.*[598] raten, den Zeugen selbst nach seiner Einstellung und seiner Umgebung, nach seinen zwischenmenschlichen Bezügen und der Situation des erstmali-

595 *Greuel et al.* S. 170.
596 *Arntzen* Psychologie der Zeugenaussage, S. 87.
597 *Undeutsch* in: Undeutsch, S. 26.
598 *Greuel et al.* S. 172.

gen Vorbringens – wobei die äußere und psychische Situation eine Rolle spielen –, und den vorhersehbaren Folgen wie auch nach seinem Verhalten nach den Vorgängen zu befragen.

In vielen Gutachten beschränkt sich die Motivationsprüfung auf die Feststellung, dass keine Motive für eine Falschbelastung erkennbar sind. *Greuel et al.*[599] kritisieren : „Mit dieser Argumentation wird meist die Ausformulierung von Motivationshypothesen umgangen; die mögliche Motivation wird weder für den Fall einer zutreffenden Aussage noch für den Fall einer Falschaussage rekonstruiert … . Darüber hinaus beruht die Strategie, nach ‚typischen Falschaussagemotiven' zu suchen, auf der unzutreffenden Annahme, daß es Motive gebe, die typischerweise zu einer Falschaussage führen." **668**

Nach *Offe/Offe*[600] können alle Motive (z.B. Rache oder Ärger), die zu einer Falschaussage beitragen können, auch an der Motivation einer zutreffenden Aussage beteiligt sein.

Offe/Offe

Alle Motive, die zu einer Falschaussage beitragen können, können auch an der Motivation einer zutreffenden Aussage beteiligt sein.

Zur Motivationslage bei der Verdachtsäußerung erläutern *Kühne/Kluck*[601]: „Wenn ein Verdacht des sexuellen Mißbrauchs geäußert wird, sind zunächst die situativen Bedingungen zu betrachten, unter denen dieser Verdacht entstanden ist; dazu gehören die äußeren Umstände zur Zeit der ersten Verdachtsäußerung, die Feststellung, welche Art von ‚Daten' der ersten Verdachtsäußerung zugrunde liegt, und die jeweilige sachkundige Analyse der Motivationslage desjenigen, der den Verdacht erstmalig geäußert hat." **669**

Nach *Greuel et al.*[602] geschieht „auch eine subjektiv wahre Aussage in der Regel nicht motivationslos … . Will man die Aussagemotivation verstehen, so ist es auch für diesen Fall erforderlich, die Beweggründe für das Zustandekommen der Aussage zu untersuchen". **670**

Findet man kein Motiv, wird schnell auf das nicht Vorhandensein einer Falschbeschuldigungsmotivation geschlossen und womöglich übersehen, dass „ein Motiv vorliegt, welches gar nichts mit dem Beschuldigten zu tun hat, ihn gleichsam nur zufällig als Objekt einer ganz anders motivierten Aussage auswählt. Die vermeintliche Abwesenheit eines Motivs wird dann als Indikator für eine Erlebnisgrundlage **671**

599 *Greuel et al.* S. 172.
600 *Offe/Offe* PdR 1994, 24; *Offe/Offe* in: Rutschky/Wolff, S. 196.
601 *Kühne/Kluck* FamRZ 1995, 981.
602 *Greuel et al.* S. 172 f.

der Aussage gewertet. Hinzu kommt das prinzipielle diagnostische Problem des Nachweises des Nichtvorhandenseins eines Sachverhaltes".

Zudem kann man einwenden, auch ein lügender Zeuge wird seine Motive für eine absichtliche Falschbezichtigung verschweigen. Deshalb sind die übrigen Ermittlungen, insbesondere „Aussagen des Beschuldigten und anderer Beteiligter im unmittelbaren Umfeld besonders wichtig"[603].

Hinweis

Es ist darauf zu achten, dass die Motivationsanalyse nicht nur auf ein mögliches Interesse an der Schädigung des Beschuldigten reduziert wird[604].

Köhnken[604] weist zu Recht darauf hin, dass die fehlende Kompetenz, sich die Aussage auszudenken, nicht durch eine hohe Falschbeschuldigungsmotivation und umgekehrt eine fehlende Motivation den Mangel an Realkennzeichen nicht kompensieren kann.

Geltungsstreben. Zeugen erfahren durch das rechtliche Prozedere, das mit der Anzeigenerstattung in Gang gesetzt wird, oftmals eine Beachtung, die ihnen in ihrem bisherigen Leben nicht zu Teil geworden ist. Unterstützt wird das durch mediale Präsenz, die Zeugen zu Aussagen in Printmedien und auch zu Fernsehauftritten (ver)locken. Sie bieten eine viele Menschen faszinierende Showbühne und manches Mal auch finanzielle (hohe) Entlohnung. Neben aktiver Pressearbeit, die bisweilen journalistische Ethikgrenzen überschreitet, gibt es aber auch Zeugen, die selbst eine breite Medienöffentlichkeit anstrengen.

Hinweis

In jedem Fall ist im Rahmen der Rekonstruktion der Aussageentwicklung der Zeuge zu potentiellen Medienkontakten zu befragen und in die Aussageanalyse mit einzubeziehen.

Michaelis-Arntzen[605] erläutert, dass Geltungsstreben und die Freude am ‚Mitredenkönnen' einzelne Mitglieder einer Gruppe animieren kann, „die selbst nichts Strafbares mit einem bestimmten Täter erlebt haben, sich an eine Gruppenaussage ‚anzuhängen', eigene Erlebnisse zu behaupten, wo nur die Kameraden Erfahrungen gemacht haben".

672 **Aggravation.** Es kommt auch vor, dass einzelne Aussageteile „einer im übrigen zutreffenden Aussage über ein realiter gewaltsames Geschehen hinzugefügt werden, um zu überzeugen, die absolute Ausweglosigkeit der Situation noch glaubhafter zu machen"[605].

603 *Volbert* FPPK 2008, 12.
604 *Köhnken* in: Widmaier, S. 2267.
605 *Michaelis-Arntzen* Strafverteidiger-Forum 1990, 70.

Mitbeschuldigter. Gerade dann, wenn der jetzt in der Anklageschrift aufgeführte Zeuge ehemals Mitbeschuldigter war, ist die Einräumung des eigenen Tatbeitrages oft mit der Belastung des anderen verbunden. Vielfach werden dem Aussagenden für den Fall der Beschuldigung des anderen Vorteile versprochen. Die Fallgestaltung ist insbesondere in Korruptionsverfahren zu beobachten, in denen Verhaftungen häufig mit diesem Ziel erfolgen. In derlei Verfahren gibt es meist eine Vielzahl Beschuldigte, die bei Abtrennung der Verfahren später Zeugen in den Verfahren gegen die ehemaligen Mitbeschuldigten werden.

In der Beschuldigung des anderen liegt womöglich nicht nur die Chance der Haft- **673**
verschonung, sondern auch der Reduzierung des eigenen Tatbeitrages. Die Verlockung der Falschbeschuldigung wird noch gesteigert durch den „Wettlauf" mit den anderen Beschuldigten. Haben bereits andere „aufgeklärt" und Beteiligte genannt, wird es für den, der zu lange wartet, irgendwann nichts mehr aufzuklären geben.

Zu bedenken ist auch, ob sich der Zeuge in seinem eigenen Verfahren als Beschul- **674**
digter geständig im Rahmen einer verfahrensbeendenden Absprache[606] durch die Belastung von Mittätern – womöglich unter Verringerung des eigenen Tatbeitrags – äußert.

Denkbar ist auch, dass der Beschuldigte seinen eigenen Tatbeitrag einräumt, damit aber auch zugleich von seinen Hintermännern ablenkt[607].

Gesetzliche „Vergünstigungen". Nach dem Gesetzeswortlaut des § 31 BtMG wird dem Beschuldigten eine Vergünstigung in Aussicht gestellt für den Fall, dass er „über seinen eigenen Tatbeitrag hinaus" einen anderen beschuldigt. Diese potentiell günstigen Auswirkungen im eigenen Verfahren sind motivational für die Frage, ob der Zeuge deshalb eine bewusst falsche Aussage im Rahmen der Beschuldigung des anderen macht.

Hinweis

Erstaunlich ist, dass der BGH alle Jahre wieder in Revisionsentscheidungen auf diese Problematik hinweisen muss und Richtergenerationen dieses Phänomen nicht hinreichend beachten. Hier ist der Verteidiger deshalb umso mehr berufen, auf die Beachtung der Motivationsanalyse hinzuweisen.

Kindliche Zeugen – Rechtfertigungstendenzen. *Scholz*[608]erläutert: „Insbesondere **675**
dann, wenn relevante Dritte die kindliche Zeugin befragen, neigt sie dazu, ihr Handeln oder Nichthandeln zu rechtfertigen. Es bedarf einer überdurchschnittlichen Sensitivität der befragenden Person, solche Rechtfertigungstendenzen zwar als ver-

606 *BGH* [1 StR 464/02] BGHSt 48, 161.
607 Vgl. *BGH* [5 StR 552/1999] StV 2000, 243; *BGH* [3 StR 112/91] StV 1991, 451; *BGH* [1 StR 603/96] StV 1997, 172; *BGH* [4 StR 639/91].
608 *Scholz* NStZ 2001, 572.

stehbar, aber als unnötig zu deklarieren. Davon lässt sich die befragende Person jedoch dann nicht leiten, wenn ihre Intention darin besteht, das grenzwertig strafrechtlich relevante Geschehen in den Rang eines eindeutig strafrechtlich ahndungspflichtigen Vorfalls zu erheben. Rechtfertigungstendenzen sind bei Kindern meistens der Ausdruck von Schuldgefühlen. Manipulationen der Aussage können in zweierlei Richtung gehen: Zum einen wird mit den Schuldgefühlen gearbeitet. Dann verhält sich das Kind wahrscheinlich rechtfertigend im Hinblick auf den Ablauf des Tatgeschehens. (‚Ich habe mir doch dabei gar nichts gedacht. Auf einmal kam er mit der Schokolade zu mir, gab sie mir und streichelte mich über den Kopf, dann … .‘). Die befragende Person verwendet dieses Verhalten des Kindes als Grundlage ihrer Hypothesenbildung bzw. -bestätigung. Die Rechtfertigung wird sozusagen zum Personalbeweis ‚formiert‘. Zum anderen kann die befragende Person den Rechtfertigungsversuchen des Kindes mit einer Absolution begegnen. Dies wird regelhaft mit der Induktion eines negativen Stereotyps des vermeintlichen Täters kombiniert (‚Nein, Du hast dabei gar keine Schuld! Aber der Onkel, der sollte sich schämen. Der wird noch sein Fett bekommen.‘). Meistens bewirkt die Stereotypinduktion Komplementaritätsverhalten beim Kind. … Man kann zwar aus dem Vorliegen solcher Rechtfertigungstendenzen nicht direkt auf die Glaubhaftigkeit der Aussage über das Tatgeschehen schließen. Allerdings ist aber die Analyse der Rechtfertigungstendenzen ein möglicher Zugang zur Motivationsanalyse einer Zeugenaussage“. Insbesondere „wenn relevante Dritte einen Zeugen befragen, werden von der befragten Person Rechtfertigungstendenzen – … – gebraucht, um Verständnis beim Gegenüber zu erzeugen.“

Scholz nennt einige Beispiele:

- „Berufung auf eine höhere Instanz
  (Aber mein Lehrer hat doch gesagt, wir sollen doch sagen, dass …),
- Verweis auf Vorliegen mehrerer unrechtmäßiger Alternativen oder Handlungskonsequenzen – Wahl des ‚kleineren Übels‘
  (Was hätte ich denn machen sollen? Hätte ich mich gewehrt, hätte er mich erschlagen.),
- Verteidigung der Notwendigkeit des eigenen (Nicht-)Handelns
  (Hätte ich dir das sofort gesagt, wärst du mit mir zur Polizei gegangen …),
- Selbstbeschuldigung und/oder Verachtung des eigenen (Nicht-)Handelns
  (Ich weiß ja, dass ich noch zu jung dafür bin; niemand traut mir etwas Vernünftiges zu!),
- Ablehnung von Verantwortung für das eigene (Nicht-)Handeln
  (Wieso denn? Du hast mich doch niemals danach gefragt),
- Neutralisierung
  (Wovon redest du eigentlich? Du hast mir doch immer gesagt, ich soll nicht immer so schüchtern sein),
- Ablehnung des Unrechts für das eigene (Nicht-)Handeln
  (Aber die anderen haben das doch auch mitgemacht),

- Normeninternalisierung
  (Ja ich weiß, ich hätte das nicht machen sollen. Das macht man einfach nicht!).“

Not- oder Verlegenheitssituationen sind häufig der Grund für Falschbeschuldigungen. Gerade in Vergewaltigungsverfahren finden sich Fälle, in denen Zeuginnen Beschuldigungen erfinden, um z.B. ein außereheliches Verhältnis nicht offenbaren zu müssen. **676**

Borderline – Persönlichkeitsstörung. *Steller/Böhm*[609] erläutern, dass potenzielle Falschbelastungsmotivationen „möglicherweise durch intensive Wut- oder Rachegefühle bzw. allgemein durch die extreme Wechselhaftigkeit in der Bewertung persönlicher Beziehungen durch Borderlinegestörte entstehen“ können. „Auch ‚sekundäre‘ Motivationslagen wie extreme Zuwendungsbedürfnisse bzw. Verlustängste sowie Versuche der Selbstwerterhöhung bzw. Selbstbildstabilisierung durch Externalisierung subjektiv verspürter Insuffizienzen sind zu erörtern“. **677**

IX. Realkennzeichenanalyse – Kriterienorientierte Inhaltsanalyse

1. Anwendungsbereich

Niehaus[610] erläutert, dass sich die kriterienorientierte Inhaltsanalyse „als brauchbare Methode zur Einschätzung des Erlebnisbezugs von Aussagen in unterschiedlichen Kontexten und bei unterschiedlichen Altersgruppen erwiesen“ hat, „so dass die Möglichkeit einer breiteren Verwendung prinzipiell gegeben ist“. **678**

Wichtig ist, das Vorliegen von Realkennzeichen nicht stereotyp zu prüfen, sondern einer Gesamtschau zu unterziehen, bei der ihre „strategische Bedeutung und ihre Simulierbarkeit“[611] eine Rolle spielt.

Anwendbarkeit auch bei Beschuldigtenaussagen. Aussagepsychologen[612] stellen bei der Diskussion über die Anwendbarkeit der Realkennzeichenanalyse zutreffend darauf ab, dass sich an der Leugnung eines Vorwurfes, die nur aus einem Wort – z.B. Haben Sie die Frau umgebracht? „nein“ – bestehen kann, mangels Aussagematerials keine analytische Bewertung vornehmen lässt. **679**

Bei einem ausführlichen Geständnis und/oder einem Geständniswiderruf hingegen wird grundsätzlich eine Analyse in Betracht gezogen[610], jedoch – rechtlich fehlerhaft – darauf hingewiesen, dass sich der Beschuldigte „z.B. mangels Wahrheitsverpflichtung in einer gänzlich anderen motivationalen Lage befinde“ als der Opferzeuge. Zu berücksichtigen ist jedoch, dass der Beschuldigte im Rahmen der Aussagefreiheit zwar darüber entscheiden kann, ob er sich überhaupt und wenn wie zu

609 *Steller/Böhm* FPPK 2008, 37.
610 *Niehaus* in: Volbert/Steller, Handbuch der Rechtspsychologie, S. 311.
611 Vgl. die Ausführungen unter Teil 3 III (Rn. 357 ff.), IV (Rn. 376 ff.).
612 Z.B. *Niehaus* in: Volbert/Steller, Handbuch der Rechtspsychologie, S. 311.

dem gegen ihn erhobenen Vorwurf äußern kann, er im Rahmen dessen aber einen anderen nicht fälschlich beschuldigen bzw. eine Straftat vortäuschen darf (§§ 145d, 164 StGB)[613].

680 **Anwendbarkeit bei Ausländern.** In Asylverfahren[614] geht es um „unterschiedliche kulturelle Hintergründe"[615], die Einfluss auf die Aussage haben können. Problematisch ist auch, ob eine mittels Dolmetscher übersetzte Aussage mangels Überprüfbarkeit und fremdsprachiger Besonderheiten überhaupt auswertbar ist.

2. Methodische Voraussetzungen

681 Die Anwendung der Aussageanalyse hat methodische Voraussetzungen:

682 • **Umfang der Aussage**

Voraussetzung für eine Aussageanalyse ist zunächst, dass überhaupt eine zu analysierende Aussage vorliegt. Kurze Angaben oder Antworten allein reichen nicht aus. Die Aussage muss einen gewissen Mindestumfang haben[616]. Versucht man durch intensive Befragung, eine Aussage zu erhalten, besteht die Gefahr, etwas in den Zeugen hinein zu fragen, was später nicht mehr von der authentischen Erinnerung zu unterscheiden ist[617].

683 • **Komplexität des inkriminierten Geschehens**

Kurze und einfache Vorgänge eignen sich für die Aussageanalyse nicht.

684 • **Befragungsbedingungen**

Entscheidend ist für die Inhaltsanalyse, wie die Aussage zustande gekommen ist. Aussagepsychologen meinen, dass die Analyse nur bei „eigenständig erhobenen Aussagen vorgenommen werden"[618] kann.

685 • **Aussagematerial reicht für Realkennzeichenanalyse nicht aus**

686 **Vorerfahrung des Zeugen.** Berichtet der Zeuge unstreitige Sachverhalte sehr detailreich und mit ausgefallenen Details, kann sich das z.B. dadurch erklären, dass er sich an dem vermeintlichen Tatort aufgehalten und deshalb diese Details wahrgenommen hat. Solche Beschreibungen haben nur „einen eingeschränkten oder gar keinen diagnostischen Wert."[617] Ähnliches gilt auch, wenn der Zeuge über einschlägige Vorerfahrung verfügt.

---

613 *Jansen* in: FS Hamm – Aussageanalyse bei Mitbeschuldigten in Wirtschaftssachen.
614 *Lösel & Bender* 2001 – zitiert nach Niehaus in: Volbert/Steller, Handbuch der Rechtspsychologie, S. 497.
615 *Volbert* 2004.
616 Vgl. *Köhnken* in: Widmaier, S. 2267; *Greuel et al.* S. 158.
617 *Köhnken* in: Widmaier, S. 2267.
618 *Greuel et al.* S. 158.

Training. *Köhnken*[619] berichtet über mehrere empirische Untersuchungen, „die darauf hindeuten, dass Aussagen ohne Erlebnisgrundlage, die systematisch im Hinblick auf die bekannten Realkennzeichen trainiert wurden, deutlich schwerer oder gar nicht mehr von erfundenen Aussagen zu unterscheiden sind“. 687

Niehaus[620] berichtet über erste Untersuchungen[621], wonach Coaching von Kindern nur zu marginalen Effekten führte[622]. Letztlich ist die Frage, inwieweit ein Training für Zeugen bezüglich aussagepsychologischer Kenntnisse die inhaltlichen Glaubhaftigkeitsmerkmale invalidieren kann, nicht abschließend geklärt[623].

3. Keine Anwendung bei suggerierter Aussage

Kommt der Sachverständige bei der Prüfung der Aussageentstehungsgeschichte dazu, dass die Angaben des Zeugen durch Suggestionseffekte beeinflusst sind, hat der *BGH*[624] klargestellt, dass Realkennzeichen nicht geeignet sind, zwischen einer wahren und suggerierten Aussage zu unterscheiden: 688

BGH [1 StR 618/98]

„Darüber hinaus ist stets zu beachten, daß die Realkennzeichen ungeeignet sind, zur Unterscheidung zwischen einer wahren und einer suggerierten Aussage beizutragen. Denn bei durch Suggestion verursachten Angaben bestehen die bereits dargelegten Gründe nicht, die eine unterschiedliche Qualität zwischen wahren und bewußt unwahren Aussagen verursachen können, da die aussagende Person sich weder als besonders glaubwürdig darstellen noch sich auf von ihr erdachte Umstände konzentrieren muß. Beispielsweise wird ein Kind seine Angaben, die objektiv nicht zutreffen, weil es sie unbewußt auf die Erwartungen des vernehmenden Erwachsenen ausgerichtet hat, subjektiv für wahr halten. Dementsprechend gibt es keine empirischen Belege dafür, daß sich erlebnisbasierte und suggerierte Aussagen in ihrer Qualität unterscheiden.“

Nach *Greuel*[625] ist bei Vorliegen von hohem Suggestionspotential (fortdauernde Anwendung multipler suggestiver Techniken), „die einzige Schlussfolgerung ..., die Anwendbarkeit der merkmalsorientierten Aussageanalyse zu negieren und sich des Urteils über die Glaubhaftigkeit zu enthalten. Mangels empirischen Wissens

619 *Köhnken* in: Widmaier, S. 2267.
620 *Niehaus* in: Volbert/Steller, Handbuch der Rechtspsychologie, S. 311.
621 *Volbert & Rutta* 2001 – zitiert nach Niehaus in: Volbert/Steller, Handbuch der Rechtspsychologie, S. 311 – kein Trainingseffekt hinsichtlich einzelner motivationaler Merkmale.
622 *Vrij, Akehurst, Soukara & Bull* 2002 – zitiert nach Niehaus in: Volbert/Steller, Handbuch der Rechtspsychologie, S. 311.
623 *Niehaus* in: Volbert/Steller, Handbuch der Psychologie, S. 311.
624 *BGH* [1 StR 618/98] BGHSt 45, 164 = NJW 1999, 2746 = NStZ 2000, 100 = StV 1999, 473 = BGHR StPO § 244 Abs. 4 S. 1 Sachkunde 9 = StraFo 1999, 340 = PdR 1999, 113.
625 *Greuel* S. 343 ff.; so auch *Köhnken* in: Widmaier, S. 2267.

kann die Glaubhaftigkeit der Aussage in diesen Fällen weder bejaht noch verneint werden (anders Steller 1998)". Geringen und mäßigen Suggestionseinflüssen – wie z.B. bei einfachen Suggestivfragen – kommt allenfalls ein geringes Suggestionspotential zu.

Geschlossene Fragen bergen die Gefahr, dass der Zeuge nur mit ja oder nein antwortet und damit keine Realkennzeichen produziert. Die Aussageanalyse ist nicht anwendbar[626].

Zu beachten ist, dass Erinnerungshilfen bei einem lügenden Zeugen auch zur Produktion von Realkennzeichen anregen können, so z.B. bei dem sog. Kognitiven Interview[627] .

Greuel[628] erläutert:

„… bei Aussagen mit hohem Suggestionsverdacht (sind; d.A.) auf der Qualitätsebene eklatante Mängel feststellbar …, die für sich allein genommen bereits Zweifel an der Glaubhaftigkeit begründen und potentielle Beeinträchtigungen der Aussagezuverlässigkeit lassen sich nicht unabhängig von der Qualität einer Aussage diskutieren"[629].

4. Zur Realkennzeichenanalyse in der Grundsatzentscheidung des BGH

689 Der *BGH*[630] führt zur Inhaltsanalyse Folgendes aus:

BGH [1 StR 618/98]

„Bei einer Glaubhaftigkeitsbegutachtung werden jedoch regelmäßig die vor allem bei der Exploration zur Sache gegenüber dem Sachverständigen gemachten Angaben auf ihre inhaltliche Konsistenz zu überprüfen sein.

Diesem aussagebezogenen Ansatz liegt die durch empirische Befunde gestützte Annahme zugrunde, daß zwischen der Schilderung eines wahren und der eines bewußt unwahren Geschehens ein grundlegender Unterschied bezüglich der jeweils zu erbringenden geistigen Leistung des Aussagenden besteht.

Während einerseits ein Bericht aus dem Gedächtnis rekonstruiert wird, konstruiert andererseits eine (bewußt) lügende Person ihre Aussage aus ihrem gespeicherten Allgemeinwissen. Da es eine schwierige Aufgabe mit hohen Anforderungen an die kognitive Leistungsfähigkeit darstellt, eine Aussage über ein (komplexes) Geschehen ohne eigene Wahrnehmungsgrundlage zu erfinden und zudem über längere Zeiträume aufrechtzuerhalten, … .

---

626 Vgl. auch *Steller/Volbert* in: Steller/Volbert, S. 12.

627 *Steller/Volbert* in: Steller/Volbert, S. 12; ebenfalls kritisch zum Kognitiven Interview *Greuel*, S. 293 f.

628 Vgl. *Greuel* S. 342.

629 Vgl. *Greuel* S. 243.

630 *BGHSt* 45, 164 = NJW 1999, 2746 = NStZ 2000, 100 = StV 1999, 473 = *BGHR* StPO § 244 Abs. 4 S. 1 Sachkunde 9 = Strafo 1999, 340 = PdR 1999, 113.

Bei der Aussage des (bewußt) Lügenden ‚ist die Wahrscheinlichkeit beispielsweise nebensächlicher Details, sog. abgebrochener Handlungsketten, unerwarteter Komplikationen oder phänomengemäßer Schilderungen unverstandener Handlungselemente gering'.

Hinzu tritt das Bemühen der lügenden Person, auf sein Gegenüber glaubwürdig zu erscheinen. Daher besteht die begründete Erwartung, daß bewußt falsche Aussagen nur in geringem Ausmaß Selbstkorrekturen und -belastungen sowie das Zugeben von Erinnerungslücken enthalten."

5. Validität der Realkennzeichen

Zur Validität der Realkennzeichen führt der *BGH*[631] aus: **690**

BGH [1 StR 618/98]

„Diese sog. Realkennzeichen können als grundsätzlich empirisch überprüft angesehen werden. Zwar handelt es sich um Indikatoren mit jeweils für sich genommen nur geringer Validität, d.h. mit durchschnittlich nur wenig über dem Zufallsniveau liegender Bedeutung.

Eine gutachterliche Schlußfolgerung kann aber eine beträchtlich höhere Aussagekraft und damit Indizwert für die Glaubhaftigkeit zu beurteilender Angaben erlangen, wenn sie aus der Gesamtheit aller Indikatoren abgeleitet wird. Denn durch das Zusammenwirken der Indikatoren werden deren Fehleranteile insgesamt gesenkt. Diesem Umstand liegt das mathematisch und psychometrisch eingehend untersuchte Prinzip der Aggravation zugrunde (Gutachten Prof. Dr. Fiedler).

Dementsprechend lagen die mit Realkennzeichen in Forschungsvorhaben erzielten Ergebnisse regelmäßig deutlich über dem Zufallsniveau. Allerdings bestanden dabei teilweise nicht unerhebliche Fehlerspannen. Inwieweit ihre Bedeutung bei Verwendung gegenüber Personen aus unterschiedlichen Altersgruppen differieren kann, ist völlig offen."

Eine Zusammenfassung über eine Vielzahl von Simulations- und Feldstudien findet sich z.B. bei *Köhnken, Köhnken/Wegener*[632], *Steller/Volbert/Wellershaus*[633] und *Greuel et al.*[634], die eine Differenzierungsfähigkeit zwischen wahren und unwahren Berichten grundsätzlich untermauern[635].

Steller/Volbert[636] nennen als Schwäche von Feldstudien, dass „in der Regel entsprechende Außenkriterien fehlen, mit denen das Ergebnis der Qualitätsanalyse in Be-

631 *BGHSt* 45, 164 = NJW 1999, 2746 = NStZ 2000, 100 = StV 1999, 473 = *BGHR* StPO § 244 Abs. 4 S. 1 Sachkunde 9 = Strafo 1999, 340 = PdR 1999, 113; vgl. auch *Fiedler/Schmid* PdR 1999, 5 ff.

632 *Köhnken* in: Widmaier, S. 2267; *Köhnken/Wegener* Zeitschrift für experimentelle und angewandte Psychologie 1992, 92.

633 *Steller/Volbert/Wellershaus* in: Montada, S. 367.

634 *Greuel et al.* S. 133 ff. m.w.N.

635 Vgl. auch *Dahle/Wolf* in: Greuel/Fabian/Stadler, S. 101.

636 *Steller/Volbert* in: Steller/Volbert, S. 12 .

ziehung gesetzt werden" können, als Schwäche von Simulationsstudien, dass sie eine geringe Lebensnähe aufweisen, aber dennoch wichtige Erkenntnisse erbringen.

Gödert/Rill/Vossel[637] stellen eine Untersuchung zur „Inter-Rater-Reliabilität der Kriterienorientierten Inhaltsanalyse bei Aussagen zu einem experimentell simulierten Delikt" vor.

Die Validität inhaltlicher Merkmale ist von verschiedenen Bedingungen abhängig. So beeinflussen[638]

- Entwicklungsstand (Lamb et al., 1997),
- sprachlich-kultureller Hintergrund (Ruby & Brigham, 1998),
- Aussagethematik (Hommers, 1997) und
- Erfahrungshintergrund

die Auftretenswahrscheinlichkeit inhaltlicher Glaubhaftigkeitsmerkmale (zusammenfassend Vrij, 2005).

6. Spezielle Fragestellungen

691 Zu den speziellen Fragestellungen zählen nach *Steller/Volbert*[639]

- die Bedeutung (das Gewicht) der einzelnen Realkennzeichen für die Glaubhaftigkeitseinschätzung in Hinblick auf verschiedene Altersstufen und
- ob Realkennzeichen zwischen suggerierten und erlebnisbegründeten Schilderungen trennen können[640].

Besonders schwierig ist die Beurteilung einer Aussage, wenn die Hypothese zu prüfen ist, ob der Zeuge das Geschehen mit einer anderen als der beschuldigten Person erlebt hat. *Köhnken*[641] erläutert: „Bei dieser Konstellation sind viele der übrigen Realkennzeichen möglicherweise nicht mehr trennscharf, da die Annahme einer phantasierten Aussage ohne Erlebnisgrundlage hier nicht zutrifft."

7. Simulierbarkeit von Realkennzeichen

692 Interessant sind in diesem Zusammenhang auch die Ergebnisse einer Untersuchung von *Hommers*[642] zur Simulierbarkeit der Realkennzeichen. Danach sind:

637 *Gödert/Rill/Vossel* MschrKrim 2003, 273.
638 *Niehaus* in: Volbert/Steller, Handbuch der Psychologie, S. 311.
639 *Steller/Volbert* in: Steller/Volbert, S. 12.
640 *BGH* [1 StR 618/98] BGHSt 45, 164 = NJW 1999, 2746 = NStZ 2000, 100 = StV 1999, 473 = BGHR StPO § 244 Abs. 4 S. 1 Sachkunde 9 = StraFo 1999, 340 = PdR 1999, 113.
641 *Köhnken* in: Lempp/Schütze/Köhnken, S. 318.
642 *Hommers* in: Greuel/Fabian/Stadler, S. 87.

- *Besonders gute Wahrheitskriterien:*
  Unverstandenes (dieses besonders),
  Handlungsbarrieren und
  Indirektes.
- *Durchschnittlich simulierbare Kriterien:*
  Raum-Zeit-Verknüpfung,
  Gesprächsinhalte,
  Ausgefallenes,
  Nebensächliches und
  Täterentlastung.
- *Gut simulierbare Kriterien*
  Detailreichtum,
  Eigenseelisches,
  Täterseelisches und
  Zugeben von Lücken und besonders
  Logische Konsistenz,
  Handlungsketten,
  Spontane Berichtigung und
  Selbstbelastung.

8. Realkennzeichen im Einzelnen

Der *BGH*[643] führt zu der Realkennzeichenanalyse aus: **693**

BGH [1 StR 618/98]:

„Zur Durchführung der Analyse der Aussagequalität sind auf der Basis der dargestellten Annahmen Merkmale zusammengestellt worden, denen indizielle Bedeutung für die Entscheidung zukommen kann, ob die Angaben der untersuchten Person auf tatsächlichem Erleben beruhen.

Es handelt sich um aussageimmanente Qualitätsmerkmale, z.B.

logische Konsistenz,
quantitativer Detailreichtum,
raum-zeitliche Verknüpfungen,
Schilderung ausgefallener Einzelheiten und psychischer Vorgänge,
Entlastung des Beschuldigten,
deliktsspezifische Aussageelemente,

deren Auftreten in einer Aussage als Hinweis auf die Glaubhaftigkeit der Angaben gilt (vgl. auch Bender/Nack, Tatsachenfeststellung vor Gericht Bd.1 2. Aufl. Rdn. 231 ff.)."

643 *BGH* [1 StR 618/98] BGHSt 45, 164 = NJW 1999, 2746 = NStZ 2000, 100 = StV 1999, 473 = BGHR StPO § 244 Abs. 4 S. 1 Sachkunde 9 = StraFo 1999, 340 = PdR 1999, 113.

694 Die grundlegende Annahme in der Aussagepsychologie lautet: Nach der sog. *Undeutsch-Hypothese* unterscheiden sich Aussagen über Erlebtes in ihrer Qualität von Aussagen über nicht Selbsterlebtes.

695 *Undeutsch-Hypothese*

Aussagen über Selbsterlebtes unterscheiden sich in ihrer Qualität von Aussagen über nicht Erlebtes

Von Realkennzeichen[644] nimmt man an, dass sie in Aussagen über tatsächlich Erlebtes häufiger und ausgeprägter vorkommen als in Aussagen über Nichterlebtes. Dabei hängt der Qualitätsgrad aber immer von den individuellen Fähigkeiten des Zeugen und „der objektiven Reichhaltigkeit des Geschehens" ab[645].

Hommers[646] erläutert, dass die sog. Undeutsch-Hypothese zu einer Zusammenstellung der auch international beachteten inhaltlichen Realkennzeichen geführt hat. Die aus der forensischen Gutachtertätigkeit stammenden, komplex und nicht völlig einheitlich beschriebenen Kriterien (Arntzen[647] 1970, 1983; Trankell[648] 1971, 1982; Undeutsch[649] 1967) wurden von *Steller* und *Köhnken* (1989) zusammengefasst:

696

Realkennzeichen nach *Steller/Köhnken*				
Allgemeine Merkmale	Spezielle Merkmale	Inhaltliche Besonderheiten	Motivationsbezogene	Deliktsspezifische Merkmale
beziehen sich auf die *Aussage insgesamt*	beziehen sich auf die *Konkretheit* der Aussage Konnte der Zeuge sich die Aussage aus denken?	Es geht um die *Anschaulichkeit* der Aussage Konnte der Zeuge sich die Aussage ausdenken?	Wie wahrscheinlich ist es, dass ein falschaussagender Zeuge *motivationsbezogene Inhalte* in seine Aussage aufnehmen würde?	Erfasst werden Aussageelemente, „die in *typischer Weise* mit dem behaupteten Delikt in Verbindung stehen". Man geht davon aus, dass „zur Beurteilung deliktstypischer Aussageinhalte empirisch-kriminologisches Wissen über „typische" Begehungsformen von Sexualdelikten (an Kindern) nötig ist".

644 Vgl. auch *Sporer* in: Greuel/Fabian/Stadler, S. 71; *Steller/Volbert* in: Steller/Volbert, S. 12.

645 *Undeutsch* in: Undeutsch, S. 139.

646 *Hommers* in: Greuel/Fabian/Stadler, S. 87.

647 *Arntzen* Psychologie der Zeugenaussage, 1970, 2. A., 1983.

648 *Trankell* 1971; *Trankell* 1982.

649 *Undeutsch* in: Undeutsch, S. 138.

Realkennzeichen nach *Steller/Köhnken*				
Logische Konsistenz	Raum-zeitliche Verknüpfungen	Schilderung ausgefallener Einzelheiten	Spontane Verbesserung der eigenen Aussage	Deliktsspezifische Aussageelemente
Quantitativer Detailreichtum	Interaktions-Schilderungen	Schilderung nebensächlicher Einzelheiten	Eingeständnis von Erinnerungslücken	
Unstrukturierte Darstellung	Wiedergabe von Gesprächen	Phänomengemäße Schilderung unverstandener Handlungselemente	Einwände gegen die Richtigkeit der eigenen Aussage	
	Schilderung von Komplikationen im Handlungsablauf	Indirekt handlungsbezogene Schilderungen	Belastungen des Beschuldigten	
		Schilderung eigener psychischer Vorgänge	Entlastungen des Beschuldigten	
		Schilderung psychischer Vorgänge des Beschuldigten		

Vergleiche auch die Ausführungen von *Steller*[650] zur kriterienorientierten Aussageanalyse.

Für den Strafjuristen interessant ist das Beispielgutachten von *Westhoff/Kluck*[651], in dem die „psychologische Begutachtung der Glaubhaftigkeit einer Zeugenaussage" aufgezeigt wird.

Niehaus[652] fasst die „empirische Befundlage und Weiterentwicklung der Methodik" zusammen.

650 *Steller* in: Egg, S. 244.
651 *Westhoff/Kluck* S. 199.
652 *Niehaus* in: Volbert/Steller, Handbuch der Rechtspsychologie, S. 311.

a) Allgemeine Merkmale[653]

697 Zu den allgemeinen Merkmalen zählen *logische Konsistenz, Detailreichtum* und *unstrukturierte Darstellung.*

Sie beziehen sich auf die Aussage in ihrer Gesamtheit, die übrigen Qualitätsmerkmale beziehen sich auf einzelne Aussageelemente.

Logische Konsistenz. Ein Mindestmaß geschilderter Details sowie ein Fehlen wesentlicher innerer und äußerer Widersprüche *(logische Konsistenz)* wird „eher als notwendige Bedingung denn als positiv zu wertendes Qualitätsmerkmal angesehen (Greuel et al., 1998)“[654].

Niehaus[655] verdeutlicht, dass bei der Beurteilung von Aussagen ein Fehlschluss in der „vermeintlich besonderen Bedeutsamkeit der Merkmale Detailreichtum und logische Konsistenz (Pezdek et al., 2004; Vrij et al., 2002)“ liegt. „Solche Schlussfolgerungen werden regelmäßig ohne Berücksichtigung unterschiedlicher Sensitivität und Spezifität getroffen und sind daher irreführend. Diese wenig aussagekräftigen Merkmale sind häufig auch bei Falschaussagen festzustellen und lediglich als Ausschlussmerkmale zu betrachteten, die für sich genommen den Erlebnisbezug einer Aussage nicht hinreichend begründen können (Greuel et al., 1998).“

698 **Detailreichtum** und **logische Konsistenz** sind

- notwendige Bedingung einer Aussage,
- wenig aussagekräftige Merkmale,
- Ausschlussmerkmale,
- häufig auch in Falschaussagen zu finden.

Hinweis

Vielfach handelt es sich um die einzigen Kriterien, die Richtern und Staatsanwälten (aber auch Rechtsanwälten) bekannt sind, wobei noch nicht einmal zwischen tatbestandsrelevanten und nicht (tatbestands)relevanten Details unterschieden wird.

aa) Logische Konsistenz[656]

699 Nach *Greuel et al.*[657] ist das Merkmal erfüllt, wenn „sich die einzelnen Elemente der Gesamtaussage in einen schlüssigen, logisch folgerichtigen, nachvollziehbaren

---

653 Vgl. auch *Greuel* S. 27 ff.; *Niehaus* in: Volbert/Steller, Handbuch der Rechtspsychologie, S. 311.

654 *Niehaus* in: Volbert/Steller, Handbuch der Rechtspsychologie, S. 311.

655 *Niehaus* in: Volbert/Steller, Handbuch der Rechtspsychologie, S. 311; so auch *Volbert* in: Kröber/Steller, S. 171.

656 *Arntzen* Psychologie der Zeugenaussage, S. 51; *Trankell* S. 126; *Undeutsch* in: Undeutsch, S. 138.

657 *Greuel et al.* S. 97; *Greuel* S. 30; vgl. auch *Köhnken* in: Widmaier, S. 2267.

und plausiblen Zusammenhang bringen lassen, ohne daß sich aussageimmanente Widersprüche oder logische Brüche ergeben."

Greuel[658] nennt als „Sonderausprägung des Konsistenzmerkmales" die Deliktsspezifität, die gegeben ist, „wenn eine Person über – verstreut vorgebrachte – Detailangaben ein aufgrund der Alltagserfahrung nicht erwartbares Verhaltens*muster* schildert, das aufgrund empirischer kriminologischer, kriminalpsychologischer und/oder viktimologischer Erkenntnisse in bezug auf den beschriebenen Deliktbereich als spezifisch und damit überindividuell erwartbar beurteilt werden kann".

Köhnken[659] warnt davor, Widersprüchlichkeit nicht mit vordergründiger Plausibilität gleichzusetzen.

bb) Quantitativer Detailreichtum[660]

Aussagen werden an ihrem Detailreichtum gemessen. Das liegt daran, dass erfundene Aussagen eher kurz, wenig detailliert ausfallen, weil es für die meisten Zeugen schwierig ist, sich eine Aussage mit vielen Details auszudenken und zu behalten. Wenige Details können deshalb ein Hinweis auf eine nicht erlebnisbezogene Aussage sein. Ausnahmen bestehen bei Turbulenzgeschehen[661] und einem knappen Sachverhalt[662]. **700**

Der Detaillierungsgrad ergibt sich – wie *Greuel et al.*[663] berichten – „aus der Anzahl sämtlicher in einer Aussage enthaltener Detailangaben, unabhängig von ihren qualitativen Besonderheiten (*Arntzen* 1970, 1993; *Steller & Köhnken* 1989; *Undeutsch* 1967, 1993)".

Greuel et al.[663] sehen das Merkmal des Detailreichtums als erfüllt an, wenn

- bei der Schilderung vielfältiger Details in Orts-, Personen- und Handlungsbeschreibungen und dabei Details aus dem näheren Beziehungs- und Handlungsumfeld einbezogen werden,
- es zwischen der Schilderung des fraglichen Kerngeschehen und Beziehungs- und Handlungsumfeld keine substantiellen Detaillierungsbrüche gibt,
- der Detaillierungsgrad keine bedeutenden Abweichungen zwischen fallneutralen und forensisch relevanten Sachverhalten aufweist.

Zu berücksichtigen ist, dass der Detaillierungsgrad abhängig ist[664]

- von dem zu berichtenden Sachverhalt,
- davon, wie lange das Geschehen her ist,
- von dem Ausdrucksstil des Zeugen.

658 *Greuel* S. 30.
659 *Köhnken* in: Widmaier, S. 2267.
660 *Arntzen* Psychologie der Zeugenaussage, S. 27 f.; *Michaelis-Arnzten* Forensia 1987, 73; *Dettenborn* et al. S. 313; vgl. auch *Eisenberg* Rn. 1427 ff.
661 *Arntzen* Psychologie der Zeugenaussage, S. 34.
662 *Steller/Köhnken* in: Raskin, S. 217.
663 Vgl. nur *Greuel et al.* S. 94.
664 Vgl. nur *Greuel* S. 28.

Nach einer Untersuchung von *Hommers*[665] gehört der Detailreichtum zu den gut simulierbaren Kennzeichen.

Borderliner/Histrioniker. *Steller/Böhm*[666] erläutern, dass „anschauliche, gar dramatische Beschreibungen der eigenen Befindlichkeit bei solchen Personen von geringem oder fehlendem Indikatorgehalt für tatsächliches Erleben sind, die ständig heftige Gefühle erleben und beschreiben, wie es für Personen mit histrionischer oder emotional instabiler Persönlichkeitsstörung eigentümlich ist."

cc) Unstrukturierte Darstellung

701 Unter einer unstrukturierten Aussage versteht man eine unchronologisch vorgetragene Aussage. Es handelt sich um ein „seltener auftretendes und sehr aussagekräftiges Glaubhaftigkeitsmerkmal"[667].

Steller[668] erläutert: „Eine unstrukturierte Darstellung wird dann als Realkennzeichen angesehen, wenn die unstrukturierte Schilderung dennoch zu einem geschlossenen, logisch konsistenten Bild rekonstruiert werden kann (Arntzen, 1993, S. 78). Bei Verstößen gegen die logische Konsistenz wird eine unstrukturierte Darstellung nicht im Sinne eines Realkennzeichens gewertet."

Es geht um die unstrukturierte Aussageweise, die sich bezieht auf „jene Aussagen, die in unzusammenhängender sprunghafter und fragmentarisch anmutender Weise vorgebracht werden. Häufig werden die relevanten Sachverhalte durch verstreut über die Gesamtaussage vorgetragene Einzelaussagen und ‚Aussagefetzen' umschrieben, so daß sich die grundlegende inhaltliche Struktur oftmals erst am Ende der Befragung durch die Gesamtbetrachtung der Aussage erschließt"[669].

Nach *Volbert/Steller*[670] ist bei Verstößen gegen die logische Konsistenz die „unstrukturierte Darstellung nicht im Sinne eines Realkennzeichens" zu werten.

Befunde zu Täuschungsstrategien unterstreichen[671] die diagnostische Bedeutsamkeit der *unstrukturierten Darstellung,* welche in Täuschungen strategisch gemieden wird und zudem schwer simulierbar ist.

702 **Ungesteuertheit.** *Greuel*[672] zählt zu den allgemeinen Merkmalen noch die *Ungesteuertheit,* die sich dadurch auszeichnet, dass die Person, die über Erlebtes spricht,

---

665 *Hommers* in: Greuel/Fabian/Stadler, S. 87.

666 *Steller/Böhm* FPPK 2008, 37.

667 *Niehaus* in: Volbert/Steller, Handbuch der Rechtspsychologie, S. 311; vgl. auch *Köhnken* in: Widmaier, S. 2267.

668 *Steller* in: Steller/Volbert, S. 12; *Steller/Wellershaus/Wolf* Zeitschrift für experimentelle und angewandte Psychologie 1992, 151 ff.; vgl. auch *Greuel* S. 30; *Arntzen* Psychologie der Zeugenaussage, 1. A., 1971 und 2. A., 1993.

669 *Greuel* S. 30.

670 *Volbert/Steller* in: Venzlaff/Foerster, S. 817.

671 So *Niehaus* in: Volbert/Steller, Handbuch der Rechtspsychologie, S. 311.

672 *Greuel* S. 31.

nicht versucht, die Aussage zu steuern oder zu kontrollieren, und die Gefühlsbeteiligung[673]. Es geht um „die Parallelität zwischen der inhaltlichen Beschreibung und entsprechend unterschiedlichen non-verbalen Gefühlsreaktionen".

Köhnken[674] nennt dieses Realkennzeichen **ungeordnete Reproduktionsweise** und erläutert, es ist „in der Beobachtung begründet, daß lediglich ausgedachte Schilderungen in den meisten Fällen chronologisch geordnet vorgetragen werden. Es ist außerordentlich schwierig, einen Sachverhalt, für den man keine eigene Erlebnisgrundlage hat, losgelöst vom chronologischen Ablauf, sprunghaft und unstrukturiert darzustellen. Voraussetzung für die Erfüllung dieses Realkennzeichens ist, daß die Aussage schließlich ein in sich stimmiges Ganzes im Sinne der logischen Konsistenz ergibt". **703**

b) Spezielle Merkmale

Spezielle Qualitätsmerkmale erlebnisfundierter Aussagen ergeben sich aus inhaltlichen Besonderheiten einzelner Merkmale[675]. **704**

Die Fragestellung lautet[676]:

„Könnte der Zeuge eine solche Aussage mit dieser spezifischen inhaltlichen Qualität produzieren, ohne dass sie auf einem realen Erlebnis beruht?"

„Für diese zehn Aussagemerkmale ist das Ausmaß der Konkretheit und Anschaulichkeit einer Schilderung entscheidend."[677]

aa) Raum-zeitliche Verknüpfungen[678]

Nach *Greuel et al.*[679] ist das Merkmal erfüllt, wenn in einer Aussage „vielfältige Verflechtungen des inkriminierten Geschehens mit veränderlichen situativen Umständen aus dem individuellen Lebensumfeld des Zeugen und des Beschuldigten enthalten sind". **705**

Nicht erfüllt ist das Merkmal, „wenn lediglich ein loses Nebeneinander von wenigen situativen Umständen benannt wird, die nicht in das berichtete Kerngeschehen integriert werden", wie auch nicht, „wenn lediglich örtliche Besonderheiten aus dem täglichen Lebensumfeld des Zeugen berichtet werden"[680].

673 Beachte dazu die entgegenstehenden Ausführungen unter Teil 2 IV. „Ausdrucksverhalten" (Rn. 264 ff.).
674 *Köhnken* in: Lempp/Schütze/Köhnken, S. 318.
675 *Greuel* S. 31; vgl. auch *Niehaus* S. 382 ff.
676 *Volbert* in: Kröber/Steller, S. 171.
677 *Volbert/Steller* in: Venzlaff/Foerster, S. 817.
678 *Arntzen* Psychologie der Zeugenaussage, S. 39; *Dettenborn* et al. S. 313; *Undeutsch* in: Undeutsch, S. 138.
679 *Greuel et al.* S. 107; vgl. auch *Greuel* S. 32.
680 *Greuel et al.* S. 107.

706 **Kontextuelle Einbindung.** *Köhnken*[681] erörtert dieses Realkennzeichen unter dem Begriff kontextuelle Einbettung. Diese bezieht sich „auf die spezifische Verknüpfung des behaupteten Geschehens mit einem örtlichen, zeitlichen, handlungsbezogenen sowie biographischen Kontext. Je komplexer die Verknüpfungen sind, desto schwieriger dürfte es sein, sie ohne eigene Erlebnisgrundlage zu (re-)produzieren. Dieses Realkennzeichen enthält dann eine besondere Bedeutung, wenn die Hypothese der Übertragung eines Erlebnisses auf eine andere Person zu überprüfen ist (...)".

bb) Interaktionsschilderungen[682]

707 Das Merkmal ist erfüllt, „wenn in einer Aussage vielfältige Verflechtungen des inkriminierten Geschehens mit veränderlichen situativen Umständen aus dem individuellen Lebensumfeld des Zeugen und des Beschuldigten enthalten sind. ... Demgegenüber ist das Merkmal ... nicht erfüllt, wenn lediglich ein loses Nebeneinander von wenigen situativen Umständen benannt wird, die nicht in das berichtete Kerngeschehen integriert werden oder wenn lediglich örtliche Besonderheiten aus dem täglichen Lebensumfeld eines Zeugen berichtet werden. Von vorrangiger Bedeutung sind ... solche Interaktionsschilderungen, die sich auf das inkriminierte Tatgeschehen beziehen, wobei auch prä- und postdeliktische Interaktionssequenzen von diesem Merkmal erfaßt werden. Dazu gehören auch Interaktionen zwischen dem Beschuldigten bzw. der Zeugin mit anderen, im fraglichen Geschehen involvierten Personen"[683].

Eine hohe Ausprägung dieses Merkmals liegt vor, wenn sog. Reaktionsketten[684] geschildert werden.

cc) Wiedergabe von Gesprächen[685]

708 Der „Wechsel von Rede und Gegenrede muß nachvollziehbar werden (*Steller & Köhnken* 1989)"[686].

„Das Merkmal ist erfüllt, wenn der Zeuge eine komplexe Gesprächssequenz derart wiedergibt, daß sich eine Kette aufeinander bezogener Fragen und Antworten nachvollziehen läßt"[687].

681 *Köhnken* in: Lempp/Schütze/Köhnken, S. 318.

682 *Köhnken* in: Lempp/Schütze/Köhnken, S. 318; *Greuel* S. 32; *Arntzen* Psychologie der Zeugenaussage, S. 35.

683 Vgl. auch *Köhnken* in: Widmaier, S. 2267.

684 *Arntzen* Psychologie der Zeugenaussage, S. 35.

685 *Köhnken* in: Widmaier, S. 2267; *Greuel* S. 32; *Arntzen* Psychologie der Zeugenaussage, S. 27; *Dettenborn et al* S. 313.

686 *Greuel et al.* S. 109.

687 *Greuel et al.* S. 109; vgl. auch *Köhnken* in: Lempp/Schütze/Köhnken, S. 318.

dd) Schilderungen von Komplikationen im Handlungsablauf[688]

Köhnken[689] erklärt: „In nicht erlebnisbezogenen Aussagen lassen sich nur selten Schilderungen von Komplikationen beobachten wie z.B. Handlungsabbrüche oder -unterbrechungen, Störungen, die sich auf den weiteren Handlungsverlauf auswirken, unerwartet auftretende Hindernisse, enttäuschte Erwartungen, Mißerfolge im Handlungsfortgang u.ä. Derartige Details werden entweder bei der Erfindung einer Falschaussage gar nicht erst bedacht, oder sie würden die korrekte Reproduktion einer Aussage erheblich erschweren und werden deshalb vermieden.“ **709**

c) Inhaltliche Besonderheiten[690]

Bei inhaltlichen Besonderheiten geht es um die Anschaulichkeit der Aussage. **710**

aa) Schilderung ausgefallener Einzelheiten[691]

Greuel et al.[692] erläutern: „Originelle, ausgefallene Detailangaben zeichnen sich durch ihre geringe Auftretenswahrscheinlichkeit aus. Sie sind nicht Bestandteil eines allgemeinen, für den Aussageinhalt maßgeblichen Schemas, gleichwohl aber im gegebenen Kontext und auf dem Hintergrund des intellektuellen Leistungspotentials des Zeugen nicht unrealistisch.“ **711**

Abzustellen ist auf das intellektuelle und kreative Leistungsvermögen des Zeugen[693].

bb) Schilderung nebensächlicher Einzelheiten[694]

Nach *Greuel et al.*[695] wird der „Schilderung nebensächlicher Details … insofern ein bedeutsamer Hinweiswert für die Erlebnisbasis einer Aussage zugesprochen, als daß intentional falschaussagende Zeugen im Regelfall nicht die Möglichkeit in Erwägung ziehen, irrelevante und überflüssige Details in ihre Hergangskonstruktion mit aufzunehmen (Steller & Köhnken 1989). Zudem ist es für sie nicht zweckmäßig, ihre Aussage durch solche Details zu komplizieren, die nicht dazu geeignet sind, auf den Belastungsschwerpunkt hinzuführen (Trankell 1971). … Demgegenüber zeichnen sich erlebnisbezogene Aussagen durch die Schilderung derart neben- **712**

688 *Köhnken* in: Widmaier, S. 2267; *Arntzen* Psychologie der Zeugenaussage, S. 39; *Dettenborn et al.* S. 313; *Undeutsch* in: Undeutsch, S. 138.
689 *Köhnken* in: Lempp/Schütze/Köhnken, S. 318; vgl. auch *Greuel et al.* S. 110; vgl. auch *Greuel* S. 33.
690 Vgl. auch *Niehaus* S. 311.
691 *Arntzen* Psychologie der Zeugenaussage, S. 39; *Dettenborn et al.* S. 313; *Trankell* S. 126; *Undeutsch* in: Undeutsch, S. 138.
692 *Greuel et al.* S. 119; vgl. auch *Greuel* S. 34.
693 *Köhnken* in: Lempp/Schütze/Köhnken, S. 318.
694 *Arntzen* Psychologie der Zeugenaussage, S. 27; *Dettenborn et al.* S. 313.
695 *Greuel et al.* S. 118; *Greuel* S. 34; vgl. auch *Köhnken* in: Lempp/Schütze/Köhnken, S. 318.

sächlicher Details aus, da diese für den Zeugen aufgrund des persönlichen Erlebens durchaus eine subjektive Bedeutung erlangt haben und damit auf dem Hintergrund des persönlichen Relevanzsystems des Erzählers nicht mehr nebensächlich sind".

Erfüllt ist das Merkmal, „wenn innerhalb einer Aussage eine Vielzahl von Details genannt wird, die für das inkriminierte Geschehen nicht von Bedeutung sind. Sie stehen in keinem notwendigen sachlogischen Zusammenhang mit dem relevanten Kernereignis, so daß sich die Schilderung dieses Kernsachverhalts auch dann gänzlich nachvollziehen lassen würde, wenn diese Detailangaben fehlen würden".

cc) Phänomengemäße Schilderung unverstandener Handlungselemente[696]

713 *Steller/Wellershaus/Wolf* erläutern[697]: „Das Kriterium … ist erfüllt, wenn ein Sachverhalt zutreffend geschildert wird und gleichzeitig deutlich wird, daß der Aussagende eben diesen Sachverhalt nicht in seiner Bedeutung erkannt hat. Beispiele aus dem Bereich der Glaubhaftigkeitsbegutachtung kindlicher Zeugenaussagen in Fällen des sexuellen Missbrauchs sind die Schilderungen von Ejakulationen oder Orgasmuszuständen durch junge Kinder."

Köhnken[698] erläutert, dass „auch nicht verstandene Interaktionsverläufe einbezogen werden, wenn z.B. ein Zeuge Interaktionssequenzen berichtet, die er sich psychologisch nicht erklären kann oder falsch interpretiert".

Für die forensische Praxis sind die Ausführungen von *Greuel*[699] zu „anschaulich Wirklichem und anschaulich Scheinbarem" interessant, wonach man „… insbesondere in erlebnisbasierten Aussagen von Vorschulkindern mit phänomenorientierten Schilderungen rechnen" kann, „dies umso mehr, wenn sie über Begebenheiten berichten, die sie nicht hinreichend verstehen".

dd) Indirekt handlungsbezogene Schilderungen[700]

714 *Steller/Wellershaus/Wolf* erklären[697], dass mit diesem Kriterium Inhalte der Aussage gemeint sind, die „den aktuell berichteten Handlungen ähnlich sind, aber zu anderer Zeit und mit anderen Personen stattgefunden haben".

Nach *Greuel*[701] „tritt dieses spezifische Qualitätsmerkmal beispielsweise dann auf, wenn der Zeuge über Gespräche mit dem Beschuldigten im Kontext der fraglichen

---

696 *Arntzen* Psychologie der Zeugenaussage, S. 31 f.; *Dettenborn et al.* S. 314; *Trankell*, S. 125; *Undeutsch* in: Undeutsch, S. 141; vgl. auch *Steller/Volbert* in: Steller/Volbert, S. 12; *Greuel* S. 33.

697 *Steller/Wellershaus/Wolf* Zeitschrift für experimentelle und angewandte Psychologie 1992, 151; *Volbert/Steller* in: Venzlaff/Foerster, S. 817; vgl. auch *Köhnken* in: Lempp/Schütze/Köhnken, S. 318.

698 *Köhnken* in: Widmaier, S. 2267.

699 *Greuel* S. 223.

700 *Arntzen* Psychologie der Zeugenaussage, S. 38; vgl. auch *Greuel* S. 34.

701 *Greuel* S. 34.

Tathandlungen berichtet, wobei dieser Gesprächsinhalt mit ähnlichen Beziehungen oder Erfahrungen des Zeugen verknüpft wird".

ee) Schilderung eigener psychischer Vorgänge[702]

Die Schilderung, was sich der Zeuge bei dem Tatgeschehen z.B. gedacht, was er dabei empfunden, wie er darauf reagiert hat, kann einen Hinweis auf einen Erlebnisbezug der Aussage sein. Aussagepsychologen[703] gehen davon aus, dass es hohe Anforderungen an die psychologische Abstraktions- und Differenzierungsfähigkeit stellen würde, „Schilderungen psychischer Erlebnisweisen schlüssig in eine Falschaussage zu integrieren"[704]. **715**

Greuel et al.[705] erläutern, dass das Merkmal erfüllt ist, „wenn emotionale Reaktionen und/oder sensorische und körperliche Empfindungen und/oder gedankliche Reflexionen in bezug auf das inkriminierte Tatgeschehen differenziert beschrieben werden".

ff) Schilderung psychischer Vorgänge des Beschuldigten[706]

Nach *Greuel et al.*[707] sind Schilderungen psychischen Erlebens auf Seiten des Beschuldigten aussagepsychologisch dann bedeutsam, „wenn ein Zeuge über Gefühlsreaktionen und Stimmungslagen des Beschuldigten berichtet, sei es, daß diese direkt, sei es, daß sie indirekt – aus motorischen und/oder (sexual)physiologischen Vorgängen erschlossen – beschrieben werden". **716**

Greuel[708] nennt noch weitere Qualitätsmerkmale:

Schilderung des Erlebens von phänomenaler Kausalität

„Das Merkmal ist erfüllt, wenn Geschehnisse von Personen in einen Ursachen-Wirkungszusammenhang gebracht werden, der objektiv nicht besteht." **717**

Schilderung multimodaler Wahrnehmungen

„Hierbei handelt es sich um eine hochspezifische Ausprägung des Emotionsmerkmals, da Personen einen Vorgang nicht nur über einzelne, naheliegende Empfindun- **718**

702 *Arntzen* Psychologie der Zeugenaussage, S. 31 f.; *Dettenborn et al.* S. 314; *Trankell* S. 125; *Undeutsch* in: Undeutsch, S. 141; *Köhnken* in: Lempp/Schütze/Köhnken, S. 318.

703 *Arntzen* Psychologie der Zeugenaussage, S. 31; *Undeutsch* in: Undeutsch, S. 138; *Undeutsch* in: Kraheck-Brägelmann, S. 69.

704 *Greuel et al.* S. 115; *Greuel* S. 33.

705 *Greuel et al.* S. 115; vgl. auch *Greuel* S. 33.

706 *Dettenborn* et al. S. 314; *Undeutsch* in: Undeutsch, S. 143; *Köhnken* in: Lempp/Schütze/Köhnken, S. 318.

707 *Greuel et al.* S. 117; vgl. auch *Greuel* S. 34.

708 *Greuel* S. 33.

gen, sondern aus der Perspektive mehrerer Sinnesmodalitäten unterschiedlicher Sinneskanäle zu einem kinästhetischen Gesamterlebnis integrieren."[709]

Schilderung von Wirklichkeitskontrolle

719 *Greuel*[709] erläutert: „In Anlehnung an Stadler[710] (1997) wird hier auf solche Angaben reflektiert, bei denen eine Person darüber berichtet, daß sie während des fraglichen Ereignisses selbst den Wirklichkeitscharakter des eigenen Erlebens in Frage gestellt und gegebenenfalls sogar die Verankerung ihres Erlebnisses in der Wachwirklichkeit überprüft hat bzw. während der Aussage in Frage stellt."

720 **Verschachtelungen, spürbare Folgen.** *Niehaus*[711] stellt bei der Beurteilung der Aussage auch auf Verschachtelungen und auf bis in die Gegenwart hinein spürbare Folgen ab. Eine qualitativ hochwertige Aussage zeichne sich dadurch aus, „dass Handlungen und Beteiligte nicht austauschbar sind. Dieser Eindruck einer individuellen Durchzeichnung des Geschilderten kann … auch durch eine komplexe Verflechtung des Geschilderten mit ähnlichen Situationen oder Gesprächen über ähnliche Handlungen (*Verschachtelungen*) oder durch die Schilderung individueller, bis in die Gegenwart hinein spürbarer *Folgen* des Geschehens für Beteiligte entstehen (Niehaus, 2001)".

d) Motivationsbezogene Inhalte[712]

721 *Steller/Wellershaus/Wolf*[713] erklären, dass es sich um inhaltliche Realkennzeichen handelt, „da sie aus dem Inhalt einer Aussage erkannt werden können, ohne daß direkt im Hinblick auf die Aussagemotivation exploriert wird".

Die Fragestellung lautet[713],

„Wie wahrscheinlich ist es, daß ein falschaussagender Zeuge Inhalte der beschriebenen Art in seine Aussage aufnehmen würde".

Es geht um Aussageinhalte, „die die Selbstpräsentation des Aussagenden betreffen und somit Rückschlüsse auf seine Motivation zulassen"[714].

709 *Greuel* S. 34.
710 *Stadler* in: Greuel/Fabian/Stadler, S. 59.
711 *Niehaus* in: Volbert/Steller, Handbuch der Rechtspsychologie, S. 311.
712 Vgl. auch *Niehaus* in: Volbert/Steller, Handbuch der Rechtspsychologie, S. 311.
713 *Steller/Wellershaus/Wolf* Zeitschrift für experimentelle und angewandte Psychologie 1992, 151.
714 *Volbert/Steller* in: Venzlaff/Foerster, S. 817.

aa) Spontane Verbesserung der eigenen Aussage[715]

Greuel[716] erläutert: „Wenn Personen spontan, und nicht erst auf Vorhalt ihre bisherigen Aussagen korrigieren, wird hierin ein Indikator für die Erlebnisbasis der Aussage gesehen. … wird angenommen, daß intentional falschaussagende Personen derartige Korrekturen geradezu vermeiden, um einen möglichst erinnerungssicheren Eindruck zu erwecken.“ **722**

„Spontan“ bedeutet hierbei nicht, dass diese Korrekturen unmittelbar nach einer Detailschilderung erfolgen müssen, sondern dass sie ohne äußere Veranlassung (etwa durch das Vorhalten von Widersprüchen oder Nachfragen) erfolgen. Korrekturen können mit größerer zeitlicher Verzögerung erfolgen, etwa dann, wenn im Zuge der Schilderung eines anderen Handlungsabschnittes Einzelheiten assoziiert werden, die zuvor nicht oder anders erinnert wurden.[717]

bb) Eingeständnis von Erinnerungslücken[718]

Dieses Merkmal gründet sich nach *Köhnken*[717] „in der Annahme, daß ein falsch aussagender Zeuge den Eindruck der Unsicherheit zu vermeiden trachtet, indem er möglichst keine Lücken in der Darstellung entstehen läßt“. **723**

„Einfache Erinnerungslücken“ finden sich aber häufig bei Lügen – vgl. zur Differenzierung der Erinnerungslücken die Ausführungen bei *Niehaus*[719].

cc) Einwände gegen die Richtigkeit der eigenen Aussage[720]

Nach *Greuel*[721] ist „das Merkmal … dann erfüllt, wenn eine Person im Rahmen der Exploration von sich aus Einwände gegen die Richtigkeit/Glaubhaftigkeit der eigenen Aussage vorbringt. … Zum einen sind hier solche Bekundungen gemeint, wonach eine Person von sich aus die Meinung äußert, daß ihre Schilderung unwahrscheinlich klinge, aber dennoch in der geschilderten Art und Weise abgelaufen sei. Zum anderen bezieht sich dieses Merkmal auf solche Äußerungen, wonach die Möglichkeiten von fehlerhaften Wahrnehmungen, Verwechslungen oder Mißverständnissen auf Seiten der Aussageperson explizit eingeräumt werden“. **724**

dd) Belastungen/Entlastungen des Beschuldigten

Dieses Merkmal beruht auf der Annahme, dass falschaussagende Zeugen grundsätzlich einen Belastungseifer gegenüber dem Beschuldigten haben. Ihn entlastende **725**

715 *Dettenborn et al.* S. 313; *Undeutsch* in: Undeutsch, S. 152 f.
716 *Greuel* S. 35.
717 *Köhnken* in: Lempp/Schütze/Köhnken, S. 318.
718 *Littmann/Szewczyk* Forensia, 1983, S. 55.
719 *Niehaus* S. 311.
720 *Dettenborn et al.*, S. 314; *Undeutsch* in: Undeutsch, S. 153.
721 *Greuel* S. 35; vgl. auch *Köhnken* in: Lempp/Schütze/Köhnken, S. 318.

Äußerungen oder der Verzicht auf naheliegende Aggravationen der Belastung kann ein Hinweis auf die Erlebnisbasis der Aussage sein[722].

ee) Unterscheidung zwischen nicht-motivationalen und motivationalen Merkmalen[723]

726 Geht es um die Beurteilung der Aussagen von vor allem erwachsenen Zeugen, die über einen entsprechenden Erfahrungshintergrund verfügen und die einen Sachverhalt berichten, den sie zum Teil auch ohne das inkriminierte Geschehen erlebt haben, so dass sie sich nicht den kompletten Sachverhalt, sondern nur den strafrechtlich relevanten Teil im Rahmen einer bewussten Falschaussage ausdenken müssten.

Niehaus erläutert, dass Zeugen mit Erlebnishintergrund hinsichtlich nicht-motivationaler Merkmale qualitativ hochwertige Aussagen produzieren können[724], hingegen die Produktion motivationsbezogener Merkmale weitestgehend erfahrungsunabhängig ist[725].

727

Realkennzeichen	**Zusammenstellung nach *Niehaus***[726] Unterscheidung nach nicht motivationalen und motivationalen Merkmalen
Nicht motivationale Merkmale	*Konkrete Aussageelemente:* Kontextuelle Einbettung, Interaktionen, Gespräche, Handlungskomplikationen, Ungewöhnliches, Nebensächliches, Unverstandenes, Verschachtelungen, Eigenpsychisches, Fremdpsychisches, Folgen, Deliktstypisches, *Gesamtaussage*: Detaillierungsgrad (logische Konsistenz), unstrukturierte Darstellung, spontane Ergänzbarkeit
Motivationale Merkmale	Spontane Präzisierungen und Korrekturen, Zugeben von Lücken und Unsicherheiten, Erinnerungsbemühungen, Wirklichkeitskontrollen, Einwände gegen die Glaubwürdigkeit der eigenen Person und Aussage, Selbstbelastungen, Inschutznahme des Beschuldigten

722 Vgl. dazu *Greuel* S. 36; *Köhnken* in: Lempp/Schütze/Köhnken, S. 318.

723 Vgl. die ausführliche Darstellung bei Teil 3 IV (Rn. 421).

724 *Volbert* in: Volbert/Dahle, S. 18.

725 Das gilt jedoch nur, wenn eine gewisse Täuschungsmotivation vorliegt; also nicht bei suggerierten Aussagen.

726 *Niehaus* in: Volbert/Steller, Handbuch der Rechtspsychologie, S. 311; vgl. auch *Volbert* in: Volbert/Dahle, S. 18.

Motivationale Merkmale 728

Bei den motivationalen Merkmalen stellt sich die Frage[727]:

„Würde ein absichtlich falsch aussagender Zeuge solche Details erwähnen, die die eigene Aussage (oder die eigene Person) in ein unvorteilhaftes Licht rücken?"

e) Deliktspezifische Aussageelemente[728]

Erfasst werden Aussageelemente, „die in typischer Weise mit dem behaupteten Delikt in Verbindung steht"[729]. 729

„Dieses Realkennzeichen setzt voraus, daß Handlungen beschrieben werden, die nach kriminologischen und viktimologischen Erkenntnissen im Zuge der behaupteten Tat häufig vorkommen, die jedoch dem Zeugen selbst als solche nicht bekannt sind."[730]

Es ist aber wenig systematisch empirisch untersucht, was „Delikttypik" ausmacht; für Vergewaltigungsvorwürfe gibt es bisher keinerlei Untersuchungen dazu.

Bei sexuellen Missbrauchsvorwürfen ist zu berücksichtigen, dass Zeugen deliktstypische Kenntnisse Presseberichten entnommen oder Informationen im Austausch mit anderen aus Gesprächen in eigens für (selbsternannte) sexuelle Missbrauchsopfer bestehenden Chaträumen erlangt haben können.[731]

Checkliste: Drei Phasen der Realkennzeichenanalyse – nach *Köhnken*[732] 730

1. Untersuchung der Aussage nach inhaltlichen Merkmalen, die der Definition der Realkennzeichen entsprechen.
2. Schätzung, zu welcher Aussageleistung der Zeuge in der Lage ist, „auf der Grundlage der Befunde zur kognitiven Leistungsfähigkeit des Zeugen, insbesondere seiner verbalen und kreativen Fähigkeiten sowie ggf. spezifischer Kenntnisse und Erfahrungen".
3. In Beziehung Setzen von „in der Realkennzeichenanalyse festgestellten inhaltlichen Qualitäten mit den bei diesem Zeugen festgestellten spezifischen kognitiven Fähigkeiten."

727 *Volbert* in: Kröber/Steller, S. 171.

728 *Undeutsch* in: Undeutsch, S. 137; *Undeutsch* in: Kraheck-Brägelmann, S. 69 ff.; *Dettenborn et al.* S. 314.

729 *Steller/Wellershaus/Wolf* Zeitschrift für experimentelle und angewandte Psychologie 1992, 15.

730 *Köhnken* in: Lempp/Schütze/Köhnken, S. 318; vgl. auch *Steller/Wellershaus/Wolf* Zeitschrift für experimentelle und angewandte Psychologie 1992, 151; *Greuel et al.* S. 98; *Volbert/Steller* in: Venzlaff/Foerster, S. 817.

731 Vgl. auch *Niehaus* in: Volbert/Steller, Handbuch der Rechtspsychologie, S. 311.

732 *Köhnken* in: Widmaier, S. 2267.

9. Konstanzanalyse

731 Bei der Konstanzanalyse geht es um den Vergleich mehrerer Aussagen des Zeugen zu dem in Rede stehenden Geschehen.

732 Der *BGH*[733] führt dazu aus:

> **BGH [1 StR 618/98]**
>
> „Während die Inhaltsanalyse sich mit der Qualität lediglich einer Aussage befaßt, geht es bei der Konstanzanalyse um das von einer Person gezeigte Aussageverhalten insgesamt.
>
> Es handelt sich dabei um ein wesentliches methodisches Element der Aussageanalyse, ... Die Konstanzanalyse bezieht sich insbesondere auf aussageübergreifende Qualitätsmerkmale, die sich aus dem Vergleich von Angaben über denselben Sachverhalt zu unterschiedlichen Zeitpunkten ergeben.
>
> Falls etwa ein Zeuge mehrfach vernommen worden ist, ist ein Aussagevergleich im Hinblick auf Übereinstimmungen, Widersprüche, Ergänzungen und Auslassungen vorzunehmen.
>
> Dabei stellt allerdings nicht jede Inkonstanz einen Hinweis auf mangelnde Glaubhaftigkeit der Angaben insgesamt dar. Vielmehr können vor allem Gedächtnisunsicherheiten eine hinreichende Erklärung für festgestellte Abweichungen darstellen (Gutachten Prof. Dr. Steller; s. auch Bender/Nack a.a.O. Rdn. 289 ff.)."

Liegen mehrere Aussagen vor, so sind diese inhaltlich miteinander zu vergleichen. Darunter ist der Vergleich *aller* Aussagen zu verstehen. Dazu gehören nicht nur die Vernehmungen, sondern auch Angaben im privaten Kreis wie auch in anderen Verfahren, z.B. in Zivil- oder Disziplinarverfahren oder familienrechtlichen Verfahren. Es sollte versucht werden, die Aussage so genau wie möglich zu rekonstruieren, um dann im Rahmen der Konstanzanalyse die relevanten Aussagen herauszuarbeiten und zu bewerten. Welche Aussagen letztlich von Bedeutung sind, hängt vom jeweiligen Einzelfall ab.

Zu prüfen ist, ob es in den Angaben Übereinstimmungen – Widersprüche – Ergänzungen oder Auslassungen gibt.

Nicht jede Inkonstanz ist ein Hinweis auf mangelnde Glaubhaftigkeit. Bestimmte Gedächtnisunsicherheiten können häufig normalpsychologisch erklärt werden.

a) (In)Konstanzen

733 *Greuel*[734] erläutert: „Da originär Selbsterlebtes mit intensiveren Gedächtnisprozessen einhergeht, als lediglich mental Vorgestelltes oder in der Phantasie Ausgedach-

733 *BGH* [1 StR 618/98] BGHSt 45, 164 = NJW 1999, 2746 = NStZ 2000, 100 = StV 1999, 473 = BGHR StPO § 244 Abs. 4 S. 1 Sachkunde 9 = StraFo 1999, 340 = PdR 1999, 113.

734 *Greuel* S. 38; vgl. auch *Endres* Krim 1997, 490.

tes, tragen Erinnerungen an wirkliche Erlebnisse zwangsläufig den Charakter der ‚Unverrückbarkeit und Ausschließbarkeit' (Undeutsch 1967, S. 154). Insofern verwundert es nicht, daß man von erlebnisgestützten Aussagen Konstanz auch über längere Erinnerungsintervalle hinweg erwartet. … Von aussagepsychologischer Sicht … ist die ‚perfekte' Aussagekonstanz nun aber alles andere als ein Indikator für Erlebnisbezug der Aussage. Im Gegenteil, wenn über längere Erinnerungsintervalle hinweg keinerlei Abweichungen zwischen mehreren Aussageversionen zu konstatieren sind, dann spricht das eher gegen denn für den Erlebnisgehalt der Aussage und legt die Schlußfolgerung nahe, daß die wortgetreue Konstanz auf ein intentionales ‚Eintrichtern' der Aussage zurückzuführen ist (Arntzen 1993; Steller & Volbert 1997; Undeutsch 1967)."

Undeutsch, Arntzen, Steller/Volbert **734**

„Perfekte" Konstanz spricht eher für ein beabsichtigtes „Eintrichtern" der Aussage

Wichtig ist, zwischen Kern- und Randgeschehen zu unterscheiden. *Köhnken* verdeutlicht: „Generell wird hier eine Unterscheidung vorgenommen zwischen dem sog. Kerngeschehen einerseits und peripheren Details andererseits (Arntzen 1993, 55), wobei allerdings nicht immer Konsens darüber besteht, was im Einzelfall diesen Bereichen zuzuordnen ist (Volbert 2002)."

Greuel et al.[735] zeigen die Aspekte auf, in denen erlebnisfundierte Aussagen auch über längere Zeit **konstant bleiben**: **735**

- Schilderung des zentralen Kerngeschehens,
- Schilderung der eigenen Rolle bzw. Aktivität,
- Benennung der unmittelbar am Kerngeschehen beteiligten Personen,
- Benennung der fraglichen Tatörtlichkeiten,
- Benennung von unmittelbar handlungsrelevanten Gegenständen,
- Benennung der Lichtverhältnisse,
- Benennung der globalen Körperposition im Falle körpernaher Handlungen,

bzw. die, wenn sie **nicht konstant bleiben**, sich gedächtnispsychologisch erklären lassen (psychologisch erwartbare Inkonstanzen):

- Schilderung des peripheren Geschehens,
- Zuordnung von Nebenhandlungen zum Kerngeschehen,
- Angaben zur Reihenfolge mehrerer Situationen oder Handlungssequenzen,
- Angaben, die auf Schätzungen beruhen,
- Angaben über Seitenverhältnisse und Positionswechsel bei körpernahen Handlungen,
- Angaben über Wortlaut oder Sinngehalt von Gesprächen,
- Angaben über unangenehme (Körper)Empfindungen.

735 *Greuel et al.* S. 131.

Volbert/Steller[736] geben einen ausführlichen Überblick über die Ausführungen von Arntzen zur Konstanzanalyse und kommen – unter Bezugnahme auf Untersuchungen von Volbert et al.[737] – zu folgenden Ergebnissen:

Auch in erlebnisbasierten Aussagen bei Befragungen zu zwei unterschiedlichen Zeitpunkten können Inkonstanzen auftreten.

Inkonstanzen sind vor allem zu erwarten bei Informationen,

- „die sich auf internale Prozesse beziehen (eigene Motive, Schmerzempfinden),
- die auf Rekonstruktionen basieren, die über das unmittelbar Wahrnehmbare hinausgehen (Schätzungen von der Dauer eines Ereignisses, der Entfernung u.ä.),
- die sich auf prinzipiell beobachtbare, für das eigentliche Geschehen jedoch wenig bedeutsame Details beziehen (Kleidung, für die Handlung nicht relevante Personen, Seitenverhältnisse, Wetterverhältnisse; in Abhängigkeit von der Wichtigkeit des Inhalts evtl. auch Sinngehalt von Gesprächen),
- die spezifisch für die Berichte über multiple ähnliche Ereignisse sind (z.B. Häufigkeitsangaben bei ähnlichen Vorfällen, Zuordnung von Nebenhandlungen zu der Haupthandlung, Reihenfolge der einzelnen Handlungen). Bei dem Erleben von multiplen ähnlichen Ereignissen ist eine Tendenz zur Bildung generischer Repräsentationen anzunehmen, mit der Konsequenz, dass spezifische Details im Laufe der Zeit nicht mehr erinnert oder nicht richtig zugeordnet werden können.

Auf der anderen Seite werden auch erfundene Aussagen in wesentlichen Aspekten bei zwei Befragungszeitpunkten übereinstimmend sein und zumindest bei wenig komplexen Aussagen ein Ausmaß an Konstanz erreichen, das vergleichbar ist mit der Konstanz in erlebnisbasierten Darstellungen."

736 **Widersprüche in erlebnisbezogenen Aussagen.** Auch in erlebnisbezogenen Aussagen können Widersprüche auftreten. „Sie sind lediglich quantitativ geringer als in erfundenen Berichten".[738]

737 **Abhängigkeit von der Befragung.** Inwieweit Aussagen konstant vorgebracht werden, hängt aber immer auch von der jeweiligen Befragung ab. Neue Sachverhalte oder umfangreiche Angaben in späteren Aussagen können sich dadurch erklären, dass vielleicht früher nicht danach gefragt worden ist, konstante Angaben vielleicht dadurch, dass immer wieder dasselbe gefragt wird.

Zu beachten ist, dass „wiederholte Befragungen oder Gespräche die Konstanz auch bei nicht erlebnisbegründeten Berichten ‚künstlich' erhöhen (können; d.A.), weil jede Aktivierung eines Gedächtnisinhaltes auch zu seiner Konsolidierung beiträgt

---

736 *Volbert/Steller* in: Venzlaff/Foerster, S. 817.

737 *Volbert/Braun/Gretenkord/Teske/Wilma-Mews* Konstanz in erlebnisbasierten und erfundenen Aussagen. 9. Arbeitstagung der Fachgruppe Rechtspsychologie in der DGP 13.09-15.09.01, Münster, 2001.

738 *Köhnken* in: Widmaier, S. 2267.

(Square/Kandel[739]) … Die Angaben in wiederholten Befragungen sind dann nicht deshalb konstant, weil die Aussage erlebnisbegründet ist, sondern weil sie sich durch häufige Reaktivierung verfestigt hat. Auch der Zeitabstand zwischen zwei Aussagen sowie zwischen den Aussagen und dem geschilderten Ereignis wirkt sich auf das Ausmaß der Konstanz aus".[740]

b) Präzisierbarkeit

Nach *Greuel*[741] soll in der nachträglichen spontanen Präzisierung und Ergänzung der Aussage ein Beleg für den Erlebnisgehalt der Aussage zu sehen sein. Dabei müssen die Ergänzungen in einer Weise vorgebracht werden, „die die individuelle Planungskapazität der Person übersteigt. Das ist regelmäßig dann der Fall, wenn in komplexen und komplizierten Sachverhaltensschilderungen bis dahin bestehende Lücken logisch folgerichtig geschlossen werden und es über die Bereitstellung der präzisierenden Information zu einer Erhöhung der Detaillierung, Anschaulichkeit, logischen Konsistenz und Nachvollziehbarkeit des fraglichen Geschehens kommt. … Eine besondere Bedeutung kommt der Präzisierbarkeit unter dem Aspekt der Eigenständigkeit der Aussage zu." 738

Indikatoren für die Eigenständigkeit der Aussage 739

Greuel[742]

Spontane Präzisierungen und Ergänzungen

- die die logische Konsistenz und Anschaulichkeit der Aussage erhöhen,
- die widerspruchslos in das bisherige Aussagematerial integriert werden können,
- die in beiläufiger Weise vorgebracht werden,
- die bei unsystematischer Befragung in individualtypischem Erinnerungstempo vorgebracht und/oder weitergeführt werden können,
- die von parallelen und/oder antizipatorischen Illustratoren begleitet werden,
- die ihrerseits qualifizierte Merkmale einer erlebnisfundierten Aussage aufweisen („Glaubwürdigkeitsmerkmale").

Überhangantworten. Die Qualität von Überhangantworten hängt von der zuvor gestellten Frage ab. 740

Greuel et al.[743] erläutern: „Nachträgliche Präzisierungen der Aussage liegen demnach dann in qualifizierter Form vor, wenn sie von dem Zeugen spontan bzw. ohne entsprechende Vorhaltfragen vorgebracht werden, sich dabei stimmig in das bishe-

739 *Square/Kandel* Gedächtnis. Die Natur des Erinnerns. 1999 – zitiert nach Köhnken in: Widmaier, S. 2267.
740 Vgl. auch *Köhnken* in: Widmaier, S. 2267.
741 *Greuel* S. 37; *Greuel* in: Greuel/Fabian/Stadler, S. 211.
742 *Greuel* in: Greuel/Fabian/Stadler, S. 211.
743 *Greuel et al.* S. 130.

rige Aussagematerial einfügen lassen und dabei in irgendeiner Art und Weise vorgebracht werden, die eine Steigerung der Aussage und gedankliche Orientierung an möglicherweise vorbereiteten Konstruktionen ausschließen lassen.

Das Merkmal ist nicht erfüllt, wenn der Zeuge nachträgliche Ergänzungen erst auf *inhaltliche Vorhaltfragen* vorbringt und/oder diese sich nicht homogen in das bisherige Aussagematerial integrieren lassen. Ebenso kann solchen Erweiterungen keine diagnostische Valenz beigemessen werden, die sich lediglich auf naheliegende oder für den inkriminierten Sachverhalt völlig irrelevante Aspekte beziehen."

741 **Strukturgleichheit.** *Greuel*[744] zählt zu den aussageübergreifenden Qualitätsmerkmalen auch die *Strukturgleichheit,* die sich „im Sinne eines aussageübergreifenden Merkmals ... auf jene Fälle (bezieht; d.A.), in denen die zu beurteilende Aussage die gleiche formale Struktur und qualitative Prägung aufweist wie eine von der Person früher gemachte, gesichert erlebnisgestützte Aussage. Andererseits sprechen Qualitäts- und Strukturbrüche zwischen der zu begutachtenden Aussage und von der Person vorgebrachten Falschaussagen (gesicherte falsche Aussagen in der Vergangenheit oder in der Untersuchungssituation instruktionsgemäß vorgebrachte Falschaussagen) ebenfalls für den Erlebnisbezug der Aussage".

X. Berücksichtigung von Außenkriterien

742 Der *BGH*[745] hat am Beispiel der Ergebnisse einer gynäkologischen Untersuchung klargestellt, dass Sachverständige sog. Außenkriterien in ihre Begutachtung einbeziehen dürfen, sofern diese Gegenstand der Hauptverhandlung waren.

Wörtlich heißt es in der Grundsatzentscheidung:

BGH [1 StR 618/98]

„Die Revision sieht schließlich einen weiteren, bei der Begutachtung begangenen fachlichen Fehler darin, daß die Erstgutachterin im Zusammenhang mit der Bewertung der Aussagen der Zeugin Ergebnisse einer an dieser durchgeführten gynäkologischen Untersuchung berücksichtigt hat. Dies mag unter Umständen im Hinblick auf die gesetzliche Aufgabenverteilung zwischen Gericht, dem allein die Beweiswürdigung obliegt, und Sachverständigem strafprozessual bedenklich sein. Der Senat vermag darin jedoch keine Verletzung des wissenschaftlichen Prinzips der Unabhängigkeit des zu erstattenden Gutachtens von sog. Außenkriterien zu erkennen. Vielmehr darf ein Sachverständiger Anknüpfungstatsachen, die er dem bestehenden Ermittlungsergebnis entnommen hat, in seinen Abwägungsprozeß einbeziehen (Gutachten Prof. Dr. Steller; Leferenz in Göppinger/Witter, Handbuch der forensischen Psychiatrie II S. 1320), sofern diese Gegenstand der Hauptverhandlung waren."

744 *Greuel* S. 37.

745 *BGH* [1 StR 618/98] BGHSt 45, 164 = NJW 1999, 2746 = NStZ 2000, 100 = StV 1999, 473 = BGHR StPO § 244 Abs. 4 S. 1 Sachkunde 9 = StraFo 1999, 340 = PdR 1999, 113

Ärztlicher Befund. Bei der Diagnostik und Befundinterpretation beim Vorwurf sexuellen Missbrauchs[746] geht es meist auch um medizinische Fragestellungen. **743**

Angaben des Zeugen zu dem ärztlichen Befund. Angaben des Zeugen zu dem ärztlichen Befund unterliegen der aussagepsychologischen Überprüfung im Rahmen der Erfindungskompetenz, also im Rahmen der Frage, ob sich der Zeuge den ärztlichen Befund z.B. auch ausgedacht haben könnte. Dabei ist zu prüfen, ob der Zeuge hierzu über ein außerhalb des Vorwurfes erlangtes Wissen verfügt. **744**

Befragung des Zeugen durch Ärzte. Regelmäßig werden Ärzte vor der Untersuchung eines Kindes von einem Dritten über den im Raum stehenden Vorwurf informiert. Das birgt die Gefahr, dass der Arzt auf einen erst zu klärenden Sachverhalt eingestimmt wird und das Kind – mit dieser Voreinstellung – nicht nur untersucht, sondern auch zur Sache befragt. Es gibt auch Ärzte, die Verhaltensauffälligkeiten von sich aus nur einseitig als potentielles sexuelles Missbrauchsgeschehen deuten, auch dann, wenn bei dem Kind keine Verletzungen feststellbar sind. Bei solchen Gesprächen sind oft auch enge Bezugspersonen des Kindes dabei. Mit denen kann das Kind im Vorfeld des Arztbesuches über den Vorwurf gesprochen haben und sich nun, in deren Beisein, auf diesen Gesprächsinhalt gegenüber dem Arzt deshalb darauf festgelegt fühlen. **745**

Viele Ärzte trauen sich auch eine Befragung des Kindes zu dem gehegten Verdacht zu, obwohl sie über keinerlei Ausbildung verfügen. Schon von daher sind ärztliche Atteste, die sich zu der Qualität des Verdachts äußern, mit Vorsicht zu betrachten.

XI. Beurteilung der Glaubhaftigkeit der Aussage

Westhoff/Kluck[747] erläutern: „Bei der psychologischen Glaubhaftigkeitsbeurteilung der Aussage wird geprüft, ob die (wissenschaftliche) ‚Nullhypothese', dass die Zeugenaussage ‚unwahr' sei, aufrechterhalten werden kann oder ob in einer konkreten Aussage Merkmale hinreichender ‚Qualität' dafür zu finden sind, dass die Annahme nicht aufrecht erhalten werden kann, d.h., dass angenommen werden muss, dass die vorliegende Aussage mit hoher Wahrscheinlichkeit auf tatsächlich Erlebtem beruht und nicht aufgrund von anderen, verfälschenden, Einflüssen zustande gekommen ist. … **746**

Die psychologische ‚Glaubwürdigkeitsbeurteilung von Zeugenaussagen' ist nach dem heutigen Stand der theoretischen Entwicklungen und empirisch-psychologischen Forschung, wie sie auch der BGH aufgreift (…), daher im Wesentlichen unter den folgenden Aspekten vorzunehmen (ausführlich Steller & Volbert 1999): …"

746 *Rauch/Weissenrieder/Peschers* Dt. Ärzteblatt 2004, 2257.
747 *Westhoff/Kluck* S. 196.

747 **Ergebnis der Aussagetüchtigkeitsprüfung und des Qualitäts-Kompetenz-Vergleichs.** Die Aussagekompetenz bezieht sich auf solche Merkmale, „die sich auf aussagerelevante Besonderheiten des Zeugen beziehen“[748].

Nur stichwortartig sollen die bei *Greuel et al.*[749] nachzulesenden Besonderheiten aufgezeigt werden:

748 **Leistungsbesonderheiten**

- Individuelle Einschränkungen
  (das betrifft die Frage der Aussagetüchtigkeit),
- Einschränkungen bei der allgemein menschlichen Informationsverarbeitung, z.B. bei einer Vielzahl von ähnlichen Geschehen,
- Einschränkungen bei der Angabe zu Häufigkeit, Größe und Zeitdauer,
- Einschränkungen bei der Rekonstruktion faktischer Inhalte des autobiographischen Gedächtnisses
  (z.B. Datierungsangaben),
- Besonderheiten des Sprachverhaltens und des Kenntnisstandes,
- Erfahrungshintergrund
  (Einschlägige Erfahrungen, Mangel an sachverhaltspezifischer Erfahrung).

749 **Besonderheiten im Erleben**

- Akzentuierte Persönlichkeitsstruktur,
- Persönlichkeitsstörungen.

750 **Qualitäts-Kompetenz-Vergleich.** Zur Glaubhaftigkeitsbeurteilung ist die Aussagequalität auf die kognitive Leistungsfähigkeit des Zeugen, seine bereichsspezifischen Erfahrungen und Kenntnisse zu beziehen[750].

751 **Ergebnis der Fehlerquellenanalyse.** Dazu gehören „Merkmale und Bedingungen der Aussagesituation, welche die Zuverlässigkeit und Qualität der Aussage beeinflussen können (‚Fehlerquellenanalyse‘), dazu gehören auch die Entstehung (Genese) und die weitere Entwicklung der Aussage sowie unter Umständen eine Analyse der ‚Motivationslage‘ in Bezug auf die (Erst-)Aussage“[751].

752 **Ergebnis der Realkennzeichenanalyse.** Der *BGH* hat in der Grundsatzentscheidung ausgeführt:

> **BGH [1 StR 618/98]**
>
> „... dürfen die Realkennzeichen jedenfalls nicht schematisch angewandt werden. Ein zwingender Schluß von einem festgestellten Merkmal auf die Glaubhaftigkeit von Angaben der untersuchten Person ist keinesfalls möglich.

748 Statt vieler *Westhoff/Kluck* S. 196.
749 *Greuel et al.* S. 166 f.
750 *Steller* in: Volbert/Steller, Handbuch der Rechtspsychologie, S. 300.
751 *Westhoff/Kluck* S. 196.

Methodisch unzulässig ist es auch, aus dem Vorliegen einer bestimmten Anzahl von Merkmalen im Sinne eines Schwellenwertes auf die Qualität einer Aussage zu schließen.

Nur im Einzelfall können auch einzelne Realkennzeichen ausreichen, um den Erlebnisbezug einer Aussage anzunehmen.

Fehlen derartige Merkmale, kann umgekehrt nicht unbedingt eine bewußt unwahre Aussage angenommen werden, da dies durch verschiedene Faktoren (z.B. Angst, Erinnerungslücken) verursacht worden sein kann."

Westhoff/Kluck[752] erläutern, „die konkreten vorliegenden Aussage(n) selbst sind schließlich hinsichtlich solcher Merkmale zu untersuchen, in denen sich erlebnisbegründete Aussagen systematisch von solchen unterscheiden, denen kein selbsterlebtes Ereignis zugrunde liegt (so genannte ‚Glaubhaftigkeitskriterien' oder ‚Realkennzeichen')".

Nach *Steller/Volbert*[753] ist „für die Einzelfallbegutachtung ... zu berücksichtigen, daß die Aussageanalyse anhand der Realkennzeichen keine absoluten Ergebnisse im Hinblick auf die Einschätzung der Glaubhaftigkeit einer Schilderung erbringt, sondern zunächst zu einer Einschätzung der Qualität einer Aussage führt."

Fiedler[754] erläutert: „Es gibt keinen normierten Grenzwert, ab welcher Zahl oder Dichte von Realkennzeichen eine Wahrheit beginnt. Folglich kann man die Wahrheitshypothese nicht absolut prüfen, sondern muß sie durch Kontrastieren verschiedener Hypothesen in ihrer relevanten Plausibilität prüfen."

Nach *Köhnken*[755] ist eine Aussage nicht weniger glaubhaft, „weil bestimmte Realkennzeichen nicht auftreten", z.B. weil das Ereignis keine Komplikationen enthält und deshalb keine Komplikationsschilderungen auftreten können.

Bei *Greuel et al.*[756] finden sich Ausführungen dazu, wie die einzelnen Kennzeichnen zu bewerten sind und wie die Gesamtbeurteilung der Aussage vorzunehmen ist.

Zu den *Merkmalen*, die *in jeder erlebnisbezogenen Aussage* zu finden sind, zählen sie:

- Logische Konsistenz der Aussage,
- Detaillierungsgrad der Aussage und
- Konstanz der Aussage (Ausschlussmerkmale).

Zu den *Qualifizierungsmerkmalen* zählen sie:

- Schilderung von Handlungskomplikationen,
- phänomenorientierte Schilderung unverstandener Handlungselemente,

752 *Westhoff/Kluck* S. 196.
753 *Steller/Volbert* in: Steller/Volbert, S. 12.
754 *Fiedler* PdR 1999, 5.
755 *Köhnken* in: Lempp/Schütze/Köhnken, S. 318.
756 *Greuel et al.* S. 159; vgl. auch *Greuel* S. 30.

- Schilderung des Erlebens,
- Schilderung phänomenaler Kausalität,
- Schilderung origineller Details,
- Schilderung von Interaktionsketten,
- Schilderung von Wirklichkeitskontrollen und spontane Präzisierbarkeit der Aussage.

Greuel[757] unternimmt in ihrer Habilitationsschrift den Versuch, „die in vorliegendem Kontext zentralen Qualitätsmerkmale erlebnisfundierter Aussagen unter Bezugnahme auf einschlägige Theorien und Befunde der Grundlagenforschung post hoc zu untermauern". Sie macht Ausführungen zu erkenntnistheoretischen, gedächtnis-, sozial- und entwicklungspsychologischen Aspekten.

753 **Gesamtbeurteilung.** Wie die Einzelbefunde in das Gesamturteil des Gutachtens zu integrieren sind, erläutern *Scholz/Endres*[758]: „Dabei muß gelten, daß die Aussageanalyse zur diagnostischen Entscheidung zwischen alternativen Hypothesen führen soll, nämlich zwischen der Erhärtung des Verdachts und dessen Zurückweisung. Auf jeden Fall wird mit dieser Untersuchungsstrategie nicht eine allgemeine Glaubwürdigkeit des Aussagenden – etwa im Sinne einer ‚charakterlichen' Wahrhaftigkeitsneigung geprüft. Anliegen und Ziel ist es vielmehr, sich als Sachverständiger für ‚die tatbestandsabhängigen Voraussetzungen zur richtigen Wiedergabe des Geschehens' (Wegener, Einf. in die Forensische Psychologie, 1981, S. 47) zu verbürgen. Aus diesem Grunde sprechen psychologische Sachverständige nicht von ‚Glaubwürdigkeit' (der Person), sondern von ‚Glaubhaftigkeit' der Aussage."

Greuel[759] erläutert, dass es nur um Wahrscheinlichkeitsaussagen geht, „ob und ggf. inwieweit eine Aussage einem subjektiven Erlebnis in der Wachwirklichkeit entspricht bzw. mit diesem korrespondiert".

Nach *Greuel et al.*[760] ist es „lediglich möglich herauszufinden, ob sich Zeugenaussagen auf Erlebtes beziehen, d.h. einen Erlebnishintergrund haben. ... Beurteilungen über die den Zeugenaussagen zugrundeliegenden ‚realen' Ereignisse können ... prinzipiell nicht vorgenommen werden".

Der BGH hat klargestellt, dass der Sachverständige nicht darüber zu befinden hat, ob die zu begutachtende Aussage wahr ist oder nicht; dies ist dem Tatrichter vorbehalten. Vielmehr soll der Sachverständige dem Gericht die Sachkunde vermitteln, mit deren Hilfe es die Tatsachen feststellen kann, die für die Beurteilung der Glaubwürdigkeit wesentlich sind[761].

---

757 *Greuel* S. 26.

758 *Scholz/Endres* NStZ 1995, 6.

759 *Greuel* S. 56 – wie schon unter Teil 1 I „Einführung in die Aussagepsychologie" (Rn. 13 ff.) ausgeführt.

760 *Greuel et al.* S. 27 – wie schon unter Teil 1 I „Einführung in die Aussagepsychologie" (Rn. 13 ff.) ausgeführt.

761 *BGH* [2 StR 354/03].

XII. Dokumentation der Begutachtung

Grundsätzlich gilt[762], „daß es in erster Linie dem Sachverständigen überlassen ist, in welcher Art und Weise er sein Gutachten dem Gericht unterbreitet (vgl. BGH, Urt. vom 9. Dezember 1980 – 5 StR 610/80)“. **754**

Der *BGH*[763] stellt in der Grundsatzentscheidung jedoch klar, dass dieser Grundsatz „unter dem bedeutsamen Vorbehalt der Nachvollziehbarkeit und Transparenz der Begutachtung steht (Gutachten Prof. Dr. Fiedler und Prof. Dr. Steller; s. auch Greuel/Offe/Fabian/Wetzels/Fabian/ Offe/Stadler aaO S. 245; Zuschlag, Das Gutachten des Sachverständigen S. 4; Scholz/Endres aaO 11)“. **755**

Nachvollziehbarkeit und Transparenz der Begutachtung **756**

In der Grundsatzentscheidung heißt es: **757**

BGH [1 StR 618/98]

„Dies bedeutet einerseits, daß die diagnostischen Schlußfolgerungen vom Sachverständigen nach Möglichkeit für alle Verfahrensbeteiligten nachvollziehbar dargestellt werden müssen (BGH StV 1989, 141; Steller MschrKrim 1988, 16, 18), namentlich durch Benennung und Beschreibung der Anknüpfungs- und Befundtatsachen.

Andererseits muß durch die Beteiligten zumindest aber durch andere Sachverständige überprüfbar sein, auf welchem Weg der Sachverständige zu den von ihm gefundenen Ergebnissen gelangt ist (BGH bei Dallinger MDR 1976, 17; Eisenberg aaO Rdn. 1508).“

Daraus folgt im Einzelnen:

1. Benennen der Anknüpfungstatsachen

Zu den im Gutachten darzustellenden Anknüpfungstatsachen gehören u.a. **758**

- Angaben aus den polizeilichen Protokollen über die Vernehmung des
  - zu begutachtenden Zeugen,
  - Aussageempfängers,
- Vermerke über die Vernehmungen,
- sonstiger aussagepsychologisch relevanter Akteninhalt.

762 Vgl. nur *BGH* [1 StR 618/98] BGHSt 45, 164 = NJW 1999, 2746 = NStZ 2000, 100 = StV 1999, 473 = BGHR StPO § 244 Abs. 4 S. 1 Sachkunde 9 = StraFo 1999, 340 = PdR 1999, 113.

763 *BGH* [1 StR 618/98] BGHSt 45, 164 = NJW 1999, 2746 = NStZ 2000, 100 = StV 1999, 473 = BGHR StPO § 244 Abs. 4 S. 1 Sachkunde 9 = StraFo 1999, 340 = PdR 1999, 113.

Dazu gehört die Berücksichtigung des Akteninhaltes u.a.

- zum Tatvorwurf,
- zur Aussageentstehungsgeschichte sowie auch
- die Benennung widersprüchlicher Informationen.

Greuel[764] erläutert, der Gutachter, „selektiert und gewichtet ... das bis dahin vorliegende Informationsmaterial und macht dieses zur Basis seines weiteren methodischen Vorgehens. Insofern sollte diese Basis auch im schriftlichen Gutachten benannt werden. Mit *Arntzen* (1993) ist diesbezüglich zu fordern, daß es bei der Ergebnisdokumentation der Aktenanalyse nicht darum gehen kann, Akteninhalte seitenlang wiederzugeben. Hier sollte vielmehr ein systematischer Überblick über die fragestellungsrelevanten Fallbesonderheiten *aus aussagepsychologischer Perspektive* geliefert werden".

Greuel[764] ist zu folgen, dass dazu auch die Benennung von und Auseinandersetzung mit widersprüchlichen Informationen gehört, „bedeutet dies beispielweise, daß man nicht nur die vormaligen Bekundungen und Sichtweisen des zu begutachtenden Zeugen (z.B. polizeiliche Vernehmungsaussage) in ihren wesentlichen Kerngehalten anführt, sondern möglicherweise auch diskrepante Äußerungen anderer Zeugen und natürlich Einlassungen des Beschuldigten, zumal sich hieraus regelmäßig zu überprüfende Alternativhypothesen ableiten lassen".

2. Benennen des Ortes der Begutachtung/der Anzahl der Explorationsgespräche

759 Das Gutachten sollte im Rahmen des Transparenzgebotes Angaben dazu enthalten, wann und wie oft der Sachverständige mit dem Zeugen wie lange worüber gesprochen hat. Es kommt auch vor, dass Sachverständige, wenn sie nach der Exploration bemerken, etwas vergessen zu haben, den Zeugen dann nicht erneut aufsuchen, sondern telefonisch ergänzend befragen. Auch das sollte vermerkt werden, wie auch, wo die Exploration durchgeführt wurde, um feststellen zu können, ob die Exploration womöglich am Ort des inkriminierten Geschehens stattgefunden und der Sachverständige dadurch womöglich unzulässig Ermittlungstätigkeit ausgeübt hat.

764 *Greuel* in: Barton, S. 67.

3. Benennen der Hypothesen

Der *BGH*[765] stellt klar, dass die Hypothesen im Gutachten zu benennen sind: 760

BGH [1 StR 618/98]

„Die der Begutachtung vom Sachverständigen zugrundegelegten Hypothesen sind im Gutachten im einzelnen zu bezeichnen (Gutachten Prof. Dr. Fiedler; Greuel aaO 160; Greuel/Offe/Fabian/Wetzels/Fabian/Offe/Stadler aaO, S. 247)."

4. Benennen der Untersuchungs-, Testverfahren

Der *BGH*[765] spricht sich für die Benennung der angewandten Verfahren im Gutachten aus: 761

BGH [1 StR 618/98]

„Die jeweils verwendeten Untersuchungsmethoden und Testverfahren sind zu benennen und zu den gebildeten Hypothesen in Bezug zu setzen, d.h. es muß deutlich gemacht werden, welche Fragestellung mit welchen Verfahren bearbeitet wurde und warum diese Verfahren methodisch indiziert waren (vgl. Steller aaO 18, 21; s. auch die von der Föderation Deutscher Psychologenvereinigungen herausgegebenen Richtlinien für die Erstellung Psychologischer Gutachten 1994 S. 8 und 11 f.).

Bei anerkannten psychologischen Diagnoseverfahren (z.B. Befragung, Beobachtung, Standardtests und -fragebögen) bedarf es allerdings regelmäßig keiner ausführlichen Erläuterung ihrer Konzeption und Methodik, da deren Überprüfbarkeit bereits durch allgemeine psychologische Quellen wie Testmanuale und Sekundärliteratur gewährleistet ist.

Andere Verfahren müssen im Unterschied dazu im Gutachten dargestellt werden, um dem Nachvollziehbarkeits- und Transparenzgebot zu entsprechen (Gutachten Prof. Dr. Steller; Greuel/Offe/Fabian/Wetzels/Fabian/Offe/Stadler aaO S. 250)."

Nicht veröffentlichte/nicht offengelegte Testverfahren. Näheres zu nicht veröffentlichten oder nicht offengelegten Testverfahren findet sich in den Entscheidungen des *BGH* aus dem Jahre 1976[766] und 1989[767]. 762

1988 hat der *BGH* [2 StR 599/88][768] entschieden, dass die Untersuchungsergebnisse des Sachverständigen nur dann Anerkennung finden, wenn die Methoden, mit denen sie gewonnen worden sind, nachprüfbar sind. Falls die Materialien nicht mehr zu erlangen sind, ist gegebenenfalls ein weiterer Sachverständiger mit einer Untersuchung zu beauftragen.

765 *BGH* [1 StR 618/98] BGHSt 45, 164 = NJW 1999, 2746 = NStZ 2000, 100 = StV 1999, 473 = BGHR StPO § 244 Abs. 4 S. 1 Sachkunde 9 = StraFo 1999, 340 = PdR 1999, 113.

766 *BGH* [3 StR 113/75] bei Dallinger MDR 1976, 17.

767 *BGH* [1 StR 544/88] StV 1989, 141 = NStZ 1989,113.

768 *BGH* StV 1989, 141; vgl. auch LR-*Becker* Rn. 329.

763 **Zeitliche Dauer des Testverfahrens.** In der *BGH-Grundsatzentscheidung*[769] heißt es dazu:

> **BGH [1 StR 618/98]**
>
> „In diesem Zusammenhang fällt ins Gewicht, daß die infolge der fehlenden Beschreibung der Verfahren nicht bekannte zeitliche Länge eines Tests für dessen Ergebnisse relevant sein kann und daher ebenfalls benannt werden sollte (Gutachten Prof. Dr. Fiedler; s. auch Greuel/Offe/Fabian/Wetzels/Fabian/Offe/Stadler aaO S. 246 f.; Venzlaff aaO S. 129)."

764 **Zeitpunkt der Durchführung.** In vielen Gutachten wird nicht angegeben, wann der Sachverständige die Testverfahren durchgeführt hat. Erfolgt die Testung z.B. erst nach der Exploration zur Sache, kann der Zeuge vielleicht nicht mehr ausreichend konzentriert sein. Jedenfalls müsste der Sachverständige die Konzentration überprüfen.

765 **Testergebnisse.** Der *BGH*[769] führt dazu aus:

> **BGH [1 StR 618/98]**
>
> „Allerdings kann es im Einzelfall notwendig sein, alle vom Untersuchten erzielten Testergebnisse den Prozeßbeteiligten mitzuteilen, um ihnen so die Überprüfung der vom Sachverständigen aus diesen Befunden gezogenen Schlußfolgerungen zu ermöglichen (Gutachten Prof. Dr. Fiedler). In der Regel wird es jedoch genügen, die wesentlichen Ergebnisse zu benennen und zu interpretieren, nämlich diejenigen, die sich bei Durchführung der Begutachtung für die Erfüllung des Gutachtenauftrags als wichtig erwiesen haben (Gutachten Prof. Dr. Steller; Zuschlag aaO S. 123; ebenso die Richtlinien für die Erstellung Psychologischer Gutachten aaO).
>
> Wählt der Sachverständige diese Darstellungsweise, ist dies daher grundsätzlich nicht zu beanstanden. Er muß in diesem Fall entsprechend dem wissenschaftlichen Transparenzgebot aber sonstige Testergebnisse angeben und belegen können, sofern sich in der Hauptverhandlung nach den Maßstäben des § 244 Abs. 2 StPO insofern Aufklärungsbedarf ergibt (BGH StV 1989, 141; Greuel/Offe/Fabian/Wetzels/Fabian/Offe/Stadler aaO S. 274). Dies steht nicht im Widerspruch zur Rechtsansicht des 3. Strafsenats des Bundesgerichtshofs, der lediglich einen unbedingten, keinen Beschränkungen unterliegenden Anspruch der Verfahrensbeteiligten auf Vorlage und Zugänglichmachung sämtlicher zur Vorbereitung des Gutachtens dienender Arbeitsunterlagen eines Sachverständigen verneint hat (BGH StV 1995, 565)."

769 *BGH* [1 StR 618/98] BGHSt 45, 164 = NJW 1999, 2746 = NStZ 2000, 100 = StV 1999, 473 = BGHR StPO § 244 Abs. 4 S. 1 Sachkunde 9 = StraFo 1999, 340 = PdR 1999, 113.

5. Trennung von Datenbericht und psychologischer Interpretation

Der *BGH*[770] stellt – anhand der Darstellung der Aussagetüchtigkeit – klar, dass der Datenbericht und die psychologische Interpretation im Gutachten getrennt von einander dargestellt werden müssen: 766

BGH [1 StR 618/98]

„Auch der erste, ‚zur Persönlichkeit unter besonderer Berücksichtigung der Zeugeneignung' verfaßte Teil des Gutachtens entspricht nicht dem Gebot der Transparenz und Nachvollziehbarkeit. Da in ihm keine Trennung von ohnehin ausgesprochen knappem Datenbericht einerseits und psychologischer Interpretation andererseits vorgenommen wird, ist eine Überprüfung der von der Erstgutachterin hinsichtlich verschiedener Aspekte der Persönlichkeit der Zeugin gezogenen Schlußfolgerungen nicht möglich (Gutachten Prof. Dr. Steller; Greuel/Offe/Fabian/Wetzels/Fabian/Offe/Stadler aaO S. 248 f., 251)."

Kluck[771]ergänzt: „Bei der Darstellung der Ergebnisse ist es eine Selbstverständlichkeit, dass der Bericht über die erhobenen Daten strikt zu trennen ist von deren Interpretation und gutachterlichen Bewertung."

Aussagebericht = Trennung von erhobenen Daten und deren Bewertung 767

6. Dokumentation des Explorationsgespräches

Vor der Grundsatzentscheidung des *BGH* wurde unter Psychologen die Frage, ob ein vollständiges Transkript des Explorationsgespräches in das Gutachten einzuarbeiten oder diesem beizufügen ist, unterschiedlich diskutiert. Der *BGH* ist der Ansicht von *Steller/Volbert*[772] gefolgt, die einen zusammenfassenden Explorationsbericht für ausreichend erachten und die Gestaltung dem Sachverständigen überlassen wollen. 768

Zur Dokumentation des Explorationsgespräches heißt es in der Grundsatzentscheidung des *BGH*[770]:

BGH [1 StR 618/98]

„Das bedeutet aber nicht, daß das Explorationsgespräch im Gutachten unbedingt vollständig wiederzugeben ist. Ausreichend und wegen der größeren Übersichtlichkeit vorzugswürdig ist ein Bericht, der das Gespräch nur insoweit wörtlich ggf. unter Schilderung von Ablauf und Begleitumständen darstellt, wie es für die Bearbeitung des Gutachtenauftrags

770 *BGH* [1 StR 618/98] BGHSt 45, 164 = NJW 1999, 2746 = NStZ 2000, 100 = StV 1999, 473 = BGHR StPO § 244 Abs. 4 S. 1 Sachkunde 9 = StraFo 1999, 340 = PdR 1999, 113.

771 *Jansen/Kluck* Sonderheft 1 – Glaubhaftigkeitsbegutachtung, PdR 2000, 89.

772 *Steller/Volbert* in: Steller/Volbert, S. 12.

von Bedeutung ist. Insofern gilt nichts anderes als für die entsprechende Darstellung in den schriftlichen Urteilsgründen (vgl. BGH, Urt. vom 7. März 1996 1 StR 707/95)."

In einer Folgeentscheidung hat der *BGH*[773] für Gutachten, die vor der Grundsatzentscheidung erstellt worden sind, klargestellt: „Enthält jedoch wie hier das Gutachten der Diplom-Psychologin einen umfangreichen, detailreichen Bericht über die maßgeblichen Anknüpfungstatsachen, der auch Erzählanstöße aufweist und dem – unter Verwendung der indirekten Rede – mittelbar eine Anzahl der gestellten Fragen und Antworten zu entnehmen sind, entzieht dies jedenfalls den bis zur Entscheidung des Senats vom 30. Juli 1999 erstellten Gutachten die wissenschaftliche Grundlage nicht zwingend."

In der Praxis zeichnen Sachverständige meist nur die Befragung zum eigentlichen Tatvorwurf wie auch zur Aussageentstehungsgeschichte auf, sofern diese mit dem Zeugen erörtert wird. Unüblich ist, die Angaben aus dem Explorationsgespräch zur Aussagetüchtigkeit wörtlich wiederzugeben. Mitgeteilt werden meist die angewandten Untersuchungsverfahren und deren Ergebnis.

Wird das Explorationsgespräch nicht auf Tonband aufgezeichnet und der Bericht später nur anhand stichwortartiger Notizen oder handschriftlicher Mitschriften gefertigt, reicht ein solches Protokoll für eine „wissenschaftlich fundierte Glaubhaftigkeitsbegutachtung der Aussage nicht aus"[774].

Die BGH-Grundsatzentscheidung stellt nicht klar, welche Art der Darstellung für die zentralen Ergebnisse dem Transparenzgebot und der Nachvollziehbarkeit entspricht.

Kritisch anzumerken ist[775]: „In der Praxis finden sich vielfach Gutachten, in denen dem Leser zur ‚Vereinfachung' ein Bericht präsentiert wird, der inhaltlich geordnet ist und häufig wenig bis gar keine wörtlichen Fragen und Antworten enthält. Aus einer solchen geordneten Darstellung ist z.B. die als positives Glaubhaftigkeitskriterium festgestellt ‚unstrukturierte Aussageweise' nicht erkennbar. Nennt man die Frage nicht, kann auch die Antwort nicht bewertet werden. … solche Berichte, die den Verfahrensbeteiligten keinen ausreichenden Einblick in das Explorationsgespräch vermitteln, werden dem Transparenzgebot noch nicht einmal im Ansatz gerecht; der Bericht hat das Gespräch vielmehr so wörtlich darzustellen, ‚wie es für die Bearbeitung des Gutachtenauftrages von Bedeutung ist' (BGH a.a.O.)."

Vor dem Hintergrund, dass die ständige *höchstrichterliche Rechtsprechung* dem Sachverständigen viel Freiheit bei der Gutachtenerstattung lässt, erscheint es umso notwendiger, ausreichende Kontrollmöglichkeiten zu schaffen.

773 *BGH* [1 StR 582/99] NStZ 2001, 45 = BGHR StPO § 244 Abs. 4 S. 1 Sachkunde 11.
774 *Greuel et al.* S. 68.
775 *Jansen* StV 2000, 224.

XIII. Überprüfung des Gutachtens

In der Grundsatzentscheidung des *BGH*[776] zu aussagepsychologischen Gutachten heißt es: **769**

BGH [1 StR 618/98]

„Hält der Tatrichter ausnahmsweise die Einholung eines Glaubhaftigkeitsgutachtens für erforderlich, so fällt es grundsätzlich in seine Zuständigkeit, insofern die Einhaltung der dargelegten wissenschaftlichen Mindestanforderungen sicherzustellen."

In dem psychologischen Standardwerk von *Westhoff/Kluck*[777], *Psychologische Gutachten schreiben und beurteilen* werden die notwendigen allgemeinen Inhalte psychologischer Gutachten dargestellt. Das letzte Kapitel enthält eine Checkliste für die Beurteilung derlei Gutachten durch Nichtpsychologen:

Beurteilung psychologischer Gutachten durch Nichtpsychologen **770**

nach *Westhoff/Kluck*[778]

Zusammenfassende Darstellung

Gliederung eines Gutachtens

Transparenz des Gutachtens

Formulierung des Gutachtens

Fragestellung

Formulierung psychologischer Fragen

Darstellung des Untersuchungsplans im Gutachten

Auswertung und Darstellung von Tests und Fragebögen im Ergebnisteil des Gutachtens

Auswertung und Darstellung von Gesprächen und nichtstandardisierten schriftlichen Informationen im Ergebnisteil des Gutachtens

Befund eines Gutachtens

Empfehlungen und Vorschläge im Gutachten

Diese Ausführungen bei *Westhoff/Kluck* sind allgemein gehalten und gelten für psychologische Gutachten generell. Die Besonderheiten des Gutachtenaufbaues aussagepsychologischer Gutachten bestehen in Folgendem:

---

776 *BGH* [1 StR 618/98] BGHSt 45, 164 = NJW 1999, 2746 = NStZ 2000, 100 = StV 1999, 473 = BGHR StPO § 244 Abs. 4 S. 1 Sachkunde 9 = StraFo 1999, 340 = PdR 1999, 113.

777 *Westhoff/Kluck* S. 199 ff., 240 ff., 262 ff.

778 *Westhoff/Kluck* S. 240 ff., 262 ff.; ausführlich dargestellt im „Anhang 3".

771 **Anerkannte Standards**
des inhaltlichen Gutachtenaufbaues aussagepsychologischer Gutachten
nach *Fissini*[779], *Greuel*[780], *Kühne/Zuschlag*[781], *Steller*[782], *Westhoff/Kluck*[783]

Zusammenfassung nach *Greuel*[784]:

Angaben zum Begutachtungsablauf

Wiedergabe der Anknüpfungstatsachen

Beschreibende Wiedergabe der erzielten Untersuchungsergebnisse

Psychologischer Untersuchungsbefund

Beantwortung der Untersuchungsfragestellung

Zusammenfassung

772 Nach *Scholz*[785]ist – zusammenfassend – folgendes bei der Aussagebegutachtung zu beachten:

- Personalbeweise liefern keine absoluten Sicherheiten,
- welche *Gespräche* die bezeugende Person *zwischen* der *Tatbegehung* und der *Begutachtung* über das inkriminierte Tatgeschehen geführt haben,
- inwieweit und an welchen Stellen die befragte Person ihre eigene *Aussage verändert* hat,
- welche *Erwartungen, Einstellungen oder Stereotype* die bezeugende Person und ihre Gesprächspartner zum Sachverhalt hat,
- durch welche *Fehlerquellen* die nicht-glaubhafte Aussage zustande gekommen ist,
- *Einflussbedingungen*, die auf die Aussage gewirkt haben können:
  - Gestaltung der Befragungen,
  - das Gesprächsverhalten der befragenden und
  - das Gesprächsverhalten der befragten Person,
  - *Aussagetüchtigkeit* – dazu gehört:
  - das Alter der befragten Person,
  - ihre Erfahrungen im Hinblick auf das inkriminierte Tatgeschehen,
  - ihre *Persönlichkeitsentwicklung*.

779 *Fissini* Lehrbuch der psycholgischen Diagnostik, 1997.
780 *Greuel* in: Barton, S. 67 ff.
781 *Kühne/Zuschlag* Richtlinien für die Erstellung psychologischer Gutachten, 2001.
782 *Steller* MschrKrim 1988, 16 ff.; *Steller* in: Kröber/Steller, S. 1 ff.
783 *Westhoff/Kluck* Psychologische Gutachten schreiben und beurteilen, 4. A., 2003.
784 *Greuel* in: Barton, S. 67 ff. – eine ausführliche Darstellung findet sich im Anhang.
785 *Scholz* NStZ 2001, 572.

XIV. Methodenkritische Stellungnahmen

In Verfahren gegen die sexuelle Selbstbestimmung stehen häufig den Beschuldigten 773
belastende (kindliche) Zeugenaussagen im Mittelpunkt, die vielfach gutachterlich beurteilt werden. Damit kommt aussagepsychologischen Gutachten in diesen Verfahren großes Gewicht zu. Aus diesem Grund werden Glaubhaftigkeitsgutachten in der Praxis – vor allem von Verteidigern, aber zunehmend auch von Gerichten – im Rahmen von methodenkritischen Stellungnahmen einer fachlichen Überprüfung unterzogen.

Ohne diese wäre vermutlich in den schon erwähnten spektakulären Missbrauchsverfahren (Montessori und Worms) der völlig verfehlte Prüfansatz der Erstgutachten nicht erkannt worden und es zu zahlreichen Verurteilungen Unschuldiger zu hohen Freiheitsstrafen gekommen. Wissenschaftliche Erkenntnisse der Aussagepsychologie wären in diesen Verfahren nicht erörtert, nachfolgende Veröffentlichungen dazu – auch in juristischen Fachzeitschriften – nicht erfolgt. Letztlich dürfte auch die Grundsatzentscheidung des BGH zu aussagepsychologischen Gutachten ein „Reflex" auf die genannten Verfahren sein[786].

Auch mehr als **zehn** Jahre nach der Grundsatzentscheidung des BGH gibt es zahlreiche Gutachten, die zwar die Anwendung wissenschaftlich anerkannter Untersuchungsverfahren behaupten, sie aber tatsächlich nicht durchführen. Umso mehr oder gerade deshalb sind auch nach der Grundsatzentscheidung methodenkritische Stellungnahmen oft unverzichtbar. Im Übrigen hat der *BGH*[787] entschieden:

BGH [1 StR 618/98] 774

„Hält ein Prozeßbeteiligter die wissenschaftlichen Anforderungen dagegen für nicht erfüllt, wird er noch in der Tatsacheninstanz auf die Bestellung eines weiteren Sachverständigen hinzuwirken haben. Will das Gericht einem dahingehenden Beweisantrag nicht entsprechen, bedarf es wie dargelegt einer ausführlichen Begründung des Ablehnungsbeschlusses regelmäßig nur dann, wenn der Antragsteller einen Mangel des Erstgutachtens konkret vorgetragen hat".

Hinweis

Dazu sollte der Antragsteller behaupten, dass die Zeugenaussage nicht auf tatsächlich Erlebtem beruht und als Beweismittel ein neues aussagepsychologisches Gutachten benennen mit der Begründung, dass das erstattete Gutachten erhebliche methodische Mängel beinhaltet. Dazu muss der Antragsteller die konkreten Mängel des Gutachtens im Einzelnen – ggf. durch einen anderen Fachvertreter – darlegen.[787]

786 Vgl. dazu *Boetticher* in: NJW-Sonderheft für Gerhard Schäfer, S. 8.
787 *BGH* [1 StR 618/98] BGHSt 45, 164 = NJW 1999, 2746 = NStZ 2000, 100 = StV 1999, 473 = BGHR StPO § 244 Abs. 4 S. 1 Sachkunde 9 = StraFo 1999, 340 = PdR 1999, 113.

In der Regel wird der Strafjurist die Mängeldarstellung nicht selbst vornehmen können und auf die Hilfe eines Methodenkritikers angewiesen sein.

Wünschenswert wäre, dass Gerichte vermehrt kritisch mit aussagepsychologischen Gutachten umgehen und auch selbst Stellungnahmen dazu einholen.

775 Nach einer Entscheidung des *OLG Stuttgart*[788] kann eine methodenkritische Stellungnahme auch im Wiederaufnahmeverfahren Bedeutung erlangen.

Greuel[789] geht es um die nicht öffentliche Auftragsvergabe, die Frage der Verwertung der Methodenkritik und die Kontrolle des Sachverständigen. Der Methodenkritiker sollte mindestens über eine gleichwertige Sachkunde verfügen wie der Primärgutachter und die Methodenkritik wissenschaftlichen Anforderungen genügen. Gefordert wird zudem zu Recht einschlägige praktische Erfahrung.

XV. Besonderheiten

1. Gutachten ohne Exploration

776 Gemäß § 81c StPO kann ein Zeuge nicht untersucht werden, wenn er nicht in eine solche Untersuchung einwilligt.

Stehen dem Sachverständigen andere Anknüpfungstatsachen zur Verfügung, kann er nach der Rechtsprechung des BGH auch ohne Exploration im Einzelfall ein Gutachten erstatten. Vergleiche dazu die nachfolgenden Entscheidungen:

- BGH [1 StR 40/02][790]
- BGH [5 StR 422/97][791]
- BGH [5 StR 184/90][792]
- BGH [1 StR 184/82][793]
- BGH [1 StR 790/80][794]
- BGH [2 StR 616/68]
- BGH [2 StR 471/59]

777 In einer früheren Entscheidung hat der *BGH*[792] grundsätzlich klargestellt, dass sich aus § 81c StPO nur „das Verbot der Beweiserhebung durch Untersuchung“ ergibt.

788 *OLG Stuttgart* [2 Ws 152/2000] StV 2003, 232.

789 *Greuel* in: Barton, S. 67 ff., 83; vgl. auch *Greuel* in: Fabian/Nowara, S. 403.

790 *BGH* NStZ 2002, 656 = BGHR StPO § 261 Beweiswürdigung 28 = BGHR StPO § 261 Erfahrungssatz 8 = BGHR StPO § 261 Sachverständiger 8.

791 *BGH* StV 1981, 216.

792 *BGH* [2 StR 616/68] BGHSt 23, 1.

793 *BGH* [5 StR 422/97] StV 1998, 116; gleichlautend *BGH* [3 StR 12/96] NStZ 1996, 401 = StV 1996, 410 = BGHR StGB § 176 Serienstraftaten 5; vgl. auch *BGH* [1 StR 184/82] StV 1982, 458 = NStZ 1982, 432.

794 Im schon vielfach erwähnten sog. Wormser Mißbrauchsverfahren hatten alle in der Hauptverhandlung hinzugezogenen Sachverständigen die Kinder nicht exploriert. Die Suggestionseffekte ergaben sich aus den Bekundungen der (kindlichen) Zeugen in der Hauptverhandlung.

„Andere Wege sind nicht verschlossen. So bestand die Möglichkeit, zur Vernehmung der Zeugin in der Hauptverhandlung einen Sachverständigen zuzuziehen, wobei die Erstattung des Gutachtens nach Maßgabe des § 80 StPO gefördert werden kann. ... Die Zeugnispflicht schließt ein, daß der Zeuge die Prüfung seiner Glaubwürdigkeit dulden muß. Der Richter ist zu dieser Prüfung verpflichtet; es gibt keine gesetzliche Vorschrift, die ihm verböte, sich dabei der Hilfe eines Sachverständigen zu bedienen".

Ausdrücklich erwähnt sei, dass es auch für die Beurteilung suggestiver Einflüsse **778**
nach der *BGH*[795]-Rechtsprechung keiner Exploration[796] bedarf:

> „Insbesondere begegnet es keinen Bedenken, daß das Landgericht im Ergebnis den Ausführungen der Sachverständigen F. gefolgt ist, die im Gegensatz zu der Sachverständigen H. keine Exploration des Kindes außerhalb der Hauptverhandlung vorgenommen hat. Für die *Beurteilung möglicher suggestiver Einflüsse auf die kindliche Zeugin bedurfte es nicht notwendig einer solchen Untersuchung*. Anders als in der von der Beschwerdeführerin herangezogenen Entscheidung BGHR StPO § 261 Sachverständiger 3, in der es um die Beurteilung eines Krankheitszustandes ging, boten hier das *Studium der Verfahrensakten* einschließlich des *vorbereitenden schriftlichen Gutachtens* der Sachverständigen H., der von dem Kind *in der Hauptverhandlung vermittelte Eindruck* und die Aussagen der für eine suggestive Beeinflussung des Kindes in Betracht kommenden Zeugen der Sachverständigen F. eine hinreichende Grundlage, um das Gericht bei dessen Aufgabe, die Glaubwürdigkeit der Hauptbelastungszeugin zu beurteilen, sachkundig zu unterstützen."

Rohmann[797] befasst sich mit Glaubhaftigkeitsbegutachtung für den Fall, dass keine polizeiliche Vernehmung erfolgt ist.

2. Vorübergehende Vernehmungsunfähigkeit des Zeugen

Zur vorübergehenden Vernehmungsunfähigkeit des Zeugen für sechs Monate und **779**
Unklarheit, ob der Zeuge sich danach an das Tatgeschehen erinnern kann, hat das Bayrische Oberste Landesgericht schon im Jahr 1982 entschieden, auch dann nicht von einer persönlichen Vernehmung abzusehen:

- BayObLG [1 St 125/82][798]

---

795 *BGH* [5 StR 422/97] StV 1998, 116; gleichlautend *BGH* [3 StR 12/96] NStZ 1996, 401 = StV 1996, 410 = BGHR StGB § 176 Serienstraftaten 5; vgl. auch *BGH* [1 StR 184/82] StV 1982, 458 = NStZ 1982, 432.

796 Im schon vielfach erwähnten sog. Wormser Mißbrauchsverfahren hatten alle in der Hauptverhandlung hinzugezogenen Sachverständigen die Kinder nicht exploriert. Die Suggestionseffekte ergaben sich aus den Bekundungen der (kindlichen) Zeugen in der Hauptverhandlung.

797 *Rohmann* StraFo 2006, 15.

798 *BayObLG* StV 1982, 412.

3. Zeitablauf

780 Für den Fall, dass von einer psychiatrischen Untersuchung des Zeugen wegen Zeitablaufs keine Erkenntnisse mehr zu erwarten sind, kann das Gericht sich von einem Sachverständigen über *wissenschaftliche Erfahrungssätze* im Hinblick auf den Zusammenhang von Schädel-Hirn-Verletzungen und Zeugentüchtigkeit unterrichten lassen:

- BGH [5 StR 204/94][799]

4. Nur mündlich erstattetes Gutachten

781 Ein nur mündlich erstattetes Gutachten erscheint angesichts der Gesamtheit der an den Gutachter und den Richter gestellten Anforderungen nicht mehr vertretbar.[800]

5. Antrag auf Beiziehung der Unterlagen des Sachverständigen

782 Die Untersuchungsmaterialien können sehr aufschlussreich sein. Nicht selten finden sich Gutachten, die nach wie vor das von dem Zeugen gegenüber dem Sachverständigen Geäußerte nicht wörtlich wiedergeben. Dann muss in der Hauptverhandlung geklärt werden, was der Zeuge von sich aus und was er auf Fragen geantwortet hat.

Sieht man die Mitschriften des Gutachters ein und stellt man fest, dass diese nur aus Stichworten bestehen, so ist z.B. zu klären, wie es dann zu der Formulierung ganzer Sätze im Aussagebericht kommt.

Rechtlich besteht die Möglichkeit, einen Antrag auf Beiziehung der Unterlagen des Sachverständigen zu stellen.

Der *BGH*[801] hat im Jahre 1988 zur Nachprüfbarkeit der von dem Sachverständigen angewandten Methoden entschieden:

> „Wird ein Beweisantrag auf Beiziehung der von einem Sachverständigen angefertigten Untersuchungsunterlagen und Untersuchungsergebnisse mit der Behauptung, aus diesen Materialien würden sich die falschen Schlußfolgerungen des Sachverständigen ergeben, mit der Begründung abgelehnt, der Sachverständige sei nicht verpflichtet, die Unterlagen vorzulegen, ist dies rechtsfehlerhaft. Denn die Untersuchungsergebnisse von Sachverständigen können nur dann Anerkennung finden, wenn die Methoden, mit denen sie gewonnen worden sind, nachprüfbar sind. Falls die Materialien nicht mehr zu erlangen sind, ist gegebenenfalls ein weiterer Sachverständiger mit einer Untersuchung zu beauftragen."

799 *BGH* StV 1994, 634.
800 *Pfister* in: Deckers/Köhnken, S. 47.
801 *BGH* [1 StR 544/88] NStZ 1989, 113.

Bereits 1975 hat der *BGH*[802] entschieden, dass sich die Verfahrensbeteiligten nicht auf die Sachkunde des Gutachters und darauf verweisen lassen müssen, dass er wissenschaftliche Methoden verwende, die die von ihm gefundenen Beurteilungen rechtfertigen.

6. Aufbewahrung der Untersuchungsmaterialien

In der Grundsatzentscheidung[803] hat der *BGH* klargestellt, **783**

BGH [1 StR 618/98]

„ … die bezeichneten Materialien sind wenigstens bis zur Rechtskraft des Urteils, im Hinblick auf eine eventuelle Wiederaufnahme des Verfahrens besser darüber hinaus aufzubewahren und bei Bedarf in der Hauptverhandlung nach den Maßstäben der gerichtlichen Aufklärungspflicht vorzulegen (s. auch Zuschlag aaO S. 123).“

7. Vorläufiges Gutachten

In der Regel erstellen Sachverständige ein vorläufiges Gutachten. Von besonderer Bedeutung kann das z.B. sein, wenn der Beschuldigte verhaftet worden ist. Vielfach hängt die weitere Haft allein vom Ausgang des Gutachtens ab. In einem solchen Fall kann im ersten Moment auch eine vorläufige mündliche Einschätzung des Sachverständigen ausreichen. Wird die Aussage des Zeugen als glaubhaft eingestuft, wird auf eine schnellstmögliche schriftliche Ausfertigung zu drängen sein, um prüfen zu können, ob das Gutachten ordnungsgemäß erstellt ist. **784**

Ein Anspruch auf Erstattung eines Vorgutachtens besteht nicht. Gemäß § 82 StPO hängt es im Vorverfahren von der Anordnung des Richters ab, ob die Sachverständigen ihr Gutachten schriftlich oder mündlich zu erstatten haben. In der Regel – zumindest wenn der Sachverständige im Ermittlungsverfahren beauftragt wird – wird ein solches Vorgutachten erstellt. Anders kann es sein, wenn die Beauftragung erst im Hauptverfahren oder gar erst in der Hauptverhandlung erfolgt. Der Verteidiger sollte immer auf eine schriftliche Fassung drängen, um sich so besser vorbereiten und das Gutachten auf methodische Mängel überprüfen zu können.

In der Grundsatzentscheidung hat der *BGH*[803] entschieden:

BGH [1 StR 618/98]

„Die Feststellung dieser Mängel bezog sich allerdings zunächst auf das von der früheren Sachverständigen vorab vorgelegte schriftliche Gutachten, dessen Inhalt die Revision mit-

---

802 *BGH* [3 StR 113/75] bei *Dallinger* MDR 1976, 17.

803 *BGH* [1 StR 618/98] BGHSt 45, 164 = NJW 1999, 2746 = NStZ 2000, 100 = StV 1999, 473 = BGHR StPO § 244 Abs. 4 S. 1 Sachkunde 9 = StraFo 1999, 340 = PdR 1999, 113.

geteilt hat. Dabei handelt es sich nur um eine vorläufige und unter dem Vorbehalt der Ergebnisse der Beweisaufnahme stehende sachverständige Stellungnahme (BGH GA 1963, 18, 19). Für die Urteilsfindung und damit für die Überprüfung des Urteils maßgebend ist dagegen stets das in der Hauptverhandlung erstattete und verwertete Gutachten. Der Senat schließt aber ausnahmsweise aus, daß die Sachverständige in der mündlichen Verhandlung in relevanter Weise von ihrem schriftlichen Gutachten abgewichen ist oder dieses wesentlich ergänzt hat (vgl. BGHSt 9, 292, 297). Soweit im Urteil des Landgerichts Erwägungen der Sachverständigen wiedergegeben werden, sind diese ohne Ausnahme bereits im schriftlichen Gutachten enthalten."

8. Begutachtung des Beschuldigten

785 Die Hinzuziehung eines Sachverständigen kann auch erforderlich sein, wenn es um die Beurteilung einer Beschuldigtenaussage geht und die Eigenart des Einzelfalles eine außergewöhnliche Sachkunde erfordert (vgl. BGH NStZ 1987, 182), so z.B. wenn bei dem Beschuldigten eine „Minderbegabung mit psychosozialer und psychosexueller Retardierung" besteht. In dem zugrundeliegenden Fall ging es um die Beurteilung des zunächst abgegebenen Geständnisses, das der Beschuldigte in der Hauptverhandlung widerrufen hatte.[804]

9. Erstattung der Gutachtenkosten

786 In der letzten Hauptverhandlung gegen Monika Bötticher vor dem LG Frankfurt hatte die Verteidigung Prof. Steller mit der Begutachtung einer Vielzahl von Zeugenaussagen beauftragt und dazu u.a. die Aussagen der Zeugen in der Hauptverhandlung durch einen Stenographen „protokollieren" lassen. Die so entstandenen Kosten sind nach einer Entscheidung des *Bundesverfassungsgerichts*[805] nicht erstattungsfähig.

In der Entscheidung heißt es:

> „Da die Beweiswürdigung einen Teil der strafrechtlichen Rechtsanwendung bildet (vgl. § 261 StPO) und sich dabei stellende aussagepsychologische Fragen keine abgelegene, sondern eine für Richter ebenso wie für Anwälte zentrale, in der juristischen Fachliteratur ausführlich abgehandelte Materie darstellen (vgl. nur *Bender/Nack,* Tatsachenfeststellung vor Gericht, Band I Glaubwürdigkeits- und Beweislehre, 2. Aufl. 1995), ist die Auffassung des Landgerichts nachvollziehbar, zur Würdigung der Zeugenaussagen sei mangels besonderer, zusätzliche psychologische Kenntnisse erfordernder Umstände eine kostenverursachende Inanspruchnahme sachverständiger Hilfe nicht erforderlich gewesen. … Angesichts der zitierten höchstrichterlichen, von der Literatur weitgehend bestätigten, Ausle-

804 *BGH* [1 StR 502/04] NStZ 2005, 394.
805 *BVerfG* [2 BvR 2099/01] NJW 2003, 1443.

gung des § 244 Abs. 4 StPO war für den Beschwerdeführer bei ‚verständiger ex-ante-Betrachtung' erkennbar, dass das Landgericht die Beweiswürdigung als spezifisch richterliche, d.h. kraft eigener Sachkunde zu erfüllende Aufgabe ansehen und Anträge auf sachverständige Begutachtung der Glaubhaftigkeit von Aussagen erwachsener, psychisch und somatisch unauffälliger Zeugen abweisen würde (vgl. *Herdegen,* in: Karlsruher Kommentar zur StPO, 4. Aufl., § 244, Rn. 27: ‚Scheut der Richter die eigenverantwortliche Beurteilung einer Beweisfrage in Fällen, in denen er eigene Sachkunde in Anspruch nehmen dürfte und müsste, verfehlt er die ihm zukommende Rolle …' (zum Zusammenhang zwischen dem Umfang von Beweisantragsrechten und Auslagenerstattungsansprüchen vgl. Jakubetz, JurBüro 1999, S. 564 ff., *571).* Soweit der Beschwerdeführer die Erforderlichkeit des Sachverständigengutachtens damit begründet, dass in dem vor dem Frankfurter Landgericht durchzuführenden dritten Strafverfahren gegen Frau B. der vom Bundesgerichtshof in seinem Urteil vom 30. Juli 1999 *(BGHSt 45, 164 ff. = NStZ 2000, S. 100 ff.)* ‚anhand forensisch-psychologischen Wissensstandes entwickelte Maßstab' zu beachten gewesen sei, verkennt er, dass dieser Maßstab die an ein aussagepsychologisches Gutachten zu stellenden inhaltlichen und methodischen Anforderungen betrifft, nicht aber die Frage, ob die Einholung eines solchen Gutachtens gemäß §§ 244 ff. StPO geboten ist. … Eine Erstattung der vom Beschwerdeführer verauslagten Gutachtenkosten gemäß § 97 Abs. 2 (i.V.m. § 126 Abs. 1) BRAGO war allenfalls dann zur Wahrung seiner Berufsausübungsfreiheit geboten, wenn seine Verteidigungsstrategie darauf zielte, von Rechtsprechung und juristischer Fachliteratur verwertete aussagepsychologische Erkenntnisse auf Grund neuerer, durch das eingeholte Sachverständigengutachten zu belegender, Forschungsergebnisse in Frage zu stellen. Dies war jedoch wie sich aus dem Inhalt des vorgelegten Gutachtens ergibt nicht der Fall:

Die von dem Sachverständigen Prof. Max Steller herangezogenen, in einem Vorspann zusammengefassten ‚Forschungsergebnisse über die Zuverlässigkeit von Zeugenaussagen' entsprachen dem zu dieser Zeit in der juristischen Fachliteratur rezipierten Stand der Wissenschaft. Dies gilt sowohl für das von dem Sachverständigen beschriebene Phänomen sogenannter ‚schemabasierter Gedächtnisstörungen' (vgl. nur Bender/Nack, a.a.O., Rn. 32, 60 ff., 83 und 119 ff.), für den potentiellen Einfluss wiederholter Befragungen (vgl. dazu Bender/Nack, a.a.O., Rn. 103 ff., 106 ff. und Rn. 159 mit Rn. 123), sogenannter Quellenverwechselungen (vgl. dazu Bender/Nack, a.a.O., Rn. 115, 119 ff., 136 ff., 141 ff., 146-159) und von anderen Zeugen (vgl. dazu Bender/Nack, a.a.O., Rn. 103 ff., 107 ff.) als auch für die von ihm angesprochene sogenannte Exaktheits-Gewissheits-Problematik (vgl. dazu Bender/Nack, a.a.O., Rn. 123 f.)."

10. Verhaltensauffälligkeiten

787 Immer wieder erschallen Appelle, wieder mehr auf Verhaltensauffälligkeiten von Kindern und Jugendlichen im Zusammenhang mit einem sexuellen Missbrauchsverdacht zu achten. So propagiert, soll jeder sich die Verdachtserhebung aufgrund völlig unspezifischer Symptome und subjektiver Interpretationen zutrauen dürfen. Dadurch können sich auch Mitarbeiter von Hilfsorganisationen selbst mehr Beurteilungskompetenz zuschreiben und so versuchen, die Aussagepsychologie, die den Verhaltensauffälligkeiten als diagnostisches Mittel eindeutig eine Abfuhr erteilt hat, in den Hintergrund zu drängen.[806] *Schade/Erben/Schade* formulieren deutlich: „Die immer wieder präsentierten Symptomlisten für sexuellen Mißbrauch *(Underwager & Wakefield.* 1989; *Wildwasser Worms,* 1992) stellen insofern eher eine Irreführung als eine Orientierungshilfe dar.“

806 *Schade/Erben/Schade* Kindheit und Entwicklung 1995, 197; *Rösner/Schade* FamRZ 1993, 1133; *Endres/Scholz* NStZ 1994, 466.

Teil 4
Prozesse

Jahrzehntelang haben aussagepsychologische Gutachten[1] im Strafprozess wenig Beachtung gefunden. In die Diskussion geraten sind sie vor allem seit dem sog. *Montessori-Verfahren* vor dem LG Münster und dem sog. *Wormser Mißbrauchsverfahren* vor dem LG Mainz, weil der von den zunächst dort tätigen Sachverständigen gewählte methodische Ansatz ihrer Gutachten nicht dem aktuellen Stand der wissenschaftlichen Aussagepsychologie entsprach, da sie allein auf die „Persönlichkeit" der Zeugen abstellten und die unzähligen suggestiven Einflüsse auf die Entstehung und Entwicklung der Aussagen der kindlichen Zeugen nicht beachteten. **788**

Das sog. *Wormser Mißbrauchsverfahren* war vor allem deshalb so spektakulär, weil drei Familien, insgesamt 24 Personen, beschuldigt wurden, insgesamt 15 eigene und fremde Kinder gemeinsam missbraucht zu haben. Fast alle Beschuldigten waren in Haft, einige bis zu zweieinhalb Jahre. Die Großmutter einiger Kinder verstarb während des Verfahrens. Alle Angeklagten wurden freigesprochen. Dennoch sind bis heute nicht alle Kinder wieder zurück in ihren Familien – sie waren vor allem zu Beginn und auch während des laufenden Verfahrens lange Zeit völlig einseitigen negativen Informationen über ihre Eltern durch die Betreuer ausgesetzt. Erst mit Hilfe der Aussagepsychologen *Prof. Schade, Prof. Kluck* und *Prof. Steller* konnte der „missbräuchliche Umgang mit dem Verdacht"[2] aufgezeigt werden.

Nach zweieinhalb Jahren Hauptverhandlung endeten alle Wormser Prozesse im Sommer 1998 mit Freisprüchen für alle Angeklagten. Fehlerhafte Gutachten zu den kindlichen Zeugenaussagen, heute schier unvorstellbar häufige Befragungen der vermeintlich betroffenen Kinder durch eine einseitig ideologisch feministisch ausgerichtete Mitarbeiterin von „Wildwasser Worms", „aufdeckende" Kinderärzte, fachlich nicht hinreichend qualifizierte Jugendamtsmitarbeiter und Sachverständige, aber auch schnell auf stattgefundenen sexuellen Missbrauch festgelegte Staatsanwälte, wie auch fachlich mit der Materie nicht hinreichend befasste Richter, tragen die Verantwortung für 2 ½ Jahre Untersuchungshaft und 2 ½ Jahre Strafprozess. Ohne die Gutachten der erst in der Hauptverhandlung hinzugezogenen wissenschaftlich ausgewiesenen Sachverständigen *Kluck, Schade* und *Steller* wäre es zu den Freisprüchen wahrscheinlich nicht gekommen, da die erkennenden Richter nicht über die notwendige eigene Sachkunde verfügten und die fehlerhaften Gutachten der zunächst von der Staatsanwaltschaft beauftragten Gutachter dem Gericht diese nicht verschaffen konnte.

1 Vgl. auch *Busse/Volbert* in: Greuel/Fabian/Stadler, S. 131.
2 Angelehnt an die Veröffentlichung von *Müther/Kluck* psychomed 1992, 202.

Neben dem Montessori- und den Wormser Verfahren gab es auch in anderen Ländern in den 80er und 90er Jahren spektakuläre Prozesse um suggestive Befragungen von Kindern, z.B. der „McMartin-Fall“[3], der „Kelly-Michaels-Fall“[3] in den USA. In anderen Ländern wie etwa Norwegen, Großbritannien (Clevelan-Fall[4]) und den Niederlanden gab es in dem genannten Zeitraum ähnliche Prozesse.

2004 begann vor dem Landgericht Saarbrücken der sog. *Pascal-Prozess.* 13 Personen standen im Verdacht, den kleinen Jungen sexuell missbraucht und dann möglicherweise getötet zu haben. Die Anklage stützte sich auf Geständnisse, die die Angeklagten später aber widerriefen. Nach dem drei Jahre andauernden Prozess wurden alle Angeklagten freigesprochen. Im Gegensatz zu dem Montessori-Verfahren und den Wormser Mißbrauchsprozessen ging es hier nicht um die Beurteilung kindlicher Zeugenaussagen, sondern der Aussagen erwachsener Beschuldigter. Im Mittelpunkt stand die Frage, wie es zu deren Geständnissen überhaupt kommen konnte und wie diese und auch die Widerrufe aussagepsychologisch zu bewerten waren.

Zu den Verfahren gibt es eine Reihe von Veröffentlichungen. So z.B.:

789 Zum Montessori-Verfahren

Köhnken[5] Glaubwürdigkeitsbegutachtung nach Mainz und Montessori: Eine Zwischenbilanz, PdR, Sonderheft 1, 2000, 4 ff.

Schulz-Hardt/Köhnken Wie ein Verdacht sich selbst bestätigen kann: Konfirmatorisches Hypothesentesten als Ursache von Falschbeschuldigungen wegen sexuellen Kindesmißbrauchs, PdR, Sonderheft 1, 2000, 60 ff.

790 Zum Wormser Mißbrauchsverfahren

Schade[6] Der Zeitraum von der Erstaussage bis zur Hauptverhandlung als psychologischer Prozeß. Folgerungen für die Glaubwürdigkeitsbegutachtung am Beispiel der Wormser Prozesse über sexuellen Kindesmißbrauch, StV 2000, 165 ff.

Schade/Harschneck[7] Die BGH-Entscheidung im Rückblick auf die Wormser Mißbrauchsprozesse, PdR Sonderheft 1, 2000, 28 ff.

Jansen[8] Vernehmung kindlicher Zeugen mittels Videotechnologie, StV 1996, 123 ff.

---

3 *Köhnken* in: Widmaier, S. 2267.

4 *Steller* in: FS für Schneider, S. 233.

5 *Prof. Köhnken,* Kiel, war aussagepsychologischer Sachständiger im Montessori–Verfahren, er hat das grundlegende aussagepsychologische Gutachten erstattet, das den damaligen wissenschaftlichen Forschungsstand im Bereich der Suggestionsproblematik deutlich gemacht hat.

6 Das sog. *Wormser Mißbrauchsverfahren* war in drei parallel laufende Verfahren aufgeteilt – Worms I, II und III. *Prof. Schade*, Dortmund, war präsenter aussagepsychologischer Sachverständiger im Verfahren Worms I.

7 *Harschneck,* Mainz, war Verteidiger eines Angeklagten im Verfahren Worms I.

8 Die *Autorin,* Köln, war Verteidigerin des Hauptangeklagten im Verfahren Worms II.

Jansen Überprüfung aussagepsychologischer Gutachten, StV 2000, 224 ff.

Kluck[9] Erfahrungen mit Video-Vernehmungen aus den „Wormser Mißbrauchsprozessen", Referat bei der Tagung „Verfahrensgerechtigkeit und Zeugenbeweis: Fairness für Opfer und Beschuldigte", Bielefeld, 2001.

Steller[10] Forensische Aussagepsychologie als angewandte Entwicklungs- und Kognitionspsychologie – Kritik suggestiver Aufdeckungsarbeit am Beispiel einer kindlichen Zeugin aus den Wormser Massenprozessen –, PdR Sonderheft 1, 2000, 9 ff.

Steller „A doctor starts a bitter battle" – Zum Missbrauch medizinischer Befunde bei der Prüfung des Verdachts auf sexuellen Kindesmissbrauch am Beispiel der Wormser Prozesse, in: Rothschild, Das neue Jahrtausend: Herausforderungen an die Rechtsmedizin, FS für Schneider, 2000, S. 233 ff.

Steller Aussagepsychologie vor Gericht – Methodik und Probleme von Glaubhaftigkeitsgutachten mit Hinweisen auf die Wormser Mißbrauchsprozesse, R&P 1998, 11 ff.

Steller, Forensische Aussagepsychologie – Beurteilung des Realitätsgehalts von Kinderaussagen über sexuellen Mißbrauch –, in: Egg, Sexueller Mißbrauch von Kindern, 1999, S. 244 ff.

Lorenz[11], Lehren und Konsequenzen aus den Wormser Mißbrauchsprozessen, DRiZ 1999, 253 ff.

Zum Pascal-Prozess

Steller Falsche Geständnisse bei Kapitaldelikten: Praxis – Der Fall Pascal in: Müller/Sander/Válková, FS Eisenberg, 2009, S. 213 ff.

Volbert Falsche Geständnisse bei Kapitaldelikten: Grundlagen in: Müller/Sander/Válková, FS Eisenberg, 2009, S. 205 ff.

Köhnken Nachwort – Lehren aus dem Saarbrücker Prozess, in: Friedrichsen, Im Zweifel gegen die Angeklagten – Der Fall Pascal – Geschichte eines Skandals, 2008, S. 220 ff.

Friedrichsen Im Zweifel gegen die Angeklagten – Der Fall Pascal – Geschichte eines Skandals, 2008.

9 *Prof. Kluck,* ehemals Mülheim, jetzt Aachen, war aussagepsychologische Sachverständige im Verfahren Worms II.

10 *Prof. Steller,* Berlin, war aussagepsychologischer Sachverständiger im Verfahren Worms III.

11 *Lorenz,* Mainz, war Vorsitzender Richter in den Verfahren Worms II und III.

Anhang

Übersicht

1. Grundsatzentscheidung zu aussagepsychologischen Gutachten
2. Mindeststandards für die Durchführung der Begutachtung
3. „Hilfen zur Beurteilung psychologischer Gutachten durch Nichtpsychologen“
4. Anerkannte Standards des inhaltlichen Gutachtenaufbaus
   aussagepsychologischer Gutachten.

Anhang 1
BGH-Grundsatzentscheidung zu aussagepsychologischen Gutachten

– BGH [1StR 618/98] –

BGHSt 45, 164 = NJW 1999, 2746 = NStZ 2000, 100 = StV 1999, 473 = BGHR StPO § 244 IV 1 Sachkunde 9 = StraFo 1999, 340 = PdR 1999, 113

Anmerkungen: *Jansen* StV 2000, 224; *Meyer-Mews* NJW 2000, 916; *Offe* NJW 200, 929; *Schaefer* NJW 2000, 928; *Ziegert* NStZ 2000, 100;

Leitsatz:

Wissenschaftliche Anforderungen an aussagepsychologische Begutachtungen (Glaubhaftigkeitsgutachten).

Der 1. Strafsenat des Bundesgerichtshofs hat aufgrund der Verhandlung vom 29. Juli 1999 in der Sitzung am 30. Juli 1999, an denen teilgenommen haben …

Auf die Revision des Angeklagten wird das Urteil des Landgerichts Ansbach vom 14. Juli 1998 mit den Feststellungen aufgehoben.

Die Sache wird zu neuer Verhandlung und Entscheidung, auch über die Kosten des Rechtsmittels, an eine andere Jugendkammer des Landgerichts zurückverwiesen.

Von Rechts wegen

Gründe:

Das Landgericht hat den Angeklagten wegen sexuellen Mißbrauchs eines Kindes in neun Fällen zu einer Gesamtfreiheitsstrafe von sechs Jahren und sechs Monaten verurteilt. Hiergegen wendet sich die Revision des Angeklagten. Das Rechtsmittel hat mit einer Verfahrensrüge Erfolg. Eines Eingehens auf weitere erhobene Verfahrensrügen und die Sachrüge bedarf es daher nicht.

A.

Der auf eine Verletzung des § 244 Abs. 4 Satz 2 StPO gestützten Verfahrensrüge liegt folgendes Prozeßgeschehen zugrunde:

Eine vom Gericht als Sachverständige beauftragte Diplom-Psychologin hatte die 14jährige Hauptbelastungszeugin „aussagepsychologisch" begutachtet. Sie war zu dem Ergebnis gelangt, die Angaben des Mädchens, es sei vom Angeklagten, seinem Adoptivvater, über einen Zeitraum von acht Jahren sexuell mißbraucht worden, seien glaubhaft. Zum Beweis des Gegenteils beantragte die Verteidigung die Einholung eines weiteren psychologischen Sachverständigengutachtens. Zur Begründung führte sie an, das erstattete Gutachten leide an Mängeln „in der theoretischen Grundlegung und der Planung und Durchführung der psychologischen Untersuchung" und entspreche nicht dem Stand der Wissenschaft. Die behaupteten Mängel wurden – unter Bezugnahme auf eine schriftliche Stellungnahme des Leiters der Arbeitsstelle für Forensische Psychologie der Universität Dortmund – im einzelnen bezeichnet.

Das Landgericht hat den Beweisantrag, ohne zuvor die Sachverständige zu den geltend gemachten Mängeln ihres Gutachtens anzuhören, mit der Begründung abgelehnt, es sei aufgrund dieses Gutachtens vom Gegenteil der unter Beweis gestellten Tatsache überzeugt. Die Voraussetzungen des § 244 Abs. 4 Satz 2 2. Halbsatz StPO hat es verneint. Insbesondere die Sachkunde der sorgfältigen und forensisch erfahrenen Gutachterin stehe außer Zweifel.

B.

Diese Verfahrensweise hält der – durch die zulässig erhobene Verfahrensrüge (vgl. BGH, Urt. vom 21. April 1998 – 1 StR 132/98; Beschl. vom 16. Oktober 1998 – 3 StR 335/98) veranlaßten – rechtlichen Überprüfung nicht stand. Das Landgericht hat sich in seinem Ablehnungsbeschluß nicht in der erforderlichen Weise mit den vom Angeklagten behaupteten Mängeln des Gutachtens auseinandergesetzt. Die Ablehnung des Beweisantrages wird daher den sich aus § 244 Abs. 4 Satz 2 und Abs. 6 StPO ergebenden Anforderungen nicht gerecht.

I. Der Beschluß, mit dem das Landgericht die beantragte Beauftragung eines weiteren Sachverständigen abgelehnt hat, genügt nicht den gesetzlichen Anforderungen. Er bedarf der Begründung, um den Verfahrensbeteiligten und dem Revisionsgericht eine Nachprüfung zu ermöglichen. Das Landgericht hat insofern lediglich angeführt, daß ihm die frühere Sachverständige als sorgfältig und forensisch erfahren bekannt ist. Eine derart knappe Begründung reicht jedoch nur dann aus, wenn die Anhörung eines weiteren Sachverständigen beantragt wird, ohne die Gründe darzulegen, aus denen sich Zweifel an der Sachkunde ergeben sollen (vgl. BGH, Urt. vom 21. Juli 1965 – 2 StR 229/65; Urt. vom 25. Januar 1977 – 1 StR 828/76; s. auch BGHSt 8, 76, 78).

Wird dagegen vom Antragsteller unter eingehender Darlegung und hier zudem unter Bezugnahme auf eine kritische Würdigung des Erstgutachtens durch einen anderen Fachvertreter auf konkrete Mängel dieses Gutachtens hingewiesen, muß sich das Gericht mit den behaupteten Einwänden im einzelnen auseinandersetzen (BGHR StPO § 244 Abs. 4 Satz 2 Sachkunde 1; BGH StV 1989, 141; 335, 336; OLG Celle NJW 1974, 616; Alsberg/Nüse/Meyer, Der Beweisantrag im Strafprozeß 5. Aufl. S. 764; Herdegen in KK 4. Aufl. § 244 Rdn. 103; Kleinknecht/Meyer-Goßner, StPO 44. Aufl. § 244 Rdn. 43d). Dieses Erfordernis gilt allerdings dann nicht, wenn die geltend gemachten Mängel nach anerkannten wissenschaftlichen Maßstäben offensichtlich nicht bestehen. Diese Voraussetzung ist jedoch nicht erfüllt.

II. Der Senat hat zu dieser Frage Beweis erhoben. Er hat die Sachverständigen Prof. Dr. phil. Fiedler und Prof. Dr. phil. Steller mit entsprechenden Gutachten beauftragt. Diese sind schriftlich sowie in der Verhandlung des Senats vom 29. Juli 1999 erstattet worden. Die Sachverständigen sind übereinstimmend zu dem Ergebnis gelangt, daß das Erstgutachten nach dem bestehenden wissenschaftlichen Kenntnisstand an – vom Angeklagten in seinem Beweisantrag zumindest teilweise auch vorgetragenen – inhaltlichen (1.) sowie die Darstellung betreffenden (2.) Mängeln leidet. Dieser überzeugend dargelegten Einschätzung schließt sich der Senat an.

Die Feststellung dieser Mängel bezog sich allerdings zunächst auf das von der früheren Sachverständigen vorab vorgelegte schriftliche Gutachten, dessen Inhalt die Revision mitgeteilt hat. Dabei handelt es sich nur um eine vorläufige und unter dem Vorbehalt der Ergebnisse der Beweisaufnahme stehende sachverständige Stellungnahme (BGH GA 1963, 18, 19). Für die Urteilsfindung und damit für die Überprüfung des Urteils maßgebend ist dagegen stets das in der Hauptverhandlung erstattete und verwertete Gutachten. Der Senat schließt aber ausnahmsweise aus, daß die Sachverständige in der mündlichen Verhandlung in relevanter Weise von ihrem schriftlichen Gutachten abgewichen ist oder dieses wesentlich ergänzt hat (vgl. BGHSt 9, 292, 297). Soweit im Urteil des Landgerichts Erwägungen der Sachverständigen wiedergegeben werden, sind diese ohne Ausnahme bereits im schriftlichen Gutachten enthalten.

1. Begutachtung. Gegenstand einer aussagepsychologischen Begutachtung ist – wie sich bereits aus dem Begriff ergibt – nicht die Frage nach einer allgemeinen Glaubwürdigkeit des Untersuchten im Sinne einer dauerhaften personalen Eigenschaft. Es geht vielmehr um die Beurteilung, ob auf ein bestimmtes Geschehen bezogene Angaben zutreffen, d.h. einem tatsächlichen Erleben der untersuchten Person entsprechen (Gutachten Prof. Dr. Steller; s. auch Herdegen aaO. Rdn. 31). Den dafür bestehenden methodischen Mindeststandards entspricht die hier vorgenommene Begutachtung der Zeugin nicht.

a) Das methodische Grundprinzip besteht darin, einen zu überprüfenden Sachverhalt (hier: Glaubhaftigkeit der spezifischen Aussage) so lange zu negieren, bis diese Negation mit den gesammelten Fakten nicht mehr vereinbar ist. Der Sachverständige nimmt daher bei der Begutachtung zunächst an, die Aussage sei unwahr (sog. Nullhypothese). Zur Prüfung dieser Annahme hat er weitere Hypothesen zu bilden. Ergibt seine Prüfstrategie, daß die Unwahrhypothese mit den erhobenen Fakten nicht mehr in Übereinstimmung stehen kann, so wird sie verworfen, und es gilt dann die Alternativhypothese, daß es sich um eine wahre Aussage handelt.

Die Bildung relevanter Hypothesen ist daher von ausschlaggebender Bedeutung für Inhalt und (methodischen) Ablauf einer Glaubhaftigkeitsbegutachtung. Sie stellt nach wissenschaftlichen Prinzipien einen wesentlichen, unerläßlichen Teil des Begutachtungsprozesses dar (Gutachten Prof. Dr. Fiedler und Prof. Dr. Steller; Eisenberg, Beweisrecht der StPO 3. Aufl. Rdn. 1863; Greuel/Offe/Fabian/Wetzels/Fabian/Offe/Stadler, Glaubhaftigkeit der Zeugenaussage S. 48 ff.; Steller/Volbert in Steller/Volbert, Psychologie im Strafverfahren S. 12, 23; Deckers NJW 1999, 1365,

1370; Greuel Praxis der Rechtspsychologie 1997, 154, 161; Köhnken MschrKrim 1997, 290, 293 ff.; allgemein Westhoff/Kluck, Psychologische Gutachten schreiben und beurteilen S. 39 ff.).

aa) Beispielsweise hängt die Auswahl der für die Begutachtung in Frage kommenden Test- und Untersuchungsverfahren davon ab, welche Möglichkeiten als Erklärung für eine – unterstellt – unwahre Aussage in Betracht zu ziehen sind (sog. hypothesengeleitete Diagnostik; Steller MschrKrim 1988, 16, 19 ff.). Dazu können neben einer bewußten Falschaussage etwa auto- oder (bewußt) fremdsuggerierte Angaben gehören. Speziell bei kindlichen Zeugen besteht die Gefahr, daß diese ihre Angaben unbewußt ihrer eigenen Erinnerung zuwider verändern, um den von ihnen angenommenen Erwartungen eines Erwachsenen, der sie befragt, zu entsprechen oder um sich an dessen vermuteter größerer Kompetenz auszurichten (Gutachten Prof. Dr. Fiedler und Prof. Dr. Steller). Zu berücksichtigen sind allerdings nicht alle denkbaren, sondern nur die im konkreten Fall nach dem Stand der Ermittlungen realistisch erscheinenden Erklärungsmöglichkeiten (Gutachten Prof. Dr. Fiedler; Steller Recht & Psychiatrie 1998, 11, 13 f.).

bb) Diesen grundlegenden Anforderungen wird das Erstgutachten nicht gerecht. Es erörtert zwar die Möglichkeiten der bewußten Falschbezichtigung des Angeklagten sowie der fremdsuggestiven Beeinflussung der Zeugin. Jedoch bleibt – wie die Sachverständigen Prof. Dr. Fiedler und Prof. Dr. Steller übereinstimmend dargelegt haben – ungeprüft, ob die Zeugin möglicherweise vorhandene Erinnerungslücken infolge eines Bemühens um Konsistenz „konstruktiv geschlossen" und so den von ihr als streng empfundenen Angeklagten vor dem Hintergrund realer sexueller Übergriffe zu stark oder in zu großem Umfang belastet haben könnte.

Zur Bildung der Hypothese unzutreffender Mehrbelastung hätte bei dieser Zeugin im Hinblick darauf Anlaß bestanden, daß einerseits die von ihr – wenig detailliert – behaupteten Taten teilweise bereits mehrere Jahre zurücklagen und sie bei deren Begehung noch sehr jung war, sie andererseits die Taten vor der Begutachtung bereits mehrfach in unterschiedlichen Gesprächssituationen geschildert hatte. Die Angaben erfolgten zudem überwiegend gegenüber Erwachsenen (Großmutter, Zeugen Jehovas, Polizei, Richter). Im Hinblick darauf hätte die Möglichkeit in Erwägung gezogen werden müßen, daß der Zeugin im Rahmen der Gespräche und Befragungen – ggf. unzutreffende – Informationen vermittelt und von ihr nunmehr als eigene Erinnerung wiedergegeben wurden.

b) Bei der Begutachtung hat sich ein Sachverständiger ausschließlich methodischer Mittel zu bedienen, die dem jeweils aktuellen wissenschaftlichen Kenntnisstand gerecht werden (Steller MschrKrim 1988, 16, 24). Die eingesetzten Test- und Untersuchungsverfahren müssen zudem durch die gebildeten Hypothesen indiziert, d.h. geeignet sein, zu deren Überprüfung beizutragen. Existieren mehrere anerkannte und indizierte Testverfahren, so steht deren Auswahl allerdings in seinem pflichtgemäßen Ermessen. Daß der Sachverständige einen bestimmten Test, der ihm zur

Verfügung steht, nicht anwendet, weil er ihn nicht für erforderlich hält, zeigt daher grundsätzlich nicht, daß seine Sachkunde zweifelhaft ist (BGH StV 1989, 141; BGH bei Pfeiffer NStZ 1982, 188, 189; BGH, Urt. vom 21. September 1965 – 1 StR 269/65). Vielmehr bleibt es dem Sachverständigen überlassen, auf welchem Weg und auf welchen Grundlagen er sein Gutachten erarbeitet (st. Rspr.; BGH JZ 1969, 437; BGH NJW 1970, 1242, 1243 m.w.N.; BGH StV 1989, 141).

aa) Bei einer Glaubhaftigkeitsbegutachtung werden jedoch regelmäßig die – vor allem bei der Exploration zur Sache gegenüber dem Sachverständigen gemachten – Angaben auf ihre inhaltliche Konsistenz zu überprüfen sein.

Diesem aussagebezogenen Ansatz liegt die durch empirische Befunde gestützte Annahme zugrunde, daß zwischen der Schilderung eines wahren und der eines bewußt unwahren Geschehens ein grundlegender Unterschied bezüglich der jeweils zu erbringenden geistigen Leistung des Aussagenden besteht.

(1) Während einerseits ein Bericht aus dem Gedächtnis rekonstruiert wird, konstruiert andererseits eine (bewußt) lügende Person ihre Aussage aus ihrem gespeicherten Allgemeinwissen. Da es eine schwierige Aufgabe mit hohen Anforderungen an die kognitive Leistungsfähigkeit darstellt, eine Aussage über ein (komplexes) Geschehen ohne eigene Wahrnehmungsgrundlage zu erfinden und zudem über längere Zeiträume aufrechtzuerhalten, ist im zweiten Fall die Wahrscheinlichkeit beispielsweise nebensächlicher Details, sog. abgebrochener Handlungsketten, unerwarteter Komplikationen oder phänomengemäßer Schilderungen unverstandener Handlungselemente gering. Hinzu tritt das Bemühen der lügenden Person, auf sein Gegenüber glaubwürdig zu erscheinen. Daher besteht die begründete Erwartung, daß bewußt falsche Aussagen nur in geringem Ausmaß Selbstkorrekturen und -belastungen sowie das Zugeben von Erinnerungslücken enthalten.

Zur Durchführung der Analyse der Aussagequalität sind auf der Basis der dargestellten Annahmen Merkmale zusammengestellt worden, denen indizielle Bedeutung für die Entscheidung zukommen kann, ob die Angaben der untersuchten Person auf tatsächlichem Erleben beruhen. Es handelt sich um aussageimmanente Qualitätsmerkmale (z.B. logische Konsistenz, quantitativer Detailreichtum, raum-zeitliche Verknüpfungen, Schilderung ausgefallener Einzelheiten und psychischer Vorgänge, Entlastung des Beschuldigten, deliktsspezifische Aussageelemente), deren Auftreten in einer Aussage als Hinweis auf die Glaubhaftigkeit der Angaben gilt (vgl. auch Bender/Nack, Tatsachenfeststellung vor Gericht Bd. 1 2. Aufl. Rdn. 231 ff.).

Diese sog. Realkennzeichen können als grundsätzlich empirisch überprüft angesehen werden. Zwar handelt es sich um Indikatoren mit jeweils für sich genommen nur geringer Validität, d.h. mit durchschnittlich nur wenig über dem Zufallsniveau liegender Bedeutung. Eine gutachterliche Schlußfolgerung kann aber eine beträchtlich höhere Aussagekraft und damit Indizwert für die Glaubhaftigkeit zu beurteilender Angaben erlangen, wenn sie aus der Gesamtheit aller Indikatoren abgeleitet wird. Denn durch das Zusammenwirken der Indikatoren werden deren Fehleranteile insgesamt gesenkt. Diesem Umstand liegt das mathematisch und psychometrisch eingehend untersuchte Prinzip der Aggregation zugrunde (Gutachten Prof. Dr. Fiedler). Dementsprechend lagen die mit Realkennzeichen in Forschungsvorhaben erzielten Ergebnisse regelmäßig deutlich über dem Zufallsniveau. Allerdings bestanden dabei teilweise nicht unerhebliche Fehlerspannen. Inwieweit ihre Bedeutung bei Verwendung gegenüber Personen aus unterschiedlichen Altersgruppen differieren kann, ist völlig offen.

Unabhängig davon dürfen die Realkennzeichen jedenfalls nicht schematisch angewandt werden. Ein zwingender Schluß von einem festgestellten Merkmal auf die Glaubhaftigkeit von Angaben der untersuchten Person ist keinesfalls möglich. Methodisch unzulässig ist es auch, aus dem Vorliegen einer bestimmten Anzahl von Merkmalen im Sinne eines Schwellenwertes auf die Qualität einer Aussage zu schließen. Nur im Einzelfall können auch einzelne Realkennzeichen ausreichen, um den Erlebnisbezug einer Aussage anzunehmen. Fehlen derartige Merkmale, kann umgekehrt nicht unbedingt eine bewußt unwahre Aussage angenommen werden, da dies durch verschiedene Faktoren (z.B. Angst, Erinnerungslücken) verursacht worden sein kann.

Darüber hinaus ist stets zu beachten, daß die Realkennzeichen ungeeignet sind, zur Unterscheidung zwischen einer wahren und einer suggerierten Aussage beizutragen. Denn bei durch Suggestion verursachten Angaben bestehen die bereits dargelegten Gründe nicht, die eine unterschiedliche Qualität zwischen wahren und bewußt unwahren Aussagen verursachen können, da die aussagende Person sich weder als besonders glaubwürdig darstellen noch sich auf von ihr erdachte Umstände konzentrieren muß. Beispielsweise wird ein Kind seine Angaben, die objektiv nicht zutreffen, weil es sie unbewußt auf die Erwartungen des vernehmenden Erwachsenen ausgerichtet hat, subjektiv für wahr halten. Dementsprechend gibt es keine empirischen Belege dafür, daß sich erlebnisbasierte und suggerierte Aussagen in ihrer Qualität unterscheiden.

Das Erstgutachten nimmt zwar eine Überprüfung der Qualität der Aussage der Zeugin vor. Angesichts der dabei festgestellten Detailarmut der beschriebenen einzelnen Sachverhalte wäre aber eine eingehendere Auseinandersetzung mit den inhaltlichen Angaben der Zeugin mittels der merkmalsorientierten Aussageanalyse erforderlich gewesen.

(2) Während die Inhaltsanalyse sich mit der Qualität lediglich einer Aussage befaßt, geht es bei der Konstanzanalyse um das von einer Person gezeigte Aussageverhalten insgesamt. Es handelt sich dabei um ein wesentliches methodisches Element der Aussageanalyse, das im Erstgutachten angemessen angewendet wird. Die Konstanzanalyse bezieht sich insbesondere auf aussageübergreifende Qualitätsmerkmale, die sich aus dem Vergleich von Angaben über denselben Sachverhalt zu unterschiedlichen Zeitpunkten ergeben. Falls etwa ein Zeuge mehrfach vernommen worden ist, ist ein Aussagevergleich im Hinblick auf Übereinstimmungen, Widersprü-

che, Ergänzungen und Auslassungen vorzunehmen. Dabei stellt allerdings nicht jede Inkonstanz einen Hinweis auf mangelnde Glaubhaftigkeit der Angaben insgesamt dar. Vielmehr können vor allem Gedächtnisunsicherheiten eine hinreichende Erklärung für festgestellte Abweichungen darstellen (Gutachten Prof. Dr. Steller; s. auch Bender/Nack aaO. Rdn. 289 ff.).

bb) Das mit den dargelegten Methoden der Aussageanalyse gefundene Ergebnis gewinnt – schon wegen des nicht exakt bestimmbaren Wertes der einzelnen verwendeten Realkennzeichen – für die Glaubhaftigkeitsuntersuchung jedoch erst Bedeutung unter Berücksichtigung vor allem der spezifischen Kompetenzen und Erfahrungen der untersuchten Person sowie der Entstehungs- und Entwicklungsgeschichte der Aussage. Speziell das Vorhandensein einzelner bei der Inhaltsanalyse verwendeter Realkennzeichen hängt mit hoher Wahrscheinlichkeit auch von Merkmalen der untersuchten Person ab. Das erzielte Ergebnis ist deshalb insbesondere mit den Mitteln der Fehlerquellen- sowie der Kompetenzanalyse auf seinen Aussagewert dahingehend zu prüfen, ob eine – ggf. qualitativ hochwertige und infolgedessen einen Erlebnisbezug indizierende – Aussage nach aussagepsychologischen Kriterien als zuverlässig eingestuft werden kann.

(1) Im Rahmen der Fehlerquellenanalyse wird es in Fällen, bei denen – wie hier – (auch unbewußt) fremdsuggestive Einflüsse in Erwägung zu ziehen sind, in aller Regel erforderlich sein, die Entstehung und Entwicklung der Aussage aufzuklären (vgl. Steller/Volbert aaO. S. 24, 31 f.; Köhnken aaO. 297). Hinzu kann die sog. Motivationsanalyse treten.

Die Feststellung der Aussagegenese stellt insofern einen zentralen Analyseschritt dar (Gutachten Prof. Dr. Steller). Besonders dann, wenn es sich bei dem möglichen Tatopfer um ein (jüngeres) Kind handelt, werden zu diesem Zweck die Angaben der Personen, denen gegenüber es sich zu den Tatvorwürfen geäußert hat (z.B. Eltern, Lehrer), zu berücksichtigen sein (BGH StV 1995, 451 f.; Scholz/Endres NStZ 1995, 6, 10). Einer derartigen fremdanamnestischen Befragung Dritter kann darüber hinaus – wenigstens bei Kindern im Vor- und Grundschulalter – auch zur biographischen Rekonstruktion Bedeutung zukommen.

Solche Angaben Dritter hat die Sachverständige im Rahmen der Begutachtung eingeholt. Sie hat ausweislich ihres Gutachtens nicht nur Großmutter, Mutter und eine Lehrerin der Zeugin zur Vorbereitung ihres schriftlichen Gutachtens „informatorisch angehört", sondern auch – wie sich dem von der Revision mitgeteilten Ablehnungsbeschluß des Landgerichts entnehmen läßt – die Angaben der in der Hauptverhandlung vernommenen Mitschülerin berücksichtigt, der gegenüber sie nach den getroffenen Feststellungen erstmalig den Angeklagten sexueller Handlungen beschuldigt hatte.

Liegt danach ein fachlicher, gegen ihre Sachkunde sprechender Fehler der Erstgutachterin entgegen der Ansicht der Revision in diesem Zusammenhang nicht vor, erscheinen dem Senat jedoch die von ihr durchgeführten „informatorischen Anhörungen" im Vorfeld der Hauptverhandlung rechtlich problematisch. Eine derartige Vorgehensweise ist allerdings bislang grundsätzlich als zulässig angesehen worden (BGHSt 9, 292, 296; 13, 1, 2 f.; s. auch Cabanis NJW 1978, 2329, 2331). Der Senat läßt ausdrücklich offen, ob dem trotz erheblicher strafprozessualer und rechtstatsächlicher Einwände (vgl. Eisenberg aaO. Rdn. 1873; Schlothauer in Greuel/Fabian/ Stadler, Psychologie der Zeugenaussage S. 145 f.) weiterhin zu folgen ist.

Die prozessual jedenfalls nicht zu beanstandende Verfahrensweise ergibt sich aus § 80 StPO (ebenso BGH GA 1963, 18; BGH, Urt. vom 21. Juli 1965 – 2 StR 229/65; ferner BGH StV 1995, 564; Eisenberg aaO. Rdn. 1589; Schreiber in Venzlaff, Psychiatrische Begutachtung S. 161 f.). Danach hat der Sachverständige, der die Befragung weiterer Zeugen zur Vorbereitung seines Gutachtens für erforderlich hält, bei Staatsanwaltschaft oder Gericht auf deren Vernehmung hinzuwirken, bei der ihm gemäß § 80 Abs. 2 StPO ein Anwesenheits- und Fragerecht zusteht. Dies gilt in besonderem Maße in bezug auf zeugnis- und auskunftsverweigerungsberechtigte Personen.

Unabhängig davon ist die Staatsanwaltschaft jedoch ohnehin gehalten, alle Umstände, die für die Glaubwürdigkeit eines Kindes oder Jugendlichen bedeutsam sind, möglichst früh festzustellen und zu diesem Zweck insoweit vor allem Eltern und Lehrer zu befragen (Nr. 19 Abs. 2 RiStBV). Beim Verdacht einer an einem Kind begangenen Sexualstraftat ist es zudem empfehlenswert, wenn schon zu dessen erster Vernehmung ein Sachverständiger beigezogen wird, der über besondere Kenntnisse und Erfahrungen auf dem Gebiet der Kinderpsychologie verfügt (Nr. 222 Abs. 1 RiStBV).

Die Motivationsanalyse zielt vor allem auf die Feststellung möglicher Motive für eine unzutreffende Belastung des Beschuldigten durch einen Zeugen ab (dazu Bender/Nack aaO. Rdn. 181 ff.). Wesentliche Anhaltspunkte für potentielle Belastungsmotive können etwa der Untersuchung der Beziehung zwischen dem Zeugen und dem von ihm Beschuldigten entnommen werden. Besondere Bedeutung kann auch der Frage zukommen, welche Konsequenzen der erhobene Vorwurf für die Beteiligten oder für Dritte nach sich ziehen kann. Jedoch kann aus einer festgestellten Belastungsmotivation beim Zeugen nicht zwingend auf das Vorliegen einer Falschaussage geschlossen werden.

(2) Im Wege der Kompetenzanalyse ist zu prüfen, ob eine so gefundene Aussagequalität namentlich durch sog. Parallelerlebnisse oder reine Erfindung erklärbar sein könnte. Dazu bedarf es der Beurteilung der persönlichen Kompetenz der aussagenden Person, insbesondere seiner allgemeinen und sprachlichen intellektuellen Leistungsfähigkeit sowie seiner Kenntnisse in bezug auf den Bereich, dem der erhobene Tatvorwurf zuzurechnen ist (z.B. Sexualdelikte).

Die daher unter Berücksichtigung des konkreten Tatvorwurfs vorzunehmende Prüfung dieser Fähigkeiten einschließlich eventueller aussagerelevanter Besonderheiten der Persönlichkeitsentwicklung des Untersuchten (etwa Selbstwertprobleme, gesteigertes Geltungsbedürfnis) erfolgt üblicherweise mit den allgemeinen Methoden psychologischer Diagnostik (z.B. Befragung, Beobachtung, Tests, Fragebögen). Deren Auswahl fällt – wie dargelegt – zwar grundsätzlich in die Zuständigkeit des Sachverständigen, so daß im Einzelfall auch der Einsatz sog. projektiver Verfahren hinzunehmen sein mag. Der Sachverständige hat aber dabei stets den aktuellen wissenschaftlichen Kenntnisstand zu beachten. Daraus ergibt sich:

Im Bereich der Sexualdelikte bestehen Besonderheiten. Grundsätzlich wird die Durchführung einer Sexualanamnese in Betracht zu ziehen sein. Im Gegensatz dazu kommt der Ausdeutung von Kinderzeichnungen sowie der Deutung von Interaktionen, die Kinder unter Einsatz sog. anatomisch korrekter Puppen darstellen, in forensisch-aussagepsychologischen Gutachten in diesem Zusammenhang keine Bedeutung zu (vgl. BGH StV 1995, 563; dezidiert ebenso Gutachten Prof. Dr. Fiedler und Prof. Dr. Steller; Endres/Scholz aaO. 8 f.).

Eine Sexualanamnese ist zwar nicht generell bei jeder Glaubhaftigkeitsbegutachtung bedeutsam. Vielmehr handelt es sich auch bei ihr um eine Untersuchungsmethode, deren Anwendung im pflichtgemäßen Ermessen des Sachverständigen steht (BGH, Urt. vom 26. Oktober 1993 – 1 StR 401/93). Geht es aber um die Frage, ob ein Zeuge den Vorwurf an ihm begangener Sexualdelikte zutreffend erhebt, ist regelmäßig die Einschätzung seiner sexualbezogenen Kenntnisse und Erfahrungen notwendig (Gutachten Prof. Dr. Fiedler und Prof. Dr. Steller; s. auch Arntzen, Psychologie der Zeugenaussage 3. Aufl. S. 130; Venzlaff in Venzlaff aaO. S. 131). Dies gilt zumindest bei Zeugen, bei denen – etwa aufgrund ihres Alters – entsprechendes Wissen nicht ohne weiteres vorausgesetzt werden kann (Steller/Volbert aaO. S. 23 f.).

Diesem Erfordernis wird das Erstgutachten nicht gerecht. Es stellt lediglich fest, dass die 14jährige Zeugin „keinen Freund … hatte und nie fortging“. Darüber hinaus wird nur noch aus dem Umstand, dass die Zeugin eine Schwangerschaft für möglich hielt, obwohl nach ihren Angaben „schon länger kein Verkehr mehr stattgefunden haben sollte“, auf „nicht sehr präzises“ Aufklärungswissen geschlossen. Ob die Zeugin Kenntnisse über unmittelbare sexuelle Verhaltensweisen hatte, wird dagegen nicht erörtert. Dazu hätte – unabhängig von der Vielzahl heute bestehender Erkenntnisquellen – auch deshalb Anlaß bestanden, weil sich die Zeugin im schulischen Aufklärungsunterricht „sehr auffällig verhalten habe“. Welcher Art diese Auffälligkeiten waren, teilt das Gutachten nicht mit.

Aus der im Rahmen der Begutachtung erfolgten Verwendung einer sog. Phantasieprobe allein läßt sich kein wesentlicher Mangel des Erstgutachtens herleiten. Es handelt sich dabei um ein wissenschaftlich eingeführtes Verfahren (vgl. Arntzen aaO. S. 128 f.), wenngleich seine Aussagekraft – jedenfalls angesichts der Detailarmut der Schilderungen der zu begutachtenden Zeugin – gering sein mag (Gutachten Prof. Dr. Fiedler und Prof. Dr. Steller).

Besonders beim Einsatz von Phantasieproben (und vergleichbaren Verfahren) sind jedoch stets die Grenzen ihres Anwendungsbereichs zu beachten. Phantasieproben dienen der Prüfung, ob eine Person bei einer unzweifelhaft erfundenen Geschichte eine ebenso realistische, d.h. inhaltlich plausible und emotional getönte Darstellung erreichen kann wie bei dem Bericht des behaupteten Sachverhalts. Daher reicht ein solches Verfahren nach seiner Konzeption nicht aus, um die Möglichkeit einer durch Dritte induzierten Aussage zu prüfen. Denn bei Suggestibilität handelt es sich nicht um ein situationsübergreifendes, persönlichkeitsspezifisches Konstrukt, sondern um ein Phänomen, das nach heutigem Kenntnisstand durch eine Reihe von kognitiven und sozialpsychologischen Mechanismen beeinflußt wird.

Diese Grenzen werden im Erstgutachten nicht beachtet. Die Phantasieprobe, nach dem Ausgeführten ein Verfahren zur Beurteilung einer Aussage, wird in unzulässiger Weise wie ein projektiver Persönlichkeitstest behandelt, indem vom Inhalt der berichteten Geschichten auf die persönliche Situation der Zeugin geschlossen wird.

Darüber hinaus erscheint es dem Senat bedenklich, daß die Sachverständige zur Prüfung der Gedächtnisleistungen eine sog. Verbalmerkprobe durchgeführt hat, die als Standardverfahren nicht eingeführt ist. Gleiches gilt für einen Test mit der Bezeichnung „Selbstbildnis". Ob der Einsatz dieser Verfahren gegen anerkannte wissenschaftliche Erkenntnisse verstieß, kann allerdings nicht abschließend beurteilt werden, da Angaben zu deren Grundlagen, Methodik und konkreter Durchführung im Gutachten fehlen (vgl. zu diesem Mangel unten 2. a.). Zwei weitere verwendete Tests (Wartegg-Zeichentest und Baum-Zeichentest) weisen dagegen Mängel in den Gütekriterien auf.

c) Die Revision sieht schließlich einen weiteren, bei der Begutachtung begangenen fachlichen Fehler darin, daß die Erstgutachterin im Zusammenhang mit der Bewertung der Aussagen der Zeugin Ergebnisse einer an dieser durchgeführten gynäkologischen Untersuchung berücksichtigt hat. Dies mag unter Umständen im Hinblick auf die gesetzliche Aufgabenverteilung zwischen Gericht, dem allein die Beweiswürdigung obliegt, und Sachverständigem strafprozessual bedenklich sein. Der Senat vermag darin jedoch keine Verletzung des wissenschaftlichen Prinzips der Unabhängigkeit des zu erstattenden Gutachtens von sog. Außenkriterien zu erkennen. Vielmehr darf ein Sachverständiger Anknüpfungstatsachen, die er dem bestehenden Ermittlungsergebnis entnommen hat, in seinen Abwägungsprozeß einbeziehen (Gutachten Prof. Dr. Steller; Leferenz in Göppinger/Witter, Handbuch der forensischen Psychiatrie II S. 1320), sofern diese Gegenstand der Hauptverhandlung waren.

2. Darstellung der Begutachtung. Die Darstellung der Begutachtung und der dabei erzielten Ergebnisse durch die Sachverständige genügt wissenschaftlichen Mindeststandards zum Teil ebenfalls nicht. Allerdings gilt auch insoweit der Grundsatz, daß es in erster Linie dem Sachverständigen überlassen ist, in welcher Art und Weise er sein Gutachten dem Gericht unterbreitet (vgl. BGH, Urt. vom 9. Dezember 1980 – 5 StR 610/80). Dieser Grundsatz steht aber unter dem bedeutsamen Vorbehalt der Nachvollziehbarkeit und Transparenz der Begutachtung (Gutachten Prof. Dr. Fiedler und Prof. Dr. Steller; s. auch Greuel/Offe/Fabian/Wetzels/Fabian/Offe/Stadler aaO. S. 245; Zuschlag, Das Gutachten des Sachverständigen S. 4; Scholz/Endres aaO. 11).

Dies bedeutet einerseits, daß die diagnostischen Schlußfolgerungen vom Sachverständigen nach Möglichkeit für alle Verfahrensbeteiligten nachvollziehbar dargestellt werden müssen (BGH StV 1989, 141; Steller MschrKrim 1988, 16, 18), namentlich durch Benennung und Beschreibung der Anknüpfungs- und Befundtatsachen. Andererseits muß durch die Beteiligten – zumindest aber durch andere Sachverständige – überprüfbar sein, auf welchem Weg der Sachverständige zu den von ihm gefundenen Ergebnissen gelangt ist (BGH bei Dallinger MDR 1976, 17; Eisenberg aaO. Rn. 1508). Daraus folgt im einzelnen:

a) Die der Begutachtung vom Sachverständigen zugrundegelegten Hypothesen sind im Gutachten im einzelnen zu bezeichnen (Gutachten Prof. Dr. Fiedler; Greuel a.a.O. 160; Greuel/Offe/Fabian/Wetzels/Fabian/Offe/Stadler aaO. S. 247). Die jeweils verwendeten Untersuchungsmethoden und Testverfahren sind zu benennen und zu den gebildeten Hypothesen in Bezug zu setzen, d.h. es muß deutlich gemacht werden, welche Fragestellung mit welchen Verfahren bearbeitet wurde und warum diese Verfahren methodisch indiziert waren (vgl. Steller aaO. 18, 21; s. auch die von der Föderation Deutscher Psychologenvereinigungen herausgegebenen Richtlinien für die Erstellung Psychologischer Gutachten 1994 S. 8 und 11 f.).

Bei anerkannten psychologischen Diagnoseverfahren (z.B. Befragung, Beobachtung, Standardtests und -fragebögen) bedarf es allerdings regelmäßig keiner ausführlichen Erläuterung ihrer Konzeption und Methodik, da deren Überprüfbarkeit bereits durch allgemeine psychologische Quellen wie Testmanuale und Sekundärliteratur gewährleistet ist. Andere Verfahren müssen im Unterschied dazu im Gutachten dargestellt werden, um dem Nachvollziehbarkeits- und Transparenzgebot zu entsprechen (Gutachten Prof. Dr. Steller; Greel/Offe/Fabian/Wetzels/Fabian/ Offe/ Stadler aaO. S. 250).

Nach diesen Maßstäben durfte sich die Erstgutachterin nicht darauf beschränken, in der Liste der „angewandten diagnostischen Maßnahmen“ die Stichwörter „Selbstbildnis“ und „Verbalmerkprobe“ ohne weitere Angaben zu erwähnen, da sich ohne nähere Beschreibung dieser Verfahren weder durch die Verfahrensbeteiligten noch durch andere Sachverständige beurteilen läßt, auf welche Weise vorgegangen wurde und welche Aussagekraft auf diesem Weg erzielten Ergebnissen beizumessen ist (vgl. zu nichtveröffentlichten oder nichtoffengelegten Testverfahren BGH bei Dallinger MDR 1976, 17; BGH StV 1989, 141; Gollwitzer aaO. Rn. 310). In diesem Zusammenhang fällt ins Gewicht, daß die – infolge der fehlenden Beschreibung der Verfahren nicht bekannte – zeitliche Länge eines Tests für dessen Ergebnisse relevant sein kann und daher ebenfalls benannt werden sollte (Gutachten Prof. Dr. Fiedler; s. auch Greuel/Offe/ Fabian/Wetzels/Fabian/Offe/Stadler aaO. S. 246 f.; Venzlaff aaO. S. 129).

b) Auch der erste, „zur Persönlichkeit unter besonderer Berücksichtigung der Zeugeneignung“ verfaßte Teil des Gutachtens entspricht nicht dem Gebot der Transparenz und Nachvollziehbarkeit. Da in ihm keine Trennung von – ohnehin ausgesprochen knappem – Datenbericht einerseits und psychologischer Interpretation andererseits vorgenommen wird, ist eine Überprüfung der von der Erstgutachterin hinsichtlich verschiedener Aspekte der Persönlichkeit der Zeugin gezogenen Schlußfolgerungen nicht möglich (Gutachten Prof. Dr. Steller; Greuel/Offe/Fabian/ Wetzels/Fabian/Offe/Stadler aaO. S. 248 f., 251).

c) Nicht zu beanstanden ist es dagegen, daß die Sachverständige im Gutachten nicht alle Inhalte und Ergebnisse der von ihr durchgeführten „diagnostischen Maßnahmen" im einzelnen angeführt hat.

aa) Allerdings kann es im Einzelfall notwendig sein, alle vom Untersuchten erzielten Testergebnisse den Prozeßbeteiligten mitzuteilen, um ihnen so die Überprüfung der vom Sachverständigen aus diesen Befunden gezogenen Schlußfolgerungen zu ermöglichen (Gutachten Prof. Dr. Fiedler). In der Regel wird es jedoch genügen, die wesentlichen Ergebnisse zu benennen und zu interpretieren, nämlich diejenigen, die sich bei Durchführung der Begutachtung für die Erfüllung des Gutachtenauftrags als wichtig erwiesen haben (Gutachten Prof. Dr. Steller; Zuschlag aaO. S. 123; ebenso die Richtlinien für die Erstellung Psychologischer Gutachten aaO.).

Wählt der Sachverständige diese Darstellungsweise, ist dies daher grundsätzlich nicht zu beanstanden. Er muß in diesem Fall – entsprechend dem wissenschaftlichen Transparenzgebot – aber sonstige Testergebnisse angeben und belegen können, sofern sich in der Hauptverhandlung nach den Maßstäben des § 244 Abs. 2 StPO insofern Aufklärungsbedarf ergibt (BGH StV 1989, 141; Greuel/Offe/Fabian/Wetzels/Fabian/Offe/Stadler aaO. S. 274). Dies steht nicht im Widerspruch zur Rechtsansicht des 3. Strafsenats des Bundesgerichtshofs, der lediglich einen unbedingten, keinen Beschränkungen unterliegenden Anspruch der Verfahrensbeteiligten auf Vorlage und Zugänglichmachung sämtlicher zur Vorbereitung des Gutachtens dienender Arbeitsunterlagen eines Sachverständigen verneint hat (BGH StV 1995, 565).

bb) Entsprechende Maßstäbe gelten für die Mitschriften und die – mit dem Einverständnis des Untersuchten – im Interesse einer besseren Dokumentation in der Regel zu erstellenden Audio- und ggf. Videoaufnahmen (kritisch Arntzen aaO. S. 141) der Exploration zur Sache, die zur Vermeidung von Erinnerungsverfälschungen bei der Analyse und Bewertung der Bekundungen anzufertigen sind, weil jedenfalls die Durchführung der Aussageanalyse bei komplexen Sachverhalten ohne verwendbare Aufzeichnung des Ablaufs der Exploration als nicht möglich erscheint (Gutachten Prof. Dr. Steller; Eisenberg aaO. Rn. 1798; Greuel/Offe/Fabian/Wetzels/Fabian/ Offe/Stadler aaO. S. 68, 251; Steller/Volbert aaO. S. 27; Deckers aaO. S. 1369 f.).

Das bedeutet aber nicht, dass das Explorationsgespräch im Gutachten unbedingt vollständig wiederzugeben ist. Ausreichend und wegen der größeren Übersichtlichkeit vorzugswürdig ist ein Bericht, der das Gespräch nur insoweit wörtlich – ggf. unter Schilderung von Ablauf und Begleitumständen – darstellt, wie es für die Bearbeitung des Gutachtenauftrags von Bedeutung ist. Insofern gilt nichts anderes als für die entsprechende Darstellung in den schriftlichen Urteilsgründen (vgl. BGH,

Urt. vom 7. März 1996 – 1 StR 707/95). Im übrigen sind die bezeichneten Materialien – wenigstens bis zur Rechtskraft des Urteils, im Hinblick auf eine eventuelle Wiederaufnahme des Verfahrens besser darüber hinaus – aufzubewahren und bei Bedarf in der Hauptverhandlung nach den Maßstäben der gerichtlichen Aufklärungspflicht vorzulegen (s. auch Zuschlag aaO. S. 123).

III. Auf der nach allem fehlerhaften Ablehnung des Beweisantrages auf Zuziehung eines weiteren Gutachters beruht das Urteil auch. Es ist daher aufzuheben. Daß das Landgericht die – im übrigen auf anderthalb Seiten der Urteilsgründe dargelegten – Ausführungen der Sachverständigen als „für die Überzeugungsbildung“ ohne Bedeutung angesehen hat, ändert daran nichts. Denn angesichts der Mängel des Erstgutachtens ist es möglich, daß ein weiterer Sachverständiger bei beanstandungsfreier Anwendung wissenschaftlich anerkannter Methodik zu einer anderen Einschätzung der Glaubhaftigkeit der Angaben der Zeugin gelangt wäre. Der Senat vermag nicht auszuschließen, daß sich dies auf die landgerichtliche Beweiswürdigung ausgewirkt hätte und das Urteil anders ausgefallen wäre (vgl. BGH GA 1955, 269, 271). Die Sache bedarf daher insgesamt neuer Verhandlung und Entscheidung.

Allgemein bemerkt der Senat: Hält der Tatrichter ausnahmsweise die Einholung eines Glaubhaftigkeitsgutachtens für erforderlich, so fällt es grundsätzlich in seine Zuständigkeit, insofern die Einhaltung der dargelegten wissenschaftlichen Mindestanforderungen sicherzustellen. Zu diesem Zweck wird er ggf. von seiner Befugnis Gebrauch zu machen haben, die Tätigkeit des Sachverständigen zu leiten (§ 78 StPO). In diesem Zusammenhang kann neben einer präzisen Auftragsbeschreibung insbesondere die Mitteilung der Anknüpfungstatsachen, von denen das Gutachten ausgehen soll, dienlich sein.

Einer ins Einzelne gehenden Darstellung von Konzeption, Durchführung und Ergebnissen der erfolgten Begutachtung in den Urteilsgründen bedarf es regelmäßig nicht. Es reicht aus, daß die diesbezüglichen Ausführungen die wesentlichen Anknüpfungstatsachen und methodischen Darlegungen in einer Weise enthalten, die zum Verständnis des Gutachtens und zur Beurteilung seiner Schlüssigkeit und sonstigen Rechtsfehlerfreiheit erforderlich sind (BGH, Urt. vom 7. März 1996 – 1 StR 707/95).

Hält ein Prozeßbeteiligter die wissenschaftlichen Anforderungen dagegen für nicht erfüllt, wird er noch in der Tatsacheninstanz auf die Bestellung eines weiteren Sachverständigen hinzuwirken haben. Will das Gericht einem dahingehenden Beweisantrag nicht entsprechen, bedarf es – wie dargelegt – einer ausführlichen Begründung des Ablehnungsbeschlusses regelmäßig nur dann, wenn der Antragsteller einen Mangel des Erstgutachtens konkret vorgetragen hat. Ist dies geschehen, wird es aber vor einer Entscheidung über einen derartigen Antrag naheliegen, den Erstgutachter zu dem behaupteten Mangel zu hören und ihm Gelegenheit zur Stellungnahme zu geben.

Anhang 2
Mindeststandards für die Durchführung der Begutachtung

– nach *BGH-Grundsatzentscheidung*[1] –

- Verwendung methodischer Mittel, die ausschließlich dem wissenschaftlichen Standard entsprechen
- Wissenschaftstheoretisches Grundkonzept
  - Nullhypothese
  - Alternativhypothesen
- Inhaltsanalyse
  - Realkennzeichenanalyse nicht schematisch anwenden
- Konstanzanalyse
  - Übereinstimmungen
  - Ergänzungen
  - Auslassungen
  - Widersprüche
- Aussagekompetenz
  - Spezifische Kompetenz des Zeugen
  - Bisher gemachte bereichsspezifische Erfahrungen
  - Aussageentstehung und -entwicklung
  - Parallelerlebnisse oder reine Erfindung
    - Individuelle Kompetenz
    - Intellektuelle Leistungsfähigkeit
    - Sprachliche Leistungsfähigkeit
    - Persönlichkeitsbesonderheiten, z.B. psychische Störungen
- Darstellung des Gutachtens
  - Grundsatz
    - Die Darstellung dem Sachverständigen überlassen, aber es gilt der Grundsatz der Transparenz und Nachvollziehbarkeit
  - Darstellung der zugrundegelegten Hypothesen
  - Anerkannte Diagnoseverfahren
  - keine ausführliche Erläuterung
  - Andere Verfahren
    müssen dargestellt werden
    wesentliche Ergebnisse genügen i.d.R.
  - Explorationsgespräch
    muss nicht vollständig wiedergegeben werden
    - ausreichend ist ein qualifizierter Bericht,

1 *BGH* [1StR 618/98] BGHSt 45, 164 = NJW 1999, 2746 = NStZ 2000, 100 = StV 1999, 473 = BGHR StPO § 244 Abs. 4 S. 1 Sachkunde 9 = StraFo 1999, 340 = PdR 1999, 113; vgl. auch *Nack* StraFo 2001, 1 ff.

  - aus dem hervorgehen muss,
    was spontan berichtet wurde und was auf Fragen ausgesagt wurde
- Aufbewahrung der Materialien
  - zumindest bis Rechtskraft

Anhang 3
„Hilfen zur Beurteilung psychologischer Gutachten durch Fachfremde“

nach Westhoff/Kluck,

Psychologische Gutachten schreiben und beurteilen, 5. A., 2008

Westhoff/Kluck[2] erläutern: „Mit den nun folgenden Ausführungen wollen wir helfen, ein psychologisches Gutachten daraufhin zu beurteilen, wie weit es in seiner Darstellung bestimmten Mindestanforderungen an eine wissenschaftliche Begutachtung entspricht. Dabei bleibt naturgemäß alles das ausgespart, was sich auf das theoretische, inhaltliche und methodische Wissen in der Psychologie bezieht. Die folgenden Beurteilungshilfen sind daher nicht unmittelbar auf bestimmte Gutachten-Themen, Fragestellungen oder Auftraggebertypen bezogen. … Damit Nichtpsychologen die Darstellungsweise in einem Gutachten beurteilen können, beschreiben wir nun systematisch alle an der Darstellung eines Gutachtens zu beurteilenden Aspekte“.

Die Ausführungen sind wie folgt übertitelt:

I. Gliederung eines Gutachtens

01. Fragestellung des Auftraggebers und Auftraggeber
02. Psychologische Fragen
03. Untersuchungsplan und -ablauf
04. Ergebnisse
05. Psychologischer Befund
06. Je nach Fragestellung des Aufgebers: Beantwortung der Fragestellung des Auftraggebers und/oder Empfehlungen oder Vorschläge
07. Literatur
08. Anhang (Testauswertungen; Explorationstranskripten o.Ä.)
09. Unterschrift des verantwortlichen Diplom-Psychologen

II. Transparenz des Gutachtens

01. Sind alle Aussagen im Gutachten nachvollziehbar?
02. Sind alle Aussagen im Gutachten nachprüfbar?

III. Formulierung des Gutachtens

01. Ist jede Formulierung möglichst sachlich bei der Beschreibung und Beurteilung des Verhaltens?

2 *Westhoff/Kluck* S. 239 ff., 262 ff.

02. Ist jede Formulierung in einfachem, klarem und richtigem Deutsch geschrieben?
03. Kommen möglichst wenige Fremdwörter vor?
04. Werden alle benutzten Fachbegriffe erklärt?

IV. Fragestellung

01. Ist der Psychologe der zuständige Experte?
02. Ist die Fragestellung im Gutachten wörtlich vollständig als Zitat wiedergegeben?
03. Ist der Auftraggeber genannt?
04. Ist der Auftragnehmer genannt?

V. Formulierung psychologischer Fragen

01. Ist die Auswahl der Variablen kurz und allgemeinverständlich mit einer Gesetzmäßigkeit oder Regelhaftigkeit im Verhalten begründet?
02. Stellt die Begründung einen eindeutigen Bezug zur Fragestellung her?
03. Ist der Name der Variablen genannt?

VI. Darstellung des Untersuchungsplans im Gutachten

01. Ist jede verwendete Informationsquelle einzeln im Untersuchungsplan des Gutachtens dargestellt?
02. Ist der Name der Informationsquelle, bei psychologischen Verfahren in Klammern dahinter auch Autor und Erscheinungsjahr, in der Beschreibung angegeben?
03. Ist das Verfahren in wenigen kurzen Sätzen so beschrieben, dass die damit untersuchte Person es im Gutachten wiedererkennen kann?
04. Kann der Auftraggeber aus der Verfahrensbeschreibung erkennen, welches Merkmal oder welche Merkmale mit dem jeweiligen Verfahren auf welche Art erfasst werden?
05. Sind bei jeder Informationsquelle alle Variablen aufgeführt, die zur Beantwortung der Fragestellung beitragen?
06. Stimmen die Namen dieser Variablen überein mit denen, die in den psychologischen Fragen verwendet wurden?
07. Wird dargestellt, wer welche Untersuchungen wann und wo durchgeführt bzw. daran mitgewirkt hat?

VII. Auswertung und Darstellung von Tests und Fragebögen im Ergebnisteil des Gutachtens

01. Ist die Auswertung an der Fragestellung ausgerichtet?
02. Dient die Auswertung der Beantwortung der eingangs formulierten Psychologischen Fragen?

03. Wird bei der Auswertung der Stand der Wissenschaft beachtet?
04. Ist bei den Ergebnissen eines Verfahrens das Verhalten beschrieben, das bei seiner Durchführung beobachtet wurde und für die Fragestellung von Bedeutung ist?
05. Ist die Darstellung jedes Ergebnisses relativiert auf (a) den Test, (b) den Untersuchungszeitpunkt, (c) die Vergleichsstichprobe?
06. Sind die Ergebnisse im Ergebnisteil des Gutachtens getrennt nach Informationsquellen dargestellt?
07. Sind im Ergebnisteil des Gutachtens noch keine Beziehungen zwischen verschiedenen Ergebnissen angesprochen?

VIII. Auswertung und Darstellung von Gesprächen und nichtstandardisierten schriftlichen Informationen im Ergebnisteil des Gutachtens

01. Sind die gesamten objektiv registrierten Informationen Schritt für Schritt danach ausgewertet, (a) in welcher Beziehung sie zur Fragestellung stehen und (b) zu welcher psychologischen Frage sie etwas aussagen?
02. Ist jede Information bei jeder psychologischen Frage angesprochen, zu deren Beantwortung sie beiträgt?
03. Ist bei jeder Information deutlich, woher sie stammt?
04. Wird in der indirekten Rede die richtige sprachliche Form benutzt?
05. Werden alle möglichen Leser des Gutachtens bei der Formulierung berücksichtigt?

IX. Befund eines Gutachtens

01. Wird die Fragestellung beantwortet?
02. Werden die aus der Fragestellung abgeleiteten psychologischen Fragen beantwortet?
03. Wird nichts ausgesagt, was über die Beantwortung der Fragestellung hinausgeht?
04. Werden keine unnötig verallgemeinernden Aussagen gemacht?
05. Ist der Befundteil des Gutachtens nach den psychologischen Fragen gegliedert?
06. Sind zu jeder psychologischen Frage alle relevanten Informationen aus allen verwendeten Informationsquellen dargestellt?
07. Ist bei jeder Information für jeden Leser klar, woher sie stammt, ohne dass er die vorhergehenden Gutachtenteile gelesen haben muss?
08. Sind Widersprüche zwischen Informationen erklärt oder diskutiert?
09. Sind Informationen nach ihrer Aussagekraft für die Fragestellung gewichtet?
10. Ist diese Gewichtung so dargestellt, dass sie jeder Leser nachvollziehen kann?
11. Werden die Aussagen zu den Variablen schrittweise und für jeden Leser des Gutachtens nachvollziehbar zu einer Beantwortung der Fragestellung kombiniert?

12. Werden notwendige Erläuterungen zum Stand der psychologischen Wissenschaft allgemein verständlich gegeben?
13. Wird die zitierte Literatur angegeben?
14. Stehen alle Überlegungen, Schlussfolgerungen und Entscheidungen im Befund (a) im Präsens, (b) im Indikativ, und zwar ohne modale Färbung, (c) in möglichst wertneutralem Ausdruck?

X. Empfehlungen und Vorschläge im Gutachten

01. Verlangt die Fragestellung Empfehlungen und Vorschläge?
02. Verlangen Erkenntnisse aus dem Prozess der Begutachtung, dem Auftraggeber bestimmte Empfehlungen zu geben oder Vorschläge zu machen?
03. Sind in den Empfehlungen und Vorschlägen (a) die sich bietenden Verhaltensmöglichkeiten konkret beschrieben, (b) die Bedingungen für die Verwirklichung der verschiedenen Verhaltensmöglichkeiten dargestellt, (c) die mit den verschiedenen Verhaltensmöglichkeiten zu erreichenden Ziele angegeben und (d) die möglichen Folgen der verschiedenen Verhaltensmöglichkeiten beschrieben?
04. Stehen die Empfehlungen und Vorschläge am Ende des Gutachtens?
05. Sind alle zum Verständnis notwendigen Informationen aufgeführt, bevor die Empfehlungen und Vorschläge dargestellt werden?

Anhang 4
Anerkannte Standards des inhaltlichen Gutachtenaufbaus aussagepsychologischer Gutachten

– nach Fisseni[3], Greuel[4], Kühne/Zuschlag[5], Steller[6], Westhoff/Kluck[7] –

Greuel[4] stellt die Gliederungspunkte im Einzelnen dar:

Angaben zum Begutachtungsablauf

Wer wurde von wem, wann, wo, warum, mit welchen Mitteln untersucht?[8]

Wer Welche Person war mit welcher Zielsetzung unter welchen Methoden in den Begutachtungsablauf einbezogen?
- Informatorische Befragung Dritter
  Dritten benennen
  Darstellung der Ergebnisse der Befragung

Von wem Welche Personen haben die Untersuchung durchgeführt?
- Gutachten im Team,
- Mitwirkung von Assistenten und Hilfskräften

Wann Dauer der Begutachtung

Wo Ort der Begutachtung

Warum Untersuchungsfragestellung
Juristische Beweisfrage – psychologische Untersuchungsfragestellung
Benennung der Untersuchungshypothesen

Mit welchen Mitteln

Begutachtungsmethoden

Wiedergabe der Anknüpfungstatsachen

Aktenanalyse

Vernehmungsprotokolle des zu begutachtenden Zeugen
Ggf. diskrepante Äußerungen anderer Zeugen
Ggf. Einlassungen des Beschuldigten
Akteninhalte nicht seitenlang wiedergeben

Informatorische Befragung

Befragte Personen benennen
Ergebnisse der Befragung darstellen

3 *Fisseni* Lehrbuch der psychologischen Diagnostik, 1997.
4 *Greuel* in: Barton, S. 67 ff.
5 *Kühne/Zuschlag* Richtlinien für die Erstellung psychologischer Gutachten, 2001.
6 *Steller* MschrKrim 1988, 16 ff.; *Steller* in: Kröber/Steller, S. 1 ff.
7 *Westhoff/Kluck* Psychologische Gutachten schreiben und beurteilen, 5. Aufl., 2008.
8 Die sog. 6 „W“ nach *Steller* MSchrKrim 1988, 16 ff.

Deskriptive Wiedergabe der erzielten Untersuchungsergebnisse

Daten beschreiben

Darlegung des diagnostischen Verfahrens, mit dem die Daten gewonnen wurden

Psychologische Exploration

- Wörtliche Wiedergabe unter Angabe der relevanten Fragestellung
- Aufzeichnung der Exploration auf Tonband und nachträgliche Transkription
- Wörtliche Dokumentation der begutachtungsrelevanten Passagen aus der Exploration zur Sache – im Wechsel von Frage(form) und Antwort

Psychologischer Untersuchungsbefund

Urteilsbildungsprozess

- Personale Voraussetzungen des Zeugen
  z.B.
  Aussagetüchtigkeit
  Sexualitätsbezogenes Wissen
  Habitueller Aussagestil
  Psychoaffektive Besonderheiten
- Aussageanalyse
  Benennung aussagepsychologisch relevanter Merkmale einer erlebnisfundierten Sachverhaltsschilderung, die in intentionalen Falschaussagen nicht vorzufinden sind
  Beleg anhand der entsprechenden Passagen im Explorationsbericht
  Begründung der Beurteilungsrelevanz und Qualifiziertheit
  Fehlen einzelner Merkmale
  Mindestanforderungen
  Qualitätsmerkmale sind Positivmerkmale
  Qualitative (nicht quantitative) Ausprägung entscheidend
  Reflexion auf die individuelle Leistungseigenart des Zeugen
  Reflexion auf den sozialpsychologischen Kontext der Aussagegenese
- Rekonstruktion der Aussageentstehung und -entwicklung
  Mögliche sozialpsychologische Einflüsse
  Suggestive Vorbefragungen

Beantwortung der Untersuchungsfragestellung

Zusammenfassung

Literaturverzeichnis

Aeppli Tonaufnahmen von Verhören statt Protokollierung?, Kriminalistik 1954, 173.

Arbeitsgemeinschaft Strafrecht des Deutschen Anwaltvereins, Strafverteidigung im Rechtsstaat, 2009 (zitiert: AG StrafR).

Arntzen Psychologie der Zeugenaussage, 5. A., 2011.

ders. Untere Altersgrenze der Zeugeneignung, DRiZ 1976, 20.

ders. Vernehmungspsychologie, 3. A., 2008.

ders. Video- und Tonbandaufnahmen als Ersatz für richterliche Vernehmungen von Kindern zu Sexualdelikten?, ZRP 1995, 241.

Banscherus Polizeiliche Vernehmung: Formen, Verhalten, Protokollierung, BKA-Forschungsreihe Nr. 7, 1977.

Barton Verfahrensgerechtigkeit und Zeugenbeweis, 2002.

Becker Tonbänder in der (kriminal)polizeilichen Praxis, Die Polizei 1961, 133.

Bender Der Irrtum ist der größte Feind der Wahrheitsfindung vor Gericht, StV 1982, 484.

ders. Die „lebendige Erinnerung" und der „gewordene Sachverhalt" in der Zeugenaussage, StV 1984, 127.

Bender/Nack/Treuer Tatsachenfeststellung vor Gericht, 3. A., 2007.

Beulke Empirische und normative Probleme der Verwendung neuer Medien in der Hauptverhandlung, ZStW 2001, 709.

BGH-Grundsatzentscheidung [1 StR 618/98] BGHSt 45, 164 = NJW 1999, 2746 = NStZ 2000, 100 = StV 1999, 473 = BGHR StPO § 244 IV 1 Sachkunde 9 = StraFo 1999, 340 = PdR 1999, 113.

Binet La Suggestibilité, 1900.

Blank Wie kann der Einfluß falscher Zusatzinformationen in Zeugenbefragungen minimiert werden?, in: Greuel/Fabian/Stadler, Psychologie der Zeugenaussage, 1997, S. 177.

Blattner/Rohmann Gerichtsvorbereitung kindlicher Zeugen in Strafverfahren: Ein Videofilm zur Vermittlung gerichtsrelevanter Wissensinhalte und Handlungsstrategien, Praxis der Rechtspsychologie 2003, 208.

Blum Suggestive Prozesse bei der Zeugenbetreuung und -befragung, in: Deckers/Köhnken, Die Erhebung von Zeugenaussagen im Strafprozess, 2007, S. 162.

Boetticher Das Urteil über die Einführung von Mindeststandards in aussagepsychologischen Gutachten und seine Wirkung, in: NJW-Sonderheft für Gerhard Schäfer zum 65. Geburtstag am 18. Oktober 2002, S. 8.

ders. Anforderungen an Glaubhaftigkeitsgutachten, in: Barton, Verfahrensgerechtigkeit und Zeugenbeweis, 2002, S. 55.

Böhm/Cheurer/Storm-Wahlich Die Borderline-Störung als Quelle (nicht)-intentionaler Falschaussagen, Praxis der Rechtspsychologie 2002, 209.

Böhm/Lau Persönlichkeitsstörungen: Entwicklungspsychopathologie und aussagepsychologische Beurteilung, in: Dahle/Volbert, Entwicklungspsychologische Aspekte der Rechtspsychologie, 2005, S. 330.

dies. Borderline-Persönhichkeitsstörung und Aussagetüchtigkeit, FPPK 2007, 50.

Bond u.a. Fishy-Looking Liars: Deceptive Judgement from Expectancy Violation, Journal of Personality and Social Psychology 1992, 969 – zitiert nach Füllgrabe.

Brickenkamp Handbuch psychologischer und pädagogischer Tests, 3.A., 2002.

Bruck/Ceci The Suggestibility of Childrenś Memory, Annual Review of Psychology 1999, 419.

Brockmann/Chedor Vernehmung, 1999.

Burghard Taschenbuch für Kriminalisten, Band 36, 1986.

Busse/Volbert Glaubwürdigkeitsgutachten in Strafverfahren wegen sexuellen Mißbrauchs, in: Greuel/Fabian/Stadler, Psychologie der Zeugenaussage, 1997, S. 131.

dies. Was belastet Kinder in Strafverfahren?, in: Kröber/Dahle, Sexualstraftaten und Gewaltdelinquenz, 1998, S. 211.

Busse/Volbert Zur Situation kindlicher Zeugen vor Gericht, in: Steller/Volbert, Psychologie im Strafverfahren, 1997, S. 224.

Busse/Volbert/Steller Belastungserleben von Kindern in Hauptverhandlungen, Abschlußbericht eines Forschungsprojekts im Auftrag des BMJ, 1996.

Cabanis Verhandlungs- und Vernehmungs(un)fähigkeit, StV 1984, 87.

Caesar Noch stärkerer Schutz für Zeugen und andere nicht beschuldigte Personen im Strafprozeß? NJW 1998, 2313.

Ceci/Bruck Jeopardy in the courtroom, 1995.

dies. The suggestibility of the child witness: A historical review and synthesis, Psychological Bulletin 1993, 403.

Ceci/Loftus/Leichtman/Bruck The possible role of source misatributions in the creation of false beliefs among preschoolers, International Journal of Clinical and Experimental Hypnosis, 1994, 304.

Cialdini Die Psychologie des Überzeugens, 5.A., 2007.

Dahle/Volbert Entwicklungspsychologische Aspekte der Rechtspsychologie, 2005.

Dahle/Wolf Realkennzeichen im Einzelfall, in: Greuel/Fabian/Stadler, Psychologie der Zeugenaussage, 1997, S. 101.

Dahs/Dahs Die Revision im Strafprozeß, 6. A., 2001.

Daucher Die Tonbandvernehmung im polizeilichen Ermittlungsverfahren, Kriminalistik 1968, 67.

ders. Tonbandvernehmung in der Praxis, Kriminalistik 1968, 149.

Deckers Glaubwürdigkeit kindlicher Zeugen, NJW 1999, 1365.

ders. Glaubhaftigkeitsprüfung, in: Deckers/Köhnken, Die Erhebung von Zeugenaussagen im Strafprozess, 2007, S. 89.

ders. Vom Nutzen und zur Qualität aussagepsychologischer Gutachten im Strafprozess, in: Arbeitsgemeinschaft Strafrecht des Deutschen Anwaltvereins, Strafverteidigung im Rechtsstaat, 2009, S. 411.

Deckers/Köhnken Die Erhebung von Zeugenaussagen im Strafprozess, 2007.

Dettenborn et al. Forensische Psychologie, 1984.

Deutsche Gesellschaft für Kinder- und Jugendpsychiatrie und Psychotherapie (DGKJP) und Bundesarbeitsgemeinschaft Glaubwürdigkeitsbegutachtung (bei Verdacht auf sexuellen Kindesmißbrauch), Zeitschrift für Kinder- und Jugendpsychiatrie und Psychotherapie 1999, 72.

Diemer Die Anfechtbarkeit von Entscheidungen im Zusammenhang mit der audiovisuellen Vernehmung eines Zeugen in der Hauptverhandlung, StraFo 2000, 217.

Eisenberg Visuelle und auditive Gegenüberstellung im Strafverfahren, Kriminalistik 1995, 458.

ders. Beweisrecht der StPO, 5. A., 2006.

Egg Sexueller Mißbrauch von Kindern, 1999.

Ekman Telling Lies, 1985.

Enders Zart war ich, bitter war's, Handbuch gegen sexuelle Gewalt an Mädchen und Jungen, völlig neu überarbeitete und erweiterte Auflage, 2001.

Endres Wie suggestibel ist dieses Kind?, Report Psychologie 1998, 816.

ders. Sexueller Mißbrauch, Kriminalistik 1997, 490.

ders. Wie beeinflussbar sind Kinder als Zeugen und Opfer von Straftaten? Zur Erfassung der individuellen Aussagesuggestibilität und ihrer Bedeutung für die Glaubwürdigkeitsbegutachtung, in: Richardt/Krampen/Zayer, Beiträge zur Angewandten Psychologie, 1997, S. 553.

Endres/Scholz Sexueller Mißbrauch aus psychologischer Sicht – Formen, Vorkommen, Nachweis, NStZ 1994, 466.

Endres/Scholz/Summa Aussagesuggestibilität bei Kindern, in: Greuel/Fabian/Stadler, Psychologie der Zeugenaussage,1997, S. 189.

Erdmann/Busch/Jahn Langzeitentwicklung suggerierter Pseudoerinnerungen bei Kindern, in: Dahle/Volbert, Entwicklungspsychologische Aspekte der Rechtspsychologie, 2005, S. 306.

Fabian/Greuel/Stadler Fallbezogene wirklichkeitsnahe Experimente zur Psychologie der Zeugenaussage, in: Greuel/Fabian/Stadler, Psychologie der Zeugenaussage, 1997, S. 23.

Fabian/Nowara/Rode/Werth Rechtspsychologie kontrovers, 1998.

Fabian/Nowara Neue Wege und Konzepte in der Rechtspsychologie, 2006.

Fabian/Stadler Tonbandaufzeichnung von Vernehmungen, Kriminalistik 1990, 338.

Fabian/Stadler/Greuel Möglichkeiten und Grenzen aussagepsychologischer Glaubwürdigkeitsbegutachtung, StV 1996, 347.

Fehrmann Die vergewaltigte Frau im Kontakt mit der Schutz- und Kriminalpolizei, in: Fehrmann/Jakobs/Junker/Warnke, Das Mißtrauen gegen vergewaltigte Frauen. Erfahrungen von Vergewaltigungsopfern mit Polizei und Justiz, 1986, S. 55.

Festinger Theorie der kognitiven Dissonanz, 1978.

Fiedler/Schmid Gutachten über Methodik für Psychologische Glaubwürdigkeitsgutachten, Praxis der Rechtspsychologie 1999, 5.

Fischer Glaubwürdigkeitsbeurteilung und Beweiswürdigung – Von der Last der „ureigenen Aufgabe“, NStZ 1994, 1.

Fiedler Lügendetektion aus alltagspsychologischer Sicht, Psychologische Rundschau 1989, 127

Fischer/Riedesser Lehrbuch der Psychotraumatologie, 1998.

Fisseni Lehrbuch der psychologischen Diagnostik, 2004

Forgas Soziale Interaktion und Kommunikation, 4. A., 1999.

Friedrichsen Das ist Täterwissen, in: DER SPIEGEL vom 11.4.2009.

Friedrichsen/Mauz „Jetzt ist niemand sicher“, DER SPIEGEL, Ausgabe 25/1994, S. 94.

dies. Mißbrauch der Strafjustiz, DER SPIEGEL, Ausgabe 21/1995, S. 76.

Füllgrabe Vernehmungstaktik, 1996.

Fürniss Kinder und Familie in traumaorganisierten Systemen von Sexringen, Familiendynamik 1993, 264.

ders. Sexuelle Kindesmißhandlung, Diagnostik MMW – Psychiatrie für die Praxis 1986, 37.

ders. The multi-professional handbook of child sexual abuse. Integrated management, therapy and legal intervention, 1991.

ders. Verleugnungsarbeit, in: Ramin, Inzest und sexueller Mißbrauch, 1993, S. 63.

Fürniss/Phil Diagnostik und Folgen von sexueller Kindesmißhandlung, Monatsschrift für Kinderheilkunde, 1986, 335.

dies. Therapeutische Intervention bei sexueller Kindesmißhandlung, Monatsschrift für Kinderheilkunde 1986, 340.

Galow Die Bedeutung neuropsychologischer Erkenntnisse für die Beurteilung der Glaubhaftigkeit von Aussagen, in: Volbert/Steller, Handbuch der Rechtspsychologie, Bd. 9, Handbuch der Psychologie, 2008, S. 376.

Galow/Tamm Erlebnisbasierte und verfälschte Erinnerungen im EEG, Forensische Psychiatrie Psychologie Kriminologie 2008, 57.

Geipel Handbuch der Beweiswürdigung, 2008.

Glatzel Erinnerungsstörungen aus forensisch-psychiatrischer Sicht, StV 2003, 189.

Gley Psychologische Grundlagen und Kriterien der Beurteilung von Zeugenaussagen bei Kindern und Jugendlichen, StV 1987, 403.

Gniech/Stadler Die Wahlgegenüberstellung – Methodische Probleme des kriminalistischen Wiedererkennungsexperiments, StV 1981, 565.

Gödert/Rill/Vossel Aussagepsychologische Glaubhaftigkeitsbegutachtung: Urteiler-Übereinstimmung bei der Anwendung der Kriterienorientierten Aussageanalyse, MschrKrim 2003, 273.

Goodman et al. Evaluating eyewitness testimony in adults and children, in: Hess/Weiner, The handbook of forensic psychology, 1999, 218.

dies. Testifying in criminal court : Emotional effects on child sexual assault victims, in: Monographs of the Society for Research in Child Development, 1992, 1.

Greuel et al. Glaubhaftigkeit der Zeugenaussage, 1998.

Greuel Polizeiliche Vernehmung vergewaltigter Frauen, 1992.

dies. Glaubwürdigkeit – Zur psychologischen Differenzierung eines umgangssprachlichen Konstrukts, Praxis der Rechtspsychologie 1997, 154.

dies. Suggestibilität und Aussagezuverlässigkeit – ein (neues) Problem in der forensisch-psychologischen Praxis?, in: Greuel/Fabian/Stadler, Psychologie der Zeugenaussage, 1997, S. 211.

dies. Wirklichkeit-Erinnerung-Aussage, 2001.

dies. Qualitätsstandards aussagepsychologischer Gutachten, in: Barton, Verfahrensgerechtigkeit und Zeugenbeweis, 2002, 67.

dies. Methodenkritische Stellungnahmen in Straf- und Zivilrecht, Praxis der Rechtspsychologie 2003, 180.

dies. Methodenkritische Stellungnahmen, in: Fabian/Nowara, Neue Wege und Konzepte in der Rechtspsychologie, 2006, S. 403.

dies. Zeugenvernehmung, in: Volbert/Steller, Handbuch der Rechtspsychologie, Bd. 9, Handbuch der Psychologie, 2008, S. 221.

Greuel/Fabian/Stadler Psychologie der Zeugenaussage, 1997.

Hamm Zur Revisibilität der Beweiswürdigung in Fällen von „Aussage gegen Aussage", StraFo 2000, 253.

Hasdenteufel Die Strafprozeßordnung als Grenze des Einsatzes von Videotechnologie im Strafverfahren bei sexuell mißbrauchten Kindern, 1997.

Hinckeldey/Fischer Psychotraumatologie der Gedächtnisleistung, 2002.

Höfer et al. Diagnostik und Attribution von Glaubwürdigkeit, Abschlussbericht Ko 882/4-1 an die Deutsche Forschungsgemeinschaft, 1993.

Höfer/Langen/Dannenberg/Köhnken Empirische Ergebnisse und theoretische Überlegungen zu verdrängten Erinnerungen – oder wie und warum sind Menschen für Suggestionen empfänglich?, in: Greuel/Stadler/Fabian, Psychologie der Zeugenaussage, 1997, S. 165.

Höfler Tonaufnahme von Verhören statt Protokollierung?, Kriminalistik 1954, 237.

Hofmann/Wehrstedt/Stark »Missbrauchsmythen« – Unrealistische Überzeugungen zu sexuellem Kindesmissbrauch und ihre mögliche Bedeutung für Aussagen von professionellen Zeugen in der Hauptverhandlung, MSchrKrim 2003, 44.

Hommers Die aussagepsychologische Kriteriologie unter kovarianzstatistischer und psychometrischer Perspektive, in: Greuel/Fabian/Stadler, Psychologie der Zeugenaussage, 1997, S. 87.

Hommers/Hennenlotter Zur Konfiguralität von aussagepsychologischen Realitätskriterien: Eine Kreuzvalidierte TYPAG-Anwendung, in: Fabian/Nowara, Neue Wege und Konzepte in der Rechtspsychologie, 2006, S. 63.

Hussels Videoübertragungen von jugendlichen Zeugen in Mißbrauchsprozessen, ZRP 1995, 243.

Janovsky Zeugenvernehmung und Video, Kriminalistik 1999, 453.

Jansen Vernehmung kindlicher Zeugen mittels Videotechnologie, StV 1996, 123.

dies. Überprüfung aussagepsychologischer Gutachten – unter Berücksichtigung der Grundsatzentscheidung des BGH v. 30.7.1999 (StV 1999, 474 ff. = NJW 1999, 2746 ff.), StV 2000, 224.

dies. Zum allmählichen Einzug der Prüfung der Entstehung- und Entwicklungsgeschichte von Zeugenaussagen in die BGH-Rechtsprechung außerhalb der kindlichen Aussagen, in: Strafrechtsausschuss des Deutschen Anwaltvereins, Liber Amicorum für Eberhard Kempf, 2003, S. 15.

dies. Sexualstrafrecht – ein Fall der Aussagepsychologie, StraFo 2005,233.

dies. Aussagepsychologie und Beweiswürdigung, in: Soyer, Strafverteidigung – Neue Herausforderungen, 2006, S. 105.

dies. Einstimmen des Zeugen – Zur suggestiven Kraft von Vorgaben, Vordrucken und Vorformulierungen, in: Kempf/Jansen/Müller, Festschrift für Christian Richter II, Verstehen und Widerstehen, 2006, S. 257.

dies. Technik der Zeugenvernehmung, in: Widmaier, Münchener Anwaltshandbuch Strafverteidigung, 2006, S. 1307.

dies. Du sollst … Falsches gegen Deinen Nächsten aussagen – Zur Qualität von Aussagen Mitbeschuldigter in Betäubungsmittelverfahren, in: Vereinigung Baden-Württembergischer Strafverteidiger e. V., 1. Betäubungsmittelsymposium 2005, 2007, S. 203.

dies. Und es (ver)lockt die Beschuldigung, in: Michalke/Köberer/Pauly/Kirsch, Festschrift für Rainer Hamm, 2008, S. 227.

dies. Da bin ich mir ganz sicher – Zur subjektiven Gewissheit des Zeugen, in: Jung/Luxenburger/Wahle, Festschrift für Egon Müller, 2008, S. 309.

dies. Hypothesengeleitete Aussagebeurteilung, in: Arbeitsgemeinschaft Strafrecht des Deutschen Anwaltvereins, Strafverteidigung im Rechtsstaat, 2009, S. 571.

Jansen/Kluck Unter Kontrolle: Aussagepsychologische Gutachten, Praxis der Rechtspsychologie, Sonderheft 1 – Glaubhaftigkeitsbegutachtung, 2000, 89.

Kanning Psychologie der Personenbeurteilung, 1999.

Kauder Die Nebenklage aus Verteidigersicht, in: Arbeitsgemeinschaft Strafrecht des Deutschen Anwaltvereins, Strafverteidigung im Rechtsstaat, 2009, S. 579.

Kintzi Stellung des Kindes im Strafverfahren, DRiZ 1996, 188.

Karlsruher Kommentar StPO, 6. A., 2008.

Kempf/Jansen/Müller Festschrift für Christian Richter II, Verstehen und Widerstehen, 2006.

Kluck Glauben oder Gutachten, das ist die Frage – Können wir auf Glaubwürdigkeitsgutachten im Strafverfahren verzichten?, „Einspruch“ zum Referat von Freudenberg, Streit 1998, 13.

dies. Verdacht auf sexuellen Mißbrauch und familiengerichtliches Verfahren – Probleme der Entstehung und der Prüfung, FPR 1995, 56.

Knecht „Recovered“ oder „False Memories“?, Kriminalistik 2006, 234.

Köhnken Glaubwürdigkeit: Ansätze zu einer integrativen Forschungsperspektive zu einem vernachlässigten psychologischen Konstrukt, in: Schönpflug, Bericht über den 36. Kongreß der Deutschen Gesellschaft für Psychologie in Berlin, 1988, S. 260.

ders. Glaubwürdigkeit, 1990.

ders. Video im Gericht – Modelle und Erfahrungen aus Großbritannien, StV 1995, 376.

ders. Suggestive Prozesse in Zeugenbefragungen: Formen und theoretische Erklärungsansätze, MschrKrim 1997, 290.

ders. Personenidentifizierung, in: Steller/Volbert, Psychologie im Strafverfahren, 1997, S. 63.

ders. Die Aussagefähigkeit kindlicher Zeugen, in: Lempp/Schütze/Köhnken, Forensische Psychiatrie und Psychologie des Kindes- und Jugendalters, 1999, S. 354.

ders. Glaubwürdigkeit, in: Lempp/Schütze/Köhnken, Forensische Psychiatrie und Psychologie des Kindes- und Jugendalters, 1999, S. 318.

ders. Suggestion und Suggestibilität, in: Lempp/Schütze/Köhnken, Forensische Psychiatrie und Psychologie des Kindes- und Jugendalters, 1999, S. 354.

ders. Methodik der Glaubwürdigkeitsbegutachtung, in: Fegert, Begutachtung sexuell mißbrauchter Kinder. 2001, S. 29.

ders. Verhaltensauffälligkeiten als Indikatoren für stattgefundenen oder andauernden sexuellen Kindesmissbrauch?, in: Fabian/Nowara, Neue Wege und Konzepte in der Rechtspsychologie, 2006, S. 89.

ders. Glaubwürdigkeit, in: Widmaier, Münchener Anwaltshandbuch Strafverteidigung, 2006, S. 2267.

ders. Fehlerquellen in aussagepsychologischen Gutachten, in: Deckers/Köhnken, Die Erhebung von Zeugenaussagen im Strafprozess, 2007, S. 1.

ders. Identifizierung von Tatverdächtigen durch Augenzeugen – ein vielfach unterschätztes Phänomen, in: Arbeitsgemeinschaft Strafrecht des Deutschen Anwaltvereins, Strafverteidigung im Rechtsstaat, 2009, S. 605.

Köhnken/Dannenberg Das schleswig-holsteinische Zeugenbegleitprogramm für Kinder, Praxis der Rechtspsychologie 1997, 204.

Köhnken/Sporer Identifizierung von Tatverdächtigen durch Augenzeugen, 1990.

Köhnken/Wegener Zur Glaubwürdigkeit von Zeugenaussagen: Experimentelle Überprüfung ausgewählter Glaubwürdigkeitskriterien, Zeitschrift für experimentelle und angewandte Psychologie 1992, 92.

Kraheck-Brägelmann Die polizeiliche Vernehmung, Krim 1990, 647.

dies. Die Anhörung von Kindern als Opfer sexuellen Mißbrauchs, 1993.

dies. Entwicklungspsychologische Grundlagen für die Anhörung von Kindern, in: Kraheck-Brägelmann. Die Anhörung von Kindern als Opfer sexuellen Mißbrauchs, 1993, S. 33.

dies. Vernehmung von Kindern, 1998.

Krahe/Kundrotas Glaubwürdigkeitsbeurteilung bei Vergewaltigungsanzeigen: Ein aussageanalytisches Feldexperiment, Zeitschrift für experimentelle und angewandte Psychologie 1992, 598.

Kröber/Steller Psychologische Begutachtung im Strafverfahren, 2. A., 2005.
Kröhn Mythos und Realität sexueller Unterdrückung – Vergewaltigung im Spiegel der öffentlichen Meinungen, Sexualmedizin 1984, 129.
Kühne Der Beweiswert von Zeugenaussagen, NStZ 1985, 252.
dies. Historisch-psychologische Betrachtungen der Zeugenaussage: William Stern und die Folgen für die psychologische Forschung und die Rechtspraxis, in: Greuel/Fabian/Stadler, Psychologie der Zeugenaussage, 1997, S. 5.
Kühne/Flachsbart William Stern und die Psychologie in Hamburg – seine aussagepsychologischen Forschungen und ihre gesellschaftspolitische Relevanz, Praxis der Rechtspsychologie 1997, 138.
Kühne/Kluck Sexueller Mißbrauch – forensisch-psychologische und psychodiagnostische Aspekte, FamRZ 1995, 981.
Kühne/Zuschlag Richtlinien für die Erstellung psychologischer Gutachten, 2001.
Laubenthal, Schutz sexuell mißbrauchter Kinder durch Einsatz von Videotechnologie im Strafverfahren, JZ 1996, 335.
Leferenz Die Beurteilung der Glaubwürdigkeit, in: Göppinger/Witter, Handbuch der forensischen Psychiatrie, Bd. II., Teil C, S. 1314.
Lempp/Schütze/Köhnken Forensische Psychiatrie und Psychologie des Kindes- und Jugendalters, 1999.
Lilienfeld/Wood/Garb Tests mit kleinen Fehlern, Spektrum der Wissenschaft, Heft „Psyche und Verhalten“, 2003, 7.
Lienert/Raatz Testaufbau und Testanalyse, 1994.
Lipmann Aussagepsychologie, Zeugenbegutachtung und Vernehmungstechnik, MschrKrim 1933, 354.
ders. Die Technik der Vernehmung von psychologischem Standpunkte, MschrKrim 1909/10, 331.
Littmann/Szewczyk Zu einigen Kriterien und Ergebnissen forensisch-psychologischer Glaubwürdigkeitsbegutachtung von sexuell mißbrauchten Kindern und Jugendlichen, Forensia 1983, 55.
Löwe-Rosenberg StPO, 26. A., 2008 – zitiert nach Bearbeiter, Randnummer und Paragraf.
Loftus Falsche Erinnerungen, Spektrum der Wissenschaft 1998, 62.
dies. Leading questions and the eyewitness report, Cognitive Psychology 1975, 560.
dies. Distortions in eyewitness memory from postevent information, in: Wegener/Lösel/Haisch, Criminal behavior and the justice system: Psychological perspectives, 1989, S. 242.
Loftus/Ketcham Die Therapierte Erinnerung – Vom Mythos der Verdrängung bei Anklagen wegen sexuellen Mißbrauchs, 1995.
dies. Witness for the defence,1991.
Loftus/Miller/Burns Semantic integration of verbal information into a visual memory, Journal of Experimental Psychology: Human Learning & Memory 1978, 19.

Loftus/Palmer Reconstruction of automobile destruction: an example of the interaction between language and memory, Journal of Verbal Learning and Verbal Behavior 1974, 585.

Loftus/Zanni Eyewitness testimony: The influence of the wording of a question, Bulletin of the Psychonomic Society 1975, 86.

Loohs Die Verwendung spezifischer Explorationsmethoden zur Befragung kindlicher Zeugen im Hinblick auf Gedächtnisleistung, Suggestibilität und das Wiedererkennen von Gesichtern, 1996.

Lorenz Lehren und Konsequenzen aus den Wormser Mißbrauchsprozessen, DRiZ 1999, 253.

Maeffert Polizeiliche Zeugenbetreuung, 1980.

Maier Aussage gegen Aussage und freie Beweiswürdigung, NStZ 2005, 246.

Maisch Die psychologisch-psychiatrische Begutachtung von Zeugenaussagen, MschrKrim 1974, 57.

Markowitsch Implikationen neurowissenschaftlicher Erkenntnisse für die Jurisprudenz, Kriminalistik 2006, 619.

Maul Aussage gegen Aussage, StraFo 2000, 257.

Menzel Ausländer vor Gericht. Mißverständnisse in Gerichtsverhandlungen zwischen Ausländern und Experten. Eine ethnopsychologische Studie im Rahmen der Interkulturellen Kommunikation, in: Roth, Mit der Differenz leben, 1996.

Meyer-Goßner StPO, 53. A., 2010.

ders. Der Zeugenbeweis aus revisionsrechtlicher Sicht, StraFo 1990, 92.

Michaelis-Arntzen Aussagepsychologie unter entwicklungspsychologischem Aspekt, in: Eisen, Handwörterbuch der Rechtsmedizin, Bd. III, 1977, S. 396.

dies. Die Glaubwürdigkeitsbegutachtung der Zeugenaussage durch einen psychologischen Sachverständigen, in: Arntzen, Vernehmungspsychologie, 1978, S. 78.

dies. Unglaubwürdige Zeugenaussagen, Forensia 1987, 73.

dies. Sonderprobleme der Vernehmung von vier- bis sechsjähriger Zeugen, in: Arntzen, Vernehmungspsychologie, 2. A., 1989, S. 44.

dies. Zur Psychologie der Zeugenaussage, StraFo 1990, S. 70.

dies. Gefühlsbeteiligung des Zeugen bei seiner Aussage, in: Arntzen, Psychologie der Zeugenaussage, 3. A., 1993, S. 70.

dies. Die Vergewaltigung aus kriminologischer, viktimologischer und aussagepsychologischer Sicht, 2. A., 1994.

dies. Zur Suggestibilität von Kleinkindern, in: Greuel/Fabian/Stadler, Psychologie der Zeugenaussage, 1997, S. 205.

Mildenberger Schutz kindlicher Zeugen im Strafverfahren durch audiovisuelle Medien, 1995.

Milne/Bull Psychologie der Vernehmung, 2003.

dies. Befragung von Opferzeugen unter besonderer Berücksichtigung von Kindern und Personen mit intellektuellen Defiziten, in: Deckers/Köhnken, Die Erhebung von Zeugenaussagen im Strafprozess, 2007, S. 110.

Mohrbach Methoden der Ermittlungsvernehmung und der aussagepsychologischen Exploration, in: Deckers/Köhnken, Die Erhebung von Zeugenaussagen im Strafprozess, 2007, S. 157.

Müller-Johnson/Ceci Zur suggestiven Beeinflussbarkeit von älteren Menschen, in: Dahle/Volbert, Entwicklungspsychologische Aspekte der Rechtspsychologie, 2005. S. 318.

Müller Plädoyer für eine Verfahrenssprache, in: Britz/Jung/Koriath/Müller, FS Müller-Dietz, 2001, S. 567.

Müller-Luckmann Die psychologische Begutachtung der Glaubwürdigkeit, in: Blau/Müller, Gerichtliche Psychologie, 1962.

dies. Forensische Psychologie, in: Venzlaff, Psychiatrische Begutachtung, 1986, S. 629.

dies. Zeugenrolle des Kindes und ihre zeitbedingten Wandlungen, MschrKrim 1997, 283.

Münsterberg On the witness stand: Essays on psychology and crime, 1908.

Müther/Kluck Vom Mißbrauch des Mißbrauchs, psychomed 1992, 202, (ähnlich auch veröffentlicht in Sozialmagazin 1992, 14).

Mummendey Psychologie der Selbstdarstellung, 2. A., 1995.

Nack Verteidigung bei der Glaubwürdigkeitsbeurteilung von Aussagen, StV 1994, 555.

ders. Glaubwürdigkeit und Glaubhaftigkeit, Kriminalistik 1995, 257.

ders. Der Zeugenbeweis aus aussagepsychologischer und juristischer Sicht, StraFo 2001, 1.

ders. Revisibilität der Beweiswürdigung, Teil 2, StV 2002, 558.

Nagler Vernehmungspsychologie: Warum Personen sich bei der Vernehmung nicht an das erinnern können, was sie wissen, StV 1983, 211.

Nedopil Forensische Psychiatrie, 3. A., 2007.

Niehaus Zur Anwendbarkeit inhaltlicher Glaubhaftigkeitsmerkmale bei Zeugenaussagen unterschiedlichen Wahrheitsgehaltes, 2001.

dies. Diskriminationsfähigkeit der merkmalsorientierten Inhaltsanalyse bei teilweise erlebnisbasierten Falschaussagen, Praxis der Rechtspsychologie 2003, 309.

dies. Täuschungsstrategien von Kindern und Erwachsenen, in: Dahle/Volbert, Entwicklungspsychologische Aspekte der Rechtspsychologie, 2005, S. 279.

dies. Glaubwürdigkeitsattribution, in: Volbert/Steller, Handbuch der Rechtspsychologie, Bd. 9 Handbuch der Psychologie, 2008, S. 497.

dies. Merkmalsorientierte Inhaltsanalyse, in: Volbert/Steller, Handbuch der Rechtspsychologie, Bd. 9, Handbuch der Psychologie, 2008, S. 311.

dies. Täuschungsstrategien von Kindern, Jugendlichen und Erwachsenen, Forensische Psychiatrie Psychologie Kriminologie 2008, 246.

Niehaus/Krause/Schmidke Täuschungsstrategien bei der Schilderung von Sexualstraftaten, Zeitschrift für Sozialpsychologie, 2005, 175.

Odenthal Die Gegenüberstellung zum Zwecke des Wiedererkennens, NStZ 1985, 433.

ders. Die Gegenüberstellung im Strafverfahren, 3. A., 1999.

Offe Anforderungen an die Begutachtung der Glaubhaftigkeit von Zeugenaussagen, NJW 2000, 929.

Offe/Offe Anforderung an die Begutachtung der Glaubwürdigkeit von Zeugenaussagen beim Verdacht des sexuellen Mißbrauchs, Praxis der Rechtspsychologie 1994, 24.

dies. Praxis der Glaubwürdigkeitsbegutachtung beim Verdacht des sexuellen Mißbrauchs, in: Rutschky/Wolff, Handbuch sexueller Missbrauch, 1994, S. 196.

dies. Der Stellenwert der Motivanalyse in der Glaubwürdigkeitsbegutachtung, in: Fabian/Nowara/Rode/Werth, Rechtspsychologie kontrovers, 1998, 81.

Ofshe/Watters Die mißbrauchte Erinnerung – Von einer Therapie, die Väter zu Tätern macht, 1996.

Oswald Hypothesentesten: Suche und Verarbeitung hypothesenkonformer und hypothesenkonträrer Informationen, in: Hell/Fiedler/Gigerenzer, Kognitive Täuschungen, 1993, S. 189.

dies. Laienpsychologische Beurteilung der Glaubwürdigkeit, in: Barton, Verfahrensgerechtigkeit und Zeugenbeweis, 2002, S. 181.

Panhuysen Die Untersuchung des Zeugen auf seine Glaubwürdigkeit, 1964.

Pfäfflin Schützen Videovernehmungen kindliche Zeugen vor sekundärer Traumatisierung?, StV 1997, 95.

Pfister Die Prüfung der Glaubhaftigkeit einer Aussage im Spiegel höchstrichterlicher Rechtsprechung, in: Deckers/Köhnken, Die Erhebung von Zeugenaussagen im Strafprozess, 2007, S. 47.

ders. Was ist seit BGHSt 45, 164 geschehen?, Forensische Psychiatrie Psychologie Kriminologie 2008, 3.

Piaget Das Weltbild des Kindes, 1980.

Plaut Typische polizeiliche Protokollfehler, MschrKrim 1933, 414.

Pohl Wie man Kindern am besten vernehmen sollte, in: Kraheck-Brägelmann, Die Anhörung von Kindern als Opfer sexuellen Mißbrauchs, 1993, S. 9.

Rasch Forensische Psychiatrie, 2. A., 1999.

Rauch/Weissenrieder/Peschers Sexualdelikte – Diagnostik und Befundinterpretation, Deutsches Ärzteblatt 2004, 2257.

Reimann Zeitlichkeitsbezüge und ihr Erlebniskontext in der frühen Kindersprache, in: Dahle/Volbert, Entwicklungspsychologische Aspekte der Rechtspsychologie, 2005, S. 258.

Reinhard/Burghardt/ Sporer/Bursch Alltagsvorstellungen über inhaltliche Kennzeichen von Lügen. Selbstberichtete Begründungen bei konkreten Glaubwürdigkeitsurteilen, Zeitschrift für Sozialpsychologie 2002, 169.

Rohmann Glaubhaftigkeitsbegutachtung bei nicht erfolgter Vernehmung, StraFo 2006, 15.

Richter II Grenzen anwaltlicher Interessenvertretung im Ermittlungsverfahren, NJW 1981, 1820.

Rieß Zeugenschutz bei Vernehmungen im Strafverfahren, NJW 1998, 3240.

Rösner/Schade Der Verdacht auf sexuellen Mißbrauch von Kindern in familiengerichtlichen Verfahren, FamRZ 1993, 1133.

Rohmann Borderline-Persönlichkeitsstörungen und aussagepsychologische Begutachtung – ein Beitrag zur Diskussion, Praxis der Rechtspsychologie 2003, 329.

ders. Glaubhaftigkeitsbegutachtung bei nicht erfolgter Vernehmung, StraFo 2006, 401.

Rohmann/Blattner Gerichtsvorbereitung von Kindern: Wissensinhalte und Handlungsstrategien, in: Dahle/Volbert, Entwicklungspsychologische Aspekte der Rechtspsychologie, 2005, S. 382.

Rutschky Erregte Aufregung, 1992.

Saimeh Können psychische Erkrankungen die Aussagetüchtigkeit bei Sexualdelikten beeinflussen?, in: Deckers/Köhnken, Die Erhebung von Zeugenaussagen im Strafprozess, 2007, S. 61.

Salditt Die Befragung von Zeugen durch den Verteidiger, StraFo 1992, 51.

Sander Zur Beweiswürdigung, insbesondere zu Aussage gegen Aussage, StV 2000, 46.

Schade Der Zeitraum von der Erstaussage bis zur Hauptverhandlung als psychologischer Prozeß. Folgerungen für die Glaubwürdigkeitsbegutachtung am Beispiel der Wormser Prozesse über sexuellen Kindesmißbrauch, StV 2000, 165.

ders. Glaubhaftigkeitsbeurteilung: Die Aussagegeschichte als psychologischer Prozeß, in: Barton, Verfahrensgerechtigkeit und Zeugenbeweis, 2002, S. 89.

Schade/Erben/Schade Möglichkeiten und Grenzen diagnostischen Vorgehens bei Verdacht auf sexuellen Mißbrauch eines Kindes, Kindheit und Entwicklung 1995, 197.

Schade/Harschneck Die BGH-Entscheidung im Rückblick auf die Wormser Mißbrauchsprozesse, Praxis der Rechtspsychologie, Sonderheft 1, 2000, 28.

Schaefer Mehr Professionalität in Jugendschutzverfahren, NJW 2000, 928.

Schaub Zur Strafverfahrensproblematik bei minderjährigen Zeugen und Beschuldigten aus vormundschaftsrichterlicher Sicht, FamR 1966, 136.

Schimansky Der Ausschluß des nicht beschuldigten Elternteils nach § 52 Abs. 2 Satz 2 StPO, in: FS für Gerd Pfeiffer, Strafrecht, Unternehmensrecht, Anwaltsrecht, 1988, S. 297.

Schlothauer Strafprozessuale Fragen der Glaubwürdigkeitsbegutachtung, in: Greuel/Fabian/ Stadler, Psychologie der Zeugenaussage, 1997, S. 143.

Schmid Lügen im Alltag – Zustandekommen und Bewertung kommunikativer Täuschungen, 2000.

Schmitz Tatgeschehen, Zeugen und Polizei, BKA-Forschungsreihe Nr. 9, 1978, S. 226.

Schneider/Habel Psychosoziale Betreuung von Opferzeugen in Strafprozessen, Das Düsseldorfer Modell, 2000.

Schober Kann Tonband Verhörniederschrift ersetzen?, Kriminalistik 1954, 289.

Scholz Wie können nicht glaubhafte Zeugenaussagen entstehen? – Mögliche interaktionale Bedingungen für nicht glaubhafte Zeugenaussagen, NStZ 2001, 572.

ders. Kennzeichen und Prozesse einer nicht glaubhaften Aussage, R&P 2003, 76.

Scholz/Endres Aufgaben des psychologischen Sachverständigen beim Verdacht des sexuellen Kindesmißbrauchs – Befunde, Diagnostik, Begutachtung –, NStZ 1995, 6.

Scholz/Greuel Zur Beurteilung der Qualität von Glaubhaftigkeitsgutachten in Vergewaltigungsprozessen, MschrKrim 1992, 321.

Schoreit Einsatz von Polygraphen und Glaubhaftigkeits-Gutachten psychologischer Sachverständiger im Strafprozess, StV 2004, 284.

Schönpflug Wörtliches und inhaltliches Erinnern gehörter Erzählungen bei Kindern, in: Dahle/Volbert, Entwicklungspsychologische Aspekte der Rechtspsychologie, 2005, S. 258.

Schulz Tonbandaufnahmen im strafrechtlichen Ermittlungsverfahren, Kriminalistik 1958, 1.

Schulz-Hardt/Köhnken Wie ein Verdacht sich selbst bestätigen kann: Konfirmatorisches Hypothesentesten als Ursache von Falschbeschuldigungen wegen sexuellen Kindesmißbrauchs, Praxis der Rechtspsychologie, Sonderheft 1, 2000, 60.

Schünemann Der deutsche Strafprozeß im Spannungsfeld von Zeugenschutz und materieller Wahrheit, StV 1998, 391.

ders. Zeugenbeweis auf dünnem Eis, in: FS Meyer-Goßner, Strafverfahrensrecht in Theorie und Praxis, 2001, S. 390.

Schütz Gerichtliche Prüfung des Mißbrauchsverdachts in Familiensachen, FPR 1997, 225.

Scupin Die Zulässigkeit und Verwertbarkeit von Tonbandaufnahmen im polizeilichen Ermittlungsverfahren, Deutsche öffentliche Verwaltung 1957, 548.

Seitz Das Zeugenschutzgesetz – ZSchG – JR 1998, 309.

Sieg Protokollformulare und Zeugenbelehrung, StV 85, 130.

Sommer Vor-Urteile, Arbeitsgemeinschaft Strafrecht des Deutschen Anwaltvereins, Strafverteidigung im Rechtsstaat, 2009, S. 846.

Sporer Realitätsüberwachungskriterien und forensische Glaubwürdigkeitskriterien im Vergleich: Validitätsprüfung anhand selbsterlebter und erfundener Geschichten, in: Greuel/Fabian/Stadler, Psychologie der Zeugenaussage, 1997, S. 71.

ders. Personenidentifizierung, in: Volbert/Steller, Handbuch der Rechtspsychologie, Bd. 9, Handbuch der Psychologie, 2008, S. 387.

Sporer/aus dem Kahmen Zur suggestiven Wirkung nachträglicher Informationen. Hypnose und Kognition, 1993, 59.

Sporer/Bursch Kinder vor Gericht: Soziale und kognitive Voraussetzungen der Aussagen von Kindern, Psychologische Rundschau 1997, 141.

Sporer/Köhnken Nonverbale Indikatoren von Täuschung, in: Volbert/Steller, Handbuch der Rechtspsychologie, Bd. 9, Handbuch der Psychologie, 2008, S. 353.

Sporer/Meurer Die Beeinflußbarkeit von Zeugenaussagen,1994.

Sporer/Sauerland Personenidentifizierung, FPPK 2008, 26.

Stadler Realitätskriterien und Wirklichkeitskriterien, in: Greuel/Fabian/Stadler, Psychologie der Zeugenaussage, 1997, S. 59.

ders. Realitätsüberwachungskriterien und forensische Glaubwürdigkeitskriterien im Vergleich: Validitätsüberprüfung anhand selbsterlebter und erfundener Geschichten, in: Greuel/Fabian/ Stadler, Psychologie der Zeugenaussage, 1997, S. 71.

Stadler/Fabian Experimentalpsychologische Forschung und strafrechtliche Praxis, in: Steller/ Volbert, Psychologie im Strafverfahren, 1997, S. 73.

Steinhage Sexueller Mißbrauch an Mädchen, 1989.

Steller Standards der forensisch-psychologischen Begutachtung, MschrKrim 1988, 16.

ders. Die vierte Phase der Aussagepsychologie, Forensia 1988, 23.

ders. Realkennzeichen in Kinderaussagen: Empirische Grundlagen der Kriterienorientierten Aussageanalyse, Zeitschrift für experimentelle und angewandte Psychologie 1992, 151.

ders. Verdacht des sexuellen Mißbrauchs – Begutachtung in familien- und vormundschaftsgerichtlichen Verfahren, FPR 1995, 60.

ders. Kinderschutz durch Forensische Aussagepsychologie – von William Stern zu Udo Undeutsch, MschrKrim 1997, 274.

ders. Glaubwürdigkeitsbegutachtung, in: Steller/Volbert, Psychologie im Strafverfahren, 1997, S. 24.

ders. Forensische Aussagepsychologie – Beurteilung des Realitätsgehalts von Kinderaussagen über sexuellen Mißbrauch –, in: Egg, Sexueller Mißbrauch von Kindern, 1999, S. 244.

ders. Psychologische Diagnostik – Menschenkenntnis oder angewandte Wissenschaft?, in: Kröber/Steller, Psychologische Begutachtung im Strafverfahren, 2005, 1.

ders. Forensische Aussagepsychologie als angewandte Entwicklungs- und Kognitionspsychologie – Kritik suggestiver Aufdeckungsarbeit am Beispiel einer kindlichen Zeugin aus den Wormser Massenprozessen –, Praxis der Rechtspsychologie, Sonderheft 1, 2000, 9.

ders. „A doctor starts a bitter battle“ – Zum Missbrauch medizinischer Befunde bei der Prüfung des Verdachts auf sexuellen Kindesmissbrauch am Beispiel der Wormser Prozesse, in: Rothschild, Das neue Jahrtausend: Herausforderungen an die Rechtsmedizin, Festschrift für Schneider, 2000, S. 233.

ders. Aussagepsychologie und Strafjustiz: Kooperation ohne Trauma, in: NJW-Sonderheft für Gerhard Schäfer zum 65. Geburtstag am 18. Oktober 2002, S. 69.

ders. Psychologische Diagnostik – Menschenkenntnis oder angewandte Wissenschaft, in: Kröber/Steller, Psychologische Begutachtung im Strafverfahren, 2005, S. 1.
ders. Glaubhaftigkeitsbegutachtung, in: Volbert/Steller, Handbuch der Rechtspsychologie, Bd. 9, Handbuch der Psychologie, 2008, S. 300.
ders. Psychophysiologische Aussagebeurteilung, in: Volbert/Steller, Handbuch der Rechtspsychologie, Bd. 9, Handbuch der Psychologie, 2008, S. 364.
ders. Falsche Geständnisse bei Kapitaldelikten: Praxis – Der Fall Pascal, in: Müller/Sander/Válková, Festschrift für Ulrich Eisenberg zum 70. Geburtstag, 2009, S. 213.
Steller/Böhm Fünfzig Jahre Rechtsprechung des BGH zur Aussagepsychologie, in: Fabian/Nowara, Neue Wege und Konzepte in der Rechtspsychologie, 2006, S. 37.
Steller/Köhnken Criteria-based statement analysis, in: Raskin, Psychological methods in criminal investigation and evidence, 1989, S. 217.
Steller/Volbert Psychologie im Strafverfahren, 1997.
dies. Glaubwürdigkeitsbegutachtung, in: Steller/Volbert, Psychologie im Strafverfahren, 1997, S. 12.
dies. Wissenschaftliches Gutachten, Forensisch-psychologische Begutachtung (Glaubwürdigkeitsbegutachtung), Praxis der Rechtspsychologie 1999, 46.
dies. Anforderungen an die Qualität forensisch-psychologischer Glaubhaftigkeitsbegutachtungen – Das BGH-Urteil vom 30. Juli 1999, Praxis der Rechtspsychologie Sonderheft 1 – Glaubhaftigkeitsbegutachtung, 2000, 102.
Steller/Volbert/Wellershaus Zur Beurteilung von Zeugenaussagen: Aussagepsychologische Konstrukte und methodische Strategien, in: Montada, Bericht über den 38. Kongreß der Deutschen Gesellschaft für Psychologie in Trier 1992, 1993, S. 367.
Steller/Wellershaus/Wolf Realkennzeichen in Kinderaussagen: Empirische Grundlagen der Kriterienorientierten Aussageanalyse, Zeitschrift für experimentelle und angewandte Psychologie 1992, 151.
Strafrechtsausschusses des DAV zum Entwurf eines Gesetzes zur Stärkung der Verletztenrechte (BT-Drs. 14/4661 vom 16.11.2000).
Stern Zur Psychologie der Aussage, ZStW 1902, 315.
ders. Die Aussage als geistige Leistung und als Verhörsprodukt, in: Stern, Beiträge zur Psychologie der Aussage, 1904, S. 269.
ders. Leitsätze über die Bedeutung der Aussagepsychologie für das gerichtliche Verfahren, Beiträge zur Psychologie der Aussage 1905, S. 203.
Stern/Stern Erinnerung, Aussage und Lüge in der ersten Kindheit, 1909.
Stucki/Bütikofer/Oswald Einfluss eines Erzählverbots auf die Wiedergabeleistung von Vorschulkindern, in: Dahle/Volbert, Entwicklungspsychologische Aspekte der Rechtspsychologie, 2005, S. 295.
Szewczyk/Littmann Zur Prüfung der Glaubwürdigkeit bei psychopathologischen Voraussetzungen, in: Salzgeber/Stadler/Drechsel/Vogel, Glaubhaftigkeitsbegutachtung, 1989, S. 140.

Täschner Probleme der Aussagetüchtigkeit bei Drogenabhängigen, NStZ 1993, 322.

Trankell Der Realitätsgehalt von Zeugenaussagen, 1971.

ders. Reconstructing the past: The role of psychologists in criminal trials, 1982.

Traut/Burkhard Verbot von Wiederholungsfragen contra Wahrheitsfindung, StraFo 2003, 38.

Undeutsch Beurteilung der Glaubhaftigkeit von Aussagen, in: Undeutsch, Handbuch der Psychologie, Bd. 11, Forensische Psychologie, 1967, S. 26.

ders. Die aussagepsychologische Realitätsprüfung bei Behauptung sexuellen Mißbrauchs, in: Kraheck-Brägelmann, Die Anhörung von Kindern als Opfer sexuellen Mißbrauchs, 1993, S. 69.

ders. Die Verwertbarkeit unwillkürlicher Ausdruckserscheinungen in der Aussagewürdigung, ZStW 1975, 654.

ders. Forensische Psychiatrie, in: Elster/Lingemann/Sieverts, Handwörterbuch der Kriminologie, 2. A., Bd. 1, S. 205.

ders. Verbrechen gegen die Sittlichkeit, in: Rutschky/Wolff, Handbuch sexueller Mißbrauch, 1994, S. 173.

ders. Die Wiedererkennung von Personen, in: Festschrift Peters, Wahrheit und Gerechtigkeit im Strafverfahren, 1984, S. 461.

ders. Valide und invalide Methoden zur Beurteilung des Wahrheitsgehaltes von Kinderaussagen über sexuellen Mißbrauch, in: Fabian/Nowara/Rode/Werth, Rechtspsychologie kontrovers, 1998, S. 67.

Volbert Gerichtliche Prüfung des Mißbrauchverdachts in Familiensachen, psychomed 1992, 8.

dies. Suggestive Beeinflussung von Kinderaussagen, Psychologische Rundschau 1996, 183.

dies. Suggestionseffekte in Kinderaussagen, in: Warnke/Trott/Remschmidt, Forensische Kinder- und Jugendpsychiatrie, 1997, S. 150.

dies. Suggestibilität kindlicher Zeugen, in: Steller/Volbert, Psychologie im Strafverfahren, 1997, S. 40.

dies. Konstanz in erlebnisbasierten und erfundenen Aussagen von Kindern bei wiederholter Befragung, 42. Kongreß an der Friedrich-Schiller-Universität Jena, 2000.

dies. Welche Verbesserungen können durch Videovernehmungen für Opferzeugen erreicht werden?, in: Barton, Verfahrensgerechtigkeit und Zeugenbeweis, 2002, S. 149.

dies. Beurteilung von Aussagen über Traumata, 2004 (zitiert: Volbert, 2004).

dies. Standards der psychologischen Glaubhaftigkeitsbegutachtung, in: Kröber/Steller, Psychologische Begutachtung im Strafverfahren, 2.A., 2005, S. 171.

dies. Die Entwicklung von Aussagefähigkeiten, in: Dahle/Volbert, Entwicklungspsychologische Aspekte der Rechtspsychologie, 2005, S. 241 .

dies. Sind Traumaerinnerungen spezifisch? Konsequenzen für die aussagepsychologische Begutachtung, Praxis der Rechtspsychologie 2006, 249.

dies. Glaubhaftigkeitsbegutachtung – mehr als Merkmalsorientierte Inhaltsanalyse, Forensische Psychiatrie Psychologie Kriminologie 2008, 12.

dies. Aussagen über Traumata, in: Volbert/Steller, Handbuch der Rechtspsychologie, Bd. 9, Handbuch der Psychologie, 2008, S. 342.

dies. Suggestion, in: Volbert/Steller, Handbuch der Rechtspsychologie, Bd. 9, Handbuch der Psychologie, 2008, S. 331.

dies. Falsche Geständnisse, in: Müller/Sander/Válková, Festschrift für Ulrich Eisenberg zum 70. Geburtstag, 2009, S. 205.

dies. Aussagepsychologische Begutachtung, in: Volbert/Dahle, Forensisch-psychologische Diagnostik im Strafverfahren, 2010, S. 18.

Volbert/Homburg Was wissen zwei- bis sechsjährige Kinder über Sexualität?, Zeitschrift für Entwicklungspsychologie und Pädagogische Psychologie 1996, 210.

Volbert/Böhm Falsche Geständnisse, in: Volbert/Steller, Handbuch der Rechtspsychologie, Bd. 9, Handbuch der Psychologie, 2008, S. 253.

Volbert/Dahle Forensisch-psychologische Diagnostik im Strafverfahren, 2010

Volbert/Lau Aussagetüchtigkeit, in: Volbert/Steller, Handbuch der Rechtspsychologie, Bd. 9, Handbuch der Psychologie, 2008, S. 289.

Volbert/Pieters Suggestive Beeinflussung von Kinderaussagen, Psychologische Rundschau 1996, 183.

Volbert/Steller Glaubhaftigkeitsbegutachtung, in: Venzlaff/Foerster, Psychiatrische Begutachtung, 5.A., 2009, S. 817.

dies. Handbuch der Rechtspsychologie, Handbuch der Psychologie, Bd. 9, 2008.

dies. Aussagefähigkeit von Kindern: Entwicklungspsychologische Aspekte der forensischen Aussagepsychologie, in: Kröber/Dahle, Sexualstraftaten und Gewaltdelinquenz, 1998, S. 235.

Volbert/Teske Konstanz in erlebnisbasierten und erfundenen Aussagen von Kindern bei wiederholter Befragung, Forschungsreferat beim 42. Kongreß der Friedrich-Schiller-Universität Jena der Deutschen Gesellschaft für Psychologie, 2000.

Vom Schemm/Köhnken Voreinstellungen und das Testen sozialer Hypothesen im Interview, in: Volbert/Steller, Handbuch der Rechtspsychologie, Bd. 9, Handbuch der Psychologie, 2008, S. 322.

Walser Sexueller Mißbrauch und weibliches Bewußt-Sein – Eine Kritik am Modellprojekt „Wildwasser", in: Rutschky/Wolff, Handbuch sexueller Mißbrauch, 1994, S. 259.

Wasserburg Bemerkungen zur audiovisuellen Vernehmung, in: Kempf/Jansen/Müller, FS für Richter II, 2006, S. 547.

Weber/Roebers Quantitative und qualitative Effekte von Persönlichkeitsmerkmalen auf die Zeugenaussagen von Schulkindern, Praxis der Rechtspsychologie 1997, 187.

Wegener Einführung in die forensische Psychologie, 2. A., 1992.

ders. Sexueller Mißbrauch: Zwischen Therapie und Strafverfolgung, psychomed 1992, 32.

ders. Die Entwicklung der experimentellen Aussagepsychologie, in: Greuel/Fabian/Stadler, Psychologie der Zeugenaussage, 1997, S. 13.

ders. Ein kleiner Schritt im Verfahren, ein großer Schritt für den Opferschutz, ZRP 1995, 406.

Westhoff/Kluck Psychologische Gutachten schreiben und beurteilen, 5. A., 2008.

Wetzels Anatomisch ausgebildete Puppen: Ein diagnostisches Mittel für die forensische Praxis?, Praxis der Rechtspsychologie 1993, 88.

Wolf/Steller Realkennzeichen in Aussagen von Frauen, in: Greuel/Fabian/Stadler, Psychologie der Zeugenaussage, 1997, S. 121.

Yapko Fehldiagnose sexueller Mißbrauch, 1996.

Gerrig/Zimbardo Psychologie, 18. A., 2008.

Zschockelt/Wegner Opferschutz und Wahrheitsfindung bei der Vernehmung von Kindern im Verfahren wegen sexuellen Mißbrauchs, NStZ 1996, 305.

Stichwortverzeichnis

Die Zahlen verweisen auf die Randnummern im Inhalt.